독일 미학

독일 미학

독일 미학

고전에서 현대까지

유형식

논형

유형식

1940년 강원도 출생
1959년 보성중·고등학교 졸업
1963년 서울대학교 독어독문학과 졸업
1968년 서울대학교 대학원 독어독문학과 졸업
1983년 하이델베르크(Heidelberg)대학교 "Doktor der Philosophie"
　　　　독일 현대문학 전공, 독일미학 부전공
1983년 중앙대학교 외국어대학 독일어학과 교수
2005년 중앙대학교 명예교수
주요 저서 Das offene Drama von Max Frisch
　　　　『독일미학: 고전에서 현대까지』
　　　　『현대유럽문학: 현대에서 초현대까지』 등

독일미학

고전에서 현대까지

지은이 유형식
초판 1쇄 발행 2009년 11월 5일
초판 2쇄 발행 2019년 9월 25일
펴낸곳 논형
펴낸이 소재두
편 집 김현경, 김가영
표 지 김예나
홍 보 박은정
등록번호 제2003-000019호
등록일자 2003년 3월 5일
주 소 서울시 영등포구 양산로 19길 15 원일빌딩 204호
전 화 02-887-3561
팩 스 02-887-6690
ISBN 978-89-90618-00-9 94160
값 28,000원

이 도서의 국립중앙도서관 출판시도서목록(CIP)은 e-CIP 홈페이지(http://www.nl.go.kr/
ecip)에서 이용하실 수 있습니다. (CIP제어번호: CIP2009003471)contents

contents

서언

미학은 미와 예술에 관한 학술이라고 하는데, 이는 대단히 난해한 정의다. 왜냐하면 미학의 대상이 되는 미와 예술에 대한 정의가 선행되어야 하며, 또 이상의 두 개념 역시 거의 불가능할 정도로 난해함을 면하지 못하기 때문이다. 거기에 더해서 미학 이라는 명칭 자체도 그것이 옳은 명칭이냐 하는 문제는 철학에서 아직 해결되지 못한 문제다. 헤겔도 **미학**이라는 명칭이 사실은 정확하지 못하나, 통상 미학이라는 명칭 으로 사용되기 때문에 자기도 그 명칭을 사용할 뿐이라고 한다. 역시 난해한 명칭 외에는 아무 것도 아니다. 난해한 토대 위에 세워진 난해한 학술, 그리고 그의 난해한 명칭, 합해서 총체적 난해성 아니면 난해한 총체성이 미학이라는 학술이라고 할 수 있다. 우선 미학이라는 난해한 학술의 대상을 3가지로 구체화시켜 본다. 첫 번째 구체화로 다음의 시를 통해 **세계**의 이중성을 설명할 수 있다. "저 달이 슬픔인 줄을 예전엔 미처 몰랐어요……"라는 문장에는 2개의 **진리**가 내재해 있다. 하나는 저 달 이 슬픈 표정을 하고 있다는 감성적 진리이고, 다른 하나는 슬픔도 기쁨도 아닌, 감성 이 결여된 광물체라는 오성적 진리이다. 진리에는 따라서 감성적 진리와 오성적 진 리, 2가지 진리가 있다는 것이, 다시 말해 세계는 일원적이 아니라 이원적이라는 것이 오랜 독일철학의 전통이다. 이상의 감성적 진리와 오성적 진리, 감성적 세계와 오성적 세계 중에서 전자, 즉 감성적 진리와 감성적 세계가 미학의 대상이 된다. 미학 의 대상이 되는 감성적 진리와 감성적 세계는 오랫동안 오성적 진리와 오성적 세계에 의해 억압당해 오다가 바움가르텐[1]에 의해 비로소 햇빛을 보게 되었다고 한다. 그가

---

1) 바움가르텐(Alexander Gottlieb Baumgarten 1714~1762)

독일 오더 강가의 프랑크푸르트에서 최초로 미학 강의를 한 것이 1742년이라고 한다. 그로부터 270년 이상이 지난 오늘에도 미학이라는 **학술**이 지닌 총체적 난해성은 끝나지 않고 있다. 그리고 감성적 진리와 오성적 진리, 양자 중에서 어느 것이 인간세계를 더 역동적으로 움직이느냐 하는 질문은 철학이 해결할 수 없는 질문이라고 보아야 한다. 오성적 진리에 의해서 인간은 달에 상륙했지만, 그 달은 여전히 슬픈 표정도, 또 기쁜 표정도 하고 있기 때문이다. 감성적 진리 또는 감성적 세계를 확대 확장하자면, 인간사 자체가, 인간사회 자체가 감성적이라고도 할 수 있다. 장미꽃이 아름답고 (장미꽃은 오성적 진리로 본다면, 다시 말해 현미경으로 자세히 본다면, 아름다운 것이 아니라 농약이 많이 들어 있어 추하지만), 사랑하는 사람이 사랑스럽고(사랑하는 사람은 오성적 진리로 본다면 사랑스러운 것이 아니라 뼈, 살, 피 등 생물학적 요소로 되어 있은 동물에 불과하지만), 또 상급자의 마음에 들어야 출세를 하고(오성적으로 말한다면 그는 악한 인간이어서 불쾌감을 주지만) 등 감성적 요소를 제외하면 인간사회 자체가 불가능해 진다고 보아야 한다. 감성적 진리와 감성적 세계가 오성적 진리와 오성적 세계에 의해 억압당해 빛을 보지 못했다는 말은 그 대상 자체는 인간 태초부터 존재해 왔으나 단지 철학이 그 대상을, 그 대상의 중요성을 인식하지 못했다는 사실을 의미한다. 감성적 진리와 오성적 진리, 감성적 세계와 오성적 세계 중에서 전자가 미학의 대상이라는 구체화는 넓고 너무나 포괄적인 구체화라고 할 수 있다.

미학의 대상에 대한 두 번째 점진된 구체화를 시도할 차례다. 미학은 감관적 인식에 대한 학술이라고 하여, 인간의 감관을 통해 들어오는 일체의 외부 세계가 미학의 대상이 된다는 말이다. 인간의 감관에는 시각, 청각 등 5개의 감관이 있다고 한다면, 미학의 대상은 우리가 보통 예술의 영역이라고 하는 2개의 감관 즉 시각과 청각의 영역 외에도 후각, 미각, 촉각 등의 영역에까지 확장된다. 시각적인 예술형식인 조각 작품이나 그림, 청각적인 예술형식인 음악 외에도 미학의 대상을 후각, 미각, 촉각에까지 확장한다면, 미학은 예술의 영역을 초월하는 학술로 역시 넓고 포괄적인 구체화라고 할 수 있다. 그러나 인간의 5감관을 통과하지 못한, 다시 말해 5감관에 도달하지 못하고 잊혀 버려진 외부 세계의 대부분은 미학의 대상에서 제외되기 때문에 첫 번째 구체화보다는 점진된 구체화라고 할 수 있다. 왜냐하면 전체의 세계가 2분되어 인간의 5감관을 통과한 부분만 미학의 대상에 수용되고, 나머지 5감관을 통과하지 못한 대부분은 대상에서 탈락되기 때문이다. 그리고 거대하고 무한한 세계 속에서 상대적으로 무한히 작은 인간의 5감관을 통과한 부분 역시 무한히 작은 극소량의 세계라고 한다면, 미학의 대상 역시 극소로 축소되었다고도 할 수 있다. 미학의 대상에 대한 첫 번째 구체화와 두 번째 구체화는 양자가 다 인간에 의해 가공된 예술과 인간의 가공을 거치지 않은 자연을 합해서 대상으로 보는 구체화들이었다. 왜냐하면 가공된 예술이든 가공되지 않은 자연이든 관계없이 인간의 5감관에 도달하기만 하면 모두 미학의 대상으로 수용되기 때문이다.

세 번째 구체화는 이상의 인간에 의해 가공된 예술과 인간의 가공을 거치지 않은 자연, 양자 중에서 후자를 제외하는 구체화가 되어야 한다. 그리고 인간의 5감관 중에서 후각, 미각, 촉각의 영역은 제외하고 시각과 청각 2개의 감관을 통과하는 부분만을 미학의 대상으로 수용하는 구체화가 되어야 한다. 따라서 인간의 5감관 중에서 2개의 감관인 시각과 청각을 통과하는 요소, 그것도 인간에 의해 가공된 요소만 미학의 대상이 되기 때문에 세 번째 구체화는 두 번째 구체화보다 더욱 점진된 구체화이며, 3가지 구체화 중에서 가장 점진된 구체화라고 할 수 있다. 우리가 보통 미학이라 부르는 학술은 이 세 번째 구체화를 의미한다. 미학의 대상은 따라서 인간의 가공에 의해 만들어진 그리고 시각과 청각을 통과하는, 시각과 청각에 호소하는 예술만을 포함한다. 미학의 총체적 난해성의 유래는, 다시 말해 미학이 난해한 학술이라는 이유는 이론가마다 대상을 달리 정하는 데서 온다. 대상에 대한 3가지 구체화 중에서 첫 번째 구체화를 고수하는 이론, 두 번째 구체화를 고수하는 이론, 세 번째 구체화를 고수하는 이론 등 다양하기 때문에 독자가 우선 한 이론이 가지고 있는 정확한 대상을 찾고 그 이론을 읽어야 하는 것이 미학을 난해한 학술로 만든다. 예를 들어 니체2)가 의미하는 미학의 대상은 가장 넓은 대상인 첫 번째 구체화이고, 칸트가 의미하는 미학의 대상은 두 번째 구체화에 가까우며, 헤겔이 의미하는 미학의 대상은 가장 좁은 대상으로 세 번째 구체화와 일치한다. 지금까지의 설명이 미학의 총체적 난해성에 대한 설명이라면, 그 난해성을 더욱 난해하게 만드는 것으로서 미학을 과연 어떻게 운영해야 하나 하는 미학의 방법론이 된다.

미학의 대상에 대한 세 번째 구체화에서는 인간의 가공을 거치지 않은 자연의 세계를 제외하고, 또 나머지 인간에 의한 가공물 중에서도 2개의 감관 즉 시각과 청각을 통과하는 부분만을 미학의 대상으로 보았다. 그러나 시각과 청각을 통과했다고 해서 그 통과물을 관리 처리하는 인간의 정신3)이, 인간의 의식4)이, 다시 말해 인간의 주관이 없다면, 예술행위는 이루어질 수 없다. 다시 말해 죽은 사람에게는 아무리 아름다운 예술작품이라도 의미가 없다는 말이다. 따라서 예술행위는 주관과 예술작품, 주관과 대상이라는 관계에 의해서만 이루어지게 된다. 그러나 이 주관과 대상이라는 관계를 더 복잡하게 만드는 것은 그 주관이 2개로 분열되는 데 있다. 다시 말해 예술작품이라는 대상을 생산하는 주관 즉 예술가가 있어야 하며, 또 그 대상을 감상하는 주관 즉 수용자가 있어야 예술행위의 총체성이 이루어진다는 말이 된다. 총체적인 예술행위는 예술가, 예술작품, 수용자라는 삼자 관계에서만 이루어진다. 그러나 예술가, 예술작품, 수용자라는 삼자 관계 배후에는 대단히 복잡하고 복합적인 관계가 내재해 있다. 예술가, 예술작품, 수용자라는 3개의 극점과 또 그 3개의 극점을 연결하는 직선으로 하나의 삼각형을 상상한다면, 어느 극점에 중심을 두느냐에 따라, 또 어느 직선에 중심을 두느냐에 따라 미학의 대상은 너무나 다양하게 변한다. 중심이 주어지는 극점에 따라 삭가론, 직품론, 수용론 등이 있을 수 있고, 예술가와 예술작품을 연결하는 직선을, 즉 예술가와 예술작품의 관계를 생산미학이라 한다면, 예술작품과 수용자의 관계를 수용미학이라 할 수 있다. 이상의 예술가,

---

2) 니체(Friedrich **Nietzsche** 1844~1900)
3) 정신(精神)
4) 의식(意識)

예술작품, 수용자라는 삼자 관계가 현대에 와서는 3개의 극점 중 어느 하나가 탈락되어 양자 관계로 변모하기도 한다. 또 이상의 삼자 관계는 현대 자본주의 사회에서는 생산자, 생산품, 소비자라는 자본주의의 삼자 관계로 변하기도 한다. 이상에서 언급한 다양한 방법론 중에서 독자가 읽고 있는 미학이 어느 방법론에 근거를 두고 있는가를 찾아내는 일은 쉬운 일이 아니다. 미학의 다양한 대상과 또 거기에 다양한 방법론을 더하면 미학의 총체적 난해성을 설명하고도 남는다.

미학은 이처럼 난해하기 때문에, 다시 말해 무한한 사고의 지속을 요구하기 때문에 미학의 매력은 더해진다. 난해한 수학문제가, 난해하고 무한한 바둑의 기법이 그 수학과 바둑을 더욱더 매력 있게 만드는 것처럼 난해성이 바로 미학의 생명이라고 할 수 있다. 그러나 그 난해성이 조금도 풀리지 않고 영원히 동일한 난해성으로 머물러 있다면 매력은 상실되기 때문에, 그 난해성을 조금이나마 경감하기 위해 이 책을 썼으며, 또 이 책을 쓰는 작업 자체가 필자가 가지고 있는 미학에 대한 난해성을 경감하기 위한 작업이었다. 미학이라는 학술이 가지고 있는 무한한 사고의 지속은 무한한 사고의 훈련을 의미하기도 한다. 예술을 생산하는 예술가에게 실천적인 지침을 줄 수는 없고, 또 예술을 감상하는 수용자에게 이론적인 해석방법을 줄 수도 없으나, 미학은 예술가와 수용자를 무한한 사고의 훈련장으로 인도한다. 진정한 철학은 독자에게 절대적인 해답을 제공해 주는 것이 아니라, 독자로 하여금 그 절대적인 해답에 한 걸음 다가가도록 독자의 사고를 훈련시키는 것이라면, 미학 역시 절대적 실천[5]의 지침이나 절대적 이론[6]을 제공해 주지는 못하지만, 그것들에 도달하려는 무한한 사고를 훈련시켜 주는 것이 미학이라 할 수 있다. 단 철학과 미학의 차이점은 철학은 구체적 대상이 없으나 미학은 예술이라는 구체적 대상을 가지고 있다는 것이다. 끝으로 미학은 전형적인 독일적인 학술이다. 미학은 독일 관념론 철학의 정수를 이루고 있다. 따라서 이 책은 독일 관념론 철학의 정수를 대표하는 철학자들로 칸트, 헤겔, 쉘링, 니체, 하이데거, 가다머, 벤야민, 아도르노 등의 예술철학을 대상으로 하고

---

5) 실천(實踐)
6) 이론(理論)

있다. 고전에서 현대까지 가장 핵심이 되는 독일 예술철학을 이 책은 시도하고 있다. 예술과 예술철학을 사랑하는 독자들에게, 또 예술과 철학을 사랑하는 독자들에게 이 책이 작은 기쁨이라도 선사할 수 있다면, 그것은 필자의 큰 기쁨이 될 것이다.

칸트, 헤겔, 쉘링, 니체, 하이데거, 가다머, 벤야민, 아도르노 등 8명의 독일 철학자들에 관한 15개의 논문들은 서로에 대해 독립된 논문들로 선후관계와 그리고 세대관계와 관계없이 구성되어 있다. 어느 철학자에서 시작하든, 어느 논문에서 시작하든 독자들의 자유다.

2009년 2월 과천에서

유형식

칸트

예술의 헤아우토노미

1. 서론

칸트[1]의 3대 비판서『순수이성 비판』,『실천이성 비판』,『판단력 비판』은 독일 철학사에서 뿐만 아니라 세계 철학사에서 그 중요성을 아무리 강조해도 지나치지 않는다. 이상의 세 비판서 중 제1 비판인『순수이성 비판』에서 칸트는 인식의 한계성을 논하면서 칸트 시대를 지배하고 있었던 합리주의와 경험주의 두 철학파를 비판하고 그들의 주장이 모두 실패작이었음을 증명하려 했다. 당시의 철학파는 **합리주의와 경험주의**[2] 두 학파로 양분되어 있었다. 합리주의는 인간의 지성이 인식의 근원이라 생각하며, 경험주의는 경험이 인식의 근원이라 생각하는 학파들이다. 칸트는 합리주의와 경험주의의 대립을『순수이성 비판』에서 해결하려 했다.[3] 합리주의와 경험주의 양자를 다 수용하여, 합리주의가 주장하는 주관과 경험주의가 주장하는 (주관의) 행위를 합해서, 다시 말해 지성을 의미하는 주관과 경험을 의미하는 행위를 합해서 칸트는 **인식**[4]이라고 보았다. 주관과 행위, 양자의 합이 인식이라는 칸트의 주장은 합리주의가 주장하는 지성과 경험주의가 주장하는 경험, 합리주의의 핵심개념인 **오성**과 경험주의의 핵심개념인 **감관**,[5] 양자를 하나로 통합하려는 주장이다.『순수이성 비판』은 따라서 합리주의와 경험주의라는 인간 사고의 2가지 근본 형식

---

1) 칸트(Immanuel **Kant** 1724~1804)
2) **합리주의(Rationalismus)**와 **경험주의(Empirismus)**
3) vgl. Teichert: Immanuel Kant: "Kritik der Urteilskraft", S.13
4) **인식(認識 Erkennen)**
5) 오성(悟性 Verstand)과 감관(感官 Gefühl)

을 다룬다고 할 수 있다. 달리 표현하면 칸트가 생각하는 인식의 구조는 경험을 초월한 부분과, 경험에 의존하는 부분 등 2가지로 되어 있다. 합리주의와 경험주의 양자를 수용한 자기의 철학 즉, 합리주의와도 구별되고 경험주의와도 구별되는 자기의 철학을 칸트는 **선험철학**6)이라고 부른다. 『순수이성 비판』에서 칸트가 전개하는 선험철학의 테마는 합리주의와 경험주의, 오성과 감관을 통합하는 과정, 또는 인식의 가능성과 인식의 한계성에 대한 **비판**7)이라고 할 수 있다. 칸트는 인식의 가능성과 한계성에 대한 **이론철학**8)을 『순수이성 비판』에서 다루는 데 비해, 『실천이성 비판』에서는 행위에 관한 **실천철학**9)을 전개한다. 이처럼 양립된 이론철학과 실천철학을 연결해 주는 제3의 철학이 필요하다는 것이 칸트의 생각이다. 비약하여 표현한다면, 이론철학이 **진**을 다루고, 실천철학이 **선**을 다룬다고 한다면, **미를**10) 다룰 제3의 철학인 예술철학이 필요하다는 것이다.

모든 철학의 궁극적인 목적은 세계를 인식하기 위한 **"하나의 체계"**를 세우는 데 있다. 칸트 철학에서 이 "하나의 체계"를 **"통일성의 이념"** 또는 **"총체성의 이념"**이라고 한다.11) 칸트 역시 이 "하나의 체계", 즉 "통일성의 이념"에 도달하려 했으며, 이에 대한 확신을 포기한 적이 없었다고 한다.12) 그리고 이 "하나의 체계"인 "통일성의 이념"을 대상으로 하는 철학을 칸트는 **형이상학**13)이라고 부른다. 따라서 칸트의 3대 비판서의 목적은 하나의 체계인 "통일성의 이념"에 도달하려는 형이상학이라고 할 수 있다.14) 형이상학의 대상인 "하나의 체계" 즉, "통일성의 이념"을 인식하기 위한 능력은 인간에 내재한 능력으로 "단 하나의" **이성**15)이다. 이성은 동물과 인간을

---

6) **선험철학**(先驗哲學 Transzendentalphilosophie)
7) **비판**(批判 Kritik)
8) 이론철학(理論哲學 theoretische Philosophie)
9) 실천철학(實踐哲學 praktische Philosophie)
10) **진**(眞), **선**(善), **미**(美)
11) vgl. Bartuschat: Zum systematischen Ort von Kants Kritik der Urteilskraft, S.80, 81
12) vgl. ebd.
13) **형이상학**(形而上學 Metaphysik)
14) vgl. Kant: Kritik der Urteilskraft, S.3
15) **이성**(理性 Vernunft)

구별 짓는 요소로서 인간에게만 내재해 있는 인식능력이다. 인간에게만 내재해 있는 이 인식능력에 대한 비판의 결과는 칸트에 의하면 다음과 같다. 인식능력의 가장 근원이 되는 것을 칸트는 **"구성적 선험적 인식원리"**16)라고 부르고, 바로 이 "구성적 선험적 인식원리"를 가능하게 해주는, 다시 말해 가동시키는 능력이 인간에 내재되어 있는데, 바로 이것이 다시 칸트에 의하면 **오성**이 된다. 그런데 이 오성은 무한한 가능성과 동시에 반대로 한계성도 가지고 있다는 것이 칸트의 생각이다. 순수 논리적 사고능력인 오성이 가지고 있는 무한한 가능성과 한계성이란, 인간은 순수 논리적인, 순수 이론적인 사고를 의미하는 오성에 의해 달나라에 상륙하는 등 무한한 가능성을 가지고 있지만, 오성만으로는 해결할 수 없는 것으로, 역시 인간에 내재한 실천적 도덕적 문제가 있다는 것이 칸트의 생각이다. 오성의 무한한 가능성은 오성이 마치 자기가 모든 가능성 일체를 자기 손안에 가지고 있는 양, 자신감에 넘치는 "염려스러운 오만"으로 나타나고, 오성의 한계성은 그러한 "오만"에도 불구하고 오성만으로는 모든 것을 다 해결할 수 없다는 것을 의미한다. 풀어서 설명하면 인간에 내재한 인식능력인 이성은 자세히는 이론적 영역인 **순수이성**과 실천적 영역인 **실천이성**으로 되어 있다. 칸트는 전자의 근본원리인 구성적 선험적 인식원리를 오성, 후자의 그것을 이성이라 부른다. 이성을 분리해 보면 오성과 이성 2개의 구성요소로 되어 있다는 말인데, 칸트가 두 번째 구성요소를 다른 이름으로 부르지 않고 같은 이름, "이성"이라 부르기 때문에 개념의 혼돈이 생긴다. 로마신화의 **야누스**17)가 하나의 머리에 두 개의 얼굴을 가진 것처럼, 이성도 하나의 머리에 오성과 이성이라는 두 머리를 가진 야누스라고 생각하면 된다. "단 하나의" 존재물인 이성을 관찰하면 이성으로 보이기도 하고 또 이성이 아닌 것으로 보이기도 한다고, 다시 말해 이성으로 보이기도 하고 오성으로 보이기도 한다고 이해하면 된다. 칸트가 사용하는 개념들에 대한 혼돈을 피하기 위해 다음 3가지로 다시 요약하면, 첫째 동물과 인간을 구별하는 요소로서 인간에게만 내재해 있는 "단 하나의" 인식능력은 이성이라는 것, 둘째 이 이성은 자세히는 이론적인 순수이성과 실천적인 실천이성 2개의 구조로

---

16) **"구성적 선험적 인식원리**(konstitutive Erkenntnisprinzipien a priori)"
17) 야누스(Janus)

되어 있는데 전자의 "구성적 선험적 인식원리"는 오성이고, 후자의 그것은 이성이라는 것이다. 셋째로 주의할 것은, 오성과 이성, 양자가 다 인간에 내재한 인식능력인데, (인간에 내재해 있는 인식능력인 "단 하나의" 이성을 구성하는 2개의 구성요소들이기 때문에) 전자는 순수 논리적으로만 생각하는 인식능력으로 "염려스러운 오만"을 내포하고 있고, 후자는 순수논리를 초월해서 생각하는 인식능력으로 오성의 오만함을 제어하여 통제해 주는 역할을 하고 있다고 이해해야 한다. 결국 인간세계인 이성의 세계는 순수이성의 세계와 실천이성의 세계, 이론의 세계와 도덕의 세계, (칸트 철학을 더 진전시켜 표현하면) **자연**의 세계와 **자유**의 세계,[18] 2개의 세계로 양분되는 결과를 가져온다. 이상의 분열된 2개의 세계를 다시 통합하여 "하나의 체계"를 만들기 위해 제3의 세계가 필요하다는 것이 칸트의 결론이다. 2개의 세계를 연결해주는 교량역할을 하는 **예술**의 세계가 필요하다는 것이다.

위에서 언급한 이론적 순수이성의 세계와 도덕적 실천이성의 세계는 "구성적 선험적 인식원리"로 각각 오성과 이성을 가지고 있다는 말을 했다. 2개의 세계가 서로 다른 세계, 즉 2개의 **자율성**[19]의 세계라는 뜻이다. 칸트는 자율성을 의미하는 아우토노미의 세계를 **독트린**이라 표현하는데, 독트린은 **비판**[20]의 반대개념으로 비판의 여지가 없는 것, 자명한 것으로 만인이 따라야 하는 이론 또는 공론을 의미한다. 칸트에 의하면 독트린은 2개, 아우토노미는 2개, 다른 말로 철학은 2개라고 이해해야 한다. 위에서 언급한 "단 하나의" 이성에서는 "철학은 하나"라고 하는 것이 옳으나, 여기서는 하나의 철학이 2개로 분열되었다는 점에 주의해야 한다. 두 철학의 상이점은 **"구성적 선험적 인식원리"**의 상이점에서 유래하는 것으로, 하나는 오성이고 다른 하나는 이성이다. 2개의 아우토노미와 2개의 독트린을 만들어 내는 오성과 이성의 상이점은 **이론철학**과 **도덕철학**,[21] **자연**과 **자유**라는 2개의 상이한 세계를

---

18) **자연(自然)**의 세계와 **자유(自由)**의 세계
19) **자율성(自律性 Autonomie)**
20) **독트린(Doktrin)**과 **비판(Kritik)**
21) 이론철학(理論哲學)과 도덕철학(道德哲學)

만들어 내지만, 이들의 공통점은 양자 모두 "하나의 체계"를 위한 형이상학적 계기를 내포하고 있다는 것이다.[22] 다시 말해 양자 다 "하나의 체계"를 위한 형이상학의 일부라는 말이다. 여기서 제기되는 것은 "하나의 체계"를 위한 형이상학은 하나가 되어야 하기 때문에, 2개로 분리된 계기들을 어떻게 다시 하나로 통합하느냐 하는 문제다. 인식의 종류에는 오성과 이성 2가지가 있는데, 이 2가지 인식만으로 완전한 인식이 되느냐 하는 것이다. 칸트에 의하면 완전한 인식이 되기 위해서, 완전한 형이상학이 되기 위해서는 제3의 인식이 필요하다는 의견이다. 칸트에 의하면 이 제3의 인식능력이 **판단력**[23]이다. 종합해서 인간에는 3가지 내재된 인식능력이 있는데, **오성, 이성, 판단력**이 그것이다. 존재하는 것은 "단 하나의" 인식능력인 이성인데, 이 이성이 자기의 영역인 순수이성을 위해 쓰일 때는 오성이고 인간의 욕구와 관련될 때는 이성이며, 또 쾌와 불쾌에 대한 감성과 관계할 때는 판단력이라고 이해해야 한다. 결국 인간에게는 오성, 이성, 판단력이라는 3개의 능력이 내재해 있는데 이 모두가 이성의 지배하에 있다고 생각하면 된다. 제3 비판인 『판단력 비판』의 테마는, 이 제3의 인식능력인 판단력도 오성과 이성처럼 **선험원리**[24]를 가지고 있느냐 하는 문제, 또 선험원리를 가지고 있다면 그것이 **구성적**이냐 아니면 단지 **규제적**[25]이냐 하는 문제, 또 한편으로는 이론적인 인식능력과 다른 한편으로는 실천적인 욕구능력 사이에서 교량역할을 하는 (쾌 또는 불쾌라는) 감성에게 판단력이 어떤 선험적 규칙을 주어 그 감성이 인식의 세계, 그리고 욕구의 세계와 더불어 독립된 제3의 세계가 될 수 있느냐 하는 문제 등이 『판단력 비판』의 테마라고 칸트는 말한다.[26] 칸트의 테마를 다시 간단히 정리하자면, 형이상학이 하나이기 때문에 철학은 하나인데, 이 하나의 철학이 2개로 분열하여 2개의 철학이 되었고, 다시 분열하여 3개의 독립적인 철학이 될 수 있느냐 하는 문제로 압축할 수 있다.

---

22) vgl. Bartuschat: Zum systematischen Ort von Kants Kritik der Urteilskraft, S. 16
23) **판단력**(判斷力 **Urteilskraft**)
24) **선험원리**(先驗原理 **Prinzip a priori**)
25) **구성적**(**konstitutiv**), **규제적**(**regulativ**)
26) Kant: Kritik der Urteilskraft, S. 2

위에서 언급한 **판단력**에 대한 3가지 문제점, 즉 판단력도 선험원리를 가지고 있느냐, 가지고 있다면 그것이 구성적이냐 아니면 규제적이냐, 그리고 판단력에 의한 "쾌와 불쾌"의 감성이 독립적인 아우토노미를 갖느냐 하는 테마와 관련하여 칸트는 『판단력 비판』의 서언에서 판단력의 3가지 성격을 조심스럽게 언급한다. 판단력의 첫 번째 성격은 **중간위상**[27]이다. 판단력은 2개의 인식능력인 오성과 이성 사이에 위치한 제3의 인식능력으로 이들을 연결해주는 교량역할을 한다는 것이다. 이 교량역할이 없다면 전체 건물인 **"총체성의 이념"**이 무너져 버린다는 것이 칸트의 의견이다. 따라서 철학은 3개가 되어야 한다는 논리가 된다. 판단력의 두 번째 성격은 **기생적**[28] 성격이다. 여기서는 철학은 2개라는 입장을 견지하고, 판단력은 이론철학과 실천철학으로 양분되어 있는 철학의 체계 내에서 자기의 고유한 영역이 없어, 때로는 이론철학에 때로는 실천철학에 의존한다는 것이다.[29] 판단력의 세 번째 성격은 판단력의 **주관성**[30]이다. 판단력은 자체 내에 하나의 **개념**[31]을 가지고 있는데, 판단력에 내재한 이 개념은 판단력으로 하여금 대상을 인식하게 하는 개념이 아니라(왜냐하면 인식의 작업은 판단력이 아니라 오성이 하기 때문에), 판단력에게 (객관적이 아니라) 단지 주관적인 규칙만 제공해 주는 개념이라는 것이다. 만약 이 규칙이 누구나 다 인정하는 객관적 규칙이라면 이는 대상에 대한 인식이 되어 판단력과 오성 사이의 차이가 없어지기 때문이다. 판단력에게 주관적인 규칙만 제공해 주는 판단력에 내재한 개념 역시 주관적인 개념을 의미한다. 판단력에 내재한 개념이 객관적 개념이 아니라 주관적 개념이라는 말은 판단력의 존재를 인정한다는 말도 되고, 인정 안 한다는 말도 된다. 판단력에 개념이 내재해 있다는 말은 판단력의 존재를 인정한다는 말이다. 왜냐하면 존재해 있은 대상에 내해서민 개념을 말할 수 있고, 존재해 있지 않은 대상에 대해서는 개념을 말할 수 없기 때문이다. 그리고 판단력이 가지고 있는 개념이 주관적이라는 말은 판단력 자신의 존재를 인정하지 않는다는 말이기도

---

27) ebd.
28) **기생적**(寄生的 parasitär)
29) Kant: Kritik der Urteilskraft, S. 2, 3
30) **주관성**(Subjektivität)
31) 개념(概念 Begriff)

하다. 왜냐하면 단순히 주관적이라는 말은 객관적으로는 존재해 있지 않다는 것을 의미하기 때문이다. 존재하기도 하고, 존재하지 않기도 하는 판단력의 성격을 칸트 자신은 **수수께끼** 또는 **아포리**[32]라고도 표현한다. 칸트에 의하면 **미**와 **숭고**[33]에 대한 미학적 판단이 바로 이 판단력에 내재한 아포리가 등장하는 순간이 된다. 판단력의 존재를 인정한다면 철학은 3개이고, 인정하지 않는다면 철학은 2개가 된다고 볼 수 있다.

『판단력 비판』에 대한 서론에는 2가지가 있다. 제1서론과 제2서론 중에서 이 논문의 테마는 제2 서론에 한정한다. 그 이유는 다음 3가지로 설명된다. 첫 번째 이유는 칸트가 1790년 『판단력 비판』을 출판하기 전 이미 제1서론을 제2서론으로 대치시켰으므로,[34] 제1서론은 칸트 철학에 대한 일반적 연구에서는 중요하나 『판단력 비판』에 대해서는 직접적 중요성이 없다고 할 수 있기 때문이다. 두 번째 이유로는, 페터의 연구논문이 밝히듯이[35] 제1서론은 판단력의 체계가 경험의 영역에 속한다고 보아, 경험의 영역을 지배하는 구성적 선험적 인식원리는 오성이므로, 결국 판단력도 오성의 지배하에 있는 것으로 칸트는 생각했다는 것이다. 다시 말해 제1 서론은 **이성개념**[36]에 의해 합리주의와 경험주의를 하나로 통합하려는 『순수이성 비판』의 지배하에서 『판단력 비판』이 독립하지 못했다는 것이다. 반면에 제2서론에서 칸트는 경험세계를 지배하는 것처럼 보이는 **자연의 합목적성**이라는 선험원리를[37] 증명하려고 하는데, 이 증명을 위해서 칸트는 "판단력"이라고 하는 자율적인 반성능력에 의존한다고 페터는 주장한다. 따라서 이 경우는 제1 서론에서와는 반대로 『순수이성 비판』이 『판단력 비판』의 도움을 받아야 하므로, 『순수이성 비판』이 『판단력 비판』의 지배를 벗어나지 못한다는 논리다. 『순수이성 비판』과 『실천이성 비판』의

---

32) **아포리(Aporie 당혹)**

33) **미(das Schöne)**와 **숭고(das Erhabene)**

34) vgl.Crawford, Donald W.: Kant's Aesthetic Theory, S.5

35) vgl.Peter, Joachim: Das transzendentale Prinzip der Urteilskraft, S.52, 79

36) **이성개념(理性槪念 Vernunftbegriff)**

37) "자연의 합목적성"(Zweckmäßigkeit der Natur)이라는 선험원리는 뒤에서 다시 거론된다.

구성적 선험적 인식원리가 오성과 이성이라는 말은 이미 언급했고, 또 이 2개의 원리들이 2개의 독립된 아우토노미들이라고 했으므로, 하나의 아우토노미인 오성에 도움을 주는 판단력도 아우토노미를 가져야 한다는 것이 칸트의 생각이다. 왜냐하면 판단력의 자율성, 즉 아우토노미를 부인한다면 판단력은 아우토노미인 오성에게 도움을 줄 수 없기 때문이다. 타율성이 자율성에게 도움을 줄 수 있는 위치에 있는 것이 아니라, 반대로 자율성이 타율성에게 도움을 줄 수 있는 위치에 있다는 말이다. 그러나 판단력이 가지고 있는 아우토노미는 타자와의 관계에서 생기는 아우토노미가 아니라 자기 자신과의 관계에서 생기는 아우토노미로 칸트는 이 판단력의 아우토노미를 **"헤아우토노미"** 즉 **"자기자율성"**이라 부른다고 페터는 설명한다. 제1서론에서 결여되었던 판단력의 아우토노미 내지는 헤아우토노미가 제2서론에서 새로 정립되었다는 논리다. 따라서 제2서론은 분량이 많은 제1서론을 단순히 요약하여 압축시킨 것이 아니라, **반성적 판단력**[38]이라는 원리를 제1서론과는 다르게 새로 규정하고 있다고 페터는 주장한다. 페터의 주장을 따른다면, 따라서 『판단력 비판』의 독립성은 제2서론에서 비로소 보장되기 때문에, 우리의 논문에서 제1서론을 제외할 수 있는 이유가 된다. 세 번째 이유는 『판단력 비판』의 서론으로 되어 있는 제2서론에 전체 명제가 묘사되어 있고, 본론에서는 제시된 명제에 대한 연역[39]만 논의되고 있다. 다시 말해 서론에(제2서론에) 명시된 명제를 칸트는 본론의 미의 분석, 숭고미의 분석 등에 의해서 단순히 증명만 한다고 볼 수 있다. 서론이(제2서론이) 명제의 제시라면, 본론은 그 제시된 명제에 대한 연역이다. 서론을 먼저 연구하든 본론을 먼저 연구하든 결과는 같다고 할 수 있다. 또 서론을 이해하면 본론을 이해하는 것으로 서론만을 연구의 대상으로 할 수 있는 이유가 된다. 언급한 대로 이 논문의 테마는 『판단력 비판』의 서론에만(제2서론에만) 한정하는 동시에 『판단력 비판』의 구조가 2개의 구조로, 즉 "미학적 판단력 비판"과 예술과는 직접적으로는 무관한 "목적론적 판단력 비판"으로 되어 있는데, 예술과 직접적 관계가 있는 **미학적 판단력 비판**에만 중점을 두어 다루기로 한다.

---

38) **반성적 판단력**(reflektierende Urteilskraft)
39) 연역(Deduktion)

2. 철학의 분류

지금까지 2개의 철학, 또는 3개의 철학 등 철학의 2 분류 또는 3 분류에 대해 언급했다. 칸트는 9개의 항목으로 되어 있는 서론[40]에서 철학의 분류를 다시 되풀이한다. 특히 서론의 제I 항목과 제II 항목은 철학의 2 분류를 다루고 있다. 여기서 칸트는 철학 일체를 첫째 **개념**[41]에 의해 그리고 둘째 **대상**[42]에 의해 2개의 철학으로 분류하고 있다. 우선 개념에 의한 철학의 2 분류는 다음과 같다. 언급한 대로 동물과 인간을 분리하는 요소는 인간에 내재한 이성이므로, 2 분류시의 상위개념을 칸트는 **이성 인식**[43]이라고 부른다. 이성 인식에는 2가지 인식, 즉 이론적 인식과 실천적 인식, 다시 말해 이론철학과 실천철학 2 가지가 있다는 것이다. 그리고 전자의 개념을 칸트는 **자연개념**, 후자의 개념을 **자유개념**[44]이라 부른다. 결국 이성개념이라는 상위개념을 구성하는 2개의 하위개념들인 **자연개념**과 **자유개념**의 구별이 선행해야 한다. 자연개념과 자유개념의 구별을 3가지로 시도해 본다. 첫째로 칸트는 **자연**[45]을 가능한 모든 경험의 대상이라고[46] 정의한다. 자연은 눈으로 볼 수 있고, 귀로 들을 수 있는 감관의 세계로 **경험세계**[47]를 의미한다. 그런데 직접 눈으로 볼 수 있고, 귀로 들을 수 있는 감관의 세계만 존재하는 유일한 세계냐, 아니면 그 배후에 또 하나의 세계가 존재한다고 생각하느냐에 따라서 일원론 또는 이원론으로 철학사는 분리하는데 칸트는 후자에 속한다. 칸트는 눈으로 볼 수 있고 귀로 들을 수 있는 세계를 감관적 세계, 직관의 세계라 하고, 그 배후의 세계를 초감관적 세계, 또는 "**물 자체**"[48]라고 한다. 전자의 세계는 인식 가능한 자연의 세계이고, 후자의 세계는 인식 불가능한 자유의 세계를 의미한다. 자연개념과 자유개념 사이의 차이는 다음과 같다. 자연

---

40) "서론"은 앞으로 "제2서론"을 의미한다.
41) **개념(槪念 Begriff)**
42) **대상(對象 Gegenstand)**
43) Kant: Kritik der Urteilskraft, S.6
44) **자연개념(自然槪念)**과 **자유개념(自由槪念)**
45) **자연(自然 Natur)**
46) Kant: Kritik der Urteilskraft, S.19
47) **경험세계(經驗世界 Empirie)**
48) "**物 자체(Ding an sich)**"

개념은 대상을 직관으로서만 인식하나(칸트는 인식이라는 말 대신에 표상이라는 말을 사용한다) "물 자체"로서는 인식하지 못하는 반면에, 자유개념은 반대로 대상을 "물 자체"로는 인식하나 직관으로서는 인식하지 못한다는 것이다.[49] 양자 모두 대상에 대한 완전한 인식이 못 된다는 이론이다. 자연개념이 직관에 의한 인식이라면, 자유개념은 "물 자체"에 의한 인식이라는 것이 그 양자 사이의 첫 번째 차이점이다. 두 번째 차이점은 자연의 세계는 다양성의 현실 세계인데 비해, 자유의 세계는 가능성의 도덕 세계를 의미한다. 현실의 세계에는 삼라만상의 현상뿐만 아니라 또 그 수많은 현상을 지배하는 서로 충돌하는 수많은 법칙들이 존재하지만, 도덕의 세계는 이 수많은 현상들과 수많은 법칙들을 하나로 통합하려는 **목적**[50]이라는 가능성 설정의 세계다. 도덕적 이성은 인간으로 하여금 마치 그가 인간이 인간답게 살 수 있는 선한 국가에 살고 있는 양 행동하라는 요구를 한다는 것이다.[51] 그러나 현실은 "선한 국가"가 아니라 서로 배타적이고 충돌적인 수많은 현상과 법칙들이 지배하는 "악한 국가"이기 때문에 이 요구는 가능성 설정에 불과하다. 따라서 서로 배타적인 수많은 현상들이 "하나의 목적" 밑에 정돈되고 통일되어 질서를 지키면서 인간이 인간답게 살 수 있는 "선한 국가"는 실제로 존재하는 사실성이 아니라 존재해야 할 가능성을 의미한다. 존재해 있는 사실성은 서로 배타적인 수많은 현상, 수많은 법칙 등 다양성을 의미하고, 존재해야 할 가능성은 그 수많은 현상들을, 수많은 수단들을 하나의 목적 밑으로 정돈하고 통일하는 단일성, 다시 말해 통일성을 의미한다. 셋째로 자연개념은 위에서 언급한 통일성이 결여된, 서로 배타적이고 서로 충돌하는 수많은 현상들의 세계로 우연히 지배하는 세계를 의미하고, 자유개념은 이 수많은 현상들을 하나로 묶어주는 목적이 지배하는 세계를 의미한다고 할 수 있다. 자연개념과 자유개념 사이의 차이짐은 직관의 세계와 "물 자체"의 세계, 다양성의 세계와 (가능성으로서의) 통일성의 세계, 우연의 세계와 목적의 세계라고 종합할 수 있다.

---

49) Kant: Kritik der Urteilskraft, S.10, 11
50) 목적(目的 Zweck)
51) vgl.Marquard, O.: Kant und die Wende zur Ästhetik, S.245, 247, 248

　　자연개념과 자유개념에 의한 철학의 2 분류, 즉 이론철학과 실천철학 또는 자연철학과 도덕철학으로의 분류를 혼돈케 하는 2가지의 경우가 있다. 하나는 이론철학(자연철학)에서 생기는 경우고, 다른 하나는 실천철학(도덕철학)에서 생기는 경우다. 이론철학에서 생기는 경우는 예를 들어 순수 기하학과 같은 순수한 이론만 다루는 학술이 있는가 하면, 이 순수한 기하학을 응용하여, 다시 말해 이론을 실천하는 토지측량학과 같은 응용학술도 있다. 그렇다면 전자는 이론철학이고 후자는 실천철학이 아니냐 하는 질문이 생긴다. 전자는 즉 순수 기하학은 자연세계의 현상을 탐구하는 학술로 이론철학의 영역에 속하는 것은 당연하나, 후자 즉 응용학술 또는 실천학술의 영역이 문제가 된다. 칸트는 "**기술적 - 실천적**"이라는 개념과 "**도덕적 - 실천적**"[52]이라는 개념을 분리하여 사용하면서, 응용학술 또는 실천학술은 **기술적 - 실천적 개념**으로 도덕세계와는 관계없는 학술이며 그리고 역시 자연세계의 현상을 탐구하는 학술이기 때문에, 응용학술 또는 실천학술을 이론철학에 통합시킨다. 따라서 응용기하학과 같은 응용학술들은 물론이고, 처세술, 행복론 등과 같은 상식적으로 인간의 도덕세계에 속한다고 생각되는 학술들도 이론철학(자연철학)의 영역에 속한다고 보아야 한다. 처세술과 행복론과 같은 자연세계 즉 경험세계에 속하는 학술들도 경험세계를 지배하는 **인과관계**[53]에 의해서 이루어지는 학술이기 때문이다. 실천철학(도덕철학)의 대상은 도덕적 - 실천적 개념으로 경험세계를 지배하는 인과관계를 초월한, 다시 말해 경험세계의 인과관계에서 자유로운 대상이 되어야 한다는 것이다. 다음에 실천철학(도덕철학)에서 생기는 혼돈의 경우는 다음과 같다. 칸트는 인간에 내재한 **욕구능력**[54]에 의해 생기는 의지가 자연현상에 의해 결정된다고 말하면서 이 의지가 자연개념이냐 아니면 자유개념이냐 하는 질문을 제기한다. 이 질문에 대한 분명한 해답을 피하면서 칸트는 이때의 인과관세를 규정하는 개념이 자연개념이라면 이는 "기술적 - 실천적"이며, 인과관계를 규정하는 개념이 자유개념이라면 이는 "도덕적 - 실천적"이라고만 말한다.[55] 이상의 칸트의 말을 예를 들어 풀이하자

---

52) "**기술적 - 실천적**(technisch - praktisch)", "**도덕적 - 실천적**(moralisch - praktisch)"
53) **인과관계**(因果關係 Kausalität)
54) **욕구능력**(Begehrungsvermögen)

면 다음과 같다. 상대방에게 따귀를 때리고 싶은 의지가 생겼다고 가정하자. 그 의지가 생긴 이유는 자연현상에 의해서 다시 말해 상대방의 얼굴이 괘씸하게 생겼기 때문이다. 이 의지에 따라 상대방의 왼뺨을 때린 결과 상대방이 나의 왼뺨을 같이 때렸다. 이상의 과정은 경험세계(자연세계)를 지배하는 인과관계에 의해 생겨난 과정이다. 상대방의 얼굴이 괘씸하게 생겼기 때문에 왼뺨을 때렸고, 또 왼뺨을 때렸기 때문에 왼뺨을 맞았다는 인과관계의 연속이다. 이상의 인과관계의 연속은 "도덕적 - 실천적"이 아니라 "기술적 - 실천적"인 개념으로 도덕철학이 아니라 자연철학에, 실천철학이 아니라 이론철학에 속한다는 논리다. 만약에 왼뺨을 맞은 상대방이 나의 왼뺨을 때리지 않고 자기의 오른뺨도 때려달라고 내민다면, 이는 자연현상을 지배하는 인과관계를 초월하는, 다시 말해 인과관계에서 자유로운 개념으로 "도덕적 - 실천적" 개념이 되어 도덕철학(실천철학)에 속한다는 결론이다. 이론철학과 실천철학, 또는 자연철학과 도덕철학의 개념들 즉 자연개념과 자유개념 사이의 차이점을 직관의 세계와 "물 자체"의 세계, 다양성의 세계와 (가능성으로서의) 통일성의 세계, 우연의 세계와 목적의 세계 등으로 표현했으나, 이 차이점을 더 구체적으로 표현하면 다음과 같다. 일체의 경험세계를 (눈으로 볼 수 있고, 귀로 들을 수 있는 일체의 현실세계를) 지배하는 것은 **자연개념**이다. 따라서 현실세계를 위해 존재하는 일체의 학술들, 자연과학은 물론이고, 상식적으로 도덕철학에 속한다고 생각되는 윤리학, 도덕학까지도 자연개념의 지배하에 있다고 생각해야 한다. 즉 현실세계를 위해 존재하는 일체의 학술들을 총괄하는 철학이 **이론철학(자연철학)**이라 생각해야 한다. 그리고 이론철학(자연철학)에 속하는 학술을 해결하기 위해 인간이 소유한 인식능력이 **오성**[56]이다. 일체의 경험세계 또는 일체의 현실세계란 우리가 살고 있는 단 하나의 유일한 세계를 의미하므로 결국은 철학도 단 하나의 유일한 철학, 이론철학(자연철학)만이 있을 수 있다고 생각할 수 있다. 그러나 칸트 철학이 일원론이 아니라 이원론에 속한다는 말을 했듯이, 칸트는 경험세계(현실세계) 배후에 있는 또 하나의 세계를 인정하므로 세계는 하나가 아니라 둘이라는 결론이 된다. 경험세계(현실

---

55) Kant: Kritik der Urteilskraft, S.7
56) **오성(悟性 Verstand)**

세계)를 초월하는, 다시 말해 경험세계의 인과관계에서 자유로운 초감관 세계인 "**물자체**"[57]의 세계를 다루는 철학이 실천철학(도덕철학)이며, 이를 위한 인식능력이 **이성**[58]이라고 생각해야 한다. "자연의 반대가 자유", "이론의 반대가 실천", "자연의 반대가 도덕"이라는 말들이 동양철학의 교육을 받은 우리에게는 이해하기 힘든 말들이다.

다음에 대상에 의한 철학의 분류를 논할 차례다. 개념에 의한 철학의 분류에서 상위개념인 이성 인식[59]은 2개의 하위개념인 이론적 인식과 실천적 인식으로 구성되어 있고, 또 그 2 종류의 인식의 개념은 자연개념과 자유개념이었다. 인식의 대상에 의한 철학의 분류에 있어서 칸트는 **이성학술**[60]이라는 말을 사용한다. 학술이란 구체적 대상을 가진 철학을 의미한다. 따라서 상위개념인 이성학술의 대상은 하나라고 할 수 있으나 이성학술이 2개의 하위개념의 학술로 다시 분리된다고 한다면 대상도 2개, 즉 자연의 세계와 자유의 세계라고 보아야 한다. 칸트는 철학의 대상을 평면적 분류와 입체적 분류 2가지로 나누어 설명한다. 이때에 공통적으로 칸트가 사용하는 3개의 개념 즉 **대지, 지반, 영역**[61] 등을 구별할 필요가 있다. **대지**라는 개념은 인식이 가능하든 가능하지 않든 구별 없이, 인식해야 할 일체의 대상을 의미한다. 따라서 대지에는 인식이 가능한 부분도 있고, 인식이 불가능한 부분도 있다. 다음에 **지반**은 대지 중에서 개념들과 (개념에는 자연개념과 자유개념이 있다) 인식능력에 의해 인식 가능한 부분만을 의미한다. 끝으로 **영역**은 통치권을 의미하는 말로, 칸트는 **입법**[62]이라는 말을 사용한다. 법을 만들어 내는 국회 즉 입법부는 주권국가를 (주권국가는 자율성 즉 아우토노미를 의미한다) 의미한다고 생각하면 된다. 인식개념들과 인식능력에 의해 인식 가능한 부분 즉 지반은 2개의 입법부인 2개의 통치권에

---

57) "**物 자체**(Ding an sich)"
58) **이성**(理性 **Vernunft**)
59) 이성 인식(理性認識)
60) **이성학술**(**Vernunftwissenschaft**)
61) **대지**(大地 **Feld**), **지반**(地盤 **Boden**), **영역**(領域 **Gebiet**)
62) **입법**(立法 **Gesetzgebung**)

의해, 다시 말해 2개의 영역에 의해 구성되었다는 논리다. 대지, 지반, 영역의 관계를 비유적으로 설명한다면 다음과 같다. 넓고 광활한 하나의 지구(하나의 세계)가 존재하는데 이를 "**대지**"라 하고, 이 대지는 사람이 살 수 있는 육지와 사람이 살 수 없는 바다로, 2개의 부분으로 되어 있으며, 사람이 살 수 있는 육지에, 사람이 살 수 있는 "**지반**" 위에 2개의 주권국가가, 2개의 "**영역**"이, 2개의 입법이 통치권을 행사하고 있다고 생각할 수 있다. 이상의 비유를 참고로 하고 칸트가 행하는 철학의 2 분류를 논해 본다. 우선 평면적 분류를 위하여 칸트는 경험의 개념을 부각시킨다. "**경험개념**[63]들은 감관적 대상 일체라고 할 수 있는 자연에 지반을 가지고 있다고"[64] 칸트는 말한다. 이는 위에서 언급한 대지, 지반, 영역 중에서 지반과 경험 일체를 일치시킨다는 말이 되며, 나아가서는 경험과 자연이 동일한 평면인 동일한 "지반" 위에 놓여 있다는 말이 된다. 따라서 경험세계 또는 자연세계가(경험과 자연은 동일한 평면인, 동일한 "지반" 위에 서로 일치하여 있으므로 다시 말해 경험＝자연이라는 공식이 되므로) 인식 가능한 부분이 된다고 보아야 한다. 그러나 경험개념들은 타율적으로 만들어지기 때문에, 다시 말해 스스로 입법적이 못되기 때문에, 자율성, 즉 아우토노미가 없어 "**우연한 개념**"들이라는 것이, 또 다시 말해 자율적이고 선험적인 개념이 못 된다는 것이 칸트의 생각이다. 따라서 경험개념들로서는 인식이 불가능하여 경험세계라는 지반을 지배하고 있는 2개의 자율적이고 선험적인 영역에 의존해야 한다는 것이다. 이 2개의 자율적이고 선험적인 영역은 자연개념의 영역과 자유개념의 영역으로, 철학은 따라서 이론철학과 실천철학으로 분류된다고 칸트는 말한다. 이 2개의 자율성과 2개의 선험성을 보장하는 입법은 오성과 이성으로, 전자는 자연개념에 의한 입법으로 이론적이고, 후자는 자유개념에 의한 입법으로 실천적이라고 칸트는 말한다.[65] 이상 2개의 자율적이고 선험적인 입법, 즉 오성에 의한 입법과 이성에 의한 입법은 경험이라는 동일한 "지반" 위에서 이루어진다는 것을 칸트는 강조하고, 또 2개의 입법은 서로 간섭하지 않으며 서로 충돌 없이 공존한다는 것을

---

63) **경험개념(Erfahrungsbegriff)**
64) Kant: Kritik der Urteilskraft, S.9
65) Kant: Kritik der Urteilskraft, S.10

제1 비판인 『순수이성 비판』에서 증명했다고 칸트는 말한다.[66] 여기서 개념에 의한 분류와 비교한다면, 개념에 의한 분류는 자연세계를 이론철학에 수용하는 반면에, 평면적 분류는 자연세계를(경험세계와 자연세계는 동일한 지반 위에 있으므로 같은 개념으로 본다면) 다시 2개로 분류하여, 즉 자연개념의 "영역"과 자유개념의 "영역"으로 분류하여, 전자는 이론철학에 후자는 실천철학에 수용하고 있다. 개념에 의한 분류에서 자연은 자신의 배후에 제2의 세계를 가지고 있다고 한다면, 평면적 분류에서는 자연은 자체 내에 제2의 세계를 가지고 있다고 볼 수 있다. 오성에 의한 입법도, 또 이성에 의한 입법도 독자적으로는 완전한 인식이 못 된다는 것은 개념에 의한 분류에서 이미 언급했다.

다음에 역시 대상에 의한 분류에 속하는 입체적 분류를 논할 차례다. 육지와 바다, 2개의 부분으로 구성되어 있는 넓고 광활한 하나의 지구를 대지라고 비유했는데 칸트는 또 하나의 지구를, 또 하나의 대지를 상정한다. "무한하고 인간의 인식능력으로는 도달할 수 없는 대지 즉 초감관적 대지가 있다. 이 초감관적 대지에는 오성개념의 영역도 또 이성개념의 영역도 들어 있지 않다. 인간이 가지고 있는 2개의 능력, 즉 이성을 이론적으로 사용하는 능력과 또 이성을 실천적으로 사용하는 능력을 다 합해서 표현한다면 이 초감각적 대지를 **이념의 세계**라고 밖에는 할 수 없다. 초감관적 대지인, 이 이념의 세계는 자유의 법칙에 속한다고 보아야 하고 또 실천적 사실성을 인정할 수 있지만 이론적 인식능력으로는 도저히 도달할 수 없는 세계다."[67] 세 번째 분류인 입체적 분류는 칸트 철학을 더욱 난해하게 만드는 요소다. 이유는 이미 언급한 대로 개념적 분류는 경험세계인 자연의 배후에 제2의 세계를 상정하고, 평면적 분류는 자연의 자체 내에 제2의 세계를 상징하는가 하면, 세 번째 분류인 입체적 분류는(넓고 광활한 하나의 세계를, 즉 하나의 대지를 자연의 세계라고 한다면) 자연 위에(자연을 넘어서서) 제2의 세계를 상정한다고 할 수 있기 때문이다. **서론**의 제I 항목과 제II 항목에서 칸트가 행하는 **개념적 분류, 평면적 분류, 입체적 분류**는 난해

한 문제로 미해결로 남겨 둘 수밖에 없다. 다만 한 가지 분명한 것은 자연개념과 자유개념이, 직관의 세계와 "물 자체"의 세계가, 감관적 세계와 초감관적 세계가, 다양성의 세계와 통일성의 세계가, 우연의 세계와 목적의 세계가 팽팽하게 대립하고 있다는 사실이다. 칸트는 다음에 이상의 두 세계 사이의 "팽팽한 대립"을 후퇴시키면서 두 세계 사이를 이어주는 다리가 있다는 말을 한다. 그러나 이 다리는 자연개념의 영역에서 출발하여 자유개념의 영역으로 향하는 것이 아니라, 반대로 후자에서 출발하여 전자로 향하는 다리라는 것이다. 칸트에 의하면 자연개념의 영역에서 출발하여(이성을 이론적으로 사용하는 이론철학에서 출발하여) 자유개념의 영역에 도달하는 다리는 없으나, 반대로 자유개념의 영역에서 출발하여 자연개념의 영역에 도달하는 다리는 있다는 것이다.[68] 자유개념의 영역은 자연개념의 영역에 영향을 주어, 자유개념의 선험원리인 **최종목적**[69]이 감관적 세계인 자연의 세계에서 이루어져야 하는 **당위성**[70]이 있다는 것이다. 이 당위성은 자유개념의 목적이 자연의 세계에서 반드시 이루어진다는 필연성을 의미하지는 않는다는 사실에 주의해야 한다. 이유는 언급한 대로 자연의 세계는 목적이 아니라 우연이 지배하는 세계이기 때문이다. 이상의 당위성이라는 개념을 다음과 같이 설명할 수 있다. 자유개념의 선험원리인 최종목적이 감관적인 현실세계인 자연의 세계에서 이루어진다고 가정하고, 달리 표현하여 자연의 세계는 우연의 세계지만 그럼에도 이 우연적인 자연의 세계를 하나의 **합법칙성**[71]이(정확히 표현하면 실제적이 아니라 **형식적인 합법칙성**이) 지배한다고 가정하고, 또 달리 표현하여 한편으로는 자연세계를 지배한다고 가정된 합법칙성과 다른 한편으로는 최종목적으로 인도하는 자유법칙, 양자가 마치 서로 일치하는 것처럼 생각하고 인간은 자연을 판단해야 한다는 것이다.[72] 하늘의 뜻이 땅에서도 이루어지라고 하는 성경의 구절에 비유하여 다시 표현하면 다음과 같다. 하늘의 뜻이 땅에서도 이루어졌다고 가정하고, 하늘의 뜻이 땅의 뜻이고 땅의

---

68) Kant: Kritik der Urteilskraft, S.11
69) **최종목적(最終目的 Endzweck)**
70) **당위성(當爲性 Sollen)**
71) **합법칙성(合法則性 Gesetzmäßigkeit)**
72) Kant: Kritik der Urteilskraft, S.11

뜻이 하늘의 뜻이라고 가정하고, 하늘의 뜻과 땅의 뜻 양자가 서로 일치한다고 가정하고 인간은 현실세계인 자연세계를 판단해야 한다는 것이다. 여기서 "형식적인 합법칙성"이라는 말에서 "형식적"이라는 의미는 실제로는 즉 내용적으로는, 자연의 세계는 자유의 세계가 움직이는 법칙에 따라 움직이지 않고 독자적인 운동을 한다는 뜻이다. 이유는 이미 언급한 대로 자유의 세계는 통일성과 목적의 세계인데 비해, 자연의 세계는 다양성과 우연의 세계이기 때문이다. 이상의 발언을 다시 다음과 같이 해설할 수 있다. 자연의 세계가 자유의 세계를 지배하는 같은 원리에 의해서 움직인다고 판단해야 한다는 말은, 자연의 세계에서 언제인가는 달성되어야 할, 아니면 언제인가 달성되리라고 가정되는 "자유개념의 통일성과 목적"을 이상의 칸트 발언은 지시해준다. 그리고 이상의 발언은 "자유개념의 통일성과 목적"이 언제인가 달성되어야 할, 아니면 언제인가 달성되리라고 가정되는 당위성을 의미하는 말이지 그 "통일성과 목적"이 반드시 달성된다는 보장 즉 필연성을 의미하는 말은 아니다. 다시 성경구절에 비유하여 표현하면 하늘의 뜻이 땅에서도 이루어지면 좋겠다는 소원은 땅에서도 이루어져야 한다는 당위성을 의미하는 것이지, 반드시 이루어진다는 보장과 필연성을 의미하는 말은 아니라고 할 수 있다. 그리고 "형식적인 합법칙성"에서 "합법칙성"이라는 말도 자연의 세계는 다양성과 우연이 지배하는 세계이기 때문에 통일된 "법칙"이라는 말을 사용하지 않고 "합법칙성"이라는 말을 사용한 것이다. 다시 말해 통일된 법칙이 결여되어 있으나, 그럼에도 마치 통일된 법칙에 의해 자연의 세계가 움직이는 양 판단하라는 의미에서 "합법칙성"이라는 개념을 칸트는 사용한다. 종합하여 자유의 개념의 영역에서 출발하여 자연의 개념의 영역에 이르는 당위성이라는 다리를 인정한다면, (자유개념에서 자연개념으로의 방향이 칸트의 연역적 철학을 의미하는데) 2개의 세계, 즉 감관적 세계와 초감관적 세계, 자연개념의 세계와 자유개념의 세계를 하나로 통일하는 근거가 생긴다는 것이 칸트의 의견이다. 그러나 이 2세계를 하나로 연결하는 다리라는 개념은 이론적으로도 또 실천적으로도 인식할 수 없고, 또 이 다리는 독자적인 "영역" 즉 자율적 통치권(아우토노미)을 가지고 있지 않지만, 이 다리는 두 세계를 연결해 주는 사고의 다리가 될 수 있다는 것이다.

3. 판단력

　자연개념의 영역과 자유개념의 영역 사이를 연결해 주는 "다리"를 칸트는 "**판단력**"73)이라고 부르고, 이 판단력이라는 개념을 유도해내기 위하여 제Ⅲ항목에서 "**비판**"과 "**독트린**"74)을 분리하여 설명한다. 비판과 독트린에 대한 설명을 3가지로 종합하면 다음과 같다. 첫째로 칸트가 의미하는 비판은 분명한 대상이 없는 반면에 독트린은 분명한 대상을 가지고 있다고 할 수 있다. 철학의 평면적 분류에서 본 이론철학의 영역과 실천철학의 영역, 2개의 영역 중에서 비판에 속하는 구체적인 영역은 없으나, 이 2개의 영역이 2개의 독트린에 속해 2개의 고유한 영역을 형성한다고 칸트는 말한다. 따라서 철학은 2개의 독트린으로, 이론철학과 실천철학으로 분류되나 비판철학은 3개의 비판으로, 『순수이성 비판』, 『실천이성 비판』, 『판단력 비판』으로 분류된다고 보아야 한다. 둘째로 비판은 인간의 인식능력 일체를 비판하는 것에 비해, 독트린은 인식능력에 대한 비판이 아니라 인식의 집행이라고 할 수 있다. 칸트의 **선험철학**75)은 경험세계에 주어져 있는 대상만을 탐구하는데 만족하지 않고, 대상에 대한 경험 자체의 가능성과 한계성을 탐구하려는 철학이다. 칸트의 표현에 의하면 비판의 사명은 인식능력 일체의 오만을 비판하여 인식능력으로 하여금 자신의 가능성과 한계성을 깨닫게 하는데 있다고 한다. 인간의 인식능력이 자신의 가능성과 한계성을 깨닫고 나면, 다시 말해 비판의 사명이 끝나면, 다음에는 독트린이 일을 시작할 차례라는 논리다. 셋째로 어떤 한 점에 집중된 인식행위를 의미하는 **아페르쎕씨온**76)의 인식주체를 칸트는 정립하려 하는데, 칸트의 비판철학의 핵심이 바로이 **인식주체**다.77) 비판에서 이 인식주체가 문제라면 독트린에서는 인식객체가 문제라고 할 수 있다. 인식행위에는 주체와 객체, 주관과 대상이 있어야 하는데, 주체는 주관적이고 객체는 객관적이다. 그렇다면 인식주체는 주관적이고 인식객체는 객관

---

73) "**판단력**(判斷力 Urteilskraft)"
74) "**비판**(批判 Kritik)"과 "**독트린**(理說 Doktrin)"
75) 선험철학(先驗哲學 Transzendentalismus)
76) **아페르쎕씨온**(統覺 Apperzeption)
77) vgl. Marquard: Kant und die Wende zur Ästhetik, S. 244

적이라고 할 수 있다. 문제는 칸트가 인식주체에 객관성을 부여하려는데 있다. 따라서 비판의 사명은 인식주체의 주관적 객관성 또는 객관적 주관성을 확립하는 것이고, 독트린의 사명은 인식객체의 객관성 또는 객관적 객관성을 찾으려는 것이라고 말할 수 있다. 이상에서 비교 설명한 비판과 독트린 중에서 칸트가 하는 일은 2개의 부분으로 되어 있는 독트린이 아니라 3개의 부분으로 되어 있는 비판이다. 칸트의 표현에 의하면 다음과 같다. "철학의 분류에서 제외된 부분은, 다시 말해 철학의 2 분류에서 제외된 부분은(그 제외된 부분이 선험원리를 가지고 있는 한, 이때의 선험원리는 이론철학의 선험원리나 실천철학의 선험원리와는 다른 종류의 선험원리가 되겠지만) 순수한 인식능력 일체에 대한 비판에는 속할 수 있고, 그것도 비판의 핵심부분이 될 수 있다."[78] 여기서 철학의 2 분류에서 제외된 부분, 그럼에도 자신의 선험원리를 가지고 비판의 핵심부분을 구성할 수 있는 부분, 바로 이 부분이 **판단력**이다. 따라서 이론적 인식의 선험적 근거를 제공해 주는 자연개념이 오성이라는 입법에 의존하고, 초감관적이고 실천적인 인식의 선험적 근거를 제공해 주는 자유개념이 이성이라는 입법에 의존한다면, 오성과 이성 사이를 연결해 주는 다리인 판단력도 인식능력들인 오성, 이성과 더불어 한 가족의 일원이 될 수 있다는 것이 칸트의 논리다. 그러나 문제는 오성과 이성은 각각 독자적인 입법과 독자적인 선험원리를 가지고 있는 데 비해, 판단력은 독자적인 입법은 불가능해(자치권을 의미하는 영역은 2개 밖에 없으므로) 포기하지만 독자적인 선험원리만은 가지려 한다는 데 있다. 그리고 판단력이 갖게 되는 선험원리는 독자적인 입법 즉, 아우토노미가 없으므로, 객관적이 못 되는 **주관적 선험원리**가 될 수밖에 없다는 것이 칸트의 생각이다. 따라서 독자적인 입법을 갖지 못한 판단력은, 하나의 지반 위에 2개의 영역이라는 평면적 분류에 의해서 본다면, 영역은 없으나(자율적 통치권을 의미하는 아우토노미는 없으나) 지반은 가질 수 있다는 것이 칸트의 논리다. 따라서 **하나의 지반 위에 입법은 (자율적 통치권은) 2개가 있으나, 선험원리는 3개가 있다고 할 수 있다.**

---

78) Kant: Kritik der Urteilskraft, S.12

하나의 지반 위에 2개의 입법과 3개의 선험원리라는 분류가 대상에 의한 분류라고 한다면, 다음에 칸트는 주관에 의해서, 다시 말해 인간에 내재한 능력에 의해서 판단력을 유도해 낸다. 칸트에 의하면 인간에게는 3개의 능력이 태어날 때부터 내재해 있다. 칸트는 인간에 내재한 3개의 능력을 **표상력** 또는 **심적능력**[79]이라고 부르는데, 구체적으로 말하면 이 3개의 능력은 **인식능력**, **쾌 불쾌의 감성**, **욕구능력**[80]이다. 칸트에 의하면 인식능력의 선험적 입법은 오성이 하며, 욕구능력의 선험적 입법은 이성이 하므로, 인식능력과 욕구능력 사이를 연결해 주는 다리가 "쾌 불쾌의 감성"이고 오성과 이성 사이를 연결해 주는 다리가 판단력이 된다. 판단력 역시 인간에 내재한 능력 중의 하나의 능력이기 때문에 독자적인 선험원리를 가지고 있다는 논리다. 그리고 이성은 하나이고, 또 철학의 대상이 되는 인간의 세계는 하나의 자연세계라고 했듯이, 비판도 하나의 **"순수이성 비판"**뿐이라는 논리를 칸트는 전개한다. 그리고 이 하나의 순수이성 비판은 3개의 부분으로 즉 **순수오성 비판**, **순수판단력 비판**, **순수이성 비판**으로 나누어진다는 것이 칸트의 생각이다. 그리고 이 순수오성, 순수판단력, 순수이성이라는 말에서 "순수"라는 의미는 이상 3개의 인식능력들이 모두 입법 즉 아우토노미를 가지고 있다는 의미에서 "순수"라는 말이 붙는다고 칸트는 말한다.[81] 여기서 주의할 것은, 그리고 칸트 철학을 더욱 난해하게 만드는 것은 대상에 내한 분류에서 칸트는 판단력에 입법을 부여하지 않고 단지 주관적 선험원리만을 부여한데 비해, 주관에 의한, 즉 인간에 내재한 3개의 능력에 의한 분류에서는 판단력에 입법을, 아우토노미를 부여한다는 사실이다.

제IV 항목에서 칸트는 판단력과 **합목적성**[82]에 대하여 설명한다. 칸트에 외히면 **판단력**이란 **보편**과 **특수**[83]의 관계를, 다시 말해 보편하에 특수가 포함되어 있다는

---

79) **표상력**(Vorstellungskraft) 또는 **심적능력**(Seelenvermögen)
80) **인식능력**(Erkenntnisvermögen), **쾌 불쾌의 감성**(Gefühl der Lust und Unlust), **욕구능력**(Begehrungsvermögen)
81) Kant: Kritik der Urteilskraft, S.15
82) **합목적성**(合目的性 Zweckmäßigkeit)
83) **보편**(普遍 das Allgemeine)과 **특수**(特殊 das Besondere)

관계를 사고하는 능력을 말한다. 따라서 판단력에는 2가지가 있는데 하나는 보편이 (보편은 규칙, 원리, 법칙 등을 의미한다) 주어져 있어, 판단력은 특수를 그 주어진 보편하로 포섭하기만 하는 경우, 이때의 판단력을 **규정적 판단력**[84]이라고 한다. 두 번째는 반대로 특수만이 주어져 있어 판단력이 보편을 찾아야 하는 경우인데 이때의 판단력을 **반성적 판단력**[85]이라고 한다. 규정적 판단력은 따라서 보편 즉 선험적 법칙[86]을 이미 가지고 있기 때문에 특수한 경우들을 이 선험적 법칙에 대입하여 옳고 그름을 판단하면 된다. 그러나 반성적 판단력은 반대로 특수만 가지고 있고, 이 특수를 위한 보편을, 다시 말해 선험적 법칙을(또는 선험적 원리를) 찾아내야 하기 때문에 문제가 복잡해진다. 규정적 판단력은 논리적 판단력으로 예술철학과 관계없으며, 반성적 판단력이 미학적 판단력으로 예술철학의 핵심이 되는 판단력이다. 반성적 판단력에 대한 칸트의 설명은 다음과 같다. 자연의 세계를 다양성의 세계라고 정의 했듯이, 자연에는 삼라만상의 다양한 형식(모양)이 있으며, 또 이 다양한 형식들을 인식하기 위해 오성에 의해 추론해 낼 수 있는 다양한 자연개념들도 있고, 또 동시에 오성에 의해 해결하지 못하는 자연개념들도 다양하다. 이상의 삼라만상의 자연세 계를 인식하기 위해서는, 이 자연세계를 하나로 묶어서 하나의 총체성으로 인식하 게 해 주는(칸트는 총체성이라는 말 대신에 통일성이라는 말을 사용한다) 또 하나의 법칙이 필요하다는 것이다. 이 "또 하나의 법칙"을 칸트는 **"통일성의 원리"**[87]라고 부른다. 이 "통일성의 원리"라는 법칙은 자연이(삼라만상의 자연세계가) 인간의 인 식능력과 일치부합 해야 함을 의미한다. 만약에 자연과 인식능력이 일치부합 하지 않고 서로 어긋난다면, 이는 인간이 자연을 하나의 총체성으로 인식할 수 없음을 의미하기 때문이다. 바로 이 자연과 인식능력의 일치부합이, 칸트의 표현을 사용하 면 **"통일성의 원리"**가 판단력에 의해 선험적으로 전제된다는 것이다. 다시 말해 인간 에 내재한 판단력은 삼라만상의 자연이 마치 인식능력과 일치부합 하는 양 판단한다

---

84) **규정적 판단력**(bestimmende Urteilskraft)

85) **반성적 판단력**(reflektierende Urteilskraft)

86) "선험적" 법칙(das Gesetz a priori)이라는 말은 증명할 수도 없고, 또 증명할 필요도 없고, 또 증명되었다 고 생각하고 행동하는 것이 인간에게 유리한 법칙을 의미한다.

87) "**통일성의 원리**(Prinzip der Einheit des Mannigfaltigen)"

는 것이다. 이 자연과 인식능력의 일치부합을 칸트의 표현대로 "통일성의 원리"로 상정하는 것이, 즉 "통일성의 원리"를 찾아내려는 것이 판단력이므로 이때의 판단력은 물론 반성적 판단력이다. 삼라만상의 자연세계라는 특수에서 출발하여 보편에 도달하려는 반성적 판단력은 따라서 하나의 원리를, 하나의 통일성의 원리를 필요로 하는데, 이 원리는 삼라만상의 자연세계, 즉 인간의 경험세계에서는 구할 수 없는 원리라는 것이 칸트의 주장이다. 왜냐하면 이 원리는 반성적 판단력에 의해 단순히 전제된(상정된) 원리에 지나지 않기 때문이다. 바로 이 자연세계(경험세계)에는 존재해 있지 않지만, 반성적 판단력에 의해 단순히 전제된 원리를 칸트는 **선험원리**[88]라고 부른다. 단순히 전제되어진 이 선험원리를 반성적 판단력은 따라서 자기 자신에 대해서만 법칙으로 사용할 수 있으며, 자연세계에 대해서는 적용할 수 없다는 것이다. 이 전제되어진 선험원리는 반성적 판단력 자신에 대해서는 필연적이나(필연적이 아니라면 세계를 하나의 총체성으로 인식함을 포기한다는 것을 의미하기 때문에) 자연세계에 대해서는 우연적이라는 것이다. 자연세계는 실제로는 이 선험원리에 부합하지 않기 때문이다. 반성적 판단력의 작업은(판단력의 반성작업은) 전제된 선험원리가 자연에 부합하도록 자연을 향해 방향을 정하나, 자연은 반성작업의 방향을 환영하지 않고 냉담하기 때문에, 전제된 선험원리가 자연에 대해서는 우연적이라는 논리다. 결론적으로 이 선험원리는 다양한 자연현상들을 그리고 다양한 자연법칙들을 하나의 원리로 묶어서, 하나의 총체성으로, 하나의 통일성으로 인식하기 위해서 전제된 원리이기 때문에, 마치 오성이 이 선험원리를 제공해 주는 듯하나, (오성이 제공해 준다는 말은 논리적으로 증명할 수 있다는 것을 의미하기 때문에) 이는 오성과는 관계가 없고, 단순히 반성적 판단력의 결과로, 단순한 **반성**[89]의 결과로, 실제로 존재하는 원리는 아니라는 것이다. 이러한 선험원리를 전제만 하는, 반성만 하는 반성적 판단력이라는 인간에 내재한 능력은 자기 자신에게만 하나의 법칙을 강요할 수 있고, 자연에 대해서는 아무런 법칙도 강요할 수 없다는 것이다.

---

88) **선험원리**(先驗原理 transzendentales Prinzip)
89) **반성**(反省 Reflexion)

반성적 판단력이 필요로 하는 보편 즉 **선험원리**[90]가 무엇인가를, 다시 말해 반성적 판단력이 어떻게 판단을 내리는가를 칸트는 다음에 언급한다. 이것을 칸트는 **합목적성**이라고 하는데, 목적과 합목적성의[91] 구별이 선행해야 한다. 칸트에 의하면 "한 대상에 대한 개념이 그 대상 자체와 하나로 되어 있는 경우에 이것을 목적이라 하고, 하나의 대상이 그 대상의 성질과만 일치할 때는 그것을 형식의 합목적성이라 한다."[92] 대단히 난해한 정의이므로 비유에 의한 설명을 시도해 본다. 예로 "나는 한 마리의 고양이를 소유하고 싶다"라는 표현에서 "고양이"라는 개념과 "고양이"라는 대상이 하나로 되어 있는 경우는 실제로 살아 있는 한 마리의 고양이이므로, 목적은 쥐를 잡기 위해 필요한 한 마리의 살아 있는 고양이가 된다. 그러나 화폭에 그려 넣은 한 마리의 고양이는 실제로 쥐를 잡을 수는 없지만 고양이는 고양이이므로, 다시 말해 화폭에 그려진 고양이라는 대상이 고양이라는 대상의 성질과 일치하므로 (쥐가 고양이 그림을 보고 놀라 도망친다면) 이 고양이 그림은 **형식의 합목적성**이 된다. 예술철학을 위해서는 목적이 아니라 합목적성이, 살아 있는 실제의 고양이가 아니라 고양이 그림이 테마가 된다. 그리고 형식의 합목적성이란 화폭의 그림이(쥐가 고양이 그림을 보고 도망치도록) 자연 그대로의 고양이가 되어야지 고양이를 그린다는 것이 고양이와는 전혀 관계없는 엉뚱한 그림이 되어서는 안 된다는 말이다. 칸트는 따라서 이 합목적성을 **자연의 형식적 합목적성**이라고 부른다.[93] "**자연의 형식적 합목적성**"이란 말을 다시 비유에 의해 설명하자면, 우선 형식의 합목적성 또는 형식적 합목적성이란, 화폭에 살아 있는 고양이를 풀칠을 해서 붙여 놓는다면 이는 형식적이 아니라 내용적 합목적성 또는 목적이 되어 버리기 때문에, 살아 있는 고양이를 붓으로 그려 넣어야 한다고 이해하면 된다. 다음에 자연의 합목적성이란, 이미 언급한 대로 화폭에 그려 넣은 고양이가 자연 그내로의 고양이가 되어야 쥐가 보고 도망가지, 고양이와는 전혀 관계없는 엉뚱한 그림이 된다면 쥐가 도망가지 않

---

90) **선험원리**(先驗原理 Prinzip a priori)
91) 목적(目的 Zweck)과 합목적성(合目的性 Zweckmäßigkeit)
92) Kant: Kritik der Urteilskraft, S.17
93) ebd. S.17; **자연의 형식적 합목적성**(die formale Zweckmäßigkeit der Natur)

아 결국 자연의 합목적성이 못 된다는 논리다. 자연의 형식적 합목적성을 더 구체적
으로 표현한다면 이미 언급한 대로 자연은 다양성의 경험세계이므로 **다양한 자연
의 형식적 합목적성**"[94]이 된다. 바로 이 긴 명칭을 가진 합목적성이 반성적 판단력이
필요로 하는 선험원리라는 것이다. 바로 이 "다양한 자연의 형식적 합목적성"이라는
선험원리에 의해서 인간은 자연을(다양한 법칙들이 지배하는 자연세계를) 하나로
묶어서 하나의 통일성으로(총체성으로) 판단하여 인식한다는 것이 칸트의 철학이
다. "다양한 자연의 형식적 합목적성"이라는 선험원리는 하나의 보편이므로 이 보편
에 의거해서 반성적 판단력이 옳고 그름을 판단한다는 것이다. 그러나 이 선험원리
는 원래 없었던 것으로, 반성적 판단력이 가정해 만들어낸 것으로, 이 선험원리를
실제로 자연세계에 적용할 수는 없고, 단지 이 선험원리라는 보편에 입각하여 삼라
만상의 자연세계를 반성하기만 하기 위해(관찰하기만 하기 위해) 사용할 수 있다는
것이다. 더 진전시켜 표현하면 원래는 없었던 것이나 반성적 판단력이 가정해 만들
어낸 이 선험원리를 오성이 제공해 준 것이라고 생각하고 이 선험원리에 의해 인간은
삼라만상의 자연세계를 판단해야 한다는 것이 칸트의 생각이다. 오성이 제공해 주
었다는 것은 논리적으로 증명되어야 하고 또 증명될 수 있으며 따라서 객관적이라는
말이다. 따라서 인간은 이 선험원리가 논리적으로 증명될 수 있는 객관적인 선험원
리, 누구나 인정하는 보편원리라고 받아들이고 삼라만상의 자연세계를 판단하라는
것이다. 인간이 이 선험원리를(실제로는 없는 것이나 단지 전제되어진 선험원리를)
절대적으로 필요로 하는 이유는 이 선험원리가 없다면 인간은 마치 거대한 숲 속에
묻혀 숲 전체를(숲의 총체성을) 한 눈으로 바라볼 수 없어, 모든 것이 오리무중이
되기 때문이다. 따라서 숲 전체를(삼라만상의 자연 전체를) 한 눈으로(하나의 통일
성으로) 바라보기 위해(칸트에 의하면 반성하기 위해) 이 선험원리 즉 "다양한 자연
의 형식적 합목적성"이 필요하다는 논리다. 여기서 칸트 철학의 핵심이 되는 문제가
등장한다. 문제는 과연 **인식**이란 무엇이냐 하는 것이다. 인식은 목적이냐 아니면
합목적성이냐, 비유하자면 고양이냐 아니면 고양이 그림이냐 라는 질문을 제기할

---

94) **다양한 자연의 형식적 합목적성**(die formale Zweckmaßigkeit der Natur in ihrer
　　Mannigfaltigkeit)

수 있다. 이상의 질문을 다시 표현하면 목적이 먼저냐, 합목적성이 먼저냐, 고양이가
먼저냐 아니면 고양이 그림이 먼저냐 하는 질문이 된다. 칸트의 주관철학에 의하면
고양이 그림이 먼저 있어야 실제의 고양이를 인식할 수 있다는 결론이 된다. 칸트의
선험철학에 의하면 합목적성이 먼저 있어야 목적에 도달할 수 있다는 결론이다. 고양
이 그림이 먼저 머릿속에 있어야 고양이를 소유할 수 있다는 말이 된다. 그렇지 않다
면 고양이가 아닌 쥐를 소유하게 될 수도 있기 때문이다. 삼라만상의 자연이라는 거대
한 숲에 대한 통일성이(하나의 관점이) 있어야 그 숲을 인식할 수 있다는 결론이다.

이상에서 반성적 판단력이 필요로 하는 선험원리가 합목적성, 정확히는 **"다양한
자연의 형식적 합목적성"**이라는 내용을 논했다. 제IV 항목에서 칸트는 합목적성을
더 구체화하기 위해 **선험적 원리와 형이상학적 원리**를[95] 비교 설명하고 있다. 2개의
아우토노미, 오성과 이성은 이론철학과 실천철학, 자연과 자유라는 2개의 상이한
세계를 만들어 내지만, 양자가 다 하나의 체계를 위한 형이상학의 일부라는 말을
했다. 따라서 오성과 이성 2개의 아우토노미 외에, 판단력이 제3의 아우토노미를
형성한다면(판단력의 아우토노미 문제가 여기서 핵심 테마가 되는데) 역시 이 판단
력도 형이상학을 구성하는 일부라고 해야 한다. 칸트의 체계표[96]에 의하면 오성의
선험원리는 **합법칙성**, 판단력의 선험원리는 **합목적성**, 이성의 선험원리는 **최종목
적**으로 되어 있다. 따라서 이 3개의 선험원리들도 모두 형이상학을 구성하는 구성요
소들이라 보아야 한다. 따라서 **선험적 원리와 형이상학적 원리** 사이의 대단히 난해
한 비교를 감행한다면 다음과 같다. 우선 양자 사이의 같은 점은 양자가 다 경험적이
아니라 선험적이고, 또 양자가 다 인식을 위해 존재한다는 것이다. 그러나 양자 사이
의 차이점은 대단히 난해하기만 하다. 판단력도 또 판단력의 선험적 원리인 합목적
성도 형이상학을 구성하는 3가지 요소 중 하나라는 말을 했듯이, 선험적 원리는 형이
상학이라는 목적을 향한 도중에 있다할 수 있고, 반면에 형이상학적 원리는 목적

---

95) **선험적 원리**(transzendentales Prinzip)와 **형이상학적 원리**(metaphysisches Prinzip)
96) Kant: Kritik der Urteilskraft, S.36;
　　　합법칙성(合法則性 Gesetzmäßigkeit), **합목적성**(合目的性 Zweckmäßigkeit), **최종목적**(Endzweck)

자체에 도달해 있는 원리라고 할 수 있다. 따라서 선험적 원리는 목적이라는 궁극인식으로 향하는 도상에 있다고 할 수 있어 인식추구, 즉 인식이 핵심문제라고 할 수 있는 데 비해, 형이상학적 원리는 궁극인식에 도달했다고 할 수 있어, 인식추구가 아니라 인식집행이 핵심문제라고 할 수 있다. 칸트는 인식집행이라는 말 대신에 **반성**의 반대인 **규정**이라는[97] 말을 사용하여 "계속 규정"이라는 표현을 사용한다.[98] 형이상학적 원리는 궁극인식이라는 목적에 도달해 있는 원리라고 할 수 있기 때문에, 보편을 찾아내야만 하는 반성적 판단력과는 달리 계속 규정 즉 **포섭**[99]만 하면 되기 때문이다.

이상에서 합목적성을 구체화하기 위해 선험적 원리와 형이상학적 원리로 분리하여 설명하면서 **"다양한 자연의 형식적 합목적성"**이라는 원리가 선험적 원리라는 결론을 냈다. 긴 표현 대신에 짧은 표현을 사용하여 **"합목적성"**의 첫 번째 구체화는 인식추구 즉 "오성의 성격"이라고 할 수 있다. 인식은 언제나 오성에 의해 이루어지기 때문이다. 다음에 합목적성의 두 번째 구체화를 칸트는 그가 **형이상학적 지혜**[100]라고 부르는 문장의 예를 들어 다음과 같이 설명한다. **"자연의 길이 가장 가까운 길이다, 자연은 비약을 하지 않는다."**[101] 이상의 명언들은 오성에 의해서 증명할 수도 없고, 증명할 필요도 없으며, 또 증명되었다고 받아들이고, 이 명언에 따라 판단하는 것이 인간에게 유익한 원리라는 것이다. 이 명언들은 자연이 실제로 가장 가까운 길을 취한다든가 또는 인간의 인식능력이 어떻게 움직여야 한다는 인식능력의 규칙 등 어떤 내용을 전달하는 보편이 아니라, 어떻게 판단해야 하는 판단의 **당위성**[102]을, 철학적 표현으로 내용이 아니라 형식을 나타내는 보편이라는 것이 칸트의 생각이다. 따라서 이 명언들에는(이 보편들에는) **논리적 객관적 필연성**이 결여되어 있다

---

97) **반성**(reflektieren), **규정**(bestimmen)
98) Kant: Kritik der Urteilskraft, S.18
99) **포섭**(subsumieren)
100) **형이상학적 지혜**(metaphysische Weisheit)
101) Kant: Kritik der Urteilskraft, S.19
102) **당위성**(當爲性 Sollen)

고[103] 칸트는 말한다. 논리적 객관적 필연성이란 증명할 수 있고 또 증명되어야 하는 **내용**을 의미하고, 당위성이란 증명할 수 없고 또 증명할 필요도 없는 **형식**을 의미한다고 이해해야 한다. 만약에 반대로 이 명언에 "논리적 객관적 필연성"이 들어 있다고 하면 증명할 수 있고 또 증명되어야 하기 때문에 경험적 영역에 속하게 된다. 이 보편들을(명언들을) 증명할 수도 없고, 증명할 필요도 없으나, 증명되었다고 받아들여야 하는 선험적 영역에 머물게 하는 것은 **객관적 필연성**이 아니라 **주관적 당위성**이기 때문이다. 따라서 이 보편들은 **경험적 귀납**의 대상이 아니라, **선험적 연역**[104]의 대상이라는 것이 칸트의 의견이다. 합목적성의 두 번째 구체화는 합목적성은 내용적이 아니라 형식적이고, 객관적 필연적이 아니라 주관적 당위적이며, 경험적 귀납적이 아니라 선험적 연역적이라고 종합할 수 있다. 여기서 합목적성이 형식적이라는 사실이 강조된다. 주관적 당위성 그리고 선험적 영역 등의 개념들은 모두 형식에 의해서만 가능한, 형식의 카테고리에 속하는 개념들임을 이해해야 한다. "형식적 합목적성"이라는 개념을 이상과 같이 설명했으나 역시 난해한 설명이므로 다음에는 비유에 의해 시도해 본다. "나는 한 마리의 고양이를 소유하고 싶다"라는 문장에서 목적은 실제로 살아 있는 고양이이고, 합목적성은 화폭에 그린 고양이 그림이라고 언급했다. 여기서 테마는 합목적성이므로 고양이 그림이 테마가 된다. 합목적성이 내용적이 아니라, 형식적이 되어야 한다는 말은, 화폭에 살아 있는 고양이를 풀로 붙여 놓아서는 안 되고 붓으로 그려 넣으라는 말이다. 만약에 살아 있는 고양이를 풀로 붙여 놓으면 이는 논리적 객관적 필연성으로 더 이상 선험적 영역에 속하지 않고 경험적 영역에 속해 주관적 당위성과 더불어 형식을 잃어버리기 때문이다. 판단력의 원리가 "자연의 형식적 합목적성"의 원리라는 말은 비약해서 표현하면, 예술이 "자연의 형식적 합목적성"이 되어야 한다는 말인데, 이는 자연을(살아 있는 고양이를) 화폭에 풀로 붙이지 말고, 붓으로 그려 넣으라는 말이 된다. "형식적"이라는 개념에는 예를 들어 쥐가 아니라, 자연 그대로의 고양이를 그려 넣으라는 의미도 들어 있다. 만약에 고양이를 그린다고 하는 결과가 고양이가 아니라 쥐가 되어 버린다면 이는

---

103) Kant: Kritik der Urteilskraft, S. 19; **논리적 객관적 필연성**(logische objektive Notwendigkeit)
104) **경험적 귀납**(empirische Induktion), **선험적 연역**(transzendentale Deduktion)

고양이의(자연 그대로의) 형식이 아니기 때문에 "자연의 형식적 합목적성"이 성립하지 못하기 때문이다.

　　"다양한 자연의 형식적 합목적성"이라는 선험원리의 세 번째 구체화는 주관성이다. 이상의 선험원리가 **주관적**이라는 주장을 3가지로 설명할 수 있다. 선험원리가 주관적이라는 주장에 대한 첫 번째 설명은 다음과 같다. 칸트는 "다양한 자연의 형식적 합목적성"이라는 선험원리는 철학의 2개 영역인 자연개념에도 또 자유개념에도 속하지 않는 개념이라고 말한다.[105] 그리고 자연개념도 또 자유개념도 모두 대상 즉 객체에 대한 인식의 2가지 형식들로 객체와의 관계를 나타내는 데 비해, "다양한 자연의 형식적 합목적성"이라는 개념은 객체와의 아무런 관계를 형성하지 않는다는 것이다. 인식행위란 원래 주체와 객체, 주관과 객관 사이의 관계를 의미하므로, 객체와의 무관계성을 유지하고 있는 "다양한 자연의 형식적 합목적성"은 주체와 객체, 주관과 객관의 관계에서 후자가 결여된 주체 일변도, 주관 일변도라는 논리다. 객체에 아무런 기여도 하지 않는 "다양한 자연의 형식적 합목적성"은 따라서 주관적이기만 하며, 그럼에도 이 개념이 또 하나의 제3의 인식형식이 될 수 있다는 논리다. "다양한 자연의 형식적 합목적성"이라는 신험원리가 주관적이라는 두 번째 설명을 칸트는 판단력의 표상[106]에 의해서 설명한다. 판단력이 가지고 있는 선험원리인 "다양한 자연의 형식적 합목적성"이라는 원리의 생리구조는 자연에 대해 표상하는 행위 자체인데, 그것도 자연의 삼라만상이 마치 하나의 일정한 질서에 의해 정돈되어 있는 양, 하나의 일정한 목적을 향해 정돈되어, 자연의 삼라만상 전체가 하나의 **체계적 통일성**[107]을 이루고 있는 양 표상하는 행위라는 것이다. 그러나 자연의 삼라만상에서 하나의 체계적 통일성을 표상해 내는 행위 자체는 하나의 표상에 불과하므로 실제의 현실세계는, 다시 말해 자연의 삼라만상은 **"체계적 통일성"**이 아니라 반대로 카오스적 분열성을 나타낸다고 생각하는 것이 옳다. 그러나 인간의 현실세계인 "자연의

---

105) Kant: Kritik der Urteilskraft, S.20
106) 표상(表象, Vorstellung)
107) **체계적 통일성(eine systematische Einheit)**

삼라만상"이 카오스적 분열성의 세계라고 해서 인식을 포기하지 말고, "체계적 통일성"을 표상해 내는 행위인 "다양한 자연의 형식적 합목적성"이라는 원리를 전제하고 인식을 구제하는 것이 옳다고 칸트는 말한다. 판단력이 가지고 있는 "다양한 자연의 형식적 합목적성"이라는 선험원리는 따라서 카오스적 분열상을 나타내는 현실세계인 자연의 삼라만상에는 아무런 영향력도 가할 수 없는 원리이나 오로지 표상과 반성으로만 체계적 통일성을 만들어 내는 원리이기 때문에, 이 원리는 주관적 원리라는 논리다. "다양한 자연의 형식적 합목적성"이 주관적이라는 세 번째 설명을 칸트는 이번에는 오성이라는 인식능력에 의해서 설명한다. 자연개념과 자연영역은 원래 오성의 영역이므로 오성은 자연의 삼라만상에 대한 다양한 일반법칙들을 소유하고 있으나 이 다양한 일반법칙들 만으로는 하나의 거대한 정글과 같은 "자연의 삼라만상"을 인식하기에는 부족하다는 것이다. 오성이 소유하고 있는 "다양한 일반 법칙"들은 이 거대한 정글 내부에서 다양한 현상들을 인식하는 데는 충분하나 이상의 거대한 정글 전체를 하나의 통일성으로 인식하기 위해서는 부족하므로, 오성은 "자연의 삼라만상"을 통괄하고 관통하는 "하나의 분명한 질서"[108]를 필요로 한다는 것이다. 자연의 삼라만상을 지배하는 바로 이 "하나의 분명한 질서"를 칸트는 **"자연의 특수화 법칙"**[109]이라고 부른다. 자연의 삼라만상은 스스로 자신의 다양한 일반법칙들을 특수화시켜 하나의 분명한 질서 밑으로 정돈시킨다는 것이다. 그러나 이 "자연의 특수화 법칙"과 또 그 법칙이 제공하는 "하나의 분명한 질서"를 실제로는 현실세계인 자연의 삼라만상에 강요할 수도 없고 또 자연의 삼라만상에서 그러한 법칙과 그러한 질서를 발견해 낼 수도 없다는 것이 칸트의 주장이다. "자연의 특수화 법칙"과 자연의 삼라만상을 지배하고 있는 "하나의 분명한 질서"를 오성이 자신의 한계성을 극복하기 위해 단순히 전제만 한다는 것이 칸트의 주장이다. 오성이 전제한 "자연의 특수화 법칙" 및 "하나의 분명한 질서"란 결국 판단력의 선험원리인 "다양한 자연의 형식적 합목적성"과 같은 것이므로 역시 주관적인 법칙이고 주관적인 질서임을 면할 수 없다. 그리고 이는 논리적이고 객관적인 오성도, 아니면 논리와 객관 자체라 할 수 있는

---

108) Kant: Kritik der Urteilskraft, S. 21
109) **자연의 특수화 법칙(Gesetz der Spezifikation der Natur)"**

오성도 주관성을 완전히 배제할 수 없음을 의미한다.

　지금까지 판단력의 선험원리인 "다양한 자연의 형식적 합목적성"에 대한 구체화를 3가지로 설명했다. 첫 번째 구체화는 "다양한 자연의 형식적 합목적성"은 인식집행이 아니라 인식추구의 원리로서 오성과 같은 성격을 가지고 있다는 것이었다. 두 번째 구체화는 "다양한 자연의 형식적 합목적성"은 내용적이 아니라 형식적이며, 객관적 필연적이 아니라 주관적 당위적이며, 경험적 귀납적이 아니라 선험적 연역적이라는 사실이었다. 그리고 세 번째 구체화는 두 번째 구체화를 더 확장한 것으로 "다양한 자연의 형식적 합목적성"이라는 원리는 자연의 삼라만상이라는 객관세계에는 아무런 영향을 가할 수 없는, 순전히 주관적 원리라는 것이다. 지금까지의 설명을 종합하여 표현한다면, "다양한 자연의 형식적 합목적성"의 정확한 명칭은 **다양한 자연의 주관적 형식적 합목적성**이 된다. 다음에는 판단력이 가지고 있는 "다양한 자연의 주관적 형식적 합목적성"이라는 선험원리에 대한 이상의 3가지 구체화된 성격에 의해서 반성적 판단력이 과연 독자적인 아우토노미를 가지고 있느냐 하는 질문을 제기할 수 있다. 칸트 자신은 하나의 지반 위에 입법은, 다시 말해 자율적인 아우토노미는 2개가 있고, 선험 원리는 3개가 있다고 하여 판단력에 아우토노미를 부인하는가 하면, 또 인간에게 내재된 3개의 능력을 인식능력, 쾌 불쾌의 능력, 욕구능력으로 분류할 때는 쾌 불쾌의 감성도 하나의 독립된 능력으로 인정하여 결국 쾌 불쾌라는 감성의 집행자라 할 수 있는 판단력에도 아우토노미를 인정하는 결과를 냈다. 철학의 영역 분류에 의한 판단력의 아우토노미 부정, 그리고 인간에 내재한 인식능력 분류에 의한 판단력의 아우토노미 인정, 종합하여 판단력의 이중성을, 다시 말해 헤테로노미와 아우토노미기, 타율성과 자율성이 하나 속에 들어 있는 판단력의 이중성을 칸트는 **헤아우토노미(자기자율성)**[110]라는 말로 표현한다. 철학의 영역분류와, 인간에 내재한 능력분류에 의해서 생겨난 판단력의 이중성인 헤아우토노미를 외재적 개념이라 한다면, 판단력의 선험원리인 "다양한 자연의 주관적 형식

---

110) **헤아우토노미(Heautonomie 자기자율성)**

적 합목적성”에서 생겨난 이중성에 의거한 **헤아우토노미**는 내재적 개념이라 할 수 있다. 헤아우토미도 하나의 아우토노미이나 외부의 자연세계에 대한 아우토미가 아니라 내부의 자기 자신에 대한 아우토미를 의미하기 때문이다. 이미 언급한 “다양한 자연의 주관적 형식적 합목적성”의 3가지 구체화 중 첫 번째 구체화인 “오성의 성격”이라는 인식추구는 대상 즉 객관을 내포하는 개념으로 객관적이라 할 수 있고, 또 두 번째 구체화와 세 번째 구체화를 합해서 객관을 배제하는 주관의 개념이라 할 수 있으므로, 결국 “다양한 자연의 주관적 형식적 합목적성”이라는 판단력의 선험원리는 객관적이며 주관적인 이중성을 갖게 된다. 바로 이 객관적인 동시에 주관적이며, 반대로 주관적인 동시에 객관적인 이중성이 판단력이 가지고 있는 헤아우토노미에 내재된 이중성이 된다. 종합해서 표현하면, 인간의 3개의 인식능력 중에서 2개의 인식능력, 오성과 이성은 각각 아우토노미를 가지고 있으며 세 번째 인식능력인 판단력은 헤아우토노미를 가지고 있다고 할 수 있다. 헤아우토노미의 반성적 판단력은 자신의 선험원리인 “다양한 자연의 주관적 형식적 합목적성”을 자연세계(자연의 삼라만상)에 적용할 수도 또 강요할 수도 없으며, 또 그 자연세계에서 그 선험원리를 (다양한 자연의 주관적 형식적 합목적성을) 유도해 내거나 발견해 낼 수도 없고, 반성적 판단력은 자신의 선험원리인 “다양한 자연의 주관적 형식적 합목적성”을 오로지 자기 자신에게만 적용해야 하며, 또 자기 자신으로부터만 유도해 낼 수 있다는 결론이다.

4. 헤아우토노미

“다양한 자연의 주관적 형식적 합목적성”이라는 긴 명칭을 간단히 표현한 **자연의 합목적성**”이라는 반성적 판단력의 선험원리는 이중성을 가지고 있다는 내용을 앞에서 언급했다. 한편으로는 자연의 삼라만상과(자연이라는 삼라만상과) 다른 한편으로는 이 삼라만상을 하나로 묶어 통일하려는 인간의 욕구, 자연과 인간의 욕구, 양자가 서로 일치 부합하는 양 판단력이 판단해야 한다는 것이 칸트의 생각이다.

달리 표현하면 한편으로는 자연의 다양한 법칙들과 다른 한편으로는 그 다양한 법칙들을 통괄하고 통제하는 하나의 최고법칙을(하나의 보편원칙을) 찾아내려는 인간의 욕구, 양자가 서로 일치 부합하는 양 판단력이 판단해야 한다는 것이다. 또 달리 표현하면 자연이라는 삼라만상이 **"자연의 특수화 법칙"**에 의해서 스스로를 하나의 분명한 질서 밑으로, 하나의 목적 밑으로 질서 정연하게 정돈하는 양, 즉 합목적적[111]으로 정돈하는 양 판단력이 판단하는데, 이는 주관적인 판단이지만 그러나 없어서는 안 되는 필수적 판단이라고[112] 칸트는 말한다. 자연의 삼라만상이 합목적적으로 정돈되어 있다는 말을 자연의 합목적성이라 표현한다면, 바로 이 "자연의 합목적성"이 주관적이나 없어서는 안 되는 필수적이라는 말이 되는데, 주관적이라는 말은 원래는 없다는 말이고, 필수적이라는 말은 반드시 있어야 된다는 말이다. 따라서 자연의 합목적성은 없는 것이나 그러나 있어야 하는, 없기도 하고 있기도 하는, 아니면 있기도 하고 없기도 하는 이중적인 존재물이다. 철학적으로 표현하면 "자연의 합목적성"은 주관적인 동시에 객관적이라는 표현이 된다. 다시 말해 "자연의 합목적성"이라는 판단력의 선험원리는 주관적인 동시에 객관적, 또는 객관적인 동시에 주관적이라는 이중성의 표현이 된다.

주관적인 동시에 객관적인 아니면 객관적인 동시에 주관적인 이중성의 "자연의 합목적성"이라는 선험원리에 의해서 판단력이 판단하는 과정은 칸트에 의하면 다음과 같다. 판단력이 판단하는 과정을 2가지로 나누어 말할 수 있는데, 첫 번째 과정은 자연의 삼라만상이 자연의 합목적성과 일치부합 하는 경우이고, 두 번째 과정은 반대로 그 양자가 서로 어긋나는 경우다. 자연의 삼라만상과 자연의 합목적성이 서로 일치부합 할 때는 인간은 쾌의 감성을 그것도 "진기한 쾌" 내지는 경탄을 느끼게 된다고[113] 칸트는 주장한다. 그리고 그 양자가 서로 어긋날 때는 불쾌를 느끼는 것은 당연하다. 그러나 이상 2가지 경우에 인간이 느끼는 쾌 아니면 불쾌는 모두 판단력이

---

111) **합목적적(合目的的 zweckmäßig).**
112) Kant: Kritik der Urteilskraft, S.23.
113) ebd. S.24.

사용하는 "자연의 합목적성"이라는 선험원리가 만들어내는 결과이기 때문에 완전히 객관적이라고는 할 수 없는 결과들이다. 왜냐하면 척도가 되는 "자연의 합목적성"이라는 선험원리 자체가 주관적인 동시에 객관적인 아니면 객관적인 동시에 주관적인 이중성의 존재물로 오로지 객관적인 것만은 아니기 때문이다. 그러나 판단력의 선험원리인 "자연의 합목적성"을 어느 정도까지 적용하고 확장해야 하느냐 하는 문제는 말할 수 없으나, 그 "자연의 합목적성"이라는 선험원리의 한계성을 생각하지 말고 가능한 한 끝없이 적용하고 확장해야 한다는 것이 그 선험원리의 집행자인 판단력의 지상명령이라고 칸트는 설명한다. 이유는 인간의 인식능력에는 한계가 있으나, 반대로 그 인식의 대상인 자연은(자연의 삼라만상은) 한계가 없고 끝없는 광야와 같기 때문이라는[114] 것이다.

위에 언급한 선험원리의 집행자인 판단력 자신으로 복귀하면, 판단력에는 "**규정적 판단력**"과 "**반성적 판단력**" 2가지가 있는데, 전자는 보편을 이미 가지고 있기 때문에 특수를 보편하에 포섭하기만 하면 되므로 인식추구가 아니라 인식집행이며, 후자는 특수만 가지고 있으므로 보편을 찾아야 하는 인식추구의 판단력이라는 내용을 이미 언급했다. 전자인 인식집행의 판단력은 독트린이 되며, 후자인 인식추구의 판단력은 비판이 되므로 전자는 비판철학의 대상에서 제외되어야 한다. 따라서 우리가 지금까지 언급해온 판단력은 물론 반성적 판단력이며, 칸트의 『판단력 비판』의 대상도 반성적 판단력이 된다. 판단력에는 규정적 판단력과 반성적 판단력 2가지가 있는데 규정적 판단력이 제거된 후 나머지 반성적 판단력이 다시 2가지로 분리되어 그 중 하나가 다시 제거되는 현상을 보인다. 『판단력 비판』의 대상인 반성적 판단력의 선험원리는 누차 언급한대로(자연의) 합목적성인데, 이 합목적성에는 칸트 철학의 체계에 의하면 주관적 합목적성과 객관적 합목적성 2가지가 있다. 전자인 **주관적** 합목적성은 지금까지 우리가 거론해 온 합목적성으로 **미학적 판단력**의 선험원리가 되며, 후자인 **객관적** 합목적성은 **목적론적 판단력**의[115] 선험원리가 되어 제거된다.

---

114) Kant: Kritik der Urteilskraft, S. 25.
115) **미학적 판단력**(ästhetische Urteilskraft)과 **목적론적 판단력**(teleologische Urteilskraft)

후자인 목적론적 판단력이 예술론과 직접적인 관계가 있느냐 없느냐 하는 문제는 대단히 난해한 문제로 아직 칸트 철학의 연구 과제로 남아 있다. 전자인 미학적 판단력은 예술론과 직접적인 관계가 있는 것으로 우리의 대상이 되는 판단력이다.

예술론과 직접적인 관계가 있는 **미학적 판단력**과 그의 선험원리인 **주관적 합목적성**의 관계를 칸트는 Ⅶ 항목에서 설명하고 있다. "**미학적 판단력**"의 "**미학적**"이라는 개념을 칸트는 우선 다음과 같이 설명한다. 이미 언급한 대로 인식이란 주관과 객관, 주관과 대상 사이의 관계를 의미하는데, 이 주관과 대상 사이의 상호관계에서 순전히 주관적인 요소가 "미학적"이고, 순전히 객관적인 요소는 "논리적"이라는 내용을 칸트는 전개한다. 칸트의 말을 직역하면, "대상에 대한 표상에서 순전히 주관적인 요소, 다시 말해 대상에 대한 관계가 아니라 주관에 대한 관계가 미학적이며, 대상 자체를 인식하는 데 이바지하는 요소는 논리적이다."[116] 칸트가 의미하는 "미학적"이라는 개념을 분명히 하기 위해 3가지를 언급할 수 있다. 첫째는 "미학적"이라는 개념이 가능하기 위해서는 반드시 주관과 대상 양자가 존재해야 하고, 또 그 양자 사이의 관계가 존재해야 한다. 둘째는 주관과 대상을 극과 극, 양극을 나타내는 점이라고 한다면, "미학적"이라는 개념과 "논리적"이라는 개념에서, 달리 표현하여 미학과 인식에서, 전자는 주관일변도 주관적이며, 후자는 대상일변도 객관적이라 할 수 있다. 셋째로 "미학적" 그리고 "논리적", 미학 그리고 인식이라는 극과 극의 관계는 다음과 같다. 우선 인식론[117]의 문제에서 볼 때, 미학은 대상에 도달하지 못하기 때문에, 아니 대상에 도달할 생각이 전혀 없기 때문에 인식의 전 단계라 할 수 있으며, 다음에 예술론[118]의 문제에서 볼 때, 인식은 미학을 너무 지나쳐 객관화한 상태이나 미학의 존재를 위해서도 반드시 필요한 요소라고 할 수 있다. 왜냐하면 인식이라는 극이 없다면 그의 반대 극인 미학 자체도 성립할 수 없기 때문이다.

---

116) Kant: Kritik der Urteilskraft, S. 26
117) 인식론(認識論)
118) 예술론(藝術論)

미학적 판단력 자체가 주관과 대상이라는, 아니면 주관과 대상의 관계라는 이중성에 근거를 두고 있으며 또 **주관적 합목적성**이라는 선험원리도 이미 언급한바와 같이 이중성의 존재물이다. 따라서 이중성의 미학적 판단력과 그리고 이중성의 주관적 합목적성, 양자 사이의 관계를 구체적으로 논하는 일은 거의 불가능한 일이다. 이는 칸트 철학이 대단히 난해한 철학임을 나타내주는 사실이다. 미학적 판단력과 주관적 합목적성 사이의 난해한 관계는 피하고 칸트가 "**쾌 불쾌**"[119]라는 개념에 의해서 미학적 판단력과 주관적 합목적성을 연결하고 미에 대한 정의로 인도하는 과정을 보기로 한다. 자연의 삼라만상이 "**자연의 특수화 법칙**"에 따라 "하나의 분명한 질서" 밑으로 정돈하여 하나의 보편원칙에 일치 부합하는 것으로 보이면, 다시 말해 합목적적으로 보이면, 이것이 진기한 쾌 내지는 경탄을 불러일으킨다고 말했는데, 이번에는 칸트는 반대로 대상에 대한(자연의 삼라만상에 대한) 표상이 쾌의 감성을 불러일으키면 그 대상은 합목적적이라고[120] 말한다. 합목적성과 쾌의 감성을 일치시키려는 것이 칸트의 의도다. 대상이(자연의 삼라만상이) 합목적적으로 나타나면 쾌의 감성이 생기고, 쾌의 감성이 생기면 대상은 합목적적으로 보인다고 하여, 쾌의 원천이 합목적성이고 합목적성의 원천이 쾌의 감성인 것으로 설명했는데, 쾌의 원천이 되는 합목적성은 주관적 합목적성이므로 쾌도 주관적이라 할 수 있다. 그러나 합목적성 자체가 주관적인 동시에 객관적인 이중적 존재물이므로 쾌도 이중성을 면하지 못한다는 사실에 주의해야 한다.

칸트는 직관능력인 **상상력**과 개념능력인 **오성** 사이의 조화가 쾌의 감성을 일으킨다고[121] 말하고 이 쾌의 감성을 미라고 정의하는데 다음과 같다. 상상력과 오성과의 관계를 설명하기 위해서 한편으로는 **직관**과, 그리고 다른 한편으로는 **개념**을[122] 구성하는 능력인 오성과의 관계를 비교 설명할 필요가 있다. 칸트 이전의 철학사는

---

119) "**쾌 불쾌**(Lust und Unlust)"
120) Kant: Kritik der Urteilskraft, S. 26, 27
121) ebd. **상상력**(Einbildungskraft)과 **오성**(Verstand)
122) **직관**(Anschauung)과 **개념**(Begriff)

감관인식[123]인 직관과 개념인식인 오성 중에서 전자를 후자보다 낮은 단계로, 후자에 이르는 전 단계로 생각했으나, 직관을 오성과 동등한 단계로 격상시킨 것은 칸트의 공적이다. 직관의 형식에는 칸트에 의하면 공간과 시간[124] 2가지가 있다. 공간은 무한한 저장소와 같고, 시간은 무한한 일직선과 같은 것으로 대상은 반드시 이 공간과 시간 속에, 다시 말해 직관 속에, 부분적이 아니라 총체적으로 포함되어진다는 것이 칸트 철학이다. 직관은 따라서 대상을 자체 내에 총체적으로 포함하고 있는 거대한(무한한) 용기와 같다고 생각하면 된다. 직관과 오성의 차이를 3가지로 논해 보면 다음과 같다. 첫째로 대상이 직관 속에 포함되어진다면, 그 대상은 다시 오성에 의해서 사고되어진다고 할 수 있다. 직관이 대상을 총체적으로 포함하는 능력이라면, 오성은 대상을 분석적으로 사고하는 능력이라 할 수 있다. 직관은 **직관적**이고 오성은 **논증적**이다.[125] 직관과 오성 사이의 두 번째 차이점은, 직관은 대상을 총체적으로 포함만 하고 있기 때문에, 다시 말해 대상이 사고능력인(개념능력인) 오성에 의해 아직 가공되지 않은 상태이므로 다양하고 개체적이라 할 수 있다면, 오성은 개념능력 즉 개념인식이므로 통일성과 종합성을[126] 의미한다고 할 수 있다. 직관과 오성 사이의 세 번째 차이점은 차이점이라기보다는 상호 의존관계를 나타낸다. 직관은 원래 대상이 어떻게 보이느냐 하는, 다시 말해 어떻게 현상하느냐 하는 방식이기 때문에, 오성의 작업은 바로 이 대상의 현상방식에 의존할 수밖에 없다. 오성이 작업을 위해 대상에 도달하기 위해서는 바로 이 현상방식이라는 관문을 통과하지 않으면 안 되기 때문이다. 그러나 통일성과 종합성을 구성하여 분명하고 또렷한 개념인식을 제공해 주는 오성의 작업 없이는, 직관은 눈먼 장님과 같고, 반대로 다양하고 개체적인 대상의 총체성을 포함하고 있는 직관이 없다면, 오성은 가공할 원자재를 상실하여 속이 텅 빈 것과 같다고 할 수 있다. 직관은 오성을 필요로 하고, 오성은 직관을 필요로 한다는 말이다.[127]우리의 테마로 복귀한다면 직관능력인 상상력과

---

123) 감관인식(cognitio sensitiva)

124) 공간(空間)과 시간(時間)

125) **직관적(intuitiv), 논증적(diskursiv)**

126) 통일성(Einheit)과 종합성(Synthesis)

127) 지금까지의 직관과 오성에 관한 설명은 다음의 철학 사전을 참고했음. (Hrsg.) Joachim Ritter:

개념능력인 오성 사이의 조화가 쾌의 감성을 일으킨다고 언급했다. 상상력과 오성 사이의 조화에 의해서 생기는 쾌의 감성 역시 이중성을 면할 수 없는 감성이다. 상상력과 오성 사이의 조화에서 생기는 "쾌의 감성"이라고 하는 미학적 판단은 상상력과 오성이라는 이중 구조로 되어 있으며 또 이때에 적용된 선험원리인 주관적 합목적성도 이중성의 존재물이기 때문이다.

상상력과 오성 사이의 조화라고 판단되는 쾌를, (이때의 미학적 판단을 위해 적용되는 합목적성이 자세히는 다양한 자연의 주관적 형식적 합목적성이기 때문에) 주관적이고, 형식적이고, 합목적적인 쾌의 감성을 칸트는 **미**[128]라고 정의한다. 유명한 미에 대한 칸트의 정의는 다음과 같다. "하나의 대상에 대해 표상하려 할 때에, 그 대상의 내용(자료)이 아니라 형식만을 표상하며, 다른 말로 표현하여, 한 대상에 대해 반성할 때에 그 대상에 대한 객관적 인식을 위해 개념규정을 하려 하지 말고, 순전히 주관적 반성만을 하여, 이때에 쾌의 감성이 판단자 뿐만 아니라 만인이 공감하는 필연적인 쾌의 감성이라고 판단되면 이때의 대상은 아름답다고 하고, 그러한 필연적 쾌, 다시 말해 만인이 공감하는 보편타당한 미의 판단을 내리는 능력을 **취미판단**이라고 한다."[129] 이상의 정의를 간단히 표현하면 만인이 공감하는 필연적이고 보편타당한 쾌가 미이고 미를 판단해 내는 능력이 **취미판단**이라고 할 수 있다. 미에 대한 칸트의 정의를 분석하면, 다시 말해 칸트가 의미하는 취미판단의 구조를 분석하면, 2개의 구조, 이중 구조로 되어 있음을 알 수 있다. 취미판단의 이중 구조를 판단의 작업과정과 작업결과로 나누어 생각한다면, 작업과정은 내용이 아니라 형식적인 표상이며, 객관적이 아니라 주관적인 반성으로 형식적, 주관적이다. "형식적"이라는 개념과 "주관적"이라는 개념을 칸트는 달리 사용한다고 말을 했으나, 여기서는 같은 개념으로 사용한다고 보아야 한다. 대상에 접근하는 데 2가지 방법이 있는데, 하나는 내용이고, 다른 하나는 형식이다. 그러나 형식은 대상이 주관에게 현상하는

Historisches Wörterbuch der Philosophie, Basel 1971, Bd. 1, S. 342, 343
128) **미**(美 Schönheit)
129) Kant: Kritik der Urteilskraft, S. 27; **취미판단**(Geschmacksurteil)

방식이므로 주관이 없는 현상방식, 주관이 없는 형식은 상상할 수 없다. 주관마다(모든 사람마다) 현상방식이, 형식이 다르기 때문에 일정한 형식이 일정한 주관을 의미한다고 볼 수 있다. 주관 즉 형식이고, 형식 즉 주관이라고 할 수 있다. 따라서 작업과정이 형식적이고 주관적이라는 말을 작업과정은 주관적이다 라고 표현해도 타당하다. 다음에 이 주관적인 작업과정의 작업결과는, 다시 말해 쾌의 감성은, 만인의 공감을 받는 필연적이고 보편타당한 쾌의 감성이 되어야 하므로 객관적이라고 할 수 있다. 간단히 요약하면, 주관적인 작업과정에 객관적인 작업결과라고 할 수 있다. 작업과정 없는 작업결과는 상상할 수 없고, 또 작업과정이 있으면 반드시 작업결과가 생기므로, 작업과정 즉 작업결과이고, 작업결과 즉 작업과정이라고 할 수 있다. 객관적인 작업결과인 쾌의 감성은 주관적인 작업과정의 결과이므로, 쾌의 감성 자체가 주관적인 동시에 객관적이며, 객관적인 동시에 주관적이라고 할 수 있다. 지금까지 논한 것을 종합하면, 미는 주관적인 동시에 객관적인 쾌의 감성으로, 머리는 한 개이나 얼굴은 2개인 **야누스**130)와 같은 이중성의 존재가 된다.

　　미의 이중성은 칸트 미학의 핵심으로 예술의 이중성과 연결되기 때문에 다음 3가지로 종합하여 이중성의 불가피성을 논해 본다. 첫째로 미학적 판단의 근원이 되는 판단력은 규정적 판단력이 아니라 반성적 판단력이었다. 규정적 판단력은 보편이 먼저 주어져서, 특수가 생기면 이 특수를 주어진 보편하에 대입하여(포섭하여) 옳고 그름을 판단하면 되므로, 이 규정적 판단력은 모순이 없는 평온의 판단력이라 할 수 있다. 반면에 반성적 판단력은 특수가 먼저 주어지고 후에 보편을 반드시 찾아야 하므로(왜냐하면 보편이 없다면 판단 자체가 불가능하므로) 이 반성적 판단력은 원래부터 모순과 불안을 자체 내에 잉태하고 있다고 할 수 있다. 반성적 판단력에 내재해 있는 모순과 불안은 특수와 보편 사이의 긴장131)을 의미하고, 긴장상태는 언제나 극과 극 사이에 존재하는 이중 상태를 의미한다. 반성적 판단력 자체가 긴장상태, 이중 상태를 의미하고, 이 반성적 판단력의 선험원리인 합목적성 역시 이중성

---

130) **야누스(Janus)**
131) 긴장(Spannung)

으로 되어 있음을 우리는 이미 논했다. 반성적 판단력의 선험원리는 정확히 **다양한 자연의 주관적 형식적 합목적성**"으로 그 명칭 속에 이미 "주관적"이라는 개념이 내포되어 있어, 이때의 합목적성은 주관적 합목적성이다. 그러나 이 주관적 합목적성은 인식집행이 아니라 인식추구의 합목적성이기 때문에 오성의 성격을, 다시 말해 객관성을 자체 내에 내포하고 있다고 할 수 있다. 따라서 합목적성에 오성의 성격인 객관성을 부여한다면, 합목적성은 "주관적 객관성"을 내포하게 되어 주관성과 객관성이라는 이중성의 구조를 갖게 된다. 미학적 판단의 근원이 되는 반성적 판단력이 이중성을 내포하고 있고 또 그 반성적 판단력의 선험원리인 합목적성 역시 이중성으로 되어 있으므로 미도 이중성의 구조로 되어 있음은 당연하다. 미가 이중성의 구조를 갖게 되는 두 번째 이유는 상상력과 오성 사이의 조화가 미라는 데서도 유래한다. 상상력은 직관능력으로 직관을 생산하고, 오성은 개념능력으로 개념을 생산한다. 상상력과 오성의 차이는(우리가 이미 논한 직관과 오성의 차이는 그대로 적용된다) 첫째로 전자는 직관적이고 후자는 논증적이고, 둘째로 전자는 다양하고 개체적인 반면에 후자는 통일적이고 종합적이며, 셋째로 전자는 시간과 공간 속에 주어진 총체라고 한다면, 후자는 이 총체라고 하는 원자재를 가공하는 사고라고 할 수 있다. 이상의 이중성으로 미의 구조는 되어 있다. 미의 이중성에 대한 세 번째 설명은, 만인이 공감하는 보편타당한 미의 판단을 칸트는 **취미판단**이라고 하는데 이 취미판단역시 취미와 판단이라고 하는 이중 구조로 되어 있다. 하나의 대상을 "아름답다"라고 보느냐 그렇지 않다고 보느냐 하는 문제는 각 개인의 개인적인 다시 말해 주관적인 취미의 문제다. 그러나 이 주관적인 취미를 만인이 공감하도록, 다시 말해 객관적이 되도록 하는 것이 판단이다. 어느 대상이 "아름답다"라고 미학적 판단을 내릴 때는 마치 만인이 공감하는 양, 다시 말해 그 판단이 객관적인 양 판단을 내려야 한다고 해석할 수 있다. 취미판단은 "취미"라는 주관성과 "판단"이라는 객관성의 이중 구조로 되어 있다. 취미판단의 이중성은 그 취미판단의 결과인 미의 이중성을 의미한다. 지금까지 보아온 미의 이중성은 반성적 판단력, 그 반성적 판단력의 선험원리인 합목적성, 상상력과 오성 사이의 조화라는 쾌의 감성, 그리고 미학적 판단인 취미판단이라는 개념에 이르기까지 철저하게 내재되어 있는 이중성이다.

＊ ＊ ＊

　　『판단력 비판』의 전체 구조와, 그 전체구조 중에서 우리가 논한 부분은 다음과 같다. 판단력에는 칸트에 의하면 규정적 판단력과 반성적 판단력 2가지가 있는데, 전자는 독트린이 되므로 제외되고, 후자 즉 반성적 판단력만이 비판철학의 대상이며, 칸트의『판단력 비판』은 이 반성적 판단력만을 다루고 있다. 이 반성적 판단력은 다시 2가지 선험원리, 주관적 합목적성과 객관적 합목적성에 의해 2가지 판단력으로 분리되는데, 전자는 **미학적 판단력**이 되고, 후자는 **목적론적 판단력**이 된다. 여기서 후자 즉 목적론적 판단력은 예술론과 직접적인 관계가 없으므로 제외했고, 우리는 전자 미학적 판단력만을 다루었다. 정확한 표현으로는 "다양한 자연의 주관적 형식적 합목적성"이 되나 간략한 표현으로 주관적 합목적성이라는 선험원리를 가지고 있는 이 미학적 판단력은 다시 2가지 판단으로 나뉘게 된다. 하나는 "X는 아름답다"라고 하는 **"취미판단"**이고, 다른 하나는 "X는 숭고하다"라고 하는 **"숭고판단"**이다. 이상의 2가지 판단 중에서 숭고판단은 오로지 자연과 자연현상에 관한 판단이기 때문에 제외했고, 우리가 지금까지 다룬 것은 취미판단뿐이었다. 취미판단과 숭고판단 사이의 공통점은 양 자가 다 주관적 합목적성이라는 선험원리에 의한 판단으로 주관적이며, 양 자가 다 미학적 판단력에 속한다는 것이다. 취미판단과 숭고판단 사이의 차이점은 후자 즉 숭고판단은 인간에 의해서 생산된 예술을 제외하고 오로지 자연만을 대상으로 하는 반면, 전자 즉 취미판단은 예술과 자연 둘 다 대상으로 한다는 데 있다. 우리가 여기서 예술의 아우토노미 문제를 제기한다면, 이는 칸트의 체게에는 맞지 않는 문제제기가 된다. 이유는 첫째로 취미판단은 칸트의 철학체계에 따라 예술뿐만 아니라 자연에 관한 판단도 되기 때문에 예술의 아우토노미 문제제기는 예술을 자연에서 분리 독립시켜 예술의 아우토노미를 세우기는커녕 반대로 예술과 자연을 하나로 묶어 예술의 아우토노미를 파괴하는 결과가 되기 때문이다. 둘째로

"예술은 자연으로 보여야 아름답다고"132)하여 "아름답다"라는 취미판단에서 칸트는 예술과 자연을 구분할 의사가 전혀 없었다. 셋째로 칸트는 예술과 자연을 통합한 하나의 아우토노미 내지는 예술을 자연 밑으로 포섭하여 생기는 자연의 아우토노미를 의도했다고도 볼 수 있다. 왜냐하면 칸트 철학체계에 의해 아우토노미는 2개, 선험원리는 3개라는 말을 했듯이 예술에 또 하나의 아우토노미를 인정한다면 3개의 아우토노미와 3개의 선험원리가 되어 칸트의 전체 철학체계가 붕괴되기 때문이다.

그럼에도 칸트의 미학에서 예술만의 아우토노미를 논하기 위해서는, 취미판단의 2가지, "아름다운 예술"과 "아름다운 자연" 중에서 전자만의 미에 의해서만 논할 수밖에 없다. 그리고 예술은 아름다워야 하고, 아름다운 예술만이 취미판단의 대상이 될 수 있으므로, 결국 예술의 아우토노미 문제는 미의(예술미의) 아우토노미 문제와 직결된다. 미의 이중성을 이미 자세히 논했는데, 이 미의 이중성은 칸트의 전체 철학체계에 내재해 있는 주관과 대상, 주관과 객관의 관계에서 유래한다. 주관과 대상 사이의 위상관계를 추적하면 다음과 같다. 유럽 철학사에서 대혁명은 코페르니쿠스133)에 의한 혁명이었다. 지구가 우주의 중앙에 위치하고 모든 천체가 지구를 중심으로 돈다고 하는 소위 천동설134)을 뒤엎고, 반대로 태양이 우주의 중심에 위치하고 지구는 그 태양 주위를 회전한다는 소위 지동설135)을 내세운 것이 코페르니쿠스의 대혁명이었다. 태양과 지구의 관계로 비유하여 말한다면, 신의 창조물인 인간이 살고 있는 지구 중심의, 주관중심의 철학이 과거 철학이었다면, 코페르니쿠스 이후의 철학은 태양 중심의, 대상중심의 철학이라고 할 수 있다. 따라서 코페르니쿠스 이후에 발전한 자연과학은 인간의 인식을 대상에 방향을 맞추려 했다고 할 수 있다. 인간에서 대상으로, 수관에서 대상으로 방향을 대전환시킨 것이 코페르니쿠스의 위대한 철학적 혁명이라 할 수 있다. 칸트는 그러나 코페르니쿠스의 대전환을

---

132) Kant: Kritik der Urteilskraft, S. 159
133) 코페르니쿠스(Nikolaus **Kopernikus** 1473~1543)
134) 천동설(天動說)
135) 지동설(地動說)

다시 한 번 뒤집어 놓아 제2의 대전환을 완성한다. 인간의 인식이 대상에 방향을 맞추는 것이 아니라, 반대로 대상이 인간의 인식에 방향을 맞추어야 한다는 것이 칸트의 새로운 대혁명이었다. 철학의 테마는 대상중심에서 인간인식중심으로, 대상에서 주관으로, 객관에서 주관으로 옮겨져야 한다는 것이 칸트의 철학이다. 136) 철학의 테마가 대상에서 주관으로 옮겨져야 한다는 말은 칸트 식으로 말하자면, 대상은 "**물 자체**"137)로 인식 불가능하며, 인식의 가능성은 오로지 인간의 자기 자신, 즉 주관에만 있다는 말이 된다. 따라서 우리 인간에게 보이는(현상하는) 대상은 대상 자체가 아니라, 단지 주관의 표상에 불과하며, 주관 자신의 구조물, 극단적으로 표현하면, 주관 자신의 자화상이라고 할 수 있다. 그러나 대상 자체는 인식할 수 없다고 하나, 그 대상 자체가 존재하지 않는다면 주관의 표상자체가 불가능해지고, 주관이 만들어 내는 구조물이 불가능해진다. 왜냐하면 주관적 표상이 가능해지는 근거가 없어지고, 주관적 구조물을 만들어 주는 원자재가 없어지기 때문이다. 만약에 대상 자체가 존재해 있지 않다면, 다시 말해 주관이 자신의 자화상을 바라볼 수 있는 대상이라는 거울 자체가 없다면, 그 자화상 자체가 없어진다는 말이다. 주관과 대상을 한 일직선 위에 놓고 본다면 주관과 대상 사이에, 주관과 그리고 대상이라는 거울 사이에, 자화상이 놓이게 된다. 바로 이 자화상을(우리는 주관의 표상, 주관 자신의 구조물이라고도 표현했지만) 철학에서 **가상**138)이라고 부른다. 미의 이중성도 바로 이 주관과 대상 사이의 가상에 근거하며, 예술의 아우토노미를 위해 논할 미의 아우토노미 문제도 이 가상에서 찾아야 한다.

이 논문을 종결하는 의미에서 2가지 문제를 제기한다. 하나는 위에서 언급한 미의 아우토노미를 인정해서 결국 예술의 아우토노미를 인정할 수 있느냐는 문제이고, 둘째는 칸트는 『판단력 비판』에서 예술의 **존재론**을 아니면 **현상론**을139) 전개하

---

136) Josef Speck(Hrsg.): Grundprobleme der großen Philosophie der Neuzeit 2, S.15 f.
137) "物 자체(Ding an sich)"
138) **가상(假象 Schein)**
139) **존재론(Ontologie)**과 **현상론(Phänomenologie)**

느냐 하는 문제다. 첫 번째 미의 아우토노미 문제는 언급한대로 주관과 그리고 거울이라 할 수 있는 대상 사이에 위치한 자화상 즉 가상에서 찾아야 한다. 다시 말해 미는 가상이기 때문에 가상에 아우토노미를 인정하면 미에 아우토노미를 인정하는 결과가 된다. 가상에 대해서 다음의 2가지를 언급할 수 있다. 첫째로 칸트의 전 철학 체계에 내재해 있는 이중성과 미의 이중성을 논했듯이 가상 역시 이중성의 존재로서 하나의 머리에 2개의 얼굴을 가진 야누스다. 둘째로 칸트는 철학의 영역 분류 시에 아우토노미는(입법은) 2개, 선험원리는 3개라고 하여 판단력에 아우토노미를 부정하는가 하면, 인간에 내재한 능력 분류 시에는 판단력에 아우토노미를 인정하여 결국 판단력의 **헤아우토노미**라는 개념을 설명했다. 그리고 미학적 판단력의 선험원리인 합목적성의 이중성, 즉 주관적인 동시에 객관적인 합목적성도 언급했다. 판단력의 헤아우토노미는 선험원리인 합목적성에도 적용되는 개념이다. 이 합목적성이 객관적 합목적성이라면 그 합목적성에게 아우토노미를 인정해야 된다는 말이 되고, 또 이 "객관적" 합목적성을 대상에는(자연에는) 적용할 수 없고, 단지 합목적성 자기 자신에만 적용할 수 있다고 한다면 그 합목적성은 자율적인 합목적성이 아니라 자기 자율적인 합목적성이 된다. 자기자율성을 의미하는 판단력의 헤아우토노미 그리고 그의 선험원리인 합목적성의 헤아우토노미는 판단의 결과인 미 즉 가상에도 그리고 결국에는 "아름다운 예술"에도 연결되는 헤아우토노미다. 다음에 예술의 존재론이냐 아니면 예술의 현상론이냐 하는 문제는 수평적인 일직선을 상상하고 논하는 것이 효과적이다. 일직선의 양극에 주관과 대상(거울)이 놓여 있고 그 중간에 자화상 즉 미라고 하는 가상이 있다고 가정해야 한다. 여기서 거울에(대상에) 비치는 자화상이(가상이) 존재하느냐 존재하지 않느냐 하는 문제가 된다. 거울 속을 쳐다보면 분명히 자화상을 볼 수 있어 자화상이(가상이) 존재하기 때문에 예술의 존재론을 말할 수 있고, 또 거울을 비켜서면 자화상이 없어지기 때문에 자화상은(가상은) 존재하지 않는 것이며 단지 현상했다가 다시없어지기 때문에 현상론을 말할 수 있다. 만약에 존재론만을 말한다면, 존재하는 것은 주관과 대상뿐이기 때문에 그 사이에 놓여 있는 자화상을, 미 자체를, 결국 예술 자체를 상실하게 되어, 칸트의 전 미학체계가 붕괴되어진다. 또 반대로 현상론만을 말한다면, 다시 말해 주관과 대상 사이의 자화상만을 다룬다면, 존재해 있는 주관과 대상을 제외시켜, 허공에 뜬 괴물만을 다루는 결과가 된다. 존재론과 현상론을 동시에 하는 것만이, 존재물과(주관과 대상, 양자와) 비존재물을(가상을) 다 구하는 길이다. 아니면 예술존재론과 예술현상론 사이의 변증법적 긴장상태가 칸트가 생각하는 예술에 대한 진정한 인식인지도 모른다. 존재론과 현상론, 방법론은 2개, 진정한 인식은 하나, 여기에도 모순과 불안의 긴장상태가 지배하고 있다고 본다면 칸트의 미학 자체가 헤아우토노미의 미학이라 할 수 있다.

헤겔

동일성의 미학

1. 서론

헤겔[1]은 1817년과 1819년 하이델베르크 대학에서 2번 미학 강의를 했고, 1820/21년, 1823년, 1826년, 1828/29년, 베를린 대학에서 4번 미학 강의를 했다. 이상 6번의 강의 외에 헤겔 자신이 쓴 미학에 대한 원고가 있었으나 제자들의 부주의로 대부분의 원고가 상실되었다고 전해진다.[2] 헤겔의 제자 중 한 사람인 호토[3]가 6번의 미학 강의와 보존된 원고를 종합하여 헤겔이 사망한 이후인 1835년에 출판한 책이 헤겔의 『미학 강의』로 전해진다. 호토가 출판한 이 책에 대한 헤겔 미학의 완전한 신빙성의 문제는 미해결의 문제로 우리가 여기서 논할 수 있는 것이 아니다. 다만 지금까지의 헤겔 미학에 대한 모든 해설 또는 비판이 호토가 출판한 텍스트에 의존해 왔으므로[4] 우리도 동일한 텍스트에 의존할 수밖에 없다. 호토가 출판한 헤겔 미학에 대한 신빙성의 문제와 관련하여 생기는 비판은 주로 헤겔의 보편적 "철학체계"와 특수적 "예술판단"으로 나누어 어디에 중점을 두느냐에 따라서 다양하게 이루어진다. 첫째의 예로 루카치[5]는 호토의 텍스트를 신뢰할 수 없다는 입장이어서 독일 관념론 철학사와 헤겔의 선체 철학체계에 의해서 헤겔 미학을 논한다고 할 수 있다. 루카치는 따라서 헤겔의 보편적 "철학체계"에서 출발하여 호토의 텍스트를 본다고 할

---

1) 헤겔(Georg Wilhelm Friedrich **Hegel** 1770~1831)
2) Lukács, Georg: Hegels Ästhetik, S.115
3) 호토(Heinrich Gustav **Hotho** 1802~1873)
4) Gethmann-Siefert, Annemarie: Welt und Wirkung von Hegels Ästhetik, S.V
5) 루카치(Georg **Lukács** 1885~1971)

수 있다. 둘째의 예로 게트만 시퍼트는 보편적 "철학체계"와 특수적 "예술판단" 중 후자에 역점을 두고, 호토의 텍스트를 배제하지 않으면서, 하이델베르크와 베를린 시대의 헤겔의 예술철학을 첨가하여 헤겔 미학을 논한다. 헤겔은 인간에 대해 예술이 가지는 철학적 의미를 통해, 구체적으로 표현하면 일정한 역사와 일정한 사회에 국한된 예술의 의미를 통해, 더욱 구체적으로 말하면 헤겔 자신이 처해 있는 역사와 사회에 국한된 예술의 의미를 통해 "모데르네"(현대)를 규명하려 했다고 게트만 시퍼트는 말한다.[6] 세 번째 예로 가다머[7]는 헤겔 철학의 논리상 예술미가 먼저 오고 다음에 자연미[8]가 와야 되는데 호토는 반대로 제1장 자연미, 제2장 예술미로 잘못 편집했다고 비판하지만, 그러나 호토의 텍스트에서 헤겔의 보편적 "철학체계"를 읽어 낼 수 있다고 인정하는 입장이다.[9] 따라서 가다머는 호토의 텍스트 속에 들어 있는 헤겔의 보편적 "철학체계"만을 선택하여 읽는다고 할 수 있다. 호토의 텍스트에 대한 이상 3가지 방향의 비판을 종합하면, 헤겔 미학을 연구하기 위해 헤겔의 특수적 "예술판단"이라 할 수 있는 『미학 강의』에 대한(호토의 텍스트에 대한) 철저한 연구 그리고 헤겔의 보편적 "철학체계"에 대한 이해, 나아가 독일 관념론 철학에 대한 이해가 필수조건이라 할 수 있다.

헤겔은 통상적인 **미학**[10]이라는 학술의 대상은 미와 예술을 합해서 "아름다운 예술"이라고 규정하고, 또 이 "아름다운 예술"을 대상으로 하는 학술의 명칭도 "예술철학" 자세히는 **"아름다운 예술에 관한 철학"**이 옳은 명칭이나 통상적으로 "미학"이라는 명칭이 사용되므로 자신도 이 명칭을 사용한다고 말한다.[11] 이상을 요약하면 "아름다운 예술"과 미학, 다시 요약하면 예술과 학술이 선제 헤겔 미학에 편재한 테마라고 할 수 있다. 헤겔 미학을 이해하기 위해 주의할 것은 "예술과 학술"이라는

---

6) Gethmann-Siefert, Annemarie: Welt und Wirkung von Hegels Ästhetik, S. VI
7) 가다머(Hans-Georg **Gadamer** 1900~2002)
8) 예술미(藝術美)와 자연미(自然美)
9) vgl. Gadamer: Die Stellung der Poesie…, S. 221
10) **미학(美學 Ästhetik)**
11) Hegel: Vorlesungen über die Ästhetik I, S. 13

테마에서 예술은 반드시 "아름다운 예술"이며 (헤겔은 미학의 대상에서 "추한" 예술
은 제외시킨다) 또 학술은 철학과 같은 뜻으로 보아야 한다. 따라서 헤겔 미학의
테마는 언급한 대로 "예술과 학술" 또는 "예술과 철학", 또는 하나의 명칭으로 "**예술
철학**"이라고 표현할 수 있다. 이상의 테마 규정이 보여주듯이 헤겔은 **예술미**와 **자연
미**12) 중에서 후자를 미학이라는 학술의 대상에서 제외시킨다.13) 자연미를 제외시
키는 이유는 한마디로 예술이 자연보다, 또 예술미가 자연미보다 차원이 더 높다는
것이다. 예술과 예술미의 높은 차원은 예술과 예술미에는 인간에 의해, 인간의 **정
신**14)에 의해 생산되어 정신이 깃들어 있으나, 자연과 자연미는 인간에 의해 생산된
것이 아니기 때문에 정신이 결여되어 있다는 데서 온다. 형식적으로 볼 때 졸작의
착상이라도 그것이 인간의 정신에 의해 만들어진 이상 자연과 자연미보다는 높은
위치에 놓인다는 논리다. 또 내용적으로 볼 때 인간을 위해 없어서는 안 되는 태양과
같은 자연물이 걸작이라 하더라도, 태양이라는 자연물은 자율성, 자유, 자기의식15)
등이 결여되어 있기 때문에, 다시 말해 타율적이고, 필연적이며, 무의식적이기 때문
에 인간의 정신이 가미된 예술과 예술미보다는 낮은 차원이라는 것이다. 자연미를
학술의 대상에서 제외시키는 이유를 헤겔의 말을 빌려 표현하면 다음과 같다. "정신
과 또 그 정신의 생산물인 예술미가 자연보다 상위에 놓여 있는데, 이 '상위'라는
위상은 상대적이 아니라 절대적이다. 왜냐하면 정신만이 절대 진리이므로 정신에
의해 생산되고, 또 정신이 깃들어 있을 때만 미는 진정한 미가 되기 때문이다. 이러
한 의미로 볼 때 자연미는 (자연미도 역시 아름답지만) 정신의 소관인 예술미의
반사물에 불과하다. 그리고 이 반사도 불완전한 반사며 그 마저도 정신이 없다면
불가능한 반사다."16)

---

12) **예술미(藝術美)**와 **자연미(自然美)**
13) Hegel: Vorlesungen über die Ästhetik I, S.13
14) **정신(精神 Geist)**
15) 자기의식(自己意識 Selbstbewußtsein)
16) Hegel: Vorlesungen über die Ästhetik I, S.14, 15

2. 예술과 학술

    학술의 대상에서 **자연미**를 제외시키고 나면 **예술미**와[17] 학술 사이의 관계만 남게 된다. 예술과 학술의 관계는 예술의 영역을 학술에 의해, 즉 학술적으로 다룰 수 있느냐 하는 문제를 의미한다. 예술과 철학, 예술과 학술의 문제는 모든 관념론적 미학의 공통적 테마가 되어 왔고, 또 철학 자체의 핵심적 테마라고 할 수 있어 헤겔이 이 문제를 제기하는 것은 당연하다. 헤겔은 크게 보아 2가지 질문을 제기한다. 첫째 질문은 예술과 예술미가 학술에 의해 다룰 가치가 있느냐이고, 두 번째 질문은 예술과 예술미가 학술에 의해 다룰 가치가 있다고 인정하더라도 서로 생리적 구조가 다른데 학술이 과연 예술과 예술미를 다룰 수 있겠느냐 하는 질문이다. 첫 번째 질문을 자세히 보자면 다음과 같다. 헤겔에 의하면 예술과 예술미는 환경을 장식해 주고, 인간에게 오락을 주고, 힘들고 거친 인간사를 부드럽게 해 주는 "**봉사**"를 하기 때문에, 예술과 예술미는 자신의 자율적인 **최종목적**[18]을 갖지 못하고 목적을 위한 수단 즉 "봉사"라는 의미만 가지고 있다고 할 수 있다. 그리고 이상의 장식과 화해와 유화라는 봉사만 하는 예술과 예술미는 엄격하고 진지해야 할 정신을 이완시키고 해이하게 만든다고 할 수 있다. 자율적인 최종목적을 갖지 못하고 수단에 불과한 "봉사"만을 존재이유로 하고 있는 예술과 예술미, 그리고 학술의 본질인 정신을 엄격하고 진지하게 해 주지 않고 오히려 반대로 이완시키고 해이하게 만드는 예술과 예술미야말로 불필요하고, 나아가 있어서는 안 되는 존재가 아니냐 하는 논리다. 또 철학사에서 보듯이 이상의 장식, 화해, 유화를 위한 봉사자로서의 예술을 구제하기 위해서, 더 정확한 표현으로 봉사자는 남을 위한 타율성을 의미하므로 예술의 타율성을 구제하고 동시에 자율성을 구성하기 위해서, **이성과 감관성, 의무와 경향**이라는[19] 양 극단적인 세계 사이를 중개해 주는 "중개자"라는 존재이유를 예술에 부여하려고 한 이론이 있었다고 헤겔은 말한다. 그러나 이러한 이론에 따르자면 예술은 이성과 감관성, 의무와 경향이라는 서로 화합할

---

17) **자연미**(das Naturschöne)와 **예술미**(das Kunstschöne)
18) **최종목적**(Endzweck)
19) **이성**(Vernunft)과 **감관성**(Sinnlichkeit), **의무**(Pflicht)와 **경향**(Neigung)

수 없는 2개의 극단적인 세계 사이를 외관상으로만 눈가림해주는 가상 내지는 허위가 되어버리거나, 아니면 긍정적으로 본다 하더라도 일시적인 유희[20]라고 밖에는 볼 수 없다는 것이 헤겔의 비판이다. 이상의 이유를 종합하여 결국은 예술과 예술미란 불필요한 것이 아니냐 하는 것이 첫 번째 질문이다. 두 번째 질문은 이상의 이유에도 불구하고 예술과 예술미가 인간을 위해 필요하다고 가정한다면 이 예술과 예술미를 과연 학술에 의해 다룰 수 있느냐 하는 것이다. 이유는 예술과 예술미는 **학술적인 사고**[21]와는 생리적 구조가 다르기 때문이라는 것이다. 예술미는 우선 감관, 감각, 직관, 상상력 등 감성의 세계에 속하고, 반면 학술은 감성세계의 정반대인 사고라는 이성의 세계에 속해서, 2개의 세계가 서로 상반되는 세계라는 것이다. 다음에 예술미의 원천은 환상이라는 무한한 자유행위이고, 예술의 영역도 자연세계의 수많은 형상들뿐만 아니라 거기에 도를 더해 무한한 상상력이 무한한 영역을 제공해 준다고 볼 때, 이 무한하기만 한 예술의 영역들을 정리 정돈하여 보편적인 공식으로 표현해야 할 학술 적 사고가 아예 용기를 잃어 학술의 구실을 못할 것이라는 것이 헤겔의 설명이다. 예술 과 학술 사이의 차이점에 대한 이상의 논리들을 종합하면 다음과 같은 설명이 된다. 형식의 면으로 볼 때 학술은 개체들을 종합하고 추론하여 단일화하는 사고를 원리로 하는 반면에, 예술생산과 예술수용은, (하나의 표현으로) 예술은 무한한 상상력과 또 그 상상력의 확장으로 단일화가 아니라 다양화를 원리로 하므로 학술과 예술 2개의 세계는 서로 배타적이라는 것이 헤겔의 설명이다. 또 내용 면에서 볼 때 학술은 필연성 과 법칙성을 추구하는 것이 목표인데, 이 필연성과 법칙성의 영역은 예술이 아니라 오히려 자연이므로, 자연미를 처음부터 제외시킨 미학이라는 학술은 자기 목표에서 더욱더 멀어지는 것이 아니냐 하는 것이 헤겔의 설명이다. 거기에 도를 더해서 예술미 에 깃들어 있어야 할 정신을 보더라도, 정신은 역시 상상력과도 같은 것이어서 너무나 자의적이고 무법적이라고 할 수 있어, 결국 예술과 예술미는 자의와 무법을 인정하지 않는 학술과는 생리가 맞지 않다는 논리다. 예술의 원천, 기능, 영역 등을 종합해 볼 때 예술을 학술적으로 다룰 수 있기는커녕 반대로 예술은 학술에 강한 저항을 해서

---

20) 유희(遊戱 Spiel)
21) **학술적인 사고**(das wissenschaftliche Denken)

학술과는 더욱더 멀어지는 것 아니냐 하는 것이 두 번째 질문이다.

　　예술과 학술에 대해 제기된 두 질문, 즉 예술과 예술미는 "봉사"를 존재이유로 하므로 학술적으로 다룰 가치가 없는 불필요한 존재로서 한낱 일시적 유희에 지나지 않느냐 하는 질문과, 또 학술적으로 다룰 가치를 인정한다 하더라도 예술과 학술은 그 생리적 구조가 서로 달라 예술을 학술적으로 다루는 것은 불가능한 일이 아니냐 하는 질문을 헤겔은 **자유**라는 개념과 **가상**[22]이라는 개념에 의해서 해결하려 한다. 자유와 가상은 독일 관념론 철학의 가장 핵심적인 개념들로 헤겔 미학이 가장 관념론적 미학임을 말해 준다. 우선 자유라는 개념에 의한 헤겔의 시도는 다음과 같다. 자유는 자신을 위해 존재하는 **자율성**을 의미하고, "봉사"는 타자[23]를 위해 존재하는 **타율성**을 의미한다. 헤겔은 타자만을 위해 존재하는, 다시 말해 봉사만을 위해 존재하는 타율적인 예술을 미학이라는 학술의 대상에서 제외시킨다. 헤겔 미학의 테마를 구체화하면, 자연미의 제외, 예술미 중에서 추한 예술의 제외(이는 정신이 결여되었기 때문에), 또 아름다운 예술의 2가지인 봉사의 예술과 자유의 예술 중에서 봉사의 예술의 제외라고 할 수 있다. 헤겔에 의하면 "의존적이고, 따라서 자유롭지 못하며, 봉사만을 위해 존재하는 예술이 있다. 그러나 우리가 다루려는 예술은 이러한 예술이 아니라, 목적에 있어서도 또 수단에 있어서도 자유로운 예술이다. 이 **자유로운 예술**은 타자를 위한 봉사행위를 떨쳐 버리고, 오직 자신의 목적만을 위해 존재해야 하고 또 자신을 진리의 영역으로 승격시키는 예술이다."[24] 이러한 자유롭고, 자율적이고, 아름다운 예술만이 진실한 예술로 예술이 해야 할 최고의 사명을 완성할 수 있는 예술이라는 것이다. 헤겔에 의하면 예술이 완성해야 할 "최고의 사명", 즉 최고의 목적은 종교와 철학이 가지고 있는 최고의 목적과 일치하는 목적이다. 헤겔은 사유의 개념에 의해서 예술을 종교 그리고 철학의 차원과 동등한 차원으로 승격시키고 있다. 종교 그리고 철학과 같이 예술도 인간의 가장 심오한 관심사인 **총체적 진리**라고 할 수 있는 **신성**[25] 자체를

---

22) **자유**(自由 Freiheit)와 **가상**(假象 Schein)
23) 타자(他者)
24) Hegel: Vorlesungen über die Ästhetik I, S.20

인식시키는 데 이바지해야 한다는 것이 헤겔의 주장이다. 따라서 헤겔에 의하면 총체적 진리를 인식하는 방법에는 예술, 종교, 철학 등 3가지 방법이 있다고 할 수 있다. 예술이 총체적 진리를 인식시키는 방법은, 볼 수도 없고 들을 수도 없는 최고의 진리인 이 총체적 진리를 예술이 볼 수 있고 들을 수 있게 감관적으로 묘사해서 감관과 감각의 세계인 자연현상에 접근시키는 것이다. 그렇다면 예술작품 속에는 2가지 요소 즉, 총체적 진리와 감관적 현상, 달리 표현하여 진리와 그 진리의 감관현상이 들어 있어 하나의 예술작품은 두 개의 얼굴을 가진 야누스의 머리라고 할 수 있다. 헤겔은 다음에 가상이라는 개념에 의해서 이 두 개의 얼굴을 분리시키는 작업을 하고 있다.

타자의 목적을 위해서만 존재하는 "봉사의 예술"과 자신의 목적만을 추구하는 자유의 예술을 구분했듯이, 헤겔은 가상도 2가지로 구분한다. 하나는 진리를 숨기려는 가상 즉 허위이고, 다른 하나는 반대로 숨어 있는 진리를 드러내려는 가상이다. 예술은 물론 후자인 진리를(총체적 진리를) 드러내주는 가상이 되어야 한다는 것이다. 진리와 가상의 관계는 헤겔에 의하면 다음과 같다. "가상은 실체[26]를 위해서는 없어서는 절대로 안 되는 현상이다. 볼 수도 없고 들을 수도 없는 실체인 진리가 볼 수 있고 들을 수 있게 가상화하지 않는다면 진리는 없는 것이나 같기 때문이다."[27] **진리**는 원래 볼 수 있고 들을 수 있는 경험세계를, 즉 가상의 세계를 초월해 있는 피안의 세계에 정착해 있다는 것이 헤겔의 생각이다. 따라서 진리를 볼 수 없고 들을 수 없는 것은 당연하다. 이 볼 수 없고 들을 수 없는 진리를 예술이 옷을 입혀서 가상화시켜야 하는데, 다시 말해 경험세계인 가상의 세계로 끌어내려 볼 수 있고 들을 수 있게 만들어야 하는데, 이때 주의할 것은 그 진리가 손상되지 않고 본래의 모습을 그대로 유지하도록 가상화시켜야 한다는 것이다. 만약에 여기서 가상화가 진리의 모습을 변화시켜 손상시킨다면 이는 잘못된 가상 즉 허위가 되어버려 예술이 만들어야 할 가상은 될 수 없다는 것이다. 가상의 문제는 헤겔 미학의 핵심에 속하는 문제로

---

25) **신성(神性 das Göttliche)**
26) 실체(實體 Wesen)
27) Hegel: Vorlesungen über die Ästhetik I, S.21

무한한 사고를 요한다. 예술이 진리를 가상화시키면 **예술, 진리, 가상**28)이라는 삼자 관계가 생기는데 이는 다음과 같다. 예술은 가상이라는 옷을 입혀 진리를 더 돋보이게 **구체적**29)으로 만들어야 하고, 진리는 가상이라는 옷을 입었으나 옷을 안 입었을 때 보다도 더 적나라하게 몸을 드러내야 하는 관계이고, 예술과 가상의 관계는 예술 즉 가상, 가상 즉 예술이라는 관계가 된다. 예술이 진리를 구체화시켜야 한다는 말을 헤겔은 다음과 같이 표현한다. 예술은 진리를 가상화시켜야 하는데 이 가상화 과정에서 허위로서의 가상 즉 부정적 가상을 제거시키면서 예술적 가상 즉 긍정적 가상으로 만들어, "진리에 높은 차원의 현실, 높은 차원의 사실성, 진정한 현존재30)를 부여해야 한다".31) 또 진리와 가상의 관계는 무한한 사고를 요하는 관계로, 헤겔은 가상은 없어도 안 되고 또 있어도 안 되는 것으로, 진리라는 **이념**32)에 도달하는 일에 절대적으로 필요하기도 하고 또 그 일을 방해하기도 하는 "단단한 껍질"과 같은 것으로 어렵고 성가신 존재라고33) 표현한다. 예술 즉 가상, 가상 즉 예술이라는 관계는 자유의 개념에 의해서 종교와 철학의 차원과 동등한 차원으로 승격되었던 예술을 헤겔이 다시 종교와 철학보다 낮은 차원으로 격하시키는 계기가 된다. 왜냐하면 예술은 가상으로서 진리라는 이념에 도달하는 것을 방해하는 기능도 동시에 가지고 있는 성가신 존재이기 때문이다. 예술작품 속에 들어 있는 2개의 요소인 진리와 가상을, 즉 한편으로는 총체적 진리와 다른 한편으로는 그 총체적 진리의 감관적 현상을 분리하여 보았으나 이후에는 이 양자를 하나로 통합하는 작업이 이루어져야 한다.

이미 언급한 대로 헤겔 미학의 테마에서 자연미와 추한 예술, 부자유의 봉사예술을 제외한 다음 허위로서의 가상도 제외된다. 따라서 이상의 제외 요소들을 빼고 나면, 헤겔의 진정한 테마는 "**자유롭고 아름다운 긍정적 가상으로서의 예술미**"라고 할

---

28) **예술(藝術), 진리(眞理), 가상(假象)**
29) **구체적(konkret)**
30) 현존재(現存在 Dasein)
31) Hegel: Vorlesungen über die Ästhetik I, S.22
32) **이념(理念 Idee)**
33) Hegel: Vorlesungen über die Ästhetik I, S.23

수 있다. 헤겔이 말하는 미[34]는 이러한 의미의 미를 말하며, 이에 대한 헤겔의 유명한 정의는 다음과 같다. "**미는 이념의 감관적 가상화다.**"[35] 헤겔 미학의 핵심문제인 이미의 정의는 후에 다시 다루겠지만 그 의미를 풀어서 본다면, 이념이 인간으로 하여금 볼 수 있고 들을 수 있게, 다시 말해 감관적으로 나타나면, 그것이 곧 예술이 달성해야 할 미, 즉 **예술미**라고 설명된다. 한편에는 이념과 다른 한편으로는 그 이념의 감관적 현상이, 이념과 가상이 하나로 통합된 것이 예술미라는 설명이다. 따라서 예술은 이념을 볼 수 있고 들을 수 있게(헤겔의 표현에 의하면 "감관적"으로, "구체적"으로, "개성적"으로) 나타나도록 만들어야 하는 최고 과제를 가지고 있다고 할 수 있다. 이상의 예술의 "최고 과제"를 달성하기 위한 필요조건은 "**미는 이념의 감관적 가상화**"라는 정의에 들어 있는 이념과 가상의 관계가 되는데, 앞에서 언급한 진리와 가상의 관계와 같은 관계이다. 이념과 진리를(총체적 진리를) 같은 의미로 해석해야 한다. 여기서 예술과 철학, 예술과 학술의 문제로 복귀한다면, 헤겔은 예술을 학술 밑으로 격하시키는 계기가 나타난다. 왜냐하면 예술의 과제인 예술미 자체를 구성하는 절대적 구성요소가 이념과 가상으로 예술은 가상을 피하려야 피할 수 없는 반면에, 학술의(철학의) 최고 과제는 순수 이념만으로 예술이 피할 수 없는 가상이라는 요소 없이도 단독으로 자기의 최고 과제를 달성할 수 있기 때문이다. 예술이냐 아니면 학술이냐 하는 질문을 제기한다면, 학술이 중심이 되는 것이 헤겔 미학이다. 예술과 학술의 관계에서 학술의 우위성은 이론적으로는 예술의 구성요소에 내재해 있는 가상성에서 기인한다. 그러나 실천적으로는 학술의 우위성을 헤겔은 고대 희랍 예술에 의해 증명하려 하는데, 그것이 소위 "**예술의 과거성**"이다.

헤겔 미학을 이해하기 위해서 앞서 언급한 "이념과 가상", 또는 "진리와 가상"이라는 쌍개념 다음으로 중요한 것은 "**내용과 형식**"이라는 쌍개념이다. 헤겔이 주장하는 "예술의 과거성"을 논하기 위해서는 "형식과 내용"이라는 쌍개념에 대한 설명이 선행되어야 한다. 이를 내용과 형식의 변증법이라고도 하는데, 내용은 형식이고, 반대

---

34) **미**(美 das Schöne)
35) "**das sinnliche Scheinen der Idee**", ebd. S.151

로 형식은 내용이라고 헤겔은 표현한다. 내용은 형식을 규정하고, 형식은 내용을 규정한다는 말이다. 주어진 규정된 내용을 표현하는 데는 아무런 형식이나 다 가능한 것이 아니라 바로 그 주어진 규정된 내용에 적합한 형식이 되어야 한다는 말이고, 또 그 반대도 마찬가지다.[36] 헤겔에 의하면, "내용과 형식" 중에서 어느 한쪽에 치우치지 않고 양자가 동등한 위치에서 조화를 이루는 상태가 예술의 "최고 상태", 즉 아름다운 예술미가 된다. 내용과 형식이 조화된 아름다운 예술이 예술의 최고 상태로서 진리를 구체적이고 생생하게 인식시켜 주는 예술이 된다고 헤겔은 말한다. 헤겔은 이상의 내용과 형식의 변증법에 의해서 예술의 과거성을 설명하려 한다. 헤겔이 예술의 과거성을 언급하는 것은 동시에 우리 시대의, 즉 현대의 예술에 대한 언급을 의미한다고 할 수 있다. 헤겔에 의하면 현대에는 내용과 형식의 완전한 조화였던 과거 예술의 "최고 상태"가 ("최고 상태"는 헤겔이 분류하는 3단계인 상징적 예술형식, 고전적 예술형식, 낭만적 예술형식 중에서 중간단계인 고전적 예술형식을 의미한다) 파괴되어 더 이상 존재하지 않는다는 것이다. 이유는 현대 종교인 기독교, 현대인이 생각하는 진리, 현대인의 정신, 또 현대인을 지배하고 있는 이성 등 현대세계의 내용들은 과거 희랍시대의 고전적 예술형식에는 더 이상 적합하지 않기 때문이라는 것이다. 예술과 예술작품은 인간의 "최고 욕구"를 더 이상 충족시킬 수 없으며, 따라서 우리 현대인은 예술을 존경하고 숭배하는 시대를 지나쳐 버렸다는 것이다. 예술의 과거성을 표현하는 헤겔의 말은 다음과 같다. "예술은 예술의 최고 과제라는 면에서 볼 때 이제는 과거사로 되어 버렸다. 예술은 현대인에 대해서는 진리와 생동성을 상실했으며, 인간의 상념[37] 속에서만 존재하기 때문에 예술은 실제로는 과거에 소유했던 필연성과 높은 위상을 더 이상 주장할 수 없게 되었다. 최고과제를 달성할 수 없는 오늘의 예술이 인간에게 줄 수 있는 것은 향락행위를 제외하고 보면 판단[38]에 불과하다. 이 판단은 내용과 형식을 비교하면서 내리는 판단을 의미한다. 예술이 최고 욕구를 충족시키던 과거와 비교해 보면, 오늘날에는 예술에 대한 학술이 더

---

36) vgl. Hegel: Vorlesungen über die Ästhetik I, S. 29
37) 상념(想念)
38) 판단(判斷)

필요한 때이다. 오늘의 예술은 우리를 사고로 초대하는데, 그것도 과거 최고 상태의 예술을 다시 불러오기 위해서가 아니라, 예술이 무엇인가를 학술적으로 인식하기 위해서다."[39] **정신의 최고관심사**"를 달성했던, 예술의 최고 과제를 달성했던 과거의 고전적 예술형식과, 그리고 그 최고 과제를 더 이상 달성할 수 없는 오늘의 예술을 (헤겔에 의하면 낭만적 예술형식을) 비교하여 과거는 예술의 시대라고 한다면 오늘의 시대는 사고, 반성, 판단, 인식, 학술의 시대라는 것이 헤겔의 주장이다. 오늘의 현대는 예술의 시대가 아니라 학술의 시대라는 내용을 "사고와 반성이 아름다운 예술을 초월해 지나쳐 버렸다고[40] 헤겔은 표현한다. 예술을 학술로 다룰 가치가 있느냐, 또 가치가 있더라도 그것이 가능하냐 하는 문제를 간단히 언급하면 자유롭고 아름다운 가상으로서의 예술은 정신의 최고 관심사를 인식시켜 주기 때문에 충분한 가치가 있으며, 또 오늘의 현대는 예술의 시대가 아니라 학술의 시대이므로 예술에 대한 학술이 가능할 뿐만 아니라 오히려 필연적이라는 대답이 된다. 서론에서 언급했듯이 헤겔 자신이 **아름다운 예술**"에 관한 철학 또는 학술을 하겠다는 말은 이상의 대답을 처음부터 증명해 주는 말이다.

이상에서 자유, 가상, 예술과 학술 등의 문제를 논했으므로, 다음에는 **예술미**의 개념을 분석하기로 한다. 헤겔은 "아름다운 예술", 즉 예술미를 3가지 범주로 분류하고, 이 3가지 범주에 속하는 이론들을 순서대로 비판하면서 자신의 이론을 정립한다. 첫째 학술의 대상에서 자연미를 제외시켰으므로 예술미를 나타내는 예술작품은 반드시 **인간행위의 산물**이어야 하며, 둘째 예술은 자체구조 내에 피할 수 없는 가상을 가지고 있어 예술작품은 **가상화**, 다시 말해 감관에 의하여, 감관을 위해 생산된 것이며, 셋째 예술은 봉사의 예술이 아니라 **자유로운 예술**로서 타자를 위한 것이 아니라 자기목적을 가지고 있는 예술작품이어야 한다는 것이 그 3가지 범주다. 첫째 범주 즉 예술작품은 "**인간행위의 산물**"이어야 한다는 논리에는 여러 가지 예술론이 가능하다. 우선 소위 규칙미학이 가능해진다. 예술작품은 인간행위에 의해 다시

---

39) Hegel: Vorlesungen über die Ästhetik I, S.25
40) ebd. S.24

말해 인간의 의식, 지식 등에 의해 생산되므로 예술작품을 만드는 규칙만 이해하고 그대로 실천하면 누구나 예술작품을 만들어낼 수 있다는 것이 규칙미학이다. 이는 프랑스 의고전주의[41]의 규칙미학을 의미하는데 헤겔은 이 규칙미학을 단순히 규칙에만 의존하는 기계적인 취급방법이라고 비판한다. 다음에는 규칙미학과는 정반대인 **천재미학**이 가능하다. 천재미학에 의하면 예술작품은 보통 인간에 의해서가 아니라 특별한 재능이나 천재에 의해서만 생산될 수 있다는 것이다. 천재는 어떤 규칙에 의존하지 않고 영감에 의해서 예술작품을 창조한다는 것이 천재미학이다. 이에 대한 반론으로 아름다운 예술을 생산하기 위해서는 천재의 특별한 재능과 영감도 필요하지만, 그 외에 교양, 반성, 연습과 숙련 등이 필요하며 그 예가 건축과 조각이라는 것이 천재미학에 대한 헤겔의 비판이다. 규칙에만 의존하려는 규칙미학과 규칙을 전혀 무시하려는 천재미학을 극과 극으로 대치시키면서, 헤겔은 규칙미학과 천재미학 양자 모두를 수용한 융합 형태의 미학을 정립하려 한다고 볼 수 있는데, 예술형식에 따라 그 융합의 정도가 달라진다. 건축과 조각은 천재적 영감보다는 장인의 숙련성이 필요해 규칙미학에 가깝다고 볼 수 있고, 그림과 음악은 장인의 숙련성보다는 천재의 영감이 더 중요해 천재미학에 가깝다고 볼 수 있다. 그러나 헤겔은 규칙미학과 천재미학의 이상적인 융합으로, 다시 말해 장인의 숙련성도 천재의 영감도, 양자를 다 필요로 하는 것이 **시문**[42]이라고 말하며 그 예로 괴테와 쉴러[43]를 들고 있다.[44] 첫 번째 범주에서, 다시 말해 예술작품은 "인간행위의 산물"이라는 범주에서 가능한 또 하나의 이론은 인간행위의 산물인 예술작품을 자연물보다 낮은 차원으로 보는 이론이다. 예술작품을 구성하는 요소들은 돌, 나무, 화폭 등으로 죽은 물질들의 집합인 데 비해, 동물, 식물과 같은 자연물은 살아 있는 생명체들로서 모든 구조에 있어서 합목적적[45]이기 때문이라는 것이 규칙미학과 천재미학 다음에 오는 세 번째 이론의 주장이라고 헤겔은 말한다. 살아 있는 생명체가 죽은 물질보다는 높은 차원에

---

41) 의고전주의(Klassizismus)
42) **시문(詩文 Poesie)**
43) 괴테(Johann Wolfgang von **Goethe** 1749~1832). 쉴러(Friedrich **Schiller** 1759~1805)
44) vgl. Hegel: Vorlesungen über die Ästhetik I, S.46, 47
45) 합목적적(合目的的 zweckmäβig)

있다는 논리다. 이 이론은 자연과 자연미를 제외시키는 헤겔의 이론을 정면으로 부정한다. 이 이론에 대한 비판에 의해 헤겔은 예술에 대한 중요한 정의를 내린다. "예술작품은 정신에서 태어나야 되며, 정신의 토대에 속해야 되고, 정신의 세례를 받아야 되고, 정신의 조율에 따라 만들어져야만 예술작품이라고 할 수 있다."46) 이상의 인용문은 예술에 대해 헤겔이 내린 정의 중에 헤겔 미학을 가장 잘 표현해 주는 정의로 3가지에 주의할 필요가 있다. 첫째로 헤겔 미학은 인간의 정신 없이는, 헤겔의 표현을 사용하면 정신의 세례 없이는 예술을 상상할 수 없는 철저한 관념론적 미학이라고 할 수 있고, 둘째로 헤겔은 신과 동형을 지닌, 신과 같은 모양을 하고 있는 인간의 정신을 신 자체와 동등한 위상에 위치시킨다고 할 수 있다. 헤겔은 **"신은 정신"**이라고47) 말한다. 인간세계와 자연세계를 동시에 지배하는 지배자가 신이라면 신과 동등한 위상에 놓여 있는 정신도 자연 위에 군림하는 것은 당연하다. 또 정신이 깃들어 있는 예술이 정신이 결여된 자연보다 상위에 군림하는 것도 당연하다. 헤겔의 예술론은 자연론이 아니라 철저한 예술 - 론이다. 셋째로는 "신은 자연물보다는 오히려 인간의 정신이 인위적으로 만들어낸 제작물, 즉 인위적 제작물에 대해 존경을 표시한다고"48) 헤겔은 말하는데, "인위적 제작"에 대해서 주의할 필요가 있다. 헤겔의 예술론은 몽타주나 해프닝과는 거리가 먼 **제작론**이라는 데 주의할 필요가 있다.

다음에는 두 번째 범주로 예술작품은 가상화 즉, 예술작품은 반드시 감관에 의해서 감관을 위해서 만들어져야 한다는 범주에 속하는 이론들을 논할 차례다. 이 범주에 속하는 예로서 감정만을, 그것도 쾌적한 감정만을 일으켜 주는 것이 예술이라는 이론이, 극단적으로 말해서 감정에만 중점을 둔 이론이 있다고 헤겔은 말한다. 멘델스존49) 시대의 이론으로 **"공포와 동정"**50)만을 강조하는 이론이 감정 일변도의 이론이라고 헤겔은 말하고, 이러한 예술은 단순히 주관성이라는 속이 비어 있는 형식만

---

46) Hegel: Vorlesungen über die Ästhetik I, S.48
47) Hegel: ebd. S.50
48) ebd. S.49
49) 멘델스존(Moses **Mendelssohn** 1729~1786)
50) **"공포와 동정**(Furcht und Mitleid; Phobos und Eleos)"

을 주장하고 구체적 내용을 도외시하는 이론이라고 비판한다. 다음에는 이상의 감정 일변도의 내용 없는 순수 주관성을 극복하기 위하여, 미에 대한 교양과 의식을 요구하는 소위 취미51)에 관한 이론이 생겨났는데 (헤겔은 취미론으로 칸트를 암시한다) 이 이론 역시 "깊은 내용"에는 도달할 수 없는 이론이라는 것이 헤겔의 주장이다. 이유는 헤겔에 의하면, "구체적 내용"이나 "깊은 내용"을 수용하기 위해서는 예술은 감관뿐만 아니라 완벽한 이성과 정신을 필요로 하기 때문이라는 것이다. 예술작품이 가상화라는, 다시 말해 예술작품은 감관에 의해서 감관을 위해서만 만들어져야 한다는 범주를 설명하기 위하여 헤겔은 수용자의 입장에서 본 대상으로서의 예술작품과 그 대상을 생산하는 주체로서의 예술가를 나누어서 설명한다. 우선 수용자의 입장에서 본 대상으로서의 예술작품을 본다면 2개의 극단적인 방향이 있는데, 하나는 예술작품을 여흥이나 욕구를 충족시켜주는 대상으로만 보는 방향이고, 다른 하나는 정반대로 예술작품을 순수 이론적으로만 관찰하는 이론적 관심의 방향이다. 첫 번째 방향은 예술작품에 대한 행동방식이 전혀 되지 못해 이론적 관심의 방향으로 끌어올려져야 하고, 두 번째 방향은 예술작품에 대한 행동방식을 너무 지나쳐서 반대 방향, 다시 말해 여흥과 욕구의 방향으로 끌어 내려져야 한다는 것이 헤겔의 의견이다. 이상의 극단적인 양 방향의 종합과 통합을 위해 헤겔은 예술의 **중간위상**52)을 설명한다.

헤겔 미학에서 예술의 **"중간위상"**은 핵심에 속한다. 위에서 언급한 "여흥 또는 욕구"와 "이론적 관심" 사이의 중간위상을 헤겔은 2가지 방향과 2가지 개념으로 나누어 설명한다. 주관에서 시작해서 대상으로 향하는 방향을 "관심"이라는 개념으로, 그리고 또 대상에서 시작해서 주관으로 향하는 방향을 "관찰"이라는 개념으로 표현하는 것이 그 2가지 방향과 2가지 개념이다. 헤겔에 의하면 주관에서 대상으로의 방향은 "욕구관심과 예술관심"이라는 쌍개념이 되고, 반대로 대상에서 주관으로의 방향은 예술관찰과 이론관찰"이라는 쌍개념이 된다. 이상의 4개의 개념을 순서대로

---

51) 취미(Geschmack)
52) **중간위상**(中間位相 Zwischenstellung)

나열하면 **욕구관심**, **예술관심**, **예술관찰**, **이론관찰** 등 4개의 개념들이 순서대로 서열을 이루게 되는데 이중 중간부분을 차지하는 **예술관심**과 **예술관찰**이 진정한 관심이고 진정한 관찰이라는 말이고 중간위상을 나타내는 개념들인데 헤겔의 말에 의하면 다음과 같다. 이상 4개의 개념서열에 따라 말한다면 "**욕구관심**과 **예술관심**의 차이는 전자는 대상을 소유하고 소모하려는 데 비해, 후자는 대상을 자유롭게 존재시키고 존속시킨다. 또 **예술관찰**과 **이론관찰**의 차이는 반대로 전자는 대상 자체에 관심을 가지고 있는 데 비해, 후자는 대상을 사상과 보편적 개념으로만 변화시키려하고 대상 자체에는 관심을 가지고 있지 않다는 데 있다."53) "욕구관심"은 "이론관찰"의 방향으로 끌어올려야 하고, "이론관찰"은 "욕구관심"의 방향으로 끌어내려야 **예술관심, 예술관찰**이 된다는 논리다. 이상의 2가지 작업을 거쳐 생겨난 중간위상이 예술관심, 예술관찰이라 한다면 이 중간위상을 헤겔은 "단순한 가상" 또는 "감관의 가상", "그림자 세계" 등으로 표현한다.54) 앞에서 우리는 "진리와 가상", "내용과 형식" 등의 쌍개념을 사용했는데 헤겔 미학에 등장하는 여러 가지 쌍개념의 혼돈을 피해야 한다. 여기서는 "욕구와 이론", "감관과 사상", "감관과 정신" 등의 쌍개념들이 등장하는데 모두가 헤겔 철학의 변증법을 나타내는 공식들임에 주의해야 한다. 따라서 "욕구관심과 이론관찰", "감관과 사상", "감관과 정신" 등은 같은 의미로, 같은 표현으로 이해해야 한다. 헤겔에 의하면 따라서 예술작품을 구성하는 감관 즉, 종이, 색깔, 돌 등 물질들은 물론 존재해야 하지만 (이 물질들이 존재하지 않는다면 예술작품 자체가 존재할 수 없기 때문에) 단지 표면적으로만, 단순한 가상으로서만, 그림자로만 존재해야 한다는 것이다. 왜냐하면 정신이 필요로 하는 것은 종이, 색깔, 돌 등 물질이 아니라 자신의 구체화 또는 자신의 "가상화"이기 때문이라는 것이다. 우리는 예술 즉 가상, 가성 즉 예술이라는 말을 했는데, 정확히는 예술 즉 가상화, 가상화 즉 예술이라고 해야 한다. **"가상화"**라는 대단히 어려운 개념을 설명하기 위해 헤겔은 5개의 감관, 즉 시각, 청각, 후각, 미각, 촉각 중에서 예술을 위해 필요한 감관은 시각

---

53) Hegel: Vorlesungen über die Ästhetik I, S.60

54) ebd. S.60, 61; "단순한 가상(bloßer Schein)" 또는 "감관의 가상(Schein des Sinnlichen)", "그림자 세계(Schattenwelt)"

과 청각 2개뿐이고 나머지 3개의 감관은 오히려 예술을 불가능하게 만드는 감관들이라고[55] 한다. 예술작품을 관찰하는 것은 예술작품을 구성하고 있는 물질들, 색깔, 종이, 돌들을 코로 맡아보고, 혀로 맛을 보고, 손으로 만져 보는 행위가 아니라, 그림이나 음악과 같이 눈으로 보고, 귀로 듣는 것이기 때문이다. 예를 들어 맛있는 사과를 그림에서 보기만 하고 먹을 수는 없기 때문에 그림의 사과는 "단순한 가상", 또는 그 감관의(사과의) 가상, 그림자 세계라는 논리다. 이 **"단순한 가상"**이라는 개념에 의해 헤겔은 예술을 다음과 같이 정의한다. "예술작품은 직접적 감관과 이념적 사상 사이 중간에 위치해 있다. 예술작품은 이념적 사상의 단계에는 도달하지 못 했으나, 색깔, 종이, 돌 등 직접적 감관을 나타내는 단순한 물질의 단계는 초월해 있다. 예술작품을 구성하는 감관은 **이념적 감관**으로 이념적 사상 자체도 아니고, 그렇다고 해서 감관 자체 즉 물질 자체도 아니다."[56] **"예술미는 이념의 감관적 가상화다"**라는 헤겔의 정의를 이미 언급했는데, 예술의 중간위상을 나타내는 "이념과 감관"에 주의해야 한다. "이념과 감관"의 변증법이 중요한 쌍개념이 되기 때문이다. 예술의 중간위상은 이념과 감관이 하나 속에 들어 있는, 다시 말해 이념과 감관이라는 2개의 얼굴을 가지고 있는 하나의 머리라고 생각해야 한다. "이념과 감관"이라는 쌍개념 대신에 같은 공식인, 같은 의미인 "정신과 감관"이라는 쌍개념에 의해 헤겔은 예술의 중간위상을 다음과 같이 정의한다. **"직접적 감관은 (이것은 경험세계의 물질을 의미하는데) 예술 속에서 정신화 되고, 또 정신은 예술 속에서 감관화 된다."**[57]

  예술작품이 감관에 의해, 감관을 위해 만들어져야 한다는 범주를 다음에는 예술작품을 생산하는 주체인 예술가에 의해서 설명한다. 예술작품에 대해서 언급한 중간위상은 여기서도 적용된다. 예술작품을 생산하는 예술가의 생산행위는 구성 물질들을 다루는 숙련성과 같은 기계적 작업만도 아니고 또 구성 물질, 즉 감관을 초월해서 순수 사상만을 다루는 학술적 생산도 아니며, 그 중간에 위치해 있다는 것이다.

---

55) vgl. ebd. S.60, 61
56) ebd. S.60
57) ebd. S.61

예술생산에는 **감관성과 정신성**58)이 동시에 들어 있어야 한다는 것이다. 감관성과 정신성이 하나 속에서 일치하는 점이 예술생산인 셈이고, 이 일치점을 헤겔은 특히 **"예술적 생산적 환상"**59)이라고 부른다. 따라서 이 예술적 생산적 환상은 감관, 다시 말해 물질만을 능숙하게 다루는 기계적 작업도, 또 감관을(물질을) 도외시하고 순수 사상만을 다루는 학술도 아닌, 그 양자가 하나 속에 합해져있는 예술가의 행위라는 것이다. 노련한 작업과 깊은 사상, 감관과 정신을 동시에 겸비하고 있는 예술적 생산적 환상의 소유자를, (헤겔에 의하면 진정한 예술가를) 헤겔은 **"위대한 정신"**, **"천부의 재능"**, **"재능"** 등으로60) 부른다. 우리가 이미 헤겔 미학을 규칙미학과 천재미학 중간에 위치시켰듯이, 헤겔은 천재라는 말을 피한다. 이유는 칸트 미학의 천재는 타고난 자연으로서 규칙을 따르는 것이 아니라 규칙을 창조하고 영감에 의해서 예술을 생산하는 예술가이기 때문에, 헤겔은 이러한 칸트 미학으로부터 거리를 두기 위함이다. 칸트 미학이 **천재미학**이라면 헤겔 미학은 **재능미학**이라 할 수 있는데, 헤겔은 작업의 숙련성과 사상의 깊이, 감관과 정신, 규칙과 영감 양자를 다 수용하기 때문이다. 재능이라는 개념에 의해서 예술가는 단순한 숙련공과 구별된다. 이유는 단순한 숙련공은 천부의 재능을 타고나지 못했기 때문이다. 또 예술가는 영감에 의해서만 창조하는 천재와도 구별된다. 이유는 천재가 필요로 하지 않는 작업의 숙련성을 예술가는 필요로 하기 때문이다. 예술작품을 생산하는 예술가와 그의 생산행위 역시 **중간위상**을 가지고 있다.

인간행위의 산물로서의 예술작품, 그리고 감관에 의해 감관을 위해 만들어진 예술작품을 논했으므로 세 번째 범주인 예술의 목적을 논할 차례다. **"자유롭고 아름다운 예술"**이라는 말 속의 자유 개념은 예술이 타자를 위한 봉사를 의미하는 것이 아니라, 자신을 위한 목적, 즉 자기목적을 가지고 있다는 의미다. 헤겔은 예술의 자기목적을 3가지 원칙으로 나누어서 설명하고 비판한다. 첫째 원칙은 예술의 목적이 **"자연**

---

58) **감관성**(das Sinnliche)과 **정신성**(das Geistige)
59) ebd. S.63; **"예술적 생산적 환상**(künstlerische produktive Phantasie)"
60) ebd. S.63; **"위대한 정신**(ein großer Geist)", **"천부의 재능**(Naturgabe)", **"재능**(Talent)"

의 모방"이라는 원칙이다. 이 **"자연 모방"**이라는 원칙은 헤겔에 의하면 글자 그대로 자연의 이중화라는 것이다. 따라서 "자연 모방"은 경험세계에 존재하는 (현실세계에 존재하는) 대상을 또 하나 복사해 놓는 결과이기에 필요 없는 잉여물이며, 또 "자연 모방"이 제아무리 잘 된 것이라 하더라도 자연 그 자체를 따라갈 수 없어 결국 "자연 모방"은 허위 또는 사기에 불과하다는 것이 헤겔의 설명이다. 그리고 모방물이 자연물에 거의 같게 접근하면 접근할수록 쾌감이 아니라 반대로 불쾌감을 준다는 것이다. 헤겔은 이 예로 칸트의 밤꾀꼬리[61]의 구절을 인용하면서, 아름다운 밤꾀꼬리의 노랫소리를 들으며 느끼던 쾌감이, 실은 인간에 의해 모방된 소리라는 것이 알려진 후 그 쾌감은 사라지고 반대로 불쾌감이 생긴다고 말한다. 따라서 "자연 모방"은 예술이 아니라 기술이라는 것이 헤겔의 의견이다. 따라서 이상의 "자연 모방"은 미의 내용은 도외시하고 단순히 형식만을 모방했으므로 객관적인 미가 결여되었다는 것이다. 따라서 예술이 아니라 기술에 불과한 "자연 모방"이 유일한 예술의 목적은 될 수 없으므로 다른 곳에서 목적을 찾아야 한다는 설명이다. 그러나 "자연 모방"도 부분적으로는 필요한 요소로 수용해야 한다는 것이 헤겔의 의견이다. 이유는 예술은 내용뿐만 아니라 형식도 필요하며, 또 예술은 정신을 표현하기 위해서 감관화를, 다시 말해 "자연 모방"을 필요로 하기 때문이다. 두 번째 원칙은 외적인 "자연 모방"과는 반대로 예술의 목적은 인간의 내부에 들어 있는 모든 것, 즉 기쁨과 슬픔, 행복감과 불행감, 선과 악 등 인간 내부에 들어 있는 일체의 인간적 요소를 표현하는 것이(모방하는 것이) 예술의 목적이라는 원칙이다. 즉 인간의 내부에 들어 있는 내용의 다양성을 예술의 목적으로 하는 원칙이다. 그러나 이러한 서로 상충되는 다양한 내용들은 서로 충돌하고 무질서하게 엉겨서, 예술의 목적이 될 수 없으며 따라서 여기서도 객관적 미가 결여된다는 것이 헤겔의 비판이다.

헤겔에 의하면 인간 내부에 들어 있는, 서로 충돌하고 있는 다양한 내용들을 극복하고, 그 다양한 내용들에 하나의 통일성을 부여하여 예술에 적합한 내용으로 만들

---

61) 밤쇠꼬리(Nachtigall)

기 위해 나온 이론이 셋째 원칙인 **카타르시스**[62] 즉 **"격정의 정화"**라는 것이다. 예술은 이 정화작용에 의해 인간을 격정에서 해방시키는 힘을 가지고 있다는 것이다. 후에 다시 이 정화작용에 "도덕적 완전성" 또는 "교훈"의 개념이 첨가되어, **예술의 본질은 공포와 동정**에 의해 감정과 격정을 순화시켜, 한편으로는 만족, 여흥, 즐거움을 주고, 다른 한편으로는 도덕적으로 향상된 인간이 되도록 교훈을 주는 데 있다는 이론이 성립하게 되었다고 헤겔은 말한다. 이상의 이론을 간단히 표현하면, 예술의 목적은 **교훈**과 **여흥**[63]에 있다는 말이 된다. 예술이 실제로 모든 민족들의 첫 번째 스승이었던 것이 사실이나, 예술의 목적을 이 교훈에만 한정시킨다면 예술의 목적이 다시 빗나간다는 것이 헤겔의 생각이다. 또 반대로 예술의 목적이 교훈을 전혀 도외시하고 여흥에만 한정해도 잘못이라는 것이다. "예술의 한계선은 여흥이라는 단순한 유희가 되어도 안 되고, 또 반대로 교훈을 위한 단순한 도구가 되어서도 안 된다는 데 있다."[64] 예술은 교훈에 치우쳐도 안 되고, 또 여흥에 치우쳐도 안 되며, 그 사이의 **중간위상**을 지키는 것이 예술의 자유로운 목적, 자기목적이라는 것이 헤겔의 주장이다. 헤겔에 의하면 교훈의 내용인 진리를 여흥의 형식인 감관화에 의해서 들어내는 데에, 다시 말해 교훈과 여흥 사이를, 내용과 형식 사이를 조화시키는 데에 **예술의 최종목적**이 놓여 있다는[65] 것이다.

지금까지의 여러 가지 방법론에 대한 논쟁을 수평적 개념적 연역이라 한다면, 다음에 헤겔은 수직적 역사적 연역을 한다고 할 수 있다. 여기서 헤겔은 다시 정신과 자연 사이의 **중간위상**을 차지하고 있는 **예술미**[66]라는 개념에 의해서 역사적으로 중요한 예술론에 대해 비판을 가한다. 헤겔의 비판의 대상이 되는 사람은 첫째로 칸트다. 헤겔에 의하면 칸트가 우선 정신과 자연, 개념과 사실성, 보편과 특수, 오성과 감성 사이의 모순을 발견하고 그 모순을 치료해야 할 필요성을 느낀 것은 옳았다

---

62) **카타르시스(Katharsis)**
63) **교훈(敎訓 Belehrung)**과 **여흥(餘興 Unterhaltung)**
64) Hegel: Vorlesungen über die Ästhetik I, S.77
65) ebd. S.82
66) **예술미(藝術美 das Kunstschöne)**

는 것이다. 다시 말해 이상 언급한 서로 모순적인 쌍개념 사이의 중간위상이 예술미라고 칸트는 옳게 인식했다는 것이다. 중간위상으로서의 예술미를 나타내는 칸트의 명제들은 "관심 없는 만족", "개념 없는 보편적 만족", "목적 없는 합목적성", "개념 없는 필연적 만족" 등이라는 것이다. 예술미의 중간위상을 나타내는 이상의 올바른 명제들에도 불구하고, 칸트는 **취미판단**[67]이라는 극히 주관적 반성을 주장하고, 또 **"오성과 상상력의 자유로운 유희"**라고 하는 역시 주관적인 원칙에서 미학적 판단을 유도해 내기 때문에, 칸트의 전체 미학은 주관성 일변도로 변했다는 것이 헤겔의 비판이다. 다음에 독일 미학사에서 헤겔이 가장 인정하는 사람이 쉴러[68]다. 쉴러는 칸트 미학의 주관성과 추상성을 지양하고, 보편과 특수, 자유와 필연, 정신과 자연 사이의 조화를 진실한 예술미로 인식한 최초의 위대한 시인이라고 헤겔은 말한다. 특히 쉴러의 저술 중에 『미학적 교육에 대한 서신』과 『우아와 품위』를 헤겔은 높이 평가한다. 다음에 독일 예술사에서 헤겔이 가장 신랄한 비판을 가하는 것은 독일 낭만주의, 특히 초기 낭만주의의 **이로니**[69]라는 개념이다. 이로니는 피히테[70]의 주관철학의 연장으로 대상을 파괴하여 주관 속으로 포섭함을 의미한다. 대상과 주관, 객체와 주체, 감관과 정신 사이의 **중간위상**을 예술미로 보는 헤겔이 주관 일변도의 이로니를 부정하는 것은 당연하다.

3. 헤겔 미학의 체계

예술미에 대한 헤겔의 정의, 즉 **"예술미는 이념의 감관적 가상화다"**라는 정의를 언급했고, 또 헤겔을 이해하는 데 혼돈을 일으키기 쉬운 동일한 의미에 대한 여러 가지 변증법적인 표현들도 언급했다. 예술미는 이념의 "감관적 가상화"라는 표현을 헤겔은 여러 가지 변증법적 공식에 의해 표현하는 데 주의해야 한다. 같은 표현으로

---

67) **취미판단**(Geschmacksurteil)
68) 쉴러(Friedrich **Schiller** 1759~1805)
69) **이로니**(Ironie)
70) 피히테(Johann Gottlieb **Fichte** 1762~1814)

헤겔은 예술미를 "**절대자의 감관적 묘사**" 또는 "**이념의 감관적 묘사**"라고도 하는데 역시 같은 의미의 표현들이다. 무엇을 어떻게 표현하느냐 하는 문제 즉 **내용**과 표현 **형식**71)의 문제를 나타내는 공식들이다. 예술미가 존재하기 위해서는 내용과 형식이 반드시 있어야 한다는 말이다. 내용과 형식의 관계를 이해하는 것이 헤겔 미학의 체계를 이해하는 데 첫 번째로 중요한 열쇠가 된다. 내용과 형식의 관계에서 발생하는 다음과 같은 문제를 생각 할 수 있다. 예술미가 존재하기 위해서는 내용과 형식이 있어야 하는데, 그렇다면 내용이 먼저냐, 형식이 먼저냐 하는 문제가 생긴다. 내용과 형식의 문제를 비유를 들어 설명하자면, 추인 A가 a라는 옷을 입고 미인 Aa로 되었다고 가정하면, 미인 Aa가 존재하기 위하여 A라는 육체가 먼저 존재해야 하느냐 아니면 a라는 옷이 먼저 존재해야 하느냐 하는 문제가 생긴다. 내용이 먼저냐 형식이 먼저냐 하는 문제, 옷을 입힐 육체가 먼저냐 육체가 입을 옷이 먼저냐 하는 문제는 예술철학에서 아직 해결되지 못한 문제다. 그러나 헤겔 미학은 **내용미학**이라 할 수 있어 내용이 먼저 존재해야 전체 미학체계가 성립한다. 먼저 존재해야 할 내용은 헤겔에 의하면 다음과 같다. **내용**과 **형식**이 조화되어 예술미가 되기 위해서는 첫째로 그 내용은 표현할 가치가 있는 내용, 즉 형식에 어울리는 내용이 되어야 한다는 것이다. 내용이 전혀 없거나, 저질적인 내용으로는 형식이 우수하다 하더라도, 옷이 아름답다 하더라도 예술미가 될 수 없다는 논리다. 헤겔은 여기서 내용을 이념과 동일한 위치에 놓고, "예술의 내용은 이념이고 형식은 감관적 형상이다. 이 내용과 형식을, 이념과 감관적 형상을 예술이 자유롭고 조화된 총체성으로 중개해야 한다"라고72) 말한다. 예술미가 될 수 있는 내용의 두 번째 조건은 내용이 추상적이 아니라 "**구체적**"이어야 한다는 것이다. "모든 진리는 구체적이다. 왜냐하면 진리에는 보편성뿐만 아니라 주관성과 특수성도 함께 내포되어 있는 것이기 때문이다"73)라고 헤겔은 말한다. 헤겔이 말하는 "구체적" 또는 "구체성"이라는 개념은 단순한 개념이 아니라 복합적인 개념으로 헤겔 미학의 핵심에 속하는 개념이다. 내용이 애매하기

---

71) **내용(Inhalt)**과 **형식(Form)**
72) Hegel: Vorlesungen über die Ästhetik I, S. 100
73) ebd.

만 하고, 분명하지 못하면 형식에 의해 전달할 수 없다는 말로 인용문을 이해할 수 있으나 헤겔의 설명은 다음과 같이 계속된다. 이상의 구체적 내용의 예로 헤겔은 기독교의 신을 예로 들면서, 기독교의 신은 구체적인 신으로, "인격인 동시에 정신이다"라고 말한다. 내용의 구체성을 설명하는 또 다른 예는 다음과 같다. 보편성과 특수성이 하나로 조화되어 통일성을 형성하면, 이 **"조화된 통일성**이 **구체성**이다".74) 이 구체성의 개념은 후에 루카치75)에서 핵심개념으로 등장하게 되는 중요한 개념이다. 이 구체성의 개념을 헤겔은 내용에 대한 세 번째 조건으로 발전시킨다. 예술미가 되기 위한 내용의 세 번째 조건은 **"개체성"**76)이다. 이 개체성 개념은 구체성보다 진보된 개념으로, 똑같은 미인들이라도 개성이 다 다른 것과 같이, 미인들 하나하나의 개체성을 의미한다고 생각하면 된다. 개체성을 설명하기 위해 헤겔은 자연적인 인간 육체를 예로 든다. 이 개체성은 내용과 형식이, 육체와 그 육체를 위한 옷이 가장 이상적으로 일치하는 일치점에서 생겨난다고77) 헤겔은 말한다. 그리고 이 개체성이라는 개념은 예술이 그 형식을 외부 자연세계에서 찾아야 한다는 "자연모방" 이론을 헤겔이 부인할 수 있는 원동력이 되는 개념이다. 개체성으로서의 미인은 시간적으로도 또 공간적으로도 단 한 번만 존재하는 유일무이한 인간이듯이, 개체성을 소유한 내용에 의해 만들어진 예술미도 유일무이한 존재가 된다는 논리다. 따라서 화가가 어느 대상을 그렸다면, 그 그림은 그 대상과는 전혀 관계없는 독자적이고 독립적인 그림이라는 논리다. 그 그림은 개체성의 소유자로 그 대상과는 독립된 존재이기 때문이다.

내용과 형식이라는 문제의 연장으로 그리고 이상의 개체성이라는 개념의 연장으로 헤겔의 미학체계를 이해하기 위해 두 번째로 중요한 것은 **"내용과 형식의 일치"**라는 개념이다. 이 말은 내용 즉 형식이고, 형식 즉 내용이라는 내용과 형식의 변증법을 의미한다. 헤겔은 "내용과 형식이 서로에 의해서 관철된다"라는78) 표현을 쓴다.

---

74) ebd. S.101; **"조화된 통일성(die versöhnte Einheit)"**, **구체성(das Konkrete)**
75) 루카치(Georg Lukács 1885~1971)
76) **"개체성(Individualität)"**
77) vgl. Hegel: Vorlesungen über die Ästhetik I, S.101
78) ebd. S.132

개체성으로서의 예술미에 있어서는 그 구성요소인 내용과 형식은 서로 분리할 수 없을 정도로 하나가 되어 내용이 형식이고, 형식이 내용이라는 말이다. 비유를 들자면, 개체성으로서의 미인, 다시 말해 시간적으로 그리고 공간적으로 유일무이한 미인 Aa를 바라보면 그녀의 육체 A와 그녀의 옷 a를 서로 분리해서 생각할 여유가 없을 정도로, 육체와 옷이 혼연일체가 되어 한 명의 미인 Aa를 볼뿐이라는 논리다. 헤겔의 미학 체계를 이해하기 위해 세 번째로 중요한 것은 "구체성", "개체성", "내용과 형식의 일치" 등 위에서 언급한 개념들의 종합인 **인간화**[79]라는 개념이다. 헤겔의 철학체계는 언제나 3단계로 구성된다. 헤겔은 **의식**[80]을 자연적 의식, 인간적 의식, 신적 의식 등 3단계로 나누어 중간단계인 인간적 의식, 즉 인간화의 의식에 미를 부여한다. 또 헤겔은 예술사를 상징적 예술형식, 고전적 예술형식, 낭만적 예술형식 등 3단계로 나누어 그 중간단계인 고전적 예술형식에 극치의 예술미를 부여하는데, 이 고전적 예술형식의 핵심이 인간의 육체를 다룬 아름다운 희랍 신들이다. 헤겔이 고전적 예술형식에 극치의 예술미를 부여한다는 사실은 인간화라는 개념의 중요성을 의미한다. 예술은 인간을 위해서, 인간에 의해서 만들어지는 인간화이기 때문이다. 헤겔 미학의 핵심개념인 **"인간화"**라는 원칙에 의해서 이미 언급한 대로 자연미가 예술의 영역에서 제외된다. 인간화의 개념을 설명하는 헤겔의 말은 다음과 같다. "새들의 찬란한 날개는 사람의 눈에 보이지 않은 채 날아가 버리고, 새들의 아름다운 노래는 사람의 귀에 들리지 않은 채 흘러가며, 남쪽 나라의 숲 속에서는 단 하루 밤만 피었다 없어지는 선인장의 꽃들이 사람의 경탄을 받지 못한 채 시들어 간다. 그리고 그윽하고 독특한 향기를 지닌 아름답고 충만한 식물들이 사람의 향락을 거치지 않고 숲 속에서 썩어 간다. 그러나 예술작품은 바로 인간을 향해, 인간의 정서와 정신을 향해 주어지는 호소이고 제언이다. 인간의 정서와 정신을 메아리치게끔 만드는 것이 예술작품이다."[81]

---

79) **인간화**(人間化 Vermenschlichung)
80) 의식(意識 Bewußtsein)
81) Hegel: Vorlesungen über die Ästhetik I, S.102

이상에서 언급한 내용의 구체성, 개체성, 내용과 형식의 일치, 인간화 등의 개념을 동원하여 헤겔은 인류의 예술사를 3단계로 분류한다. 내용이 표현할 가치가 있는 내용이고, 구체성과 개체성을 가지고 있으면 그 내용이 바로 형식이 되어, 내용과 형식이 이상적으로 서로 조화되어, 그 형상이 바로 그리스의 신들처럼 조화된 아름다운 인간의 모습으로 나타난다는 것이다. 인간화되고 아름다우며 조화된 그리스의 신의 형상들을 헤겔은 **이상**[82]으로 생각한다. 헤겔의 정의 "예술미는 이념의 감관적 가상화"라는 공식에 적용하면, "**이상은 이념의 감관적 가상화**"라는 공식이 된다. 따라서 헤겔은 **이념**과 **이상**[83]을 구별해 사용하는 데 주의해야 한다. 이념은 이상을 구성하는 2개의 요소 중 하나의 요소라고 보아야 한다. 이념과 감관적 가상화라는 2개의 구성요소에 의해 생겨나는 "이상"을 헤겔은 상정하고, 이 상정된 이상에 근거해서 예술사를 분류한다. 이상이란 결국 예술미의 이상을 의미하므로, 예술미의 이상은 아니면 이상적인 예술미는 "이념의 감관적 가상화"라는 공식으로 다시 돌아오게 된다. "이념의 감관적 가상화"라는 공식에서 이념은 내용이며, "감관적 가상화"는 눈으로 볼 수 있고, 귀로 들을 수 있게 만드는 표현 즉 형식이 되므로 결국 헤겔은 내용과 형식의 상호관계에 의해서 예술사를 분류한다고 할 수 있다. 이상으로서의 예술미에 의거해서, 즉 내용과 형식의 이상적 조화가 어떻게 보이느냐에 따라서 헤겔은 예술사를 **상징적 예술형식, 고전적 예술형식, 낭만적 예술형식**으로 분류한다.

이념과 그의 감관적 가상화, 또는 내용과 형식의 관계에서, 이념이(내용이) 아직 규정되지 않았거나 불분명하고 불확실한 것이 헤겔에 의하면 첫째 단계 **상징적 예술형식**이다. 내용이 불규정적이고 불분명하다는 것은 이상의 필수조건인 구체성, 개체성이 결여되었다는 증거다. "**내용과 형식의 일치**" 즉, 내용이 곧 형식이고, 형식이 곧 내용이라 본다면 불충분한 내용은 불충분한 형식을 의미한다고 할 수 있다. 따라서 상징적 예술형식은 단순한 형식탐색의 예술이라고도 헤겔은 말한다.[84] 내용인 이념

82) **이상**(理想 Ideal)
83) **이념**(理念 Idee)과 **이상**(理想 Ideal)
84) vgl. Hegel: Vorlesungen über die Ästhetik I, S.107

이 자신에게 적합한 형식을 아직 발견하지 못해 형식 탐색을 위한 투쟁과 분투를 하고 있다는 것이다. 투쟁과 분투를 하고 있는 이념은 자신에 대해 불만족하므로 상징적 예술형식은 **불안성**과 **무절제성**의 예술이라는 것이 헤겔의 설명이다. 불안성과 무절제성은 헤겔에 의하면 추상성을 나타내는 말로, 이 추상성의 예술로 헤겔은 힘을 상징하는 사자의 예를 든다. 상징적 예술형식의 두 번째 특징으로 헤겔은 **숭고성**[85]을 말한다. 외형에 대해서, 다시 말해 형식에 대해서 불만족한 이념은 자신의 내적 실체를 필요 이상으로 강조하게 되어 외적 형식을 능가 초월하게 만든다고 설명한다. 이러한 불규정된 이념은 형식탐색의 도를 지나쳐서 형식화, 가상화 할 수 없을 정도라는 것이다. 감관적으로 가상화시킬 수 없는 이러한 이념은 (감관적 가상화의 세계라고 할 수 있는) 자연의 대상들, 자연물까지도 능가 초월해 버리는데, 이러한 예술이 **숭고한 예술, 숭고미의 예술**이라고 헤겔은 설명한다. 조화되지 못한, 개체성이 결여된 내용과 또 그에 부적합한 형식의 관계를 헤겔은 부정적 관계라고 부르며 이러한 부정적인 숭고성의 상징적 예술형식의 예로 헤겔은 동양의 예술범신론[86]을 든다. 예술범신론은 어떤 절대적인 의미를 불완전한 대상에 무리하게 삽입하여 강압적으로 세계관을 나타내려는 예술이라는 것이 헤겔의 설명이다. 이러한 무리하고 강압적인 표현에 의하여 상징적 예술형식은 셋째로 기괴하고 그로테스크하며 무취미한 예술이 된다고 헤겔은 설명한다. 이러한 기괴하고 그로테스크한 상징적 예술형식은 현세를 무의미하고 무상한 것으로 묘사하는 예술이라는 것이다. 이상을 종합해서, 상징적 예술형식은 이념과 형상, 이념과 그의 감관적 가상화, 내용과 형식 사이의 불일치와 부조화에 의해서 형식탐색, 불안성과 무절제성, 숭고성, 그리고 모호성의 예술이라는[87] 것이 헤겔의 주장이다.

　상징적 예술형식이 지니고 있던 2가지 결점, 즉 불규정적이고 추상적이었던 이념과 그 이념에 부적합한 형태 사이의 불균형이, 다시 말해 내용과 형식 사이의 불균형

---

85) **숭고성**(崇高性 Erhabenheit)
86) 예술범신론(Kunstpantheismus)
87) Hegel: Vorlesungen über die Ästhetik I, S. 109

이 제거된 예술이 두 번째 단계인 **고전적 예술형식**이다. 고전적 예술형식은 이념과 그에 적합한 형태로, 내용과 형식이, 이념과 감관적 가상화가 이상적으로 조화되어, 이를 "**자유롭고 완전한 조화**"라고 헤겔은 부른다. 헤겔은 다시 표현을 바꾸어서 개념과 사실성[88] 사이의 일치라고도 하는데, 개념과 사실성의 관계는 이념과 형태 또는 이념과 감관적 가상화라는 쌍개념과 같은 공식임에 주의해야 한다. 헤겔은 고전적 예술형식에서 이 개념과 사실성 사이의 일치는 기계적인 일치가 아니라 "**자유롭고 완전한 화합**"이라는 말을 사용한다. 기계적인 일치와 자유롭고 완전한 화합을 분리해서 표현하려는 이유는 아름다운 꽃이라든가 사람의 아름다운 얼굴 등 자연의 형태 등도 균형이 조화 일치된 대상들로 예술미의 조화와 혼동될 위험성이 있기 때문이다. 자연의 대상들과는 달리 이상으로서의 예술미는 "그 내용 자체가 구체적 이념이고 동시에 구체적 정신"[89]이라고 말한다. 정신만이 예술의 진정한 내용이 될 수 있기 때문이라는 것이다. 따라서 정신이 결여된 자연의 아름다운 대상들은 예술이 될 수 없어 그 균형은(그 일치는) 형식적이고 기계적이라는 논리다. 예술의 내용이 될 수 있는 이념으로서의 정신이, 헤겔의 말로 표현하여 정신으로서의 이념이 시간과 공간 속으로 자태를 드러내면, 즉 전후 상하 관계로 가시화되면(감관적으로 가상화되면) 그 형태는 인간의 형태가 된다는 것이 헤겔의 주장이다. 이미 언급한 대로 **인간화**가 예술의 본질이기 때문이다. 그리고 정신은(또는 정신으로서의 이념은) 헤겔에 의하면 반드시 인간의 형태 속에서만 가시적으로, 감관적으로 가상화될 수 있기 때문이다. 종합하면 이상으로서의 예술미는(자유롭고 조화된 아름다운 예술미는) 자유롭고 조화된 아름다운 인간의 모습 그 자체라는 결론이 된다. 여기서 헤겔적 논리에 주의하자면, 이상으로서의 예술미가 성립하기 위해서는 그 내용이(정신이) 자연 그대로의 인간의 모습으로 표현될 수 있도록, 즉 인간의 모습에 적합하게 되어야 이상으로서의 예술미가(이상적 예술미가) 가능하다는 논리가 된다. 바로 이것이 다음 단계 낭만적 예술형식으로 넘어가는 계기가 된다. 이상적 예술미를 구성하는 인간화의 형태는 절대적이고 영원한 것이 아니라 인간적이고 유한적이기 때문에,

---

88) 개념(Begriff)과 사실성(Realität)
89) Hegel: Vorlesungen über die Ästhetik I, S.109

원래가 절대적이고 영원한 정신은 인간화의 예술인 고전적 예술형식에 만족하지 못하고 갈등을 느낀다는 것이 헤겔의 논리다.

세 번째 단계인 **낭만적 예술형식**에서는 고전적 예술형식에서 달성되었던 이념과 그의 형태, 내용과 형식 사이의 **자유롭고 완전한 화합**이 다시 지양되어 깨져버린다. 낭만적 예술형식에서는 상징적 예술형식에서와 같이 이념과 형태, 내용과 형식이 다시 서로 분열되어 갈등을 일으키게 된다. 예술사에 있어서 고전적 예술형식이 예술이 할 수 있는 가능한 최고정점에 도달했음에도 다시 내용과 형식 사이의 분열이 생긴다는 사실은, 그 고전적 예술형식이 가지고 있는 어떤 가능한 결점 때문이 아니라 예술이라는 본질 자체 내에 분열의 씨가 원래부터 내재해 있다는 설명이다. 다시 말해 예술 자체는 자신이 넘을 수 없는 한계성을 가지고 있다는 것이 헤겔의 의견이다. 헤겔이 생각하는 예술의 본질은 조화된 **예술미**로 "**이념의 감관적 가상화**"인데, 이념은 정신으로 절대적이고 영원한 데 비해, 감관적 가상화는 인간적이고 특수적, 즉 제한적이므로, 예술은 자체 내에 제한성을, 다시 말해 한계성을 내포하고 있기 때문이라는 설명이다. 달리 표현하면, 예술의 구성요소가 정신과 가상화라고 한다면 예술은 두 번째 요소인 가상화의 과정을 피하려야 피할 수 없다는 사실이 예술의 한계성을 의미한다. 헤겔의 표현에 의하면 다음과 같다. 고전적 예술형식의 특징인 내용과 형식이, 정신과 사실성이 하나로 통일되어 있는 상태에서는 "정신은 본질 그대로 나타날 수가 없다. 왜냐하면 정신은 이념이라는 영원한 주관성이고 절대적 내면성[90]이기 때문에 객관적이고 외면적인 물질 속에, 즉 감관 속에 붙들려 있으면 그 본질이 드러나지 못하고 왜곡되기 때문이다. 바로 이러한 이유로 낭만적 예술형식은 고전적 예술형식의 **자유롭고 완전한 조화**를 다시 지양한다. 고전적 예술형식으로서는 더 이상 표현할 수 없는 내용을 낭만적 예술형식이 다루어야 하기 때문이다."[91] 낭만적 예술형식이 다루어야 할 새로운 내용은 **"영원한 주관성"**, **"절대적 내면성"** 또는 **"자기의식적 내면성"**이라고[92] 헤겔은 말한다. 이상의 내용을 전달하는 방

---

90) 주관성(主觀性)이고 내면성(內面性)
91) Hegel: Vorlesungen über die Ästhetik I, S.111

법도 인간화로서의 가상화가 아니라 **상념화**93)인데, 헤겔은 그 예로 기독교의 신을 든다. 기독교는 신을 구체적이고 개체적인 정신, 다시 말해 인간의 형태로 이해하지 않고 절대적이며 감관으로는 묘사할 수 없는 정신적 내면성94)으로 이해한다고 헤겔은 말한다. 낭만적 예술형식은 따라서 예술이 자체 내에 가지고 있는 한계성을 초월하려는 예술형식이라고 할 수 있다. 낭만적 예술형식에 내재해 있는 그 "한계성 초월"은 예술의 영역과 예술의 형식 내에서 이루어지는 한계성 초월이라고 헤겔은 말한다.95) 여러 번 언급했듯이 헤겔이 생각하는 예술은 **자유로운 예술미**로 고전적 예술형식을 의미하는 데 비해, 낭만적 예술형식은 고전적 예술형식이 지양되어 손상된 예술로 자유로운 "완전한 예술"과 "비예술" 사이에 위치하는, 예술과 철학 사이에 위치하는 중간단계라고 이해할 수 있다. 헤겔에 의하면 내용은 "**자유롭고 구체적인 정신**"이 되어야 하는데, 이 "자유롭고 구체적인 정신"과 관련하여 고전적 예술형식과 낭만적 예술형식을 비교하면 다음과 같다. 고전적 예술형식은 "자유롭고 구체적인 정신"의 "감관적 가상화"가 되는 반면에, 낭만적 예술형식은 "자유롭고 구체적인 정신"의 "자기의식적 내면화"가 된다고 보아야 한다. 따라서 예술은 이제부터 감관적 직관(감관적 가상화)을 위해 일하지 말고 "내면화"를 위해 일해야 한다는 것이 헤겔이 생각하는 낭만적 예술형식이다. 낭만적 예술형식에 와서는 내면성은 외면성에 대해 승리를 거두어 그 외면성을 무가치한 것으로 만들어 버렸다는 설명이다. 이로서 상징적 예술형식에서와 같이, 낭만적 예술형식에서도 이념과 형태, 내용과 형식 사이의 분리와 불일치가 다시 생기게 되었다는 것이 헤겔의 주장이다. 상징적 예술형식, 고전적 예술형식, 낭만적 예술형식 등의 3단계를 종합하여 표현하면 이념과 형태 사이의, 내용과 형식 사이의 3가지 상관관계로 예술미의 이상적인 상태인 **이상**96)에 대한 달성노력, 달성, 그리고 달성초월의 3과정을 나타낸다고 헤겔은 말한다.

---

92) ebd. S.112
93) 상념화(vorstellen).
94) 정신적 내면성(geistige Innerlichkeit)
95) vgl. Hegel: Vorlesungen über die Ästhetik I, S.113
96) **이상(理想 Ideal)**

　　지금까지 우리는 예술미는 "이념의 감관적 가상화"라는 헤겔의 정의에 의해서 예술미는 "이념＋감관적 가상화" 또는 "이념＋형태" 또는 "내용＋형식"이라는 공식에 의해서 예술사 3단계의 예술형식을 보았다. 이념과 형태, 내용과 형식이 가장 이상적으로 조화된 상태가 **이상**이며, 바로 이 이상이 헤겔이 의미하는 "**자유롭고 아름다운 예술미**"라는 것도, 그리고 이 이상은 고전적 예술형식에서만 달성되었다는 것도 이해했다. 여기서 헤겔의 변증법이 비약하는 데 주의해야 한다. 지금까지의 공식이 "이상＝이념＋형태", 또는 "**이상＝내용＋형식**"이라고 한다면 비약된 변증법에서는 이상이 내용의 자리에 오고, 3단계의 예술형식들이 형식의 자리에 오게 된다. 따라서 지금부터는 "이념과 형태"가 아니라 "이상과 형태"라는 또는 "이상과 형식"이라는 공식에 의해서 논하게 된다. 다시 말하면 이상과 상징적 예술형식, 이상과 고전적 예술형식, 이상과 낭만적 예술형식 등의 관계가 어떻게 보이느냐 하는 문제가 다루어지게 된다. 이상과 형식 사이의 3가지 관계가, 즉 3가지 규정성을 동반한 이상이 실제로 어떻게 예술작품화 하느냐 하는 문제를 헤겔은 다룬다. 이념과 형태의 관계가 **이상론**이라 한다면, 이상과 형태(3가지 예술의 형식)의 관계는 **작품론**[97])이라 할 수 있다. 이념과 형태 또는 정신과 가상의 변증법은 자연, 예술, 철학이라는 헤겔의 전체 체계를 다루는 변증법이고, 이상과 형태는 전 체계의 중간단계인 예술세계, 예술 체계만을 다루는 변증법이라 할 수 있다. 이미 논한 대로 예술세계의 내용은 예술미, 형태화된(가상화 된) 정신, 가상화된 진리, 한마디로 이상인데 이 이상이 3단계의 예술세계를, 즉 3개의 특수 예술을 만들어 낸다는 설명이다. 첫 단계는 "정신이 결여된 객관성"이고, 중간단계는 "독자적이고 자유로운 신의 형태"이고, 마지막 단계는 "주관적 현존재"라고 헤겔은 말한다.[98]) 이상의 3단계를 헤겔은 신전, 신, 신자[99]) 등의 비유를 들어 설명한다. 즉 전체의 예술세계는 신전이라는 집을 짓고, 그 신전에 신이 이사 들어오며, 신이 신전에 정착하면, 신자들이 신을 모신다는 비유로 예술세계의

---

97) **이상론(理想論)**과 **작품론(作品論)**

98) ebd. S.115, 116; "정신이 결여된 객관성(geistlose Objektivität)". "독자적이고 자유로운 신의 형태 (selbständige freie göttliche Gestalt)". "주관적 현존재(das subjektive Dasein)"

99) 신전(神殿), 신(神), 신자(信者)

전체 과정을 헤겔은 설명한다. 물론 이 전체 과정을 수행하는 수행자는 이상이 된다.

　이상이 상징적 예술형식과 더불어 만들어 내는 첫 단계의 특수 예술은 **"아름다운 건축"**이라고 헤겔은 말한다. 건축이라는 예술의 과제는 거친 외적인 자연을 다듬어서 내적인 정신을 수용할 수 있도록 합예술화 시키는 일이고, 건축의 자료는 따라서 돌과 같은 자연의 육중한 물질들이고, 건축의 형식은 비유기적인, 다시 말해 생명 없는 자연의 형식들로 **대칭형**이라고 헤겔은 말한다.[100] 이러한 거친 자료와 비유기적 형식으로는 구체적 정신인 이상이 실현될 수 없으며, 따라서 그 이상의 구성요소인 이념과 그 이념의 외형인 형태가 서로 분리된다는 것이다. 이상에는 도달하지 못하지만, 그러나 건축은 신이 거주할 장소를 닦고, 주위 환경을 정돈하고 정신이라는 절대적 대상을 위한(헤겔의 표현에 의하면 신을 위한) 신전을 세운다는 것이다. 건축이 달성할 수 있는 업적은 절대적 정신이 거주할 외형적 공간 즉 언급한 대로 **"정신이 결여된 객관성"**에 불과하다고 할 수 있다. 따라서 건축은 폭풍, 비, 거친 동물들 등과 싸워서 신의 거주지를 보호하려 하며 신을(절대적 정신을) 맞이하려는 의지가 있으므로, 건축은 그럼에도 불구하고 외형적이나마 합예술적이라고 헤겔은 말한다. 다음으로 이상이 고전적 예술형식과 더불어 만들어 내는 예술은 **"아름다운 조각"**이다. 건축이 거친 외적 자연을 가다듬어, 대칭형으로 정돈하여, 내적 정신에 적합하도록 신전을 세워 놓으면, 이 신전으로 신이(절대적 정신이) 이사를 들어온다는 순서다. 신전에 들어온 신은 자기의 **개체성**[101]을 모든 거친 물질 속으로 스며들게 하고, "정신이 결여되었던 객관성"에 정신이 깃들도록 한다고 헤겔은 설명한다. 그리하여 정신은 이 조각에 의하여 자기의 가상화인 육체적 형태와 완전히 일치되어 축복의 상태로 나타나며, 내용과 형식의 조화에 의해서 정신의 개체성이 생생하게 나타난다는 것이다. 바로 이러한 상태가, 즉 정신과 형태가, 내용과 형식이 가장 이상적으로 조화된 이상이 가장 이상적 형태의 인간의 모습이라는 것이다. 이상은 따라서 고전적 예술형식에 의해서 자신의 모습을 완전히 찾았다고 할 수 있다. 이상이 이상이 된

---

100) ebd. S.117
101) **개체성(Individualität)**

상태, 즉 가장 조화된 이상적 인간의 형태, **"독자적이고, 자유로우며, 신과 같은 형태"** 를 헤겔은 **"공간적 차원의 총체성"** 또는 **"영원한 평안"**이라는[102] 말로 표현한다.

이상이 낭만적 예술형식과 더불어 만들어 내는 특수 예술이 마지막으로 **그림, 음악, 시문**[103]이다. 건축이 신전을 세우고, 조각이 신의 형상들을 신전 안에 배치하면, 신을 예배하러 신자들이 온다는 순서다. 낭만적 예술형식과 더불어 신전, 신, 신자들이라는 이상이 지배하는 전체 예술세계가 완성되는 셈이다. 여기서 문제가 되는 것은 신자들인데, 세 번째 예술형식인 낭만적 예술형식에서는 신이 다수의 신자들 하나하나 속으로, 즉 다수의 주관들 하나하나 속으로 스며든다고 헤겔은 말한다. 하나의 절대적 신이(하나의 절대적 정신이) 다수의 주관 속으로 스며들기 때문에, 신의 입장에서 보면 신의 분열이고, 주관의 입장에서 보면 생기를 얻는 "주관화"이고 "내면화"라고 헤겔은 말한다. "신의 통일성이 분열되어 다수의 개체적 내면성으로 분리되고,"[104] 또 신의 영감을 받은 하나하나의 주관들은 독립적인 입체들로 다수의 자치구, 아우토노미로 분열 독립한다는 논리다. 간단히 표현하면, 수많은 신자들의 가슴속 하나하나에는 신이, 정신이 편재해 있다는 것이다. 모든 신자들의 가슴속에 편재해 있는 신은, 상징적 예술형식에서 보았던 미완성된 동일성[105]도, 또 고전적 예술형식에서 보았던 완전한 동일성도 떨쳐버리고, 다시 말해 상징적 예술형식의 미완성된 동일성은 미완성성을 의미하기 때문에 떨쳐 버리고, 또 고전적 예술형식의 완전한 동일성은 완전한 인간 형태라는 하나의 구속성을 의미하기 때문에 떨쳐 버리고, 신은 비로소 자신의 본질인 순수 정신성[106]에 도달한다고 헤겔은 말한다. 신은 미완성성은 물론이고 그의 정반대인 완성성도 자신을 구속하는 구속물들로 보는 절대적으로 자유로운 존재이기 때문이다. 그리고 모든 신자들의 가슴

---

102) Hegel: Vorlesungen über die Ästhetik I, S.118; **공간적 차원의 총체성(Totalität der räumlichen Dimensionen)", "영원한 평안(ewige Ruhe)"**
103) **그림(Malerei), 음악(Musik), 시문(詩文 Poesie)**
104) Hegel: Vorlesungen über die Ästhetik I, S.119
105) 동일성(Identität)
106) 정신성(精神性)

속에 편재해 있는 이 정신성 또는 신성은 그 본질이 내면적인 것으로 절대적인 주관성이라고 헤겔은 말한다. 낭만적 예술형식의 특징은 따라서 분열화, 또는 주관화 또는 내면화라고 할 수 있다. 이 낭만적 예술에서는 신의 "영원한 평안"이 다시 깨진다는 설명이다. 이러한 정신의 분열화, 주관화, 내면화에 의해서 다시 말해 내용의 분열화와, 내용의 주관화, 내용의 내면화에 의해서, 내용을 묘사해야 하는 자료도 그에 따라 변해야 하므로, 색깔, 음향, 그리고 색깔과 음향의 합인 문자로 변한다는 것이 헤겔의 주장이다. 그리고 이러한 내용과 이러한 자료에 의해 나타나는 예술은 그림, 음악, 시문이 된다는 것이 헤겔의 주장이다. 이 3개의 예술들은 모두 주관화에 집중하는 예술이고, 내용과 형식이 분열되었으며 객관적 보편성이 결여되어 있는 낭만적 예술형식에 속하는 예술들이라는 것이 헤겔의 설명이다.

헤겔의 예술체계가 상징적 예술형식의 **건축**, 고전적 예술형식의 **조각**, 낭만적 예술형식의 **그림**, **음악**, **시문** 등의 순서로 되어 있으므로, 조각 다음에 오는 예술이 그림이 된다. 헤겔은 그림의 자료가 되는 색깔을 **"가시화 그 자체"**[107]라고 부르고, 주관적이고 이념적으로만 상정된 이 "가시화 그 자체"는 건축이 필요로 했던 육중한 물질도, 또 조각이 필요로 했던 공간적 차원의 총체성도 필요로 하지 않는다는 것이다. 그림의 본질인 이 "가시화 그 자체"는 건축과 조각에서와 같이 공간이 들어가고 나오고, 가깝기도 하고 멀기도 한 공간적 상이점을 실제로 가지고 있는 것이 아니라, 단지 이념적으로만 상정한다는 설명이다. 따라서 "가시화 그 자체"로서의 그림은 예술을 "감관적 공간적 완전성"을 의미하는 물질에서 해방시켜 평면의 차원으로, 다시 말해 건축과 조각의 3차원적 공간에서 2차원적 평면으로 예술을 축소시킨다고 헤겔은 말한다.[108] 낭만적 예술형식의 두 번째는 음악이다. 고전적 예술형식인 조각이 상징적 예술형식과 낭만적 예술형식의 중간에 위치해서 중심점을 이루는 것과 같이, 음악은 낭만적 예술형식들인 그림과 시문의 중간에 위치하여 중심점을 이룬다고 말한다. 그림을 "가시화 그 자체"라고 한 것에 비해, 음악은 그 자료가 음향이므

---

107) **가시화 그 자체(Sichtbarkeit als solche)**
108) Hegel: Vorlesungen über die Ästhetik I, S.121

로 **가청화**109)라고 헤겔은 말한다. 가청화 자체인 음악은 (그림이 필요로 했던) 실제로가 아니라 이념적으로만 상정되었던 공간성까지도 지양해 버리고 공간성을 하나의 점으로 축소해 버린다고 헤겔은 설명한다. 건축과 조각의 필수조건이었던 공간이 그림에 와서는 이념적으로만 상정된 평면으로 축소되고, 음악에 와서는 평면이 다시 축소되어 하나의 기하학적 점으로 변해 버린다는 논리다. 음악에서는 따라서 자료가 더 이상 실제 물질이 아니라 그 물질을 상징하는 이념에 불과하므로 헤겔은 이를 "**물질의 이념성**"110)이라고 부르며, 그리고 이 이념성은 공간적이 아니라 **시간적 이념성**111)이라고 헤겔은 말한다. 이 물질의 시간적 이념성이 바로 음향이며, 따라서 음향은 실제적으로 존재하는 감관이 아니라 이념적으로만 상정된 이념성에 불과하므로 이를 **부정적으로 상정된 감관**112)이라고도 부른다. 바로 이것이 가시성을 가청성으로 바꾸어 놓고 예술을 물질로부터 완전히 해방시킨다.113) 언급한 대로 음악은 그림과 시문 사이의 중심점을 이루는데, 그림이 가지고 있는 추상적 공간적 감관과 시문이 소유하고 있는 추상적 정신성 사이의 교량을 음악이 놓는다고 헤겔은 말한다.

　　낭만적 예술형식의 마지막 단계가 **시문**이다. 시문의 특징은, 그림과 음악이 이미 시작했던 감관적(물질적) 요소에 대한 제거작업을 완수하고 그 감관적 요소를 정신과 정신의 상념의 지배 아래 통합시키는 데 있다는 것이다. 음악의 자료였던 음향은 시문에 와서는 마지막 외형적 자료이기는 하나, 감정을 불러일으킬 수 있는 음향이 아니라 "의미 없는 부호"로 축소되어진다는 설명이다. 의미 없는 부호 여러 개가 모여 음절을 형성하고, 음절이 여러 개가 모여 단어를 형성하게 되어, 결국 음악이 소유했던 음향은 시문에 와서는 상념과 사상을 표시하는 문자로 변질된다는 설명이다. 그러나 음악에서는 "**부정적 점**"이었던 음향이 시문에 와서는 반대로 긍정적이고 구체

---

109) **가청화**(Hörbarkeit)
110) "**물질의 이념성**(Idealität der Materie)"
111) **시간적 이념성**(zeitliche Idealiät)
112) **부정적으로 상정된 감관**(das negativ gesetzte Sinnliche)
113) Hegel: Vorlesungen über die Ästhetik I, S.121

적인 점으로 변해서(헤겔에 의하면 긍정적이고 구체적인 것은 정신이기 때문에),
다시 말해 "정신의 점"으로 변해서 **자의식적인 개체성**[114]을 가지게 된다는 주장이
다. 이러한 긍정적, 구체적, 개체적 점이 상념이라는 공간과 음향이라는 시간을 하나
로 통일해 주는 계기가 된다고 헤겔은 말한다. 그림의 공간성과 음악의 시간성이,
그림의 가시성과 음악의 가청성이 그 의미들을 축소시켜 시문에 와서는 정신을 암시
해 주는 수단으로 통합된다는 논리다. 따라서 시문의 본질은 **시적 상념과 정신적
구체화**[115]라고 헤겔은 말한다. 그리고 시문의 본질인 시적 상념과 정신적 구체화는
모든 종류의 예술에 공통적으로 편재해 있으므로 결국 시문 자체가 모든 예술에 내재
해 자기발전을 한다고 한다. 따라서 시문은 가장 보편적인 예술이며, 외적 감관적
물질의 구속에서 벗어난 자유로운 예술로 내적 공간성과 내적 시간성에 의해서 정신
을 상상하고 구체화시킬 수 있는 최고단계의 예술이라는 것이다.[116] 예술의 최고단
계에 도달한 시문은 그러나 바로 최고단계 즉 최후단계에 도달했으므로 "**정신의 조
화된 가상화**"를 다시 지양하고 상념의 시문에서 사고[117]의 산문으로, 즉 철학으로
넘어가는 계기가 된다는 것이 헤겔의 생각이다.

4. 동일성의 미학

지금까지 헤겔 미학의 서론을 중심으로 논한 내용에 대해 결론을 내린다면, 헤겔
미학은 **주관성의 미학**, **내용 미학**, **동일성의 미학**이라 할 수 있다. 이상의 3가지 정의
에 대하여 논해 보면, 우선 헤겔 미학이 **주관성의 미학**임을 설명하기 위해서는 주요
개념들에 대한 설명이 필요하다. 이미 여러 차례 인용한 정의로 다시 돌아간다면,
이상적인 예술미는 (이상은) 이념의 "감관적 가상화"였다. 이 공식은 간단히 3개의
부분으로 되었다고 볼 수 있는데, 즉 예술미, 이념, 감관적 가상화가 그것이다. "감관

---

114) **자의식적인 개체성(das selbstbewußte Individuum)**
115) **시적 상념(poetische Vorstellung)과 정신적 구체화(geistige Veranschaulichung)**
116) Hegel: Vorlesungen über die Ästhetik I, S.123
117) 사고(思考)

적 가상화"란 예술을 구성하는 감관적 자료 즉 물질을 의미하기 때문에 간단히 감관성118)이라고도 헤겔은 표시한다. 따라서 헤겔의 정의를 수학적 공식으로 표시하자면 **"예술미(이상)=이념＋감관성"**으로 표시된다. 이상의 공식을 견지하고 헤겔 미학에 등장하는 여러 가지 표현들에 주의할 필요가 있다. 즉 이념이라는 표현 외에도 정신, 개념, 주관 등의 표현들이 등장하는데, (이 표현들 사이의 차이점은 여기서 논할 문제가 아니므로 제외하고) 모두를 상기의 공식에 대입하면, 예를 들어 **"예술미(이상)=정신＋감관성"**이 된다. 이념, 정신, 개념, 주관 등은 모두 상기의 공식에 대입되는 의미들로 다음의 이유에 근거해서 모두 같은 의미로 보아야 한다. 이상의 다양한 표현들 사이의 첫 번째 공통점은 하르트만이 설명하듯이 이념 자체는 "아름답지" 않다는 것이다. 그리고 이념은 (플라톤의 이념과는 달리) 단 하나뿐이라는 것이다.119) 하르트만의 설명을 더 계속하면, 이념 자체는 아름답지도 추하지도 않고, 볼 수도 만질 수도 없는 실체라고 할 수 있다. 이념뿐만 아니라 정신, 개념, 주관 모두 같은 의미로 그 자체는 아름답지도 추하지도 않은 중립적 실체로 단 하나만의 정신이라고 해석할 수 있다. 두 번째 공통점은 이들 모두가 행동의 주체가 된다는 것이다. 헤겔은 **"신은 정신이다"**라고120) 말하는데 이는 **"정신은 신이다"**라는 말과 같다. 정신은 신과 같이 행동과 창조의 주체자라고 해석해야 한다. 정신은 이념이라는 **"무한한 주관성"**이고 정신의 본질은 **자유**라고 헤겔은 말한다.121) 또 헤겔은 **"보편적 무한한 절대적 정신"**이라는 말을 사용하며 이러한 정신이 어떤 강요에 의해서가 아니라 스스로 무엇이 진리인가를 규정한다고122) 말하는데 이는 정신의 자발성을 의미한다고 볼 수 있다. 정신이 소유한 이상의 무한한 주관성, 자유, 자발성 등은 정신의 총체성, 절대성, 무한성 등을 의미하는 말들로 정신이 행동과 창조의 주체임을 나타내는 말들이다. 헤겔은 이를 **"지배자"**라는 말로도123) 표현한다. "지배자"라는

---

118) 감관성(Sinnlichkeit)

119) N. Hartmann: Die Philosophie des deutschen Idealismus, S.556, 555

120) Hegel: Vorlesungen über die Ästhetik I, S.50

121) ebd. S.111, 134

122) ebd. S.128

123) ebd. S.145

표현은 **"예술미＝정신＋감관성"**이라는 공식에 의해서 설명하면, 예술미에 도달하기 위해서 2개의 구성요소 즉 정신과 감관성이 있어야 하는데, 이 두 구성요소 중에서 정신이 지배자라는 의미다. 세 번째 공통점은 따라서 정신과 감관성을 조화시켜 예술미를 만들어 낸다고 한다면, 수단인 감관성을 선택하는 일을 예술가가 아니라 정신 자신이 한다는 논리다. "정신 자신이 스스로 자신에게 적합한 예술작품을 만들어낸다"고[124] 헤겔은 말한다. 이미 언급한 내용과 형식의 변증법, 내용 즉 형식이고, 형식 즉 내용이라는 말은 내용 그 자체가(여기서는 정신 그 자체가) 이미 형식이라는 말이 되어, 역시 정신이 자신의 감관화의 방법을 스스로 선택한다는 말이 된다. 일체의 예술행위를, 예술가가 예술작품을 생산하고, 그 예술작품을 수용자가 감상하는 삼자 관계라고 한다면, 이 삼자 관계는 헤겔 미학에는 맞지 않은 삼자 관계다. 그 이유는 씨마의 해설대로 객관에 대한 주관의 지배가, 자연에 대한 개념의 지배가 헤겔의 미학을 주관성의 미학으로 만들어주기 때문이다.[125] 위에서 언급한 이념, 정신, 개념, 주관 등의 표현들은, 같은 공식에 적용되는 표현들로, 이상의 3가지 공통점에 의해 다 같은 의미의 표현들로 보아야 한다. 이상의 4가지 개념들이 감관적 가상화를, 감관성을, 자연을, 물질을 지배하고 압도하므로 헤겔 미학은 이념 일변도의, 정신 일변도의, 개념 일변도의, 주관 일변도의 미학이라 할 수 있다. 이들의 개념들은 인간의 내적인 주관성을 의미하므로 헤겔 미학은 주관성의 미학 이외에는 아무 것도 아니다. 이에 대한 헤겔의 표현은 다음과 같다. "아름다운 예술의 제국은 절대적 정신의 제국이다."[126]

헤겔의 주관성의 미학을 다음에는 다른 관점에서 즉 **인간화**[127]의 관점에서 관찰할 수 있다. 이미 언급했듯이 헤겔의 예술사에서 중심점을 이루는 예술형식은 고전적 예술형식이다. 고전적 예술형식은 고대 희랍의 아름답고 조화된 신상[128]들이며, 이 신들은 모두 인간의 형태를 가지고 있는 신들이다. 아름답고 조화된 이상적인

---

124) Hegel: Vorlesungen über die Ästhetik I, S.21
125) Zima: Literarische Ästhetik, S.22
126) Hegel: Vorlesungen über die Ästhetik I, S.130
127) **인간화**(人間化 Vermenschlichung)
128) 신상(神像)

인간의 형태로 이상이 나타난다는 것이 헤겔의 고전적 예술형식이다. 바로 이 인간화의 예술인 고전적 예술형식에 헤겔이 예술사의 최고 정점을 부여하는 이유는 그의 인문주의적 관념철학과 관련이 있다. 언급한 대로 태양이 아무리 중요한 내용을 가지고 있다 하더라도 인간의 정신이 깃들어 있는, 인간이 만들어낸 예술보다는 못하다는 말은 헤겔의 극단적인 인간 중심적인, 인문주의적인 철학을 의미한다. 인간화의 예술, 인간화의 철학을 헤겔은 인간의 영혼과 육체[129]의 관계에 의해서 설명한다. 헤겔은 예술미의 공식인 **"예술미＝이념＋감관성"**과 같은 공식인, **"생명＝영혼＋육체"**라는 공식에 의해서 설명한다. 이념과 감관성의 이상적 동일성이 이상이라는 논리와 같이 영혼과 육체의 이상적 동일성이 이상적 생명이라고 말하나, 여기서도 역시 지배자는 영혼이다. 영혼이 실체적 통일성이고, 이념적 통일성, 보편성 자체라고 헤겔은 말하는데[130] 이는 앞에서 언급한 정신의 총체성, 절대성, 무한성과 같은 말이다. 헤겔이 생명 없는 비유기적 자연을 제외하고, 생생한 유기적 생명체, 그것도 영혼과 육체라는 인간의 모델을 사용하는 것은 논리의 편리성에서가 아니라 논리의 필연성에서, 즉 헤겔의 인간화의 미학에서 오는 결과라고 보아야 한다. 헤겔의 인간화의 미학은 소위 **"생명의 이상주의"**[131]에서 절정을 이룬다. "생명의 과정에는 2가지 행위가 있는데(2가지 상호 배타적인 행위가 있는데) 하나는 유기체의 일부분으로서의 특수성을 살려서 가시화시키는 것이고, 다른 하나는 그 특수성을 지닌, 가시화된 일부분을 다시 지양하여 전체 밑으로, 보편적 이상성[132] 밑으로 통합하는 행위다"라고[133] 헤겔은 "생명의 이상주의"를 설명한다. "생명의 이상주의"를 비유를 사용하여 다음과 같이 설명할 수 있다. 아름답고 조화된 미인은 틀림없이 그리고 예외 없이 아름답고 조화된 손을 가지고 있다는 것이 "생명의 이상주의"다. 아름답고 조화된 미인이 만약에 괴이하고 추한 상애자의 손을 가졌다면, 다시 말해 얼굴만 아름답고 손은 추하다면, 이는 "생명의 이상주의"가 파괴되는 경우다. "생명의 이상주의"가

---

129) 영혼(Seele)과 육체(Leib)
130) Hegel: Vorlesungen über die Ästhetik I, S.161
131) **"생명의 이상주의(Idealismus der Lebendigkeit)"**
132) 이상성(理想性)
133) Hegel: Vorlesungen über die Ästhetik I, S.162, 163

파괴된다는 것은 유기체로서의 전체는 아름답지도 않고 조화되어 있지도 않다는 것을 의미한다. "생명의 이상주의"와 관련하여 표현하면 따라서 전체가 미인이 되기 위해서는 부분인 손이 아름다워야 하며, 또 반대로 부분인 손이 아름답기 위해서는 전체가 아름다워야 한다는 말이 된다. 달리 표현하면 부분인 손이 사는 길은 전체인 미인이 사는 길이고, 전체인 미인이 사는 길은 부분인 손이 사는 길이라는 논리가 된다. 이상의 내용을 철학적으로 표현하면 부분과 특수는 전체와 보편을 필요로 하고, 또 반대도 그렇다는 논리다. 부분과 특수는 전체와 보편 밑으로 포섭될 수 있는 부분과 특수여야 하며, 또 전체와 보편은 부분과 특수를 자체 내에 포함하고 있는 전체와 보편이어야 한다는 논리다. 부분과 전체가, 특수와 보편이 하나로 되어 있는 상태가 아름답고 조화된 이상적 생명이고 이것이 **생명의 이상주의**라는 설명이다. 이 "생명의 이상주의"는 "영혼과 육체"라는 모델의 확대로 인간화의 극치를 이루는 모델이다. 그리고 "영혼과 육체"라는 인간화의 모델은 태양과 같은 생명 없는 자연을 배척함은 물론이고 식물, 동물과 같은 생명을 가진 자연도 까지도 배척한다. "영혼과 육체"라는 인간화의 모델은 인간만을 대상으로 하는 인간중심의 미학이 된다. 인간 중심의 미학은 인간과 자연, 주관과 객관이라는 양자관계에서 볼 때 전자에 속하는 미학으로, 넓은 의미의 **주관성의 미학**이라 보아야 한다.

주관의 지배, 주관의 독재에 의해서 예술가, 예술작품, 수용자라는 삼자 관계가 헤겔 미학에 적합하지 않다는 말을 이미 언급했다. 주관의 지배가 "생명의 이상주의"에서 극치에 달했고, 백 개의 눈을 가졌다는 백안의 거인 **아르구스**[134]의 비유에 와서는 극치의 단계를 초월하여 예술 자체를 위태롭게 만들 정도다. 인간의 가장 본질적인 본질 내지는 인간의 가장 핵심적인 핵심은 인간의 눈이라고 헤겔은 생각한다. 따라서 자신이 주장하는 인간화 미학의 정수를 헤겔은 인간의 눈에서 발견하려고 한다. 인간의 총체적 영혼이 바로 눈에 집중되어 있으며, 영혼은 눈을 통해서 세상을 바라보며, 또 눈을 통해서 인간의 영혼을 읽을 수 있다는 것이 헤겔의 생각이다. 따라서 예술

---

134) **아르구스(Argus)**

다시 말해 예술작품은 바로 이 눈이 되어야 하는데, 그것도 하나의 눈이 아니라 예술작품을 구성하는 모든 요소가, 가상화된 모든 부분 하나하나가 모두 영혼이 거처하는 눈이 되어야 한다는 것이 헤겔의 인간화 미학이라 할 수 있다. 헤겔은 이를 더 과장하여 예술작품 자체가 백안의 거인 아르구스가 되어야 한다고 말한다.[135] 예술작품 전체가 눈으로만 구성되어야 하고, 이 눈 하나하나에는 영혼이 깃들어 있어야 한다는 말이다. 순수한 영혼이 깃들어 있는 눈들만의 합이 예술작품이 된다는 결론이다. 이러한 백안의 거인 아르구스로서의 예술작품에 대해 3가지 결론을 내릴 수 있다. 첫째로 예술작품을 구성하고 있는 수많은 눈들 하나하나 속에 깃들어 있는 영혼은 헤겔의 논리에 따라 총체적이고 절대적이며 무한한 이념이기 때문에, 인간인 예술가가 이러한 이념을 예술작품 속에 투입시킨다는 것은 거의 불가능한 일로, 헤겔은 예술가에게 불가능한 요구를 한다고 볼 수 있다. 둘째로 예술작품을 감상하는 수용자도 예술작품을 구성하고 있는 수많은 눈들에서 영혼을, 다시 말해 총체적 절대적 무한한 이념을 읽어 내야 하기 때문에(하나의 눈에서가 아니라 그것도 수많은 눈들에서 똑같은 총체적 절대적 무한한 이념을 읽어 내야 하기 때문에) 역시 수용자에 대해서도 헤겔은 불가능한 요구를 한다고 볼 수 있다. 셋째로 헤겔의 아르구스로서의 예술작품은 예술가 아니면 수용자에 대한 불가능한 요구에 의해서, 다시 말해 예술가와 수용자를 의미 없는 존재들로 제외시킴에 의해서 예술가, 예술작품, 수용자라는 예술행위의 기본적인 삼자 관계를 초월해 버리는(파괴해 버리는) 미학이 아닌 미학이 되어버린다. 결국 헤겔의 극단적인 주관성의 미학은 예술 자체를 지양해 버리는 미학이 된다.

주관성의 미학 다음으로 헤겔 미학은 **내용미학**이라는 정의를 다룰 차례다. 헤겔의 철학체계에 의하면 인식의 방법에는 예술, 종교, 철학 3가지가 있다. 예술은 감관적 직관에 의한 인식이고, 종교는 상념에 의한 인식이고, 철학은 자유로운 사고에 의한 인식이라고[136] 헤겔은 말한다. 이상 3가지 방법의 인식의 대상은 공통적인 단 하나의 대상인 **"총체적 절대적 무한한 이념"**이 된다. 달리 표현하자면 예술, 종교,

---

135) Hegel: Vorlesungen über die Ästhetik I, S. 203, 204
136) 감관적 직관(sinnliche Anschauung). 상념(Vorstellung). 자유로운 사고(freies Denken)

철학의 내용은 공통적인 총체적, 절대적, 무한한 이념이나 그 형식만 감관적 직관, 상념, 자유로운 사고 등으로 서로 다르다고 설명할 수 있다. 이러한 의미로 헤겔의 전 체계를 내용미학, 내용종교학, 내용철학이라고 말할 수 있다. 헤겔은 원래 자기목적과 타자를 위한 목적을 구분하여 예술에게 자기목적을 부여하여 자유로운 예술로서 예술의 자율성을 인정하려 하였으나, 그 자율성이 이상 삼자간의 동일한 내용에 의해서 다시 파괴되어진다. 감관적 직관, 상념, 자유사고라는 서열에서 예술의 형식인 감관적 직관이 헤겔의 철학체계에서 제일 하위에 있으므로 예술은 종교와 철학보다 하위에 놓여 있고, 최고의 형식이 철학이므로,137) 예술과 철학, 예술과 학술의 관계는 종과 주인의 관계가 된다고 극단적으로 말할 수 있다. 철학뿐만 아니라 종교도 필요한 경우에는 예술을 수단으로 이용한다고 헤겔은 말한다. "종교는 종교적 진리를 감정과 환상에 가까이 이끌기 위해 자주 예술을 이용한다. 이러한 경우 예술은 다른 영역인 종교의 시중을 들고 있다"고138) 헤겔은 말한다. 예로 희랍인들의 예술을 들면서 희랍인들에게 예술은 신들을 표상하는데 최고의 형식이었으며 따라서 예술가들은 희랍인들에게는 신들의 창조자였다고 헤겔은 말한다. 예술이 이와 같이 종교나 철학에 봉사함에 의해서 예술은 자신의 자율성을 상실하고 타자를 위한 **타율성**의 위치로 전락하게 된다. 타율성의 위치에도 불구하고 예술의 제한된 자율성을 구제하자면, 예술의 사명은 가상세계에 존재하는 현존재를 유일한 내용에 적합하도록, 다시 말해 예술, 종교, 철학의 공통적 내용인 총체적 절대적 무한한 이념에 적합하도록 표현하는 데 있다고 헤겔은 말한다. 다시 말해 가상세계와 이념을 일치시키는 것이 예술의 사명이라는 것이다. 따라서 예술의 진리는 (철학의 진리보다 낮은 단계의 진리지만) 소위 **자연 모방**이 주장하는 내상의 정확한 묘사 즉 정확성이 아니라, 외면과 내면이, 감관의 세계와 이념이 일치하는 조화성에 있다고 헤겔은 말한다.139) 주관의 지배를 언급했듯이 (여기서는 이념의 지배가 된다) 예술이 이념을 조화의 상태로 만드는 것이 아니라, 이념은 총체적 절대적 무한한 이념으로 그

---

137) Hegel: Vorlesungen über die Ästhetik I, S.143
138) ebd. S.140
139) vgl. Hegel: Vorlesungen über die Ästhetik I, S.205

자체가 이미 조화되어 있고 또 스스로 가상세계라는 타자 속에서 자신의 자태를 드러내는 자율성을 지니고 있기 때문에, 예술의 "제한된 자율성"을 구제할 수 있는 길은 감관의 세계와 이념, 양자 중에서 전자를, 즉 감관의 세계(가상세계)를 어떻게 구성하느냐 하는 문제에만 국한되어 있다. 예술이 할 수 있는 유일한 일은 가상세계의 여러 가지 요소들 중에서 우연성과 같은 이념에 맞지 않는 요소들을 제거하고 이념에 적합한 요소들만 남기는 제거작업에 의하여 이상을 드러내는 일이라고 헤겔은 말한다.140) 예술의 과제는 구성작업이 아니라 제거작업으로 축소되었기 때문에 예술의 자율성도 축소된 제한된 자율성이라고 할 수 있다.

예술의 **"제한된 자율성"**은 자신의 자기목적을 가지고 있다는 의미에서가 아니라 (언급한 바와 같이 예술은 자기 목적이 아니라 공동목적을 가지고 있다) 제거작업에 의해서 감관세계와 이념을, 감관적 가상화와 이념을 일치 조화시키는 데 있다고 본다면, 예술의 과제는 전자를 다듬어서(불필요한 요소는 제거하여) 후자와 조화시키는 데 있다. 전자와 후자의 조화를, 감관적 가상화와 이념의 조화를 우리는 지금까지 **이상**141)이라고 불렀는데, 바로 이 이상을 만들어내는 일은 예술만이 할 수 있으므로, 이상을 목적으로 하는 예술만이 자기목적을 소유한 자유로운 예술, 즉 자율성의 예술이라고 할 수 있다. 감관세계와 이념 사이의 이상적인 조화상태, 감관성과 내용(이념)의 **융화**142)를 헤겔은 **"객관적 미"**143)라고 부르는데, 이 "객관적 미"가 예술이 가지고 있는, 예술만이 가질 수 있는 목적이 된다. 그러나 이상인 이 "객관적 미"가 자기를 감상하는(예술을 감상하는) 수용자를 어려운 궁지로 몰아넣는다. 이 "객관적 미"에 대한 상반적인 2개의 해설은 다음과 같다. 우선 씨마는 인식과 현실이, 사고와 실재가, 주체와 객체가(이념과 감관적 가상화가) 하나로 융화되어 의미의 단일성을 이룬다는144) 의견이고, 반면에 뷔르거는 헤겔이 의미하는 "예술작품은(객관적 미는) 객관

---

140) ebd. S.206
141) **이상(理想 Ideal)**.
142) **융화(Verschmelzung)**.
143) Hegel: Vorlesungen über die Ästhetik I, S.67; **"객관적 미(das objektive Schöne)"**
144) Zima: Literarische Ästhetik, S.22

적 의미를 자체 내에 소유하고 있는 것이 아니라, 예술 외부에 존재하고 있는 객관적 의미를 지시해주기만 하는 것이므로 객관적 의미를 인식하는 작업은 수용자 자신이 해야 하며, 인식할 때까지 감관적 형태에서(감관적 가상화에서) 몇 번이고 다시 시작해야 한다”는 의견이다.[145] 이상인 “객관적 미”에 대한 씨마의 해석은 “객관적 미”가 객관적인 분명한 전달내용을 가지고 있다는 해석이고, 뷔르거의 해석은 바로 이 객관적인 분명한 전달내용을 보증할 수 없다는 해석이다. 씨마가 말하는 전달내용의 객관성을 인정하자면 이는 헤겔이 말하는 예술의 객관성, 즉 예술의 자율성을 부인하는 결과가 된다. 왜냐하면 씨마는 주체와 객체 사이의, 이념과 감관적 가상화 사이의 융화를 객관적 의미라고 주장하는 반면에, 헤겔에 의하면 주체와 객체, 이념과 감관적 가상화, 양자 사이에서 주체 자체가 이미, 이념 자체가 이미 객관적이고 보편적이기 때문이다. 또 뷔르거의 객관성 유보를 인정한다면 예술의 자율성뿐만 아니라 이념의 자율성까지도 부인하는 결과를 가져온다. 왜냐하면 이념은 자기에 적합한 가상화를 스스로, 자기 힘으로 선택하는 자율성이기 때문이다. 수용자가 처해 있는 어려운 처지는 예술미(객관적 미)를 인정할 수도 없고 인정하지 않을 수도 없다는 데 있다. 인정한다면 이념을 인정하게 되어 결과적으로는 예술을 부인하는 결과가 되고, 인정 안 한다면 이념까지도 인정을 안 해 헤겔의 철학체계 자체를 부인하는 결과가 되기 때문이다. 헤겔 미학은 내용 미학인데 내용을 전달해주는 미학이 아니라 내용을 찾는 미학, 이념을 전달해주는 미학이 아니라 이념을 찾는 미학이라 할 수 있다.

마지막으로 헤겔 미학은 **동일성의 미학**이라는 정의를 다룰 차례다. 헤겔 미학의 동일성의 문제는 예술의 **중간위상**에서 유래한다. 예술의 중간위상은 2가지 면에서 말할 수 있는데 예술 초월적 그리고 예술 내재적인 중간위상이 그것이다. 예술 초월적 중간위상은 다음과 같이 설명된다. 헤겔의 철학체계를 자연, 예술, 정신이라 본다면, 예술은 중간위상을 차지한다. 헤겔은 의식을 자연의식, 인간의식, 신적 의식 등의 3단계로 나누어[146] 상징적 예술형식, 고전적 예술형식, 낭만적 예술형식과 각각

---

145) P.Bürger: Zum Problem des ästhetischen Scheins in der idealistischen Ästhetik, S.43
146) Hegel: Vorlesungen über die Ästhetik I, S.103

관련시키기 때문에, **인간화**의 고전적 예술형식과 관련된 인간의식이 중간위상을 차지하게 되기 때문이다. 예술의 영역을 초월해서 볼 때, 다시 말해 자연, 예술, 정신이라는 서열에서 볼 때, 예술의 위상은 중간, 중간위상이라는 말이 된다. 동일성을 핵심적으로 나타내는 위상은 예술에 내재한 중간위상이다. 여러 번 언급했듯이 이상적인 예술미 즉 이상은 이념과 감관성의 완전한 조화와 융화를[147] 의미하는데, 이 말은 이상이 이념[148]과 감관성 사이의 중간위상을 가지고 있다는 말로도 해석할 수 있다. 개념과 사실성의[149] 동일성, 정신과 자연의 동일성, 내용과 형식의 동일성 등의 표현들은 모두 예술이 그 양자 사이에 놓여 있다는 예술의 내재적 중간위상을 나타내는 표현들이다. 이와 같이 예술의 중간위상은 예술 초월적일 뿐만 아니라 예술 내재적인 철저한 중간위상이라 할 수 있다. 중간위상이 예술에 내재해 있다는 말은 헤겔이 바로 이상만을, 다시 말해 아름답고 조화된 예술미만을 예술이라고 정의한다는 사실을 말해 준다. 따라서 헤겔에 의하면 이상은 예술을 의미하고, 예술은 이상을 의미한다고 이해해야 한다. "이상성의 예술은 외적 객관적 현존재와 내적 주관적 상념 중간에 놓여 있다"고[150] 헤겔은 말한다. 이상성의 예술은 이상적 예술 즉 이상을 의미하고, 외적 객관적 현존재는 감관적 물질(감관성)을 의미하고, 내적 주관적 상념은 정신을 의미한다. 따라서 이상적 예술은 감관성과 정신 사이에 놓여 있다는 말이 된다. 그리고 헤겔에 의하면, 이상은 예술을 의미하고, 예술은 이상을 의미하므로, 뒤에서 언급하게 될 소위 예술 종말론은 엄밀한 의미로 이상 종말론이 된다. 예술의 내재적 중간위상을 정확하게 표현하는 헤겔 자신의 말은 다음과 같다. "외적 현존재를 정신에 가까이 인도하여 그 외적 현존재가 정신과 비슷해져서 정신 자신의 외화[151]가 되도록 하는데 이상의 본질이 놓여 있다. 이 말은 외적 현존재를 내면화 한다는 말인데, 이 내면화는 그러나 추상적 보편성까지, 다시 말해 극단적 사상까지 몰고 가서는 안 되고 중간점에, 다시 말해 외적 현존재와 내적 사상(내적 정신) 사이의 중간

---

147) 조화(Versöhnung)와 융화(Verschmelzung)
148) 이상(理想 Ideal)과 이념(理念 Idee)
149) 개념(Begriff)과 사실성(Realität)
150) Hegel: Vorlesungen über die Ästhetik I, S.215
151) 외화(外化 Enthüllung)

점에 머물러서 이 양자를 조화시켜야 한다."152)

예술의 내재적 중간위상에 의해 생긴 결과를 헤겔은 **이상**, **"생동하는 개체성"**, **"개체적 주관성"**, **"자유로운 조화"** 등으로153) 부른다. 이들의 표현들은 모두 자유로운 이상적인 예술미 즉 이상을 표현하는 말들인데, 이 표현들 외에도 **"객관적 미"**, **"조화된 통일성"**, **"영원한 평안"**, **"자유와 무한성"** 등의 표현을154) 헤겔은 사용한다. **이상**155)을 표현하는 이들의 모든 말들을 한마디로 **동일성**이라고 할 수 있다. 동일성은 따라서 정신과 자연, 이념과 감관성, 개념과 사실성 사이에서 생기는 동일성이다. 이 동일성이 실제로 어떻게 보이느냐 하는 문제는 끝없는 사고를 요하는 문제이나 대충 3가지로 설명할 수 있다. 동일성은 첫째로 헤겔이 의미하는 미 자체다. 미는 축복인데, 이 축복의 음향이 육체 전체를 관통하며, 그 육체가 제 아무리 크고 넓다 하더라도 구석구석 빠짐없이 울려 퍼진다고 헤겔은 설명한다. 그리고 미는 **"총체성"** 이며, **"명랑한 평안과 축복"**이고, **"자기충족"**이라고 헤겔은 말한다.156) 바로 이러한 미를 헤겔은 예술이라고 부르기 때문에 쉴러의 말을 인용해서 "인생은 심각하고, 예술은 명랑하다"라고 말한다.157) 동일성에 대한 두 번째 설명은 지속성이다. 자연세계에서 순간적으로 나타났다 사라지는 것들, 입가에 갑자기 나타났다 없어지는 미소라든가, 시선, 얼굴표정 등을 예술은 포착하여 지속화시킨다고 헤겔은 말한다.158) 일시적이고 순간적인 자연세계의 현상이 예술에 의해서 영원화 된다는 말이다. 이러한 의미로 **"인생은 짧고, 예술은 길다"**라고 헤겔은 말할 수 있을 것이다. 동일성의 설명으로 미 그리고 지속성 다음으로는 **가상**159)이라는 개념이다. 헤겔이 생각

---

152) Hegel: Vorlesungen über die Ästhetik I, S. 206, 207
153) ebd. S. 207; "**생동하는 개체성**(lebendige Individualität)", "**개체적 주관성**(individuelle Subjektivität)", "**자유로운 조화**(freier Einklang)"
154) ebd. S. 67, 100, 118, 157; "**객관적 미**(das objektive Schöne)", "**조화된 통일성**(die versöhnte Einheit)", "**영원한 평안**(ewige Ruhe)", "**자유와 무한성**(Freiheit und Undendlichkeit)"
155) 이상(理想)
156) vgl. ebd. S. 207, 208; "**명랑한 평안과 축복**(heitere Ruhe und Seligkeit)", "**자기충족**(Sichselbstgenügen)"
157) ebd.
158) ebd. S. 216
159) **가상(假象 Schein)**

하는 가상은 따라서 아름답고 지속적인 가상이 된다. 가상이라는 개념은 우리가 지금까지 언급해온 가상화, 감관적 가상화, 감관성 등의 개념과 같은 것이지만 여기서는 이해를 돕기 위해 분리해서 생각할 필요가 있다. 가상을 정신과 자연, 이념과 감관성, 개념과 사실성 양자 중 후자와 일치시키지 말고 양자 중간에 위치한 중간위상으로 생각해야 한다. 가상의 개념을 결국 2개의 얼굴을 가지고 있는 "야누스의 머리"로 생각해야 한다. 이렇게 보면 이념, 저렇게 보면 감관성이라고 할 수 있으나, 두 개가 하나 속에, 두 얼굴이 하나의 머리에 존재하는 야누스의 머리가 가상이다. 가상이 동일성이 되기 위해서는 가상이 순간적으로 다시 사라지는 가상이어서는 안 되고 지속성을 가져야 한다는 것이 헤겔의 생각이다. 뷔르거는 헤겔의 가상을 다음과 같이 설명한다. "헤겔에 있어서는 실체가 가상 뒤에 또는 가상 피안에 놓여 있는 것이 아니라, 가상 자체가 실체의 한 계기를 이루고 있다."160) 이 말을 헤겔 자신은 "가상은 실체를 위해서는 실체적이다. 진리가 가상화되지 않는다면 진리는 없는 것이나 마찬가지다"라고161) 표현한다. 실체인 진리가 존재하기 위해서는 반드시 가상이 있어야 가능하다는 논리다. 동일성으로서 가상이 일시성이 아니라 지속성을 가지고 있다는 논리는 가상이 지속적 실체와 거의 같으므로(실체의 한 계기이므로) 가상 자신도 지속적이 된다고 할 수 있거나, 아니면 영원한 진리의 존재를 위해 절대적으로 필요하므로 가상 자신도 영원성이라는 권한을 누릴 수 있다는 데서 온다. 종합해서 예술의 내재적 중간위상은 **미, 지속성, 가상**이라는 모습을 가진 동일성을 의미한다.

　헤겔의 미학은 동일성의 미학으로, 그 동일성은 아름답고, 지속적이며, 야누스와 같이 보이는 동일성이라고 말할 수 있다. 이 동일성을 가상이라고 정의한다면, 그것은 **"아름다운 가상"**,162) **"영원한 가상"**이라고 말할 수 있다. 뷔르거는 동일성의 미학을 확대 해석하여, 관념론적 미학은 조화의 미학일 뿐만 아니라 사회와 예술 사이의 갈등을 제거하여 조화를 만들어내는 미학이라고 말하며, 모리츠163)와 쉴러164)가

---

160) P. Bürger: Zum Problem des ästhetischen Scheins in der idealistischen Ästhetik, S. 42
161) Hegel: Vorlesungen über die Ästhetik I, S. 21; 실체(Wesen), 실체적(wesentlich)
162) **아름다운 가상(schöner Schein)"**

자율성의 미학을 확립한 이래 예술은 소외[165]에 대한 비판을 사명으로 해왔다고 말한다.[166] 헤겔의 동일성의 미학은(뷔르거의 표현에 의하면 조화의 미학은) 내재적으로는 동일성을 구성요소로 하고 있을 뿐만 아니라 외재적으로는 비동일성으로부터 동일성을 만들어 내는 미학이라는 말이다. 동일성의 미학에 대해서 3가지 비판을 가할 수 있다. 동일성에 대한 첫째 비판은 동일성 구성 자체에 대한 비판이다. 동일성은 예술에 내재한 **중간위상**의 소산인데 헤겔은 중간위상의 의미로 중간, 중간점이라는 말을 사용한다. 이 중간 또는 중간점이 사실상 가능한가 하는 질문이 제기된다. 기하학적 의미의 중간점은 현실에는 불가능하고 단지 상념 속에서만 가능하기 때문이다. 따라서 이념과 감관성, 개념과 사실성, 양자 사이의 중간점이란 상념에 불과하며 현실적으로는 불가능한 주장이기 때문이다. 이상의 질문을 강하게 뒷받침해 주는 헤겔의 말은 다음과 같다. "이상의 생동성은 다음에 의해 달성된다. 외부현상인 태도, 자세, 동작, 얼굴표정, 사지의 모양 등 모든 구석구석에까지, 어느 한곳도 비어 있거나 또는 불필요한 곳이 남아 있지 않도록, 단 한 번에 주조된 것처럼 정신이 완벽하게 깃들어 있어야 한다."[167] 헤겔이 예술가에게 이러한 요구를 한다면 이는 불가능한 요구다. 이러한 완벽한 동일성은 상념 속에서만 가능한 사상의 구성물에 지나지 않기 때문이다. 따라서 동일성의 미학을 구성미학, 자세히는 사상적 구성미학이라 한다면(헤겔식으로 표현한다면 정신적 구성미학이라 할 수도 있겠지만) 헤겔의 구성미학을 분명하게 나타내주는 말은 다음과 같다. "예술작품이 인간을 열광시키는 것은 예술작품이 자연과 똑같아서가 아니라, 자연과 똑같이 **만들어졌기** 때문이다."[168] 예술이 자연과 똑같이 만들어져야 한다는 헤겔의 구성미학은(이를 구성미학이라 부를 수 있다면) 예술은 자연과 똑같이 가상화 되어야 한다는 칸트의 가상미학과는 근본적으로 다른 미학이나.

---

163) 모리츠(Karl Philipp **Moritz** 1756~1793)

164) 쉴러(Friedrich **Schiller** 1759~1805)

165) 소외(Entfremdung)

166) P.Bürger: Zum Problem des ästhetischen Scheins in der idealistischen Ästhetik, S.35

167) Hegel: Vorlesungen über die Ästhetik I, S.228, 229

168) ebd. S.216

동일성에 대한 두 번째 비판은 동일성의 구조에 의해 생겨나는 작용에 대한 비판이다. 루카치는 헤겔 변증법의 근본개념을 의식이라 하고, 이 의식은 인간의 의식이 아니라 인간과는 독립하여 홀로 존재하며 더 나아가서는 인간의 의식까지도 창조하는 창조자 역할을 하는 의식으로 헤겔은 이를 정신 또는 **세계정신**[169]이라고 부른다고 말한다. 따라서 헤겔의 의식은 신비화된 의식, 신비론 외에는 아무 것도 아니라는 것이다.[170] 루카치의 비판을 따른다면, 신비화 외는 아무 것도 아닌 정신에 의해서 만들어진 예술 역시 현실세계를 초월하여 신비의 세계 속으로 지양되는 예술이라 할 수 있다. 현실세계에서는 불가능한 중간점으로서의 상념물인 동일성이 신비물이라는 루카치의 비판은 이해 할 수 있는 비판이다. 신비물로까지 승화된 상념물인 중간점, 예술의 중간위상에는 **변증법적 유물론**[171]이 요구하는 **당파성**[172]이 결여되었다는 루카치의 비판은[173] 당연하다. 동일성에 대한 세 번째 비판은 예술 외재적 비판으로 예술과 사회의 관계에 의한 비판이다. 언급한 대로 헤겔은 자연을 예술의 영역에서 제외시킨 것 외에도 특히 "비천하고 추한 자연"은 절대로 예술이 다루어서는 안 된다고[174] 말한다. 여기서 자연이라는 개념을 넓은 의미로, 즉 태양, 꽃 등 자연뿐만 아니라 모든 경험세계를 포함하는 의미로 해석해야 한다. 경험세계인 현실세계는 아름다운 것, 긍정적인 것뿐만 아니라 추악한 것, 부정적인 것 등도 가지고 있다고 한다면, 헤겔의 동일성의 예술은 아름다운 것, 긍정적인 것만 다루어야 한다는 말이다. 악, 파괴, 불행, 비천, 가난, 질병 등 부정적인 것들은 **비동일성**으로서 **동일성**[175]에서 제외된다는 논리다. 이들의 부정적인 비동일성 일체를 배제하는 헤겔의 동일성의 미학은, 오히려 비동일성이 지배하는 현실세계, 현실사회로부터 고립을 면하지 못함은 당연하다. 이러한 헤겔의 동일성의 미학은, 긍정성이 아니라 부정성을, "**영원한 평안**"이 아니라, 영원한 불안을, **영원한 고뇌**를 예술이 다루어야 한다는

---

169) **세계정신**(世界精神 **Weltgeist**)

170) G. Lukács: Hegels Ästhetik, S.121

171) **변증법적 유물론(der dialektische Materialismus)**

172) **당파성(Parteilichkeit)**

173) G. Lukács: Hegels Ästhetik, S.141

174) vgl. Hegel: Vorlesungen über die Ästhetik I, S.212

175) **비동일성(Nichtidentität)과 동일성(Identität)**

아도르노176)의 비동일성의 미학과는 근본적으로 다른 미학이다.

　　마지막으로 많은 논쟁을 불러일으킨 헤겔의 소위 **예술종말론**을 논해 본다. 이상에서 우리가 헤겔의 동일성의 미학에 대해 3가지 비판을 했듯이, 그렇다면 예술이 이제 끝장났느냐 하는 문제와, 예술이 끝장났다면 그럼에도 헤겔의 예술론을 구제할 가능성이 없느냐 하는 문제가 제기된다. 이 문제는 이미 인용된 헤겔 자신의 예술종말론에177) 의해 제기된다. 예술의 절정시대는 과거사가 되었으며, 지금은 더 이상 예술을 창조하는 시대가 아니라, 반성, 판단, 사고, 인식 등 예술에 대한 학술178)을 해야 하는 시대라고 글자 그대로 해석된다. 이상의 예술종말론에 대한 여러 가지 상이한 해석이 있다. 욀뮐러는 예술종말론에 대한 비판을 크게 2가지로, 즉 직접적 비판과 간접적 비판으로 나누어 설명한다. 첫째 직접적 비판은 헤겔의 예술종말론을 수용하는 해석으로, 괴테 시대의 의고전주의와 이 시대의 시민사회에서 유래한 예술 적대주의의 필연적 결과로 헤겔은 예술의 종말을 굳게 믿었다는 해석이다. 둘째 간접적 비판은 예술종말론을 수용하지 않고 예술영역 외의 영역에 의해서 종말론이 아니라 지속론을 주장하는 비판이라고179) 욀뮐러는 말한다. 간접적 비판에 속하는 사람들로, 예를 들어 키에르케고르180)는 종교적 진리의 영역에서, 포이어바하181)는 자연의 영역에서, 마르크스182)는 사회의 영역에서 예술을 새롭게 규정하려 했다는 것이다. 루카치의 비판은 다음과 같다. 헤겔이 예술의 전성시대가 결정적으로 과거사가 되었다고 결론지은 것은 그의 과거 지향적 철학의 결과이고, 반면에 마르크스가 자본주의의 타도는 전 인류문화와 예술에 새로운 비약의 계기를 줄 것이라고 말한 것은 마르크스의 미래지향적 철학의 결과라고 루카지는 헤겔을 비판한다.183) 미래지향적 철학, 다시 말해 사회주의 철학인 마르크스 철학이 옳다는 주장이

---

176) 아도르노(Theodor W. **Adorno** 1903~1969)

177) Hegel: Vorlesungen über die Ästhetik I, S.24, 25, 26

178) 예술(藝術)과 학술(學術)

179) W. Oelmüller: Die unbefriedigte Aufklärng, S.241 f.

180) 키에르케고르(Sören **Kierkegaard** 1813~1855)

181) 포이어바하(Ludwig **Feuerbach** 1804~1872)

182) 마르크스(Karl **Marx** 1818~1883)

다. 예술종말론에 대한 가장 맹렬한 비판은 아도르노의 비판이다. 예술은 과거가
아니라 비로소 현재에(현대에) 새로 시작되어야 한다는 것이다. 왜냐하면 인간의
고뇌가 현대에 와서 더 이상 참을 수 없는 상태에 도달했으며, 이 고뇌는 자신을 예술
이 표현해주기를 기다리고 있기 때문이라는 것이다. 이상에서 열거한 비판들 외에
도 많은 비판들이 가능하며, 더구나 예술 자체의 종말이냐 아니면 지속이냐 하는
문제는 해결 불가능한 문제에 속하므로 관점을 달리하여 논할 필요가 있다. 즉 인용
문으로 다시 돌아가 예술이냐 학술이냐 하는 문제, 과거가 예술의 시대라면, 현재는
학술의 시대냐 하는 문제가 더 생산적인 논쟁이 된다. 예술이 끝장났다고 해석한다
면 동일성의 예술이 (헤겔도 굳게 믿듯이) 끝장난 것이고, 예술이 지속한다고 해석한
다면 예술은 비동일성의 예술로 지속한다고 할 수 있다. 예술의 종말을 믿는다면
(헤겔도 역시 믿듯이) 그것은 학술의 시작을 믿는 것이 된다.

---

183) G. Lukács: Hegels Ästhetik, S.137

쉘링
미학적 직관

1. 서론

쉘링[1]은 나이가 5세나 많은 두 교우 헤겔, 횔더린과 10년 이상 우정관계를 맺으며 공부했다. 독일 관념론 철학의 정상을 이루는 이 세 교우들의 공통적인 관심사이자 표어로 통했던 말은 희랍어의 **"헨 카이 판"**이다.[2] "헨 카이 판"이라는 말은 **"하나인 동시에 전부"**, **"개체인 동시에 총체"**라는 의미로 튜빙엔의 세 교우 쉘링, 헤겔, 횔더린의 관심사일 뿐만 아니라 철학 자체의 관심사라고, 그것도 독일 관념론 철학의 유일한 관심사라고 할 수 있다. "헨 카이 판"이라는 말은 독일 관념론 철학에서 여러 가지 개념들로 표현되나 다 같은 의미를 나타낸다. 이 여러 가지 표현들을 열거하자면 **절대자, 절대자아, 정신, 자기의식** 등이다. "헨 카이 판"을 의미하는 이상의 여러 가지 표현들 대신에 쉘링은 자기 철학의 성격에 맞는 말로 **절대동일성** 또는 **무차이성**[3]이라는 말들을 사용하나 우리는 개념의 혼돈을 피하기 위해 **"절대동일성"**이라는 말을 선호하기로 한다. 절대동일성은 따라서 희랍어의 "헨 카이 판"을 의미하는 말로, "하나이자 전부" 또는 "개체이자 총체"를 의미한나. 바로 이 "헨 카이 판" 즉 절대동일성이 쉘링 철학의 출발점이자 마지막 도착점인 핵심이 되는 개념이다. 절대동일성을 쉘링은 대개 3가지 차원에서 설명하는데, 상대적 차원이라 할 수 있는 주관과 객관, 시간적 차원이라 할 수 있는 유한과 무한, 또는 한계성과 무한계성, 개념적 차원이라

---

1) 쉘링(Friedrich Wilhelm Joseph **Schelling** 1775~1854)
2) Schulz, Walter: Einleitung zum "System des transzendentalen Idealismus", S.XI; **헨 카이 판(Hen kai pan)**
3) **절대동일성(absolute Identität), 무차이성(Indifferenz)**

할 수 있는 의식과 무의식 등에 의한 설명이 그것이다. 이상의 3가지 차원에 의한 설명들은 결국 단 하나의 개념인 절대동일성에 대한 3가지 설명이나, 모두 동일한 결과를 가져오는 설명들이다.

이상에서 언급한 3가지 차원의 설명 중에서 첫 번째 상대적 차원의 설명에 의해서 쉘링은 자기 철학의 제일 원칙이라 할 수 있는 **진리**[4]에 대한 정의를 다음과 같이 내린다. "모든 지식은 주관과 객관의 일치에 근거한다. 이 주관과 객관의 일치를 진리라고 하는데, 보편적으로 말한다면 주관적 표상과 객관적 대상 사이의 일치를 진리라고 한다."[5] 진리의 구성요소들이라 할 수 있는 주관과 객관, 또는 표상과 대상 사이의 일치를 쉘링은 **"예정된 조화"**[6] 또는 **"최고원리의 존엄성"**[7] 등으로 표현하는데 바로 이것이 쉘링 철학의 선험성, 다시 말해 쉘링의 **선험철학**[8]을 나타내는 근거가 된다. 선험철학을 간단히 설명하면 다음과 같다. 주관과 객관 사이의, 표상과 대상 사이의 일치가 진리라는 명제를 선험적 명제라고 할 수 있다. 이 명제를 옳다고 증명하려 하거나, 또는 틀리다고 반증하려는 시도들은 불가능한 시도들이며, 그 명제를 무조건 수용하고 그 명제에 따라 행동하는 것이 인간사회에 유익한 명제가 선험적 명제라고 할 수 있다. 쉘링은 이 명제를 "예정된 조화", 또는 "최고원리의 존엄성" 등으로 부르지만, 칸트 철학에 따라 명명하자면 선험원리[9]가 된다. 다시 말해 쉘링 철학의 선험원리는 주관과 객관 사이의, 표상과 대상 사이의 **"일치"**라고 할 수 있다. 바로 이 최고원리인 선험원리의 절대성 때문에 쉘링은 이 "일치"를 **"선험적 과거"**[10]라고도 부른다. 쉘링의 선험철학의 핵심이 되는 주관과 객관 사이의, 표상과 대상 사이의 "일치"라는 "선험적 과거"를 다음 3가지로 설명할 수 있다. 첫째로 예정된 조화인, 주관과 객관 사이의, 표상과 대상 사이의 "일치"는 인간사회의 분업이 시작

---

4) **진리**(眞理 **Wahrheit**)

5) Schelling: System des transzendentalen Idealismus, S.7

6) ebd. S.16. "**예정된 조화**(vorherbestimmte Harmonie)"

7) ebd. S.29. "**최고원리의 존엄성**(Dignität des höchsten Prinzips)"

8) **선험철학**(先驗哲學)

9) **선험원리**(先驗原理 **Prinzip a priori**)

10) Schulz: System des transzendentalen Idealismus, S.XXVI; "**선험적 과거**(transzendentale Vergangenheit)"

되기 이전의 **우토피**[11]라고 할 수 있다. 분업이 인간사회의 원죄라는 아도르노의 말을 빌린다면, "일치"라는 우토피 상태는 분업이 시작되기 전의, 다시 말해 주관과 객관이, 표상과 대상이 분열되기 전의 모순이 지양된, 모순이 아직 생겨나기 전의 상태라고 할 수 있다. 주관과 객관 사이의, 표상과 대상 사이의 분업이(모순이) 지양된 상태라고 해서 쉘링은 **자유**[12]라는 개념을 사용하여 이 상태를 "자유로운 상태"라고도 말한다. "자유로운 상태"를 "자유로운 우토피"라고 한다면 이 **자유로운 우토피**가 주관과 객관 사이의, 표상과 대상 사이의 "일치"를 나타내는 말이 된다. 둘째로 이 예정된 조화인 자유로운 우토피의 과거성을 말할 수 있다. 과거에는 분업과 모순이, 분열과 갈등이 지양되었던 자유로운 우토피의 사회였으나, 지금은 반대로 분업과 모순이 지배하는 **"잃어버린 낙원"**, **"잃어버린 우토피"**의 사회라는 뜻이다. 주관과 객관 사이의, 표상과 대상 사이의 분업과 분열과 관련하여 말한다면 그리고 쉘링 철학의 구조에 따라 비약해서 표현한다면, 주관이 객관을, 표상이 대상을, 자아가 물질을 "생산"한다는 것이 쉘링의 철학이다. 따라서 **생산**[13]이라는 개념이 마르크스[14] 철학의 핵심이 되는 개념이기 때문에 쉘링을 마르크스적인 혁명적 **유물론**의 원래 시조라고 말하는 사람도 있으나, 반대로 주관과 대상 사이의, 자아와 물질 사이의 "일치"를 출발점으로 삼고 있는 쉘링은 반혁명적 **유심론**[15]의 철학자라고도 할 수 있다. 반혁명적이라는 말은, 혁명철학의 마르크스가 우토피를 미래에 상정하는 반면에, 쉘링은 **자유로운 우토피**를 지나가 버려 이제는 존재해 있지 않는 과거에 상정한다는 것을 의미한다. 셋째로 "잃어버린 우토피"의 현상인 분열 상태에 있는 주관과 객관, 또는 표상과 대상은 다시 원래의 "일치" 상태로 돌아가야 하는 당위성과 필연성을 자체 내에 내포하고 있다. 두 번째 설명이 예정된 조화인 자유로운 우토피의 과거성을 의미한다면 세 번째 설명은 그의 미래성을 의미한다. 왜냐하면 "잃어버린 우토피"라고 하는 현재의 분열 상태에 있는 주관과 객관은 미래에 있을지도 모르

---

11) **우토피**(Utopie)
12) **자유**(自由)
13) **생산**(生産 Produktion)
14) 마르크스(Karl **Marx** 1818~1883)
15) **유물론**(唯物論)과 **유심론**(唯心論)

는 양자 간의 "일치상태"로 다시 돌아가려는 동경을 가지고 있기 때문이다. 지금까지 주관과 객관, 표상과 대상 사이의 "일치"를 의미하는 "선험적 과거"의 성격을 자유로운 우토피, 또 그의 과거성과 미래성 등으로 규정했다. 쉘링이 생각하는 **자유로운 우토피**는 모순이 지양된 상태이나, 자체 내에 과거성과 미래성을 동시에 내포하고 있으므로, 다시 말해 과거성인 동시에 미래성이라는 모순을 내포하고 있으므로, 쉘링이 생각하는 "자유로운 우토피" 자체가 모순의 개념임을 나타낸다. 표현을 비약하자면, 지나가버린 과거성이라는 도달 불가능성과 그리고 앞으로 다가 올 미래성이라는 도달 가능성을 동시에 내포하고 있는 "자유로운 우토피"라는 쉘링의 개념은 거의 이해 불가능한 개념이다. 따라서 **"자유로운 우토피"**와 같은 의미로 쉘링이 사용하는 개념들, **"선험적 과거"** 그리고 **"헨 카이 펜"**이라는 개념들은 모두 끝없는 사고를 요하는 개념들이다.

지금까지 쉘링이 상대적 차원인 주관과 객관, 표상과 대상 사이의 관계에 의해서 진리를 정의하는 것을 논했는데 나머지 2가지 방법, 즉 시간적 차원과 개념적 차원에 의한 진리에 대한 정의도 같은 논리이며 같은 결과를 나타낸다고 보아야 한다. 위에서 우리는 **"일치"**라는 말을 사용했으나, 표현을 달리 하자면, 진리에 대한 정의는 다음과 같이 된다. 주관과 객관이, 표상과 대상이 "하나" 속에 있는 상태가, 유한성과 무한성이 "하나" 속에 있는 상태가, 의식과 무의식이 "하나" 속에 있는 상태가 진리라고 할 수 있다. 결국은 주관인 동시에 객관이며, 유한성인 동시에 무한성이며, 의식인 동시에 무의식이라는 말이 되는데, 이는 개체인 동시에 총체라는 "헨 카이 판"과 같은 의미가 된다. 언급한 대로 "헨 카이 판"이 쉘링의 처음이자 마지막 테마이다. 이 "헨 카이 판"에 대한 여러 가지 표현 중에서 **"절대동일성"**이라는 표현을 선호하기로 했으므로 이 절대동일성에 대한 분석을 다음과 같이 시도한다. 쉘링 철학의 주저라고 할 수 있는 『선험적 관념론의 체계』의[16] 구조는 2개의 구조로 되어 있는데 하나는 발전사로의 지향이며, 다른 하나는 그 발전사의 지양이라 할 수 있다. 다시 말해 하나

---

16) 독일어 저서명: System des transzendentalen Idealismus

는 절대동일성이 주관과 객관, 유한성과 무한성, 의식과 무의식 등으로 분열되는 과정이고, 다른 하나는 그 분열된 요소들이 다시 하나로 통합하여 본래의 모습인 절대동일성에 도달하는 과정이다. 전자를 분열과정, 후자를 통합과정이라 한다면, 쉘링의 철학체계에 의하면 전자를 직관하는 직관형식이 **"생산적 직관"**이 되며, 후자를 직관하는 직관형식은 **"지성적 직관"**이 된다. 그리고 이 양자의 직관형식 중에 후자인 지성적 직관이 철학의 최고 직관형식이 되며, 그 최고 직관형식보다 한층 더 상위에 있는 직관형식으로 예술의 직관형식을 의미하는 미학적 직관이 있다. **"미학적 직관"**이 지성적 직관보다 상위에, 예술이 철학보다 상위에 있다는 것이 쉘링의 **예술철학**이다.

2. 절대동일성

쉘링의 철학사를 하르트만이 구분한 것을 보면 다음과 같다. 1799년까지 자연철학의 단계, 1800년경까지는 선험적 관념론의 단계, 1801년에서 1804년까지는 동일성 철학의 단계, 1809년까지는 자유철학의 단계, 대개 1815년 이후로는 종교철학의 단계 등이다.[17] 이 모든 단계가 하나의 공통적인 근본 개념인 "통일성의 이념"에 의해, 쉘링 식으로 표현하면 **절대동일성**[18]에 의해 하나로 묶여 있는 하나의 철학이라 할 수 있다.[19] 초기 단계인 자연철학과 선험적 관념론의 단계에서 절대동일성의 문제가 집중적으로 다루어지며, 그것도 쉘링의 주저라고 할 수 있는 『선험적 관념론의 체계』에서 다시 집중적으로 그리고 종합적으로 다루어진다. 초기의 2단계를 **자연철학과 선험철학**,[20] 또는 사실철학과 관념철학의 단계로 표시할 수 있으며, 이 2개 철학의 초기 단계에서 쉘링 철학의 총체성이 형성된다고 보아야 한다. 이상의 2개 철학의 초기단계 중에서 쉘링의 자연철학을 본다면 다음과 같다. **자아철학**[21]의

---

17) Hartmann, N.: Die Philosophie des deutschen Idealismus, S.112
18) **절대동일성(absolute Identität)**
19) vgl. Hartmann, N.: Die Philosophie des deutschen Idealismus, S.115
20) **자연철학(自然哲學)과 선험철학(先驗哲學)**
21) **자아철학(自我哲學)**

대표자였던 피히테[22]의 철학체계는 자유이념[23]을 위한 투쟁에서 태어났다고 하르트만은 설명한다. 이 자유이념을 위한 피히테의 철학체계는 자유를 방해하는 모든 요소들을 가차 없이 파괴했다는 것이다. 따라서 피히테의 자유이념은 대상, 즉 **"물 자체"**[24]를 파괴하여 자유라는 행위 속으로 지양 흡수하는 결과를 냈다는 것이다. 진정한 실재[25]는 자연에, 다시 말해 "물 자체"에 들어 있는 것이 아니라 자아에 들어 있다는 결과를 냈다고 하르트만은 설명한다.[26] 이상의 피히테의 자아철학에 쉘링은 반기를 들면서 피히테가 파괴하여 제거하려 했던 "물 자체"를, 자연을 쉘링은 구제하려 했다고 하르트만은 설명한다. 그러나 피히테의 업적을 전부 거부하는 것이 아니라, 일부의 업적은 수용하면서 동시에 피히테에 의해 파괴 제거된 자연도 구제하려는 것이 쉘링의 **자연철학**이라고 하르트만은 설명한다. 다시 말해 피히테의 자아철학에 내재해 있는 자아라는 "자유의 행위"는 그대로 수용하고 그리고 거기에 "자연"을 가미하여, **자아**와 **자연**[27]을 동시에 구제하려는 것이 쉘링의 자연철학이라고 하르트만은 설명한다.

하르트만을 위시하여 여러 철학자들의 설명에 의하면 자연과 자아를 동시에 구제하려는 노력은 1800년까지 계속되며, 여기서 쉘링 철학의 이중성이 정립된다. 즉 쉘링은 자연과 자아를, 자연철학과 선험철학을 동일한 위치에 놓고 다루게 된다. 자연이 어떻게 자기의식적인 자아에 도달하는가 하는 자연철학과, 이번에는 반대로 자아가 어떻게 자연에 도달하는가(쉘링의 표현에 의하면 자연을 어떻게 표상하는가) 하는 선험철학이 동시에 추구되어진다. 2개의 철학을 동시에 추구한다는 말은 2개의 철학이, 즉 자연철학과 선험철학이 동등한 위치에서 양립한다는 말이 아니라, 2개의 철학이 동일한 위치에서 하나의 철학을 이룬다는 것을 의미한다. 쉘링에 의하

---

22) 피히테(Johann Gottlieb **Fichte** 1762~1814)
23) 자유이념(自由理念 Freiheitsidee)
24) **"物 자체(Ding an sich)"**
25) 실재(實在 Sein)
26) vgl. Hartmann, N.: Die Philosophie des deutschen Idealismus, S.107
27) **자아(自我)와 자연(自然)**

면 **지성**28)은(쉘링은 자아라는 말 대신에 독일어의 Intelligenz라는 말을 사용한다) 이중적으로 "**생산적**"이다. 즉 맹목적으로 그리고 무의식적으로 생산적인 동시에 또 자유롭고 의식적으로도 생산적이다. 전자의 경우는 자연이 되고, 후자의 경우는 정신29)이 된다. 전자의 경우는 외적 세계 즉 자연의 세계가 되고, 후자의 경우는 내적 세계 즉 이념30)의 세계가 된다. 결국은 2가지 생산물인 자연과 정신, 외적 세계와 내적 세계, 자연의 세계와 이념의 세계는, 표현을 달리하여 객관과 주관은 단 하나의 지성이 만들어낸 생산물들이므로 객관과 주관 양자가 이 단 하나의 지성에 들어 있다는 논리다. 단 그 양자 간의 차이점은 객관에서 출발해서 주관에 도달하느냐, 아니면 반대로 주관에서 출발해서 객관에 도달하느냐 하는 방향설정의 문제라는 논리다. 따라서 객관에서 출발해서 주관에 도달하려는 자연철학과 반대로 주관에서 출발해서 객관에 도달하려는 선험철학, 양자가 다 주관과 그리고 동시에 객관과 끊을 수 없는 관계를 맺고 있다는 것이다. 단 자연철학은 객관을, 사실을 출발점으로 하여 그 객관에서(그 사실에서) 주관이 나타나는 것을 탐구하는데 비해, 선험철학은 반대로 주관을, 이념을 출발점으로 하기 때문에 그 주관을(이념을) 객관 보다(사실 보다) 상위에 놓는다는 것이 차이점이라는 논리다. 객관을 의미하는 자연도 또 주관을 의미하는 성신도 양자가 다 "주관과 객관"이라는 쌍개념과 관계하기 때문에, 다시 말해 객관에서 출발하여 주관에 도달하느냐, 아니면 반대로 주관에서 출발하여 객관에 도달하느냐 하는 방향설정만이 문제가 되기 때문에, 쉘링은 자연을 "객관적 주관 - 객관", 정신을 "주관적 주관 - 객관"으로도 표현한다. 31) 자연에도 정신이 깃들어 있으며, 또 정신에도 자연이 내재해 있다는 말이다. 자연과 정신이라는 쌍개념 대신에 여자와 남자라는 쌍개념으로 설명하자면, 여자에도 님성요소기 들어 있고, 남자에게도 여성요소가 들어 있다는 말이 되는데, 단 어느 요소가 우선이냐에 따라서 여자 아니면 남자가 결정된다는 논리다. 그러나 여자와 남자라는 성의 분리 자체가

---

28) **지성(知性 Intelligenz)**
29) 자연(自然)과 정신(精神)
30) 이념(理念 Idee)
31) Schulz: Einleitung zum System…, S.XXV

(자연과 정신, 또는 객관과 주관이라는 분리 자체가) 쉘링 철학을 이해하는 데 방해가
된다. 쉘링 철학을 이해하기 위해, 여자와 남자라는 2개의 성 이전에 제3의 성, 아니면
2개의 성을 하나로 합친 원초인간을 가정한다면, 이 원초인간은 여자도 아니고 또
남자도 아니거나, 아니면 여자인 동시에 남자라고 할 수 있다. 바로 이 원초인간을
상정하는 것이 쉘링의 **선험철학**이며, 그리고 이 원초인간은 여자와 남자라는 분리
이전에 존재했다고 상정하기 때문에, 이 원초인간을 쉘링은 이미 언급한 대로 **"선험
적 과거"** 또는 **"어두운 감성"**[32] 등으로 표현한다. 바로 이 원초인간이 분리되어 여자
와 남자가 되었다는 논리며, 바로 이 원초인간이 우리가 논하려는 절대동일성이 된
다. 자연과 정신, 객관과 주관, 양자 이전의 원초인간이 **"헨 카이 판"**이고, **"선험적
과거"**이며, **절대동일성**이 된다.

여자도 아니고 남자도 아닌, 또 여자인 동시에 남자라고 할 수 있는 원초인간으로
비유된 절대동일성이 쉘링이 의미하는 **진리**가 된다. 이 절대동일성을 쉘링은 이미
언급한 여러 가지 표현 외에도 지식, 지식의 지식,[33] 또는 자아, 지성 등으로도 표현하
는데, 개념의 혼돈에 주의해야 하며, 예를 들어 자아라는 개념이 절대동일성을 의미
할 수도 있고, 또 절대동일성이 자연과 자아로 분열된 경우의 자아를 의미할 수도
있다는 것에 주의해야 한다. 이상의 개념의 혼돈을 피하기 위해 **절대동일성**이라는
개념을 견지하고, 절대동일성이 분열되는 과정을 보면 다음과 같다. 쉘링이 서론에
서 논하는 것은 절대동일성으로의 통합과정이나 그 통합과정의 역으로 분열과정을
논하고 있다. 절대동일성이 2개로 분열되면, 하나는 객관 또는 대상이 되고, 다른
하나는 주관 또는 표상이 된다. 객관 또는 대상을 쉘링은 자연, 표상물, 무의식 등으로
명명하고, 주관 또는 표상을 자아, 표상자, 의식 등으로 명명한다. 이상과 같이 하나의
절대동일성이 2개의 개념들로 분열하면 그 하나의 절대동일성은 지양되어 파괴된
다. 바로 이 절대동일성의 지양 또는 파괴가 철학의 시작이 된다고 할 수 있다. 철학은

---

32) Schelling: System···, S.31; **선험적 과거(transzendentale Vergangenheit)". "어두운 감성(das dunkle
   Gefühl)"**
33) 지식(Wissen), 지식의 지식(Wissen des Wissens)

따라서 절대동일성을 지양하는 행위 또는 파괴하는 행위라고도 할 수 있으며, 절대동일성은 철학 이전의 원초상태로 **"선험적 과거"**라고 할 수 있다. 주관도 아니고 객관도 아니거나, 아니면 주관인 동시에 객관인 원초상태로서의 절대동일성이 분열되는 과정은 이미 언급한 대로 2가지다. 첫째는 객관을 상위에 놓고, 하위에 놓인 주관이 그 객관에 도달하여 "일치조화"를 만들어 내는 과정이고, 둘째는 반대로 주관을 상위에 놓고, 하위에 놓인 객관이 그 주관에 도달하여 "일치조화"를 만들어 내는 과정이다.34) 여기서 "일치조화"란 원초상태인 절대동일성을 의미하는 것은 당연하다. 첫 번째 분열과정을 쉘링은 **자연철학**이라고 하고 두 번째 분열과정을 **선험철학**이라고 한다. 전자인 자연철학을 자연과학과 같은 의미로 보면서, 자연과학의 필연적인 경향은 자연으로부터 출발하여 지성에 도달하는 것이라고 쉘링은 말한다. 주관을 의미하는 지성을 확대하여 인간, 이성, 반성 등으로 표현하면서 자연철학의 최고의 목적은 열거한 인간, 이성 또는 반성에 의해 이루어진다고도 쉘링은 말한다.35) 간단히 말하면 객관을 출발점으로 하고 있는 자연철학의 목적은 주관에 의해 이루어진다는 말이다. 주관을 출발점으로 하고 있는 선험철학의 목적은 반대로 객관에 의해 이루어진다는 말이 된다. 원초상태인 절대동일성이 2개로 분열되어 **자연철학**과 **선험철학**으로 분열되는 과정을 설명했는데 결국은 철학에는 자연철학과 선험철학 2개가 있으나 그 2개 철학의 목적은 "선험적 과거"인 절대동일성으로 하나라는 말이 된다.

    "선험적 과거"인 절대동일성만이 진리라면, 그 절대동일성이 분열되어 생겨난 2개의 철학은 진리가 아니라는 말이 된다. 절대동일성이 2개로 분열되어 생긴 결과가 **"자아 외부에 대상이 존재한다"**라는 명제와 **"자아는 존재한다"**라는 명제로 되어지는데, 이 2명제 모두 다가 진리가 아니라 편견36)이라고 쉘링은 말한다. 전자는 "단순한 편견"이고, 후자는 "절대적 편견"이라고 쉘링은 말한다. **"자아 외부에 대상이 존재한다"**라는 명제가 단순한 편견이라는 말은 대상은 **물 자체**로 존재하는 것이

---

34) Schelling: System…, S.7, 9

35) ebd. S.9

36) ebd. S.12

아니라, 대상은 자아의 표상 자체 이외에는 아무 것도 아니기 때문에 편견이라는 말이다. "자아는 존재한다"라는 명제가 절대적 편견이라는 말은 증명할 수도 없고, 증명할 필요도 없는 명제로 제2, 제3의 명제들을 증명하기 위한 절대적 출발점이 되어야 하는 명제로 무조건 수용해야 할 편견이기 때문이다. 그러나 이상의 2명제를 다 진리가 아니라 편견이라 부르는 이유는 이 2명제를 하나로 통합하여 진리인 절대 동일성에 도달해야 한다는 당위성을 강조하기 위함이다. 이상의 2개의 편견들을 지양하여 절대동일성에 도달할 수 있는 가능성은 쉘링에 의하면 다음 2가지가 있다. 첫 번째 가능성은 자아와는 분리 독립하여 대상의 세계가 존재해 있는데, 이 대상세계가 시간과 장소에 따라 다르게 규정되므로, 이 달리 규정되는 대상에 대한 표상도 달라진다는, 달리 규정된다는 가능성이다. 자아 외부에, 자아와는 분리 독립하여 존재해 있는 대상의 변화에 따라 이 변하는 대상에 대한 표상도 변화한다는 말이다. 쉘링은 이 변화하는 대상 자체를 인식하는 것을 **경험**[37]이라 하고, 이 경험을 기초로 하는 철학을 **이론철학**[38]이라고 한다. 두 번째 가능성은 자아 내부에는 "자유 그 자체"라고 할 수 있는 표상이 내재해 있는데, 이 표상이 대상세계 속으로 침투하여 그 대상세계를 변화 규정하면서 절대동일성에 도달하는 가능성이다. 이 후자는 쉘링에 의하면 **실천철학**[39]이 된다. 이상의 2개의 가능성인 이론철학과 실천철학은 서로 대치되는 위치에 놓이게 된다. 전자인 이론철학에 의하면 대상이 끊임없이 변하기 때문에 그에 따라 표상도 변해야 되는 반면, 후자인 실천철학에 의하면 반대로 표상의 변화에 따라 대상도 변해야 된다는 결론이 된다. 그리고 전자인 이론철학에 의해 현실세계인 대상세계에서 표상세계로 연결되는 다리가 생기거나, 객관에 의해서 주관을, 대상에 의해서 표상을 변화시키는(규정하는) 가능성이 생기고, 또 후자인 실천철학에 의해 표상세계에서 대상세계로 연결되는 다리가 생기거나, 주관에 의해서 객관을, 표상에 의해서 대상을 변화시키는(규정하는) 가능성이 생긴다. 그러나 대상을 출발점으로 하는 이론철학도 또 표상을 출발점으로 하는 실천철학도 단독으

---

37) **경험**(經驗 Erfahrung)
38) **이론철학**(理論哲學)
39) **실천철학**(實踐哲學)

로는 완전한 철학이 못 된다는 것이 쉘링의 의견이다. 다시 말해 **대상**과 **표상**을, **자연**과 **자아**를 동등한 위치에 놓고, 더 자세히는 동일한 위치에 놓고 절대동일성에 도달하는 철학이 필요하다는 것이다. 쉘링의 표현에 의하면 표상이 동시에 대상을 향하고, 대상이 동시에 표상을 향하도록 생각하는, 다시 말해 대상은 표상이고, 표상은 대상이라고 생각하는 철학이 필요한데, 쉘링은 이 철학을 **선험철학**이라고[40] 부른다. 따라서 선험철학은 절대동일성이 2개의 철학으로 분열되기 전의 철학이 되는데, 여기서 쉘링 철학에 대한 다음과 같은 난해성을 피할 수 없다. 지금까지의 논리를 종합하면 절대동일성이 2개로 분열되어 자연철학과 선험철학으로 된다고 이미 언급했고, 또 이 분열된 2개의 철학을 다시 통합하면 절대동일성이 되며, 그 통합된 절대동일성을 위한 철학을 쉘링은 다시 선험철학이라고 부른다. 다시 요약하면 선험철학이 분리되어 다시 선험철학과 자연철학으로 된다는 주장과, 그리고 여기서는 선험철학이 2개로 분열되어 이론철학과 실천철학으로 된다는 주장, 2개의 주장 사이에 난해성이 놓여 있다. **자연철학**과 **선험철학**이라는 쌍개념과 **이론철학**과 **실천철학**이라는 쌍개념에서 선험철학의 위상 문제가 쉘링 철학에 내재한 난해성이다. 자연철학과 이론철학은 동일한 카테고리에 속하나 선험철학과 자연철학의 관계와 선험철학과 실천철학의 관계가 문제가 된다. 이 질문은 독일 관념론 철학에 내재한 난해성으로 여기서는 해결할 수 없으나 단 한 가지 분명한 것은 자연철학에 대한 선험철학의 상위성과 선험철학과 실천철학의 친화성만을 말할 수 있다. 칸트의 철학은 인간에 내재한 유일한 능력인 이성에 관한 이성철학인데, 이 이성을 다시 분열시켜, 오성[41]과 이성으로 분열시켜, 다시 말해 오성철학과 이성철학, 이론철학과 실천철학으로 분열시켜 오성철학에 대한 이성철학의 상위성을, 또 이성철학과 실천철학 사이의 친화성을(쉘링 철학에 의하면 선험철학과 실천철학 사이의 친화성을) 나타내는 것이 칸트 철학과 독일철학에 내재한 난해성을 나타내주는 예이다.

이상의 **선험철학**에 대한 쉘링의 분명한 설명은 다음과 같다. "이론철학을 하다보

---

40) Schelling: System···, S.16; **신험철학**(Transzendental-Philosophie).
41) 이성(理性 Vernunft)과 오성(悟性 Verstand)

면 실천철학이 상실되고, 또 실천철학을 하다보면 이론철학이 상실된다. 인식 속의 진리와 의지 속의 사실에 동시에 도달하는 것은 불가능하다".[42] 이론철학과 실천철학을, 인식과 의지를, 진리와 사실을 동시에 포착하는 것이, 다시 말해 객관과 주관을, 대상과 표상을 동시에 포착하는 것이 불가능하다는 말이 된다. 바로 이 불가능한 과업을 수행해야 할 철학이 선험철학이 된다. 선험철학이 감당해야 할 이상의 "불가능한 과제"에 관해서 다음의 3가지를 언급할 수 있다. 첫째로 앞에서 독일철학에 내재한 "난해성"과 관련하여 선험철학과 실천철학 사이의 친화성을 언급했는데, 이는 선험철학이 감당해야 할 "불가능한 과제"를 입증하는 사실이다. 객관과 주관을, 대상과 표상을 동시에 포착하는 일이 불가능하여 자연히 후자에 기울어진다는 것을 입증하는 사실이 된다. 쉘링의 선험철학은 그의 불가능한 과제 때문에 이론철학과 실천철학 중에서 후자로 이전된다는 것을 입증한다는 말이다. 둘째로 선험철학의 과제가 불가능한 과제이므로 선험철학이 도달해야 할 목표가 어떠한 철학으로도 도달할 수 없는 목표라는 의미로 쉘링은 이를 **"선험적 과거"** 또는 **"예정된 조화"**[43]라고 부른다. "선험적 과거" 또는 "예정된 조화"라는 개념은 하나의 **선험 원리**[44]로 철학의 목표가 될 수 없는, 다시 말해 철학의 목표를 초월해 버리는 개념이다. 셋째로 선험철학이 감당해야 할 불가능한 과제는, 선험철학이 해결할 수 없는 불가능한 과제는 쉘링의 철학을 **미학과 예술**의 영역으로 확장하는 계기가 된다. 이상에서 언급한 "선험적 과거" 또는 "예정된 조화"란 결국은 절대동일성을 의미하는 말들이다. 절대동일성을 의식적인 동시에 무의식적인 행위라고 부르면서 그러한 행위가 **미학적 행위**라고 쉘링은 말한다.[45] 예술작품은 그러한 미학적 행위의 생산품이며, 예술작품 속에는 의식과 무의식이 동시에 깃들어 있다는 것이다. 의식과 무의식이 동시에 깃들어 있는 예술작품을 쉘링은 **"객관적 세계"**라고 부르며, 이 "객관적 세계"가 원초적 세계이고, 정신이 객관화된 시문이며, 철학의 보편적 **오르가논**이고, 또 **예술**

---

42) ebd. S.15
43) ebd. S.16
44) **선험 원리(Prinzip a priori)**
45) Schelling: System⋯, S.17; **미학적 행위(ästhetische Tätigkeit)**

철학이 모든 철학의 초석이 된다고 말한다.[46] 선험철학이 해결할 수 없었던 "불가능한 과제"를, 즉 절대동일성으로의 도달을 예술작품이 해결한다는 말인데, 여기서 절대동일성이란 무엇인가를 다시 규명할 필요가 있다.

　　절대동일성을 쉘링은 **"헨 카이 판"**, 절대자, 절대자아, 원초자, 정신, 자기의식 등 여러 가지 개념으로 표시한다는 말을 했다. 이상의 여러 가지 개념들을 대표하는 절대동일성의 본질을 규명하는 작업은 독일 관념론 철학의 핵심이며 전체라고 할 수 있다. 다시 말해 절대동일성의 본질을 규명하는 작업이 끝나면 독일 관념론 철학의 연구가 완성되었다고 할 수 있을 정도로 난해한 작업이다. 따라서 조심스럽게 다음의 3가지 본질규명으로 절대동일성에 접근해 본다. 첫째로 쉘링은 절대동일성을 설명할 때는 행동, 행위, 활동[47]이라는 말을 사용한다. 이미 언급한 대로 절대동일성 대신에 자기의식이라는 말을 사용하면서 쉘링은 자기의식은 행위이며, 이 행위는 절대적으로 자유로운 행동이라고 말하기도 하고,[48] 절대동일성 대신에 자아라는 말을 사용하면서 자아는 "물 자체"도 아니며 그렇다고 해서 그 "물 자체"의 가상화도 아니고, 그 양자보다 더 높은 개념인 행동 또는 활동이라고 말하기도 한다.[49] 간단히 말해서 행동, 행위, 활동 등으로 표현되는 절대동일성은 실재로 존재해 있는 물건인 물 자체도 아니고, 그렇다고 해서(그 물 자체의 그림자라고 할 수 있는) 그 물 자체의 가상화도 아니라는 말이다. 그렇다면 존재해 있는 물 자체와 그의 가상화 사이에 제3의 존재자를 상정해야 되는데, 이 제3의 존재자가 물 자체와 그의 가상화보다도 더 높은 위치에 있는 절대동일성이라는 결론이 된다. 절대동일성을 생명성을 결여한 "물 자체"와 그 "물 자체"의 가상화, 양자의 상위에 위치시키려는 쉘링의 의도는 절대동일성에 **생명성**을 부여하려는 의도다. 자아는 **"맹목적인 활동"**[50]이라고 쉘링은 말하는데, 절대동일성을 의미하는 자아가 살아서 움직인다는 말로, 다시 말해 생명성을 강조하려는 말로

---

46) ebd. S.17; **객관적 세계(die objektive Welt)**", 시문(詩文 Poesie), 오르가논(Organon)
47) 행동(Handlung), 행위(Akt), 활동(Tätigkeit)
48) Schelling: System…, S.33
49) ebd. S.43
50) Schelling: System…, S.46; **"맹목적인 활동(blinde Tätigkeit)"**

해석할 수 있다. 산다는 것은 움직인다는 말이고, 움직인다는 것은 산다는 말이며, 또 이유와 목적이 있어서 움직이는 것이 아니라 움직이지 않으면 안 되는 것이므로, 즉 맹목적으로 움직이는 것이고, 그리고 그 자체가 생명이라는 말이다.

절대동일성에 대한 두 번째 본질규명은 **생산**[51]이라는 개념이다. 생산의 개념을 설명하기 위해서 쉘링은 자아를 극단적으로 축소시켜 기하학의 점이나 선으로까지 축소시킨다. "**자아는 하나의 단자**"라고 쉘링은 말하거나 또는 "**자아는 기하학의 선과 같다**"라고도 말한다.[52] 기하학이 의미하는 점과 선은 넓이, 길이, 크기 등을 나타내는 양적 개념이 아니라, 위치와 연장만을 나타내는 추상적 개념이다. "따라서 선이란 존재하지 않는다. 왜냐하면 칠판에 그려진 선은 그 선 자체가 아니라, 단지 선으로 인식될 뿐이다"라고[53] 말한다. 이 말은 점에 대해서도 적용된다. 절대동일성에 대한 첫 번째 본질규정에서는 생명성을 부여했는데, 여기서는 기하학의 점과 선으로 자아를 축소시켜 존재성을 부인하므로 결국은 생명성까지도 부인하는 결과를 가져온다. 그 이유는 자아와 생산을 일치시키려는, 자아 자체를 "**생산행위 자체**"로 보려는 의도라고 할 수 있다. 따라서 생산과 관련하여 "**자아는 영원히 지속하는 순수한 생산행위다**"라고[54] 쉘링은 말한다. 그러나 생산행위 자체가 허공에서 갑자기 떨어지는 것이 아니기 때문에 생산행위의 주체가 되는 생산행위의 집행자를 인정한다면, 다시 말해 존재성을 부인했던 기하학의 점과 선에 **실재**[55]만이라도 인정한다면 다음의 쉘링의 말을 이해할 수 있다. "**실재와 생산 사이의 동일성이 자아다.**"[56]실재는 생산이고, 생산은 실재라는 말이다. 이 말에 의해 절대동일성의 실재는, 다시 말해 절대동일성은 생산행위다 라고 해석해야 한다. 이 생산행위라는 개념은 다음의 3가지 성격으로 설명된나. 첫째 **일정한 운동방향**, 둘째 **연속**, 셋째 **자유**가 그것이다. 첫째로

---

51) **생산(生産 Produktion)**
52) Schelling: System⋯, S.49, 39
53) ebd. S.39
54) ebd. S.48
55) **실재(實在 Sein)**
56) ebd. S.39, 40

생산행위의 일정한 운동방향이라는 성격은 독일 관념론 철학의 기본적인 것으로, 주관과 객관, 표상과 대상 사이를 연결하는 일직선의 방향을 의미한다. 쉘링은 자아를 기하학의 점과 선으로 축소시킨다고 했는데, 기하학의 2점인 주관과 객관, 표상과 대상 사이를 연결하는 기하학적 직선이 생산행위의 첫 번째 성격이라 할 수 있다. 기하학의 2점인 주관과 객관, 표상과 대상 사이를 연결하는 행위를 쉘링은 구성[57]이라 부르면서 "생산품은 구성 이외에는 아무 것도 아니다. 생산품은 구성되야만 존재하게 되며, 이 구성을 제외하면 기하학의 직선 이외에는 아무 것도 아니다"라고[58] 말한다. 생산은 따라서 상하좌우 등 임의의 방향이 아니라 주관을 출발해서 객관의 방향으로, 표상을 출발해서 대상의 방향으로 운동하는, 즉 일정한 운동방향을 가지고 있다고 할 수 있다. 두 번째 성격인 연속은 이미 첫 번째 성격인 "일정한 운동방향"에 내포되어 있는데, 주관을 출발해서 객관을 향해 움직이는 운동은 비약적이 아니라 연속적인 운동이라는 의미다. 쉘링은 이 연속성을 시간과 일치시키면서 "순수한 자기의식은 시간이라는 연속 외부에 놓여 있는 행위이고, 경험적 의식은 시간 내부에서 즉 표상의 연속 내부에서 생산되어 진다"고[59] 말한다. 시간이라는 연속성 외부에 놓여 있는 **자기의식**[60]은 아직 생산 운동 전의 모습이고, 시간이라는 연속성 내부에 들어 있는 **경험적 의식**[61]은 바로 그 시간을, 연속을 만들어 가고 있는 결과라고 보아야 한다. 바로 시간성 또는 연속성을 의미하는 생산성[62]이 모든 철학의 특징이라고 말하면서 쉘링은 철학과 예술을 다음과 같이 구별한다. "철학도 또 예술도 생산적 능력을 의미한다. 그 양자 사이의 차이는 생산력의 운동방향의 차이다. 예술의 생산은 무의식의 대상을 생산품에 의해 반성하기 위해 자신의 외부로 향하는 데 비해, 철학은 그 무의식의 대상을 **지성적 직관**에 의해 반성하기 위해 사신의 내부로 향한다. 따라서 완전한 철학은 예술과 철학을 합한 **미학적 철학**으로 예술철학이 철

---

57) 구성(構成)

58) ebd. S.9

59) ebd. S.42

60) **자기의식**(Selbstbewußtsein)

61) **경험적 의식**(empirisches Bewußtsein)

62) 시간성(時間性) 또는 생산성(生産性)

학의 진정한 오르가논이다."[63] 생산이 가지고 있는 성격인 연속성은 시간과 같이 전후관계를 나타내는 논리 그 자체라고 보아야 한다. 생산의 세 번째 성격인 **자유**는 주관에서 출발하여 객관을 향해 일정한 운동방향을 추적하는 그 운동 자체가 중지하지 않고 영원히 지속한다는 것을 의미한다. 이 운동이 중지한다면 "중지"라는 한계선이 가해졌음을 의미하므로 더 이상 자유가 아니기 때문이다. 따라서 무한계성, 무한성이라는 의미가 자유를 나타내는 말이다. 실재와 생산 사이의 동일성이 자아라는 말을 했는데, 자아는 생산의 관점에서 본다면 무한한 자유가 되고 실재의 관점에서 본다면 자아는 지양된 자유가 된다고[64] 보아야 한다.

절대동일성에 대한 본질 규명으로 지금까지 생명성과 생산행위를 언급했다. 절대동일성에 대한 세 번째 본질규명은 셸링 철학, 나아가서는 철학 자체의 **파라독스**라고 할 수 있는 **모순성**[65]이다. 절대동일성에 내재해 있는 모순성을 구조적 모순과 실천적 모순 2가지로 나누어 논할 수 있다. 첫째로 구조적 모순에 관해 논한다면, 이미 언급한 대로 절대동일성을 의미하는 자아에 처음에는 생명성을 부여했다가, 이 생명성의 자아를 다음에는(생산행위의 개념을 설명하기 위해) 기하학의 점과 선으로 축소시켜 결국에는 자아에 부여했던 생명성을 다시 박탈하는 결과를 냈다. 양과 질의 개념을 거부하는 순수한 추상적인 개념인 기하학의 점과 선에 생명성을 부여할 수 없기 때문이다. 따라서 생명성을 소유하기도 하고, 동시에 소유하지 않기도 하는 절대동일성은 모순 이외에는 아무 것도 아니다. 다음에 우리는 생산행위를 일정한 운동방향, 연속성, 자유 등으로 성격을 규정했다. 생산행위를 구성하는 이상의 3가지 성격들은 서로를 방해하는 성격들로 상호 모순적이다. 무한성을 의미하는 자유는 상하 좌우 등 임의의 방향으로 움직일 수 있는 완전한 의미의 자유가 아니라 주관에서 출발하여 객관으로 향하는 규정된 방향의 자유이고, 또 그 운동과정에서

---

63) Schelling: System…, S.18, 19; **지성적 직관(intellektuelle Anschauung), 미학적 철학(ästhetische Philosophie)**

64) Schelling: System…, S.44; 지양된 자유(aufgehobene Freiheit)

65) **모순성(Widerspruch)**

도 어느 단계를 비약하여 뛰어넘을 수 있는 자유가 아니라 전후관계를 지켜야 하는 **논리적인 연속**이라는 한계성 내에서만 존재할 수 있는 자유다. 생산행위 역시 한편으로는 자유와 다른 한편으로는 그 자유를 구속하는 한계성 또는 규정성으로 구성되어 있는 모순성 이외에는 아무 것도 아니다. 다음에 우리는 이미 "**실재와 생산행위 사이의 동일성이 자아**"라고 말했는데, 쉘링에 의하면, 실재는 지양된 자유이고, 생산행위는 자유이므로, 결국 자아는 지양된 자유와 자유, 즉 비자유와 자유라는 모순적인 이중 구조라고 볼 수 있다. 이상에서 논한 구조적 모순은 쉘링의 전 철학체계에 내재해 있는 모순성이다. 다음에 실천적 모순은 이상의 구조적 모순을 쉘링이 실제적으로 묘사해 가는 방법을 의미한다. 쉘링 철학의(나아가서는 독일 관념론 철학 자체의) 파라독스라고 할 수 있는 모순성을 쉘링은 대개 3가지 차원에서 설명한다. 절대동일성은 주관인 동시에 객관이라는 상대적 차원, 절대동일성은 유한한 동시에 무한하다는 시간적 차원, 절대동일성은 의식인 동시에 무의식이라는, 또는 **사고** 자체인 동시에 **사고의 대상**이라는 개념적 차원 등이 그것이다. 이상 3가지 차원의 설명을 공통적으로 해결하기 위해 쉘링이 사용하는 기법이 유명한 "**한계선의 변증법**"[66]이다.

　"**한계선의 변증법**"을 설명하기 위해 쉘링이 제시하는 명제는 다음의 2가지다. 첫째 명제는 (절대동일성을 의미하는) 자아는 그 자아가 한계선을 가지고 있는 한에서만 무한하다는 것이고, 두 번째 명제는 반대로 그 자아가 무한한 한에서만 한계선을 가지고 있다는 것이다.[67] 첫째로 자아는 한계선을 가지고 있는 한에서만 무한하다는 명제를 쉘링은 파라독스인 모순성에 의해 설명한다. 첫째 명제를 2개의 문장으로 나누면 자아는 무한하다는 주문장과 자아는 한계선을 가지고 있다는 부문장이 된다. 자아가 만약에 기하학의 공간과 같이 무한히 쉬지 않고 연상만 되는 자아라면 자아를 자아라고 할 수 없다는, 다시 말해 자아가 존재한다고 할 수 없다는 논리다. 존재하지도 않는 자아가 무한하다는 말은 허공에 뜬 의미 없는 말이 되기 때문이다.

---

66) 쉘링은 한계선의 이상성(Idealität)이라는 말도 사용하고 또 독일어의 Schranke 대신에 Grenze도 많이 사용한다. "**한계선의 변증법**(Dialektik der Schranke)"
67) vgl. Schelling: System , S.50~54

따라서 자아를 자아라고 부르기 위해서는 매순간 쉬지 않고 무한히 연장만 계속하고 있는 자아에 한계선을 가해야 된다는 말이다. 자아가 매순간 쉬지 않고 무한히 연장만 된다면 그 자아의 동일성 규정도 매순간 쉬지 않고 무한히 뒤로 미루어져야 하기 때문이다. 따라서 자아가 무한하기 위해서는 우선 자아가 존재해야 하는데(자아의 동일성 규정이 완료되어야 하는데), 그러기 위해서는 무한한 연장과 확장에 한계선을 가해야, 즉 자아의 무한성에 한계선을 가해야 된다는 것이다. 따라서 자아의 무한성은 한계성을(한계선을) 의미한다고 할 수 있다. 이상의 내용을 쉘링은 파라독스 또는 모순성이라 하면서, 이 모순성을 다음과 같이 표현한다. 무한성에서 본다면 한계선이 가해진 무한성이고, 한계선의 면에서 본다면 무한한(한계선이 없는) 한계선이다. 둘째로 자아는 무한한 한에서만 한계선을 가지고 있다는 명제를 역시 같은 수법이나 기하학을 동원하여 설명한다. A를 출발하여 정해져 있지 않은 점 B를 향한 일직선상에 한계점인(정해져 있는 점인) C를 가한다고 가정하면, C는 A에서 B로 무한히 쉬지 않고 연장되는 선상에 한계선을 의미한다. 이 한계선 C를 한계선이라고 부르기 위해서는 A에서 B로 연장되는 직선이 무한해야 된다는 논리다. 한계선이라는 개념은 무한성을 전제로 하고, 또 무한성은 한계선을 전제로 한다는 말이다. 무한성이라는 개념 없이는 한계선이라는 개념이 의미 없어 사전에서 사라질 것이며, 또 그 반대도 마찬가지기 때문이다. 따라서 자아는 무한한 한에서만 한계선을 가지고 있다는 명제 역시 이해할 수 있는 명제다. 이상의 2가지 명제를 통합하여 표현하면 자아는 무한하기도 하고, 동시에 유한하기도 하다고 표현된다. 자아는 "무한한 유한성"이기도 하고 또 "유한한 무한성"이기도 하다고 표현할 수도 있다. 즉, 자아의 무한성이란 유한성을 의미하고, 또 유한성이란 무한성을 의미한다고도 할 수 있다. 한마디로 파라독스 또는 모순성 이외에는 아무 것도 아니다. 이 파라독스에 의해 절대동일성을 표현하면, 절대동일성은 주관인 동시에 객관이며, 유한한 동시에 무한하며, 의식인 동시에 무의식이라고 표현된다. 이상의 파라독스 또는 모순성을 이해할 수 있는 수단이 쉘링 철학에서 **직관**[68]이 된다.

---

68) **직관**(直觀 Anschauung)

3. 직관

　절대동일성에 대한 본질 규명으로 우리는 지금까지 **생명성**, **생산행위**, **모순성**을 논했다. 절대동일성이 이상의 3가지 구성요소로 구성되었다는 것이 아니라, 이상의 3가지 요소가 하나 속에 통합되어 있는 것이 절대동일성이라 보아야 한다. 다른 말로 표현하면, 절대동일성은 생명성으로 보이기도 하고, 또 생산행위로 보이기도 하며, 또 모순성으로 보이기도 하는 3가지 얼굴을 가진 하나의 머리라고도 할 수 있다. 살아 있다는 것은 무엇인지를 생산하고 있다는 것을 의미하며, 또 그 살아 있는 생명성 속에는 논리와 분석에 의해서 해명할 수 없는 어떤 오묘한 모순성이 내재해 있다는 것을 의미한다. 논리와 분석에 의해서 해명할 수 없는 **절대동일성**을 한마디로 **"표현불가능성 자체"**라고 할 수 있다. 논리와 분석에 의해서 해명 불가능한, 표현불가능성 자체인 절대동일성은 인식에 의해서는 해명할 수 없고, 단지 직접적인 방법에 의해서, 인식을 초월하는 방법에 의해서 파악할 수밖에 없다는 것이다. 바로 이 직접적인 방법을 쉘링은 **직관**이라 부른다. **"유일한 직접적인 파악"**[69]이 쉘링에 의하면 직관이다. 그러나 이 절대동일성에 대한 직관은 물론 **감관적인 직관**이 아니라 **지성적 직관**이라고 말한다.[70] 감관적인 직관은 대상으로부터 분리되어 있기 때문에, 다시 말해 주체와 대상 사이의 분리를 전제로 하기 때문에 절대동일성을 파악할 수 없고, 반면에 지성적 직관은 주체와 대상을, 직관자와 직관대상을 하나 속에 통합하고 있기 때문에 절대동일성을 파악할 수 있다는 것이 쉘링의 의견이다. 여기서 절대동일성을 파악할 수 있는 지성적 직관을 논하기 전에 논리적이고 분석적인 인식인 다시 말해 **"오성적인 인식"**과, 논리와 분석을 초월하는 직접직인 따라서 비오성적인 **"직관"**과의 차이를 먼저 논하는 것이 순서다. 독일 철학사에서 직관은 소위 **감관적인 인식**[71]이라 하여 오성인식을 위한 전단계로, 다시 말해 오성인식에 봉사하는 시

---

69) **유일한 직접적인 파악**(das einzig unmittelbare Erfassen)"

70) Schulz, W.: Einleitung…, S.XIII; **감관적인 직관**(sinnliche Anschauung), **지성적 직관**(intellektuelle Anschauung)

71) **감관적인 인식**(cognitio sensitiva)

녀의 역할만 해 왔다. 그 후 직관을 독립적이고 긍정적인 인식의 원천으로서 오성인
식과 동등한 위치로 끌어올린 것은 칸트의 업적이었다. 직관은 칸트에 의하면, 대상
이 인간에게 어떻게 보여지느냐 하는 대상의 현상방법 즉 가상화를 의미하며, 대상
이 무엇이냐 하는 대상의 내용, 다시 말해 대상의 **"물 자체"**[72]를 의미하지 않는다.
그리고 일체의 대상은 직관 속에 포함되어 있으며, 오성에 의해서는 단지 사고되어
질 뿐이라는 것이 칸트의 생각이다. 따라서 오성이 사고의 작업을 시작하기 위해서
는 대상 일체를 포함하고 있는 직관에 의존할 수밖에 없다는 것이다. 대상과 사고,
직관과 오성의 관계는 따라서 다음과 같이 표현된다. 내용이 없는 사고는, 다시 말해
대상이 없는 오성은 속이 텅 비어 있고, 오성인식을 결여한 직관은 눈먼 장님과 같다
는 표현이 된다. 따라서 직관파악과 오성인식은, 간단히 말해 직관과 오성은 서로
불가분의 관계, 즉 서로 동등한 위치를 갖고 있다는 것이 칸트의 생각이며 또 업적이
다. 칸트가 직관을 오성과 서로 대등한 위치로 격상시킨 후, 쉘링은 직관을 절대동일
성을 파악할 수 있는 유일한 가능성으로 칸트에 의한 직관의 격상을 한 번 더 격상시
킨다고 말할 수 있다. 언급한 대로 절대동일성은 논리적이고 분석적인 오성인식에
의해서가 아니라, 그 오성인식을 초월하는 비논리적이고 비분석적인, 다시 말해 통
합적인 직관파악에 의해서만 해결할 수 있기 때문이다. 직관에 대한 쉘링 자신의
설명을 구체적으로 보자면 다음과 같다.

이미 인용한 자아와 기하학의 선에 관한 문장에서[73] 다음의 쉘링의 말이 직관을
설명하는 데 대단히 중요하므로, 이미 인용한 문장이나 다시 한 번 상세히 인용한다.
"생산물은 구성을 제외한다면 아무 것도 존재해 있지 않다. 생산물은 구성되어야만
비로소 존재할 수 있다. 구성을 제외한다면 남는 것은 기하학의 선 이외에는 아무
것도 없다. 그러나 이 기하학의 선 자체도 사실은 존재하지 않는 것이다. 왜냐하면
칠판에 그려진 선이란 실제로 존재하는 선이 아니라, 그 선이 직관되어질 때만 선으
로 인식될 뿐이기 때문이다." 이상의 인용문에서 핵심을 이루는 4개의 개념들을 열

---

72) **"物 자체(Ding an sich)"**
73) Schelling: System…, S.39

거한다면 생산물이라는 실재, 구성이라는 생산행위, 기하학의 선이라는 넓이도, 색깔도, 무게도 없는 사고의 표시, 그리고 직관이라는 파악행위 등 이다. 그러나 칠판에 그려진 기하학의 점이나 선과 같은 것은 실제로 실재해 있는 물건들이 아니라 머릿속에서 그려지는 사고의 표시에 지나지 않으므로, 쉘링 자신이 말하듯이 직관되어지지 않으면 없는 것들이므로, 기하학의 선 즉 직관이라고, 기하학의 선과 직관은 동일한 것이라고 말할 수 있다. 따라서 인용문의 핵심을 이루는 개념들을 축소하여 생산물이라는 실재, 구성이라는 생산행위, 직관 등 3개의 개념을 열거할 수 있다. 이상 3개의 개념들을 비유를 들어 표현하면 하나의 생산물인 건물, 건물을 만들어내는 생산행위, 설계도에 해당하는 직관, 표현을 달리 하여 **생산물, 생산행위, 직관** 등 3개의 개념들을 말할 수 있다. 이상 3개의 개념들 사이에는 밀접한 관계가 성립하는데 다음 2가지로 요약된다. 건물을 구성하는 생산행위가 없다면 생산물인 건물이 있을 수 없고 또 반대로 생산물인 건물이 있다는 사실은 건물을 짓는 생산행위가 있었다는 것을 의미하기 때문에 **생산물과 생산행위는 동일하다**는 것이 그 하나다. 또 하나는 같은 논리에 의해서 건물을 구성하는 생산행위는 제멋대로 하는 행위가 아니라 설계도에 따라서 이루어지는 행위이므로 건물을 구성하는 생산행위와 설계도는, **생산행위와 직관은 동일하다**는 것이 그 두 번째다. 한편으로는 생산물과 생산행위 사이의 동일성 그리고 다른 한편으로는 생산행위와 직관 사이의 동일성을 주장하려는 것이 쉘링의 의도다. 생산물과 생산행위 사이의 동일성 즉, 생산물은 생산행위고 생산행위는 생산물이라는 명제와 관련하여 쉘링의 점진된 표현은 다음과 같다. 하나의 건물과 같이 실제로 실재하는 자아를 표현하는 말로 "자아는 자아라는 실재와 자아구성이라는 생산행위가 하나 속에 들어 있는 것을 의미한다"[74]는 것이다. 자아라는 실재는, 자아라는 생산물은 자아구성이라는 생산행위와 동일하다는 말이다. 이상의 내용을 철학적으로 표현하면 자아는 그의 **실재**와 그의 **생산행위** 사이의, 축소된 표현으로 실재와 생산행위 사이의 **동일성**이라는 표현이 된다. 다음에 생산행위와 직관 사이의 동일성과 관련하여도 같은 결과를 나타낸다. 따라서 직관

---

74) vgl. ebd. S.39, 40

은 생산행위다[75] 라고 쉘링은 말하는데 직관은 생산행위고 생산행위는 직관이라는, 양자 사이에는 동일성이 존재한다는 말이다. 왜냐하면 직관은 위에서 논한 바와 같이 설계도를 만들어 내는 행위, 즉 설계도 생산행위로 건물을 짓기 전 건물을 어떻게 구성할 것인가를 머릿속으로 상상해보는 것과 같은 것이기 때문이다. 설계도 생산행위인 직관을, 아니면 직관인 설계도 생산행위를 쉘링은 **"생산행위의 선험적 선"**[76] 이라고 쉘링은 표현하는데, 이는 머릿속에 상상하고 있는 설계도와 직관을 동일시하고, 계속해서 생산행위와도 동일시하는 표현으로 볼 수 있다. 지금까지 실제로 실재하는 생산물과 그 생산행위가 동일하다는 사실, 그리고 그 생산행위와 설계도에 해당하는 직관이 동일하다는 내용을 언급했다. 한편으로는 생산물과 생산행위 사이에 그리고 다른 한편으로는 생산행위와 직관 사이에 동일성이 존재하므로 쉘링 철학에 의하면 생산물, 생산행위, 그리고 직관, 삼자가 모두 동일하다는 말이 된다. 여기서 우리의 테마는 직관이므로 직관과 생산행위 사이의 관계로 **"직관은 생산행위다"** 내지는 **"생산행위는 직관이다"**라는 명제만이 강조된다.

생산물, 생산행위, 직관 삼자 사이의 동일성, 아니면 생산행위와 직관 양자 사이의 동일성과 관련하여 쉘링이 표현한 말들을 다시 종합하면 다음과 같다. 우선 **"생산물은 생산행위다"**라고 할 수 있는데, 자아와 관련하여 자아라는 생산물은 **"자신의 생산행위"**라고[77] 쉘링은 말한다. 이 표현을 더 진전시켜, 자아는 자신의 실재와 생산행위[78] 사이의 동일성을 의미한다고도 말한다.[79] 자아라는 실재는 자아 구성 즉 자아 생산행위 자체이기 때문이다. 또 생산물, 생산행위, 직관 삼자 사이의 동일성과 관련하여 자아라는 생산물은 자신의 직관이라고 할 수 있고,[80] 또 철학적인 표현으로 자아는 자신의 실재와 직관 사이의 동일성을 의미한다고도 할 수 있다.[81] 앞에서

---

75) ebd. S.18
76) ebd. S.39; **생산행위의 선험적 선**(transzendentale Linie des Produzierens)"
77) ebd. S.39; **자신의 생산행위**(Produktion seiner selbst)"
78) 실재(Sein)와 생산행위(Produktion)
79) Schelling: System…, S.39, 40
80) vgl.ebd. S.37
81) Schelling은 생산자(das Produzierende)와 생산품(das Produzierte) 사이의 동일성을 말하나 이는 직관자

는 직관과 생산행위 사이의 관계가 강조되었다면 여기서는 직관과 생산물 사이의 관계가 강조된다. 그리고 쉘링 철학에 따르면 자아는 절대동일성을 의미하므로 **절대동일성과 직관 사이의 관계**가 우리가 추구하는 목표가 된다. 절대동일성은 논리적이고 분석적인 오성인식에 의해서가 아니라, 그 오성인식을 초월하는 직관파악에 의해서만 해명될 수 있다고 언급했는데, 쉘링에 의하면 직관에는 **생산적 직관**, **지성적 직관**, 그리고 **미학적 직관** 3가지가 있다.

생산적 직관, 지성적 직관, 미학적 직관 3가지 중에서 생산적 직관과 지성적 직관 2가지를 쉘링은 철학적 직관이라 하고, 미학적 직관을 예술적 직관이라 한다. 예술적 직관인 미학적 직관은 차후에 논하기로 하고, 우선 철학적 직관인 **생산적 직관과 지성적 직관**[82]을 먼저 논한다. 쉘링 철학의 제일 원칙이라 할 수 있는 말로 주관과 객관 사이의 일치가, 주관적 표상과 객관적 대상 사이의 일치가 진리라는 말은 이미 언급했다. 이 말을 반대로 표현하면, 진리가 2개로 분열되어 주관과 객관, 주관적 표상과 객관적 대상으로 된다는 말이 된다. 주관과 객관, 주관적 표상과 객관적 대상 2개로 분열된 부분들은 다시 원점인 진리로 통합되어야 한다. 이 원점 즉, 진리를 쉘링은 "**요청**"[83]이라고 부른다. 주관과 객관의 일치, 주관적 표상과 객관적 대상의 일치가 진리고, 그 진리가 요청이라는 말이다. 따라서 쉘링이 의미하는 진리는 칸트의 **선험원리**[84]와 같은 것으로 증명할 수도 없고 또 증명할 필요도 없는 원리지만, 그 원리가 증명되었다고 생각하고 그 원리를 따르는 것이 인간에게 유리한 원리라고 생각해야 한다. 따라서 진리가 실제로 그리고 실재로 존재하느냐 하는 질문은 어리석은 질문이 된다. 왜냐하면 진리는 철학적 요청 외에는 아무것도 아니기 때문이다. 쉘링의 표현은 다음과 같다. "철학의 원리가 요청이라면, 그 요청의 목적은 내적 의미를 위한 근원적 구성이 된다. 내적 의미를 위한 근원적 구성이란 자아를 위한 구성을

와 직관물 사이의 동일성을 의미하며, 나아가서 직관과 직관물(실재물) 사이의 동일성을 의미한다고 보아야 한다. vgl.ebd. S.36, 37
82) **생산적 직관**(produktive Anschauung)**과 지성적 직관**(intellektuelle Anschaung)
83) **요청**(Postulat)
84) **선험원리**(Prinzip a priori)

의미하는데, 그것도 규정된 자아가 아니라 순수한 자아 자체, 즉 자신의 생산행위 자체로서의 자아를 구성하는 것을 의미한다."85) 난해한 이상의 인용문을 풀이하면, 철학이란 원래 요청이며 그 철학적 요청에 근거해서 순수한 자아 자체를 구성하는 일이라는, 규정되어 실재86)가 되어 버린 자아가 아니라 유동상태의 순수한 자아, 즉 생산행위 자체로서의 자아를 구성하는 일이라는, 비약해서 표현하면 직관하는 일이라는 것이다. 따라서 원점인 진리라는 요청에 근거해서 쉘링이 유동상태의 순수한 자아를 구성하는(직관하는) 과정은 2개의 단계로 되어 있는데 첫 번째 단계가 생산적 직관이고, 두 번째 단계가 지성적 직관이다. 첫 번째 단계인 생산적 직관은 유동상태의 순수한 자아가 2개로, 즉 주관과 객관, 주관적 표상과 객관적 대상으로 분열됨을 직관하는 것이고, 두 번째 단계인 지성적 직관은 반대로 분열된 두 부분이 다시 원점인 유동상태의 순수한 자아로 통합됨을 직관하는 것이다. 분열의 첫 번째 단계인 생산적 직관은 쉘링의 철학체계에 의하면 **이론철학**이 되며, 통합의 두 번째 단계인 지성적 직관은 **실천철학**이 된다. 현대적인 표현을 사용한다면 분열의 첫 번째 단계는 **생산철학**이 되고, 통합의 두 번째 단계는 **소비 철학**이 된다고도 할 수 있다. 첫 번째 단계와 두 번째 단계를 나누어서 설명하기로 한다.

유동상태의 순수한 자아를, 다시 말해 우리가 추구하는 절대동일성을 철학적으로 직관할 수 있는 방법은 제1단계의 생산적 직관과 제2단계의 지성적 직관, 2가지 직관이라는 말이 된다. 먼저 **제1단계의 생산적 직관**을 보면 다음과 같다. 생산적 직관은 첫째로 유동상태의 순수한 자아를 주관과 객관, 주관적 표상과 객관적 대상으로 분리함을 의미한다. 쉘링은 전자를 **이념적 자아**, 후자를 **사실적 자아**87)라고 부른다. 분열된 2개의 부분 중 전자인 이념적 자아는 쉘링 철학의 체계상 분열되기 전의 원점인 유동상태의 순수한 자아 자신이고 후자인 사실적 자아는 대상화된 자아를 의미한다. 독일 관념론 철학에 내재한 난해성을 언급할 때 이성이 분리하여 다시

---

85) Schelling: System…, S.39
86) 실재(實在)
87) **이념적 자아**(ideelles Ich)와 **사실적 자아**(reelles Ich)

이성과 오성으로 되고, 선험철학이 분리되어 다시 선험철학과 자연철학이 된다는 논리와 같다. 계속해서 자아가 분리되면 다시 자아와 자연이 되는 것이 쉘링 철학이고 독일 관념론 철학이다. 달리 표현하면 유동상태의 순수한 자아가 자기 자신을 관찰해서 생겨난 자아가 실제로 존재하는 사실적 자아라고도 할 수 있다. 쉘링의 논리대로 표현하면 유동상태의 순수한 자아가 자신으로부터 실제로 존재하는, 규정된 사실적 자아를 생산해 낸다고도 표현된다. 유동상태의 비규정적인 순수한 자아는 **생산자**가 되고, 실제로 존재하는 규정된 사실적 자아는 **생산물**이 된다. 따라서 자아가 자기 자신에 대해 관찰한다면, 그 관찰하는 자아와 관찰된 자아는(생산자와 생산물은) 하나라는 말이 이해된다. 주의할 것은 관찰하는 자아와 관찰된 자아, 생산자와 생산물의 공식에 후자 대신에 자연을(자연 세계의 대상물을) 대입해도 같은 결과가 된다는 것이 피히테 이래의 독일의 자아철학 또는 주관철학이 된다. 다시 말해 자아와 자연은 하나라는 말이 된다. 비약시켜 표현하면 유동상태의 순수한 자아가(절대동일성이) 분열되어 다시 자아와 그리고 자연으로 된다. 이 말은 자아가 자신으로부터 자연을 생산해낸다는 말도 된다. 자아가 자신으로부터 생산해낸 자연 속에는 따라서 자아 자신의 "흔적"이[88] 들어 있다고 쉘링은 말한다. 유동상태의 순수한 자아가(절대동일성이) 이상과 같이 2개의 자아로, 다시 말해 이념적 자아와 사실적 자아로, 자아와 자연으로, 결론적으로 자아와 "물 자체"로 분열되는 현상을 쉘링은 **"생산적 직관의 기적"**[89] 또는 **"직관의 마술"**[90]이라고도 부른다. 쉘링이 의미하는 생산적 직관의 "기적" 또는 "마술"은 2가지 측면에서 보아야 한다. 하나는 유동상태의 순수한 자아가 주관과 대상으로, 자아와 자연으로, 자아와 물 자체로 분열한다는 측면이고, 다른 하나는 대상인 물 자체도 이중구조로 되어 있다는 사실을 직관하는 측면이다. 물 자체에(자연 속에) 자아 자신의 흔적이 들어 있나고 언급했는데, 물 자체는 순수한 무생물인 자연물이 아니라 그 속에는 자아가 내재해 있다는 것이다. 이러한 의미로 자아라는 개념 대신에 "합목적적"이라는 개념을 사용하여, 쉘링

---

88) Schelling: System…, S. 102
89) ebd. S. 90, 91; **생산적 직관의 기적(Wunder der produktiven Anschauung)**
90) Schelling: System…, S. 105; **직관의 마술(Magie der Anschauung)**

은 자연에 대해 다음과 같이 말한다. "자연은 합목적적이라고 논리적으로 설명할 수는 없지만 그럼에도 합목적적이다."[91] 또는 자아와 그의 그림자가(그의 가상이) 합해서 물 자체의 이중 구조를 만든다고도 볼 수 있다. 종합해서 하나의 "유동상태의 순수한 자아"는 사실은 하나가 아니라 둘이라는 것을 직관하는 것이 생산적 직관이라고 할 수 있다. 이유는 유동상태의 순수한 자아는 사실적 자아를 만들어 내는 본성을 가지고 있기 때문에, 다시 말해 사실적 자아를 잉태하고 있기 때문이다. 그리고 하나의 자연물도 사실은 하나가 아니라 둘이라는 것을 직관하는 것이 생산적 직관이라고 할 수 있다. 여기서 쉘링이 말하는 생산적 직관의 "기적" 또는 "마술"이 독일 관념론 철학 특히 자아철학의 핵심이 되므로 설명을 부가한다. 유동상태의 순수한 자아가 이념적 자아와 사실적 자아로, 주관과 대상으로, 자아와 물 자체로, 2개의 부분으로 분열된다는 말은 반대로 분열된 2개의 부분은 하나가 된다는 말이 된다. 즉 주관과 대상은 하나, 자아와 물 자체는 하나라는 말이 된다. 다시 말해 하나가 둘이라는 것을 증명하는 일은, 2개가 하나라는 말을 증명하는 일과 동일하다. 모든 인간은 자기 자신의 판단만을 한다는 것이 칸트 이래의 주관주의 철학이며, 피히테와 쉘링의 자아철학이며, 또 이 주관주의 철학이 헤겔 이래의 현상학[92]으로 이어지는 철학의 흐름이다. 예를 들어 "예전에는 미처 몰랐어요 저 달이 슬픔인 줄을……"이라고 하나의 자아가 노래하면, 다른 자아는 "예전에 미처 몰랐어요 저 달이 기쁨인 줄을……"이라고 노래 부른다. 무생물인 자연물 달이 슬퍼하거나 기뻐할 수 없으므로, 결국 슬픈 모습 또는 기쁜 모습은 자아 자신의 모습, 즉 자화상에 지나지 않는다. 따라서 모든 자아는 자기 자신의 판단만을 하므로, 내가 보는 달은 나의 달, 나의 자화상, 즉 나라고 할 수 있다는 논리가 성립한다. 다시 말해 나와 달은, 자아와 자연물은 하나라는 것이다. 자아와 자연물이 하나라는 말은 자아는 하나가 아니라 자아와 자연물, 2개라는 말도 된다.

생산적 직관은 둘째로 **"끝없는 전진의 법칙"**이라고 할 수 있다. 우리는 이미 생산의 성격을 일정한 방향으로의 운동, 연속, 자유 등으로 규정했다. 생산적 직관은 따라

---

91) ebd. S.16
92) 현상학(Phänomenologie)

서 이상의 3가지 성격을 가지고 있는 직관이라 할 수 있다. 주관을 출발하여 상하 좌우 등 임의의 방향이 아니라, 객관에 이르는 일정한 방향, 즉 주관과 객관을 연결하는 직선을 따라 연속적인 운동을 하나, 이 연속적인 운동에 아무런 한계선이 가해지지 않아 끝없이 자유롭게 운동하고 있는 것이 생산적 직관이다. 생산적 직관의 첫 번째 설명인 주관과 객관의 분리, 자아와 자연물의 분리가 자연물이라는 물 자체를 철학적으로 증명해 주기 때문에 쉘링이 마르크스주의인 유물론의 원조라고 할 수 있다면, 생산적 직관의 두 번째 설명인 "끝없는 전진의 법칙"은 반대로 자본주의의 원리를 철학적으로 증명해 주므로, 쉘링은 현대 자본주의의 원조라고도 할 수 있다. 생산을 위한 생산, 전진을 위한 전진, 끝없는 생산, 끝없는 전진의 법칙이 현대 세계를 어디까지 몰고 갈지 예측할 수 없게 만드는 현대사회를 움직이는 운동법칙이기 때문이다. 생산을 철학의 원리로 하고 있는 마르크스의 유물론도, 또 생산을 위한 생산만을 추구하고 있는 자본주의, 자칭 유심론도 쉘링의 제자들임에 틀림없다.

이상에서 논한 생산적 직관에 대한 2가지 설명, 즉 주관과 객관의 분리, 또는 자아와 자연의 분리라는 첫 번째 설명과, 무한한 전진의 법칙, 또는 끝없는 연속의 법칙이라는 두 번째 설명을 종합하여, 생산적 식관은 셋째로 **이론적 직관**이라고 말할 수 있다. 분리 분석적이며 연속적인 인간의 사고를 조직적이고 논리적인 사고로 철학에서 **이론철학**이라고 부르는 것은 칸트의『순수이성 비판』이래로 오늘날까지 이어지는 철학의 전통이다. 생산적 직관이 "이론적"이라는 의미에서 **모든 철학은 생산적이다**라고[93] 쉘링은 말한다. 어떠한 종류의 철학이건 분리 분석적이며 연속적인 사고를 피하려야 피할 수 없기 때문이다. 쉘링은 생산적 직관의 조건으로 "대치"라는 개념을 사용하는데,[94] 이는 주관과 객관 사이의 대치, 자아와 자연 사이의 대치를 의미하므로 우리가 지금까지 말해온 주관과 객관의 분리, 자아와 자연의 분리와 같은 의미로 보아야 한다. 생산적 직관이 이론적인 직관이기는 하나 쉘링은 그러나 생산적 직관을 순수한 이론철학과 동일시하지 않는 데 주의해야 한다. 순수한 이론

---

93) Schelling. System…, S.18
94) ebd. S.106

철학을 대표하는 개념95)과 생산적 직관을 쉘링은 다음과 같이 구별한다. "지식이 직접적인 인식에 의해서 사실성이 될 수 있는 가능성은 직관에 의해서만이다. 반면에 개념은 그 지식의 사실성 자체가 아니라, 그 지식의 그림자에 불과하다. 왜냐하면 개념은 오성이라는 재생산능력에 의해서 형성되는데, 그 재생산능력인 오성은 원초적이고 원천적인 생산능력이 먼저 존재해야 비로소 가능해지는 간접적인 능력이기 때문이다."96) 직관은 생산적이며 직접적이고, 개념은 재생산적이며 간접적이라는 말이다. 재생산적이고 간접적인 개념인식과 비교하여 쉘링은 생산적이고 직접적인 직관인식을 **"광선"**, **"원천적 시각"** 또는 **"비약"**이라고도 표현한다.97) 이상의 "광선", "원천적 시각", 또는 "비약"이라는 표현들은 쉘링이 직관을 개념보다, 생산적 직관을 이론철학보다 높은 위치에 격상시킴을 의미한다. 생산적 직관이 이론철학보다 상위에 있음에도 이론적 범주를 벗어나지 못하기 때문에 완전한 직관이 못 된다는 것이 쉘링의 의견이다. 생산적 직관은 생산 행위에만 붙들려 있기 때문에 이때의 자아는 "무의식적"이어서, 자기가 생산 활동을 하고 있다는 사실을 직관하지 못한다는 것이다.98) 제1단계의 생산적 직관이 완전한 직관이 되기 위해서는 지성적 직관이 되어야 한다는 것이 쉘링의 주장이다. 그러나 생산적 직관은 무의식적이고, 자신의 생산행위를 직관하지 못하지만, 다음 단계의 직관인 지성적 직관으로 향한 한 걸음 전진을 의미하며, 이러한 의미로 생산적 직관은 **"생성과정의 지성"**이라고99) 쉘링은 말한다.

다음은 **제2단계의 지성적 직관**을 논할 차례다. 유동상태의 순수한 자아가(절대 동일성이) 주관과 객관으로, 주관적 표상과 객관적 대상으로, 이념적 자아와 사실적 자아로, 자아와 자연으로 분열되는 과정이 **이론철학**이며, 이 이론철학을 위한 **오르가논**100)이 생산적 직관이며, 분열된 2개의 부분이 다시 하나로 통합되는 과정이 **선**

---

95) 개념(Begriff)

96) Schelling: System…, S.94, 95; 지식(Wissen), 사실성Realität)

97) Schelling: System…, S.97, 96; **광선(Lichtstrahl)**, **원천적 시각(das ursprüngliche Sehen)**, **비약 (Sprung)**

98) vgl. Schulz W.: Einleitung…, S.XXXIV; 무의식적(bewußtlos)

99) Schelling: System…, S.94; **생성과정의 지성(Intelligenz im Werden)**

100) 오르가논(Organon; 도구; 사고의 방법)

험철학이며, 이 선험철학을 위한 오르가논이 쉘링에 의하면 **지성적 직관**이 된다. 쉘링은 지성적 직관이 선험철학에 대한 관계는 마치 공간이 기하학에 대한 관계와 같은 것으로 지성적 직관과 선험철학의 관계는 불가분의 관계라고 말한다.[101] 공간 없이는 기하학이 불가능하며, 공간에 의해서만 기하학이 가능하듯이, 지성적 직관 없이는 선험철학이 불가능하며, 지성적 직관에 의해서만 선험철학이 가능하다는 말이다. 선험철학의 오르가논이 되는 지성적 직관은 다음 3가지로 설명된다. 지성적 직관에 대한 설명은 제1단계의 생산적 직관에 대한 설명을 뒤집어 놓은 설명이 된다. 생산적 직관에 대한 첫 번째 설명은 유동상태의 순수한 자아가 주관과 객관으로, 자아와 자연으로 2분 함을 의미하고, 따라서 집약해서 표현하면, 하나의 자아는(또는 하나의 자연은) 하나가 아니라 둘이라는 것을 직관하는 능력이 생산적 직관이었다. 지성적 직관은 따라서 주관과 객관은, 자아와 자연(물)은 둘이 아니라 하나라는 것을, 둘을 하나로 통합하는 직관이 된다. 자아와 자연이 둘이 아니라 하나라는 설명은 "예전에 미처 몰랐어요 저 달이 슬픔 인줄을 ……"이라는 노래에서 슬프게 보이는 달은 객관적으로 존재하는 달이 아니라, 주관적으로 존재하는, 나의 달, 나의 자화상, 즉 자아라는 설명으로 충분하다. 생산적 직관이 분리 분석적인 직관이라면, 지성적 직관은 통합적이고 종합적인 직관이다. 생산적 직관에 대한 두 번째 설명은 "무한한 전진의 법칙" 또는 "**끝없는 연속의 법칙**"이었다. 생산적 직관의 무한한 전진에, 끝없는 연속에 한계선을 가해서 그 전진과 연속의 방향을 반대 방향으로 역행시키는 것이 지성적 직관이다. 유동상태의 순수한 자아를 출발점으로 하여 우주를 향하여 무한히 전진, 연속하는 것이 생산적 직관이라면, 반대로 우주에서 출발하여 유동상태의 순수한 자아로 복귀하는 것이 지성적 직관이다. 다시 말해 출발점인 자아로부터 우주를 향해 **원심적으로** 운동하는 것이 생산적 직관이고, 출발점인 자아를 향해 **구심적으로**[102] 운동하는 것이 지성적 직관이다. 생산적 직관의 무한한 전진에, 끝없는 연속에 한계선을 가한다는 말은 무한한 생산행위 자체가 자기 자신을 직관한다는 말이 된다. 즉 **생산행위**와 **직관**이 하나로 통합됨을 의미한다.[103] 절대동일성에 대한

---

101) Schelling: System…, S.37
102) **원심적(zentrifugal), 구심적(zentripetal)**

본질 규명으로 우리는 생명성 , 생산행위, 모순성 3가지를 언급했다. 이상의 3가지 본질을 가지고 있는 절대동일성은 표현불가능성 자체라는 말도 했다. 따라서 생산 행위와 직관의 통합이란 표현불가능성이라는 괴물에 눈이 붙어 있는 결과라고 비유 할 수 있다. 자기 자신을 직관할 수 있는 눈을 가지고 있는 "표현불가능성"이라는 괴물이 지성적 직관이라고 할 수 있다. 눈 없는 장님인 "표현불가능성"이 생산적 직관이라면, 눈이 있어 자기 자신을 직관할 수 있는 "표현불가능성"이 지성적 직관이다. 생산적 직관에 대한 세 번째 설명은 이론적인 직관이고, 또 생산에만 붙들려있기 때문에 자기 자신을 직관할 수 없는 불완전한 직관이고, 따라서 생성과정의 직관이 라는 것이었다. 지성적 직관은 따라서 이론적이 아니라 실천적이고, 불완전한 직관 이 아니라 완전한 직관이 되며, 생성과정의 직관이 아니라 이미 생성된 직관이라는 말이 된다.

4. 미학적 직관

쉘링의 유일한 관심사인 "**헨 카이 판**"을 우리는 지금까지 "**유동상태의 순수한 자아**", "**표현불가능성 자체**", "**절대동일성**"이라는 이름들로 설명해 왔다. 하나의 용어로 통일하여 표현하면, 쉘링의 유일한 관심사는 절대동일성을 직관하는 일이라고 할 수 있다. 생성과정을 완료한 완전한 제2단계의 지성적 직관에도 불구하고, 쉘링이 제3단계의 미학적 직관을 필요로 하는 이유는 다음 3가지가 있다. 첫째 이유는 철학의 한계성을 의미하고, 둘째 이유는 생산적 직관과 지성적 직관 사이에서 일어나는 회전운동을 파괴하기 위함이며, 셋째 이유는 절대동일성의 구체화라고 할 수 있다. 첫 번째 이유에서 절대동일성을 직관하기 위해 철학 자체만으로는 부족하다는 설명은 다음과 같다. "**모든 철학은 생산적이다**"라는 쉘링의 말을 이미 인용했다. 생산적 직관은 물론 "생산적"이지만 지성적 직관도 "생산적"이라는, 다시 말해 이론 철학도 또 이론철학을 초월해야 할 선험철학도 "생산적"이라는 말이다. 생산적 직관

---

103) vgl. Schelling: System…, S.37; **생산행위(Produzieren)와 직관(Anschauen)**

과 지성적 직관이라는 대치 개념에서 후자인 지성적 직관이 "지성적"이어야 하는데 "생산적"이라는 말이 이해하기 어렵기만 하다. 그러나 2개의 직관이 모두 "생산적"인 데 후자의 직관의 운동방향이 전자의 그것과는 반대방향이므로 "지성적"이라는 이름을 붙였다고 생각하면 된다. 따라서 후자의 직관은 정확히 **"생산적 지성적"** 직관이 된다고 생각할 수 있다. 여하튼 모든 철학은, 이론철학도 또 선험철학도 "생산적"이라는 쉘링의 말을 견지한다면, 이상 쉘링의 말이 또 한 번 비약하는 순간을 맞게 된다. 모든 철학은 따라서 예술철학도 "생산적"이라는 말로 비약된다. 예술 역시 철학화하기 위해서는 분리 분석적인 이론을 피할 수 없다는 데서 비약적인 말이 성립된다. 이러한 의미로 쉘링은 철학과 예술을 다음과 같이 구별한다. "철학도 또 예술도 **생산적 능력**에 근거한다. 그러나 양자의 차이점은 **생산력**의 상이한 방향에 놓여 있다. 예술의 생산은 외부로 향해 생산물을 통해 **무의식**을 반성하는 반면에, 철학의 생산은 내부로 향해 지성적 직관에 의해 무의식을 반성한다".104) 생산적 직관과 지성적 직관의 차이를 설명할 때 전자는 원심적이고, 후자는 구심적이라고 말했다. 지성적 직관은 구심적 즉 내부 지향적이고, 반면에 예술은(미학적 직관은) 원심적 즉 외부 지향적이라는 말이 된다. 따라서 내부 지향적인 지성적 직관은 절대동일성을 내부로만 반성하고 직관할 수 있기 때문에, 외부로 반성하고 직관할 수 있는 능력이 결여되었다는 말이 된다. 따라서 지성적 직관이 완전하게 되기 위해서는 외적인 반성과 직관도 겸한 미학적 직관으로 발전되어야 한다는 것이다. 따라서 미학적 직관이(미학적 직관이란 쉘링에 의하면 예술과 철학 둘 다를 겸비한 예술철학을 의미하므로) **"예술철학"**이 진정한 철학, 즉 **철학의 오르가논**이라고 쉘링은 말한다.105) 여기서 쉘링이 예술과 철학을 구별하여, 그리고 미학적 직관과 지성적 직관을 구별하여, 전자를 후자의 상위에 위상시키는 것을 보면 다음과 같다. "종체적 철학 체계는 2개의 극을 가지고 있는데, 그 하나는 지성적 직관이고 다른 하나는 미학적 직관이다. 지성적 직관이 철학자에 대한 관계는 미학적 직관이 그 철학자의 대상에 대한 관계와

---

104) Schelling: System…, S.18, 19; **생산적 능력**(produktives Vermögen), **생산력**(produktive Kraft), **무의식**(das Unbewußte)

105) Schelling: System…, S.19

같다. 정신이라고 하는 내적 방향에서만 이루어지는 지성적 직관은 일반의식에서는(대중의식에서는) 발생되지 못한다. 반면에 지성적 직관이 보편화되고 객관화되면, 이것이 미학적 직관이기 때문에, 미학적 직관은 모든 의식에서 이루어질 수 있다. 그것이 철학만으로는 도달할 수 없는 이유가 된다. 철학에 **절대적 객관성**[106]을 가미한 것이 예술이 된다. 따라서 예술에서 객관성을 제거하면 예술은 예술이기를 그치고 철학이 되며, 또 반대로 철학에 객관성을 부여하면, 철학은 철학이기를 그치고 예술이 되어 버린다. 철학은 절대동일성이라는 최고점에 도달하나, 그 도달된 절대동일성은 단편에 불과하다. 예술이 비로소 완전한 절대동일성에 도달하여 최고의 인식이 된다. 바로 이것이 예술과 철학의 영원한 차이점이며, 예술이란 기적을 의미한다."[107] 지금까지 우리는 예술이 철학의 상위에 놓여 있다는 사실을, 달리 표현하여 철학에 내재한 한계성을 논했다.

　미학적 직관을 필요로 하는 두 번째 이유는 **회전운동**의 파괴다. 2개의 철학적 직관인 생산적 직관과 지성적 직관을 비교 설명할 때 전자는 운동방향이 원심적이고 후자는 운동방향이 구심적이라고 언급했다. 또 생산적 직관에 의해서 절대동일성이 2개로 분열되었다가 지성적 직관에 의해서 다시 하나로 통합된다는 내용도 언급했다. 생산적 직관과 지성적 직관을 서로 관련시켜 표현하면, 출발점인 절대동일성에서 출발하여 원심적으로 운동하다가 다시 출발점인 절대동일성(구심적)으로 복귀한다는 말이 된다. 원점에서 출발하여 다시 원점으로 돌아오는 운동을 회전운동이라고 한다. 자아를 분열시켜 자아와 자연, 2개로 되었다가 다시 2개가 하나의 자아로 통합되는 회전운동이 자아철학 또는 주관철학의 약점이라 할 수 있다. 쉘링도 『선험적 관렴론의 체계』에서 진리는 주관과 객관이, 주관적 표상과 객관적 대상이 하나로 일치하는 것이라 하여, 하나의 진리를 주관과 객관, 주관적 표상과 객관적 대상 2개로 분리시켰다가 다시 하나의 진리에(절대동일성에) 도달하려는 인상을 준다. 이와 같은 회전운동이 쉘링 철학의 약점이라면, 현대 철학에서 예를 들어 아도

---

106) **절대적 객관성**(absolute Objektivität)
107) Schelling: System…, S. 299

르노 역시 같은 종류의 약점을 내포하고 있다. 아도르노가 자기의 변증법적 부정철학의 회전운동을 파괴하기 위한 것이 소위 **"규정적 부정"**108) 또는 **"규정적 반명제"**라는 것이다. "규정적 부정"이란 흑백논리의 메커니즘을 파괴하기 위해 도입한 개념이다. 흑을 비판하면(흑을 부정하면) 그것이 곧 백이 되고, 반대로 백을 부정하면 그것이 곧 흑이 된다는 논리가 **흑백논리**다. 하나의 정치적 체제를 비판하고 부정하면 그것이 곧 반체제이므로 체포되어 처형되어야 한다는 논리가 흑백논리다. 하나의 정치적 체제를 부정하는 것이, 오히려 그 체제를 아끼고 사랑하기 때문에 비판하고 부정할 수 있다는 사실을, 또 내가 백을 비판하고 부정한다고 하여 내가 곧 흑이 아니라 나도 백이기 때문이라는 사실을 구제하기 위한 수단이 아도르노가 사용하는 "규정적 부정"이다. 흑과 백이라는, 명제와 반명제라는 변증법에 의한 철학만으로는 한계성에 도달하기 때문에 아도르노는 "규정적 부정"이라는 개념을 도입한다. 백에서 출발하여 흑으로, 흑에서 출발하여 백으로의 회전운동을 파괴하기 위해 도입한 것이 "규정적 부정"이다. 회전운동의 메커니즘, 흑백논리의 메커니즘은 모든 변증법적 철학에 내재해 있는 문제다. 아도르노의 부정철학은 **규정적 부정**에 의해 회전운동을 파괴하려는 데 비해, 쉘링의 긍정철학은109) **규정적 긍정**에 의해, 또 하나의 제3의 직관 즉 미학적 직관을 긍정함으로 회전운동을 파괴하려 한다고 말할 수 있다.

미학적 직관을 필요로 하는 세 번째 이유는 절대동일성의 구체화다. 객관화된 지성적 직관이 미학적 직관이고, 철학에 객관성을 가한 것이 예술이 된다고 하여, 지성적 직관의 한계성, 철학의 한계성을 논할 때 이미 절대동일성이 구체화 되어야 할 필요성이 언급되었다. 그러나 여기서는 지성적 직관과 미학직 직관, 칠힉과 예술 사이의 우열관계가 아니라, 우리가 표현불가능성 자체라고 정의했던 절대동일성의 실체라는 면에서 구체화의 문제를 논해 본다. 우리가 생명성, 생산행위, 모순성 등으로 본질을 규명했던 절대동일성을110) 쉘링은 행동, 활동, 행위라는111) 말들을 사용

---

108) **규정적 부정(bestimmte Negation)**

109) 비동일성(das Nichtidentische)의 철학 또는 부정철학이라고 할 수 있는 아도르노의 철학과는 달리, 쉘링의 철학은 동일성(das Identische)을, 그것도 절대동일성(absolute Identität)을 추구하기 때문에 긍정철학이라 부를 수 있다.

하여 규정하려고 무한한 노력을 한다. 이상의 말들은 움직이는 운동 자체를 의미하는 말들이나 그것도 살아서 움직이며 오성으로는 인식할 수 없는 모순성을 내포한, "표현 불가능한", 눈에 보이지 않는 "괴물"을 나타내는 말들이라고 상상할 수 있다. 우리가 추적해온 "절대동일성" 자체는 오성으로 인식할 수 없고, 모순성을 내포하고 있으며, 표현 불가능하며, 눈에 보이지 않는 "괴물"이라는 말이다. 이 표현 불가능한 "괴물"을 독일 철학은 **정신**이라는 말로 표현하는데, 정신이라는 개념은 살아서 움직이며, 그것도 영원히 살아서 움직이며, 오성으로는 인식할 수 없는 모순성을 내포하고 있다는 데 주의해야 한다. 이상의 표현 불가능한 눈에 보이지 않는 "괴물"까지 직관하는 것이 생산적 직관이라 할 수 있다. 그러나 이 눈에 보이지 않는 "괴물"은 우리의 눈으로도 볼 수 없을 뿐만 아니라, 이 괴물은 눈이 없어 자기 자신을 볼 수 없는 장님인 "괴물"이다. 이 눈 없는 장님인 괴물에 **아르구스**[112]의 **백안**을 달아준 단계가 지성적 직관의 단계라고 할 수 있다. 그러나 아르구스의 눈을 얻은 표현불가능성이라는 괴물은 백안의 거대한 눈은 가지고 있으나, 육체는 없는 괴물, 눈 이외에는 아무 것도 없는 괴물, 아르구스 그 자체라고 할 수밖에 없다. 육체는 없고, 거대한 눈만 외로이 존재하는 괴물, 괴물 중의 괴물이라고 할 수 있다. 아르구스의 눈에 조화된 육체를 붙여주는 단계가 필요하다. 거대한 아르구스의 눈에 육체를 달아주어서 아름다운 눈을 가진, 그리고 "괴물"이 아니라 미물이 되도록 절대동일성을 구체화하기 위해 제3단계의 미학적 직관이 필요하다는 논리다. 다시 말해 절대동일성이 아름다운 **유기체**[113]가 되도록 하는 단계가 미학적 직관이 되고 예술이 된다.

절대동일성을 직관하기 위해 철학적 직관의 2가지, 즉 생산적 직관과 지성적 직관만으로는 부족하여 제3단계의 직관, 미학적 직관이 필요한 이유를 철학의 한계성, 회전운동의 파괴, 절대동일성의 구체화 등으로 논했다. 다음에는 마지막 단계인 **제3**

---

110) 절대동일성을 쉘링은 절대자(das Absolute)라는 말로 자주 표현한다.
111) 행동(Handlung), 활동(Tätigkeit), 행위(Akt)
112) **아르구스(Argus)**
113) **유기체(有機體 Organismus)**

단계의 미학적 직관을 논할 차례다. 쉘링의 저서『선험적 관념론의 체계』에서 예술에 관한 부분은 실제적으로 마지막장인 제6장의 18면에 불과하다. 이 마지막의 짧은 부분을 논해 본다. 원래 총체적 예술론이 되기 위해서는 작가론, 작품론, 수용론을 포함하는 소위 예술행위의 삼자 관계인 예술가, 예술작품, 수용자 등이 되어야 한다. 그러나 쉘링의 예술론에서는 절대동일성을 어떻게 직관하며, 또 어떻게 예술작품으로 표현하느냐 하는 것이 테마이기 때문에 삼자 관계에서 수용자의 문제가 탈락되므로, 예술행위의 삼자 관계가 양자 관계로 축소된다고 할 수 있다. 즉, 철학의 진리와 예술의 진리는 동일한 하나의 진리인 절대동일성이므로, 예술은 철학의 연장이고 미학적 직관은 지성적 직관의 연장이라고 본다면, 역시 수용자의 문제는 탈락하고 만다. 왜냐하면 철학과 예술의 목표는 진리인 절대동일성의 도달이지, 절대동일성의 전달이 아니기 때문이다. 따라서 우리는 쉘링의 예술철학의 양자 관계인 **예술가**와 **예술작품**을 논하고 그 종합적인 결론을 내리는 데 그치기로 한다.

언급한 대로 쉘링의 예술철학의 테마는 **절대동일성**을 어떻게 직관하고 또 어떻게 예술작품으로 표현하느냐 하는 것이기 때문에 절대동일성에 대한 보충설명이 필요하다. 우리는 지금까지 "**헨 카이 판**"과 같은 의미로 절대동일성을 "**선험적 과거**", "**예정된 조화**", **우토피** 등의 개념과 같은 것으로 설명했고, 또 절대동일성의 상세한 본질 규명으로 생명성, 생산행위, 모순성을 언급했다. 절대동일성에 대한 이상의 규정은 규정의 완성이 아니라 규정의 시작이라고 보아야 한다. 왜냐하면 이미 언급한대로 절대동일성은 표현불가능성 자체이기 때문이다. 쉘링이 예술철학을 위해 절대동일성을 설명하는 것을 보기로 한다. 우리는 이미 수관과 객관, 주관저 표상과 객관적 대상, 의식과 무의식의 통합을 직관하는 능력이 제2단계의 지성적 직관이라고 했다. 이 일치통합의 지성적 직관을 쉘링은 **자기직관**[114])이라고도 표현한다. 쉘링은 계속해서 지성적 직관인 자기직관은 "**영원한 만족의 감성**"을 주며, 또 이 자기직관에 의해 모든 생산충동은 생산물의 완성으로 만족되며, 모든 모순은 지양되고, 모든

---

114) **자기직관**(自己直觀 Selbstanschauung)

수수께끼는 풀린다고 말한다.[115] 간단히 말해서 직관된 절대동일성은 일치통합이며 영원한 만족의 감성 이며 모든 , " ", 생산충동의 만족이고, 모든 수수께끼의 해결이라는 말이다. 이러한 절대동일성을 쉘링은 또 다른 말로 **영원한 동일성**"이라고도 표현하는데, 이 "영원한 동일성"인 절대동일성이 예술가와의 관계에서는 다음의 3가지 현상을 나타낸다. 예술가에 대해서 절대동일성은 첫째로 "**하나의 어두운 미지의 폭력**" 또는 하나의 "**강제력**"으로 작용한다는 것이다. 둘째로 절대동일성은 예술가에 대해서 모순으로 작용하는데 이 모순은 예술가의 총체를, 예술가의 **현존재 근원**을 사로잡아, 셋째로 절대동일성은 예술가의 **숙명** 자체가 되어 버린다는 것이다.[116] 이상의 "**어두운 미지의 폭력**", "**모순**", "**숙명**"이라는 개념을 종합하여, 예술가란 누구나 다 예술가가 될 수 있는 것이 아니라 예술가는 "**타고난 천재**"라고 쉘링은 말한다.[117] 따라서 타고난 천재인 예술가는 언제나 절대동일성이라고 하는 "어두운 미지의 폭력" 하에 존재하며 자기의 타고난 숙명을 피하려야 피할 수 없다는 것이다. 앞에서 우리는 예술행위의 삼자 관계인 작가론, 작품론, 수용론 중에서 쉘링의 예술론에서는 수용론이 탈락되어 양자 관계로 축소된다는 말을 했는데, 양자 관계가 다시 축소되어 1자 관계가 된다고도 할 수 있다. 왜냐하면 예술가는 절대동일성이라는 어두운 미지의 폭력의 영감을 받아, 타고난 천재이기 때문에 예술가에 대한 여하한 논[118] 자체가 의미 없게 되어, 작가론과 작품론이라는 양자 관계에서 작가론이 다시 탈락되기 때문이다.

예술가, 예술작품, 수용자라는 예술행위 일체의 삼자 관계가, 현대적 표현을 사용하여 작가론, 작품론, 수용론 이라는 원초적인 삼자 관계가 붕괴되면 예술론 자체를, 작품론 자체를 부정하는 결과를 가져오는 위험성을 내포한다. 왜냐하면 작가 없는 작품은 상상할 수 없고 또 작품 없는 자가는 작가라고 할 수 없으며, 그리고

---

115) Schelling: System…, S.284
116) ebd. S.284, 285; "**하나의 어두운 미지의 폭력**(eine dunkle unbekannte Gewalt)", "**강제력**(Macht)", **모순**(Widerspruch), **현존재 근원**(die Wurzel seines Daseins), **숙명**(Schicksal)
117) ebd. S.285; "**타고난 천재**(angeborenes Genie)"
118) 논(論)

작품 없는 수용자는 상상할 수 없고 또 수용자 없는 작품은 작품이라고 할 수 없기 때문이다. 그럼에도 우리는 쉘링의 예술철학에 내재한 작가론과 작품론을 다음과 같이 구성해 본다. 우선 작가론에 해당하는 발언을 하기 위하여 쉘링은 **예술**과 **시문**이라는[119] 쌍개념을 도입한다. **예술**과 **시문**이라는 쌍개념에 의해서 쉘링은 자연이나 자연물을 제외시키고 예술과 예술작품을 다음과 같이 설명한다. 예술작품을 구성하는 2개의 요소가 있는데, 그 하나는 예술이고 다른 하나는 시문이라는 것이다. 전자인 예술은 **의식적인 행위**로 숙고와 반성에 의해 만들어지는 부분이고 또 배울 수도 가르칠 수도 있는 부분이고, 반면에 후자인 시문은 **무의식적인 행위**로[120] 숙고와 반성에 의해 만들어 낼 수도 없으며, 또 배울 수도 가르칠 수도 없는 타고난 부분이라고 쉘링은 말한다. 계속해서 쉘링은 예술과 시문을 다음과 같이 구별한다. 예술이 없는 시문은 불가능하나, 반대로 시문이 없는 예술은 가능하다고 말한다.[121] 예술과 시문에 대한 쉘링의 구별을 다음과 같이 요약할 수 있다. 첫째로 예술작품을 구성하는 2개의 요소, 예술과 시문 중에서 예술은 예술작품을 만들어내는 규칙, 형식, 자료 등 숙고와 반성에 의해 배울 수 있고 또 가르칠 수 있는 요소이고, 시문은 규칙을 초월하는 내용으로 배울 수도 또 가르칠 수도 없는 타고난 요소로 **원초현상**[122]이라고 할 수 있다. 둘째로 예술은 예술작품의 가시적인 면인 구조이고 살이라고 한다면, 시문은 눈에 보이지 않는 정신이라고 할 수 있다. 따라서 셋째로 쉘링의 말대로, 예술이 없는 시문은 불가능하나(구조와 살이 없는 정신은 귀신과 같은 눈에 보이지 않는 괴물이기 때문에), 반대로 시문이 없는 예술은 어느 정도 기능을 발휘할 수 있다고 할 수 있다. 다시 쉘링 자신의 말에 의하면, 예술가라고 하는 인간은 어느 정도의 차이는 있으나 시문이 전혀 없이 태어나는 인간은 없어, 소량의 시문이라도 내포하고 있다고 할 수 있고, 또 시문의 영감을 받고 태어난 천재가 아니더라도 대가들의 업적을 연구하면 어느 정도의 예술작품을 만들어 낼 수 있기 때문이다. 결론적으로

---

119) **예술(Kunst)**과 **시문(Poesie)**
120) **의식적인 행위(bewuße Tätigkeit)**, **무의식적인 행위(bewußtlose Tätigkeit)**
121) Schelling: System···, S. 287, 288
122) **원초현상(Urphänomen)**

쉘링은 **시문**과 **예술**의 관계를 **자아**와 **자연**의 관계와 일치시키고 있다. 자연 속에 자아가 깃들어 있듯이, 예술 속에 시문이 깃들어 있으며, 자연이 자아의 흔적, 자화상이라면 예술은 시문의 흔적, 자화상이라고 할 수 있다. 자아가 절대동일성으로서 표현불가능성 자체라면, 시문도 역시 절대동일성으로서 원초현상이며 표현 불가능한 야누스의 머리라고 할 수 있다. 절대동일성이라는 **"어두운 미지의 폭력"**에 의해 피할 수 없는 숙명으로 태어난 천재는 바로 시문에 의해 태어난 천재를 의미한다. 따라서 자아의 철학에 대한 관계는 천재의 미학에 대한 관계와 같다고 쉘링은 말하는데,[123] 이는 자아의 절대동일성에 대한 관계는 천재의 시문에 대한 관계와 같다는 말도 된다.

작품론에 해당하는 예술작품에 관해서는 미에 대한 정의, 미와 숭고미의 관계, 예술미와 자연미의 관계를 쉘링은 논하고 있다. 우선 쉘링이 내리는 **미**에 대한 정의는 다음과 같다. 쉘링은 동일성과 모순[124]이라는 2개의 개념에 의해서 미를 정의하려 한다. 예술작품은 우리에게 의식적인 행위와 무의식적인 행위가 하나로 되어 있음을 보여준다고 쉘링은 말한다. 다시 말해 의식적인 행위와 무의식적인 행위 사이의 동일성이 진정한 예술작품이라는 말이다. 그리고 예술가는 자기의 작품 속에 의식적으로 표현해 넣으려는 것 외에도 무의식적으로, 본능적으로 인간의 오성으로는 파악할 수 없는 어떤 **무한성**[125]을 표현하게 되어, 예술가가 마치 의식적으로 무한성을 표현해 넣은 것처럼 예술작품에는 무한성이 내재하게 된다는 것이다. 따라서 예술작품은 의식적인 행위의 소산으로 보이기도 하고, 또 동시에 무의식적인 행위의 소산으로 보이기도 하며, 무한성이 내재해 있어 영원하게 보이기도 하고 유한하게 보이기도 하는 이중성의 존재가 된다는 것이다. 바로 이 이중성을 쉘링은 **모순**이라고 하며, 모든 미학적 생산은 다시 말해 모든 예술작품은 영원한 모순의 감성에서 출발한다고 말한다. [126] 따라서 예술작품은 평안의 모습인 동시에 불안[127]의 모습이

---

123) Schelling: System…, S.288
124) 동일성(Identität)과 모순(Widerspruch)
125) **무한성(Unendlichkeit)**

며, 행복의 모습인 동시에 고뇌의 모습이며, 무한성의 모습인 동시에 유한성의 모습을 하고 있다는 것이 쉘링의 생각이다. 달리 표현해서 쉘링은 그 양자들 사이의 **긴장 상태**가 진정한 예술작품의 모습이라고 말한다. 쉘링은 미를 간단하게 무한성을 유한하게 표현한 것이라고 정의하는데, 이는 위에서 열거한 긴장상태를 구성하는 모든 쌍개념들에게도 적용되는 정의라고 보아야 한다. 무한성과 유한성 사이의 긴장상태가(다른 말로 모순이) 미이며, 이러한 미 없이는 예술작품도 없다고 쉘링은 말한다. 다음에는 **예술미와 숭고미**의 관계를 쉘링은 다음과 같이 논한다. 숭고미도 예술미와 마찬가지로 모순에 기초를 두고 있다고 쉘링은 말하는데, 무한성과 유한성 사이의 모순이 예술미 그리고 숭고미의 출발점이 된다는 말이다. 무한성과 유한성 사이의 동일성이(긴장상태가) 미라고 했는데, 이 미가 객관적 대상 즉 예술작품에서 이루어지면 "**예술미**"가 되고, 주관적 표상 즉 수용자에서 이루어지면 "**숭고미**"가 된다고 말한다. 객관이냐 아니면 주관이냐 하는 미의 위상이 예술미와 숭고미의 차이점이라고 할 수 있다. 쉘링에 의하면 거대한 자연현상을 관찰하는 주관은 자신의 오성으로는 감당할 수 없어, 자신과의 투쟁에 빠지게 되나 이를 극복하여 그 거대한 자연현상을 조화된 것으로 받아들여, 그 거대한 자연현상이 마치 조화된 것처럼, 마치 모든 모순이 지양된 것처럼 보이는데 이것이 숭고미라고 쉘링은 설명한다.[128]
다음에 **예술미**와 **자연미**의 관계는 다음과 같다. 쉘링은 자연미를 죽은 자연물이 아니라 살아 있는 유기적인 자연물에 한정시킨다. 예술미와 자연미의 차이는, 전자는 주관과 객관, 주관적 표상과 객관적 대상이라는 분열과정을 통과하고 다시 그 양자를 통합 조화한 후에 생기고, 후자는 그 분열과정을 거치지 않고 통합 조화만을 나타내는 데서 생기고, 또 전자는 의식과 모순에서 출발하는 반면, 후자는 그 의식과 모순의 과정을 거치지 않는다는 것이다. 따라서 자연물은 미가 되어야 할 필연성이 없으나, 그럼에도 자연물이 아름답게 보이면 그것은 우연이라는 것이 쉘링의 생각이다. 따라서 예술이 자연을 모방해야 한다는 원리는 잘못이고, 오히려 반대로 진정한 예

---

126) Schellinng: System···, S. 288, 289
127) 평안(Ruhe)과 불안(Unruhe)
128) Schelling: System···, S. 290

술이 제공해 주는 규칙이 자연미를 판단하는 원리와 규범이 되어야 한다고 주장한다. 지금까지 논한 것을 종합하여 객관적인 조화인 **예술미**가 단순히 주관적 수용자의 소산인 **숭고미**의 상위에 있고, 주관과 객관의 분열과 모순의 과정을 거친 예술미가 그 과정을 거치지 않은 우연한 **자연미**의 상위에 있다는 것이 쉘링의 의견이다. 따라서 예술미, 숭고미, 자연미 중에서 **예술미**가 최고의 미라는 결론이다.

작가론과 작품론 다음에는 수용론이 순서이나, 쉘링의 예술철학에서는 수용론이 탈락되므로, 그 대신에 예술과 학술 그리고 예술과 철학의 관계를 논해 본다. 우선 예술과 학술의 관계를 보면 다음과 같다. 예술과 학술은 같은 하나의 과제 즉 절대동일성에 도달하려는 과제를 공통적으로 가지고 있으나, 그 과제를 해결하는 방법과 방향이 반대라는 것이다. 예술의 방법은 종합적이고 통합적인 것에 비해, 학술의 방법은 분리적이고 분석적이며, 또 그 방향도 전자는 구심적인데 비해 (지성적 직관과 미학적 직관을 구별할 때는 전자는 내적 구심적이고 후자는 외적 원심적이라고 했는데, 예술과 학술을 구별할 때는 예술이 미학적 직관으로서 외적 원심적이어야 하는데, 여기서는 반대로 내적 구심적이라고 하는데 주의해야 한다) 후자는 원심적이라는 것이다. 그리고 예술의 방법은, 예술은 천재만에 의해 이루어지기 때문에 천재적이지만, 학술의 방법은 천재가 아니더라도 가능한 기계적인[129] 방법이라는 것이 쉘리의 주장이다. 간단히 표현해서 "예술이 이미 도착해 있는 곳으로, 학술은 비로소 출발하고 있다고"[130] 쉘링은 예술과 학술의 관계를 설명한다. 다음에 예술과 철학의 관계는 다음과 같다. 모든 철학은 따라서 예술철학까지도 절대동일성에서 출발해야 한다고[131] 쉘링은 말한다. 그런데 이 절대동일성이 "헨 카이 판"이었고, 자아였고, 질내사[132]였고, 자기의식이었고, 정신이었고, 또 미학적 직관에 와서는 시문이었다. 절대동일성에 대한 다양한 명칭은 그에 대한 본질규명도 다양하기 때

---

129) 기계적(mechanisch)

130) Schelling: System…, S.292

131) ebd. S.294

132) 절대자(絕對者)

문이다. 절대동일성은 이렇게 보면 이렇게 보이고, 저렇게 보면 저렇게 보이는 야누스의 머리를 가지고 있다고 할 수 있다. 이 야누스의 머리를 가진 절대동일성을 쉘링은 **"절대적 비객관성"** 또는 "주관도 아니고 객관도 아닌 것" 반대로 "주관인 동시에 객관인 것" 등으로도 표현한다.[133] 이상의 표현들은 한마디로 야누스의 머리를 가진 절대동일성은 오성적 개념에 의해서는 파악할 수 없고 직접적인 직관에 의해서만 파악할 수 있다는 논리를 위한 표현들이다. 그런데 이 직관에는 생산적 직관, 지성적 직관, 미학적 직관 3가지가 있었다. 이상 3가지 직관 중에서 생산적 직관은 생산에만 붙들려 있어, 다른 말로 표현하면 그 운동방향이 원심적이기 때문에, 자기 자신을 직관하지 못하는 불완전한 직관이었다. 앞에서 논한 **학술**이 이 단계에 속한다고 볼 수 있다. 다음 단계인 지성적 직관이 완전한 직관이었으며, 생성과정에 있는 직관이 아니라 이미 생성된 직관이었다. **선험철학**이 지성적 직관의 단계에 속한다고 볼 수 있다. 그러나 지성적 직관은 한계성을 내포하고 있으며, 회전운동에 빠질 위험이 있으고, 구체화가 결여되어 거대한 백안[134]만의 괴물이었다. 지성적 직관은 절대동일성을 내적으로만, 정신적으로만 직관할 수 있는 약점을 가지고 있다. 아르구스의 눈에 아름다운 조화된 육체를 가미하여 살아 있는 자연, 살아 있는 유기체로 절대동일성을 직관하는 능력은 미학적 직관이었다. "지성적 직관의 객관화가 예술 자체다. 왜냐하면 미학적 직관은 객관화된 지성적 직관이기 때문이다"라고[135] 쉘링은 말한다. 내적이고 정신적인 지성적 직관을 외적이고 육체적인 것으로 바꾸어 놓은 것이 예술이며, 아르구스의 백안만을 가지고 있는 절대동일성을 미학적 직관에 의해서 완전하게 그리고 괴물이 아니라 미물로, 즉 살아 있는 유기체로 직관할 수 있다는 것이 쉘링의 **예술철학**이다. 미학적 직관이라는 직관 형식인 예술작품은 따라서 우리에게 절대동일성을 반사시켜 준다고 쉘링은 말한다.[136] 다음에 예술과 철학과의 관계에 대해 절정을 이루는 쉘링의 말은 다음과 같다. "미학적 직관은 객관화된 선험

---

133) ebd. **절대적 비객관성(das absolut Nichtobjektive)**
134) 백안(白眼)
135) ebd. S.294
136) ebd. S.294, 295

적 직관이다. 따라서 철학의 존재를 위한 유일한, 진정한, 그리고 영원한 오르가논이 되며 기록문서가 되는 것은 예술이다. 예술은 철학이 할 수 없는 일을, 다시 말해 절대동일성에 대한 직관을 늘 새로이 제공해 준다. 예술은 따라서 철학자에게 최고의 것을 열어 준다. 원래는 하나 속에서 불타고 있으나, 자연과 역사 속에서는 둘로 나뉘어 나타나 영원히 붙잡을 수 없는 바로 그 가장 성스러운 것을 예술은 철학자에게 보여준다."137) 미학적 직관이 객관화된 선험적 직관이라는 말은 (선험철학에 해당하는 직관은 지성적 직관이므로) 이미 언급한대로 미학적 직관은 객관화된 지성적 직관이라는 말과 같다. 그리고 미학적 직관이라고 불리어지는 예술이 철학자에게 "최고의 것", "가장 성스러운 것"을 열어준다는 표현은 주관과 객관 사이의, 주관적 표상과 객관적 대상 사이의 통합을, 그것도 아름답고 조화된 통합을, 다시 말해 내부와 외부가, 정신과 육체가 아름답게 조화된 절대동일성을 보여준다는 말이다. 여기서 쉘링은 이상의 절대동일성을 시문이라는 표현으로 대치시켜 예술 지상주의를 나타내는 말이 『선험적 관렴론의 체계』를 맺는말이 된다. "철학이 주관적으로만 표현할 수 있는 것을 예술이 거기에 더해 객관화까지 시켜준다면, 다음과 같은 결론을 내릴 수 있다. 철학과 모든 학술은 태초에 시문에서 태어나며, 또 시문에 의해 양육되고, 성장 후에는 다시 그 시문이라는 바다 속으로 복귀한다."138)

* * *

앞서 논한 쉘링의 **예술철학**을 다음의 3가지로 종합해 보면 다음과 같다. 첫째로 쉘링의 예술철학은 **예술지상주의**를 나타낸다. 이론철학과 실천철학의 단계를 넘어서서 철학이 해결할 수 없는 절대동일성의 구체화, 가시화를 예술이 해결해 줌으로서 예술은 명실공히 최고의 권좌에 앉게 된다. 그러나 이상의 예술지상주의는 예술 자체의 존재를 위험으로 몰고가 **예술신학**139)으로까지 몰고 간다. 신은 하나, 진리는

---

137) ebd. S.297
138) Schelling: System…, S.298
139) **예술신학(藝術神學 Kunsttheologie)**

하나라는 말은 상식이다. 여기서 나아가 철학도 마찬가지로 하나, 직관도 하나라는 말로 연장해서, 지성적 직관은 하나 미학적 직관은 하나라는 말을 할 수 있다면, 예술은 하나라고도 할 수 있다. 왜냐하면 하나의 지성적 직관이 객관화되어 하나의 미학적 직관이 되므로 결국 예술은 하나밖에는 될 수 없기 때문이다. 실제로 쉘링은 "**하나의 절대적 예술작품**"이라는 말을 하는데,140) 예술에 관해 말한다면 단 하나의 절대적 예술작품만이 존재한다는 말이 된다. 단 하나만이 존재하는 절대적 예술작품은 마치 그것이 예술신141)인 양 보이게 되며, 이는 다양한 예술 행위를 부정하는 말이 되어 버린다. 그러나 쉘링의 예술지상주의는 독일 낭만주의의 철학적 기반을 만들어 주기도 했다. 예술이 즉, 미학적 직관이 주관과 객관을, 주관적 표상과 객관적 대상을 하나로 통합하여 아름다운 유기체로 보여준다고 쉘링은 말하며, 또 같은 내용을 쉘링은 예술이 주관과 객관 사이에, 주관적 표상과 객관적 대상 사이에 놓여 있는 눈에 보이지 않는 벽을 제거해서 자연이라는 찬란한 그림을 보여주고, 자연이 시로 보이게 해 준다고도 표현한다. 모든 자연이 시며, 우주가 시문이라는 독일 낭만주의 철학은 쉘링에 의해 철학적 기반을 제공받게 된다. 둘째로 예술지상주의는 현실 허무주의를 의미한다. 쉘링의 유일한 관심사인 절대동일성 자체가 표현불가능성 자체며, 오성적 개념으로는 해결할 수 없고, 단지 직접적으로 직관만 할 수 있을 정도로 야누스의 머리 자체라고 한다면, 그 절대동일성의 본질은 **실재**의 영역을 넘어서 **가상**142)의 영역에 속하게 된다. 쉘링이 실제적으로 절대동일성을 미학적 직관의 단계에서 **시문**143)이라고 표현한다는 사실은 쉘링 철학에서 실재가 배제되고, 실재가 가상화되는 위험성을 내포하고 있다는 사실을 의미한다. 왜냐하면 시문과 가상 사이의 차이점을 발견하기는 거의 불가능하여 시문이 곧 가상을 의미한다는 해석으로 기울기 때문이다. **절대적 실재**는 없고, **절내적 가상**만이 있다는 철학은 허무주의 철학이다. "**절대적 실재는 절대적 가상**"이라는 철학은 후에 니체 철학에 연결된다. 쉘링의 예술

---

140) Schelling: System…, S.296; "**하나의 절대적 예술작품(ein absolutes Kunstwerk)**"
141) 예술신(藝術神)
142) **실재(實在 Sein)와 가상(假象 Schein)**
143) **시문(詩文 Poesie)**

철학은 실재와 가상이라는 변증법적 관계를 파괴하고, 가상 일변도의 일원론적 철학이 되어 버릴 위험성을 내포하고 있다. 후에 아도르노가 가상을 구제하려 했다면, 쉘링은 반대로 실재를 구제하려 했어야 했다. 그럼에도 쉘링이 살던 시대는 이미 현대가 시작하던 시대이고 기술과 오성적 계몽이 지배하기 시작한 시대로, 쉘링이 실재구조에 역행하는 **"새로운 신화"**[144)]의 필요성을 제창한 것은 이해할 수 있는 것이었다. 셋째로 쉘링의 예술철학에서 초현대적 요소를 즉 **포스트모데르네**[145)]의 요소를 엿볼 수 있다. 절대동일성을 분열하는 생산과 다시 그 분열된 요소들을 통합하는 지성, 생산적 직관과 지성적 직관 2단계의 직관에 의해서만 논한다면 후자의 직관이 전자의 직관 상위에 있으므로, 쉘링의 미학은 생산미학과 수용미학, 현대의 자본주의적 용어를 사용한다면 생산미학과 소비미학 중에서 후자에 역점을 두고 있다고도 볼 수 있다. 생산적 직관은 불완전한 직관이고, 지성적 직관이 완전한 직관이므로, 쉘링의 미학은 지성상위의, 소비상위의 미학이라 할 수 있다. 그리고 생산이 아니라 소비가 사회를 움직이는 법칙이 되는 사회가 초현대사회로 우리가 살고 있는 사회다. 지성상위, 소비상위를 나타내는 쉘링의 예술철학은 우리가 살고 있는 초현대사회와 공통점을 가지고 있다는 말이다. 언급한대로 유물론의 원조라고 할 수 있고, 반대로 유심론의 원조라고도 할 수 있으며, 또 초현대의 원조라고도 할 수 있는 쉘링의 예술철학은 현대철학에 다양한 근원을 제공해 준다. 현대 철학에 다양한 근원을 제공해 주는 쉘링의 예술철학 자체가 표현불가능성 자체, 야누스의 머리 자체라고 말할 수 있다.

---

144) **"새로운 신화(neue Mythologie)"**
145) 포스트모데르네(Postmoderne)

니체
예술과 고뇌

1. 서론

　코플스톤이 니체[1]의 철학사를 설명하는 것을 참고하면 다음의 3단계로 되어 있다.[2] 제1단계는 1872년 『비극의 탄생』으로 시작해서 바크너[3] 음악에 열광했던 시기를 포함한다. 이 제1단계의 중요한 작품은 언급한대로 『비극의 탄생』, 정확히는 『음악의 정신으로부터의 비극의 탄생』이다. 제2단계는 1876년 니체와 바크너 사이의 우정이 끝나는 시기로부터 시작해서 1881년 스위스의 엔가딘 지방의 실스-마리아라는 조그만 도시에서 니체의 유명한 개념인 **"영원한 회귀"**[4]에 대한 구상을 하는 시기를 포함한다. 이 제2단계의 중요한 작품들은 1878/9년의 『인간적, 너무나 인간적』, 1881년의 『아침의 서광』, 1882년의 『즐거운 학술』 등이다. 이 제2단계에서 중요한 사실은 제3 단계 철학의 중요 테마로 등장하는 앞서 언급한 "영원한 회귀"에 대한 구상을 1881년 실스-마리아에서 구상했다는 사실이다. 마지막 단계인 제3단계는 1883년에서 시작하여 1885년까지 완성된 4개의 부분으로 되어 있는 『싸라투스트라』, 1886년의 『선악의 피안』, 1887년의 『도덕의 계통학』 등 을 포함한다. 제3단계에서 쓰인 이상의 3개의 작품들 『싸라투스트라』, 『선악의 피안』, 『도덕의 계통학』 등이 후기의 작품들로 니체 철학의 핵심을 이루는 중요한 작품들로 통한다. 이상에

---

1) 니체(Friedrich **Nietzsche** 1844~1900)
2) vgl. Copleston, S. J. Frederick: A History of Philosophy, volume 7, Modern Philosophy, Part II, Schopenhauer to Nietzsche, New York 1963, S.164~168
3) 바크너(Richard **Wagner** 1813~1883)
4) **"영원한 회귀(Die ewige Wiederkehr)"**

서 언급한 세 작품 외에도『사건 바크너』,『니체대 바크너』,『우상의 여명』, 니체의
자서전에 해당하는『반기독교인』과『가시면류관을 쓴 그리스도』등이 제3단계에
속하며, 이 제3단계는 1888년 니체의 정신착란에 의해 끝나게 된다.[5]

　　이상에서 언급한 니체 철학의 3단계의 특징은, 역시 코플스톤의 설명을 참고한다
면 다음과 같다. 1872년에 시작하는 제1단계의『비극의 탄생』에서 니체는 희랍문화
를 소크라테스 이전의 문화와 소크라테스 이후의 문화로 구분하여 후자를 부정하
고, 전자를 긍정하는 논리를 전개한다. 그리고 현재의 독일문화는 니체에 의하면
후자 즉 소크라테스 이후의 합리주의적인 희랍문화와 강한 유사성을 띠고 있기 때문
에 잘못된 것이고, 이 잘못을 시정하기 위해서는 비합리주의적인 바크너 음악에 의
해 침투되어야 한다는 것이다. 다시 말해 소크라테스 이후의 합리주의적 희랍문화
에 의해 생겨나게 되는 현재의 합리주의적 독일문화의 잘못은 비합리주의적 바크너
음악에 의해 치료될 수 있다는 논리를 니체는 전개한다. 1876년부터 비합리주의적
바크너 음악에 대한 열광이 끝나는 제2단계에서는 니체는 바크너에 의해 열광되었
던 제1단계와는 반대로 바크너를 비판하게 된다. 제1단계에서는 니체는 비합리주
의적 바크너를 비호하고, 합리주의적 소크라테스를 비판했던 반면, 제2 단계에 와서
는 반대로 비합리주의적 바크너를 비판하고, 합리주의적 소크라테스를 비호하야
하는 입장에 서게 된다. 니체는 제2단계에 와서는 과거의 (희랍문화의) 시학[6]이 아

---

5) 3단계에 걸친 니체의 독일어 저서명은 다음과 같다.
· **제1 단계**
　『비극의 탄생』: Die Geburt der Tragödie oder Griechentum und Pessimismus
　『음악의 정신으로부터의 비극의 탄생』: Die Geburt der Tragödie aus dem Geiste der Musik
· **제2 단계**
　『인간적, 너무나 인간적』: Menschliches, Allzumenschliches
　『아침의 서광』: Morgenröte
　『즐거운 학술』: Die fröhliche Wissenschaft
· **제3 단계**
　『싸라투스트라』: Also sprach Zarathustra
　『선악의 피안』: Jenseits von Gut und Böse
　『도덕의 계통학』: Zur Genealogie der Moral
· **제3 단계에 속하는 그 외의 저서들**
　『사건 바크너』: Der Fall Wagner
　『니체대 바크너』: Nietzsche contra Wagner
　『우상의 여명』: Die Götzen-Dämmerung
　『반기독교인』: Der Antichrist
　『가시면류관을 쓴 그리스도』: Ecce Homo

니라 현재의(독일문화의) 학술7)에 치우치는 경향을 보인다고 할 수 있다. 과거의 전통개념 일체를 의문시해 버리며 니체는 마치 프랑스 계몽주의 철학자와 같은 합리주의적 철학자로 둔갑하는 것이 제2단계이다. 일체의 형이상학의 전통을 비판하는 것이 『인간적 너무나 인간적』이며 헌신 또는 자기부정이라는 기독교 모랄을 강하게 비판하는 것이 『아침의 서광』이며, 기독교의 이상8)은 인간 생명에게 적대관계를 가지고 있다는 내용이 『즐거운 학술』이고, "신은 죽었다"라고 선언하는 등 이 모두가 제2단계에 속한다. 실스-마리아에서 소위 **"영원한 회귀"**에 대한 구상을 한 후 1883년부터 시작되는 제3단계에서 다시 한 번 니체의 철학이 둔갑하게 된다. 제2단계에서 니체는 합리주의적이고 학술적이며 계몽주의적인 태도로서 현재 독일문화 일체의 가치관을 의문시해 버리는데 비해서, 제3단계에서는 니체는 미래의 비전을 제시하려 하며, 그의 철학은 신화9)의 성격을 보이게 된다. 실스-마리아에서 구상했던 "영원한 회귀"는 『차라투스트라』에서 직접적인 테마가 되며, **"초인"**과 **"일체의 가치전도"**라는10) 철학관이 전개된다. 『선악의 피안』에서는 쇼펜하우어의 **"생명의 의지"**에 해당하는 니체의 **"세력의 의지"**가11) 전개된다. 『선악의 피안』의 부제는 **"미래의 철학을 위한 전주곡"**으로 되어 있으나 이 책의 제목은 여러 번 변화를 겪어 **"세력에로의 의지, 일체의 가치전도에 대한 시도"**라고 명명하려고도 했다고 한다. 이 제3단계에서 니체는 자신을 미래를 위한 예언자라고 생각했으며 그의 철학은 신화의 성격을 띤다고 코플스톤은 해설한다.12) 니체의 철학사에 대해서 지금까지 언급한 것을 종합하면 우리는 다음의 3가지 결론을 내릴 수 있다. 첫째로 니체는 제1단계에서는 과거의 희랍문화를, 제2단계에서는 현재의 독일문화를, 그리고 제3단계에서는 미래의 문화를 즉 문화 일체를 논한다고 할 수 있다. 둘째로 니체는 세1단게에서는

---

6) 시학(詩學)

7) 학술(學術)

8) 이상(理想)

9) 신화(神話 Mythos)

10) "**초인**(Übermensch)", "**일체의 가치전도**(Umwertung aller Werte)"

11) "**생명의 의지**(Wille zum Leben)", "**세력의 의지**(Wille zur Macht)"

12) vgl. Copleston, S. J. Frederick: A History of Philosophy, volume 7, Modern Philosophy, Part II, Schopenhauer to Nietzsche, New York 1963, S. 170, 171

비합리주의적인 태도로 과거의 시학을 테마로 다루었으며, 제2단계에서는 합리주의적 학술을 테마로 다루었으며, 제3단계에서는 다시 합리주의를 지양하는 신화적인 테마를 다루었다고 할 수 있다. 종합해서 셋째로 니체의 3단계 철학사는 과거의 비호, 현재의 비판, 미래의 비전이라고 할 수 있다.

니체의 철학사를 3단계로 분리하여 설명하면서 니체의 철학이 "둔갑"한다는 말을 사용했다. 니체 철학의 해설가들에게는 가면이라는 개념이 널리 통용되고 있다. 위에서 인용한 코플스톤 역시 가면론을 적용하여 니체 철학을 해설하려 하며,[13] 쉬미트는 희랍 신화의 프로메테우스, 횔더린[14]의 유일한 드라마이며 미완성 작품인 『엠페도클레스』의 주인공 엠페도클레스, 소포클레스의 유명한 비극 『오이디푸스 왕』의 주인공 오이디푸스와 각각 니체는 자신을 동일시했다고 하며, 역시 가면론을 적용하고 있다.[15] 이상의 해설가들이 가면론을 적용하고, 우리가 "둔갑"이라는 말을 사용하는 이유는 니체 철학의 처음부터 끝까지를 관통하는 통일성이 있음을 나타내기 위해서다. 다시 말해 우리는 니체의 철학사를 3단계로 분리해서 그의 전체 작품들을 3개의 그룹으로 분류했지만, 이 3개의 그룹을 다시 하나로 통합시켜 주는 통일성이 존재한다고 보아야 한다. 니체 철학의 총체를, 다시 말해 이상에서 언급한 3개의 단계를 하나로 통합해주는 통일성에는 2가지가 있다. 그 하나는 간단하게 **염세주의**[16]라고 할 수 있고, 다른 하나는 염세주의 극복이라고 할 수 있다. 염세주의의 핵심 개념은 **고뇌**[17]이며, **염세주의 극복**을 위한 핵심개념은 **"아모르 파티"**,[18] 숙명에 대한 사랑이 된다. 니체 철학의 핵심 개념들인 고뇌와 "아모르 파티", 염세주의와 염세주의 극복을 논하기 위해서는 니체와 그의 스승인 쇼펜하우어 사이의 관계, 다시

---

13) ebd. S. 169

14) 횔더린(Friedrich **Hölderlin** 1770~1843)

15) Schmidt, Hermann Josef: Nietzsche: Philosophie als Tragödie, in: Grundprobleme der großen Philosophen, Philosophie der Neuzeit III, Göttinggen 1983; S. 221. 프로메테우스(Prometheus), 『엠페도글레스 Empedokles』, 오이디푸스(Ödipus)

16) **염세주의(厭世主義 Pessimismus)**

17) **고뇌(苦惱 Leiden)**

18) **"아모르 파티(Amor fati)"**

말해 양자 사이의 동일점과 상이점을 논하는 것이 필요하다.

첫째로 **쇼펜하우어**[19]와 니체 사이의 동일점은 두 철학자 다같이 **"원초현상"**[20]을 인정하고, 이 원초현상에 의해 생성 전개되는 세계는 긍정적인 행복의 세계가 아니라, **부정적인 고뇌의 세계**라는 것이다. 쇼펜하우어가 부정적인 고뇌의 세계를 묘사하는 말의 예를 보면 다음과 같다. "인간의 욕구와 요구는 길고 무한하기만 한 반면에, 그 충족은 짧고 일시적이기만 하다. 그 짧고 일시적인 충족도 외관상으로만 충족이고 실은 충족이 아닐 때가 많다. 충족된 소원은 또 다른 소원을 낳게 된다. …… 인간 의지가 한번 달성한 목표는 달성해야 할 또 다른 목표를 낳게 되어 거기에는 지속적이고 최종적인 만족이란 없다. …… 우리 인간이 무엇을 쫓고 있든지 아니면 무엇에 의해 쫓기고 있든지, 또는 재앙을 두려워하고 있든지 아니면 향락에 빠져 있든지 상관없이 의지의 주체인 우리 인간은 불타는 수레바퀴에 붙들려 매어 영원히 돌고 있는 **익씨온**과 같고, 구멍투성이의 물통에 영원히 물을 퍼 넣어야 하는 **다나이데 여인들**과 같고, 물과 과일을 눈앞에 두고도 영원히 굶주리고 목말라 해야 하는 **탄타루스**와 같다."[21] 인간의 의지가 중지하지 않고 존재하는 한 인간은 이상의 인용문에 들어 있는 희랍 신화의 인물들과 같이 고뇌를 당해야 하며 이 고뇌 자체가 인생이고 인간세계라는 말이다. 다음에 니체는 부정적인 고뇌의 세계를 유명한 **"실렌의 지혜"**[22]라는 신화에 의해서 표현한다. 손으로 만지기만 하면 모든 것이 황금으로 변한다는 미다스왕[23]은 디오니소스의 종자인 반인 반수의 실렌을 포로로 잡아 인간을 위해 최선의 것이 무엇이냐고 질문한다. 미다스왕의 질문에 대한 실렌의 현명한 대답은 다음과 같다. **"최선의 것은 당신에게는 불가능한 것으로, 아예 태어나지 않는 것이고, 존재하지 않는 것이고, 무로 돌아가는 것이고, 다음 차선의 것은 당신이 빨리**

---

19) 쇼펜하우어(Arthur **Schopenhauer** 1788~1860)

20) **원초현상(das Ur-Eine)**

21) zit. von Knodt, R.: Friedrich Nietzsche, Die ewige Wiederkehr des Leidens, S.78; **익씨온(Ixion), 다나이데 여인들(Danaiden), 탄타루스(Tantalus)**

22) **실렌(Silen)**

23) 미다스왕(Midas)

죽는 것입니다."24) 손으로 만지기만 하면 모든 것이 황금으로 변해 버리는 미다스왕, 상식적으로 이미 "최선"의 것을 소유하고 있는 미다스왕에게 이상과 같은 실렌의 충고는 세계 자체를 부정하는 말이고, 또 세계는 무한한 황금에 의해 행복해질 수 있는 세계가 아니라 그 무한한 황금에도 불구하고 고뇌에 가득 찬 세계가 된다는 말로 해설가들은 풀이한다. 쇼펜하우어와 니체 사이의 동일점이 세계가 긍정적이고 행복의 세계가 아니라 반대로 부정적이고 고뇌의 세계가 된다면, 바로 그 부정적인 고뇌의 세계를 만들어 내는 근본 요소가 있는데, 그 근본 요소, 즉 **원초현상** 역시 두 철학자 사이의 동일점이 된다. 다시 말해 부정적인 고뇌의 세계를 만들어 내는 그 원초현상 자체가 부정적이며 고뇌 자체라는 말이 된다. 니체는 이 원초현상을 **"잔혹하고 무서운 세력"**이라고 표현한다.25) 니체의 표현인 이 "잔혹하고 무서운 세력" 자체를 인정하는 것이 쇼펜하우어와 니체 사이의 동일점이 된다.

둘째로 쇼펜하우어와 니체 사이의 상이점은 위에서 언급한 인간세계의 원초현상인 "잔혹하고 무서운 세력"을 제거하려 하느냐 아니면 수용하려 하느냐에 의해 결정된다. 달리 표현하면 인간세계의 원초현상이 "잔혹하고 무서운 세력" 자체로 인간세계는 다시 말해 **"인생은 고뇌다"**라는 근본 원칙이 성립하는데, 이 근본원칙은 양 철학자 사이에 공통적이나, 이 근본원칙에 대한 항복이냐 아니면 극복이냐에 따라서 양 철학자 사이의 상이점이 결정된다고 할 수 있다. 쇼펜하우어는 고뇌에 항복하여 염세주의 철학을 주장하고, 니체는 고뇌를 극복하여(수용하여) **"아모르 파티"**의 철학을 주장한다. 우선 쇼펜하우어에 대한 설명을 부가한다면, 이미 언급한 쇼펜하우어의 개념인 **"생명의 의지"**26)에서 생명 자체가(인생 자체가) 고뇌이기 때문에, 이 생명으로의 의지를 말살해야 한다는 것이 쇼펜하우어의 염세주의 철학이 된다. 의지의 말살에 의해서 인식, 예술, 자유27) 등 독일 전통철학의 개념들이 달라진다.

---

24) Nietzsche: Die Geburt der Tragödie aus dem Geiste der Musik, S.30
25) vgl. Nietzsche: Über Wahrheit und Lüge im auβermoralischen Sinn, S.319; "잔혹하고 무서운 세력 (grausame furchtbare Mächte)"
26) **"생명의 의지(Wille zum Leben)"**
27) 인식(認識), 예술(藝術), 자유(自由)

쇼펜하우어에 의하면 인식이란 의지의 객관화라고 할 수 있다. 또는 인식행위와 인식대상을 합한 것이 의지라고도 할 수 있다. 또 달리 표현하면 의지는 인식의 조건이 되고, 인식은 객관화된 의지라고도 말할 수 있다.[28] 간단히 요약하면 인식 즉 의지, 의지 즉 인식으로 주관인 의지로부터 독립된 객관적이고 보편타당한 인식은 없다는 말이 된다. 예술미와 자유 등의 개념들도 말살되어야 할 의지에 의해서 정의된다. 표상과 대상 사이의 일치조화로서의 전통철학적 예술미와 자유의 개념은 파괴되고, 의지의 말살, 달리 표현하면 주관과 표상의 말살이 쇼펜하우어가 생각하는 예술미 또는 자유라고 보아야 한다. 쇼펜하우어가 생각하는 완전한 인식, 완전한 예술미, 완전한 자유란, 영원히 돌고 있는 익씨온의 수레바퀴를 중지시키고, 구멍 뚫린 다나이데 여인들의 물통에 구멍들을 막아야 하며, 굶주리고 목말라하는 탄타루스로 하여금 눈앞에 놓여 있는 물과 과일을 마시고 먹게 해야 한다는 것이 완전한 인식, 완전한 예술미, 완전한 자유가 된다는 논리가 된다. 요약해서 희랍 신화에 등장하는 익씨온, 다나이데 여인들, 탄타루스들이 겪고 있는 영원한 고뇌를 제거시켜 주는 것이 완전한 인식, 완전한 예술미, 완전한 자유인데, 그를 위해서는 "생명의 의지"에서 의지 자체를 말살시켜야 된다는 것이다.

반면에 니체는 2가지 방법에 의해서 "잔혹하고 무서운 세력"을 극복하려 한다. **"잔혹하고 무서운 세력"**이란 인간세계를 형성하는 원초현상이고, 이 원초현상은 "인생은 고뇌다"라는 근본원칙을 만들어 내므로, 이 근본원칙에 항복하지 않고, 이 근본원칙을 극복하려는 니체의 방법에는 2가지가 있다는 말이다. 그 첫째 방법은 **아폴로성**이며 둘째는 **디오니소스성**이다.[29] 첫째 방법인 아폴로성에 의한 방법은 원초현상인 "잔혹하고 무서운 세력"에 **마야의 베일**[30]을 씌워서 형식과 미의 이상세계를 만들어내는 것이고, 두 번째 방법인 디오니소스성에 의한 방법은 원초현상인 "잔혹하고 무서운 세력"을 있는 그대로 수용하고 사랑하는 방법이다. 첫째 방법인 아폴로

---

28) vgl. Knodt, R.: Friedrich Nietzsche, Die ewige Wiederkehr des Leidens, S.77
29) **아폴로성(das Apollinische)**과 **디오니소스성(das Dionysische)**
30) **마야의 베일(Schleier der Maya)**

성에 의한 방법은 형식과 미의 이상세계를 만들어내서, 다시 말해 이상적인 예술세계를 만들어서 "잔혹하고 무서운 세력"을, 즉 고뇌를 망각하자는 의도이고, 둘째 방법인 디오니소스성에 의한 방법은 그 고뇌를 망각하지 말고 기억해서 사랑하자는 의도다. 아폴로성에 의한 방법은 이상적인 예술세계의 창조를 의미하고, 디오니소스성에 의한 방법은 반대로 예술세계의 파괴를 의미한다. 니체가 생각하는 예술의 개념이 전통철학의 그것과 달라짐은 물론이고, 철학의 개념도 달라진다. 예술의 개념이 달라진다는 말은, 아폴로성이 창조해 놓은 예술세계만 예술이라고 할 수 있는지, 또는 디오니소스성의 예술세계 파괴행위 자체도 예술이라 할 수 있는지, 나아가서 **"현존재[31]와 세계는 미학적 현상으로만 합리화 될 수 있다고"** 니체는 말하는데(현존재와 세계 자체가 미학적, 즉 예술이라는 의미인데), 그렇다면 과연 예술이란 무엇인지를 결정해야 하는 복합적인 문제에서 유래한다. 또 철학 자체의 개념이 달라진다는 말은 아폴로성 자체는 니체에 의하면 **개성화의 원칙[32]**으로 논리의 영역에 가까워서 아폴로성을 논리적인 철학의 영역에 통합시킬 것인가, 아니면 아폴로성은 예술세계의 창조를 의미하므로 비논리적인 예술의 영역에 통합시킬 것인가를 결정하기 불가능하다는데 근거한다. 또 예술과 철학을 변증법적인 쌍개념으로 본다면, 다시 말해 비논리적인 예술과 논리적인 철학이라는 쌍개념으로 본다면, 디오니소스성이 예술세계를 파괴한다면 디오니소스성은 철학의 정립을 의미한다고 할 수 있고, 반대로 디오니소스성이 (아폴로성인) 개성화의 원칙, 즉 논리성[33]을 파괴한다면 디오니소스성은 예술의 정립을 의미한다고 볼 수 있기 때문이다. 이상에서 제기한 니체 철학의 문제성들을 종합하여 첫째 니체 철학에 내재한 고뇌를 논하고, 둘째 니체 철학의 근간을 이루는 아폴로성과 디오니소스성을 논하며, 셋째 종합해서 니체의 예술론을 논하는 것이 순서가 된다.

---

31) **현존재(現存在)**
32) **개성화의 원칙(Prinzip der Individuation)**
33) 논리성(論理性)

2. 고뇌의 철학

　니체 해설가 중 한 사람인 게르하르트에 따르면, 니체의 철학은 반복해서 계속 읽어야 하지만 그의 철학에 대해서 글을 써서는 안 된다는 것이 원칙이 되어야 한다.[34] 이 말은 니체 철학의 핵심 개념인 고뇌에 대한 해설 불가능성을 의미하는 것으로 볼 수 있다. 이 해설 불가능성이, 지금까지의 모든 해설들이 절대적이 아니라 상대적 해설들, 완전한 해설이 아니라 불완전한 해설들이라는 사실을 의미한다면, 또 하나의 상대적 해설, 불완전한 해설을 시도하는 것이 모든 학술의 숙명이라 할 수 있다. 대단히 난해한 개념인 고뇌에 대한 또 하나의 상대적 해설을 위해 우리가 출발점으로 삼을 수 있는 니체의 말은 다음과 같다. "존재하는 것은 단 하나의 세계뿐이다. 그러나 존재하는 이 단 하나의 세계는 잘못된 세계이고, 잔혹하고, 모순적이며, 유혹적이며, 의미가 결여된 세계이다. 바로 이러한 세계가 있는 그대로의 세계의 모습이다. 이러한 사실의 세계와 싸워 이기기 위해서, 다시 말해 생존하기 위해서 우리 인간은 거짓말이 필요하다. …… 생존하기 위해서 거짓말이 필요하다는 사실은 무섭고 의문스러운 현존재의 성격을 묘사해 주고 있다."[35] 이 인용문은 다음의 3가지로 풀어 설명할 수 있다. 첫째로 세계는 현실의 세계와 이상의 세계, 악의 세계와 선의 세계 등 이원론적으로 생각하는 것이 철학의 관행으로 되어 있으나, 니체가 생각하는 세계는 일원론의 세계, 존재해 있는 세계는 단 하나라는 의미다. 둘째로 그러나 존재해 있는 단 하나의 이 세계는 이상의 세계가 아니고 현실의 세계며, 선의 세계가 아니라 악의 세계로, 잔혹하고 무서운 세계로, 아무런 의미도 내재해 있지 않은 세계, 즉 가치가 없는 세계라는 의미나. 셋째로 이 잔혹하고 무섭고 의미가 결여된 현실의, 악의 세계가 비로 인간의 **현손재**를 의미하는데, 마로 이러한 헌존재를 유지하기 위해서는 거짓말이 필요하다는 것이다. 인생을 살아나가기 위해서는 진리가 필요하다고 교과서에는 되어 있는데, 니체는 반대로 거짓말이 필요하다고 말

---

34) Gerhardt, Volker: Pathos und Distanz, S.10

35) Nietzsche: Die Kunst in der "Geburt der Tragödie", in: Aus dem Nachlaß der Achtzigerjahre, F. N. Werke.
　　Bd. III, S.691, 692

한다. 이상의 결론들을 다시 하나로 요약하면, 니체의 철학은 긍정적 철학이 아니라 부정적 철학으로, 긍정적 범주가 아니라 부정적 범주가 그의 철학의 무대가 된다고 할 수 있다. 니체가 사용하는 부정적 범주들의 예를 들자면 다음과 같다. 인용문에 언급된 부정적 개념들, 잘못된, 잔혹한, 모순적, 유혹적, 의미의 결여, 거짓말 등의 표현들 외에 고통, 슬픔, 고독, 동경, 질병, 무기력, 무능력, 공포, 구토증 등36) 많은 표현들이 사용되고 있다. 이상의 부정적 개념들을 확장해서 니체는 현실세계를 다음과 같이 묘사하고 있다. "이 세계의 총체성은 영원한 카오스라고 할 수 있다. 어떤 필연성이 결여되었다는 의미의 **카오스**가 아니라, 질서, 배열, 형식, 미, 지혜, 등이 결여되었다는 의미의 카오스라고 할 수 있다."37) 현실 세계가 영원한 카오스라는 니체의 말을 다시 한 번 확장하면 현실 세계는 무정부상태, 부조화,38) 또는 무법칙의 응집 또는 응집의 무법칙39) 등으로 해석된다. 지금까지 니체 철학의 부정적 개념들을 여러 가지로 언급했으나 그 외에도 부정적 개념들의 나열은 끝이 없다고 보아야 한다.

쇼펜하우어와 니체 사이의 동일점과 상이점을 논할 때 동일점으로 "**잔혹하고 무서운 세력**"이라는 **원초현상**40)을 언급했다. 니체는 이 원초현상을 **원초고뇌, 원초쾌락, 원초충동** 등으로도 표현하고 나아가서는 **원초모태**라고도 표현한다.41) 이상의 표현들이 모두 원초현상인 "**잔혹하고 무서운 세력**"을 나타내는 표현들이라면, 서로 반대되는 개념들인 원초고뇌와 원초쾌락이 단 하나의 원초현상인 "잔혹하고 무서운 세력"을 나타내는 표현이라는 말이 모순적으로 들릴 수 있다. 왜냐하면 원초고뇌의 반대 개념은 원초쾌락으로 두 개념들은 하나의 상태가 아니라 두 개의 상태, 고뇌의 상태와 그 반대인 쾌락의 상태를 나타내기 때문이다. 그러나 주의할 것은 니체 철학은 이원론이 아니라 일원론으로, 고뇌의 세계와 쾌락의 세계, 2개의 세계가

---

36) vgl. Knodt, R.: Friedrich Nietzsche, Die ewige Wiederkehr des Leidens, S. 115
37) Nietzsche: Die fröhliche Wissenschaft, F. N. Werke, Bd. II, S. 115
38) vgl. Hillebrand, Bruno: Ästhetik des Nihilismus, S. 107 f.
39) vgl. Müller-Lauter, Wolfgang: Nietzsches Lehre vom Willen zur Macht, S. 259
40) **원초현상(das Ur-Eine)**
41) Nietzsche: Die Geburt der Tragödie, S. 132, 127, 93; **원초고뇌(Urschmerz), 원초쾌락(Urlust), 원초충동 (Urtrieb), 원초모태(Urmutter)**

아니라, 그 양자가 하나 속에 통합되어 있는 "하나"의 세계라는 점이다. 서로 상반되는 두 개념인 원초고뇌와 원초쾌락이 그 언어적인 표현은 다르나 하나라는 사실을 이해하는 것이, 극과 극 2개의 극이 둘이 아니라 하나라는 사실을 이해하는 것이 니체 철학의 난해성이다. 따라서 원초고뇌, 원초쾌락, 원초충동, 원초현상, 원초모태 등 여러 가지 표현들은 모두 동일한 "하나"를 나타내는 표현들이다. 그리고 이 여러 가지 표현들 중 원초현상 또는 원초모태가 니체의 일원론 철학을 나타내는 데 적합한 표현이라 할 수 있다. 그러나 우리는 이미 원초현상이라는 개념을 논했으므로 표현의 단일화를 위해 **"원초현상"**이라는 표현을 견지하기로 한다. 그리고 "잔혹하고 무서운 세력"이 바로 이 원초현상이라는 이름으로 불리고, 이 원초현상은 언급한 대로 "긍정적", "부정적" 양자를 다 자체 내에 포함하고 있으나, 현 단계에서는 긍정적이 아니라 부정적이고, 행복이 아니라 고뇌의 세계라고 정의함이 옳다. 간단히 표현해서 원초현상은 고뇌 그 자체라고 부정적인 정의를 내림이 옳다. 니체 미학의 근본을 이루는 쌍개념인 **디오니소스성**과 **아폴로성** 사이의 관계를 나타내주는 다음의 인용문은 인간의 원초현상 즉 고뇌를 묘사해 주는 대표적인 말이다. "끝은 보이지 않고 넓고 광활하기만 한 바다, 산더미 같은 파도가 쉴 사이 없이 내려치는 바다, 미친 듯 날뛰며 모든 깃을 순식간에 삼켜 버리는 바다, 이 잔혹하고 무서운 바다 위에 작고 연약한 조각배가 떠 있으며, 이 조각배를 타고 있는 뱃사공은 그러나 이 거대하고 잔혹하고 무서운 바다라는 고뇌의 괴물 덩어리는 잊고, 침착하고 평온한 마음으로 자기가 타고 있는 조각배만 의지하고 있다."[42] 이상의 인용문에서 뱃사공은 인간을 의미하고, 조각배는 아폴로성을 의미하며, 거대하고 잔혹하고 무서운 바다는 디오니소스성을 의미하며, 그리고 이 거대하고 산혹하고 무서운 세력인 바다는 고뇌라는 거대한 괴물 덩어리라는 말이다. 니체가 『비극의 탄생』에서 설명하는 전체의 테마는 이상의 **뱃사공, 조각배, 잔혹하고 무서운 바다** 등 삼자의 관계라고 할 수 있다. 뱃사공, 조각배, 바다 중에서 바다가 뱃사공과 조각배의 존재근거를 제공해 주는 중심적이고 핵심적인 요소로서 진정한 철학은 바로 이 "바다"에서 출발하고

---

42) ebd. S.23

"바다"를 무대로 해야 한다는 것이 니체의 생각이라 할 수 있다. 인간인 뱃사공을 대상으로 하는 철학이나, 잔혹하고 무서운 세력인 바다를 잊게 해 주는 **"마야의 베일"**이라고 할 수 있는 조각배를 대상으로 하는 학술들은 인생의 문제를 해결하지 못하며, 반면에 잔혹하고 무서운 고뇌의 괴물 덩어리인 바다를 대상으로 하는 지혜만이 진정한 철학으로 인생의 문제를 해결할 수 있다는 것이 니체의 생각이다.[43] 따라서 뱃사공, 조각배, 바다 중에서 바다가 니체가 생각하는 **"영원한 회귀"**의 주체라고 볼 수 있다. 따라서 이 바다가, 정확히는 거대하고 잔혹하고 무서운 세력인 고뇌라는 거대한 괴물 덩어리가 모든 니체 철학의 근저에 놓여 있는 핵심적 테마이며, 크노트의 말대로 니체의 전 철학단계를 관통하는 관통선이라고[44] 할 수 있다. 니체 자신은 이 관통선을 철학의 시작이고, 중간이고, 끝이라는 의미에서 **"단독으로 충족한 신정론"**이라고[45] 부른다.

이상에서 언급한 "뱃사공 - 조각배 - 바다"라는 삼자 관계를 희랍인들을 예로 들어 다음과 같이 니체는 설명한다. 희랍인들은 **"잔혹하고 무서운 세력"**을(이는 거대한 바다를 의미하는데) 잘 알고 있었다는 것이다. 그 예로 자연의 거대한 힘에 대한 두려움, 인간인식의 한계선을 초월하는 **모이라**[46] 즉 인간의 힘으로는 어찌할 수 없는 숙명, 날마다 독수리에 의해서 간을 갉아 먹히는 프로메테우스의 괴로움, 친아버지를 죽이고 친어머니와 결혼해야 하는 오이디푸스의 잔혹한 운명, 친어머니를 죽여야 하는 오레스트의 무서운 숙명 등 종합해서 디오니소스의 종자인 실렌이 말하는 대로, 최선의 것은 아예 태어나지 않는 것이고, 차선의 것은 빨리 죽는 것이라는 철학을 희랍인들은 잘 알고 있었다는 것이다. 희랍인들은 바로 이상의 "잔혹하고 무서운 세력"을 다시 말해 잔혹하고 무서운 인간의 현존재를 잘 알고 있었고, 바로 그 때문에 희랍인들은 정반대의 세계를, 아름답고 찬란한 올림피아[47]의 예술세계를 창조해

---

43) vgl. ebd. S.101, 102
44) vgl. Knodt, R.: Friedrich Nietzsche, S.22
45) Nietzsche: Die Geburt der Tragödie, S.30; **단독으로 충족한 신정론(die allein genügende Theodizee)"**
46) 모이라(Moira)
47) 올림피아(Olympia)

냈다는 것이다. 희랍인들은 그 잔혹하고 무서운 현존재를 잊고 망각하기 위하여 정반대 세계인 아름답고 찬란한 올림피아의 예술세계를 창조하였으며, 그 결과는 실렌의 "현명한 대답"을 뒤집어 놓은 결과가 되어, **최악의 것은 빨리 죽는 것이고, 차악의 것은 어느 때고는 한 번은 죽어야 한다는 사실이다**"라고 말하게 되었다는 것이다. 희랍인들은 그 "잔혹하고 무서운 세력"을 극복하고 생존하기 위해 아름답고 찬란한 예술세계를 창조해냈다는 것이, 달리 표현해서 아름답고 찬란한 올림피아의 예술세계가 없었다면 희랍인들은 그 "잔혹하고 무서운 세력"에 굴복되어 생존할 수 없었다는 것이 니체의 논리다.[48] 위에서 언급한 내용을 종합하여, 한편으로는 아름답고 찬란한 올림피아의 예술세계와 다른 한편으로는 잔혹하고 무서운 인간의 현존재, 2개의 영역으로 구분하여 이상의 내용을 다시 표현하면 다음과 같다. 희랍인들의 세계가 아름답고 찬란한 우토피[49]의 세계였더라면 그들의 찬란한 예술은 생겨나지 않았다는 것이 니체의 생각이다. 이상의 표현은 잔혹하고 무서운 현존재가 아름다운 예술세계에게 그 존재근원과 존재이유를 부여해 준다는 말이 된다. 현존재가 예술에게 존재근원과 존재이유를 부여한다는 말인데, 따라서 이미 언급한 대로 진정한 철학은 존재이유를 부여받는 **예술**이 아니라, 존재이유를 부여해 주는 **현존재**를 대상으로 해야 한나는 말이 된다. 니체가 생각하는 현존재란 뱃사공 - 조각배 - 바다라는 삼자 관계에서 (거대한)바다를 의미하고, "잔혹하고 무서운 세력"을 의미하며, 나아가서는 원초현상, 원초모태로 고뇌라는 거대한 괴물을 의미하는 데 주의해야 한다. 여기서 이 고뇌란 무엇인가를 분석할 필요가 있다.

니체 철학의 관통선 역할을 하고 있는 **고뇌**에 접근하기 위해서 2가지 길을 택해본다. 첫째 니체 자신의 개인사에 의해시, 둘째 일반 철학사에 의해서 고뇌라는 개념에 접근해본다. 첫째로 니체 자신의 개인사에 의한 접근으로 쉬미트의 설명을 참고하면 다음과 같다. 쉬미트는 니체 철학의 과제는 철학의 보편적 과제이나, 이 철학의 보편과제가 니체에 있어서는 철학과 비극의 상관관계라는 특수형태로 나타나며,

---

48) Nietzsche: Die Geburt der Tragödie, S. 30, 31
49) 우토피(Utopie)

또 이 철학과 비극의 상관관계라는 특수형태는 니체의 개인사의 처음부터 끝까지를 관통하는 문제라는 전제하에서 니체 철학을 논하고 있다.[50] 이상의 쉬미트의 명제를 종합하여 표현하면 니체가 일생 동안 다루었던 문제는 철학과 비극의 문제인데, 이 철학과 비극의 문제는 니체 자신의 개인적이고 특수적인 문제로만 머물러있지 않고 동시에 전반적이고 보편적인 철학의 문제로 확대된다는 말이다. 쉬미트는 자신의 명제를 니체가 10세 때 쓴 4행시에서부터 1888년 니체가 정신적으로 좌절할 때까지 적용하면서 니체의 개인사 처음부터 끝까지를 관통하는 일관된 테마들이 지배했다고 주장한다. 그 일관된 테마들은 이미 10세 때 쓴 4행시에서 나타나는데, 그것들은 사회로부터의 고립, 황야, 고독, 회의, 인간의 비극적 운명 등이라고 설명한다.[51] 다음에(1859년에) 니체는 괴테와 아이쉴로스[52]를 통해서 프로메테우스를 알게 되는데, 프로메테우스는 니체가 알게 된 첫 번째 희랍 신화의 비극적 인물로, 니체는 일생동안 자신과 프로메테우스를, 자신의 운명과 프로메테우스의 운명을 동일시했다고 한다.[53] 니체가 프로메테우스를 좋아하는 이유는, 카우카수스[54]의 바위에 붙들려 매여 그것도 매일 자기의 간을 뜯어먹는 독수리와 나날을 보내고 있는 외롭고 괴로운 프로메테우스는 한편으로는 쏘이스[55]가 자신의 지배권을 강화하기 위해 언젠가는 프로메테우스를 재 등용하리라는 희망과, 또 다른 한편으로는 쏘이스의 지배권이 이미 멸망해 없어져 프로메테우스와 독수리는 잊혀지고 따라서 프로메테우스는 영원히 독수리에 의해 간을 뜯어 먹혀야 하는 고독하고 괴로운 생활을 해야 한다는 절망 사이에서 방황하는 프로메테우스의 고뇌, 희망과 절망 사이에서 방황하는 고독하고 괴로운 프로메테우스의 고뇌가 니체로 하여금 프로메테우스와 자신을 동일시하게 만들었다고 한다.[56] 다음에 니체가 제일 좋아하는 시인은 횔더린이며 그것도 횔디린의 미완성 비극인 『엠페도클레스』라고 한다. 시인 횔더린이

---

50) Schmidt, H. J.: Grundprobleme der großen Philosophen, S. 208, 209
51) ebd. S. 215
52) 아이쉴로스(**Aischylos** 525~456 v. Chr.)
53) Schmidt, H. J.: Grundprobleme der großen Philosophen, S. 217
54) 카우카수스(Kaukasus 코카사스)
55) 쏘이스(Zeus 제우스)
56) Schmidt, H. J.: Grundprobleme der großen Philosophen, S. 218

니체를 열광시킨 것은 그의 철학적이며 시학적인, 희랍적이고 독일적인, 구교적이
고 신교적인 이중성이 내포하는 긴장성57)이었다고 한다. 또 횔더린의 미완성 비극
『엠페도클레스』의 주인공 엠페도클레스가 니체를 열광시킨 이유 역시 보수적 전통
사상에 대항하여 싸우며, 진정한 이상세계를 실현하려 했으나 대중들에 의해 받아
들여지지 못하고 오히려 배척당한 엠페도클레스는 애트나58)의 분화구 속으로 뛰어
들어 자살하게 되는데, 역시 고독하고 괴로운 철학자 엠페도클레스가 니체 자신의
동일성을 대변한다고 생각했기 때문이라고 한다. 니체 자신의 개인사에 속하는 예
를 하나 더 든다면, 니체가 자기 자신의 운명을 정확하게 대변한다고 생각했던 희랍
신화의 인물은 오이디푸스59)다. 오이디푸스가 바로 니체 자신의 운명의 결정체라
고 생각한 이유는, 한편으로는 반항적인 자신감과 또 다른 한편으로는 반항적인 자
신감과는 정반대인 끝없는 자기경멸 사이에서 방황하는 오이디푸스 성격의 이중성
때문이라고 쉬미트는 설명한다.60) 지금까지의 설명을 종합하면, 첫째로 10세 때의
4행시로부터 시작하여, 프로메테우스, 횔더린과 그의 엠페도클레스, 오이디푸스왕
등 니체의 작품, 니체가 좋아했던 시인, 니체가 자신의 동일성이라 생각했던 희랍
신화의 인물들, 이들 모두의 일관된 특성을 **비극성**61)이라고 할 수 있다. 니체의 철학
을 "비극으로서의 철학"으로 보려는 것이 쉬미트의 명제다. 둘째로 이상에서 열거한
예들에 들어 있는 극과 극 사이에서 방황하는 **성격의 이중성**을 들 수 있다. 4행시에서
나타나는 회의의 모티브, 희망과 절망 사이에서 방황하는 프로메테우스, 희랍적이
면서 독일적인, 철학적이면서 시학적인 시인 횔더린, 진실한 이상세계와 그를 배제
하려는 대중의 현실세계 사이에서 고뇌 당하는 엠페도클레스, 반항적인 자신감과
끝없는 자기경멸 사이에서 우유부단한 오이디푸스 등 모두가 성격의 이중성을 나타
내는 예들이다. 셋째로 이상에서 언급한 비극성이나 성격의 이중성은 고뇌를 구성
하는 요소들이며, 실제로 위에서 열거한 모든 예들이 고뇌를 설명해 주는 예들이다.

---

57) 긴장성(Spannung)
58) 애트나(Ätna)
59) 오이디푸스(Ödipus)
60) Schmidt, H. J.: Grundprobleme der großen Philosophen, S. 227, 228
61) **비극성(悲劇性)**

그러나 니체의 개인사가 그의 철학 자체라고 단정하는 데는 문제점이 있다. 왜냐하면 개인사와 학술을, 생리적인 발달사와 이론적인 논리를 일치시키는 일은 위험하기 때문이다. 그러나 니체의 개인사 자체가, 생리적 발달사 자체가, 힐레브란트가 말하는 대로[62] 질병이라면, 건강하고 즐거운 행복의 개인사가 아니라 반대로 질병과 고뇌의 개인사였다면, 위에서 언급한 문제점은 해결된다고 볼 수 있다. 니체의 개인적인 고뇌의 개인사는 학술적인 고뇌의 철학을, 니체의 특수적인 고뇌의 개인사는 보편적인 고뇌의 철학을 탄생케 하는 계기와 동기가 되었다고 볼 수 있기 때문이다.

고뇌의 개념에 접근하기 위한 두 번째 방법으로 철학사적 접근을 시도해 본다. 니체의 철학은 독일 철학사에서 볼 때 전통적 이성철학에 대한 반발, 전통적 변증법적 철학에 대한 반발, 전통적 진리 개념에 대한 반발 등 3가지로 규정할 수 있다. 첫째로 전통적 이성철학에 대한 반발을 논해 본다. 위에서 쉬미트의 설명에 의해서 니체의 개인사를 논했는데 결론은 니체 철학에 있어서는 철학 자체보다도 철학자가 더 중요한 의미를 갖는다는 결론이다.[63] 니체가 자신과 동일시했던 인물들이 모두 이론이 아니라 실천[64]을 했던 인물들, 다시 말해 삶을 실제적으로 살았던 인물이라는 데서 나오는 결론이다. 독일 전통철학이 이론과 실천, 이론과 현실, 철학과 철학자로 양분하여 전자에 치우쳤다고 한다면, 니체의 철학은 후자에 역점을 둔다고 보아야 한다. 이상의 내용을 또 다른 해설가인 알프렛 쉬미트는 "니체가 이성을 신뢰하기보다는 오히려 감성[65]을 더 신뢰했으며, 이것이 전통적 형이상학을 전도시키는 데 원동력이 되었다"고 설명한다.[66] 이론과 실천, 철학과 철학자, 이성과 감성 등의 쌍개념 중에서 후자를 신뢰한다는 말인데, 이는 전자에 대한 즉 이성에 대한 불신을, 반발을 의미한다는 말이다. 인간의 이성은 대상에 대한 개념을 형성하는데, 이성이

---

62) Hillebrand, Bruno: Ästhetik des Nihilismus, S. 79
63) Schmidt, Hermann Josef: Grundprobleme der groβ en Philosophen, S. 211
64) 이론(理論)과 실천(實踐)
65) 이성(理性)과 감성(感性)
66) Schmidt, Alfred: Über Nietzsches Erkenntnistheorie, S. 130

인위적으로 형성한 이 개념은 실제로는 경험세계에 존재하는 구체적인 대상에는 빗나가는 개념이 된다는 것이 니체의 생각이다. 예를 들어 "어머니"라는 개념은 선한 어머니, 악한 어머니 등 수많은 어머니들이 경험세계에 존재하므로 인위적으로 구성된 "어머니"라는 개념은, "어머니"에 대해 인위적으로 구성한 형상은 그 수많은 구체적 어머니들 중 어느 하나도 적중하지 못하는 추상적인 개념이 된다는 말이다. 따라서 이성의 산물인 모든 개념은 "비동일성의 동일화"[67]로 서로 상이한 어머니라는 존재들이 동일한 하나의 존재라고 거짓말을 한다고 니체는 말한다. 이성이 만들어낸 개념이란 **비동일성의 동일화**에 지나지 않는다는 결론은, 다시 말해 이성이란 신뢰할 수 없는 "거짓"이라는 결론은 이성에 대한 반발을 나타내는 극치의 표현이다. 이성에 대한 반발과 불신을 지나쳐서 이성에 대한 증오를 나타내는 표현으로, 물을 등지려는 물고기는 구어서 먹어 버려 없애야 하는 것처럼, 생을 등지려는 "현인들" 역시 없어져야 할 필요 없는 존재들로 사실은 현인들이 아니라고 니체는 말하는데, 현인들 즉 이성주의자들은 아무 가치 없는 존재들이라는 뜻이다.[68] 지금까지 언급한 것을 종합하여 다른 표현을 사용하면, 진정한 철학은 철학이 아니라 생을, 이성이 아니라 육체를, 거짓 현인들이 약속하는 달콤한 이상이 아니라 현실의 괴로운 고뇌를 테마로 해야 한다는 것이 니체의 생각이다. L자로 시작하는 3개의 독일말 **Leben, Leib, Leiden**[69]들이 니체 철학의 현주소라고 해설가들은 말한다.

위에서 이성에 대한 반발, 불신, 나아가서는 증오를 언급했는데, 이 이성이 인간 사회에 어떤 기능을 하고 있는가를 논해본다. 니체가 이성에 대해서 반발하고 불신하지만, 인간사회가 이성에 의해서 움직여지고 있다는 사실을 니체도 부인하지 못하기 때문이다. 니체에 의하면 이성의 기능은 한마디로 **고뇌회피**라고 할 수 있다.[70] 이성의 기능이 고뇌회피라는 사실을 설명하는데 크노트가 사용하는 쌍개념을 참고

---

67) Nietzsche: Über Wahrheit und Lüge im außermoralischen Sinn, S.313
68) vgl. Knodt, R.: Friedrich Nietzsche, Die ewige Wiederkehr des Leidens, S.98, 99
69) **Leben(생), Leib(육체), Leiden(고뇌)**
70) vgl., ebd. S.60, 61, 63; **고뇌회피(Leidensvermeidung)**

하자면 다음과 같다. 이성철학의 대표자 소크라테스의 철학을 니체의 용어대로 "**이론적 낙관주의**"라 하고, 이에 반대되는 니체의 철학을 "**실천적 염세주의**"라 하여[71] 두 철학을 비교 대립시키면, 전자 이론적 낙관주의는 고뇌회피의 철학이 되며, 후자 실천적 염세주의는 반대로 고뇌수용의 철학이 된다는 설명이다. 실제로 전통적 이성철학은 (이는 유럽의 합리주의 철학을 의미하는데) 고뇌를 부정적 범주라 하여 전혀 배제하려 했거나, 아니면 긍정적 범주를 구성하는 일부분으로 통합하려 했다. 부정적 범주인 고뇌를 전혀 배제하려 했던 예로는 헤겔[72]을, 또 긍정적 범주를 구성하는 일부분으로 통합하려 했던 예로는 라이프니츠[73]를 들 수 있다. 헤겔은 긍정적 범주와 부정적 범주, 인간에 의해 만들어진 아름다운 예술과 자연 그대로의 거친 자연물 중에서, 달리 표현하여 인간의 정신이 내재한 아름다운 예술작품과 인간의 정신을 결여한 추한 자연물 중에서 후자를 완전히 배제하므로, 헤겔 철학을 거꾸로 뒤집어 놓은 것이 니체 철학이라 할 수 있다. 니체가 좋아하는 L자로 시작하는 3개의 독일어 Leben, Leib, Leiden들은 아름다운 예술작품이 아니라 추한 자연물들로 헤겔 철학의 전도를 의미하는 말들이다. 또 라이프니츠는 소위 신정론[74]이라 하여, 신이 창조한 유일한 이 세계는 거대한 오케스트라와 같은 것으로, 그 오케스트라를 구성하는 악기는 협화음의 악기, 불협화음의 악기 등 수많은 악기들로 되어 있으나 전체로는 하나의 완전성의 오케스트라를, 하나의 완전한 세계를 만들어 낸다고 주장했다. 다시 말해 신이 창조한 이 유일한 세계는 그 안에 불협화음이, 고뇌가 내재해 있다 하더라도 전체로는 완전성의 오케스트라와 같이 완전하고 아름다운 세계라는 논리가 라이프니츠의 신정론이라 할 수 있다. 라이프니츠와 니체를 비교한다면, 라이프니츠는 고뇌를 전체인 완전성을(오케스트라를) 구성하는 일부라고 보지만, 니체는 반대로 완전성을 전체인 고뇌를 구성하는 일부라고 보아, 역시 라이프니츠의 철학을 뒤집어 놓은 것이 니체의 철학이라 할 수 있다. 라이프니츠가 생각하는 완전

---

71) Nietzsche: Die Geburt der Tragödie, S.86; "**이론적 낙관주의**(theoretischer Optimismus)"와 "**실천적 염세주의**(praktischer Pessimismus)"

72) 헤겔(Georg Wilhelm Friedrich **Hegel** 1770~1831)

73) 라이프니츠(Gottfried Wilhelm **Leibniz** 1646~1716)

74) 신정론(神正論 Theodizee)

성(완전한 세계)이란 합리주의, 즉 이성의 산물로서 고뇌회피 외에는 아무 것도 아니기 때문에, 고뇌회피의 합리주의적 이성철학에 니체가 반발하는 것은 당연하다. 하버마스도 니체의 반이성주의를 설명하는 개념으로 "형이상학적 비합리성"이라는 개념을 사용하면서,[75] 니체의 철학은 구심적이 아니라 원심적이며, 일체의 인식과 합목적성[76]의 한계선을 초월하고, 일체의 유용성과 도덕의 법칙을 파괴한다고 말하는데, 이는 고뇌 수용의 비합리주의적인 니체의 **"생의 철학"**을 설명하는 말이다. 고뇌 일체를 배제하려 하거나, 아니면 고뇌를 이성세계를 구성하는(하나의 완전하고 완벽한 세계를 구성하는) 여러 가지 구성요소들 중에 하나의 구성요소에 불과하다고 생각하는 이론적 낙관주의가 아니라, 반대로 고뇌를 전체로 보고 이성을 그 전체를 구성하는 여러 가지 구성요소들 중 하나에 불과하다고 생각하는 **실천적 염세주의**가 니체 철학이라 할 수 있다.

지금까지 우리는 전통적 이성철학에 대한 니체의 반발을 추적했는데 결국은 이성철학의 원조이며 핵심인 소크라테스 철학에 대한 비판에 집중된다. 소크라테스의 이성철학에 대한 비판에서는 **이성**이라는 개념 대신에 **오성**이라는 개념을[77] 사용하는 것이 옳다. 칸트 철학에서는 오성은 이론철학에, 이성은 실천철학에 속해, 오성은 이론과 논리성을 강조하고, 이성은 실천과 도덕성을 강조한다고 볼 수 있다. 따라서 소크라테스 철학의 순수 이론성, 순수 논리성을 비판하려는 니체에게는 오성의 개념이 더 적합하기 때문이다. 앞에서 우리는 소크라테스의 이론적 낙관주의와 니체의 실천적 염세주의를 대립시키고, 이론적 낙관주의를 거꾸로 뒤집어 놓는 것이 니체의 실천적 염세주의라는 내용을 언급했다. 이 내용을 확장시키면 일체의 전통 가치들, 전통철학, 전통종교, 전통 모랄 등을 거꾸로 뒤집어 놓는 것이 니체의 실천적 염세주의라고 할 수 있다. 이유는 일체의 전통가치들의 근저에는 오성 즉 합리주의

---

75) vgl. Habermas, Jürgen: Der philosophische Diskurs der Moderne, S.117; "형이상학적 비합리성(das metaphysische Irrationale)"
76) 인식(認識)과 합목적성(合目的性)
77) **이성(理性 Vernunft)과 오성(悟性 Verstand)**

가 내재해 있기 때문이다. 따라서 일체의 전통가치의 근저에 내재해 있는 소크라테스주의 즉 오성철학 또는 합리주의에 대한 비판은 **"일체의 가치전도"**[78]라는 의미를 갖게 된다. "일체의 가치전도"라는 니체의 비판시각은 니체 철학의 3개 단계 전체에 해당되나 특히 제1단계의 『비극의 탄생』의 전체 테마가 된다고 할 수 있다. 『비극의 탄생』에서 오성철학 또는 합리주의에 대해 니체가 가하는 극치의 비판은 다음과 같다. "소크라테스라는 인물에 의해 세상에 태어난 의미심장한 망상이 있다. 그 망상이란 인간의 사고가 오로지 인과관계[79]라는 법칙에 의해서 인간실재의 깊은 심연까지 탐구할 수 있고, 나아가서는 사고가 실재를 인식할 수 있을 뿐만 아니라 변화시킬 수도 있다는 망상적 신념이다. 바로 이 망상이 학술의 본능에 내재해 있으며 학술을 극단적으로 몰고가 끝에 가서는 학술이 예술로 돌변하게끔 만들기도 한다."[80] 한마디로 인과관계적인 사고 즉 합리주의적 사고가 인간실재를 탐구하고 변화시킬 수 있다는 생각은 전혀 잘못된 망상이며, 그러한 망상의 도구가 학술인데, 따라서 학술은 그 망상적인 합리주의의 논리를 무제한 추적한 결과 자기 자신을 포기해야만 하는 결과를 가져온다는 것이다. 소크라테스부터 시작하는 오성주의는 인간의 실재[81]를 합리주의적 사고의 지배하로 통합하려 한다고 한다면, 니체는 반대로 합리주의적 사고를(인과관계에 의한 논리적 사고를) 인간실재의 지배 하로 통합한다고 할 수 있다. 니체 철학의 현주소라고 언급했던 L자로 시작하는 3개의 독일어 **Leben**, **Leib**, **Leiden**들은 바로 인간의 실재를 의미하는 말들이다. 언급한 대로 인간 실재를 지배하고 억압하려 했던 것이 소크라테스부터 시작하는 오성주의라 한다면, 바로 소크라테스 자신이 희랍문화의(니체가 말하는 실천적 허무주의의) 몰락, 쇠퇴, 질병의 징조였으며, 소크라테스의 오성철학(합리주의)을 본질로 삼고 있는 학술은 실천적 허무주의를 회피하기 위한 도구에 지나지 않는다고 니체는 말한다.[82] 일체의 전통가치들, 전통철학, 전통종교, 전통 모랄의 근저에 내재해 있는 오성에 대한 비판은

---

78) **"일체의 가치전도(Umwertung aller Werte)"**
79) 인과관계(因果關係 Kausalität)
80) Nietzsche: Die Geburt der Tragödie, S.84, 85
81) 실재(實在)
82) Nietzsche: Versuch einer Selbstkritik, S.110

"일체의 가치전도"라는 니체의 비판시각을 낳게 하고, 이 비판시각에 의하면 전통종교인 기독교는 **"몰락에로의 의지"**가 되며, 모랄 역시 **"생의 부정에로의 의지"**가 된다.[83] 이상을 종합하여 표현하면, 소크라테스의 오성철학을 본질로 하는 학술은 생에 대한 적대관계로 끝에 가서는 예술로 돌변해야 하는 운명을 지니고 있고, 기독교는 예술에 대한 적대관계로 (예술에 대한 적대관계는 생에 대한 적대관계를 낳게 되어) 몰락의 운명을 갖게 되며, 또 모랄 역시 생을 부정함에 의하여 예술을 부정하게 되어 학술이나 기독교의 운명과 같은 운명을 면하지 못한다는 것이 니체의 생각이다. 한마디로 생을 학술이나 오성으로 해결할 것이 아니라 예술로 해결해야 하며, 기독교의 신이 아니라 예술신이 유일한 신이며, 또 생은 도덕적이 아니라 미학적이라는 것이 니체의 생각이다.

지금까지 우리는 **고뇌**라는 개념에 대한 철학사적 접근으로 전통적 오성철학에 대한 니체의 반발을 보아 왔다. 철학사적 접근의 두 번째로 전통적 변증법적 철학에 대한 니체의 반발을 논할 차례다. 독일 철학에서 **변증법**[84]의 대가는 역시 헤겔이다. 헤겔이 변증법을 사용하는 이유는 **인과관계**의 법칙에 내재해 있는 메커니즘을, 다시 말해 순수 논리적 사고방식, 순수 합리주의적 사고방식의 메커니즘을 파괴하고 사고의 비약을 위해서다. 이상의 헤겔적 변증법은 후에 특히 마르크스와 아도르노에 와서 전성기에 달한다고 할 수 있다. 기계적인 사고방법, 인과관계적인 사고방법을 파괴하기 위해 생겨난 변증법은 그러나 또 하나의 인과관계, 제2의 인과관계 법칙에 의해서만 생존을 보장받을 수 있는 운명을 자체 내에 내재하고 태어났다. 제2의 인과관계란 변증법이 가능하기 위해서는 2개의 범주가, 그것도 단 2개의 범주만이 존재해야 하는데, 하나를 흑이라 하고 다른 하나를 백이라 한다면 흑백의 관계는 다음과 같다. 흑과 백의 관계는 서로에 대해서 **존재근거**, **상호부정**, **상호자율성**의 관계라고 간단히 말할 수 있다. 존재근거란 흑이 존재하기에 백이 존재하고, 또 반대

---

83) ebd. S.15; **"몰락에로의 의지(Wille zum Untergang)"**, **"생의 부정에로의 의지(Wille zur Verneinung des Lebens)"**

84) **변증법(辨證法 Dialektik)**

로 백이 존재하기에 흑이 존재한다는 말이다. 다음에 상호부정이란 흑을 긍정한다는 말은 백을 부정한다는 말이고, 반대로 백을 긍정한다는 말은 흑을 부정한다는 말이 된다. 다음에 상호자율성이란 흑과 백은 어느 하나가 다른 하나를 지배하거나 억압할 수 없고 상호 대등하고 동등한 관계에 놓여 있다는 것을 의미한다. 흑과 백 사이는 상호 대등하고 동등한 관계여서 양자 사이에는 아무런 인과관계가 없는 듯 보이나, 실은 그 양자의 관계는 끊을 수 없는 존재근거 내지는 존재이유의 관계가 성립하고, 더군다나 하나가 긍정되기 위해서는 다른 하나가 반드시 부정되어야 하는 필연성의 관계가 성립되어 있다. 변증법을 구성하는 2개의 범주, 흑과 백 사이를 지배하는 존재근거, 상호부정, 상호자율성이라는 피할 수 없는 관계 즉 인과관계가 사실은 기계적 사고방식의 인과관계를 파괴하려 했던 제2의 인과관계로 제1의 인과관계보다 도가 더 심한 인과관계라고 할 수 있다. 오성철학에 내재해 있는 "**사고의 메커니즘**"을 파괴하기 위해서 생겨난 변증법이 정도가 더 심한 메커니즘을 자체 내에 내포하고 있다고 할 수 있다. 오성철학에 내재해 있는 인과관계 즉 합리주의적 사고방식을 니체가 비판하는 것은 당연한 것이고, 이상에서 언급한 변증법에 내재한 제2의 인과관계를 니체가 비판하는 것도 당연한 일이다. 우리는 흑과 백이라는 2개의 범주에서 성립되는 변증법을 언급했으나 니체는 주관과 객관[85]이라는 2개의 범주에 의해 성립되는 변증법을 비판한다. 전통철학이 말하는 "소위 올바른 지각이란 주관과 객관의 합이라고 하는데 이는 모순적인 괴물에 지나지 않는다. 왜냐하면 주관과 객관이라는 2개의 전혀 이질적인 영역 사이에는 인과관계, 올바른 관계, 올바른 표현 등의 말은 전혀 성립되지 않으며, 단지 그 양자 사이에는 **미학적 관계**만이 성립하기 때문이다"라고[86] 니체는 말한다. 전통철학에 의하면 "주관과 객관의 합", "주관과 객관 사이의 올바른 관계", "주관에 의한 객관적 묘사"라는 표현들이 있는데, 이는 주관과 객관 사이의 변증법적 관계를 나타내는 표현들이다. 그리고 이 표현들은 결국 주관과 객관의 합이 진리라는 전통철학을 의미하므로 니체가 바로 이 전통철

---

85) 주관(Subjekt)과 객관(Objekt)

86) Nietzsche: Über Wahrheit und Lüge im außermoralischen Sinn, S.317; **미학적 관계(ästhetisches Verhalten)**

학을 비판한다고 볼 수 있고, 그것도 주관과 객관 사이에서 성립되는 "인과관계"를, 달리 표현하여 주관과 객관 사이에서 성립되는 변증법을 니체가 비판한다고 볼 수 있다. 또 니체가 스승인 쇼펜하우어를 비판하는 이유 중 하나가 쇼펜하우어 철학에 내재해 있는 변증법 때문이라고 할 수 있다. 쇼펜하우어는 의미와 예술의 직관이, 다시 말해 비미학적 주관과 미학적 대상이 시에서 양자가 하나로 통합하는가 하면 둘로 분리되는 듯 하기도 하는 상태가 최고의 시라고 하여, 주관과 대상을 분리시킴에 의하여 주관과 대상 사이의 변증법적 관계를 정립한다고 니체는 비판한다. 그 결과 주관과 대상을 상호 대등하고 동등한 관계로 정립시킴에 의해서 의미인 주관에 유리한 결과가 아니라 반대로 불리한 결과를 쇼펜하우어가 가져온다고 니체는 비판한다. 이유는 예술의 근원은 주관과 대상 사이에 놓여 있는 무인지대에서 찾을 것이 아니라 의미인 주관 자체에서 찾아야 하기 때문이라는 것이 니체의 생각이다.[87] 지금까지 전통적 변증법 철학에 관한 니체의 비판을 논했는데, 니체의 철학은 이원론이 아니라 일원론이라는 말을 이미 언급했다. 일원론이란 범주가 2개가 아니라 1개라는 의미가 되므로 처음부터 2개의 범주를 필요로 하는 변증법을 니체가 부정하는 것은 당연하다. 니체의 일원론은 따라서 흑과 백을 대등하고 동등하게 정립하는 변증법이 아니라, 하나를 다른 하나 밑으로 통합하는 단일 체제가 되어야 한다. 예술의 근원이 주관과 대상 사이가 아니라 주관 자체라는 말은 대상을 주관 밑으로 통합시켜 단일체제인 일원론이 된다는 말이다. 니체는 따라서 흑과 백 사이의 대등하고 동등한 관계를 나타내는 **변증법**이라는 개념을 사용하지 않고, 하나를 다른 하나 밑으로 통합하는 **중복성**이라는[88] 말을 사용한다. 이 중복성에 관해서는 뒤에서 논하기로 한다. 변증법을 구성하는 2개의 범주 흑과 백 사이를 지배하는 인과관계가 오성철학의 그것보다 더 심한 인과관계이고, 또 흑을 긍정하는 것이 자동적으로 백을 부정하는 것이 되어 버리는 변증법적 메커니즘이 더 악한 메커니즘이 되어 버린다고 본다면, 변증법은 그 도가 더 심한 **고뇌회피의 철학**이라 보아야 한다.

---

87) vgl. Nietzsche: Die Geburt der Tragödie, S. 39, 40
88) ebd. S. 21; **중복성(Duplizität)**

고뇌라는 개념에 대한 철학사적 접근과정에서 세 번째 전통적 **진리** 개념에 대한 니체의 반발을 논할 차례다. 전통적 진리개념에 대한 반발은 앞에서 논한 오성철학에 대한 반발과 변증법에 대한 반발의 종합이라 할 수 있다. 이유는 진리가 오성철학과 변증법의 최종목적이 되며, 최종목적인 진리가 없다면 오성철학이나 변증법은 목적을 상실한 의미 없는 도구가 되어 버리기 때문이다. 전통적 진리 개념에 대한 니체의 반발을 3단계로 나누어 설명해본다. 첫째 단계로 진리 개념을 근원적으로 부정하는 니체의 **해탈주의**[89]는 다음과 같다. "무한하고 거대하기만 한 우주 속에 무수히 많은 별들이 있었다. 그 무수히 많은 별들 중 아주 작은 별 하나가 지구였으며, 이 작은 지구에는 현명한 동물이라고 자칭하는 인간이 **인식**[90]이라는 것을 발명한 적이 있었다. 바로 이 짧은 순간이 세계사라고 하는 오만하고 거짓에 가득 찬 일순간이었다. 이 세계사라고 하는 순간은 아주 짧은 순간만 지속했다. 그리고 곧 지구는 다시 응고해버려 그 현명하다고 하는 인간들은 죽어 없어졌다. 이상과 같은 신화를 만들어 내어 인간의 **지성**[91]이라는 것이 얼마나 보잘 것 없고 순간적이며 아무런 목적도 없으며 순간적인 우연에 지나지 않는다는 것을 설명하려 해도 그 신화만으로는 충분하지 않다. 인간의 지성이 아직 경험해 보지 못한 미래라는 **영겁**[92]이 있다. 지성이 죽어 없어진다 하더라도 이 영겁은 아무 일도 없었던 듯 영원히 지속할 것이다. 왜냐하면 지성이 인간생명을 초월해서 존재해야 할 아무런 이유가 없기 때문이다. 그리고 지성이란 단지 인간적일 뿐이기 때문이다. 다시 말해 지성을 소유한 자나 또는 그 지성을 만들어 낸 자만이 마치 전 세계의 중심이 그 지성에 들어 있는 양 지성을 과대평가하고 있기 때문이다. 만약 우리가 모기들과 의사소통을 할 수 있다면, 모기들도 위풍당당하게 공기 속을 날아다니며 그들이 세계의 중심이라고 과장하는 것을 이해할 수 있을 것이다. 인식이란 타이어의 튜브처럼 사물을 과장하고 부풀게 만드는 힘을 가지고 있다. 무거운 짐을 지고 있는 자가 모든 사람이 자기를

---

89) **해탈주의**(解脫主義)
90) **인식**(認識)
91) **지성**(知性)
92) **영겁**(永劫)

처다보고 감탄해 주기를 바라는 것처럼, 자존심의 인간이라는 철학자 역시 모든 사람의 시선이 자기에게 쏠리기를 원하며 자기가 세계의 중심이라고 생각한다."[93]
이상의 인용문은 니체의 해탈주의를 단적으로 나타내주는 인용문으로 니체 철학을 이해하는 데 핵심이 된다고 할 수 있다. 니체는 인용문에서 3가지 방법에 의해서 진리의 개념을 무력화시키고 있다. 첫째는 영겁을 극대화시킴에 의해서 진리의 개념을 무력화시킨다. 과거에 영원한 시간이 존재했고 또 미래에도 영원한 시간이 존재하리라는, 과거와 미래를 통한 인간의 상상력을 초월하는 길고 긴 영겁은 5000년간의 인간역사를 보잘 것 없는 순간적인 찰나로 극소화시킴에 충분하다. 그리고 이 극소화된 순간적인 찰나 속에서 진리를 운운하는 말이나 진리를 찾겠다고 하는 의지들은 헛소리가 되며, 의미 없는 짓으로 전락해 버리고 만다. 또 공간적으로 끝없이 거대하기만 한 우주, 그 안에 셀 수 없는 수많은 별들 중 조그만 지구, 이 조그만 지구 위에서 진리 운운하는 것 역시 의미 없는 일로 전락해 버린다. 이상의 시간적 그리고 공간적 의미의 영겁은 진리의 개념을 원초적으로 총체적으로 부정하고도 남는다. 둘째로 니체는 영겁에 반대되는 지성을 극소화시킴으로 진리의 개념을 무력화시킨다. 인간의 지성은 인간과 동물을 구별하는 척도로서 이성과 같은 의미로 보아야 한다. 그리고 지성이 하는 일이 인식이며 그 인식의 축적이 세계사라고 보아야 한다. 과거와 미래를 통한 길고 긴 영겁에 비해 5000년의 세계사를 짧은 순간적 찰나로 극소화시킴에 의해 그 세계사의 담당자인 인식 역시 극소화 무력화되며, 결국에는 그 인식의 소유자인 지성 역시 보잘 것 없고 의미 없는 것으로 전락해 버린다. 셋째로 니체는 지성의 소유물인 인식의 특성에 의해서 진리의 개념을 무력화시킨다. 인식은 원래 타이어의 튜브처럼 사물을 과장하고 부풀게 하는 특성이 있어, 진리를 추구하는 것이 아니라 반대로 진리를 은폐하는 것이 그 특성이라는 것이다. 이상의 해딜주의는 니체의 진리관[94]을 설명하고도 남으나 설명을 계속하자면 다음과 같다.

---

93) Nietzsche: Über Wahrheit und Lüge im außermoralischen Sinn, S.309; **인식(認識 Erkennen), 지성(知性 Intellekt), 영겁(永劫 Ewigkeit)**
94) 진리관(眞理觀)

전통적 진리개념에 대해 니체가 반발하는 둘째 단계를 보면 다음과 같다. 인간은 기꺼이 속이고 또 속임 당하려는 절대적인 성벽을 가지고 있다고 니체는 말한다.[95] 인간의 지성과 이성이란 개체의 생존을 위한 수단에 불과한 것으로 그것들의 유일한 기능은 **위장술 이외에는** 아무 것도 아니라는 것이다. 왜냐하면 생존을 위한 싸움에서 뿔과 이빨만으로는 자신을 지탱할 수 없었던 연약한 개체는 지성과 이성이라는 도구를 사용하여 자신을 위장해야 했기 때문이라는 것이다. 따라서 치열한 생존투쟁에서 실패한 연약한 개체들이 모여 있는 인간사회에는 모든 것이 위장 그 자체라는 것이다. 아첨, 속임수, 중상모략, 겉으로만 그럴듯하게 보이는 점잖은 행위, 가면, 인습이라는 거짓, 타인과 또 자신을 속이려는 연극, 한마디로 허영심이 인간사회를 움직이는 규칙이고 법칙이므로 인간들 가운데서 진리에 도달하려는 진정한 충동이 일어날 수 있다는 사실은 절대로 상상할 수 없다고 니체는 말한다. 기꺼이 속이고 또 속임을 당하려는 인간들로 이루어진 인간사회 속에서 진리에 도달하려는 진정한 충동은 있을 수도 없고 상상할 수도 없으나, 그럼에도 진리를 운운한다면 다음의 3가지 현상이 일어난다고 니체는 말한다. 첫째로 진리의 인위적인 설정이다. 생존경쟁을 위해서 개체는 자연이라는 **"잔혹하고 무서운 세력"**에 대해서 자신을 방어해야 할 뿐만 아니라, 개체는 다른 개체에 대해서도, 나아가 개체집단이 다른 개체집단에 대해서도 자신을 방어해야 하는 복합적인 양상을 가져오므로, 인간은 우선 **"모두에 대한 모두의 전쟁"**[96]을 방지하기 위하여 평화조약을 체결한다는 것이다. 모두가 상호살상에 의하여 자멸하지 않고 최소한 서로 생존하기 위한 전략이 평화조약이라고 할 수 있다. 즉 이 평화조약이란 서로 자멸하지 않고 공존하기 위해 지켜야 할 것과 배척해야 할 것을, 진리와 비진리를 인위적으로 설정함을 의미한다. 따라서 진리란 원래의 진리가 아니라, 개체와 개체들의 이기적인 생존수단에 의해서 인위적으로 설정된 진리, 생존원칙에 부합되도록 선정된 진리, 즉 진리가 아닌 "진리"가 된다는 논리다. 둘째로 진리의 반대인 비진리 즉 거짓도 설정된 비진리, 선정된 거짓이 된다는 것이다. 인간은 자기의 생존을 위해 거짓 그 자체를 피하는 것이 아니라

---

95) Nietzsche: Über Wahrheit und Lüge im außermoralischen Sinn, S.310, 320 f.
96) "모두에 대한 모두의 전쟁(bellum omnium contra omnes)"

단지 자기에게 해가 되는 거짓만 배척하고, 이익이 되는 거짓은 진리로 승격시켜 환영한다는 논리다. 셋째로 종합하여 진리가 존재한다면 인간은 그 진리를 제한적으로만, 다시 말해 그 진리의 유익한 면만을, 자기에게 유쾌하고 생존을 보장해 주는 면만을 진리라고 인정하고, 불쾌하고 생존을 위협하는 면은 배척하여 선한 진리와 악한 진리로 진리가 상대화된다는 것이 니체의 생각이다. 단 하나이며 절대적이어야 하는 진리가 상대화됨은 진리가 없다는 말이 된다. 진리의 선정, 거짓의 선정은 합해서 진리의 상대화, 진리의 부정을 의미한다. 지금까지 우리는 해탈주의에 의한 진리의 무의미성, 인간에 내재한 속이고 속임을 당하려는 성벽에 의한 진리의 부정을 보아 왔다.

전통적 진리개념에 대해 니체가 반발하는 셋째 단계는 다음과 같다. 진리의 무의미성, 진리의 정반대 현상인 속이고 속임 당하려는 인간의 성벽 등에 의해서 니체가 말하는 유명한 선언은 **"진리란 없다"**는 것이다. 이 유명한 선언을 자세히 인용하자면 다음과 같다. "세계가 가치 있는 것이라고 한다면, 그 가치는 인간 자신이 내리는 **해석**[97] 자체다. 인간역사, 인간문화라고 하는 것은 인간이 내려온 지금까지의 여러 가지 해석들이며, 그 여러 가지의 해석들은 생명, 세력의 의지, 세력의 확장 등을 유지시키고 가능케 해주는 **관점**[98]들에 불과하다. 인간이 향상한다는 말은 과거의 좁은 해석을 극복하고 새로운 해석으로 개선한다는 말이다. 세력과 권력의 새로운 확장이란 새로운 관점, 새로운 시야를 의미할 뿐이다. 다시 말해 우리가 말하는 세계란 허위의 세계, 즉 사실이 아닌 몇 개 안 되는 관점을 이렇게 저렇게 배합해 놓은 인위적인 구성물에 지나지 않는다. 따라서 세계란 항상 흐르고 있는 유동상태의 현상이나 겉모양만 달리하는 허위의 유동상태다. 즉 세계는 진리와는 전혀 관계없으며, 이 세계에는 진리란 원래 존재하지 않는다."[99] 인간이 진리라고 부르는 것은 진정한 진리가 아니라 단순히 세계를 어떻게 해석하느냐 하는 **해석방식**이며, 세계를 어

---

97) **해석**(解釋 Interpretation)
98) **관점**(觀點 Perspektive)
99) Nietzsche: Aus dem Nachlaß der Achtzigerjahre, S.497

떻게 보느냐 하는 **시야구성**이고, 종합해서 자신에게 유리하도록, 니체의 말로 표현하면, 생명, 세력의 의지, 세력의 확장을 유지시키고 가능케 하도록 어떻게 처신하느냐 하는 **행동방식** 이외에**는** 아무 것도 아니라는 말이다.[100] 세계의 가치를 운운하거나 세계의 진리를 운운하는 말들은 모두 의미 없는 헛소리에 불과하며, 오로지 인간이 운운할 수 있는 말들은 자기에게 이익이 되도록 세계를 어떻게 해석하고, 어떻게 보고, 어떻게 처신하느냐 하는 해석방식, 시야구성, 행동방식만이 의미 있다면 의미 있는 말이라는 논리다. 해석방식과 시야구성을 합해서 행동방식이라고 종합한다면, 이 세계에는 이미 여러 번 언급한 대로 진리란 존재하지 않으며 존재하는 것은 인간이 자신에게 유리하도록 타인과 사회에 대해서 처신하는 행동방식만이 존재한다는 말이 된다. 극단적으로 표현하면, 진정한 진리란 없으며 오로지 타인과 사회를 착취하고 이용하는 기회주의적인 행동방식만이 있는 세계가 우리가 살고 있는 세계라는 말이 된다. 인간이 말하는 소위 "진리"는 인간이 기회주의적으로 자기에게 유리하게 처신하는 행동방식의 표현이라고 할 수 있다. 전통적 진리개념에 대해서 지금까지 논한 것을 종합하여 이 세계에는 "진리는 존재하지 않는다"라고 선언한다면, 이는 염세주의의 극치를 표현하는 선언이 된다. 왜냐하면 고뇌의 궁극적인 보상이라 할 수 있는 진리가, 고뇌의 최종목적이라고 할 수 있는 진리가 전혀 결여되어 있기 때문이다. 보상 없는 고뇌, 최종목적이 결여된 고뇌야말로 고뇌 그 자체, 총체적인 고뇌라고 할 수 있다.

3. 아폴로성과 디오니소스성

우리는 이미 쇼펜하우어와 니체 사이의 동일점으로 인간 세계의 원초현상은 "**잔혹하고 무서운 세력**"이며 여기서 "**인생은 고뇌다**"라는 양자 철학의 근본원칙을 이미 언급했다. 그리고 지금까지 우리는 니체의 개인사와 일반 철학사를 통해 고뇌의 개념에 접근해 왔다. 쇼펜하우어와 니체 사이의 상이점으로 의지말살의 염세주의와

---

100) **해석방식**(Interpretationsweise), **시야구성**(Perspektivismus), **행동방식**(Verhaltensweise)

염세주의의 극복, 고뇌에 대한 항복과 고뇌수용의 "**아모르 파티**" 철학을 역시 언급했다. 다음에는 쇼펜하우어 철학에서 독립한 니체의 독자적인 철학으로 고뇌수용의 "아모르 파티" 철학을 구체적으로 논할 차례다. 니체가 고뇌를 수용하여 극복하는 수단인 2개의 쌍개념은 **아폴로성**과 **디오니소스성**이다. 니체의 철학은 계속 읽어야 하나 그의 철학에 대해서 글을 쓰는 일은 피해야 한다는 말을 언급했듯이 이상의 쌍개념을 규정한다는 것은 대단히 모험적인 일이 된다. 따라서 조심스럽게 **3가지 카테고리**를 택해 아폴로성과 디오니소스성이라는 쌍개념에 접근해 본다. **첫 번째 카테고리**로 니체 자신은 아폴로성을 **꿈**이라 하고, 디오니소스성을 **도취**라고 부른다.101) 꿈의 영상들은 눈으로 보는 시각적 현상들이라고 한다면, 도취 그 자체는 눈으로는 볼 수 없는 청각적 현상이라고 할 수 있다. **시각적 - 청각적**이라는 관점으로 논하는 것이 첫 번째 관점이다. **아폴로성**은 시각적이며, **디오니소스성**은 청각적이라는 말이 된다. 아폴로성과 디오니소스성을 이상의 시각적 - 청각적이라는 관점으로 해석하는 예로 키틀러를 들 수 있다. "꿈과 도취 사이의 대립은 시각적 예술과 청각적 율동예술 사이의 대립을 나타낸다고"하여 전자를 **시각의 세계**, 후자를 **청각의 세계**라고 키틀러는 말한다.102) 아폴로성과 디오니소스성을 이상과 같이 시각적 - 청각적이라는 관점으로 논한다면 다음 3가지 짐진적인 설명을 할 수 있다. 첫 번째 설명은 아폴로성은 **영상**이고, 디오니소스성은 영상화 전의 상태, **무영상성**103)이라고 할 수 있다. 그러나 디오니소스성을, 눈으로는 볼 수 없고 귀로만 들을 수 있다고 하여 무영상성이라고만 설명하는 것은 빈약한 설명이다. 니체 자신은 디오니소스성을 **분위기** 자체, 그것도 "**음악적 분위기**" 그 자체라고 말하면서, 아무런 대상이나 아무런 목적 없이, 다시 말해 **무규정성의 유동상태**인 분위기가 먼저 존재해 있으며, 그 다음에 비로소 시적 이념이 생기게 되어 예술삭품을 예술기기 창조하게 된나고 말한다.104) 시적 이념이 먼저 떠올라야 작품이 만들어지는 것이 상식인데, 니체는

---

101) Nietzsche: Die Geburt der Tragödie, S.19; **꿈(Traum)**과 **도취(Rausch)**

102) Kittler, Friedrich A.: Nietzsche(1844~1900), S.194, 195; **시각의 세계(Schauwelt)**와 **청각의 세계(Hörwelt)**

103) **영상(影像 Bild)**과 **무영상성(無影像 Bildlosigkeit)**

104) vgl. Nietzsche: Die Geburt der Tragödie, S.17

그 시적 이념을 선행하는 원초적인 분위기를 상정한다. 예술작품의 근원이 예술가고, 또 예술가의 근원이 시적 이념이라면, 니체는 근원의 근원의 근원, 즉 원초 근원인 **음악적 분위기**[105]를 상정한다고 할 수 있다. 예술의 원초근원인 "음악적 분위기"가 디오니소스성이므로, 디오니소스성 없이는 예술이 없다는 결론이 된다. 니체는 계속해서 예술의 원초근원인 음악적 분위기 자체를 **의지**[106] 자체라고 부른다. 달리 표현하여 의지가 가지고 있는 유일한 언어는 음악이라고도 니체는 말한다.[107] 디오니소스성을 설명하는 개념으로 지금까지 무영상성, 음악적 분위기, 의지 자체를 언급했는데 이들은 디오니소스성을 구성하는 3개의 구성요소들이 아니라 하나의 디오니소스성을 설명하는 점진적인 표현들이라 보아야 한다. 이상의 표현들을 종합하여, 볼 수 없는 하나의 의지가(또는 하나의 분위기가) 살아서 움직이고 있는데 그것도 어떤 율동에 의해서 움직이고 있다고 상상할 수 있다. 아폴로성과 디오니소스성에 대한 시각적 - 청각적 관점에 의한 설명은 다음과 같다. 아폴로성은 눈으로 볼 수 있는 **시각적 영상**이며, 디오니소스성은 눈으로는 볼 수 없으나 움직이는 율동에 의해서 들을 수는 있는 **청각적 분위기** 자체 또는 의지 자체라고 할 수 있다.

꿈과 **도취**에 대한, 아폴로성과 디오니소스성에 대한 두 번째 점진된 시각적 - 청각적 설명을 보기로 한다. 두 번째 설명은 첫 번째 설명의 "음악적 분위기"를 확장하여 꿈과 도취를 설명하는 것이 된다. 니체는 쇼펜하우어를 다음과 같이 칭찬한다. "아폴로성의 예술인 **조각 작품**과 디오니소스성의 예술인 **음악** 사이의 거대한 상이점을 인식한 유일한 사람은 위대한 사상가인 쇼펜하우어였다. 그는 음악에 여러 가지 복합적인 성격을 부여했는데 그것도 모든 예술에 선행하는 원초성을 부여했다. 음악은 다른 예술들이 하고 있는 것처럼 현상의 모방이 아니라, 의지 자체의 직접적인 표현이며, 경험세계 그대로가 아니라 그 경험세계 배후에 놓여 있는 형이상학적인 그 무엇, 즉 "**물 자체**"를 표현해 준다는 것을 쇼펜하우어는 인식했기 때문이다."[108]

---

105) **음악적 분위기**(musikalische Stimmung)
106) **의지**(意志 Wille)
107) vgl. Nietzsche: Die Geburt der Tragödie, S.91

첫 번째 설명에서는 아폴로성으로 꿈의 영상, 디오니소스성으로 음악적 분위기 등의 비교적 단순한 표현을 사용했으나, 여기서는 조각 작품, 음악과 멜로디 등 비교적 심화된 표현을 사용하고 있다. 아폴로성은 조각 작품으로 더 구체화시키고, 디오니소스성은 음악과 멜로디 등으로 더 일반화시키는 표현이라고 할 수 있다. 아폴로성인 꿈의 영상과 디오니소스성인 도취를 설명하기 위해 니체는 **민요**를 예로 들면서 다음과 같이 정의한다. "민요는 음악의 **세계거울**이며 원초적인 멜로디다. 이 원초적 멜로디가 자신에게 적합한 꿈의 현상을 찾던 중 이를 발견한 곳이 시문이다. 이 원초적 멜로디는 따라서 원초적인 동시에 보편적인 요소로서 그 구체화라는 탄생을 위해 여러 가지 시련을(고뇌를) 겪어야 하는 요소다. 이 원초적인 멜로디가 시문을 잉태하여 출산한다고, 그것도 한번이 아니라 몇 번이고 계속하여 출산한다고 할 수 있다."[109] 이상의 인용문을 구체적으로 설명하기 위하여 "아리랑"이라는 한국 민요를 예로 들어보면 다음과 같다. "아리랑 아리랑 아라리요 아리랑 고개를 넘어간다……"라는 텍스트와 그 텍스트를 이끌어 가는 (그 텍스트 배후에 내재해 있는) 우리가 잘 알고 있는 멜로디를 분리하여 논하자면, 후자인 멜로디가 원초적인 동시에 보편적인 요소이며 바로 이 멜로디가 "아리랑"이라는 시문을(텍스트를) 탄생시켰다는 논리다. 그리고 이 원조적인 동시에 보편적인 멜로디는 "아리랑"이라는 민요 한 번만의 출산뿐 아니라 예를 들어 "정선아리랑" 등 다른 출산도 가능하다는 말이 된다. 문제는 이 원초적인 동시에 보편적인 멜로디의 출산을 "아리랑"이나 "정선아리랑" 등 민요에만 국한시키지 않고 모든 예술 형식으로 확장시킬 수 있는 것이 니체의 미학이라는 것이다. 또 이를 더 확장하고 확대하여 원초적인 동시에 보편적인 멜로디의 출산행위를 예술의 모든 형식뿐만 아니라 학술, 문화 등 인간사 모든 영역에까지 적용시키는 것이 니체의 철학이라 할 수 있다. 이상의 확장과 확대의 논리를 거꾸로 뒤집어서 생각하면 결국 모든 예술의 그리고 모든 인간사의 근저에 내재해 있는 **원초현상**[110]이 바로 원초적인 동시에 보편적인 멜로디라는 말이 된다. 이에 따라서 멜로디와

---

108) Nietzsche: Die Geburt der Tragödie, S.88, 89; **물 자체(Ding an sich)**
109) ebd. S.41; **세계거울(Weltspiegel), 시문(詩文 Dichtung)**
110) **원초현상(das Ur-Eine)**

동의어인 음악에 대해서 니체가 말한 다음의 표현들을 이해할 수 있다. **"음악은 의지다"**, **"음악은 세계상징이다"**라는 표현들은 이해할 수 있고, 또 그가 **음악의 정신**이라는[111] 개념을 사용하는 것도 이해할 수 있다. 모든 인간사의 근저에 놓인 원초현상과 음악과의 관계를 표현하는 니체의 말은 다음과 같다. "따라서 음악은 모든 다른 예술과는 구별되는 것으로서 현상의 모방이 아니라, 더 정확히 표현하면 의지의 객관화된 모방이 아니라, 의지 자체의 직접적인 노출이며, 물리적 세계 배후에 내재해 있는 형이상학적인 것이며, 모든 현상의 근저에 놓여 있는 **물 자체**라고 할 수 있다. 따라서 세계라는 다양한 현상은 **음악의 육체화**, 의지의 육체화라고 할 수 있다."[112] 모든 현상의 근저에 내재해 있는 원초현상 자체가 니체에 의하면 의지 자체이기 때문에 "음악은 보편적인 언어다", **"음악은 의지의 언어다"**라고 니체는 말한다.[113] 종합하여 니체는 **"음악은 육체를 갖고 있지 않은 가장 내부의 영혼"**이라고 말하는데[114] 이 육체 없는 영혼에 여러 가지 육체를 입혀 놓은 것이 물리적 세계, 즉 현실 세계라는 다양한 현상이 된다는 말이다. 따라서 예술의 영역에서 본다면 아리스토텔레스가 말하는 모방, 즉 **미메시스**[115]는 자연을 모방한다는 말로 니체가 생각하는 미메시스와는 반대의 것으로 된다. 니체에 의하면 모방을 한다면 **"육체 없는 가장 내부의 영혼"**을, 다시 말해 원초적이고 보편적인 멜로디를(이는 다시 의지 자체를 의미하지만) 모방해야 하며, 육체라는 옷을(이는 현실 세계라는 다양한 현상 즉 자연이 되므로) 모방한다면 이는 모방의 모방으로 졸작이 되어 버린다는 논리다. 영혼이 입은 옷을 그 영혼의 모방이라 한다면 그 옷을 모방하는 것은 모방의 모방, 이중적인 모방이 되기 때문이다. 이상의 내용을 간단히 요약하면 "육체 없는 영혼"에 육체라는 옷을 입혀 놓은 것이 아폴로성으로 물리적 세계 또는 현실세계라는 다양한 현상이 되고, 육체라는 옷을 입기 전의 상태, 즉 "육체 없는 가장 내부의 영혼"이, 다시 말해 원초적

---

111) Nietzsche: Die Geburt der Tragödie, S. 43; **의지(Wille)**, **세계상징(Weltsymbolik)**, **음악의 정신(Geist der Musik)**

112) ebd. S. 90; **음악의 육체화(Verkörperung der musikalischen Stimmung)**

113) ebd. S. 90, 91

114) ebd.

115) **미메시스(Mimesis)**

이고 보편적인 멜로디가, 아니면 원초현상인 의지 자체가 디오니소스성이 된다는 설명이다. 이상에서 설명한 아폴로성과 디오니소스성 양자 모두는 우리가 생각하는 예술의 영역을 초월하는 개념들로 전자는 형이하학적, 후자는 형이상학적 개념이라고도 할 수 있다.

　　꿈과 도취에 대한, 다시 말해 아폴로성과 디오니소스성에 대한 세 번째 점진된 시각적 - 청각적 설명을 보기로 한다. 난해한 "논리의 비약"을 피하기 위해서 니체 자신의 말을 인용하여 설명을 시작해 본다. "아주 오래된 페르시아의 민속신앙에 의하면 현명한 마술사는 반드시 근친상간에 의해서만 태어날 수 있다고 한다. 이유는 **자연**으로 하여금 자신의 비밀을 털어 놓게 만드는 유일한 방법은 , 인간이 자연에 대해 성공적으로 반항함에 의해, **비자연**에 의해 반항함에 의해서만 가능하기 때문이다. 이러한 인식이 나는 소름끼치는 오이디푸스 운명의 삼중성에서 확인되었음을 발견한다. 자연의 수수께끼, 즉 이중성의 스핑크스의 수수께끼를 풀어낸 오이디푸스가 친아버지를 죽이고 또 친어머니의 남편이 됨으로서 신성한 자연의 질서를 파괴하는 오이디푸스 운명의 삼중성에서 말이다."116) 이상의 인용문에서 비밀을 간직하고 있는 자연과 그 자연의 비밀을 털어 놓게 하려는 근친상간, 즉 비자연이 대치되어 있다. 비밀을 간직하고 있는 자연과 그 자연의 비밀을 털어 놓게 하려는 비자연으로, 니체 자신은 분명히 자연과 비자연을 대치개념으로(쌍개념으로) 보고 있으나, 그러나 이는 자신의 철학을 난해하게 만들거나 아니면 자신의 철학에 어긋나는 쌍개념이라 할 수 있다. 니체는 **"자연의 잔혹성"**이라고 하여 자연을 아폴로성이 아니라 디오니소스성 하에 통합하여, 자연을 **"산혹하고 무서운 세력"**이라고 해석하는 것이 정설이기 때문이다.117) 그럼에도 니체가 **자연**을 **비자연**에 대한 대치개념으로 사용하는 이유는 이상의 인용문에서 테마는 자연이 아니라 비자연이 되기 때문이라 할 수 있다. 오이디푸스 운명에 내재한 비자연에 역점과 초점을 두다보니 그 비자연의 파괴 목표가 되는 대상은 자연히 자연이 된다고 보아야 한다. 아폴로성인 꿈을

---

116) Nietzsche: Die Geburt der Tragödie, S. 56, 57; 오이디푸스(Ödipus), 스핑크스(Sphinx)
117) vgl. ebd. S. 47, 48

자연이라 하고, 디오니소스성인 도취를 비자연이라 표현하는 것은 분명히 논리의
비약이다. 니체 자신이 아폴로성을 자연이라는 개념 하에 포섭하는 예나 또는 그러
한 논리를 확인하기는 거의 불가능하기 때문이다. 그러나 칸트가 일체의 경험세계
를 자연이라는 개념으로 표현하는 사실을 감안하여 아폴로성인 꿈을 자연의 개념
하로 통합한다면, 디오니소스성인 도취는 자연개념, 즉 자연의 인과율을 초월하는
개념으로서 비자연이라는 명칭을 붙일 수도 있다. 지금까지 우리는 아폴로성인 꿈
과 디오니소스성인 도취를 시각적 - 청각적 면에서 보아 왔다면, 자연과 비자연이라
는 쌍개념에서는 시각적 - 청각적이라는 범주를 초월한다고 할 수 있다. 특히 디오니
소스성인 도취라는 개념은 청각적이라는 하나의 범주만으로는 더 이상 설명할 수
없는 개념이 되어 버린다. 디오니소스성인 도취는 청각의 영역을 초월하여 후각 내
지는 촉각의 영역에까지 또 아니면 인간의 5관 모두의 영역에까지 확장되는 개념이
되어 버린다. 더 나아가서 디오니소스성인 도취는 감각의 영역인 미학의 영역을 초
월하여 감각탈실118)의 영역인 **비미학**의 영역에 도달하는 개념이라 보아야 한다.

청각만의 범주로는 더 이상 포착할 수 없고, 5감각 일체를 초월하며, 따라서 감각
적인 미학의 영역을 초월하여 감각탈실이라는 비미학의 영역에까지 도달하는 디오
니소스성인 도취에 대한 니체 자신의 설명의 예는 다음과 같다. "예술이 존재하기
위해서는 다시 말해 미학적인 창조나 미학적인 관찰이 존재하기 위해서는 생리적인
전제조건이 필요한데, 그것이 도취이다. 도취는 최고 상태의 흥분을 의미하며, 이
도취라는 흥분 없이는 예술은 불가능하다. 무엇보다도 성적 흥분이라는 도취가 가
장 근원적이고 원초적인 도취의 모습이다. 이 근원적이고 원초적인 도취가 여러 가
지 형식으로 나타나는데, 축세의 도취, 경기시합의 도취, 용감성의 도취, 승리의 도
취, 극단적 행위의 도취, 잔인성의 도취, 파괴의 도취, 자연현상인 봄의 도취, 마취제
의 도취, 넘쳐흐르는 의지의 도취 등으로 나타나는데, 도취의 본질은 힘의 고조이며
힘의 충만이다."119) 최고상태의 성적 흥분이라는 도취가 근원적이고 원초적인 도취

---

118) **감각탈실(感覺脫失 Anästhesie)**
119) Nietzsche: Götzen—Dämmerung, S.995

이며, 이것이 인용문에서 열거한 여러 가지 형태의 도취로 나타난다는 것이다. 이 근원적이고 원초적인 도취가 없다면 예술만 불가능한 것이 아니라, 인생 자체도 불가능하다는 것이 니체의 생각이다. 예술과 인생의(예술은 인생이고 , 인생은 예술이라고 하여 예술과 인생을 동일한 하나로 보는 것이 니체 철학에 합당하겠지만) 가장 근원적이고 원초적인 현상 즉 원초현상이 바로 이 최고상태의 성적 흥분이라는 힘 **크라프트**[120]의 고조이며 크라프트의 충만이라는 도취가 된다는 말이다. 바로 이 최고상태의 성적흥분, 크라프트의 고조이며, 니체에 의하면 크라프트의 충만 상태인 도취의 소유자가 디오니노스와 그의 종자 **사티로스**[121]다. "디오니소스신의 마술에 의하여 인간과 인간이 다시 하나가 될 뿐만 아니라, 낯설고 적대적이며 억눌렸던 자연까지도 잃어 버렸던 아들 인간과 다시 화목하게 되며, 땅은 먹을 곡식을 선사하고, 산과 황야의 맹수들은 평화롭게 다가오며, 디오니소스신의 길은 꽃과 화환으로 넘쳐흐르며, 디오니소스신 앞에서는 표범과 호랑이도 길들은 순한 동물로 변한다. 세계조화라는 복음 하에 모든 인간은 자기 이웃과 통합되고 조화되며 융화될 뿐만 아니라 **마야의 베일**은 걷혀 없어져 유독 신비로운 원초현상만을 천진난만한 어린아이 모양으로 우러러 볼 뿐이다."[122] 다음에 디오니소스의 종자인 사티로스에 대한 설명도 같은 내용이다. 그러나 여기서는 디오니소스에 대한 설명보다 더 점진된 표현들을 니체는 사용하는데 다음과 같다. 모든 가정의 한계선과 가정의 규약을 초월해 버리는 "**넘쳐흐르는 성적 방종**"[123]의 상태에서는 자연의 모든 야수들은 해방감을 느끼게 되어, 성적흥분과 잔인성이 하나로 뒤섞여 만들어진 마녀의 약, 즉 **마약**[124]과 같은 상태가 생긴다고 하며, 이를 니체는 사티로스의 축제라고 하는데 이는 디오니소스에게도 그대로 적용되는 설명이다. 지금까지 보아온 디오니소스성에 대한 설명을 종합하면, 디오니소스성인 도취는 최고의 성적 흥분상태로 다른 모든 도취의 근원이 되며, 또 크라프트의 고조이며 충만의 상태이며, 또 예술과 인생의 근원이

---

120) **크라프트(Kraft** 힘)
121) **사티로스(Satyros)**
122) Nietzsche: Die Geburt der Tragödie, S.24, 25
123) vgl. ebd. S.26, 27
124) **마약(魔藥 Hexentrank)**

되고, 넘쳐흐르는 성적 방종이며, 최고의 성적 흥분상태와 잔인성이 하나로 뒤죽박죽된 마약과 같은 것이 된다는 설명이다. 디오니소스성에 대한 이상의 설명들은 청각적 범주만으로는 더 이상 표현할 수 없는 설명들이다. 디오니소스성인 도취는 이미 언급한 대로 미학의 범주가 아니라 비미학의 범주에, 감각의 범주가 아니라 감각탈실의 범주에 속한다고 보아야 한다.

위에서 설명한 디오니소스성인 도취에 대한 설명들은 결국은 예술과 인생의 근원이 되는 원초현상에 대한 설명이 된다. 디오니소스성인 도취에 대한 설명으로 모든 가정의 한계선과 가정의 규약을 초월해 버리는 성적 방종, 자연 그대로의 모든 야수들이 한 데 모여 생겨나는 최고의 성적 흥분상태와 잔인성이 하나로 섞인 마약 등의 표현이 나타내듯이 디오니소스성인 도취는 도덕 내적인 개념이 아니라 도덕 외적인 개념이다. 따라서 역시 디오니소스성인 원초현상도 도덕 외적인 개념이다. **진리와 거짓**의 문제는 도덕 내적인 세계 즉 도덕의 세계에서 논해서는 안 되고, 원초현상의 거주지인 도덕 밖의 세계에서 논해야 한다는 것이 니체의 생각이다. 예술과 인생의 근원인 원초현상의 거주지가 도덕 밖의 세계라면, 이해와 설명을 불가능하게 만드는 다음의 예들은 니체 철학이 유래한 출처지, 아니면 니체 철학의 영향이라고 보아야 한다. 현대 문학 중에서 예를 들자면 막스 프리쉬[125]의 『호모 파버』라는 소설에서 아버지인 호모 파버가 친딸과 근친상간을 저지르며 결혼신청까지 하는 것이 묘사된다. 근친상간의 테마는 단순히 독자의 호기심 내지는 관능을 자극하기 위해서 사용되었다고 보는 것은 얕은 해석이다. 도덕 내적 세계를 초월하여 도덕 외적 세계까지 인간의 진정한 원초현상이 무엇인가를 탐구하려는 작가의 의도라고 보아야 더 넓고 깊은 해석이 된다고 할 수 있다. 근친상간이 없었더라면 아버지인 호모 파버와 딸 사이의 재회는 상상할 수 없다는 사실이 소설의 내용이고 구조다. 근친상간에 의한 아버지와 딸 사이의 재회냐, 아니면 아버지와 딸 사이의 영원한 불회냐 라는 양자택일 중에서 전자를 택하면 도덕 외적인 해설이 되고 후자를 택하면

---

125) 프리쉬(Max **Frisch** 1911~1991)

도덕 내적 해설이 된다. 도덕 외적인 해설이 옳으냐 아니면 도덕 내적 해설이 옳으냐 하는 문제는 철학 자체의 문제로 남게 된다. 다만 근친상간을 감수하고라도 아버지가 진정으로 사랑하는 딸과 재회하겠다면, 이는 도덕세계를 초월하여 도덕 밖의 세계까지 도달하는 해석이 된다. 다음에 예술 일반과 문학 일반에 널리 알려진 역시성적으로 그로테스크한 묘사들도 니체 철학을 입증해 주거나 아니면 니체 철학의 영향을 받은 것이라고 볼 수 있다. 역시 현대문학에서 또 다른 예를 들자면, 귄터 그라스126)의 『양철북』에 등장하는 오스카는 피로할 때나 괴로울 때는 언제나 9개의 치마를 겹쳐 입는 외할머니의 치마 밑으로 들어가며, 또 그 치마 밑으로의 동경을 언제나 가지고 있다. 오스카가 외할머니의 치마 속에 대한 동경을 갖고 있는 것은 치마 밑에서 생기는 여자 냄새를 맡기 위함이며, 또 외할머니가 9개의 치마를 겹쳐서 입고 있는 것은 9라는 숫자가 신성한 숫자를 의미하기도 하나, 치마 밑의 여자 냄새를 보호하기 위함도 의미한다. 따라서 외할머니가 겹쳐 입은 9개의 치마는 그 치마 밑에서 생겨나는 신성한 여자 냄새를 9겹으로 겹겹이 보호한 것이라는 의미로 해석할 수 있다. 이상의 성적으로 그로테스크한 표현들은 예술 일반 내지 문학 일반에서 얼마든지 그 예를 찾을 수 있다. 이상에서 언급한 성적으로 그로테스크한 표현들 역시 도덕 외적인 표현들로 도덕 내적인 개념에 의해서는 해결할 수 없는 문제다. 오스카의 동경의 대상인 여자 냄새가 예술과 인생 일반의 근원이 되는 원초현상의 후각적 현상이라 한다면, 니체의 의견에 따라 표현하면 예술은 도덕적 세계와 도덕 밖의 세계 중에서 오히려 후자의 세계에 정착함이 옳다. 지금까지 논해 온 디오니소스성인 도취는 예술과 인생의 근원인 원초현상이 가지고 있는 하나의 속성으로 청각적 범주를 초월하여 촉각, 후각 등 5관의 영역을, 그 5관 전부를 초월하는 개념으로 이해해야 한다. 도덕 외적 개념이란 노력적 개념을, 즉 의식적이고 논리적인 개념을 초월함은 물론이고, 5관의 영역까지도 초월함을 의미한다.

지금까지 우리는 디오니소스성인 도취를 3가지 점진적인 단계로 시각적 - 청각적

---

126) 그라스(Günter **Grass** 1927~)

이라는 첫 번째 카테고리에 의해 논했다. 디오니소스성에 대한 설명은 시각적 - 청각적 범주를 초월하는 개념으로 미해결의 문제로 남게 된다. 다음에는 범주를 바꾸어서 **가상과 무가상성**127)이라는 **두 번째 카테고리**에 의해서 아폴로성과 디오니소스성을 논해 본다. "희랍 비극의 아폴로적 부분들, 즉 대사 등 표면에 부상하는 모든 요소들은 단순하며 투명하고 아름답다. …… 예를 들어 소포클레스의 주인공들이 사용하는 언어의 아폴로적 분명성과 명백성은 지금도 우리를 놀라게 만든다. 그러나 그 아폴로적 분명성과 명백성 배후에는 정반대의 것, 즉 어두운 심연이 깃들어 있음을 알 수 있다. 그리고 한편으로는 그 아폴로적인 밝은 면과 다른 한편으로는 비아폴로적인 어두운 심연 사이의 거리는 놀랍게도 아주 짧은 거리임을 알 수 있다. 만약에 표면상에 부각되어 있는 밝고 분명하고 명백하게 보이는 요소들을(이 요소들은 전부가 검은 스크린 위에 조명된 영상사진과 같은 것으로 철두철미하게 가상 이외에는 아무 것도 아니지만) 전부 제거한다고 가정하면, 우리는 그 어두운 심연, 즉 희랍의 신화와 만나게 된다. 아폴로적인 밝은 면과 어두운 심연(이는 디오니소스성을 의미하지만) 사이의 관계는 다음과 같다. 우리가 만약에 강한 태양을, 아주 밝은 태양을 눈으로 직접 보려는 시도로 눈이 갑자기 캄캄해진다면 그 치료방법으로 검은 천을 눈에 대거나 아니면 어두운 방으로 들어가야 한다. 그러나 만약에 태양이 밝은 태양이 아니라 어두운 태양이라 가정한다면 그 치료방법은 반대로 검은 천이 아니라 밝은 천을 눈에 대거나, 어두운 방으로가 아니라 밝은 방으로 들어가야 할 것이다. 소포클레스의 주인공들이 사용하는 분명하고 명백한 언어라는 현상은, 다시 말해 아폴로적인 밝은 조명사진의 현상들은, 간단히 말해 아폴로성이라는 가면은 무서운 자연이라는 어두운 심연, 다른 말로 **잔혹한 심야**를 눈으로 직접 보고 난 후 눈을 치료하려는 방편에 지나지 않는다"128)라고 니체는 말한다. 인용문의 내용을 간단히 요약하면, 아폴로성은 단순하며, 투명하고, 아름답고, 분명하고, 명백한 것으로 묘사하고, 디오니소스성은 반대로 심연, 잔혹한 심야 등으로 니체는 묘사하고 있다. 아폴로성을 니체는 계속해서 가면과 가상이라고 요약하는데, 디오니소스성은 따라서 그

---

127) **가상**(假象 Schein)과 **무가상성**(無假象性 Scheinlosigkeit)
128) Nietzsche: Die Geburt der Tragödie, S.55; **잔혹한 심야**(grausige Nacht)

가면과 가상 배후에 놓인 무가면성 또는 무가상성이 된다. 무가면성 또는 무가상성이라는 원초현상을 니체는 여기서 "자연이라는 어두운 심연" 또는 "잔혹한 심야" 등으로 표현하고 있다. 가면이나 가상을 전혀 가지고 있지 않은, 있는 그대로의 원초현상은 어두운 심연, 잔혹한 심야와 같은 것이라는 말이 된다. 이 심연과 심야와 같은 원초현상이라는 "어두운 태양"을 갑자기 보고 난 후 눈을 치료하기 위해 밝고 투명하고 아름답고 분명하며 명백한 가면과 가상을 필요로 한다는 논리다. 이상의 수식어들을 종합해 아폴로성은 가상이지만 아름답고 조화된 가상이라 할 수 있고 니체는 이를 한마디로 **"마야의 베일"**이라고[129] 부르는데, 이에 반해 디오니소스성은 그 반대로 가상이 전혀 결여된, 있는 그대로의, 벌거벗은 나체 그대로의 심연과 심야라고 부른다.

아폴로성과 디오니소스성의 관계는 언급한 대로 검은 스크린 위에 조명된 밝은 영상사진과 같은 것으로, 아폴로성이 밝은 영상사진이라면 디오니소스성은 검은 스크린이라는 관계가 된다. 니체는 또 아폴로성과 디오니소스성의 관계를 연약한 촛불과 강력한 태양빛의 관계라고도 묘사한다.[130] 밝은 영상사진과 검은 스크린 양자 중에서 존재해 있는 것은 단지 검은 스크린뿐이며, 밝은 영상사진은 일시적인 가상에 불과하므로 존재규명의 우선순위는 후자, 즉 디오니소스성이 우선이 된다. 또 연약한 촛불과 강력한 태양빛, 양자 중에서도 전자는 후자 앞에서 아무런 의미 없는 존재물로 전락해버린다. 따라서 후자를, 디오니소스성을 먼저 규정하고 다음에 전자를, 아폴로성을 규정하는 것이 순서가 된다. 그러나 이상의 우선순위를 반대로 역행하지 않으면 안 된다는 것이 니체 철학을 어렵게 만드는 요소나. 다시 밀해 아폴로성을 **"아름답고 조화된 가상"**이라고 먼저 규정하고 다음에 그에 성반내되는 디오니소스성을 규정해야 하는 것이 문제가 된다. 아폴로성을 "마야의 베일"이라고 하는 아름답고 조화된 가상이라고 하는 데는 문제가 없다. 왜냐하면 니체적인 의미에서 아폴로성인 베일, 아폴로성인 가상은 "잔혹하고 무서운 세력", 어두운 심연과

---

129) ebd. S.23; 가상(假象 Schein), **"마야의 베일(Schleier der Maya)"**
130) Nietzsche: Die Geburt der Tragödie, S.47

심야를 가려주어서 눈을 보호해 주는 기능을 가져야 하므로 그 "잔혹하고 무서운 세력"에 반대되는 아름답고 조화된 베일, 아름답고 조화된 가상이 되어야 하기 때문이다. 디오니소스성을 규정하는 데있어 난제는 이상에서 언급한 존재규명의 우선순위의 전도 외에도 디오니소스성 자체가 무가상적이며, 다른 말로 표현해 불규명성 자체이기 때문이다. 그럼에도 디오니소스성에 대한 규명을 시도하자면 **압수르트, 구역질, 고통**[131] 등 3개의 개념으로 요약할 수 있다. 압수르트라는 개념은 논리 이전의 개념, 아니면 논리를 초월하는 개념으로 논리적인 순서에 익숙한 인간의 의식이 거부감과 거부반응을 나타내는 현상이라 보아야 한다. 압수르트라는 말 외에도 니체는 **광기**[132]라는 말을 사용하는데[133] 논리의 전 단계 또는 논리의 초월이라는 점에서 두 말이 하나의 범주에 속한다고 볼 수 있다. 다음에 구역질이라는 개념 역시 인간의 감각과 의식이 거부감과 거부반응을 나타내는 현상으로 미와 조화의 전 단계 아니면 미와 조화를 이미 초월해버린 단계라고 할 수 있다. 니체는 "구역질"이라는 말 대신에 "무서운"이라는 말도 사용한다.[134] 마지막으로 고통은 미와 조화의 형태로 탈바꿈하기 위한 고통으로 니체는 "잔혹한", "진통", "고뇌"라는 말도 사용한다.[135] 압수르트, 구역질, 고통 중에서 압수르트가 조화의 전 단계, 구역질이 미의 전 단계라고 한다면 고통은 그의 합으로 미와 조화의 전 단계라고도 할 수 있다. 또는 압수르트가 심리적인 현상이라고 하고, 그리고 구역질이 신체적인 현상이라 한다면, 고통은 심신적인 현상으로 보아야 한다. 아폴로성은 아름답고 조화된 가상, 다른 말로 "마야의 베일"이며 그의 반대, 즉 아폴로성 배후에 숨어 있는 본체는 (디오니소스성은) 압수르트, 구역질, 고통이라는 규정은 가상과 무가상성이라는 카테고리에 의한 규정이었다. 그러나 디오니소스성은 무가상성, 무규정성 자체이기 때문에 다시 이상의 3가지 규정을 초월하는 원초현상 또는 "잔혹하고 무서운 세력"임을 인식해야 한다.

---

131) **압수르트(absurd), 구역질(Ekel), 고통(Schmerz)**
132) **광기(Wahn)**
133) Nietzsche: Die Geburt der Tragödie, S.48, 113
134) vgl. ebd. S.48
135) vgl. ebd. S.48, 113

아폴로성과 디오니소스성을 설명하기 위한 **세 번째 카테고리**로서 "**개체화의 원리**"와 "**비개체화의 비원리**"를 생각할 수 있다. 아폴로성과 디오니소스성의 우선순위 전도가 디오니소스성에 대한 규정을 어렵게 만든다는 말을 이미 언급했는데 여기서도 경우는 같다. 니체 자신은 아폴로성을 "**개체화의 원리**"라고[136] 분명히 정의하나 그의 반대인 디오니소스성은 여러 곳에 널려 있는 정의들을 모아서 독자가 새로 구성해야 할 입장에 있다. 우선 니체 자신이 말하는 "개체화의 원리"라는 개념은 독일어의 소유격에 내재한 특성에 의해 개체화라는 하나의 원리 즉 하나의 개념, 또는 개체화와 원리라는 동등한 2개의 개념으로도 해석할 수 있다. 따라서 "개체화의 원리"라는 말에는 복합적인 의미가 있다고 보아야 한다. 니체 철학의 전체적인 의미에 의하여 아폴로성은 다음 3가지의 복합적인 의미를 가지고 있다고 할 수 있다. 첫째 **중용**, 둘째 **오성**, 셋째 **객관화**[137]가 그것이다. 다음에 디오니소스성에 대한 규정도 우선순위가 전도된 아폴로성의 복합적인 의미에 따라서 "비개체화의 비원리"라는 표현이 불가피하게 된다. 디오니소스성 역시 비개체화라는 하나의 원리라기 보다는 디오니소스성은 원리 자체를 부정하기 때문에 비개체화와 비원리라는 복합적인 의미로 해석함이 옳다. 따라서 우리는 중용, 오성, 객관화라는 아폴로성의 복합적인 의미규정에 의해서 역시 디오니소스성의 복합적인 의미규정을 구성해야 할 입장에 놓여 있다. 이미 언급한 복합적인 의미를 가진 아폴로성을 구체적으로 논하면 다음과 같다. 아폴로성의 첫 번째 의미인 **중용**을 니체 자신이 설명하는 것을 보자면 다음과 같다. "개체화를 신성시함은, 다시 말해 그 개체화의 원리가 지상명령적이고 모든 다른 원리들 위에 군림한다면, 그것은 단 하나의 법칙 즉 개체, 또는 개체의 한계선 유지 또는 헬레니즘이 의미하는 중용만을 인정하는 것이 된다. 윤리적인 신성[138]인 아폴로는 자기 종자들로부터 중용을 지키기를 요구하며, 또 중용을 지키기 위해 **사기인식**을 요구한다. 따라서 중용이 의미하는 미라는 미학적 필연성 외에도, '너 자신을 인식해라, 그것도 정도를 지나치지 말고 중용을 지켜서'라는 요구가 아폴로의

---

136) Nietzsche: Die Geburt der Tragödie, S.33; "**개체화의 원리(das Prinzipium individuationis)**"
137) **중용(中庸), 오성(悟性), 객관화(客觀化)**
138) 신성(神性)

요구가 된다. 반면에 아폴로적인 중용이라는 입장에서 본다면, 한계선 유지를 거역하는 요소들은, 즉 지나친 자기고양이나 극단성은 비아폴로적인 악마로 보이거나 아폴로성에 이르기 전의 단계, 내지는 아폴로외적인 세계로 보여 부정적이다. 야만시대의 특성을 나타내는 **거인시대**가 여기에 속한다. 인간에 대한 거인적인 사랑 때문에 독수리들에 의해 간을 뜯어 먹혔던 프로메테우스나, 스핑크스의 비밀을 풀 수 있었던 지나친 현명성 때문에 걷잡을 수 없는 비행의 소용돌이에 빠져야만 했던 오이디푸스 등은 아폴로의 요구인 중용과 한계선을 상실했던 인물들이었다."139) 이상의 인용문을 요약하자면, 아폴로신이 요구하는 중용과 한계선의 결과는 미, 윤리, 문화가 된다. 미, 윤리, 문화라는 인간사회의 현상들은 지나친 자기고양이나 극단을 피하고 조화와 절도와 질서의 결과로 아폴로신이 지배하는 아폴로성들이다. 만약에 아폴로신이 권좌를 상실한다면, 아폴로성이 지양된다면, 미는 추로 변하고 윤리는 방종으로 변하며 문화는 야만으로 변한다고 보아야 한다.

아폴로성의 두 번째 의미인 **오성**140)에 대해 논할 차례다. 『비극의 탄생』의 전체 테마는 아폴로성과 디오니소스성 사이의 상관관계라고 할 수 있다. 아폴로성과 디오니소스성 사이의 완전한 균형상태가 "비극의 최고목표"라고 니체는 말하며, 예술 중에 최고의 예술이 비극이며, 이러한 비극에서는 디오니소스는 아폴로의 언어를 사용하고 또 아폴로는 디오니소스의 언어를 사용하여, 아폴로와 디오니소스 양자가 서로 분리될 수 없을 정도로 하나가 된다고 니체는 말한다.141) "신은 죽었다"라고 선언한 니체는 여기서는 "비극은 죽었다"라고 선언한다. 신은 인간에 의해 살해된 반면에142) 비극은 자살에 의해 죽었다고143) 니체는 말한다. 비극이 자살을 하게 된 이유는 긷잡을 수 없이 밀려오는 거대한 공허의 물결인데, 이 거대한 공허의 물결이 니체에 의하면 오이리피데스144)의 새로운 희극이다. 이 새로운 오이리피데스의 희

---

139) Nietzsche: Die Geburt der Tragödie, S.33, 34; 자기인식(Selbsterkenntnis), 거인시대(Titanenzeitalter)
140) **오성(悟性 Verstand)**
141) Nietzsche: ebd. S.120
142) Nietzsche: Die fröhliche Wissenschaft, 2. Bd., S.127
143) Nietzsche: Die Geburt der Tragödie, S.64

극은 현실을 무대 위로 이주시키는 현상으로, 연극이 예술세계에 머물러 있으려 하지 않고 객관적인 현실세계 자체가 되려는 것을 의미한다. 이와 같이 예술이 폐위되고 현실이 즉위하는 현상은 현대로 올수록 더 강하게 대두되는데, 이러한 현상을 최초로 가능케 만든 장본인이 니체에 의하면 소크라테스의 오성철학이 된다. 예술을 폐위시키고 현실을 즉위시켰던 오이리피데스 자신은 시인이 아니라 사상가로서 소크라테스와 마찬가지로 "비판적 재능"의 소유자, 오성의 소유자라는 것이 니체의 의견이다.145) 예술 중에서 최고의 예술인 비극을 죽게 만든 사람이 오이리피데스라면, 그러한 오이리피데스를 가능케 한 사람이 오성철학의 창시자 소크라테스라고 할 수 있다. 이 말을 달리 표현하면, 아폴로성과 디오니소스성 사이의 완전한 균형상태를 나타내는 최고의 예술인 비극이 파괴되고, 아폴로성과 디오니소스성 사이의 완전한 균형상태에서 그 양자 사이의 불균형 상태로의 이전이 생겼음을 의미한다. 이 이전은 디오니소스성에 대한 아폴로성의 절대적인 우위성을 의미한다. 디오니소스성이 퇴위하고, 아폴로성이 즉위하는 현상은 소크라테스의 오성철학의 결과라고 하는 것이 니체의 의견이다. 소크라테스의 오성철학의 특징을 **논리**, **인식**, **낙관주의**146) 등 3가지로 설명할 수 있다. 오성이 논리성을 의미한다는 말은 철학의 상식으로 되어 있다. 논리성은 전후관계를 나타내는 정돈된 질서를 의미하며, 이 정돈된 질서는 영원히 연장되어 인간과는 무관하게, 객관적으로 존재하는 질서다. 영원히 연장되는 "정돈된 질서" 속으로 인간이라는 현존재가 통합되느냐 아니면 현존재 자신이 필요하기 때문에 이 "정돈된 질서"를 창조해내느냐 하는 문제는 객관적 철학이냐 아니면 주관적 철학이냐를, 객관적 시간론이냐 아니면 주관적 시간론이냐를 결정짓는 철학의 갈림길을 의미한다. 검은 스크린 위에 조명된 밝은 영상사진에 비교되는 아폴로성에 니체가 논리성을 부여하는 사실은, 검은 스크린 위에 조명된 밝은 영상사진은 조명이 끝나면 곧 지양되어 없어지기 때문에 아폴로성의 지양성을 의미하고 나아가서는 니체의 주관철학을 의미한다고 볼 수 있다. 논리성이 내재해

---

144) 오이리피데스(**Euripides** 480년경~406 v.Chr.)

145) Nietzsche: Die Geburt der Tragödie, S.64, 65, 68

146) **논리(Logik)**, **인식(Erkennen)**, **낙관주의(Optimismus)**

있는 아폴로성은 가상으로 현존재가 필요하다고 생각해서 일시적으로 만들어낸 구성물 외에는 아무 것도 아니기 때문이다. 다음에 오성이 가지고 있는 인식의 기능 역시 철학의 상식이다. 모든 인식의 근본은 오성이며, 오성 없이는 인식이 불가능하다는 것이 철학의 상식으로 되어 있다. 그러나 니체는 논리성의 지양성과 같이 인식 자체의 지양성을 주장한다고 보아야 한다. 니체는 아폴로성의 영상사진을 "직관적인 눈", "가장 밝은 명백성"이라고 비유하면서 다음과 같이 말한다. "영상사진의 밝은 명백성만으로는 충분하지 못하다. 왜냐하면 이 영상사진은 밝고 분명함에도 불구하고, 비밀을 드러내는 듯 하면 다시 감추어 버리기 때문이다. 영상사진 자체는 마야의 베일을 찢고 배후의 비밀을 드러내도록 촉구하는가 하면, 영상사진이 발하는 강한 밝은 빛이 눈을 현혹하여 깊이 꿰뚫어 보는 것을 방해하기 때문이다."147) 아폴로성이 가지고 있는 "직관적인 눈", "가장 밝은 명백성" 등은 오성의 인식기능을 의미한다고 보아야 하나 지양되어질 인식으로, 니체는 오성의 인식을 신뢰하지 않는다고 할 수 있다. 마지막으로 오성에 내재한 낙관주의 역시 철학의 상식적인 문제다. 영원히 연장되는 정돈된 질서 속에 무질서란 있을 수 없고, 다른 말로 표현하면 부조리, 불가능성 등은 있을 수 없어, 정돈된 질서, 합리성, 무한한 가능성만이 존재해 있다고 생각하는 것이 철학의 낙관주의다. 니체는 이론적 낙관주의와 실천적 염세주의를 분리하여 이론적 낙관주의의 창시자로 소크라테스를, 소크라테스의 오성철학을 비판한다는 내용은 이미 언급했다. 오성철학의 3가지 특징인 논리, 인식, 낙관주의에 대한 니체의 비판은 소크라테스에 대한 비판이 되며, 디오니소스신을 폐위시키고 아폴로신을 즉위시킨 장본인이 소크라테스라면 그에 대한 비판은 당연하다. 또 오성 철학자 소크라테스가 즉위시킨 아폴로성이 오성의 의미를 가지고 있다는 것도 당연하다. 그리고 소크라테스의 **오성철학**에 대한 비판은 학술의 비판으로 이어지는데, 이는 학술 내지는 일체의 이론철학이 오성철학에 의해서 가능해진 아폴로성의 영역에 속함을 의미한다.

---

147) Nietzsche: Die Geburt der Tragödie, S.129

아폴로성이 가지고 있는 복합적인 의미 중용, 오성, 객관화 중에서 마지막 **객관화**를 논할 차례다. 객관화와 관련해서 니체가 아폴로성과 디오니소스성을 비교하는 것을 보면 다음과 같다. "디오니소스성이 객관화된 현상이 아폴로적인 현상인데, 이 아폴로적인 현상은 디오니소스성처럼 영원한 바다, 변화무쌍한 형태, 불타는 생명 자체 등이 아니라, 하나의 영상으로 응고되고 고체화되어 객관화된 현상이다. 이러한 아폴로적인 현상 속에서는 디오니소스의 종자들은 아폴로신이 가까이 있음을 느끼게 되고, 서사시의 명백성과 고체성을 듣게 되고, 디오니소스신 자신도 무형의 세력이기를 중단하고 서사시적 주인공처럼 호머[148]의 언어를 사용하게 된다."[149] 일정한 형태가 아직 생겨나지 않았으며, 일정한 영상으로 아직 응고되지 않은 상태가 디오니소스성이며, 이러한 디오니소스성이 일정한 형태를, 일정한 영상을 얻어 구체화, 고체화, 객관화된 상태가 아폴로성이라는 말이 된다. "영원한 바다", "변화무쌍한 형태", "불타는 생명 자체" 등과 같이 무형태의, 무영상의 디오니소스성이 일정한 형태와 일정한 영상으로 구체화되고, 고체화되고, 객관화된 것이 아폴로적인 현상이며, 그러한 아폴로적인 현상이 호머의 서사시라는 것이다. 이상의 아폴로성이 가지고 있는 객관화의 개념은 아폴로성과 디오니소스성 사이의 변증법적 관계를 나타낸다고도 할 수 있다. 우리는 후에 아폴로성과 디오니소스성 사이의 변증법적 관계를 부정하는 논리를 전개하겠으나 니체 철학의 난해성을 피하기 위해서 지금 단계에서는 양자 사이의 변증법적 관계를 언급함이 옳다. "이것은 꿈이다. 이 꿈을 나는 중단 없이 계속 꾸런다"라고 몽상가뿐만 아니라 모든 인간이 꿈에 대한 강한 동경을 가지고 있다고 니체는 말한다. 꿈은 아폴로적인 가상이기 때문에 아폴로적인 가상에 의해 구원받으려는 강한 동경이 인간에게 내재해 있다는 말이다. 이 말을 비약해서 표현하면, 인간의 가장 **"진정한 실재"**가 니체에 의하면 디오니소스싱이기 때문에 디오니소스적인 "진정한 실재"가 아폴로적인 가상에 의해 구원받으려는 강한 동경을 가지고 있다는 말이 된다. 니체는 아폴로적인 가상을 **"진정한 비실재"**라고도 표현한다.[150] 이상의 디오니소스성과 아폴로성의 관계를 종합하면, "진정한 실

---

148) 호머(**Homer** 8세기경 v.Chr.)
149) Nietzsche: Die Geburt der Tragödie, S.54, 55; 고체성(Festigkeit)

재"와 "진정한 비실재", 실재와 가상이라는 쌍개념으로, 실재는 가상 없이는 존재할 수 없고, 또 가상은 실재 없이는 존재할 수 없다는 헤겔의 논리가 된다. 디오니소스성인 "진정한 실재"는 아폴로성인 "진정한 비실재" 즉 가상 없이는 존재할 수 없으며, 또 그 반대도 그렇다는 말이 된다. 디오니소스성인 "진정한 실재"가 아폴로성인 "진정한 비실재" 즉 가상 없이는 존재할 수 없다는 말은 디오니소스성인 "진정한 실재" 자체는 무형태, 무영상의 상태이므로 그의 실재[151]의 가부를 단언할 수 없기 때문이며, 또 가상화라는 감관을 통과해야 비로소 일정한 형태와 일정한 영상을 갖추게 되어 그의 실재가 인정되기 때문이다. 따라서 디오니소스적인 "진정한 실재"가 아폴로적인 가상에 의해 구원받으려는 강한 동경이란 가상화에 대한 강한 동경을 의미한다. 아폴로성이 가지고 있는 객관화의 의미를 아폴로성과 디오니소스성 사이의 변증법적 관계에 의해서 논했는데, 무형태의 무영상의 디오니소스성을 구체화시키고, 고체화시키고, 객관화시켜 가시성을 부여한 것이 아폴로성이며, 또 그 아폴로성의 가시성을 제거하면 디오니소스성으로 환원된다는 말이 된다.

지금까지 우리는 아폴로성과 디오니소스성을 설명하기 위한 세 번째 카테고리인 "개체화의 원리"와 "비개체화의 비원리"에 의해서 아폴로성을 중용, 오성, 객관화 등으로 규정했다. 다음에는 이상의 아폴로성이 가지고 있는 3가지 의미에 의해서 디오니소스성의 의미들을 구성해야 할 차례다. 디오니소스성의 "비개체화의 비원리"라는 범주를 이중적인 의미로 해석해서 비개체화와 비원리라고 한다면, "비개체화" 자체가 디오니소스성이며, 비원리 자체가 디오니소스성이라는 말이 된다. 디오니소스성의 의미를 구성한다는 말은 비개체화 자체인 디오니소스성을 개체화(객관화)시키고, 비원리 자체인 디오니소스성을 원리화시킨다는 말과 같게 되어 자가당착에 빠지게 된다. 왜냐하면 개체화와 원리화는 비개체화 자체인, 비원리화 자체인 디오니소스성을 파괴한다는 의미가 되기 때문이다. 니체의 철학은 계속해서 읽되

---

150) vgl. ebd. S.32, 33; **진정한 실재(das Wahrhaft-Seiende)**", "**진정한 비실재(das Wahrhaft -Nichtseiende)**"
151) 실재(實在 Sein)

그의 철학에 대해서 글을 쓰는 일은 금물이라는 말을 다시 상기하면서 우리는 자가당착적인 작업을 하지 않을 수 없다. 우리가 이미 논한 아폴로성의 3가지 복합적인 의미인 중용, 오성, 객관화에 의지해서, 그의 반대 현상으로 디오니소스성의 의미를 각각 **탈중용**, **탈오성**, **탈객관화**라고 하고 설명을 시도해 본다. 순서에 의해 첫째로 **탈중용**으로서의 디오니소스성을 논해 본다. 아폴로성의 "중용"과 "한계선"을 논할 때, 극단을 피하고 조화와 절도와 질서를 지키는 아폴로성이 미, 윤리, 문화라는 양상으로 나타난다는 말을 했다. 탈중용을 의미하는 디오니소스성은 바로 그 반대 양상을 나타낸다고 보아야 한다. 그러나 미, 윤리, 문화라는 3개의 개념을 글자 그대로 직역해서 3개의 반대 개념들을 제시한다면 다시 니체의 난해한 철학에 접근하는 방법이 못 된다. 탈중용이라는 말은 비중용 또는 반중용이라는 말과 다른 의미로 중용 이전의 상태, 중용을 구성하기 위한 원자재, 그것도 한 개의 덩어리로 되어 있는 원자재의 의미로 보아야 한다. 이와 관련된 니체 자신의 말은 다음과 같다. "세계의 총체성이란 **영원한 카오스**이다. 어떤 필연성이 결여되었다는 의미로서가 아니라, 질서, 조직, 형식, 미, 현명성 등 일체의 미학적 내지는 인간적 행동방식이 결여되어 있다는 의미로 그렇다는 말이다"152) **"세계의 총체성"**이란 디오니소스성을 의미한다. 그리고 니체에 의하면 이 세계에는 궁극적인 진리는 존재하지 않고, 존재하는 것은 세계를 어떻게 보느냐 하는 미학적 해석방식과, 어떻게 행동하느냐 하는 행동방식만이 있기 때문에, 질서, 조직, 형식, 미, 현명성 등은 미학적 행동방식들로, 이들을 모두 제거하고 보면, 남는 것은 하나의 카오스뿐이라는 말이 된다. 그리고 이 하나의 카오스는 마치 살아서 움직이는 거대한 괴물 같기도 하여 어떤 형태로든, 또 어떠한 방향으로든 살아서 움직인다는 필연성은 있으나 그 형태와 방향은 예측할 수 없다는 의미이다. 따라서 디오니소스성이란 이상의 설명대로 형태와 방향을 예측할 수는 없으나 영원히 살아서 움직이고 있는 한 개의 거대한 괴물, 카오스라는 설명이 된다. 여기서 카오스라는 개념을 질서의 반대개념인 무질서, 혼란 등 사전식의 부정적 개념으로만 해석하면 역시 니체 철학에 접근하는 데 방해가 된다. 카오스는 질서

---

152) Nietzsche: Die fröhliche Wissenschaft, S.115

나 혼란을 구성하기 전의 단계로, 다시 말해 질서나 혼란을 구성하기 위한 원자재로 생각해서 "무질서"가 아니라 "탈질서"라고 해석함이 옳다. "탈중용" 또는 "탈질서"라는 의미로 디오니소스성을 다음과 같이 3가지로 규정할 수 있다. 첫째 디오니소스성은 니체의 말대로 하나의 필연성이 내재해 있는 "세계의 총체성"이라고 한다면, 하나의 거대한 덩어리, 하나의 거대한 원자재, 시작도 끝도 없는 하나의 거대한 괴물이라고 할 수 있다. 둘째로 디오니소스성은 조화와 미를 의미하는 중용 또는 질서들을 제외한 다른 모든 현상을 의미하기 때문에, 우리가 이미 부정적 범주라고 하여 언급한 잘못된, 잔혹한, 모순된, 유혹적, 의미의 결여, 거짓말, 고통, 슬픔, 고독, 동경, 질병, 무기력, 무능력, 공포, 구토증 등 일체의 부정적 범주들이 디오니소스성에 속한다고 보아야 한다. 셋째로 부정적 범주라고 하여 사전식 해석으로 반드시 부정적 개념들만 디오니소스성이라 생각하면 잘못이다. 디오니소스성이라는 "총체성"에서 중용과 질서의 개념만 제외시키고 보면 긍정적인 개념들, 예를 들어 기쁨, 쾌락, 황홀 등 "부정적" 개념들에 반대되는 긍정적 개념들도 포함되어 있다고 보아야 한다. 디오니소스성은 세계의 "총체성"이기 때문에 그 안에는 긍정적 부정적 개념들이 다 내재해 있다고 보아야 한다.

두 번째로 논리, 인식, 낙관주의라고 규정한 아폴로성에 의해서, 다시 말해 오성으로서의 아폴로성에 의해서 디오니소스성을 구성할 차례다. 이상의 논리, 인식, 낙관주의를 합한 것이 오성철학이며, 그 창시자가 소크라테스라는 것을 언급했다. 아폴로성을 오성이라고 규정한다면 디오니소스성은 **탈오성**이라고 규정할 수 있다. 오성의 3 가지 성격이라고 하는 논리, 인식, 낙관주의는 사실은 3가지 성격이라기보다는 하나의 오성에 대한 3가지 설명이라고 할 수 있다. 3가지 개념의 의미는 다 동일하다고 보아야 한다. 오성이란 따라서 인간에 내재한 능력으로, 논리적인 전후관계를 나타내는 정돈된 질서를 의미하며, 이 정돈된 질서를 무한히 추적하는 능력을 의미한다. 객관주의 철학은, 특히 시간의 객관론은 이 정돈된 질서는 영원히 연장되어 인간의 현존재와는 무관하게 객관적으로 존재하며, 현존재가 (인간이) 세상에 태어난다는 것은 이 객관적으로 존재하는 정돈된 질서 속으로 편입됨을 의미한다고 주장한다. 현존재와는 무관하게 존재하는 정돈된 질서를, 또는 일체의 감성을 배제하고 순수한 논리성만 추구하는 사고를 철학에서는 **"사고의 메커니즘"**이라고 한다. 이 사고의 메커니즘을 자연과학이 대변하며, 정신과학에서는 합리주의, 현재는 컴퓨터가 대변하고 있다. 이상의 설명을 종합하면, 오성은 시스템을, 그것도 단 하나의 시스템을 의미하며, 이 단 하나의 시스템에는 일체의 착오나 부조리가 있어서는 안 되는 시스템이다. 만약에 시스템이 하나가 아니라 두 개라면, 이는 2개의 세계를 의미하므로 객관주의 철학은 2개로 상대화되어 그의 객관성을 상실하게 되어 더 이상 객관주의 철학이라 할 수 없으며, 또 약간의 착오와 부조리라도 인정한다면 컴퓨터는 더 이상 컴퓨터라고 할 수 없기 때문이다. 객관주의 철학과 컴퓨터를 가능케 하는 인간에 내재한 오성이라는 능력은 단 하나의 시스템을 만드는 능력으로 **단일성**153)을 이끌어 내는 능력이다. 시스템은 하나, 가능성은 하나, 정답은 하나라는 단일성이 오성 자체라고 할 수 있다. 다음에 오성의 본질인 단일성을 아폴로성에 부여한다면, 탈오성을 의미하는 디오니소스성은 탈단일성을 의미해야 한다. 단일성이 지양된 상태인 디오니소스성은 따라서 이중성 또는 복합성을, 야누스의 머리를 의미한다. 디오니소스성에 의해시 니체 철학의 특이한 개념 3개를 지적한다. 니체가 기꺼이 사용하는 개념 중의 하나인 **"광기"**154)는 이중적인 의미를 가지고 있다고 보아야 한다. 첫째 의미는 언급한 대로 미쳤다는 의미로 "광기"이고, 둘째 의미는 광기의 전 단계 내지는 "광기"를 이탈한 단계로, "광기"도 그리고("광기"의 정반대 개념이라 할 수 있는) "합리적인 사고"까지도 구성해 주는 원자재라고 할 수 있다. 이상의 이중적인 의미를 달리 표현하면 "광기"는 인간 사고의 원초현상을 의미하는데, 그 원초현상이 보기에 따라서 이렇게도 또는 저렇게도, 이중적으로 보인다고도 할 수 있다. 역시 니체의 중요한 개념 중의 하나인 **"고뇌"**155)도 이중적인 의미이다. 니체는 개체화 과정에서 생기는 고뇌를 디오니소스의 고뇌라고 하는데,156) 이는

---

153) **단일성(Einheit)**
154) "**광기(Wahn)**"
155) "**고뇌(Leiden)**"

일정한 구체적인 개체를 만들어내기 위해 디오니소스성이라는 한 덩어리의 거대한 원자재를 오려내는 데서, 다시 말해 칼로 오려내는 작업과정에서 생기는 고뇌라고 할 수 있다. 비유적으로 산모가 자기 몸을 오려내서 새로운 인간을 만들어 내는데서 고뇌를 느낀다면, 이는 디오니소스의 고뇌라고 할 수 있다. 그러나 산모가 아기를 출산할 때 고뇌와 동시에 기쁨을 느끼듯이, 고뇌는 기쁨을, 또 기쁨은 고뇌를 의미한다고 보아, 고뇌 역시 이중적적인 의미를 가지고 있다. 마지막으로 하나의 예를 더 든다면 역시 니체 철학의 중요한 개념인 **"쾌락"**157) 역시 이중적인 의미를 가지고 있다. 앞서 디오니소스성이 최고 상태의 성적 흥분을 의미한다는 말을 했다. 최고 상태의 성적 흥분이 쾌락을 의미하는 것은 당연하고 또 그 반대인 고통을 의미하는 것도 심리학의 상식이다. 사디슴이 그에 대한 대표적인 설명이다. 종합해서 니체 철학을 이해하는 데 어려운 점은 틀에 박힌 사고의 메커니즘을 지양하고, 사고의 단일성을 탈피하고, 사고의 해방에 도달하는 문제다. 니체 철학의 이중성은 사고의 메커니즘에 대한, 언어의 기계적인 단일성에 대한 반발에서도 유래하지만 니체 철학의 근본구조에서도 유래한다. 한 덩어리의 거대한 원자재인 디오니소스성이 자신의 육체를 오려내서 개체물을 창조할 때 고통을 느끼지만, 반대로 창조된 개체물을 파괴하여 다시 원점으로 환원할 때, 분리된 개체물을 거대한 원자재로 다시 통합할 때 디오니소스성은 기쁨을 느낀다.158) 고통이 고통인 동시에 기쁨이라는 탈오성적인 의미도 있지만, 디오니소스성이 고통도 느끼고 기쁨도 느낀다는 구조적인 의미도 있다. 다시 비유적으로 산모를 디오니소스성이라 한다면 출산시 고통도 느끼고 기쁨도 느끼는 탈오성적인 의미도 있지만, 출산시에 고통을 느끼고, 후에 다시는 못 만날(영원히 만날 수 없는 운명이었던) 아들의 시체를 보고 기쁨을 느끼는 구조적인 의미도 있다고 할 수 있다.

　　세 번째로 아폴로성을 객관화라고 규정하고 디오니소스성을 **탈객관화**라고 구성

---

156) vgl. Nietzsche: Die Geburt der Tragödie, S.61
157) **쾌락(Lust)**
158) Nietzsche: Die Geburt der Tragödie, S.93

할 차례다. 아폴로성의 객관화와 디오니소스성의 탈객관화의 문제는 첫 번째 규정인 구체성과 총체성, 그리고 두 번째 규정인 단일성과 이중성(또는 복합성)의 종합이라 할 수 있다. 디오니소스성은 "세계의 총체성"이기 때문에 그 안에는 긍정적, 부정적 개념들 일체가 복합적으로 내재해 있다는 내용을 언급했고, 또 디오니소스성은 고통이 고통인 동시에 기쁨이라는 탈오성적인 의미와, 디오니소스성은 고통도 의미하고 기쁨도 의미한다는 구조적인 의미로, 복합성을 더욱 복합화시킨, 복합성의 복합성이라는 내용도 언급했다. 디오니소스성에 대한 두 번째 규정인 이중성(복합성)은 첫 번째 규정인 총체성의 반복 내지는 확대 이외에는 아무 것도 아니다. 디오니소스성에 대한 세 번째 규정인 탈객관화 역시 앞의 두 규정을 반복하거나 아니면 확대하는 결과에 불과하다. 왜냐하면 총체성이나 이중성이란 바로 **객관화**[159]를 제외하는 개념들이기 때문이다. 우리는 여기서 또 한 번의 반복 내지는 확대를 피하고 총체성과 이중성으로서의 디오니소스성이, "이중성"이라는 표현 대신에 "복합성"이라는 표현을 사용하여, 총체성과 복합성으로서의 디오니소스성이 니체 철학에서 실제로 어떻게 표현되는가를 논하고 다음에 아폴로성과 디오니소스성 사이의 관계가 어떻게 보이는가를 논하기로 한다. 탈객관화라는 의미로 복합성을 의미하는 디오니소스성과 관련하여 첫째로 니체는 **"형이상학적인 위로"**[160]라는 말을 사용하는데, 이것이 디오니소스성을 의미하며 쇼펜하우어의 염세주의를 극복하고, 오히려 염세주의의 반대인 막강한 낙관주의를 만드는 핵심적인 개념이 된다. "인생은 수없는 변화 양상에도 불구하고 그 근본에 있어서는 파괴 불가능할 정도로 막강하며, 한번 살아볼 흥미를 주는 것이 인생이다. 이것이 형이상학적인 위로인데, 이 형이상학적인 위로는 뮤화인이 아니라 자연인들의 합창, 즉 사티로스의 합창에서 분명하게 나타난다. 모든 문화라는 현상 배후에는, 모든 세대변화 배후에는, 모든 민족의 역사 배후에는, 이 형이상학적 위로가 영원히 불멸하며, 영원히 변하지 않고 내재해 있다."[161] 이상의 인용문에서 니체가 말하는 인생은 디오니소스성으로 총체적이고

---

159) **객관화**(Objektivation)
160) **"형이상학직인 위로(der metaphysische Trost)"**
161) Nietzsche: Die Geburt der Tragödie, S.47; 사티로스(Satyr)

복합적인 인생을 의미한다. 인생이란 한번 살아볼 가치가 있고, 또 인생은 끝나지 않고 영원히 지속한다는 것이 "형이상학적인 위로"라는 말이다. 영원히 지속하는 인생이 "형이상학적인 위로"라는 내용을 더 확대시켜 니체는 라이프니츠의 개념을 사용하여 **"홀로 충족한 신정론"**[162]이라는 말로 표현한다. 이 개념은 라이프니츠[163]의 "창문 없는 단자"를[164] 설명할 때 사용하는 개념으로, 외부에 의존함 없이 자급자족할 수 있는, 완전하고 독립된 자율성 아우토노미를 의미하는 개념이다. "현존재로 하여금 인생을 포기하지 말고 계속 살도록 유혹했던 예술을, 현존재를 보완하고 완성시켜 계속 생존케 만들었던 예술을, 바로 그 예술을 탄생시켰던 동일한 충동이 찬란한 올림피아의 세계를 탄생시켰다. 희랍인들의 의지가 자신의 승화된 자화상을 발견했던 그 올림피아의 세계 말이다. 신들도 그 인간의 생을 합리화시키고 있다. 왜냐하면 신들 자신이 그 동일한 생을 살고 있기 때문이다. 인간도 또 신들도 함께 살고 있는 그 동일한 생이야말로 홀로 충족한 신정론이라고 할 수 있다."[165] 이상의 인용문은 니체 철학을 함축적으로 표현한 인용문이라 할 수 있어 약간의 해설이 필요하다. 예술을 탄생케 했고, 찬란한 올림피아의 세계를 탄생케 했던 동일한 하나의 충동이 디오니소스의 충동, 즉 디오니소스성이다. 그리고 디오니소스성의 생산물인 예술과 찬란한 올림피아 세계가 희랍인들로 하여금 생을 포기하지 말고 계속 추구하도록 유혹했는데, 그 생 자체가 디오니소스성이라는 설명이다. 그리고 또 예술과 찬란한 올림피아 세계라는 거울 속에 비쳐지는 희랍인들 의지의 자화상도 디오니소스 자신의 승화된 자화상이라고 보아야 한다. 이 의지는 니체가 자주 말하는 디오니소스성인 "세력의 의지"를 의미하는 의지다. "형이상학적 위로", 또는 "홀로 충족한 신정론"이라고 표현되는 그치지 않고 영원히 지속하는 생은 일체의 세계와 역사를 탄생케하는 충동, 즉 원초충동이며, 세력의 의지며, 또 그것이 디오니소스성이며 원초현상이라는 말이다. 디오니소스성인 이 생은 인간뿐만 아니라 신들도 같이 살

---

162) **홀로 충족한 신정론**(allein genügende Theodizee)"
163) 라이프니츠(Gottfried Wilhelm **Leibniz** 1646~1716)
164) "창문 없는 단자(fensterlose Monade)"
165) Nietzsche: Die Geburt der Tragödie, S.30

아야 하는 생이므로, 인간과 신들 모두를 통합하여 그들 위에 군림하는 생이라 할수 있다. 따라서 생을 의미하는 디오니소스성은 인간의 신뿐만 아니라 신들의 신으로, 새로운 신으로 권좌에 오르게 된다. 기독교의 신이 죽었다는 말은 새로운 디오니소스신이 탄생했다는 말을 의미한다.

탈객관화라는 의미로 복합성을 의미하는 디오니소스성이 어떻게 표현되는가에 대한 두 번째 설명을 할 차례다. 디오니소스성에 대한 표현으로 우리가 이미 언급한 원초현상, 원초모태, 원초고통, 원초쾌락, 원초충동이라는 표현들 외에도, 니체 철학을 읽으면 언제나 접하게 되는 난해한 개념이지만 니체가 가장 좋아하는 개념들이 있다. 그 하나는 독일어의 L자로 시작하는 3개의 단어 **Leben, Leiden, Lust**[166] 등이고 다른 하나는 W자로 시작하는 3개의 단어 **Wahn, Wille, Wehe**[167] 등이다. 비극을 니체가 이상의 3개의 L자 단어와 3개의 W자 단어를 사용하여 설명하는 것을 보면 다음과 같다. "비극은 넘쳐흐르는 생, 고뇌, 쾌락에 둘러싸여 지극한 환희 속에 빠져 있으면서도, 비극은 멀리서 들려오는 우울한 노랫소리에 귀를 기울인다. 그 우울한 노랫소리는 3명의 실재의 엄마들에 대해 이야기하고 있는데, 그들 3명의 엄마들의 이름은 광기, 의지, 진통이라고 이야기한다. 친구들이여 나와 함께 디오니소스의 생을 신뢰하고 비극의 재탄생을 신뢰할지어다. 소크라테스 시대는 지나갔으니, 담 장이풀로 월계관을 만들어 쓰고, 바카스 신의 지팡이를 들지어다. 그리고 사나운 호랑이와 표범들이 너희들 무릎 앞에 얌전히 앉아 아양을 떨더라도 놀라지 말지어 다."[168] 니체에 의하면 비극은 최고의 예술로, 그 속에 디오니소스의 자화상인 생, 고뇌, 쾌락이 보이고 또 역시 디오니소스의 자화상인 광기, 의지, 진통이 들린다고 해석할 수 있다. 비극을 죽게 한 장본인이 소크라테스의 오성철학이라는 말을 했는 데, 이는 비극을 가능케 하는 디오니소스성을 죽게 한 장본인이 소크라테스의 오성

---

166) **Leben(생), Leiden(고뇌), Lust(쾌락)**; 니체는 "Leben(생), Leib(육체), Leiden(고뇌)"이라는 표현도 사용한다; Leib(육체)와 Lust(쾌락)는 같은 의미를 나타낸다.
167) **Wahn(광기), Wille(의지), Wehe(진통)**
168) Nietzsche: Die Geburt der Tragödie, S.113

철학이라는 말이 된다. 소크라테스의 시대가 끝났으니 바카스[169]와 같이 치장을 하고 비극을 다시 탄생시킬 디오니소스신을 섬기라는 말이다. 3개의 L자로 시작하는 **생**, **고뇌**, **쾌락**이나 또 3개의 W자로 시작하는 **광기**, **의지**, **진통** 다 같이 원초현상인 디오니소스성을 의미하는 말이다. 그러나 L자로 시작하는 전자의 단어들은 최고상태의 성적 흥분을 의미하는 관능적인 표현이라 할 수 있다. 초관능적인 세계를 제거해 버리고 형이상학에 대한 이별을 선언한 것이 니체의 철학이라고[170] 하이데거가 해설하듯이 3개의 L자로 시작하는 단어들은 관능화된 니체 철학의 표현이라 할 수 있다. 반면에 3개의 W자로 시작하는 단어들은 오성의 영역을 초월하여 철학의 대상을 하의식의 영역에까지 확장하는 표현들이라 할 수 있다. 니체가 인용문에서 원초현상인 디오니소스성을 표현하기 위해 3개의 L자로 시작하는 생, 고뇌, 쾌락과 3개의 W자로 시작하는 단어들 광기, 의지, 진통 두 종류를 다 사용하는 이유는, 철학의 무대는 정신이 아니라 관능이며, 의식이 아니라 하의식이라는 내용을 나타낸다고 볼 수 있다. 다음 세 번째로 탈객관화 된 복합성으로서의 디오니소스성에 대한 표현으로 니체 철학의 가장 중요한 개념이라 할 수 있는 "**영원한 회귀**"[171]의 개념이 있다. 하이데거는 "영원한 회귀"와 "세력의 의지"를 동일한 것으로 보아 "세력의 의지"의 영원한 회귀로 해설하는 데 비해,[172] 크노트는 "영원한 회귀"와 고뇌를 동일한 것으로 보아 고뇌의 영원한 회귀로 해설한다.[173] "세력의 의지"도 고뇌도 다같이 원초현상인 디오니소스성을 의미하므로, 두 해설가의 해설은 동일한 해설이라 할 수 있다. 따라서 "영원한 회귀"와 원초현상인 디오니소스성을 동일한 것으로 보아, 디오니소스성의, 디오니소스 신의 영원한 회귀라고도 해설할 수 있다.

마지막으로 지금까시의 설명을 종합하여 아폴로성인 구체성과 디오니소스성인 총체성, 아폴로성인 단일성과 디오니소스성인 복합성 사이의 관계가 어떻게 보이는

---

169) 주신 Bacchus는 로마식 표현으로 디오니소스 신을 의미한다.
170) Heidegger: Die ewige Wiederkehr des Gleichen und der Wille zur Macht, S.106
171) "**영원한 회귀(Die ewige Wiederkehr des Gleichen)**"
172) vgl. ebd. S.111, 112
173) Knodt, Reinhard: Friedrich Nietzsche, Die ewige Wiederkehr des Leidens, S.149

가를 논할 차례다. 우리는 앞에서 아폴로성과 디오니소스성 사이의 변증법적 관계를 언급했는데, 그 변증법적 관계를 부정해야 할 단계에 도달했다. 니체의 철학은 이원론이 아니라 일원론이라는 말을 했듯이, 변증법은 이원론에서만 가능하므로 일원론인 니체 철학에서는 불가능한 개념이다. 니체는 따라서 **변증법**이라는 말 대신에 **"중복성"**이라는[174] 말을 사용하는데, 이는 아폴로성과 디오니소스성 사이의 중복성의 관계를 의미한다. 아폴로성과 디오니소스성 사이의 중복성의 관계를 직접적으로 나타내는 니체의 말을 이미 인용했으나 대단히 중요하므로 다시 인용해 본다. "끝은 보이지 않고 넓고 광활하기만 한 바다, 산더미 같은 파도가 쉴사이 없이 내려치는 바다, 미친 듯 날뛰며 모든 것을 순식간에 삼켜버리는 바다, 이 잔혹하고 무서운 바다 위에 작고 연약한 조각배가 떠 있으며, 이 조각배를 타고 있는 뱃사공은 그러나 이 거대하고 잔혹하고 무서운 바다라는 고뇌의 괴물덩어리를 잊고, 침착하고 평온한 마음으로 자기가 타고 있는 조각배에만 의지하고 있다."[175] 역시 이미 언급한 대로 뱃사공은 인간을, 조각배는 아폴로성을, 거대한 바다는 디오니소스성을 의미한다. 아폴로성인 조각배와 디오니소스성인 거대한 바다 사이의 관계를 자세히 설명한다면, 아폴로성인 조각배는 가상이며, 그것도 인간인 뱃사공으로 하여금 포기하지 않고 계속 살도록 유혹하는 아름다운 가상, "마야의 베일"을 의미하고, 디오니소스성인 거대한 바다는 어두운 심연, 원초현상, 원초고뇌를 의미한다. 아폴로성인 조각배가 검은 스크린 위에 비쳐진 밝은 영상사진이라 한다면, 디오니소스성인 바다는 검은 스크린 자체다. 아폴로성과 디오니소스성 사이의 중복성의 관계는 희곡론에서 말하는 소위 **상자기법**[176]과 같은 것으로 상자 속의 상자와 같은 관계, 즉 아폴로성인 조각배가 안 상자라 한다면 디오니소스성인 거대한 바다는 밖의 상자라고 할 수 있다. 아폴로성인 안 상자 즉 조각배에 갇혀있는 뱃사공은 디오니소스성인 밖의 상자 즉 잔혹하고 무서운 거대한 바다를 볼 수 없어 침착하고 평온한 마음으로 살아갈 수 있다는 말이 된다. 아폴로성과 디오니소스성 사이의 중복성 관계란

---

174) Nirtzsche: Die Geburt der Tragödie, S.21; **변증법(Dialektik), 중복성(Duplizität)**
175) Nirtzsche: Die Geburt der Tragödie, S.23, 33
176) **상자기법(Schachteltechnik)**

아폴로성이 아들이라면 디오니소스성은 엄마이고, 전자가 낮이라면 후자는 밤이
며, 전자가 실재라면 후자는 무라고 할 수 있는 관계다. 아폴로성과 디오니소스성
사이의 중복성 관계란 안 상자를 밖의 상자 속에 넣을 수 있으나, 반대로 밖의 상자를
안 상자 속에 넣을 수 없는 것과 같이, 아폴로성을 디오니소스성이라는 기대한 바다
위에 띄울 수 있으나 반대로 디오니소스성을 아폴로성 위에 띄울 수는 없는 관계다.
엄마가 아들을 잉태하고 밤이 낮을 출산하며, 무가 실재를 탄생시키고 디오니소스
성이 아폴로성을 창조하는 관계라고 할 수 있다.

4. 예술론

우리는 니체의 고뇌의 철학에 접근하기 위해 니체 자신의 개인사를 논했고, 또
그의 철학을 일반 철학사적으로 논했다. 니체의 고뇌의 개인사는 그의 고뇌의 철학
을 탄생하게 하는 계기와 동기가 되었다는 것이 개인사적 설명이었다. 다음에 니체
가 전통 철학에, 자세히 말하면 이성철학, 변증법, 진리의 개념에 반발하고 이들을
부정한다는 것이 일반 철학사적 설명이었다. 결론은 인간 역사의 최종목적 즉 **텔로
스**[177])가 되는 진리란 존재하지 않으며, 존재하는 것은 오로지 세계를 어떻게 보고
또 어떻게 해석하느냐 하는 해석방식과 또 자기에게 유리하게 어떻게 처신하느냐
하는 행동방식 뿐이라는 것이었다. 이상의 고뇌의 철학, 철저한 염세주의의 철학을
극복하기 위해서 생겨난 것이 니체의 **"아모르 파티"** 철학이었다. 염세주의를 극복하
고, 고뇌를 수용하기 위해 니체가 사용하는 쌍개념이 아폴로성과 디오니소스성이었
다. 아폴로성이 구체성과 단일성이라면, 디오니소스성은 총체성과 복합성이고, 그
리고 아폴로성이 조각배라면 디오니소스성은 거대한 바다로, 양자 사이의 관계는
안 상자와 밖의 상자 사이의 관계 즉 중복성의 관계라고 했다. 이상의 중복성의 관계
에 있는 아폴로성과 디오니소스성에 의해서 니체의 예술론이 논해져야 한다. 이유
는 아폴로성과 디오니소스성의 문제가 『비극의 탄생』의 테마일 뿐만 아니라 니체의

---

177) **텔로스**(Telos)

전 철학을 관통하는 관통선이라 할 수 있기 때문이다. 니체의 예술론은 2개의 부분으로, 즉 "철학적 일반론"과 "예술적 비극론"으로 양분해서 논함이 유리하다. 그 이유는 2개의 괄목할만한 계기가, 즉 일반 철학적 계기와 특수 예술적 계기가 니체의 철학에 의해서 생겨났기 때문이다. 전자는 **"신은 죽었다"**라는 계기이고, 후자는 **"비극은 죽었다"**라는 계기이다. 우선 첫 번째 부분, 즉 일반 철학적 계기부터 논해 본다.

　"신은 죽었다"라는 신의 폐위론은 종교세계뿐 아니라 인간사회 전체에 대한 대지진과 같은 선언이다. 인간사회의 최종목적이, 현존재와 세계를 하나로 묶어 주고 거기에 의미를 주는 진리가 죽었다고 해석해야 한다. "신은 죽었다"라는 말은 또 새로운 신, 디오니소스 신의 탄생, 재탄생 내지는 영원한 회귀를 나타내는 말이기도 하다. 니체에 의하면 기독교의 신이 디오니소스 신을 창조한 것이 아니라 반대로 디오니소스 신이 기독교의 신을 창조한 것으로, 기독교의 신은 일시적인 현상, 하나의 가상, 니체의 논리에 의하면 아폴로성이라고 보아야 한다. 디오니소스 신은 예술도 창조하고 종교도 창조하고 세계 자체를 창조하는 원초충동, 원초모태, 원초현상이라고 생각해야 한다. 아폴로성과 디오니소스성이라는 쌍개념에 의해 표현하면, 디오니소스성 이외의 일체의 세계는 일시적으로 구성된 창조물로 아폴로성이라 할 수 있다. 디오니소스성과 아폴로성 사이의 관계는 창조자와 창조물이라는 관계가 된다. 디오니소스성과 아폴로성의 관계를, 창조자와 창조물의 관계를, 예술의 입장에서 보느냐, 아니면 학술의 입장에서 보느냐 하는 양자택일을 해야 한다고 가정하면 다음과 같은 상이한 결과를 가져온다. 예술의 입장에서 양자를 논한다면, 이는 그 양자에게 예술성을 부여해서 창조자인 디오니소스성을 예술가로, 또 창조물인 아폴로성을 예술작품으로 본다는 말이 된다. 그러나 순수 논리적인 학술의 입상에서 양자를 논한다면, 이는 디오니소스성과 아폴로성이 마치 어느 인과관계의 논리에 의하여 정돈되어 있는 양 보이게 되어, 달리 표현하여 창조물 위에는 반드시 창조자가 존재해 있어 창조물에서 시작하여 창조자에 이르는 하나의 최종목적 텔로스를 향해 세계가 정돈되어 있는 양 보이게 된다. 이와 같이 하나의 최종목적을 향해 정돈되어 있는 목적론적인 체계는 니체 자신이 부정하려고 하는 바로 그 전통철학의 반복이 되어 버린다. 따라서 창조자인 디오니소스성과 창조물인 아폴로성의 관계를 학술적이 아니라 예술적이라 보아야 한다는 결론이 된다. "현존재와 세계는 미학적으로만 합리화 할 수 있다"는 니체의 말은 현존재와 세계는 미학적 즉 예술이라는 말이다. 현손재와 세계를 논하는 데 있어서 논리의 인과관계를 부정한다면 예술이 되고, 긍정한다면 학술이 된다는 말이다. 니체에 의하면 예술을 학술가의 입장에서 할 것이 아니라, 반대로 학술을 예술가의 입장에서 해야 한다고[178] 하여 학술도 예술의 일부라고 보아야 한다. 현존재와 세계는 물론이고 종교, 학술 등 일체가, 전 세계가 예술이라는 말이 된다. 형이상학이 있다면 예술이 유일한 형이상학이 된다는 말이다. 학술이 있다면 예술학이 유일한 학술이 된다는 말이 된다. 따라서 창조자인 디오니소스성은 예술가이고 창조물인 아폴로성은 예술작품이라는 전제하에 아폴로성, 디오니소스성 그리고 그 양자 사이의 관계를 논해 본다.

우선 아폴로성을 논하기 위해서는 뱃사공, 조각배, 거대한 바다라는 삼자 관계 내에서 아폴로성을 논해야 한다. 이유는 뱃사공은 거대한 바다라는 "잔혹하고 무서운 세력"을(원초현상을) 망각하고, 계속 존재케 하려는 **흥분제**[179]로서 아폴로성을 필요로 한다는 관계에 있기 때문이다. 다시 말해 현존재인 인간이 존재하지 않는다면 생을 위한 흥분제인 아폴로성은 존재할 필요가 없어 그 존재이유를 상실하기 때문이다. 아폴로성은 인간이 존재하는 한에서만 존재이유가 성립되며, 그리고 인간으로 하여금 생을 포기하지 않고 계속 유지하게 만드는 흥분제 역할을 할 수 있는 한에서만 그 존재이유를 주장할 수 있다. 따라서 이상의 뱃사공, 조각배, 거대한 바다라는 삼자 관계, 다시 말해 인간, 아폴로성, 디오니소스성이라는 삼자 관계 내에서만 아폴로성을 논해야 하는 필연성이 성립한다. 그러나 창조자인 디오니소스성은 예술가이고 창조물인 아폴로성은 예술작품이라는 전제하에 아폴로성을 논해야 하므로, 예술작품을 의미하는 아폴로성은 2개의 의미로서의 예술작품, 즉 "좁은 의미로서의

---

178) vgl. Nietzsche: Versuch einer Selbstkritik, S.11
179) **흥분제(Stimulanz)**

예술작품"과 "넓은 의미로서의 예술작품"으로 나누어서 논해야 한다. 전자인 **"좁은 의미로서의 예술작품"**은 우리가 생각하고 있는 예술, 즉 아름다운 예술이 되고, 후자인 넓은 의미로서의 예술작품은 인간문화 일체로서, 일체의 인간 행위로서 학술, 도덕, 종교 등 (니체의 표현을 사용하면) 일체의 "해석방식"과 "행동방식"이 된다. 전자인 좁은 의미로서의 예술, 즉 **"아름다운 예술"**은 다음의 3가지 특징으로 설명된다. 첫째로 아폴로성은 **아름다운 가상**,[180) 마야의 베일, 그리고(추한 예술이 아니라) 오로지 아름다운 예술이라고 할 수 있다. 다 같은 의미를 나타내는 이상의 3개의 표현 중 "아름다운 예술"이라는 표현을 대표적 표현으로 한다면 다음과 같이 말할 수 있다. 아름다운 예술인 아폴로성은 뱃사공을 둘러싸고 있는 잔혹하고 무서운 세력인 거대한 바다로부터 차단시켜 평온한 마음으로 계속 살아가도록 뱃사공을 유혹한다는 설명이 된다. 뱃사공과 거대한 바다 사이에, 현존재와 디오니소스성 사이에 놓여 있는 차단물인 아폴로성의 기능을 니체는 다음과 같이 설명한다. "예술은 생을 가능케 하고, 생으로 유혹하며, 생을 위한 흥분제이다."[181) 아폴로성인 아름다운 예술은 잔혹하고 무서운 세력을 가려주는, 은폐해 주는 기능, 다시 말해 가면의 기능을 가지고 있다는 말이 된다. 이상의 아폴로성인 예술이 가지고 있는 가면의 기능에 현존재 자체의 구조가 가지고 있는 가면의 필연성이 가미되어(현존재는 속이고 또 기꺼이 속임을 당하려는 성벽을 가지고 있기 때문에) 아폴로성인 예술의 존재이유는 더욱더 강화된다. 또 니체가 말하는 현존재의 구조란, 현존재 자체가 화음이 아니라 반대로 불협화음이기 때문에 자신의 자화상인 불협화음을 은폐하기 위해 미의 베일을 현존재는 필요로 한다고 니체는 말한다.[182) 다음에는 좁은 의미로서의 예술이 가지고 있는 두 번째 특징은 **동일성의 예술**[183)이라고 할 수 있나. 뱃사공과 기대한 바다 사이를, 현존재와 디오니소스성 사이를 차단하는 아폴로성의 기능을 우리는 위에서 가면의 기능이라 했는데, 여기서는 가면이라기보다는 필터의 기능이라고

---

180) **아름다운 가상(schöner Schein)**

181) Nietzsche: Die Kunst in der Geburt der Tragödie, in: Aus dem Nachlaß der Achtzigerjahre, S.692

182) vgl. Nietzsche: Die Geburt der Tragödie, S.133; 화음(Konsonanz), 불협화음(Dissonanz)

183) **동일성(Identität)**

해야 한다. 이유는 뱃사공과 거대한 바다 사이에서, 현존재와 디오니소스성 사이에서 아폴로성인 아름다운 예술은 일체의 생을 저지시키는 부정적인 요소들을, 한마디로 불협화음적인 요소들을 여과시켜 걸러내고 대신에 긍정적인 요소들만, 화음의 요소들만, 다시 말해 생을 가능케 하고 계속 유지시키는 흥분제의 요소들만 통과시키기 때문이다. 따라서 아폴로성인 아름다운 예술이라는 필터에 의해 여과되어 생겨나는 세계는 글자 그대로 조화된 세계, 아름다운 세계, 우토피[184]의 세계라고 할 수 있다. 이상의 조화된 아름다운 세계, 우토피의 세계는 악, 파괴, 불행, 질병, 가난, 고뇌들 일체의 부정성이, 다시 말해 비동일성이 제외된 긍정성만의, 동일성만의 세계, 동일성의 예술세계라고 할 수 있다. 다음에 좁은 의미로서의 예술이 가지고 있는 세 번째 특징은 "**봉사의 예술**"[185]이라고 할 수 있다. 언급한 대로 아폴로성인 예술은 가면의 기능 내지는 필터의 기능에 의해 생을 가능케 하고 생으로 유혹하여 생을 위한 흥분제 역할을 하므로 예술은 주체 주인이 아니라 현존재의 생에 봉사하는 봉사자 종에 지나지 않는다고 할 수 있다. 세 번째 특징인 "봉사의 예술"이란 예술의 자율성이 아니라 반대로 타율성[186]을 의미한다. 예술의 타율성, 다시 말해 아폴로성의 타율성은, 아폴로성이 검은 스크린 위에 던져진 영상사진과 같은 것으로 실재가 아니라 가상이라는 말에서도 증명된다. 좁은 의미의 예술로서의 아폴로성의 특징들을 종합하면 아름다운 예술, 동일성의 예술, 봉사의 예술[187] 등의 개념들은 헤겔 미학을 설명하는 개념들이다. 좁은 의미의 예술로서의 아폴로성에 의해 니체의 미학을 논한다면 그것은 헤겔 미학의 반복이라 할 수 있다.

다음으로 "**넓은 의미로서의 예술작품**"에 해당하는 아폴로성을 논하기 위해서는 아폴로성과 디오니소스성의 쌍개념, 즉 **꿈과 도취**[188]의 쌍개념에서 아폴로성은 꿈

---

184) 우토피(Utopie)
185) "**봉사의 예술(dienende Kunst)**"
186) 자율성(Autonomie), 타율성(Heteronomie)
187) 헤겔 자신은 타자(他者)의 목적을 위해서만 존재하는 "봉사의 예술"과 자신의 목적만을 추구하는 자유의 예술을 구분하여 전자를 미학의 대상에서 제외시킨다. 그러나 예술은 헤겔에 의하면 이념을 감관화해야 하는 봉사를 해야 하기 때문에 봉사의 역할을 면할 수 없다고 보아야 한다.
188) **꿈(Traum)과 도취(Rausch)**

이라는 공식에서 출발하는 것이 유리하다. 다시 말해 넓은 의미의 예술을 꿈의 현상이라고 생각하고 니체의 논리를 추적할 수 있다. "이것은 꿈이다. 이 꿈을 나는 중단없이 계속 꾸련다"라고 외치는 아름다운 단 꿈을 꾸는 몽상가를 상상한다면, 이 몽상가의 꿈꾸는 몽상시간과 깨어 있는 현실시간을 서로 비교하여, 다시 말해 꿈이라는 아름다운 가상과 현실이라는 번거로운 사실을 서로 비교하여, 후자가 그래도 우선이고, 중요하고, 가치 있는 삶이라고 대부분의 사람들은 이 후자를 선호하겠으나, 니체는 반대로 전자를, 몽상시간을, 아름다운 가상을 선호한다는 논리다. 이유는 간단하게 현실적인 이유와 철학적 이유 2가지를 들 수 있다. 첫째 현실적 이유는 다음과 같다. 예를 들어 인간이 하루 24시간 중에서 반 이상인 13시간을 잠을 자며 아름다운 꿈을 꾸고, 나머지 반 이하인 11시간을 깨어 번거로운 일을 한다고 가정하면, 이상의 아름다운 몽상시간과 번거로운 현실시간 중 반드시 후자를 선호해야 할 필연성이 없어진다는 논리다. 이유는 하루 중 반 이상인 몽상시간을 선호하는 사람도 있을 것이며, 또 인생 전체 시간을 합산하여 볼 때 몽상시간의 부분이 더 큰 부분을 형성하여 몽상시간의 부분이 인생의 주류를 만들기 때문이다. 따라서 현실시간만을 선호하는 이론은 절대성을 상실하여 상대화되기 때문에, 몽상시간만을 선호하는 이론도 그의 타당성을 주장할 수 있는 가능성을 부인할 수 없다는 논리다. 둘째 철학적 이유는 다음과 같다. 자연에는 가상에 대한 억제할 수 없는 동경이, 가상에 의해 구원받으려는 강한 동경이 있다고 니체는 말하는데, 여기서 자연은 디오니소스성을 의미한다. 디오니소스성인 원초현상, 영원한 고뇌, 영원한 모순, 표현을 비약시켜 역시 디오니소스성을 의미하는 황홀한 비전이 "진정한 실재"인데 바로 이 "진정한 실재"가 가상에 의한 구원을 동경하고 있다고 니체는 말한다.[189] 디오니소스성인 "진정한 실재"가 "비실재"인 가상에 의해 구원받는다는 말은, 실재는 가상 없이는 존재할 수 없고, 또 반대로 가상도 실재 없이는 존재할 수 없다는 헤겔의 논리를 나타내는 말이다. "진정한 실재"가 가상화되지 않으면, 즉 눈으로 보고 귀로 들을 수 있게 현상화 되지 않으면, 그 "진정한 실재"가 진정으로 실재하는지 알 수 없어 그 의미를 상실하고, 또 "진정한

---

189) vgl. Nietzsche: Die Geburt der Tragödie, S.32, 33; "진정한 실재(das Wahrhaft-Seiende)"

실재"가 존재하지 않는다면 가상화될, 현상화 될 내용이 없어 가상 역시 그 의미를 상실한다는 말이다. 따라서 디오니소스성인 "진정한 실재"는 반드시 비실재인 가상을 필요로 한다는 말이 성립된다. 디오니소스성인 "진정한 실재"와 아폴로성인 비실재(가상) 사이의 관계를 니체는 다음과 같이 비약시킨다. 아폴로성인 비실재를(꿈의 현상 또는 가상을) "진정한 비실재"라고 표현하면서, 니체는 이를 시간, 공간, 인과성에 의한 지속적인 변화변천이라고 말한다. 눈으로 볼 수 없고 귀로 들을 수 없는 "진정한 실재"가 (디오니소스성이) 시간, 공간, 인과성에 의해 그때그때 나타나는 순간적인 모습이 아폴로성이라는 말이다. 니체는 이 그때그때 나타나는 "진정한 실재"의(디오니소스성의) 순간적인 모습을, 순간적인 가상화를(이는 다시 아폴로성을 의미하게 되는데) **"경험적 사실성"** 또는 **"경험적 현존재"**라고 까지 표현한다.[190] 지금까지의 설명을 요약하면, 아폴로성인 가상이, 몽상시간이, 꿈의 현상이 "진정한 비실재"며, 경험적 사실성이며, 경험적 현존재라는 말인데, 한마디로 경험세계는 꿈의 세계라고 니체가 비약시키는 말이다. 몽상시간과 현실시간, 몽상세계와 현실세계 중에서 후자가 상대화되어, 전자의 타당성도 부인할 수 없다는 말을 했는데, 여기서는 그 양자 사이의 관계가 역전되어 몽상시간이, 몽상세계가 유일한 시간이며, 유일한 세계로 변모한다고 볼 수 있다. 우리의 경험적 사실성은, 우리의 경험적 현존재는, 우리의 경험세계, 즉 현실세계는 꿈이라는 말이 된다. 다시 말해 학술, 종교, 도덕 등 일체의 인간문화, 인간역사가 꿈이라는 말이 된다. 아폴로성을 넓은 의미의 예술이라고 한다면, 다음의 3가지를 언급할 수 있다. 첫째로 일체의 인간문화, 인간역사는 꿈의 현상이기 때문에, 달리 표현해서 무대 위의 예술처럼 막이 내려지면 끝나 버릴 일시적 현상(가상)이기 때문에, 인간문화가 끝나 멸망한다 하더라도 슬퍼할 이유는 없으며, 반대로 기뻐할 이유가 생긴다고 할 수 있다. 이유는 그것이 잘못된 인간문화라면, 그것이 현존재의 생을 저지하는 문화라면 마땅히 멸망해야 하며, 마치 출산의 고통을 겪은 산모가 계속해서 새로 출산하고자 하는 본능을 가진 것과 같이, "진정한 실재"인 디오니소스성도 계속 새로 출산하려는 본능이 있어, 한 인간문화의 멸망은 새로운

---

190) vgl. ebd.; **경험적 사실성**(empirische Realität), **경험적 현존재**(empirisches Dasein)

인간문화의 탄생을 의미하기 때문이다. 좁은 의미의 예술로서의 아폴로성이 "아름다운 예술" 의미한다면, 그리고 아름답기 때문에 어느 누구도 멸망하기를 원하는 사람이 없다는 의미로 멸망해서는 안 된다는 당위성을 내포한 예술이라면, 넓은 의미의 예술인 아폴로성은 언젠가는 멸망해야 할 필연성을 내포하고 있다. 이유는 멸망은 재탄생의 근거가 되기 때문이다. 둘째로 일체의 인간문화가, 전 세계가 예술이고, 가상이고 꿈의 현상에 지나지 않는다면, 다시 말해 일체의 인간문화가, 전 세계가 "진정한 실재" 자체만은 아니라면, 자기에게 유리하도록 세계를 해석하고, 행동하는 해석방식과 행동방식이 합리화된다. 왜냐하면 일체의 해석방식과 행동방식 자체가 꿈의 현상에 지나지 않는 것으로 일시적으로 무대에 올려 진 연극 이외에는 아무것도 아니기 때문이다. 좁은 의미의 예술인 아폴로성이 동일성의 예술을 의미한다면, 넓은 의미의 예술인 아폴로성은 비동일성의 세계를 의미한다. 왜냐하면 모든 인간의 해석방식과 행동방식이 다 같다고 할 수 없기 때문이다. 셋째로 일체의 인간문화가, 전 세계가 가상이고, 꿈의 현상이며 예술에 지나지 않는다면, 거꾸로 표현하여 예술이 유일한 인간문화이며 우리가 살고 있는 유일한 현실세계라면, 이 예술세계는 니체의 일원론에 따라 존재해 있는 단 하나의 세계가 된다는 말이다. 좁은 의미의 예술인 아폴로싱이 봉사의 예술, 봉사하는 예술이라면, 넓은 의미의 예술인 아폴로성은 오히려 우리가 봉사해야 할 예술, 봉사를 받는 예술이라 할 수 있다. 이유는 우리가 살고 있는 단 하나의 세계를 멸망시키지 말고 계속 유지되도록 우리가 봉사해야 할 당위성이 있기 때문이다. 좁은 의미의 예술인 아폴로성이 헤겔 미학의 반복이라면, 넓은 의미의 예술인 아폴로성은 헤겔 미학의 반대라고 할 수 있다.

아폴로성을 창조물 디오니소스성을 창조자라 하고, 또 아폴로성을 예술작품이라 하고 디오니소스성을 예술가라 하고, 지금까지 우리는 아폴로성을 논했다. 다음에는 창조자이며 예술가인 디오니소스성을 논할 차례다. 디오니소스성의 본질에 관해서 자세히 논했으나, 여기서는 언급한대로 예술세계 내에서의 디오니소스성, 예술가로서의 디오니소스성만을 논한다. 니체는 아폴로성도 디오니소스성도 둘다 **예술의 "신성"** 또는 **예술의 "폭력"** 또는 **예술의 "충동"**이라고 표현한다. [191] 이상의
3가지 표현을 예술의 본능 또는 간단히 예술성이라 표현한다면, "예술성"은 예술작
품과 예술가를 하나로 묶어 주는 개념이 된다. 왜냐하면 예술성이 결여된 예술가나
또는 예술성이 결여된 예술작품을 상상할 수 없기 때문이다. 다시 말해 예술작품인
아폴로성과 예술가인 디오니소스성이 공통적인 예술성에 의해 하나로 묶여 양자
사이에 예술성이라는 동일성이 성립한다는 말이 된다. 이상의 양자 사이의 동일성
관계를 철학적으로 표현하면, 아폴로성은 디오니소스성이고, 디오니소스성은 아
폴로성이 된다. 다시 말해 예술작품은 예술가이고, 예술가는 예술작품이라는 말이
된다. 니체가 아폴로성과 디오니소스성 양자를, 예술작품과 예술가 양자를 "예술의
신성", "예술의 폭력", "예술의 본능" 등의 개념에 의해 하나로 통합하려는 의도를
우리는 읽을 수 있다. 다음에 예술가, 예술작품, 수용자라는 예술 행위의 삼자 관계
중에서 나머지 수용자까지도 통합하여, 이상의 예술 행위의 삼자 관계 다를 통합하
여 원점화 내지는 총체화 하려는 의도를 다음 인용문에서 읽을 수 있다. "우리는 진정
한 창조자의 영상들 내지 그의 투영물에 불과하다. 그리고 우리는 우리 자신이 그의
예술작품이라는 의미에 있어서만 최고의 존엄성을 유지할 수 있다. 왜냐하면 단지
미학적 현상으로만 우리의 현존재와 세계는 합리화 될 수 있기 때문이다. 그리고
우리 자신은 진정한 창조자가 만들어낸 예술작품이라고 하는 면에서 볼 때, 우리
인간은 화폭에 그려진 군사들, 화폭에 묘사된 전투와 같은 의미만 가질 뿐이다. ……
예술생산이라는 행위에 처해 있는 예술가는 세계의 원초예술가와 하나가 될 때에만
예술의 영원한 본질을 알 수 있다. 왜냐하면 그러한 상태에서만, 즉 원초예술가와
하나가 될 때만, 예술가는 놀랍게도 눈을 좌우로 움직여 자기 자신의 육체까지도
관찰할 수 있는 그 섬뜻한 동화의 인물로 변하기 때문이다. 이러한 상태에서는 예술
가는 주체인 동시에 객체이며, 시인인 동시에 배우이며, 또 동시에 관객이 되어 버린
다." [192] 이상의 인용문에는 "진정한 창조자"인 원초예술가, 또 예술작품을 만들어내

---

191) Nietzsche: Die Geburt der Tragödie, S. 120, 133, 134; 예술의 **"신성(Gottheit)"**, **예술의 "폭력"(Gewalt)**,
   예술의 "충동(Trieb)"
192) Nietzsche: Geburt der Tragödie, S. 40

는 (우리가 생각하는) 예술가, 그리고 현존재인 우리 인간 등 3개의 주체가 들어 있는데, 그들 사이의 관계는 다음과 같다. 우선 예술가를 포함하여 현존재인 우리 인간 모두가 원초예술가가 만들어낸 작품, 즉 그의 영상 내지는 투영물에 불과하므로, 원초예술가와 그의 예술작품이라는 양자 관계가 성립한다. 이상의 원초예술가와 예술작품이라는 양자 관계는 이미 언급한 대로 예술성에 의해 하나로 통합되는 관계를 나타낸다. 예술성이 결여된 원초예술가나 또 예술성이 결여된 예술작품을 상상할 수 없어 예술성이 공통분모가 되기 때문이다. 원초예술가와 예술작품이라는 양자 관계에서 후자, 즉 예술작품은 우리가 생각하는 예술가뿐만 아니라 현존재인 일체의 인간을 의미하므로, 결국은 원초예술가와 일체의 인간들이, 원초예술가와 전 세계가 하나로 통합된다는 결론이 된다. 이상의 내용을 예술행위의 삼자 관계에 적용하여 표현하면 예술가, 예술작품, 수용자 등 삼자가 하나로 통합된다는 결론이 된다. 이상 원초예술가, 예술가, 수용자 등의 삼자 통합을, 아니면 (수용자는 인간인 현존재를 의미하므로) 예술가, 예술작품, 현존재 등의 삼자 통합을 확대하면, 세계는 하나의 원초예술가로 원점화 내지는 총체화 된다고 비약하여 말할 수 있다. 이상의 삼자 통합은 한편으로는 인간과 인간세계 그리고 다른 한편으로는 예술가와 예술세계 모두가 하나로 통합되어 원점인 동시에 총체성인 디오니소스성으로의 복귀를 의미한다고 니체 철학을 종합할 수 있다. 그리고 예술가와 예술작품 사이의, 디오니소스성과 아폴로성 사이의 동일성을(내지는 통일성을) 풀어서 설명하면, 예술작품은 예술가의 자화상이며, 아폴로성은 디오니소스성의 자화상이라고 할 수 있다. 디오니소스성이 자신의 자화상을 생산해낸 후 쾌감을 느낀다는 것이 니체 철학인데, 이 단계에서 디오니소스성이 느끼는 쾌감은 생산의 쾌감이 된다. 다음에 인간과 인간세계가, 예술가와 예술세계가 모두 파괴되어 원점으로 통합되는데, 이 단계에서 디오니소스성이 느끼는 쾌감은 파괴의 쾌감이라 할 수 있다. 생산의 쾌감과 파괴의 쾌감이 하나 속에 들어 있는 디오니소스성은 진정한 창조자인 원초예술가로서, 눈을 좌우로 움직여서 자신의 육체까지도 관찰할 수 있는 동화 속의 섬뜩한 인물이 된다. 원초예술가인 디오니소스성은 생산의 쾌감인 동시에 파괴의 쾌감이며, 주체인 동시에 객체이고, 또 자신이 시인인 동시에 배우이며 또 동시에 관객이다. 예술가(시인), 예술작품(배우), 수용자(관객)가 하나 속에 통합된 것이 디오니소스성이라는 말이 된다.

마지막으로 예술가인 디오니소스성에 대한(아니면 원초예술가인 디오니소스성에 대한) 본질규명을 다음과 같이 종합해 본다. 지금까지 우리는 디오니소스성은 눈을 좌우로 움직여서 자신의 육체까지도 관찰할 수 있는 동화 속의 섬뜩한 인물, 생산의 쾌락인 동시에 파괴의 쾌락, 주체인 동시에 객체, 한마디로 표현해서 예술가, 예술작품, 수용자가 하나 속에 통합되어 있는 "진정한 창조자", "원초예술가"라는 결론을 유도했다. 마지막으로 이 디오니소스성이 과연 무엇이냐 하는 질문을, 다시 말해서 이 디오니소스성이 실제로 존재하는 실재냐 아니면 순간적으로 변화하는 현상에 지나지 않느냐 하는 질문을 제기할 수 있다. 지금까지 우리는 디오니소스성을 "진정한 실재"라고 하여 디오니소스성에 실재를 부여했다가 다음에는 예술가, 예술작품, 수용자의 통합에 의해서 원점화 내지는 총체화 함에 의해 다시 그의 실재를 박탈하는 결과를 나타냈다. 왜냐하면 원점화 내지는 총체화를 구체적인 실재라고 할 수 없기 때문이다. 디오니소스성이 실재냐 아니면 현상이냐 하는 문제는 해결되지 않았으며, 앞으로도 해결될 수 없는 문제로 철학의 영원한 과제로 남게 되는 문제다. 니체 철학은 계속 읽되 글을 쓰는 일은 삼가야 한다는 말을 다시 상기하면서, 그리고 디오니소스성에 대한 니체 해설가들의 예를 소개하면서 결론에 도달할 수밖에 없다. 디오니소스성에 대한 지배적인 해설방법은 디오니소스성을 **단자** 또는 **동력**193)으로 보는 해설방법이다. 이 해설방법에 속하는 해설가들로 크노트와 마그누스를 예로 들 수 있다. 크노트는 "단자" 혹은 "동력"이라는 개념을 사용하여 디오니소스성을 의미하는 "세력의 의지"를 다음과 같이 설명한다. "세력의 의지라는 중심세력에 관해서는 상대적이기는 하지만 단자에 관해 말할 수 있다. 그렇다고 해서 라이프니츠의 단자론을 의미하는 것은 아니다. 왜냐하면 수많은 개체단자 배후에 총체

---

193) **단자**(單子 Monade) 또는 **동력**(動力 Kraft)

단자가 존재한다거나, 수많은 개체세력 배후에 총체세력을 의미하는 세력의 의지가 존재한다고는 말할 수 없기 때문이다. 의지라든지 총체의지란 존재하지 않는다. 존재하는 것은 의지의 점들이며, 이것들이 세력을 증가시키기도 하고, 또 세력을 잃기도 한다."194) "중심세력"이라고 묘사되는 "세력의 의지"가 디오니소스성을 의미하는 말이다. 디오니소스성은 "세력의 의지" 또는 "중심세력"이라고 묘사된다고 해서 그것이 마치 수많은 단자를 통괄하여 지배하는 총체단자라든지, 또는 수많은 개체세력을 통괄하여 지배하는 총체세력 등 교회에서 말하는 신이나, 헤겔이 말하는 세계이성195) 등으로 이해되어서는 안 된다는 말이 된다. 크노트는 디오니소스성을 하나의 "세력집단", "통치집단", "동력집단" 등으로 설명하려 하나, 그러나 거기에 동일성은 배제시켜, 디오니소스성이 마치 기독교의 신이나, 아니면 헤겔식의 세계이성과 같이 보여 니체 철학이 형이상학화 됨을 방지하려 한다. 다시 말해 크노트는 디오니소스성에 물리적 세력은 인정하나 형이상학적 이성은 배제하려 한다고 할 수 있다. 다음에 마그누스의 논리는 다음과 같다. 그는 시간, 공간, 동력 등 3개의 범주를 상정하고, 이상 3개의 범주 중 시간은 무한하고, 공간과 동력은 유한하다는 다시 말해 제한적이라는 논리를 전개한다. 따라서 유한한 동력이 유한한 공간 속에서 전개되는 변화양상은, 절학적 표현으로 성위196)는 그 수가 유한하다는 주장이다. 따라서 유한한 수의 동력의 성위가 끝없는 무한한 시간의 연속 속에서 반복할 수밖에 없다는 결론이다. 그러므로 과거에 존재했던 어떤 일정한 "동역의 성위"는 무한한 시간의 연속 중에서 어느 때인지 반복(회귀)했으며, 또 미래의 언젠가는 다시 회귀할 것이므로, "**같은 순간의 영원한 회귀**"197)가 성립한다는 논리다. 이상의 표현을 "같은 순간"과 "영원한 회귀"라는 2개의 구조로 분리하여, 다시 말해 "같은 순간"들을 만들어 내는 제한된 숫자의 성위들과 그 제한된 숫자의 영원한 반복을 분리하여, 비약하여 표현하면 숫자의 유한성과 반복의 무한성을 분리하여, 마그누스는 그 양자를 다

---

194) Knodt: Friedreich Nietzsche, Die ewige Wiederkehr des Leidens, S.179, 180; 의지의 점들(Willes
  -Punktationen)

195) 세계이성(Weltvernunft)

196) 성위(星位 Konfiguration)

197) "**같은 순간의 영원한 회귀(die ewige Wiederkunft des Gleichen)**"

증명하려는 노력을 보인다. 마그누스는 결국 수학적 논리를 전개한다고 할 수 있는데, "동력의 성위"의 유한성과(제한된 그 숫자와) 그 회귀의 무한성의(영원한 회귀의) 관계를 다음의 수학공식에 의해 설명하려 한다. 즉 유한한 숫자의 동력의 성위를 2라 한다면 "2=1+1/2+1/4+1/8 ……"로 되어 유한성과 무한성 양자가 다 구제된다는 논리다.[198] 종합하여 단자나 동력의 개념에 의해 디오니소스성을 설명하려는 이상의 해설방법은 디오니소스성에 물리적 내지는 수학적 의미를 인정하려 하나, 형이상학적 의미는 부정하려는 해설방법이라 할 수 있다. 이상의 크노트와 마그누스의 논리를 인정한다 하더라도 다시 제기되는 질문은 단자와 동력이 과연 무엇이냐 하는 문제다. 단자와 동력이 완성된 실재냐 아니면 완성을 거부하고 순간적으로 변화하는 현상에 불과하냐 하는 문제로 복귀하게 된다. 이 문제는 이미 언급한 대로 영원한 철학의 문제이므로 우리도 여기서 중지할 수밖에 없다.

우리는 니체의 예술론을 철학적 계기와 예술적 계기로 나누어 설명해야 하는 이유로 2개의 계기, 즉 "신은 죽었다"라는 계기와 "비극은 죽었다"라는 계기를 언급했다. 그리고 그 첫 번째 계기에 의해서 아폴로성과 디오니소스성을 서로 분리하여 예술의 관점에서 논했다. 다음에는 아폴로성과 디오니소스성을 서로 연계하여 그 양자 사이의 관계를 논할 차례인데, 이 양자 사이의 관계는 두 번째 계기인 **"비극은 죽었다"**라는 계기에 의해서 논함이 순서가 된다. 그리고 아폴로성과 디오니소스성을 일반 예술의 관점에서 논했으나, 다음에는 그 양자 사이의 관계를 두 번째 계기인 비극의 관점에서 논함이 타당하다. 이유는 니체에 의하면 비극이 예술 중의 예술, 최고의 예술로 디오니소스성을 묘사하는데 가장 적합한 예술의 형식이기 때문이다. 그러나 비극이 최고의 예술이라는 발언은 대단히 모험적인 발언으로 『비극의 탄생』을 구성하는 3개의 개념들, 즉 **음악**, **신화**, **비극**을 그리고 그 삼자 사이의 관계를 논한 다음에 다시 확인할 발언이다. 니체에 의하면 신화와 비극은 음악에서 태어났고[199] 또 디오니소스성이 음악과 신화를 출산했으며, 따라서 음악과 신화는 서로 가까운

---

198) vgl. Magnus, Bernd: Nietzsches äternalischer Gegenmythos, S. 220
199) Nietzsche: Die Geburt der Tragödie, S. 92, S. 43

인척관계에 있다고 한다.[200] 이상 삼자 사이의 복잡한 관계를 인간의 인척관계에 의해 표현하자면, 디오니소스성이 음악을 출산하고, 디오니소스성과 음악 사이에서 신화가 출산되고, 그리고 음악과 신화 사이에서 비극이 출산되므로 근친상간의 연속이라 할 수 있다. 디오니소스성이 어느 인물에 가장 많이 내재해 있느냐 하는 관점에 의해 이상의 복잡한 인척관계를 순서대로 나열하자면 다음과 같다. 디오니소스성 자신에 디오니소스성이 가장 많이 내재해 있으므로 첫째는 디오니소스성 자신이 되고, 두 번째는 디오니소스성의 딸이자 부인이라 할 수 있는 음악이 되고, 세 번째는 디오니소스성의 손자며 친자식이라 할 수 있는 신화가 되며, 네 번째는 디오니소스성의 손녀이며 음악의 딸이라 할 수 있는 비극이 된다고 할 수 있다. 결론은 디오니소스성, 음악, 신화, 비극의 순서가 된다고 본다면, 여기서 두 번째 음악과 세 번째 신화의 순서가 문제가 된다. 딸인 동시에 부인인 음악에, 아니면 손자인 동시에 친자식이 되는 신화에, 어디에 디오니소스성의 피가 더 많이 섞여 있느냐 하는 문제가 생긴다. 이 문제는 해결할 수 없는 문제로 제쳐두기로 하나, 니체 철학과 관련하여 중요한 것은 음악과 신화의 위상관계다. 신화는 음악과 같은 세대에 속하면서도 다른 세대에 속하기 때문에, 음악과 신화가 동등하게(같은 세대에 속하기 때문에) 중요하다는 말도 성립되고 또 그럼에도 불구하고 음악이 신화보다(음악이 신화보다 전 세대에 속하기 때문에) 약간은 더 중요하다는 말도 성립한다. 이상과 같은 복잡한 인척관계에 의해서 3개의 구성개념인 음악, 신화, 비극의 관계를 논하자면 다음과 같다.

음악은 의지의 직접적인 언어라고 하여[201] 의지인 디오니소스성이 자신의 존재를 알리기 위한 최초의 그리고 가장 원초적인 수단이 음악이라는 말이다. 음악이 없다면 따라서 디오니소스성도 없으며, 반대로 디오니소스성이 있는 곳에는 반드시 음악이 있다고 보아야 한다. 그리고 디오니소스성은 의지 자체, 세계의 근원, 세계의 창조자, "진정한 실재" 등 한마디로 **원초현상**[202]을 의미하므로, 이 원초현상의 존재

---

200) ebd. S.131
201) ebd. S.91

를 알려주는 음악은 **"세계상징"** 또는 **"정신"** 등으로 표현되며,203) 원초현상이 원초모태이기도 하므로 음악은 모국어, 즉 만인의 모국어, 세계의 모국어라고도 표현된다. 그러나 디오니소스성의 언어인 음악은 이미 말한 바와 같이 무영상성이며 청각적이기만한 분위기 자체이기 때문에, 음악만 가지고는 디오니소스성의 존재가 아직 들을 수 있을 뿐만 아니라 볼 수도 있을 만큼 객관적으로 증명되었다고 할 수 없다. 따라서 눈으로 볼 수는 없으나 귀로만 들을 수 있는 분위기 자체에 옷을 입혀 눈으로 볼 수도 있게끔 만들어 놓은 것이 세계가 된다는 의미에서 **"세계는 육체화 된 음악이다"**204)라고도 니체는 말한다. 지금까지의 설명을 종합하면, 디오니소스성은 음악에 의해서 자기의 존재를 알리기는 했으나 구체적이 못되는 추상적인 분위기 자체로만 알렸기 때문에 구체화를 위한 다음 단계가 신화가 된다는 논리다. 신화는 음악과 같은 세대에 속하기도 하고 또 음악의 차세대에 속하기도 하여, 디오니소스성의 구체화를 위한 목표를 향해 아무 진전이 없다고도 할 수 있고, 또 약간의 진전이 있다고도 할 수 있다. 신화를 니체는 비유라고 표현하는데,205) 신화 속에서 디오니소스성이 구체화되기는 했으나 비유로만 구체화되어, 아직 완전한 구체화라고는 할 수 없다는 말이다. 니체는 따라서 신화를 무시간적이라고도 또 탈세계화206)라고도 표현한다. 신화는 아직 시간과 세계 안으로 통합되어야 할, 다시 말해 시간화와 세계화 되어야 할 필요성이 있다는 말이다. 바로 이 시간화와 세계화의 단계가 비극이 된다. 육체가 결여되었던 분위기만의 음악에 육체를 더해서 신화를 만들고, 그러나 이 신화는 무시간성의 신화이기 때문에, 무시간성의 신화를 다시 시간 속으로 편입시켜 가시적인 세계로 전향시킨 것이 비극이 된다는 말이다. 여기서 시간과 세계는 아폴로성을 의미하므로, 결국은 디오니소스성은 음악과 신화의 단계를 거쳐 비극이라는 세 번째 단계에서 아폴로성을 만나 조화의 세계를 이룬다는 말이 된다. 이상에 대한 니체 자신의 표현은 다음과 같다. "아폴로성과 디오니소스성 사이의 어려운 관계는

---

202) **원초현상(das Ur-Eine)**
203) ebd. S.43; **"세계상징(Weltsymbolik)"** 또는 **"정신(Geist)"**
204) ebd. S.91
205) ebd. S.117
206) 탈세계화(Entweltlichung)

비극에 이르러서 의형제관계로 변하게 되며, 디오니소스는 아폴로의 언어를, 또 아폴로는 디오니소스의 언어를 사용하게 되며, 바로 이 아폴로와 디오니소스 사이의 의형제관계가 비극 내지는 예술 자체의 최종목표가 된다."[207] 아폴로성과 디오니소스성 사이의 의형제관계를 나타내는 비극이 예술 중의 예술, 최고의 예술이 된다는 말이 된다. 그러나 음악, 신화, 비극 사이의 인척관계에 의해서 표현한다면 디오니소스성의 직접적인 표현은 음악이고, 다음이 신화이며 그 다음이 비극이 되므로, 그리고 예술은 자연을 모방할 것이 아니라 디오니소스성을 모방해야 하므로, 최고의 예술이 되는 순서는 음악, 신화, 비극의 순서라 할 수 있다. 그러나 예술의 본질이 모방의 대상 자체가 아니라 모방의 양상이라고 한다면, 다시 말해 귀로 들을 수 있고 또 눈으로 볼 수 있는 양상이라고 한다면, 이상의 순서와는 반대 순서로 비극이 최고의 예술이라 보아야 한다. 니체에 의하면, 예술이 자연을 모방해야 한다는 전통미학은 잘못된 미학이며, 더 나아가서 **모방**[208]의 개념 자체가 잘못된 개념인지도 모른다. 왜냐하면 대상 자체의 모방이 아니라 대상의 양상이 최고의 예술을 구성하는 계기가 되기 때문이다. 이상의 최고의 예술인 비극은 오이리피데스에 와서 음악과 신화가 그의 작품에서 사라지게 되어 죽음의 순간에 이르게 되었으며, 동시대 철학자였던 소크라테스에 의해, 그의 오성철학과 낙관주의에 의해 비극은 완전히 죽게 되었다고 니체는 말한다.[209] 따라서 최고의 예술인 비극을 다시 살려야 할 당위성과 필연성을 예술은 가지고 있다는 것이 니체의 의견이다.

　니체의 철학을 우리는 고뇌의 철학이라고 논했는데, 니체의 미학을 고뇌의 미학이라 주상할 차례다. 우리가 논한 음악, 신화, 비극의 핵심인 디오니소스성이(우리는 이미 고뇌인 동시에 쾌락이라는 디오니소스성의 이중성 내지는 복합성을 언급했지만) 쾌락이라기보다는 고뇌라고 명명되어야 하는 이유를 설명해야 할 차례다. 다시 말해 고뇌가 먼저냐 아니면 쾌락이 먼저냐 하는 문제는 닭이 먼저냐 아니면

<hr>

207) Nietzsche: Die Geburt der Tragödie, S.120
208) 모방(Mimesis)
209) Nietzsche: Die Geburt der Tragödie, S.64, 81

알이 먼저냐 하는 문제와 같아 해결 불가능한 문제다. 그러나 쾌락보다 고뇌를 니체가 선호하는 이유를 다음 3가지로 논해 본다. 첫째로 모든 철학은 (따라서 미학도 역시) 고뇌의 철학과 쾌락의 철학, 악의 철학과 선의 철학, 부정 철학과 긍정 철학 등으로 양분이 된다고 할 수 있다. 철학의 가능성 자체가 이상의 쌍개념 중의 하나가 된다는 말이다. 고뇌에서 시작하는 철학도 또 반대로 쾌락에서 시작하는 철학도 둘 다 타당하다는 말이 된다. 따라서 고뇌의 미학이라는 니체의 미학도 타당하다는 말이 된다. 둘째로 니체는 쾌락이 아니라 고뇌가 생의 활력 또는 생을 위한 흥분제가 된다는 의견이다. 마치 사랑하는 두 사람 사이의 불행과 불안이 두 사람 사이의 사랑에 활력을 불어넣는 것과 같이, 쾌락이 아니라 고뇌가 생을 위한 활력, 생을 위한 흥분제가 된다는 말이다. 따라서 철학도 또 미학도 쾌락에서 출발할 것이 아니라 활력을 불어넣어 생을 가능케 만드는 고뇌에서 출발해야 하며 전자를 대상으로 할 것이 아니라 후자를 대상으로 해야 한다는 논리가 성립한다. 셋째로 니체는 쾌락에서 출발하는 일체의 철학과 미학은, 다른 말로 표현해 일체의 쾌락을 지향하는 소크라테스의 낙관주의 철학, 즉 이성철학은 고뇌회피의 철학과 미학이라는 의견이다. 다시 말해 고뇌가 없다면 쾌락을 지향하는 일체의 이성철학도 없을 것이라는 논리다. 결국은 고뇌가 있으니까 쾌락도 있고, 고뇌의 철학이 있으니까 쾌락을 목표로 하는 이성철학도 있다는 결론이다. 여러 번 언급한 바와 같이 니체의 철학과 미학은 고뇌를 원점으로 하는 일원론의 철학이며 미학이라 할 수 있다. 고뇌와 쾌락 중에서 전자가 모든 합리적 현상과 모든 합리적 생산물의 근원이 된다고 니체는 말한다.[210] 철학을 악의 철학과 선의 철학, 부정 철학과 긍정 철학, 고뇌의 철학과 쾌락의 철학 등 2개의 범주로 분리한다면, 니체의 철학은 전자의 철학이며, 그의 미학은 고뇌의 미학이라 할 수 있다. 이유는 니체의 미학은 이원론이 아니라 일원론의 미학으로 후자는 전자의, 다시 말해 쾌락의 미학은 고뇌의 미학의 생산물 외에는 아무 것도 아니기 때문이다.

---

210) vgl. Knodt, R.: Friedrich Nietzsche, Die ewige Wiederkehr des Leidens, S.115

하이데거 I

물과 작품

1. 서론

하이데거[1]의 유일한 테마는 **실재의 문제**[2]다. 그러나 이 유일한 하나의 문제에 접근하기 위하여 하이데거는 여러 가지 접근방법, 크게 분류하여 2가지 접근방법을 시도한다는 것이 해설가들의 의견이다. 따라서 하이데거의 철학을 2개의 단계로 분리하는 것이 보통인데,[3] 그 예를 보자면 다음과 같다. 쉐어는 하이데거의 철학사를 2개의 단계로 분리하여 제1단계에서는 현존재,[4] 현존재존재론,[5] 또는 **기초존재론**[6]이 테마였으며, 제2단계에서는 **실재와 실재사고**[7]가 하이데거의 철학을 지배했다고 설명힌다.[8] 종합하여 제1단계에서는 실재의 존재방식[9]이 테마였으며, 제2단계에서는 실재의 진리[10]가 테마였다는 설명인데 이를 다음과 같이 정리할 수 있다. 첫째로 1930년을 전후로 하여 하이데거 철학에 소위 방향전환이 생기는데, 1930년 전 단계는 1927년에 출간된 하이데거의 주저 『 **실재와 시간**』[11]이 지배하던 단계였

---

1) 하이데거(Martin **Heidegger** 1889~1976)
2) **실재(實在 das Sein), 실재의 문제(die Seinsfrage)**
3) vgl. Scheer, Brigitte: Einführung in die Philosophische Ästhetik, S.153, 154
4) 현존재(現存在 das Dasein)
5) 현존재존재론(現存在 存在論 Daseinsontologie)
6) **기초존재론(基礎存在論 Fundamentalontologie)**
7) 실재사고(實在思考 Seinsdenken)
8) vgl. Scheer, Brigitte: Einführung in die Philosophische Ästhetik, S.153
9) 실재의 존재방식(實在의 存在方式 Seinsweise)
10) 실재의 진리(實在의 眞理 Wahrheit des Seins)
11) 『 **Sein und Zeit**』

고, 1930년 후 단계는 1936년에 쓰였으나 1950년에 다시 확대되어 출간된 **예술작품론**[12]이 지배하던 단계라고 대부분의 해설가들은 생각하고 있다. 둘째로 1930년을 경계선으로 하여 제1단계와 제2단계로 분리한다면, 제1단계의 『실재와 시간』의 테마는 현존재이고, 또 현존재는 실재의 존재방식을 의미하는 개념이므로, 철학을 실제의 존재방식과 그 실새 사체, 실재의 형식과 그 실재의 내용으로 분리한다면, 제1단계는 전자의 철학이고, 제2단계는 현존재가 아니라 실재가 테마이므로 후자의 철학이라고 할 수 있다. 아니면 셋째로 하이데거는 제1단계에서 현존재를 존재론화하여 현존재존재론 내지는 기초존재론을 행한다면, 제2단계는 그 존재론을 다시 지양하고 초월하는 철학의 단계라고 할 수 있다. 쉐어가 말하는 **실재사고**라는 말은 존재론을 초월하는 철학을 의미한다. 여기에 하이데거 철학을 난해하게 만드는 요소가 드러난다. 그것은 이미 언급한 형식과 내용, 실재의 존재방식과 그 실재 자체라는 양자 분리 중에서 전자는 현상학의 영역이고, 후자는 존재론의 영역이라고 생각하는 것이 상식인데, 하이데거에 있어서는 그 반대라는 사실이다. 그리고 전자가 예술의 영역이고 후자가 철학의 영역이라고 생각하는 것이 상식인데, 그 관계가 역전되는 것에 난해성이 놓여 있다.

하이데거의 주저 『실재와 시간』은 **실재**를 이해할 수 있는(아니면 이해하기 위한) 지평선[13]으로서 **시간**을 다루고 있는데, 이 역시 상식을 초월하는 개념이다. 실재와 시간에서 실재는 좌우를 나타내는 수평적 개념, 즉 지평선과 관련된 개념이고, 시간은 상하를 나타내는 수직적 개념이라는 것이 상식인데, 하이데거는 시간을 지평선으로, 다시 말해 좌우관계를 나타내는 개념으로 보기 때문이다. 이상의 역전된 관계는 하이데거가 전통철학을, 전통 형이상학을 비판하려는, 그것도 종체적으로 비판하여 역전시키려는 의도를 나타내고 있다. 과거 전통철학은 3가지 끈질긴 편견을 가지고 있어서 진정한 실재를 이해하는 데 실패했다고 하이데거는 비판한다. 전통철학이 가지고 있는 3가지 끈질긴 편견들이란 다음의 편견들이다. 첫째로 전통철

---

12) **예술작품론**(藝術作品論 Kunstwerkaufsatz)
13) 지평선(地平線 Horizont)

학은 실재를 최후의 분명한 그리고 보편적인 개념으로 전제하고, 이 전제하에 내지는 이 전제 위에 전체 철학체계를 세우는데 이는 잘못이라는 것이다. **무와 실재**[14] 사이에서 철학은 무위에 체계를 세울 수 없어 최소한 실재 위에 체계를 세워야 한다고 전통철학은 주장하지만 이것이 잘못이라는 말이다. 무와 실재라는 양자택일 중에서 기계적으로 실재를 택하여 그 위에 철학의 체계를 세우는 전통철학은 바로 그 실재에 대한 탐구를 소홀히 했으므로, 진정한 철학은 바로 이 실재를 원천적으로 탐구해야 한다는 것이 하이데거의 생각이다. 따라서 무의 반대인 실재는 전통철학이 주장하는 것과 같이 최후의 분명한 그리고 보편적인 개념이 아니라 최초로 불분명해진 특수한 개념, 가장 **"어두운 개념"**이라고 하이데거는 말한다.[15] 둘째로 가장 어두운 개념인 실재는 따라서 정의 불가능한 개념이나, 이 실재의 정의 불가능성은 이 **실재의 문제**를 제외시키는 것이 아니라 반대로 강하게 촉구한다는 것이 하이데거의 의견이다. 셋째로 "하늘은 푸르다" 또는 "나는 기쁘다"라는 표현에서 전통철학과 일반 상식은 "…이다"라는 실재를 자명한 개념이라고 하여 철학적 사고에서 제외시키고 "하늘과 푸름", "나와 기쁨"이라는 주어와 보어만 사고의 대상으로 다루고 있는데 이것이 잘못이라는 것이다. 오히려 제외되어진, 자명하다 하여 질문의 여지가 없다고 생각되어 잊혀진 "…이다"라는 실재의 문제를 철학은 다시 제기해야 한다는 것이 하이데거의 주장이다.[16] 이상에서 언급한 3가지 끈질긴 편견들을 종합하여 첫째 전통철학의 잘못된 전제, 둘째 가장 어두운 개념인 실재의 정의 불가능성, 셋째 억압되어 잊혀졌던 실재의 새로운 해방이라고 요약한다면, 이것이 하이데거의 **기초존재론**을 구성하는 말들이 된다.

제1단계의 주저인 『실재와 시간』에서 하이데거는 실재의 다양한 존재방식들에 대한 질문을 제기하는 것이 아니라, 또 어느 특정한 실재의 존재방식에 대한 질문을 제기하는 것이 아니라, 또는 실재란 사실적 대상이냐 아니면 이상적 대상이냐 하는

---

14) **무(無 nichts)와 실재(實在 Sein)**
15) vgl. Scheer, Brigitte: Einführung in die Philosophische Ästhetik, S.156
16) ebd. S.156

실재의 존재방식에 대한 질문을 제기하는 것이 아니라, **실재 자체의 의미**[17]에 대한 질문을 제기한다. 달리 표현하면 다양한 모든 실재의 존재방식들 사이의 통일성은 아니면 공통성은 "하늘은 푸르다", "공은 둥글다" 등 "…은 …이다"라고 표현되는데, 바로 이 통일성 또는 공통성을 의미하는 **실재** 자체를 하이데거는 『실재와 시간』에서 다루고 있다고 할 수 있다. 하이데거의 테마는 부분적인 존재론이 아니라 총체적 존재론이라는 말인데, 이 총체적 존재론을 하이데거는 **기초존재론**[18]이라고 표현한다. 기초존재론은 따라서 존재론 자체의 새로운 기초설정을 의미한다고 보아야 한다. 하이데거의 기초존재론을 케터링이 설명하는 것을 보면 다음과 같다. 기초존재론은 존재론의 최초의 그리고 가장 원천적인 방식이며, 또 기초존재론은 모든 종류의 존재론들을 선행하며 그리고 그 모든 종류의 존재론들에게 비로소 기초를(근거를) 제공해 주는 존재론이라고 케터링은 설명한다.[19] 기초존재론을 위해 하이데거는 『실재와 시간』에서 2가지 작업을 하는데, 하나는 지금까지의 존재론사를 파괴하는 작업이고 다른 하나는 **현존재**[20]에 대한 실존론적인 분석 작업이라고 한다. 전자의 작업, 즉 존재론사에 대한 파괴 작업은 전통철학이 해온 지금까지의 모든 실재에 대한 정의들을(편견들을) 해체하고 파괴하는 작업을 의미하며, 후자의 작업, 즉 현존재에 대한 실존론적인 분석은 실재의 진정한 의미를 읽을 수 있는 **실재물**[21]의 실재구조[22]를 해방시켜 진정한 실재이해[23]를 가능케 하는 작업이라고 케터링은 설명한다.[24] 3가지 끈질긴 편견을 가지고 있는 전통철학을 파괴하고 실재구조를 해방시켜 진정한 실재이해를 가능케 하려는 하이데거의 의도를(하이데거의 기초존재론을) 지금까지의 설명보다 점진시켜 표현하면 다음과 같다. 전통철학은(유럽의 형이상학은 **실재물의 실재**[25]를 일방적으로 **우지아**[26] 또는 **실체**[27]로만 생각해서, 객관적

---

17) **실재 자체의 의미**(Sinn von Sein)
18) **기초존재론**(基礎存在論 Fundamentalontologie)
19) Kettering, Emil: Fundamentalontologie und Fundamentalaletheiologie, S. 203
20) **현존재**(現存在 Dasein)
21) **실재물**(實在物 das Seiende)
22) 실재구조(Seinsstruktur)
23) 실재이해(Seinsverständnis)
24) Kettering, Emil: Fundamentalontologie und Fundamentalaletheiologie, S. 204
25) **실재물의 실재**(das Sein von Seiendem)

이고 그리고 언제나 보여줄 수 있는 실체의 영원한 존속이라고 생각했다는 것이다. 실재가 이와 같이 이해되면 시간이라는 차원이 제거되어, 실재는 결국은 시간을 초월하는 영원한 현재로 굳어 버린다는 것이다. 전통철학은 처음부터 이상과 같이 실재에 대한 규정에서 시간의 차원을 추방했기 때문에 실재를 망각하게 되었다는 것이 하이데거의 결론이다.[28] 따라서 실재에 대한 규정에서 시간을 제외시킬 것이 아니라 반대로 가미시켜 실재의 발생사를(내지는 진리의 발생사를) 구성하려는 것이 하이데거의 구상이며, 이것이 기초존재론이라는 것이다.

하이데거 철학의 시종일관된 테마는 실재의 문제라는 말을 했다. 그리고 하이데거의 철학을 2개의 단계로 분리하여 현존재존재론 내지는 기초존재론이 테마였던 제1단계를 논했으므로 **실재사고**[29]가 테마가 되는 제2단계를 논할 차례다. 제2단계 역시 실재의 문제가 시종일관하게 테마가 되나, 이 문제에 접근하는 접근방법이 달라진다는 내용도 이미 언급했다. 1930년을 전후로 하여 하이데거 철학에 생기는 소위 방향전환이 달라진 제2단계의 실재사고를 의미한다. 제2단계에서는 실재란 과연 무엇이냐 하는 문제를 제1단계에서와는 다르게, 즉 접근방법만 다르게 논한다고 집약할 수 있는데, 하이데거가 사용하는 여러 가지 개념 표현에 주의할 필요가 있다. 하이데거가 사용하는 개념 표현들 중에서 **"실재물의 실재"**[30] 또는 **"진리의 본성"**[31]이라는 2가지 표현에 주의할 필요가 있다. 이상의 2가지 개념표현을 3가지로 분리 설명하자면 다음과 같다. 첫째로 전자의 표현인 "실재물의 실재"라는 표현은 후자의 표현인 "진리의 본성"이라는 표현과 동일한 표현이라 할 수 있으나, 정확히는 **"실재물의 실재＝진리"**라는 공식이 된다고 생각해야 한다. 하나의 요소 **진리**를 구성하기 위해서는 2개의 요소 실재물과 실재가 필요하다는 말이나. 따라서 후자의 표현

---

26) **우지아(Ousia)**

27) **실체(Substanz).**

28) vgl. Scheer B.: Einführung in die Philosophische Ästhetik, S.155

29) **실재사고(Seinsdenken)**

30) **"실재물의 실재(Sein von Seiendem)"**

31) **"진리의 본성(Wesen der Wahrheit)"**

인 "진리의 본성"은 전자의 표현인 "실재물의 실재"를 확대 확장시킨 표현이라고 보아야 한다. 둘째로 후자의 표현인 "진리의 본성"에서 "본성"이, 독일어 표현인 "Wesen"이 문제가 된다. 독일어 표현인 Wesen을 실체, 정체, 본질, 본성 등 여러 가지 한글 표현으로 번역될 수 있다는 데 문제성이 있으며, 이것이 하이데거의 철학을 난해하게 만드는 요소다. 여기서 중요한 사실은 하이데거는 Wesen이라는 개념을 개념화하지 않으려하는데, Wesen이라는 개념을 개념화하지 않고 미정의 상태로, 개방의 상태로 유지하려는 의도다. 따라서 한글 표현인 실체, 정체, 본질, 본성 등은 진리를 이미 어느 형식으로든 또 어느 내용으로든 규정하고, 따라서 폐쇄해 버리기 때문에 정확한 번역이라 할 수 없다. 실재가 가장 어두운 개념이고 정의 불가능한 개념이라는 말을 했듯이, 진리도 가장 어둡고 정의 불가능한 개념이라 생각한다면, 이상의 한글 표현들은 정확하지 못한 번역일 뿐만 아니라, 하이데거가 사용하는 개념인 Wesen은 번역 자체를 거부하는, 개념화 자체를 거부하는 개념으로 생각해야 한다. 그럼에도 개념화를 피할 수 없는 것이 학술의 숙명이기 때문에 Wesen이라는 하이데거의 표현을 "본성"이라 번역하기로 한다. 이유는 이상의 네 가지 한글 표현들 중에서 "본성"이 형식적으로나 내용적으로 진리를 비교적 유동상태로, 비규정 상태로, 개방상태로 유지해 준다고 보기 때문이다. 그리고 진리라는 개념을 비규정 상태로, 개방 상태로 유지하기 위해서는 하이데거가 사용하는 "예술작품의 원천"32)이라는 표현에서 "원천"이라는 표현으로 Wesen을 번역할 수 있겠으나 (예술작품 역시 하이데거는 비규정 상태로, 개방 상태로 유지하려 하기 때문에) 실재와 예술작품, 철학과 예술을 동시에 논할 때 개념의 혼돈을 피하기 위해 "본성"이라는 번역을 고수하기로 한다. 셋째로 Wesen이라는 표현이 개념화를 거부하는, 번역을 거부하는 표현이라는 사실은 "진리의 본성"이라는 표현에서 진리 자체가 개념화를 거부하고, 번역을 거부한다는 사실에서 기인한다. 따라서 **본성 = 진리**33)라는 공식이 성립한다고 생각해야 한다. "진리의 본성"이라는 표현은 반대로 "본성의 진리"라는 표현과 같은 표현이 된다. 따라서 하이데거의 시종일관된 테마는 실재의 문제, 진리의

---

32) "예술작품의 원천(Ursprung des Kunstwerkes)"
33) **본성 = 진리(Wesen = Wahrheit)**

문제, 본성의 문제 등으로 표현할 수 있으나 다 같은 하나의 문제다. 다만 제2단계에서는 이상의 하나의 문제를 예술작품이라는 **실재물**[34]에 의해 해결하려는 것이 제1단계와 다른 점이다.

　　실재사고가 테마인 제2단계를 논함에 있어서 "실재물의 실재"라는 표현과 "진리의 본성"이라는 양자의 표현 중에서 전자의 표현에 의해서 논함이 옳겠으나, 후자의 표현, 즉 "진리의 본성"이라는 표현에 집중해서 논하기로 한다. 이유는 하이데거가 "진리란 …… 이다"라는 진리의 실재 문제를 예술작품이라고 하는 실재물에 의해서 설명하려 하기 때문이다. 하이데거에 의하면 **예술의 본성**이란 **진리의 작품화**[35]다. "진리의 작품화"라는 표현을 독일어 표현대로 설명하자면 진리가 자기 자신을 작품 속으로 "집어넣다" 또는 "옮겨 놓다"라는 표현이 된다. 여기서 "집어넣다" 또는 "옮겨 놓다"라는 독일어 표현 "Setzen"을 한국어로 번역하기는 거의 불가능한 개념이다. 따라서 "진리의 작품화"라는 표현은 부정확하고 불안한 표현에 지나지 않는다. 그리고 "진리의 작품화"라는 하이데거의 결론 자체가 우리가 수행해야 할 핵심과제다. 앞에서 우리는 "본성＝진리"라는 공식을 언급했고, 본성과 진리를 하이데거는 유동상태, 개방상태로 유지하려 한다는 말도 언급했다. 그리고 하이데거는 진리라는 실재를(진리란 무엇이냐 하는 진리의 실재를) 예술작품이라는 실재물에 의해 설명하려(드러내려) 한다는 말도 했다. 하이데거가 생각하고 있는 진리의 본성을 (진리라는 본성을) 3가지로 설명할 수 있다. 3가지 설명은 모두 이미 언급한 유동성, 개방성을 나타내는 말로 하이데거는 희랍어 **알레테이아**[36]의 독일어 번역으로 잠재해있지 않고 자신을 드러낸다는 의미로 **비잠재성**[37] 또는 **개방성**이라는 표현을 선호하고 있다. 다시 말해 하이데거가 생각하는 진리의 본성은 비잠재성 내지는 개방성을 나타내는 말로 3가지로 설명된다. 첫째로 전통철학이 무와 실재 중에서 기계

---

34) **실재물(實在物 das Seiende)**
35) "**진리의 작품화**(das Sich-Ins-Werk-Setzen-der Wahrheit)"
36) "**알레테이아**(Aletheia)"
37) "**비잠재성**(Unverborgenheit)"

적으로 실재를 택해, 그 실재 위에 전 철학의 체계를 세운 것이 잘못이라는 말을 했듯이, 진리를 실재 위에가 아니라 반대로 무위에 세워야 한다는 것이 하이데거의 생각이다. 진리를 실재 위에 세운다면 전통철학이 범했던 "끈질긴 편견"에 사로잡혀 다시 오류를 범하게 되지만, 반대로 무위에 세운다면 최소한 전통철학이 범했던 오류는 피할 수 있고, 또 비잠재성 내지는 개방성이 보장되기 때문이다. 무는 새로운 시작을 의미하기 때문에 내용이 비어 있는 백지와 같은 상태로 비잠재성 내지는 개방성 자체라고 보아야 한다. 둘째로 하이데거의 관심사는 "진리의 발전사"[38] 내지는 진리의 시간적 발전사라고 할 수 있으며, 이것이 하이데거의 진리관[39]을 나타내는 말이다. 발전사를 의미하는 독일어 "Geschichte"의 어원은 "geschehen"에서 유래하는데, 이 말은 "…이 발생한다", "…이 일어난다"라는 의미를 나타낸다. 하이데거는 "**진리는 발생한다**" 또는 "**진리가 일어난다**"라는 말을 한다. 진리는 영원히 불변하여 어느 때고 어느 곳에서고 객관적으로 보여줄 수 있는(또는 보여지는) 불변의 존재물 또는 존재자가 아니라, 바로 지금, 바로 여기서 새로 발생하고, 새로 일어나야 하는, 그리고 순간적으로 존재했다가 다시 사라지는, 시시각각으로 변하는 실재라는 것이 하이데거의 생각이다. 따라서 "진리의 발생사"라는 표현은 잘못된 번역이고, 정확히는 "진리의 발생 자체"라고 표현해야 한다. 진리에 관한 첫 번째 설명이 비잠재성 내지는 개방성이라 한다면, 두 번째 설명은 "**발생성**" 내지는 "**돌연성**"이라고 할 수 있다. 셋째로 진리는 개방적이고 돌연적이기 때문에 정의와 규정을 거부하는 개념이다. 정의할 수 없고 규정할 수 없는 진리를 그러나 인식은 해야 하기 때문에(하이데거에 의하면 경험은 해야 하기 때문에) 하이데거는 진리에 대한 특수한 접근방법, "**해석학적 회전관계**"[40]를 동원한다. 진리를 정의하거나 규정함을 피하기 위하여, 다시 말해 진리가 스스로 자신의 자태를 드러내게 하기 위하여, 우회작전을 사용하는 것이 "해석학적 회전관계"이다. 예를 들어 예술가란 무엇이냐 하는 예술가에 대한 진정한 실재를, 예술가에 대한 진정한 진리를 인식하기 위해서는(예술가에 대한 진정한 진

---

38) "진리의 발전사(Geschichte der Wahrheit)"
39) 진리관(眞理觀)
40) **해석학적 회전관계(hermeneutischer Zirkel)**

리가 스스로 자태를 드러내기 위해서는) 그가 생산한 예술작품을 인식해야 되고, 반대로 예술작품에 대한 진정한 진리가 스스로 자태를 드러내기 위해서는 그를 생산한 예술가를 인식해야 한다는 것이 "해석학적 회전관계"다. 진리의 **비잠재성, 개방성, 발생성, 돌연성**을 주장하는 하이데거에게는 "해석학적 회전관계"가 필연적인 진리 접근방법이라 할 수 있다.

2. 해석학적 회전관계

제2단계의 주저인『예술작품의 원천』[41]에 첨가된 부록에서 하이데거는 다음과 같이 예술작품론의 테마를 규정하고 있다. "전체 논문은 분명히 명시되지는 않았지만 **실재의 본성**[42] 문제를 다루고 있다. 그리고 예술이란 무엇이냐 하는 문제는 전적으로 실재의 문제에 의해 결정된다. 예술은 문화의 영역에 속하는 것도 아니고, 정신의 현상도 아니다."[43] 이상의 인용문을 3가지 의미로 해석할 수 있다. 첫째로 이미 언급한 대로 하이데거 철학의 시종일관된 테마는 실재의 문제, 다시 말해 실재에 대한 철학이다. 그럼에도 불구하고 예술의 문제를 다룬다면, 예술은 철학을 위한(실재의 문제를 위한) 하나의 도구에 불과하다고 할 수 있다. 둘째로 예술이 철학을 위한 도구라는, 다시 말해 예술이 가지고 있는 도구위상을 격상시켜 이번에는 예술의 모델위상을 말할 수 있다. 예술이란 무엇이냐 하는 문제는, 다시 말해 예술의 문제는 철학의 문제인 "실재의 문제"에 의해 전적으로 결정된다는 하이데거의 말은, 역으로 (차후에 논하게 될 예술과 철학 사이의, 예술과 실재 사이의 해석학적 회전관계에 따라 표현하면) 철학의 문제인 "실재의 문제"는 예술의 문제에 의해 결정된다는 말을 의미한다고 볼 수 있어 예술을 철학과 거의 동등한 위치로 격상시킨다고 할 수 있다. 예술은 여기서 철학을 위한 모델위상을 갖게 된다. 셋째로 인용문에는 직접적으로 표현되어 있지 않으나, 제2단계의 하이데거는 예술과 예술작품을 진정한 실재, 진정

---

41)『예술작품의 원천 Der Ursprung des Kunstwerkes』
42) 실재의 본성(Wesen des Seins)
43) Heidegger: Der Ursprung des Kunstwerkes, S.73

한 진리를 설명하기 위한 **오르가논**[44]이라고 생각한다. 예술과 예술작품이 진정한 실재와 진정한 진리를 위한 오르가논이라고 하이데거가 생각하는 이유는, 예술과 예술작품이 해석학적 회전관계를 적용하기 위한 유일한 경우이기 때문이다. 해석학적 회전관계는 예술과 예술작품의 세계에 현저하게 적용되는 사고의 방법이다. 해석학적 회전관계가 진정한 실재와 진정한 진리에 접근하기 위한 필연적인 접근방법이라 언급했는데, 이는 유일한 접근방법이라는 것을 의미한다. 예술과 예술작품은 여기서 진정한 실재와 진정한 진리를 위한 유일한 오르가논으로서 철학이 반드시 의존해야만 하는 독립적인 위상, 즉 오르가논 위상에 도달하게 된다. 철학이 반드시 의존해야만 한다는 말은 철학이 추구하는 진정한 실재와 진정한 진리에 접근할 수 없다면, 그 진정한 실재와 진정한 진리는 없는 것이나 같기 때문이다. 예술과 예술작품이 철학에 대해 독립적인 오르가논 위상을 주장할 수 있는 것은 언급한 대로 예술과 예술작품에 "해석학적 회전관계"라는 메커니즘이 내재해 있기 때문이다.

『예술작품의 원천』의 서언에서 하이데거는 전체 예술작품론을 위한 핵심적인 구성요소 2가지를 언급한다. 하나는 하이데거 철학의 오르가논인 해석학적 회전관계이고, 다른 하나는 바로 그 해석학적 회전관계를 실제로 가동시키는 **물**[45]의 개념이다. 하이데거는 우선 3가지 종류의 해석학적 회전관계를 설명하는데 이는 다음과 같다. **제1의 해석학적 회전관계**의 형식은 예술작품과 예술가[46] 사이에서 이루어지는 회전관계다. 예술작품의 원천에 관한 문제는 예술작품의 출생에 관한 문제와 같다고 말하면서, 예술작품은 예술가에 의해 출생되고 또 반대로 예술가는(자기의 출생물인 예술작품 없이는 예술가라고 할 수 없기 때문에) 자기의 예술작품에 의해 출생된다는 논리를 하이데거는 전개한다.[47] 예술가는 예술작품의 원천이고, 또 반대로 예술작품은 예술가의 원천이라는 말이다. 예술가는 바로 자기가 출생시킨 예

---

44) 오르가논(Organon 사고의 방법)
45) **물(物 Ding)**
46) **예술(藝術), 예술가(藝術家), 예술작품(藝術作品)**
47) Heidegger: Der Ursprung des Kunstwerkes, S.1

술작품 때문에 예술가라 불리고, 또 반대로 예술작품은 자기를 출생한 예술가 없이는 상상할 수 없는 것이 사실이다. 예술가는 예술작품에게 존재근거를(실재의 원천을) 주고, 또 반대로 예술작품은 예술가에게 존재근거를 준다는 것이 제1의 해석학적 회전관계다. **제2의 해석학적 회전관계**는 예술가 그리고 예술작품이라는 한편과 예술이라는 다른 한편 사이에서 이루어지는 회전관계다. 예술가와 예술작품이라는 2개념의 공통성은 예술이며, 또 예술가와 예술작품에게 예술이 결여된다면(다시 말해 예술성이 결여된다면) 예술가라 할 수 없고 예술작품이라 할 수 없기 때문에, 이상 양자 사이의 해석학적 회전관계 역시 상호 존재근거를(실재의 원천을) 부여하는 회전관계다. 예술가와 예술작품이 합해서 예술을 존재하게 만들며, 또 반대로 예술이 존재하기 때문에 예술가는 예술가라 할 수 있고, 예술작품은 예술작품이라 할 수 있다는 말이다. 그러나 여기서 예술가와 예술작품을 하나로 묶어 주는 요소가 예술이 되어, 예술은 마치 예술가와 예술작품을 중개해주는 제3자인 양 보이는데, 사실은 예술은 제3자가 아니라, 제1자 아니면 원초자 또는 시초자라는 의미로 예술은 예술가와 예술작품 양자의 원천이라고 하이데거는 말한다.[48] **예술**이라는 것이 있기 때문에(실재하기 때문에) 사람은 예술가가 되려 하고 예술작품을 출생시킨다는 논리다. 그렇다면 볼 수도 없고, 들을 수도 없는 추상적인 예술이란 과연 무엇이냐, 또는 예술이란 실제와 실재[49]가 없는 한갓 말에 불과하냐 하는 질문을 제기하면서, 하이데거는 이 질문을 제3의 해석학적 회전관계로 넘어가는 계기로 사용하고 있다.

이미 언급한 대로 제1의 해석학적 회전관계에서 하이데거는 "예술작품의 원천의 문제는 예술작품의 출생의 문제와 같다"라고 한 데 비해, **제3의 해석학적 회전관계**에서는 변화된 표현을 사용한다. "예술작품의 원천의 문제는 예술의 본성의 문제와 같다." 이상 2개의 표현 사이의 변화는 예술작품의 원천의 문제를 예술작품의 출생에서 예술의 본성으로 변화시켰고, 또 전체적으로는 예술작품의 문제에서 예술의 문제로 변화시켰다. 예술작품이 출생되었다 하더라도 거기에 예술이라는 본성이

---

48) ebd. S.1
49) 실제(實際)와 실재(實在)

내재해 있지 않다면, 그것은 예술작품이라 할 수 없다는 말이 된다. 그리고 예술작품의 문제에서 예술로의 변화는 하이데거가 예술작품을 둘로 분열시켜, 즉 **예술과 작품**50)으로 분열시켜 제3의 해석학적 회전관계를 설명하려 함이다. 예술은 "예술 - 작품"에 내재한다는 말을 하이데거는 하는데,51) 하이데거가 기꺼이 사용하는 이중적 표현에 주의해야 한다. "예술 - 작품"이라는 이중적 표현은 첫째 "예술과 작품"의 관계, 둘째 "예술작품과 작품"의 관계, 셋째 "예술작품"이라는 단일한 관계를 표현한다. 하이데거는 이상의 3가지 표현 가능성을 전체 예술작품론을 통해 적용하고 있는데 주의해야 한다. 그러나 제3의 해석학적 회전관계에서는 첫 번째 표현가능성, 즉 예술과 작품을 분리시키는 표현이다. 따라서 예술과 작품 사이에서 이루어지는 제3의 해석학적 회전관계는 다음과 같다. "예술의 본성은 작품에서 출산되고, 작품의 본성은 예술의 본성에서 경험된다."52) 예술의 본성을 허공에서 찾아낼 수는 없는 것이므로, 구체적인 모태인 작품에서 잉태시켜 마치 산파가 아기를 받아내듯이 받아내야 한다는 말이다. 그리고 모태인 구체적인 작품도 예술이라는 아기를(예술의 본성 즉 진정한 예술을) 잉태하여 출산해야 비로소 작품의 본성에 도달한다는(진정한 작품의 본성을 우리가 경험할 수 있다는) 말로 해석할 수 있다. 이상의 제3의 해석학적 회전관계를 요약하면, 예술의 본성은 작품에서 이루어지고, 또 반대로 작품의 본성은 예술에서 자태를 나타낸다는 말이 된다. 그러나 **예술과 작품**이라는 해석학적 회전관계에서 예술은 추상적이어서 눈으로 볼 수 없고, 귀로 들을 수 없기 때문에 하이데거는 제4의 해석학적 회전관계를 준비한다. 지금까지 우리는 3가지 해석학적 회전관계를 논했는데, 해석학적 회전관계는 3가지에 끝나지 않고 제4, 제5, 제6 등 계속해서 전체 예술작품론을 관철하고 있다. 우리가 하이데거 철학의 오르가논이라고 표현한 해석학적 회전관계를 하이데거 자신은 **"사고의 힘"**53) 또는 **"사고의 축제"**54)라는 말로도 표현한다.55) 계속되는 제4의 해석학적 회전관계를 설명하기

---

50) **예술(藝術)과 작품(作品)**
51) ebd. S.2
52) ebd. S.2
53) **"사고의 힘**(die Stärke des Denkens)"
54) **"사고의 축제**(das Fest des Denkens)"

위해서는 물의 개념이 필수적이다.

　　예술의 본성 문제를 해결하기 위해서는 그 예술이라는 본성이 내재해 있는(다시 말해 그 예술이라는 본성을 잉태하여 출산하는) 구체적인 실제 작품에 의존할 수밖에 없다. 예술이라는 본성은 눈으로 볼 수 없고, 귀로 들을 수 없는 추상적인 본성이기 때문이다. 이 작업을 위해 하이데거는 "모든 작품은 **물성**56)을 가지고 있다"는57) 명제를 제기한다. 모든 예술작품은 물건이라는 명제인데, 하이데거는 다음과 같이 설명한다. 벽에 걸려있는 그림은 역시 벽에 걸려있는 사냥총이나 모자와 같이 물건이고, 반 고흐58)의 그림 **"농부의 신발"** 역시 한 전람장소에서 다른 전람장소로 옮겨 다니는 물건이다. 독일 루르 지방의 석탄이나 쉬바르츠발트의 목재가 다른 지방으로 실려 가는 물건인 것과 같이 예술작품도 이리 저리 실려 가는 물건이다. 횔더린59)의 시집도 칫솔이나 치약처럼 배낭에 넣어 가지고 여행을 떠날 수 있는 물건이다. 베토벤의 4중주곡도 지하실에 쌓여 있는 감자와 같이 창고에 보관할 수 있는 물건이다.60) 이상의 설명과 같이 모든 예술작품은 원천적으로 물질이고 물건이며, 모든 예술작품은 물성을 피할 수 없다는 것이 하이데거의 명제다. 이상의 명제를 확대시켜 하이데거는 건축물에는 돌이라는 물건이 들어 있고, 그림에는 색이라는 물질이 들어 있으며, 음악에는 음이라는 물성이 들어 있다고 말한다. 이상의 확대를 다시 확대시켜 이번에는 반대로 건축물의 본성은 돌이라는 물건에서 찾을 수 있고, 그림의 본성은 색이라는 물질에서 찾을 수 있고, 음악의 본성은 음이라는 물성에서 찾을 수 있다고 말한다. 결론적으로 물건, 물질, 물성 등을 합해서 물성이라 표현한다면, 이 **물성**이 예술작품을 구성하는 가장 원천적이며 가장 자명한 요소라는 설명이다. 전통철학은(전통미학은) 바로 이 가장 원천적이며 가장 자명한 요소인 물성을 소홀히 하고, 예술적

---

55) Heidegger: Der Ursprung des Kunstwerkes, S.3
56) **물성(物性 das Dinghafte)**
57) Heidegger: Der Ursprung des Kunstwerkes, S.3
58) 반 고흐(Vincent **van Gogh** 1853~1890)
59) 횔더린(Friedrich **Hölderlin** 1770~1843)
60) Heidegger: Der Ursprung des Kunstwerkes, S.3

품이 마치 이중 구조로, 즉 물질로 구성된 하부구조와 정신으로 승화된 상부구조로 되어 있는 양 주장하는데, 이것이 잘못된 것이라고 하이데거는 비판한다.

　　전통미학이 주장하는 예술작품의 이중 구조는 다음과 같다. 예술작품은 물성을 초월해서 또 나른 요소(불성의 타자)를 자체 내에 가지고 있는데, 이 타자[61]가 **예술성**[62]이라는 것이다. 달리 표현하면 예술작품은 일차적으로는 가공되어진 순수한 물성 외에는 아무 것도 아니지만, 이차적으로는 이 물성과는 전혀 다른 요소, 즉 예술성을 가지고 있다는 것이다. 그러나 전통미학이 주장하는 예술작품의 이중 구조, 즉 물성과 예술성 중에서 후자, 즉 예술성은 2가지 현상만 나타내고 있다고 하이데거는 설명한다. 그 2가지 현상은 **알레고리**와 **심볼**[63]인데 다음과 같다. (전통미학의 주장에 의하면) 예술작품은 2가지 작업을 한다는 것이다. 예술작품은 가공되어진 순수한 물성과는 전혀 다른 요소를 말해 주는데(물성 자체는 제외하고 물성의 타자만을 말해 주는데) 이것이 알레고리로 첫 번째 작업이고, 다음으로는 예술작품이 물성과 물성의 타자, 양자 모두를 보여주는데 이것이 심볼로 두 번째 번 작업이라는 것이다. 하이데거에 의하면, 전통미학은 예술작품의 이중 구조인 물성과 예술성 중에 후자인 예술성을 이상과 같이 알레고리 아니면 심볼로만 생각해 왔다는 것이다. 다시 요약하자면, 전통미학은 예술작품을 이중 구조로 생각해서, 순수한 물질을 물성이라는 하부구조로, 그리고 그 하부구조와는 전혀 다른 요소를 예술성이라는 상부구조로 생각했고, 그 예술성이라는 상부구조는 알레고리 아니면 심볼이라고만 생각했다는 것이다. 전통미학은 따라서 **물성**인 하부구조와 **예술성**[64]인 상부구조 중에서 전자는 소홀히 하고, 후자에만 역점을 두었다는 말인데, 이 관계를 거꾸로 역전시키려는 것이 하이데거의 미학이다. 예술가가 실제로 하는 일이, 다시 말해 예술가가 모든 육체적 그리고 정신적 노력을 집중하는 대상이 예술작품을 만들어

---

61) 타자(他者)
62) **예술성(藝術性)**
63) **알레고리(Allegorie)와 심볼(Symbol)**
64) **물성(物性)과 예술성(藝術性)**

내기 위한 돌, 색, 음 등 물성이므로, 예술의 본성은 예술성에서가 아니라 물성에서, 상부구조가 아니라 하부구조에서 찾아야 한다는 것이 하이데거의 생각이다. 따라서 하이데거는 전통철학의 3가지 물 개념에 대한 해체작업을 하게 된다.

3. 물과 물성

전통철학의 3가지 **물 개념**에 대한 비판을 하기 전에, 그 비판의 발판을 마련하기 위해 하이데거는 물 개념을 확장하여 물 개념에 대한 규정 불가능성을 설명한다. 하이데거는 **"무가 아닌 것은 모두 물이라는 명제"**를 제기한다. 물의 반대는 무이고, 무의 반대는 물이라는 명제다. 물 개념을 하이데거가 확장하는 설명은 다음과 같다. 길가에 놓여 있는 돌, 밭에 깔려 있는 흙덩어리 등은 물들이고, 항아리와 길가의 우물도 물들이다. 항아리 속에 들어 있는 우유도, 우물 안에 들어 있는 물도 물들이다. 하늘에 떠 있는 구름도, 들판에 서 있는 엉겅퀴 식물도, 공중에 떠도는 보라매도 물들이다. 이상의 것들은 모두 겉으로 드러나 눈으로 볼 수 있는 물들이나, 겉으로 드러나지 않아 눈으로 볼 수 없는 것들, 즉 칸트가 말하는 **"물 자체"**[65]도 물이다. 왜냐하면 칸트가 말하는 "물 자체"는 분명히 무기 아니기 때문이다. 따라서 신까지도 물이라 할 수 있다. 신 역시 무라고 할 수 없기 때문이다. 언급한 바와 같이 무가 아닌 것이 모두 물이라면, 심지어 신과 "물 자체"까지도 물이라면, 예술작품도 분명히 물임에 틀림없다. 이상의 명제는 모든 종류의 **실재물**[66]은 물이라는 것을 의미한다. 이상의 명제에 의해서 예술의 본성은 예술성에서가 아니라 물성에서 찾아야 한다는 하이데거의 논리는 증명되었다고 할 수 있으나, 다음의 3가지 문제성이 세기된다. 첫째로 모든 종류의 실재물이 물이라면 **실재물의 실재**[67]도 물성을 피할 수 없다. 실재물의 실재는 그것이 무가 아니라면 물이 되어야 하는 숙명을 피할 수 없기 때문이다. 둘째로 신도 물이고, "물 자체"도 물이고, 실재까지도 물이라면, 전 세계가, 세계의 총체성

---

65) "물 자체(Ding an sich)"
66) **실재물**(實在物 das Seiende)
67) **실재물의 실재**(Sein des Seienden)

이 물이 된다는 논리를 피할 수 없다. 이 논리는 이원론의 세계를 물이라는 일원론의 세계로 (유물론이라는 일원론의 세계로) 환원시킴을 의미한다. 이 논리는 다시 말해 하이데거 철학에 내재해 있는 **실재와 실재물**[68]이라는 이원론의 가능성을 포기하고 일원론으로 복귀함을 의미한다. 셋째로 전 세계를 물이라는 일원론의 세계로 만들어 놓은 결과는, 예술작품이라는 물의 본성인 물성에 대한 탐구 노력을 원점으로 환원시키는 결과를 가져온다. 이유는 전 세계가 물이라면, 한편으로는 전 세계와 또 다른 한편으로는 역시 물인 예술작품 사이의 차이성이 없어져 예술작품의 특이성을(다시 말해 예술작품의 원천을) 찾으려는 노력이 수포로 돌아가기 때문이다. 따라서 예술작품의 물성이 밝아지는 것이 아니라, 반대로 어두워지는 결과를 가져왔다고 할 수 있다.

하이데거는 그러나 이상의 물 개념에 대한 확장과 과장을 후퇴시키고, 인간을 물이라 할 수 없고, 칸트가 말하는 "물 자체"를 물이라 할 수 없으며, 신을 물이라 할 수 없다고 인정하며, 객관적으로 물이라 규정할 수 있는 화강암 돌덩어리를 "**단순한 물**"의 예로 들면서 전통철학에 대한 비판을 시작한다. 하이데거가 말하는 "단순한 물"은 길가에 버려진 돌덩어리와 같이 단순하고, 순수하고, 그리고 아무런 의미를 주거나 아무런 방해도 주지 않은 돌덩어리, 자연에 버려져 홀로 존재하는 돌덩어리, 나와는 아무런 관계가 없는 돌덩어리를 의미한다. 하이데거가 이와 같이 화강암 돌덩어리를 인간과 인간사회에서 고립시키려는 의도는 이 화강암 돌덩어리라는 물에 인간의 주관을 주입할 수 있는 가능성을 처음부터 차단하려는 의도다. 물이라는 대상에 주관을 주입한다는 사실이(편견을 주입한다는 사실이) 전통철학의 과오라고 하이데거는 생각하기 때문이다. 하이데거가 비판하는 전통철학의 물 개념은 3가지로 되어 있다. 첫째 "**속성의 소유자**", 둘째 "**감관적 다양성의 통일**", 셋째 "**형식과 자료**"가 그 3가지 전통철학의 물 개념들이다. 전통철학의 첫 번째 물 개념인 "**속성의 소유자**"[69]로서의 물 개념을 논하면 다음과 같다. 길가에 버려진 화강암 돌덩어리는 단단

---

68) **실재(das Sein)와 실재물(das Seiende)**
69) Heidegger: Der Ursprung des Kunstwerkes, S.9; "das Ding als der Träger seiner Merkmale"

하고, 무겁고, 부피가 있고, 알차고, 무 형태이고, 거칠고, 일부는 희미한 색이나 일부는 반짝이는 색이고 등 이상의 열거한 속성들을 그 화강암 돌덩어리에서 수집할 수 있는 것은 사실이다. 다시 말해 화강암 돌덩어리라는 물은 이상의 열거한 속성들을 소유하고 있는 것은 사실이다. 그러나 하이데거에 의하면 이상의 속성들을 먼저 수집하고 다음에 그 물을 화강암 돌덩어리라고 하기보다는, 반대로 그 속성들을 소유한 주체가 먼저 존재하고 다음에 비로소 이상의 열거한 속성들이 그 주체에서 생겨난다는 논리다. 다시 말해 먼저 중심점이(주체가) 존재하고, 그 중심점을 축으로 해서 이상의 열거한 속성들이 비로소 모여들 수 있다는 논리다. 중심점이 먼저이지, 그 중심점 주위에 모여 있는 속성들이 먼저는 아니라는 설명이다. 아기가 먼저 태어나야 그 아기가 소유하는 크기, 무게, 모양 등을 말할 수 있지, 반대로 크기, 무게, 모양 등을 먼저 규정하고 그 규정에 들어맞는 아기가 태어나는 것은 아니라는 논리다. 이상에서 언급한 "중심점" 또는 "아기"에 해당하는 말로 하이데거는 **"자생성"**70) 또는 **"정숙성"**71)이라는 한글화하기 불가능한 말들을 사용한다. 다시 요약하면 화강암 돌덩어리라는 물의 본성인 화강암 돌덩어리의 물성이 먼저 존재해야 비로소 그 화강암 돌덩어리의 속성들이(열거한 속성들이) 생겨나는데, 바로 이 화강암 돌덩어리의 물성이 하이데거에 의하면 이 화강암 돌덩어리의 "자생성" 또는 "정숙성"이라는 것이다. 전통철학의 첫 번째 물 개념인 "속성의 소유자"라는 개념은 제 일차적인 "자생성" 또는 "정숙성"이라는 물성을 무시하고 제 이차적인 속성들에게만 관심을 보였다는 것이 하이데거의 비판이다. 동일한 의미를 나타내는 "자생성" 또는 "정숙성"이라는 2개의 표현 중에서 오해의 가능성이 많은 "정숙성"이라는 표현은 피하고 **"자생성"**이라는 표현으로 통일하여 사용한다.

하이데거가 비판하는 "속성의 소유자"라는 물 개념의 과오는 다음 3가지로 설명된다. 첫째로 전통철학이 제 일차적인 "자생성"이 아니라 제 이차적인 속성들에 관심을 두었다는 사실은 그 양자의 위상을 거꾸로 뒤집어 놓았다는 것을 의미한다. 이

---

70) **"자생성(das Eigenwüchsige)"**, **"정숙성(das Insichruhende)"**
71) Heidegger: Der Ursprung des Kunstwerkes, S.9

사실은 먼저 속성들을 수집하고 다음에 물성에 도달하는 귀납법을 의미하는데, 이 귀납법적 속성들의 열거에는(다시 말해 속성들을 끝없이 계속 열거하는 일에는) 끝이 없으므로 중심점인 "자생성"에 도달할 수 없다는 설명이다. 앞으로 태어날 아기의 속성들, 크기, 무게, 모양들을 먼저 수집하고 다음에 그 아기의 "자생성"에 도달하려는 시도는 잘못이며, 순서는 오히려 그 반대가 되어야 한다는 설명이다. 둘째로 전통철학이 희랍어의 **휘포케이메논**[72]이라는 말과 **쉼베베코타**[73]라는 말을 라틴어로 잘못 번역한데서 과오를 범했다고 하이데거는 설명한다.[74] 하이데거에 의하면 "휘포케이메논"은 핵심 또는 중심으로 이미 진행된 잉태를 의미하고, "쉼베베코타"는 잉태와 동시에 발생하는 속성을 의미한다. 따라서 "휘포케이메논"과 "쉼베베코타"는, 잉태와 속성은 하나이지 둘이 아니라는 설명이, 달리 표현하면 잉태는 속성이고 속성은 잉태라는 것이 하이데거의 설명이다. 그러나 전통철학은 "휘포케이메논"을 라틴어의 **실체**[75]로 "쉼베베코타"를 **속성**[76]으로 번역했는데, 이 번역 과정에서 양자 사이의 동시성 내지는 동일성이 상실되었다고 하이데거는 말한다. 희랍어를 라틴어로 번역하는 과정에서 잉태와 속성의 동시성 내지는 동일성은 사라지고, 그 양자가 분열되어 **"실체와 속성"**이라는 이원성이, 그것도 위계질서를 나타내는 이원성이 생겼다고 하이데거는 설명한다. 다시 말해 실체가 우선이고 다음에 속성이 온다는 위계질서가 생기게 되는데, 이것이 전통철학이 저지른 중대한 과오라는 것이다. 셋째로 전통철학이 저지른 더 중대한 과오는 이상의 "실체와 속성"이라는 위계질서를 계속 더욱 확장했던 것이라고 하이데거는 설명한다. "실체와 속성"이라는 잘못된 위계질서는 주어와 술어라는 공식으로 확장되어, 모든 문장은(모든 발언은) 반드시 "주어와 술어"라는 공식에 의해 구성되어야 한다는 아무도 의심할 수 없는 보편타당한 원칙으로까지 확장되었다고 설명한다. 그리고 이상의 "주어와 술어"라는 아무도 의심할 수 없는 문장구조가 물구조에까지 연장되어 **문장구조** 즉 **물구조**라는 잘못된 인식이 생

---

72) **휘포케이메논**(Hypokeimenon)
73) **쉼베베코타**(Symbebêkota)
74) Heidegger: Der Ursprung des Kunstwerkes, S.7, 8
75) **실체**(Substanz)
76) **속성**(Akzidens)

졌다는 것이다. 다시 말해 "화강암 돌덩어리는 단단하고, 무겁고 …… 하다"라는 문장구조가 화강암 돌덩어리는 단단하고 무겁고 …… 하다는 화강암 돌덩어리의 물구조로, 그것도 아무도 의심할 수 없는 물구조로 굳어진다는 설명이다. 요약해서 문장구조를 물구조에 덮어 씌우려는 시도는 후자에 대한 전자의 폭력행위라는 설명이다. 결론적으로 말해서 "속성의 소유자"라는 전통철학의 물 개념은 화강암 돌덩어리라는 물의 물성을, 다시 말해 화강암 돌덩어리의 **자생성**77)을 적중하지 못하고, 그 물성에 폭력만을 가하고 있다는 것이 하이데거의 설명이다. 이상의 "속성의 소유자"라는 물 개념은 긴 세월 동안 전통철학이 가져왔던 타성이 되어 버렸으며, 이 타성이 물의 진정한 물성에 도달했을 때 느끼는 특이하고, 기이하며, 놀라움을 주는 **돌연성**78)을 말살시킨다고 하이데거는 비판한다.

하이데거가 비판하는 전통철학의 두 번째 물 개념은 "**감관적 다양성의 통일**"79)이라는 물 개념이다. 첫 번째 물 개념인 "속성의 소유자"라는 물 개념이 저지른 과오들을 시정하기 위하여 전통철학이 생각해 낸 두 번째 물 개념이 "감관적 다양성의 통일"이라는 물 개념이 된다는 것이다. 물의 물성에 가했던 폭력을 제거하고 물에게(화강암 돌덩어리라는 물에게) 사유로운 영역을 부여하여, 물이 자신의 자태를 스스로 드러내게 하고, 우리는 스스로 드러나는 물의 자태를 직접적으로 만나보자는 의도가 두 번째 물 개념이라는 설명이다. 그러나 우리가 물에게 자유로운 영역을 부여하지 않는다 하더라도 그리고 물이 자신의 자태를 스스로 드러나게 하는 조치를 취하지 않는다 하더라도, 즉 우리의(주관의) 입김을 가하지 않는다 하더라도, 물은 스스로 이미 자신의 자태를 드러내고 우리에게 접근해 온다는 것이 하이네서의 생각이다. 시각, 청각, 촉각이라는 인간의 3감관을 통하여, 더 정확히는 5감관 모두를 통하여 색깔, 음향, 촉감, 냄새, 맛 등의 감관적 요소가(감관성이) 우리의 육체를 엄습하고

---

77) **자생성**(自生性 das Eigenwüchsige)
78) **돌연성**(Plötzlichkeit)
79) Heidegger: Der Ursprung des Kunstwerkes, S.10; "die Einheit einer Mannigfaltigkeit des in den Sinnen Gegebenen".

있다고 하이데거는 설명한다. 예를 들어 하나의 화강암 돌덩어리가 인간의 5감관을 통하여 우리의 육체를 엄습하고 있다면, 바로 그 5감관을 통하여 우리에게 다가오는 5개의 감관적 요소들의(5감관성의) "통일"을 희랍인들은 **"아이스테톤"**[80]이라고 불렀다는 것이다. 하이데거에 의하면 그러나 5감관성의 "통일"인 아이스테톤은 분리된 5감관 하나하나와는 일치하지 않으므로 추상성을 면하지 못한다는 것이다. 따라서 이 물 개념 역시 물의 진정한 물성에 도달하는 데는 실패한다는 것이 하이데거의 생각이다. 하이데거에 의하면 우리 인간은 "감관적 다양성의 통일"이라는 개념이 규정하는 요소를 인지하는 경우는 한 번도 없다는 것이다. 예를 들어 음향이나 소음을 인지할 때는 음향이나 소음 그 자체만을 인지하는 것이 아니라, 언제나 피아노의 음향을 인지하거나 방문이 닫히는 소음을 인지할 뿐이라는 설명이다. "감관적 다양성의 통일"이라는 물 개념은 "피아노의 음향"에서 피아노를 제거하고, "문의 소음"에서 문을 제거하고, 음향 그 자체를, 소음 그 자체를, 다시 말해 순수한 음향(소음)을 인지한다는 주장인데, 이와 같은 추상적인 인지는 불가능하다는 것이 하이데거의 생각이다. 5감관 중의 하나의 감관인 청각에 의한 "감관적 통일"이 불가능할진데 5감관 전체에 의한 "감관적 다양성의 통일"은 더욱 불가능하다는 것은 당연하다. 그리고 첫 번째 물 개념인 "속성의 소유자"라는 물 개념은 물의 물성을 우리 인간의 육체로부터 너무 멀리 격리시키는 데 비해, 두 번째 물 개념인 "감관적 다양성의 통일"이라는 물 개념은 물의 물성을 우리 인간의 육체로 너무 가까이 엄습시킨다고 하이데거는 설명한다. 너무 가까이 엄습시킨다는 이유는 "피아노의 음향"과 "문의 소음"에서 음향 그 자체와 소음 그 자체를 너무 강하게 엄습시켜 피아노와 문이 잊혀질(제거될) 정도가 되기 때문이다. 그러나 이 양자의 물 개념들은 모두 축소된 아니면 과장된 물 개념들이기 때문에(물의 진정한 물성에 미처 도달하지 못하거나 아니면 너무 지나쳐 버리기 때문에) 물의 진정한 물성인 "자생성"을 살리기 위해 제3의 **"형식과 자료"**[81]라는 물 개념이 등장하게 되었다고 하이데거는 설명한다.[82]

---

80) **"아이스테톤(Aistheton)"**
81) **"형식과 자료(形式과 資料 Form und Stoff)"**
82) Heidegger: Der Ursprung des Kunstwerkes, S. 10, 11

물들의 일관성을 형성하고 인간의 감관을 엄습하는 요소들 즉 색, 음, 견고성 등을 하이데거는 **자료**라고 부른다. 그러나 이상의 감관적 요소들이(자료들이) 인간을 엄습할 때는 반드시 일정한 **형식**에 의해서만 가능하다고 말하면서 하이데거는 "**물은 형식화된 자료다**"[83])라고 말 한다. 일정한 형식에 의해서만 자료들이 인간을 엄습할 수 있다는 말은 인간은 일정한 형식에 의해서만 자료를 직관할 수 있다는 말이다. 칸트에 의하면 직관의 "형식"에는 **공간적 직관**과 **시간적 직관**, **시각적 직관**과 **청각적 직관** 2가지만이 존재한다. 따라서 칸트가 말하는 2가지 직관형식에 의해서 하이데거의 설명을 풀이하자면, 감관적 요소들, 즉 색, 음, 견고성 등 자료들이 인간에 의해 직관되었다면, 그들 자료들에게 이미 일정한 "형식"이 주어졌다고 보아야 한다. 따라서 색, 음, 견고성 등 감관적 요소들을 자료라고 부른다는 사실 자체가(색, 음, 견고성 등 감관적 요소들이 일관성을 형성한다는 사실 자체가) 이미 일정한 형식을 내포하고 있다는 사실을 의미한다. 예를 들어 화강암 돌덩어리가 갑자기 액체로 변하고, 다시 고체로 변하며, 그리고 다시 기체로 변하여 일관성이 없다면, 그것을 화강암 돌덩어리라는 자료로 볼 수 없으며, 또 일정한 형식이 결여되어 있기 때문에 화강암 돌덩어리로 직관할 수 없기 때문이다. 따라서 일관성을 형성하는 자료가 직관되면 일정한 형식이 이미 내포되었다고 보아야 하므로 "물은 형식화된 자료다"라는 하이데거의 말은 이해할 수 있는 말이다. 하이데거에 의하면 따라서 "형식과 자료"라는 물 개념은 "물은 형식화된 자료다"라는 명제로 표현된다는 것이다. 그러나 이상의 "형식과 자료"라는 전통철학의 세 번째 물 개념은 유용한 물 개념이지만 지나치게 유용한 물 개념, 즉 만병통치약과 같은 물 개념이라는 것이 하이데거의 생각이다. "형식과 자료"라는 물 개념에 대한 하이데거의 비판을 다음 3가지로 설명할 수 있다.

    "형식과 자료"라는 물 개념에 대한 하이데거의 첫 번째 비판은 이상의 물 개념의 불완전성이라 할 수 있다. 칸트 철학의 2가지 직관형식, 즉 공간적 직관형식인 시각적 직관형식과 시간적 직관형식인 청각적 직관형식을 언급했듯이, "형식화된 자료"

---

83) ebd. S. 11; "Das Ding ist ein geformter Stoff"

라는 명제는 인간의 모든 감관을 포함하는 명제가 되지 못한다는 데 불완전성이 놓여 있다. 인간의 감관에는 시각과 청각 외에도 촉각, 후각, 미각 등 3개의 감관이 더 있으므로 "형식화된 자료"에는 후자 3개의 감관이 생략되어 있다는 설명이다. 따라서 감관적 요소들이 인간을 엄습하는 방법에는 시각과 청각 2가지 감관 외에도 3가지 감관을 더하여 5감관 전부에 의해 엄습해 오므로, 시각과 청각 2가지 감관에만 한정되어 있는 "형식화된 자료"라는 전통철학의 물 개념은 물의 진정한 물성을, 물의 총체적인 물성을 적중하지 못한다는 설명이다. 하이데거가 의미하는 진정한 물성은 시각과 청각, 공간적 직관과 시간적 직관에만 한정되어 있는 예술의 영역을 초월하는 개념임을 알 수 있다. 하이데거는 실제로 물의 진정한 물성이라는 개념에 의해 예술의 영역을 초월하여 철학의 영역에 머물고 있고, 예술이 아니라 철학이 그의 테마라고 보아야 한다. "형식화된 자료"라는 물 개념에 대한 하이데거의 두 번째 비판은 언급한 대로 이상의 물 개념이 지나치게 유용하여 만병통치약과 같은 물 개념이라는 비판이다. "형식과 자료"라는 물 개념은 형식과 자료가 서로 혼합되어 형식이 무엇이고 또 자료가 무엇인가를 구별할 수 없으며, 그리고 이 물 개념은 원래 예술과 예술작품의 영역에 속하는지 아니면 철학의 영역에 속하는지 구별할 수 없는 개념으로 양자 영역 모두에 속하는 만병통치약과 같은 개념이라는 것이다. 그리고 "형식과 자료"라는 쌍개념은 예술과 철학의 모든 영역에서 **"형식과 내용"**[84]이라는 쌍개념으로도 통용되며 또 "합리성과 비합리성"이라는 쌍개념으로 확장되고, 다시 "논리성과 비논리성"이라는 쌍개념으로 확장되며, 심지어는 "주체와 객체"라는 쌍개념으로까지 확장되었다고 하이데거는 설명한다.[85] 이상과 같이 여러 가지 쌍개념으로 확장된 "형식과 자료"라는 물 개념은 예술과 철학의 영역뿐만 아니라 모든 영역에 적용되는 만능의 메커니즘에 의해 이 쌍개념에 저항할 수 있는 쌍개념은 하나도 없게 되었다고 하이데거는 설명한다.[86] "형식과 자료"라는 물 개념에 대한 세 번째 비판은 다음과 같다. 이상의 만능의 메커니즘인 "형식과 자료"라는 물 개념은 세계창조에까지 확장

---

84) **"형식과 내용(Form und Inhalt)"**

85) Heidegger: Der Ursprung des Kunstwerkes, S.12

86) ebd. S.12

되어 **마테리아**와 **포르마**87)라는 쌍개념에 의해 신이 세계를 창조했다는 성경의 구절로까지 확장된다고 하이데거는 설명한다. 세계창조에까지 확장된 "형식과 자료"라는 물 개념은 중세로부터 시작해서 유럽인의 신앙이 되었으며, 그 후에는 칸트의 선험철학의 기반이 될 정도로 어느 누구도 의심하지 않는 자명성이 되었다고 하이데거는 비판한다. 유럽인의 신앙이 되어 버렸고 그리고 유럽 철학의 정수를 이루는 "형식과 자료"라는 물 개념은 물의 진정한 물성에 대한 최고의 폭력 이외에는 아무것도 아니라는 설명이다. 지금까지 언급한 전통철학의 3가지 물 개념들은 물의 진정한 물성을 밝게 하기보다는 오히려 어둡게 한다는 것이 하이데거의 비판이다.

"형식과 자료"라는 세 번째 물 개념에서 형식과 자료가 서로 혼합되어, 양자를 서로 구별할 수 없다는 내용을 언급했다. 하이데거는 바로 이 형식과 자료의 혼합성이라는 분리할 수 없는 상관관계를 이용하여 유용한 개념으로, 다시 말해 우리가 지금까지 추적해 온 **제4의 해석학적 회전관계**로 발전시키고 있다. 형식은 자료를 규정하고, 또 반대로 자료는 형식을 규정한다는 논리를 하이데거는 다음과 같이 설명한다. 자연의 정적 속에 홀로 놓여 있는 화강암 돌덩어리는 거친 형식을 가지고 있는 자료다. "거친 형식"이라는 말에서 "형식"은 그 화강암 돌덩어리가 직관되는 모습 그대로 보이게 하는 공간적 시각적 배열과 배치를(위에서 언급한 일관성을) 의미한다. 따라서 형식은 화강암 돌덩어리라는 자료의 공간적 시각적 배열과 배치 그 자체라고 할 수 있다. 반대로 공간적 시각적 배열과 배치라고 하는 형식 자체가 화강암 돌덩어리라고 하는 자료라고도 할 수 있다. 공간적 시각적인 그 거친 형식 없이는 화강암 돌덩어리라고 하는 자료를 직관할 수 없어, 그 화강암 돌덩어리라는 자료는 없는 것이나 같기 때문이다. 형식은 자료를 규정하고, 반대로 자료는 형식을 규정한다는 말이다. 그러나 자연의 정적 속에 홀로 놓여 있는 화강암 돌덩어리가 가지고 있는 "거친 형식"에서 "거칠다"라는 표현은 인간의 손이 전혀 닿지 않은(인간의 가공이 전혀 가해지지 않은) 형식, 다시 말해 "무형식"을 의미하는 말이다. 하이데

---

87) **마테리아**(materia)와 **포르마**(forma)

거에 의하면 형식이 무형식이 아니라 진정한 형식이 되는 경우는 도구가 된다. 형식과 자료의 상관관계는, 형식과 자료의 혼합관계는 항아리, 도끼, 신발 등과 같은 **도구**[88]에서 이상적인 상관관계, 혼합관계에 도달한다. 항아리는 항아리의 형식을 가져야 그 안에 물을 넣을 수 있고, 도끼는 도끼의 형식을 가져야 그것으로 나무를 쪼갤 수 있고, 신발은 신발의 형식을 가져야 사람이 신을 수 있는데, 그들의 형식, 즉 도구의 형식은 자료를 규정한다는 설명이다. 항아리라는 형식은 액체나 기체와 같은 자료는 제외하고 반드시 진흙과 같은 자료를 규정하며, 도끼라는 형식은 반드시 견고한 철과 같은 자료를 규정하고, 신발이라는 형식은 반드시 유연하나 질긴 가죽과 같은 자료를 규정한다는 말이다. 반대로 자료가 형식을 규정하는데, 진흙이 항아리를 만들게 하고, 견고한 철이 도끼를 만들게 하고, 유연하고 질긴 가죽이 신발을 만들게 한다는 말이 된다. 한편으로는 진흙과 같은 물과 다른 한편으로는 항아리와 같은 도구, 양자 사이의 친화성에 의해서, 다시 말해 형식과 자료의 상관관계 내지는 혼합관계에 의해서 물의 진정한 물성을 이해하기 위해서는 도구의 도구성을 이해해야 한다는 것이 하이데거의 생각이다. 진흙의 본성, 다시 말해 진흙의 진정한 물성은 항아리에서 드러나고, 견고한 철의 본성은 도끼에서 드러나며, 가죽의 본성은 신발에서 드러난다는 설명이다. 그러나 진흙과 같은 물과 항아리와 같은 도구 사이의 친화성은 동일성을 의미하는 것은 아니기 때문에 양자 사이의 상이성이 존재하게 된다. 이 양자 사이의 상이성을 하이데거는 **봉사성**[89]이라고 부른다. 항아리는 물을 저장하는 봉사를 해야 하고, 도끼는 나무를 쪼개는 봉사를 해야 하고, 신발은 발을 보호하는 봉사를 해야 한다는 논리다. 따라서 물과 도구 사이의 친화성과 상이성을 종합하여, 도구는 반은 물이고, 반은 물이 아니라고 하이데거는 말한다. 항아리라는 도구는 진흙으로 만들어져 있기 때문에 반은 진흙이고, 그러나 진흙과는 달리 물을 담을 수 있기 때문에 반은 진흙이 아니라는 것이다. 다음에 하이데거는 도구와 작품 사이의 친화성과 상이성을 설명하면서 도구는 반은 작품이고, 반은 작품이 아니라고 말한다. 간단하게 설명하자면, 도구와 작품은 모두 인간에 의해 가공되었으므로

---

88) **도구**(道具 Zeug)
89) **봉사성**(Dienlichkeit)

가공성이 양자 사이의 친화성이 되지만, 도구는 인간에게 봉사를 해야 하나 작품은 봉사성을 초월하는 자유로운 **자기충족**[90]을 가지므로 이것이 양자 사이의 상이성이라는 설명이다. 따라서 물, 도구, 작품[91]이라는 삼자의 서열을 종합하면, 도구는 반은 물이고 반은 물이 아니며, 또 반은 작품이고 반은 작품이 아니므로, 도구는 물과 작품 사이의 중간위상을 가지게 된다. 도구의 중간위상을 달리 표현하면, 도구는 반은 물이고 반은 작품이라고도 표현할 수 있다. 도구가 소유하는 **중간위상**이 주는 의미는 물의 진정한 물성을 이해하기 위해서는 도구의 진정한 도구성을 이해해야 하고, 또 작품의 진정한 작품성을 이해하기 위해서도 도구의 진정한 도구성을 이해해야 한다는 제4의 해석학적 회전관계라고 할 수 있다. **제4의 해석학적 회전관계**는 대단히 복잡한 회전관계인데 이유는 다음과 같다. 하이데거의 원래의 테마는 예술작품의 원천, 또는 예술작품의 진정한 본성이다. 그러나 우리의 추적은 예술작품의 진정한 본성을 이해하기 위해서는 예술작품을 구성하는 물의 진정한 물성을 이해해야 하고, 또 물의 진정한 물성을 이해하기 위해서는 도구의 진정한 도구성을 이해해야 된다는 결론이 된다. 달리 표현하면 예술작품의 원천이라는 테마를 벗어나서 물의 물성이라는 테마로 옮겨갔고, 또 거기서 도구의 도구성이라는 테마로 옮겨 예술작품의 원천이라는 원래의 테마에서 거리가 더욱더 멀어진다는 데 복잡성이 놓여 있다.

지금까지 "형식과 자료"라는 세 번째 물 개념에 의해서 언급한 대로 "유용한" 물 개념으로서의 기능을 설명했다. 그 유용한 기능이란 형식은 자료를 규정하고, 또 반대로 자료는 형식을 규정한다는 결론, 다음에 "형식과 자료"라는 물 개념은 만병통치약과 같은 것으로 모든 면에, 다시 말해 물, 도구, 작품 모두에 적용할 수 있다는 결론, 그리고 마지막으로 물, 도구, 작품 삼자 중에서 도구의 중간위상의 정립 등이 그 3가지 기능이었다. 그러나 "형식과 자료"라는 물 개념은 중간위상을 소유하고 있는 도구에만 내재해 있고, 도구에만 고유한 물 개념이기 때문에[92] 이 도구에만

---

90) **자기충족(Selbstgenügsamkeit)**
91) 물(物), 도구(道具), 작품(作品)
92) Heidegger: Der Ursprung des Kunstwerkes, S.16

내재해 있고, 도구에만 고유한 "형식과 자료"라는 물 개념을 물과 작품에까지 적용한다는 것은 물의 진정한 물성과 작품의 진정한 작품성93)에 대한 폭력이라는 것이 하이데거의 생각이다. 따라서 지금까지 논해온 3가지 전통철학의 물 개념, "속성의 소유자", "감관적 다양성의 통일", "형식과 자료" 등은 모두 진정한 물성과 진정한 작품성에 대한 폭력이라는 것이다. 그리고 진정한 물성과 진정한 작품성에 폭력을 가하는 이상의 전통철학의 3가지 물 개념 모두를 하이데거는 **"선취"**94)라는 말로 표현한다. "선취"란 사물의 진정한 본성을 무시하고 그 본성을 미리 임의로 가정한다는 말로 **"편견"**과 같은 말로 해석해야 한다. 따라서 물의 진정한 물성에 도달하기 위해서는 (물의 진정한 물성과 만나기 위해서는) 물을 그 물에 대한 선취와 편견에서 해방시켜야 한다는 결론이다. 물의 진정한 물성을 그에 대한 선취와 편견에서 해방시켜야 한다는 표현을 하이데거는 다음과 같이 한다. "물은 그의 **현존재** 그대로 두어야 한다." "**존재물**은 존재물로 내버려두어야 한다."95) 죽은 사람은 다시 깨우지 말고 죽은 대로 두어야 한다는 말과 같이, 물의 물성을 운운하지 말고 있는 그대로 두어야 한다는 말이다. 그러나 물을 운운하지 말고 그대로 둔다면, 이는 지금까지 추적해온 물의 진정한 물성에 도달하려는 모든 노력을 포기한다는 의미기도 하다. 나아가 철학 자체의 포기, 철학 자체의 지양을 의미한다. 따라서 하이데거는 철학에 내재한 "비약"을 요구하는데, 이 "비약"의 요구를 하이데거는 **"사고의 긴장"**이라는 말로 표현한다.96) 죽은 사람을 죽은 대로 버려두는 일과, 반대로 그 죽은 사람을 잊지 않고 생각하는 일, 물의 진정한 물성을 훼손하지 않고 있는 그대로 내버려두는 일과, 반대로 물의 진정한 물성이 자태를 나타내도록 끈질기게 불러내는 일, 이 양자를 동시에 추구하는 일이 하이데거가 말하는 "사고의 긴장"이다. 진리를 운운하여 훼손하지 않도록 입을 다무는 일과, 반대로 진리를 말하지 않으면 진리는 없는 것과 같기 때문에 입을 열어야 하는 숙명, 이 숙명이 철학 자체의 숙명이라면, 하이데거는 이 철학 자체의

---

93) 물성(物性)과 작품성(作品性)

94) **"선취(Vorgriff)"**

95) Heidegger: Der Ursprung des Kunstwerkes, S.16; **현존재(das Dasein)**, **존재물(das Seiende)**

96) ebd. S.16; **"사고의 긴장(Anstrengung des Denkens)"**

숙명을 "사고의 긴장"이라는 말로 표현한다. 입을 다물 수도 없고, 그렇다고 반대로 입을 열 수도 없는 숙명, 물의 진정한 물성을 단언할 수도 없고, 그렇다고 반대로 포기할 수도 없는 숙명, 이상의 숙명은 작품의 진정한 작품성에도 적용되는 숙명이다. 이상의 해결 불가능한 과제에 접근하기 위해 하이데거는 한편으로는 중간위상을 소유하고 있는 도구와 그리고 다른 한편으로는 작품이, 양자가 하나로 되어 있는 경우를 택하는데, 이 경우가 반 고흐의 그림 "농부의 신발"이다. "농부의 신발"은(실제로 농부의 신발을 보여주기 때문에) 반은 농부의 신발이라는 도구이고, 반은(반 고흐가 그렸기 때문에) "농부의 신발"이라는 작품이라고 할 수 있다. 하이데거가 중간위상인 도구와 그리고 작품을 사고의 출발점으로 택하는 이유는 중간위상인 도구가 중간이라는 위상에 의해서, 물과 작품을 중개하는 기능을 가지고 있기 때문이다. 반 고흐의 그림 "농부의 신발"에 의해서 하이데거가 시도하는 사고는 따라서 물, 도구, 작품 등 삼자 모두에 대한 사고가 된다.

4. 결론: 진리의 작품화

도구가 소유하는 중간위상과 관련하여 물의 진정한 물성을 이해하기 위해서는 도구의 진정한 도구성을 이해해야 하고, 또 작품의 진정한 작품성을 이해하기 위해서도 도구의 진정한 도구성을 이해해야 한다는 제4의 해석학적 회전관계를 언급했다. 물, 도구, 작품 등 삼자 중에서 중간위상을 소유하고 있는 도구를 물과 작품 사이에 다리를 놓아주는 중개자라고 할 수 있다. 이상의 하이데거 철학의 삼자 관계인 물, 도구, 작품을 칸트 철학의 삼자 관계인 이론철학, 실천철학, 예술철학과 비교한다면, 물의 물성은 **이론철학**에, 도구의 도구성은 **실천철학**에, 그리고 작품의 작품성은 **예술철학**97)에 상응한다고 보아야 한다. 칸트 철학의 삼자 관계와 하이데거 철학의 삼자 관계를 비교하면 다음과 같은 상이점을 지적할 수 있다. 첫째로 칸트 철학의 중간위상은 예술철학인 반면에 하이데거 철학의 중간위상은 언급한 대로 실천철학

---

97) **이론철학**(理論哲學), **실천철학**(實踐哲學), **예술철학**(藝術哲學)

에 해당하는 도구가 된다. 칸트의 원래의 관심사는 **이성철학**[98]인데 이 이성철학이 이론철학과 실천철학으로 분리되었다. 분리된 양자의 철학을 다시 통합하기 위하여 생겨난 제3의 철학이 예술철학이라 할 수 있다. 둘째로 칸트의 원래의 관심사인 이성철학이 분리되어 생겨난 2개의 철학, 즉 이론철학과 실천철학이 칸트의 테마라 한다면, 하이데거의 테마는 이론철학에 해당하는 **물의 물성**과 예술철학에 해당하는 **작품의 작품성**이라고 할 수 있다. 하이데거가 『예술작품의 원천』에서 추구하는 테마는 물의 물성을 추구하는 이론철학인지 아니면 작품의 작품성을 추구하는 예술철학인지 구별하기 거의 불가능할 정도로 그 양자 모두라고 할 수 있다. 셋째로 (이는 양자 간의 공통성이기도 한데) 칸트 철학의 중간위상인 예술철학이 이론철학과 실천철학 양자를 중개하는 제3의 철학이라는 내용을 언급했는데, 이는 칸트의 테마는 예술철학이 아니며, 칸트는 예술철학을 단순히 이론철학과 실천철학을 중개하기 위한 수단으로 사용하고 있다고 볼 수 있다. 이에 비해 하이데거의 테마는 실천철학에 해당하는 도구의 도구성이 아니며, 하이데거는 **도구의 도구성**을 단순히 이론철학에 해당하는 물의 물성과 예술철학에 해당하는 작품의 작품성, 양자만을 추구하기 위한 수단으로 사용하고 있다고 볼 수 있다. 종합하여 칸트 철학의 내용과 하이데거 철학의 내용은 상이하다. 그리고 내용의 상이함은 형식의 상이함을 나타낸다. 칸트에 있어서는 이론철학, 실천철학, 예술철학이라는 3개의 철학 중에서 이론철학과 실천철학을 중개하기 위한 수단으로 사용되었던 제3의 철학인 예술철학이 결과적으로 오히려 중심 철학으로 되어 제3의 철학이 아니라 제1의 철학으로 변하는 인상을 준다. 반면에 하이데거에 있어서는 제3자인 도구는 그 중간위상을 점점 상실하고 물과 작품 사이에서 사라지는 인상을 준다. 하이데거는 중간위상인 도구를 사고의 출발점으로 사용하나 사고의 도착점은 **물과 작품**이 되어 간다는 데 주의해야 한다.

  물, 도구, 작품에 대한 사고를 시작하기 위해서 하이데거는 중간위상인 도구란 무엇인가, 도구의 진정한 도구성이란 무엇인가라는 질문을 제기한다. 가죽과 같은

---

98) **이성철학**(理性哲學)

순수한 물과 신발과 같은 도구 사이의, 다시 말해 물과 도구 사이의 친화성과 상이성을 이미 언급했다. 이 양자 사이의 상이성에서 하이데거는 도구에 대한 사고를 시작한다. 이 양자 사이의 상이성은 봉사성이었고, 이 봉사성이 도구의 도구성이 된다. 가죽과 같은 물은 아무런 봉사를 하지 않지만, 신발이라는 도구는 발을 보호하는 봉사를 하며, 그 봉사성이 도구의 본성이라는 말이다. 도구의 본성인 봉사성은 그러나 그 봉사성이라는 의식 자체의 망각과 소멸을 의미하는 것으로 하이데거의 설명은 다음과 같다. "들에서 농부의 아낙네가 밭을 갈고 있는 순간에 우리가 보는 그녀의 신발이 그 신발의 진정한 모습이다. 밭을 갈고 있는 그 아낙네가 자기가 신은 신발을 의식적으로 생각하거나, 쳐다보거나, 손으로 만져보거나 하는 행동이 없으면 없을수록 그 신발이라는 도구의 도구성은 더욱더 순수하다. 그 아낙네는 단순히 신발을 신고 밭을 갈고 있을 뿐이며 자기가 신고 있는 신발의 존재는 전혀 의식하지 못하고 있다."[99] 도구의 진정한 도구성은 그 도구의 사용자가 그 도구의 존재 자체를 망각하면 할수록 더욱더 순수하다는 설명이다. 달리 표현하면 도구의 진정한 도구성은 봉사성인데, 이 봉사성이란 도구 자체의 완전한 망각을, 도구라는 의식의 완전한 사멸을 의미한다는 설명이다. 신발이라는 도구가 **봉사성**을 거부하고 **자율성**[100]을 주장한다면, 다시 말해 밭을 가는 아낙네가 자기가 신은 신발을 의식하고 자주 쳐다보거나 만져본다면, 이는 신발이라는 도구가 완전한 봉사를 거부하는 것이어서, 결국은 신발이라는 도구는 진정한 도구성에 도달하지 못해 그 신발은 진정한 신발이 아니라는 설명이다. 왜냐하면 그 아낙네가 신은 신발은 너무 작거나 너무 커서 발을 제대로 보호하지 못하기 때문이다. 이상과 같이 완전하고 진정한 봉사를 하고 있는 신발이라는 도구에 대한 현장 방문은 그 도구 자체에 대한 완전한 망각, 도구라는 의식의 완전한 소멸이라는 결과를 가져왔지만, 반면에 도구를 단독으로가 아니라 해석학적 회전관계 내에서 사고하는 일은 전혀 다른 엄청난 결과를 가져온다는 것이 하이데거의 설명이다. 해석학적 회전관계를 위해 하이데거가 택하는 경우는 언급한 대로 반 고흐의 그림 **"농부의 신발"**이다. 반 고흐의 그림 "농부의 신발"은 반은 신발이라는

---

99) Heidegger: Der Ursprung des Kunstwerkes, S. 18
100) 자율성(自律性 Autonomie)

도구이고, 반은 "농부의 신발"이라는 작품이 되므로, 도구와 작품이 하나 속에 통합된 경우로, 해석학적 회전관계를 위한 이상적인 경우라고 할 수 있다. 그러나 이상의 도구와 작품에 대한 사고는, 도구와 작품 사이의 해석학적 회전관계는 **제5의 해석학적 회전관계**로 둔갑하는 계기가 되는데 주의해야 한다. 언급한 대로 하이데거의 원래의 테마는 **물과 작품**이며, 또 중산위상인 도구의 본성은 봉사성으로 도구 자체의 완전한 망각, 도구라는 의식의 완전한 소멸이기 때문에, 도구와 작품에 대한 사고는, 다시 말해 도구와 작품 사이의 해석학적 회전관계는 물과 작품에 대한 사고로, 물과 작품 사이의 해석학적 회전관계로 둔갑하는 것이 당연하다고 보아야 한다. 제5의 해석학적 회전관계는 하이데거의 예술작품론에서 가장 핵심이 되는 해석학적 회전관계가 된다. 반 고흐의 그림 "농부의 신발"에 들어 있는 한 켤레 신발 주위에는 아무 것도 그려 있지 않고 그 신발에 흙덩어리 하나 붙어 있지 않아, 그 신발이 무슨 일을 위해 사용되며, 또 그 신발이 어느 곳에 놓여 있는지 예측할 수 없다고 하이데거는 설명한다. 그 그림 속의 농부의 신발은 규정되어 있지 않은 공간, 즉 **부정의 공간**[101] 이외에는 아무 것도 아니라는 설명이다. 그럼에도 다음과 같은 엄청난 사실을 인식하게 된다는 것이 하이데거의 설명이다. "농부의 아낙네가 오랜 세월동안 신어 이제는 거의 낡아 내부는 **어두운 구멍**[102]과 같이 보이며, 이 어두운 구멍에는 아낙네의 힘든 발걸음 하나하나가 깃들어 있다. 지금은 낡았지만 그래도 질기고 육중했던 그 신발 속에는 긴 밭고랑을 오가는 아낙네의 발걸음, 거친 바람을 맞아 가며 끈질기게 그리고 서서히 오가는 아낙네의 발걸음이 깃들어 있다. 그녀의 신발 밑창에는 기름진 흙이 촉촉하게 묻어 있어 풍년을 약속하기도 하고, 해가 질 때까지 홀로 고된 밭일을 해야 하는 고독함이 깃들어 있기도 하다. 그녀의 신발에는 **대지**[103]의 소리 없는 부름이 깃들어 있다. 여름에는 풍년을 약속하고, 긴 겨울 동안에는 좁고 황량한 폐허로 머물러 있어야 할 대지의 소리 없는 부름이 깃들어 있다. 그녀의 신발에는 먹고 살아야 하는 걱정, 보릿고개를 굶어 죽지 않고 무사히 넘겼다는 안도감, 다가올 출산

---

101) 부정의 공간(unbestimmter Raum)
102) **어두운 구멍(dunkle Öffnung)**
103) **대지(大地 die Erde)**

에 대한 불안감, 다가올 사망에 대한 두려움 등이 깃들어 있다. 그녀의 신발은 그녀의 대지이며, 그녀의 대지는 그녀의 **세계**[104] 속에 보호되어 있다. 그녀의 대지와 세계, 양자의 보호된 통일 속에 신발이라는 도구의 진정한 자생성이 깃들어 있다."[105]

　　이상에서 언급한 인용문이 하이데거의 예술작품론 전체를 위해 대단히 중요하므로 이 인용문이 내포하는 내용을 3가지로 요약하면 다음과 같다. 첫째로 중요한 내용은 언급한 대로 **제5의 해석학적 회전관계**다. 제5의 해석학적 회전관계는 하이데거 예술철학의 핵심으로, 그의 쌍개념은 **대지**와 **세계**가 된다. 지금까지는 하이데거의 테마가 물과 작품이었으므로 쌍개념이 물과 작품이라고 한다면, 지금부터는 **"물과 작품"**이라는 쌍개념이 **"대지와 세계"**라는 쌍개념으로 둔갑하는 동기에 주의해야 한다. 진정한 물성을 이해하기 위해서는 도구의 진정한 도구성을 이해해야 하고, 또 진정한 작품성을 이해하기 위해서도 도구의 진정한 도구성을 이해해야 한다는 제4의 해석학적 회전관계는 도구의 중간위상을 전제로 하는 회전관계였다. 제4의 해석학적 회전관계에서 제5의 해석학적 회전관계로 넘어가는 동기는 도구가 중간위상을 포기하고 망각되어 사라지는 것이다. 요약하여 중간위상인 도구의 도구성에 대한 작업은 끝났고 다음 작업의 대상은 물과 작품이 되는데, 이것이 둔갑된 형식으로 대지와 세계가 된다고 보아야 한다. 인용문의 둘째로 중요한 내용은 **"어두운 구멍"**이다. "농부의 아낙네가 오랜 세월동안 신어 이제는 거의 낡아 내부는 어두운 구멍과 같이 보이며, 이 어두운 구멍에는 아낙네의 힘든 발걸음 하나하나가 깃들어 있다"는 밀에서 "어두운 구멍"을 2개의 신발짝이 보여주는 2개의 "입구"라고 해석하면 잘못이다. "어두운 구멍"은 2개의 신발짝이 보여주는 2개의 입구가 아니라, 2개의 신발짝을 하나의 "전체"로 보아 나타나는 하나의 입구라고 생각해야 한다. 문제는 하이데거가 왜 "구멍" 또는 "입구"라는 말을 사용하느냐 하는 것인데, 하이데거는 예술작품 자체를 복합적인 내용을 잉태하고 있는 "구멍" 또는 "입구"라고 생각하는 데서 기인한다. 그리고 "입구"라는 표현도 들어가는 "입구"가 아니라 오히려 나오는

---

104) **세계(世界 die Welt)**
105) Heidegger: Der Ursprung des Kunstwerkes, S.19

"출구"라는 의미에 가깝다. "구멍", "입구", "출구"라는 3가지 표현들은 모두 "예술작품의 원천"이라는 표현에서 "원천"과 같은 의미를 나타낸다고 생각해야 한다. 또 하이데거는 그 "구멍"을 예를 들어 "하얀 구멍"이라 하지 않고, "어두운 구멍"이라 하는데, "하얀 구멍"은 백지와 같이 내용이 비어 있는 상태이고, 반면에 "어두운 구멍"은 내용이 다양하게 그리고 복합적으로 함유되어 있다는 것을 의미한다. 인용문의 중요한 내용으로 셋째는 정해져 있지 않은 공간, 즉 **부정의 공간**이다. 하이데거는 예술작품 자체가 복합적인 내용을 잉태하고 있어 "어두운 구멍"이라고 표현하는 것과 같이, 같은 의미로 "부정의 공간"이라고도 표현한다. "부정의 공간"이라는 표현에서 "부정"은 내용이 복합적이어서 규정되어 있지 않다는 말이고, "공간"은 예술작품은 하나의 3차원적인 공간이라는 말이다. "농부의 신발"이라는 예술작품은 공간을 필요로 하는 역시 하나의 공간이라는 말이다. 합해서 하이데거는 "농부의 신발"이라는 예술작품을 다양하고 복합적인 내용이 흘러나오는 공간, 부정의 공간이라고 표현한다. 종합하여 하이데거에 의하면, "농부의 신발"이라는 예술작품은 **대지와 세계의 보호된 통일**이며, **"어두운 구멍"**이고 **"부정의 공간"**이라고 할 수 있다.

위에서 인용한 반 고흐의 작품 "농부의 신발"과 관련하여 하이데거의 괄목할 만한 발언은 다음과 같다. "농부의 신발"을 관찰하면 "농부의 신발이라는 도구의 진정한 도구성을 알 수 있다. 우리가 이 도구의 진정한 도구성을 알 수 있는 것은 그 작품에 나타난 그 도구에 대한 묘사나 설명에 의해서가 아니라, 단지 그 작품 스스로가 그렇게 말하기 때문이다. 우리가 그 작품을 대하고 있으면, 우리는 갑자기 딴 세상에 머물게 된다."106) 예술작품을 대하면 현실의 언어가 지배하는 현실세계가 예술작품의 언어가 지배하는 세계로, 그것도 갑작스럽게 돌변한다는 말이다. 갑작스럽게 돌변한 예술언어가, 다시 말해 "농부의 신발"이라는 작품이 말한 내용이 위에서 언급한 인용문의 내용이라 할 수 있다. 하이데거의 괄목할 만한 발언은 **"작품이 말을 한다"**라는 표현이다. 하이데거는 동시에 **"도구가 말을 한다"**라는 표현도 사용하는데, 이는

---

106) Heidegger: Der Ursprung des Kunstwerkes, S. 21

이미 언급한 대로 반 고흐의 그림 "농부의 신발"은 반은 도구이고, 반은 작품이기 때문이다. 그리고 "도구가 말을 한다"라는 표현은 신발이라는 도구가 자기주장을, 다시 말해 자율성을 주장하여 말을 하는 것이 아니라, 신발이라는 도구가 진정한 도구성에 도달하여 자신을 포기하고 망각시킴에 의해 하는 말이라고 이해해야 한다. 그리고 이때에 언급한 대로 대지와 세계 사이에 제5의 해석학적 회전관계가 발생하는데, 이는 물, 도구, 작품이라는 서열에서 중간위상을 소유했던 도구가 진정한 봉사성을 발휘함에 의하여, 다시 말해 도구가 포기되고 망각됨에 따라 가능해진 해석학적 회전관계가 된다. 대지와 세계 사이의 해석학적 회전관계를 논할 때 하이데거는 "진정한 도구성"을, 다시 말해 자신을 포기하고 망각시키는 도구를 "**확신성**"107)이라는 새로운 이름으로 부르면서 대지, 세계, 그리고 (도구가 주는) 확신성 등 삼자의 관계를 다음과 같이 설명한다. "신발이라는 도구가 주는 확신성에 의해서, 다시 말해 신발이라는 도구를 믿고 농부의 아낙네는 소리 없는 대지의 부름에 응하며, 또 신발이라는 도구를 믿기 때문에 그녀의 세계를 확신한다. 그녀의 대지와 세계는 오로지 도구에 의해서만, 오로지 도구라는 확신성에 의해서만 가능하다. 도구라는 확신성이 비로소 세계를 확실한 보호자로 만들고, 대지에는 끝없는 충동이라는 자유를 허락해 준다."108) 대지, 세계, 도구 등 삼자의 관계를 설명하는 이상의 인용문은 대단히 난해한 문장이기 때문에, 그리고 하이데거 철학의 정수를 이루는 문장이기 때문에 설명을 부가할 필요가 있다. 소리 없이 아낙네를 부르는 "**대지**"는, 끝없는 충동이라는 자유를 가지고 있는 대지는, 끝없는 충동 그 자체인 대지는 아낙네가 오늘도 그리고 내일도, 비가 오나 그리고 눈이 오나, 병든 몸이거나 그리고 성한 몸이거나, 한결같이 따라야 하는 그리고 기꺼이 따르는 부름이고 충동, 충동의 부름이다. 소리 없으나 그러나 끝없이 아낙네를 부르는 대지는 아낙네와 그리고 그녀의 사랑하는 가족을 잉태하여 태어나게 했고, 생존케 하며, 다시 자기의 품안으로 귀향케 하는 대지다. 대지는 만물의 그리고 그녀와 그녀의 사랑하는 가족의 모태이며, 안식처이고, 또 마지막 귀향처이기 때문이다. 다음에 이상의 대지위에 세워진 그녀의 "**세계**"

---

107) "**확신성**(Verlaßlichkeit)"

108) Heidegger: Der Ursprung des Kunstwerkes, S.19, 20

는 그녀를 중심으로 하는 그녀의 가족, 그녀의 공동사회, 대지가 잉태하여 출생한 일체의 것이라고 보아야 한다. 대지가 엄마라고 한다면 세계는 아들이고, 대지가 여성이라 한다면 세계는 남성이고, 대지가 밤이라 한다면 세계는 낮이며, 대지가 충동이라 한다면 세계는 이성이고, 대지가 무라고 한다면 세계는 실재[109]라고 보아야 한다. 마지막으로 도구에 대한 설명은 도구의 진정한 도구성, 다시 말해 도구의 확신성에 대한 설명이 되므로 상세한 설명이 참가되어야 한다.

"도구의 진정한 도구성은 확신성이다"[110] 라고 하이데거는 말하는데, "확신성"이란 신발을 신으면 거칠고 힘든 밭일을 하는데 확실히 발이 보호된다는 "확신성"이다. 그러나 신발을 신으면 확실히 발이 보호된다는 "확신성"을 가지고 신발을 신는 사람은 없고, 밭일을 할 때는 밭일에 적합한 신발을 신는 것이 습관이기 때문에 신발을 신는다. 하이데거에 의하면, 처음에는 거칠고 힘든 밭일을 위해 발을 보호할 수 있는 신발을 발명해야겠다는 의식에 의해 생겨난, 의식된 "확신성"이었으나, 후에는 길고 지루한 습관이 되어 버려, 발을 보호하기 위하여 신발을 신어야겠다는 의식 없이 신발을 신게 되었다는 것이다. 따라서 신발이라는 도구의 진정한 도구성은, 완전한 도구성은 "확신성"이라는 무의식의 상태가 된다. 하이데거에 의하면 "평온을 유지하고 있는 도구의 평온의 모습은, 달리 표현하여 정체된 도구의 완전한 정체성은 확신성 자체다."[111] "평온"은 독일어의 "die Ruhe"를 번역한 한글 표현인데, 끝없는 불안, 끝없는 활동을 의미하는 "die Unruhe"의 반대말로 죽음을 의미하기도 한다. 따라서 도구가 "확신성"에 도달했다 함은 절대적인 평온에 도달했음을 의미하고, 죽음에 도달했음을 의미한다. 그리고 이 절대적인 평온에 도달한 도구가, 절대적인 평온인 죽음에 도달한 도구가 비로소 대지와 세계, 양자를 자체 내에 포용하는 위대한 힘을 발휘하는 것이 하이데거의 난해한 철학이라 할 수 있다. 이 위대한 힘을 발휘하는 도구의 포용력을, 다시 말해 도구의 "확신성"을 설명하는 문장이 우리가

---

109) 무(無)와 실재(實在)
110) ebd. S.20
111) ebd. S.20

이미 언급한 인용문이[112) 된다. 인용문을 풀어서 달리 표현하면 다음과 같다. 신발이라는 도구를 확신하고, 달리 표현하여 신발이라는 도구를 의식하지 못하고, 농부의 아낙네는 소리 없는 대지의 부름에 응하며, 또 그렇기 때문에(신발이라는 도구를 확신하기 때문에, 신발이라는 도구를 의식하지 못하기 때문에) 그녀의 세계를 믿는다. 그 아낙네의 대지와 세계는 오로지 도구에 의해서만, 도구에 대한 무의식에 의해서만 가능하게 된다. 도구라는 "확신성"만이, 도구의 사멸만이 세계를 확실한 보호자로 만들고 대지의 끝없는 충동을 가능하게 해준다. 대지와 세계, 양자를 자체 내에 수용하는 도구성의 위대한 포용력은 도구성 자신의 분해, 도구성 자신의 사멸을 의미한다. 수많은 새끼들을 먹여 살리기 위해 자신의 살을 뜯어 먹히고 죽음으로 돌아가는 위대한 엄마, 거미 엄마와 같이, 위대한 도구성도 대지와 세계를 살리기 위해 죽음으로, 무로 돌아간다는 설명이다. 도구가 완벽한 도구성에 도달한 후에, 도구가 완벽하게 사멸한 후에 남는 문제는 **물과 작품**, **대지와 세계**의 문제다.

도구의 완벽한 도구성은 "확신성"으로 도구 자체의 분해와 사멸이라는 결론은 작품에 의하여, 우리의 경우에는 반 고흐의 작품 "농부의 신발"에 의하여 도달되었다는 내용을 언급했다. 이는 반 고흐의 작품을 보면 그 신발이라는 도구의 진리를 알 수 있다는 말이 된다. "농부의 신발"이란 무엇이냐 하는 질문에 대해 유연한 가죽으로 만들어졌고, 발을 보호하는 것이라는 등 수많은 정의가 있을 수 있겠지만, 이 모든 정의들은 진리가 아니며, 유일한 진리는 언급한 인용문의 내용이 된다는 말이다. 그 신발에는 긴 밭고랑을 오가는 아낙네의 힘든 발걸음 하나하나가, 거친 바람을 맞아 가며 끈질기게 그리고 서서히 오가는 아낙네의 고독한 발걸음 하나하나가 깃들어 있고, 여름에는 풍년을 약속하고, 춥고 긴 겨울에는 황량한 폐허를 예시하는 징후가 깃들어 있고, 먹고살아야 하는 걱정, 굶어 죽지 않고 보릿고개를 무사히 넘겼다는 안도감, 다가올 출산에 대한 불안감, 다가올 사망에 대한 두려움 등이 깃들어 있다는 내용이 대단히 아름다운 인용문의 내용이다. 그러나 화폭에 그려진 농부의 신발을

---

112) ebd. S.19, 20

보고 이상의 인용문 내용을 상상한다는 사실은 이 그림에 관찰자의 주관과 감정을 이입한 결과가 아니냐 하는 반문이 제기된다. 그러나 하이데거의 예술철학은 주관철학이 주장하는 주관이입 또는 감정이입이 아니라, **해석학**[113]이 주장하는 진리의 사건, 또는 진리의 발생, 합해서 진리의 **"사건발생"** 내지는 진리라는 "사건발생"[114]이라고 할 수 있다. **진리**는 하나의 사건 자체, 하나의 발생 자체, 합해서 "사건발생" 자체, 달리 표현하여 하나의 "이벤트" 또는 하나의 "해프닝"이라는 말이다. 진리의 "사건발생"이라는 문제는 하이데거의 해석학의 핵심 문제로 주관이입 또는 감정이입을 주장하는 주관철학에 반대하는 개념이 된다. 진리의 사건발생, 또는 진리라는 사건발생을 하이데거는 3가지 논리에 의해서 설명한다. 이 경우 하이데거의 해석학은 농부의 신발이란 무엇이냐 하는 농부의 신발의 진리 문제, 즉 농부의 신발에 대한 올바른 해석의 문제가 된다. 첫째로 반 고흐의 작품에 그려진 농부의 신발이 말을 하고 있다는 것이 하이데거의 논리다. 주관철학에 의하면 관찰자가 그 그림 속으로 자신의 말을 집어넣는다고 한다면, 하이데거의 해석학에 의하면 반대로 그 그림 스스로가 밖을 향하여, 관찰자를 향하여 말을 걸어온다고 보아야 한다. 말하는 주체가 주관철학에서는 관찰자, 즉 주관이라 한다면, 해석학에서는 대상 자체, 즉 농부의 신발이라는 도구 자체가 된다. 둘째로 농부의 신발이라는 도구가 말을 하는데 그것도 갑자기 돌연히 말을 한다는 것이 하이데거의 논리다. 농부의 신발이라는 도구는 현실세계의 언어와는 전혀 다른 언어를, 현실세계의 의식구조와는 전혀 다른 의식구조를 가지고 있다는 논리다. **돌연성**[115]이라는 개념은 현실세계의 언어와, 현실세계의 의식구조를, 현실세계 자체를 초월한다는 개념이다. 반대로 주관철학에 의하면 돌연성이 아니라 관찰자의 현실 언어와 현실 의식구조의 연속으로 **연속성**이 올바른 개념이라 할 수 있다. 종합하여 셋째로 반 고흐의 그림에 그려진 농부의 신발이라는 도구는 내부를 가리고 있던 문을 연다는 의미로 개문 또는 **개방**이라고 하이데거는 말한다. 개문 또는 개방이라는 표현을 희랍어의 **알레테이아**에서 유래한 **비잠재성**

---

113) **해석학**(解釋學 Hermeneutik)
114) **"사건발생**(Geschehen der Wahrheit)"
115) **돌연성**(Plötzlichkeit)

또는 **진리**라고도[116] 표현한다. 주관철학에 의하면 개문 또는 개방해야 할 것은 관찰자, 즉 주관의 입이며 그것도 입이라는 일부분이지만, 해석학에 의하면 농부의 신발이라는 대상이 되며 그것도 대상 전체가 된다고 할 수 있다.

농부의 신발이라는 도구에 대한 지금까지의 설명을 종합하면 다음과 같다. 제4의 해석학적 회전관계가 의미하는 내용으로, 물의 진정한 물성을 이해하기 위해서도, 그리고 작품의 진정한 작품성을 이해하기 위해서도 중간위상인 도구의 진정한 도구성을 이해해야 한다는 내용과, 또 도구의 진정한 도구성인 "확신성"은 도구 자체의 분해와 사멸로서 대지와 세계를 포용하는 위대한 힘을 발휘한다는 내용이 합처져서 지금까지의 중심 테마가 도구와 도구성이라는 사실을 말해 준다. 도구와 도구성의 테마는 농부의 신발이라는 도구에 집중되었다. 다시 말해 하이데거는 도구와 도구성을 논하기 위해 농부의 신발을 하나의 모델로 사용했다. 따라서 농부의 신발 외에도 도끼, 항아리 등 인간에 의해 만들어진 일체의 도구들도 진정한 도구성을 논하기 위한 대상이 될 수 있다는 말이 된다. 물과 작품의 영역에 속하지 않는 일체의 영역이 도구와 도구성을 논하기 위한 영역이 될 수 있다는 말이다. 칸트 철학의 삼자 관계와 비교하여 물은 이론철학에, 도구는 신천철학에, 그리고 작품은 예술철학에 분류된다는 말을 했다. 도구를 실천철학에 분류시킨다면 도구와 도구성의 영역은 인간사회 전체를 포함한다고 말해도 과언은 아니다. 지금까지의 테마인 도구와 도구성으로 다시 복귀하면, 지금까지의 모델이었던 농부의 신발이라는 도구로 복귀하면, 농부의 신발이라는 도구의 진정한 도구성이 지금까지 여러 가지 표현으로 정의되었다. 그 여러 가지 표현들을 종합하면 "대지와 세계의 보호된 통일", "어두운 구멍", "부정의 공간"등이고, 또 이상의 징의들을 확장하고 연장한 징의가 "돌연성", "도구가 말을 한다는" 도구의 언어, "개방" 또는 "비잠재성" 등이다. 이상의 여러 가지 상이한 표현들은 하나의 동일한 진리, 농부의 신발이라는 도구의 진리를 정의하는 표현들이다. 이론철학, 실천철학, 예술철학 등 3개의 철학으로 되어 있는 칸트 철학의

---

116) Heidegger: Der Ursprung des Kunstwerkes, S.21; **알레테이아**(Aletheia), **비잠재성**(Unverborgenheit), **진리**(Wahrheit)

진리가 3개라면, 물, 도구, 작품 등 3개의 영역으로 되어 있는 하이데거 철학의 진리도 3개로 되어 있다고 보아야 한다. 진정한 물성은 물의 진리며, 진정한 도구성은 도구의 진리며, 그리고 진정한 작품성은 작품의 진리라는 말이다. 도구의 진리를 정의하는 이상의 표현들을 종합하여 하이데거는 농부의 신발이라는 도구의 진리를 다음과 같이 표현한다. 반 고흐의 그림이 보여주는 "농부의 신발"이라는 도구는, 아니면 반 고흐가 그린 "농부의 신발"이라는 작품은 농부의 신발이라는 실재물의 진리를 작품화한 것[117]이라고 하이데거는 표현한다. 농부의 신발이라는 실재물의, 다시 말해 농부의 신발이라는 도구의 진정한 도구성을 작품화했다는 말이다. **"실재물의 진리를 작품화"**한다는 표현, 집약된 표현으로 **"진리의 작품화"**라는 표현은 대단히 난해한 표현이다. 난해한 이유는 첫째로 각주에 인용된 독일어 "Setzen"은 목적어를 필요로 하는 타동사로 "집어넣다" 또는 "옮겨놓다"라는 의미다. 하이데거의 설명에 의하면 따라서 진리를 작품 속으로 옮겨놓는다는 말이 되는데, 그렇다면 진리를 작품 속으로 옮겨 놓는 행위의 주체가 누구냐 하는 문제가 제기된다. 그 행위의 주체가 그 농부의 신발을 만들어낸(아니면 그려낸) 반 고흐 자신이냐, 아니면 농부의 신발을 관찰하는 관찰자냐 하는 문제가 제기되고, 또 진리라는 "사건발생"을 언급했듯이 농부의 신발이라는 도구 자체가 될 수도 있기 때문이다. 둘째로 하이데거는 독일어 "Setzen"을 "서있는 상태로 옮겨놓다"[118]라는 뜻이라고 설명한다. 그렇다면 서있는 상태로 옮겨진 진리가 정지해 있느냐, 아니면 움직이고 있느냐 하는 문제가 제기된다. 셋째로 진리의 작품화는 **실재물**[119]의 진리를 작품화 한다는 말인데, 무가 아닌 모든 것은 실재물이 되므로 난해성은 더욱 난해지기만 한다. 이상의 난해한 **"진리의 작품화"**라는 개념은 다음 논문의 과제로 남겨둔다. 단지 하이데거의 예술작품론을 추적하는데 주의할 것은 지금까지 논해온 도구와 도구성의 테마가 작품과 작품성의 테마로 돌변한다는 사실이다. 이유는 언급한 대로 도구와 작품이 하나 속에 통합되어

---

117) ebd. S.21; "das Sich-ins-Werk-Setzen der Wahrheit des Seienden"이라는 표현이 하이데거의
　　독일어 표현이다.
118) ebd. S.21; "zum Stehen bringen"
119) **실재물(實在物 das Seiende)**

있는 경우인 반 고흐의 "농부의 신발"을 모델로 했기 때문이다. "농부의 신발"이라는 도구인 동시에 "농부의 신발"이라는 작품, 다시 말해 도구인 동시에 작품이라는 동시성 아니면 동일성은 도구의 진리를 작품의 진리로 돌변시키는 계기가 된다. 따라서 중간위상인 도구의 진정한 도구성을 이해해야 작품의 진정한 작품성을, 예술작품의 본성을 이해할 수 있다는 제4의 해석학적 회전관계가 증명된 셈이다. 그리고 **"예술작품은 진리의 작품화다"**라는 하이데거의 핵심적인 말이 성립한다고 보아야 한다. 이유는 반 고흐의 그림은(반 고흐의 예술작품은) 농부의 신발이라는 도구의 진리를(농부의 신발이라는 도구의 진정한 도구성을) 작품화한 것이기 때문이다.

"예술작품은 진리의 작품화다"라는 말에서 진리에 관한 표현으로 여러 가지 표현을 사용했다. 가장 중요한 표현으로 **"진리의 발전사"**[120]라는 말을 사용했다. 독일어 Geschichte의 동사형은 geschehen으로서 "발생한다", "일어난다"라는 의미다. 결국 "진리의 발전사"라는 표현은 "진리가 발생한다", "진리라는 사건이 일어난다"라는 의미의 명사형 표현으로 보아야 한다. 따라서 "진리의 발전사"라는 하나의 의미를 지금까지 여러 가지로 표현해 왔다. "진리라는 사건발생", "진리라는 이벤트", "진리라는 해프닝"등이 그 여러 가지 표현들이다. 이상의 표현들이 진리의 본성을 나타내는 표현들이라 한다면, "대지와 세계의 보호된 통일", "어두운 구멍", "부정의 공간" 등의 표현들은 진리의 양태를 나타내는 표현들이라 보아야 한다. 그러나 하이데거는 진리의 **실체**[121]라는 고정된 개념을 부정하고, 진리를 움직이고 변하는 유동 상태로 유지하므로 진리의 본성과 양태는 동일한 의미라고 보아야 한다. 진리의 본성은 진리의 양태이고, 진리의 양태가 진리의 본성이라는 말이다. 진리에 관한 이상의 표현들을 하이데거가 특히 선호하는 말들로 표현하면, **개방성, 비잠재성** 등이 되며, 후에 번역 불가능한 독일어 **"리히퉁"**[122]이라는 표현이 첨가된다. 진리는 개방성 자체고, 진리는 비잠재성 자체고, 진리는 리히퉁 자체라는 말이다. 여기서 하이데거의

---

120) **진리의 발전사(Geschichte der Wahrheit)**
121) **실체(實體 Substanz)**
122) **"리히퉁(Lichtung)"**

예술철학에 대한 중대한 질문이 제기된다. 전통미학에 의하면, 예술과 예술작품은 미를 대상으로 해야 하는데, 하이데거의 예술론과 예술작품론은 진리를 대상으로 하므로, 그의 대상이 잘못된 대상이 아니냐 하는 질문이 제기된다. 이에 대한 하이데거의 반론은 2가지로 전통미학은 미와 진리, 양자의 개념을 잘못 이해했다는 것이 그의 반론이다. 우선 예술과 예술작품이 "아름답다"라는 말은 잘못된 것으로, 예술과 예술작품 자체가 아름다운 것이 아니라, 예술과 예술작품이 아름다움을, 미를 비로소 발생시켜야 한다는 것이 하이데거의 반론이다. 진리의 "사건발생"과 같이 미의 "사건발생"을 주장하는 것이 그의 반론이다. 다음에 전통미학은 진리는 논리학의 영역에 속하고, 미는 미학의 영역에 속한다고 생각한 결과, 진리를 현실과의 논리적인 일치라고 생각했다는 것이다. 그리고 현실과의 일치라는 개념이 후에 모방이라는 개념으로 연장되었고, 다시 **이념**123)이라는 개념으로까지 연장되었다는 것이다. 그러나 모든 예술과 예술작품은 사진술과 같은 현실과의 일치, 자연주의와 사실주의가 주장하는 모방, 이상주의가 생각하는 이념과는 전혀 다른 대상을 가지고 있다는 것이 하이데거의 반론이다. 반 고흐가 그린 "농부의 신발"과 일치하는 신발을, 모방의 대상이었던 신발을 현실세계에서 찾으려는 생각은 잘못이고, 또 희랍 시대의 신전을 보고 신전의 이념이 그 신전에 나타나 있다고 생각하는 것도 잘못이라는 것이 하이데거의 생각이다. 예술과 예술작품은 진리를 대상으로 하는데, 그 진리는 움직이는 유동상태의 "사건발생"이며, 추상적이고 영원한 이념이 아니라, 구체적이고 순간적인 개방성이고 비잠재성이라는 것이 하이데거의 생각이다. 끝으로 다음 논문의 방향을 제시하기 위해 이미 언급한 제4의 해석학적 회전관계를 다시 거론하면 다음과 같다. 물, 도구, 작품이라는 삼자 관계에서 도구가 중간위상으로, 물의 물성을 이해하기 위해서노, 그리고 작품의 작품성을 이해하기 위해서도 도구의 도구성을 이해해야 한다는 것이 제4의 해석학적 회전관계였다. 이상의 제4의 해석학적 회전관계는 정확히는 도구를 중심축으로 하여 좌우에 2개의 해석학적 회전관계가 진행되는 것이 제4의 해석학적 회전관계다. 다시 말해 "물과 도구"라는 해석학적

---

123) **이념(理念 Idee)**

회전관계와 "도구와 작품"이라는 해석학적 회전관계가 그 2개의 해석학적 회전관계이다. 따라서 물, 도구, 작품의 서열에서 물과 작품 사이의 해석학적 회전관계가 결여되어 있다. **물과 작품** 사이의 결여된 해석학적 회전관계가 이미 언급한 "대지와 세계"라는 제5의 해석학적 회전관계며, 이 **제5의 해석학적 회전관계**가 다음 논문에서 다루어진다.

하이데거 II

대지와 세계

1. 작품의 자생성

　　하이데거 철학의 오르가논[1]은 **"해석학적 회전관계"**라는 설명을 앞의 「하이데거 I」
에서 했다. 제1의 해석학적 회전관계는 예술작품과 예술가 사이에서 이루어지는
회전관계로 예술작품은 예술가에 의해 출생되고, 또 반대로 예술가는 예술작품에
의해 출생된다는 회전관계였다. 제2의 해석학적 회전관계는 예술가 그리고 예술작
품이라는 한편과 예술이라는 다른 한편 사이에서 이루어지는 회전관계였다. 예술
가와 예술작품의 본성은 예술에서 찾아야 하고 또 반대로 예술의 본성은 예술가와
예술작품에서 찾아야 한다는 내용이었다. 그리고 제3의 해석학적 회전관계는 제2
의 해석학적 회전관계를 축소시켜 예술작품과 예술 사이에서 이루어지는 회전관계
로 예술작품의 테마에서 예술의 테마로 테마의 이전을 의미했다. "작품과 진리"라고
명명된 제2장에서 하이데거는 예술의 문제 제기로 시작하는데, 이는 언급한 제3의
해석학적 회전관계의 재등장을 의미한다. 예술이라는 문제의 제기는 "해석학적 회
전관계"라는 메커니즘에 의해 예술작품의 문제를 동반하게 되는 것은 당연하다.
그리고 예술의 문제가 예술작품의 문제를 동반하게 되는 필연적인 이유는 볼 수도
없고 들을 수도 없는 추상적인 예술을 논하기 위한 유일한 가능성은 볼 수 있고 들을
수 있는 구체적인 예술작품이 되기 때문이다. 예술이라는 한편과 예술가와 예술작
품이라는 다른 한편에서, 다시 말해 후자의 양자 중에서 예술가는 사망했거나 아니

---

1) 오르가논(Organon 사고의 방법)

면 현장에 존재해 있지 않기 때문에 제2의 해석학적 회전관계가 제3의 해석학적 회전
관계로 축소됨은 당연하다. 다시 말해 **"추상적 예술"**과 **"구체적 예술작품"** 사이라는
해석학적 회전관계에서 테마가 되는 예술의 문제는 예술작품의 문제를 동반함은
당연하며, 따라서 예술의 본성을 이해하기 위해서는 예술작품의 본성을 이해해야
한다는 논리가 성립한다. "예술작품의 원천은 예술이다"라는[2] 명제를 하이데거는
제기하는데, 이는 해석학적 회전관계라는 메커니즘에 의해 "예술의 원천은 예술작
품"이라는 말과 같다. "예술의 원천"은("원천"은 "본성"과 같은 의미이므로) 달리 표
현하여 "예술의 본성"은 예술작품에 내재해 있다고 말하면서 하이데거는(예술)작
품의 본성을 규정하려 시도한다. "작품의 본성"[3]을 하이데거는 작품의 **자생성**[4]이
라 표현하면서 다음 3가지로 설명한다.

작품의 자생성에 대한 하이데거의 첫 번째 설명은 작품의 비대상성이다. 작품의
비대상성을 설명하기 위해서 하이데거는 **세계**[5]라는 개념을 도입한다. 작품은 하
나의 세계라는 말인데, 작품이 자신의 세계를 유지하여 그 속에 안주해 있으면 작품
의 자생성에 대해 말할 수 있으나, 작품이 자신의 세계를 상실하면 작품은 하나의
대상[6] 이외에는 아무 것도 아니라는 설명이다. 작품이 자신의 세계에 안주해 있으
면, 이 작품이 안주해 있는 세계는 현실의 세계와는 전혀 다른 새로운 세계, 제2의
세계로 하이데거는 이를 **"하나의 세계"**[7]라고 표현한다. 세계는 원래 하나이기 때문
에 정관사를 사용하여 "die Welt"라 표현해야 되지만, 세계가 하나가 아니라 여러
개라는 의미로 부정관사를 사용하여 "eine Welt"라고 하이데거는 표현한다. 따라서

---

2) Heidegger: Der Ursprung des Kunstwerkes, S. 25
3) "예술작품"을 하이데거는 "예술-작품"이라고도 이중적인 표현을 사용하는데, 이 이중적인 표현은 첫째
   예술과 작품의 관계, 둘째 예술작품과 작품의 관계, 셋째 예술작품이라는 단일한 관계를 나타낸다.
   여기서는 첫째 관계인 예술과 작품의 관계로, 다시 말해 예술과 작품은 서로에 대해 독립적이고 대등한
   관계를 유지하는 것으로 보아야 한다.
4) **자생성(自生性 das Eigenwüchsige).** 하이데거는 **"자생성"**이라는 개념을 위해 독일어로 **das
   Eigenwüchsige, das Insichruhende, das reine Insichstehen** 등 여러 가지 표현을 사용한다.
   vgl. Heidegger: Der Ursprung des Kunstwerkes, S. 9, 25
5) **세계(世界 die Welt)**
6) **대상(對象 Gegenstand)**
7) **"하나의 세계(eine Welt)"**

작품이라는 또 하나의 세계가 있는데, 이 작품세계 속으로 들어가기 위해서는(작품을 감상하는 수용자는 물론이고) 작품을 창조하는 예술가는 자신의 현실세계를 파기하여 말살시켜야 한다는 것이 하이데거의 의견이다. 예술가가 작품세계를 창조하는 과정을(예술가가 작품의 세계 속으로 들어가는 과정을) 하이데거는 다음과 같이 설명한다. "작품이 자생성에 도달하는 일은 예술가에 의해 이루어진다. 그러나 자생성에 도달한 작품에 대해서는, 다시 말해 자신의 세계에 안주하고 있는 작품에 대해서는 그 작품이 자생성에 도달하는데 산파역할을 했던 예술가는 전혀 무관한 존재가 된다. 예술가에 대한 무관성 또는 무관심성은 그 작품의 창조과정에서 예술가가 자신을 파기하고 말살시켰으므로 예술가라는 존재의 흔적이 사라진 데서 온다."8) 이상의 설명을 위해 하이데거는 전통적인 고전 작품들을 예로 사용하면서, 위대한 전통적인 고전 작품들은 그 작품들을 창조한 예술가들의 자기파멸에 의해 창조되었다는 논리를 전개한다. 다시 말해 예술가가 자신의 현실세계를 포기해야, 자신의 생명을 깎아 먹어야, 자신의 생명을 단축시켜야 비로소 위대한 작품을 창조할 수 있다는 논리다. 다음에는 작품이 자생성을 상실하는 경우, 다시 말해 작품이 자신의 세계를 상실하는 경우다. 이를 하이데거는 작품의 "세계상실" 또는 "세계와해"라고9) 부르면서 작품이 대상화되는 경우라고 설명한다. (예술)작품들은 많은 전람회에 전시되고, 예술 애호가들과 예술 비평가들에 의해 찬양을 받거나 비판을 받으며, 예술 행상인들에 의해 예술 거래를 위한 시장이 형성되고, 예술사가들에 의해 학술로 분류되기도 하는데, 이 모든 경우(예술)작품은 대상화된다는 것이 하이데거의 의견이다. 작품전시를 위한 계획가, 작품을 찬양하는 애호가, 비판하는 비판가, 작품을 거래하는 행상가, 작품을 연구하는 학술가, 모두가 작품의 독자적인 세계를 부인하고, 나시 말해 작품의 자생성을 부인하고 작품을 하나의 대상으로만 본다는 설명이다. 작품의 독자적인 세계를 인정한다는 말은 그 작품세계로 몰입하여 현실세계는 망각되고 말살되어 작품세계만이 유일한 세계가 된다는 말이고, 작품을 하나의 대상으로 본다는 말은 반대로 작품세계가 망각되고 말살되어 현실세

---

8) vgl. Heidegger: Der Ursprung des Kunstwerkes, S.26
9) ebd. S.26

계만이 유일한 세계가 된다는 말이 된다. 이 경우 현실세계만이 유일한 세계가 되므로 작품세계는(작품의 자생성은) 망각 말살되어 없어진 세계로, 과거의 세계, 하이데거는 이를 **"과거가 되어 버린 작품"**이라고 표현한다. 작품이 자신의 독자적인 세계를 상실하지 않고 자생성을 유지하며, 과거가 되어 버린 작품이 아니라 **"현재로 머물러 있는 작품"**이 되어야 한다는 것이 작품의 자생성에 대한 하이데거의 첫 번째 설명이다.

작품의 자생성에 대한 하이데거의 두 번째 설명은 **자생성의 위상**에 대한 설명이다. 작품의 자생성에 대한 첫 번째 설명이 존재론적 설명이라고 한다면 두 번째 설명은 현상론적 설명이라 할 수 있다. 작품의 자생성이 존재한다면 그 자생성은 어디서 그리고 어떻게 존재하느냐 하는 문제가 된다. 이에 대한 하이데거 자신의 말은 다음과 같다. "작품은 그것이 진정한 작품, 즉 자생성을 소유한 작품이라면, 작품 자신에 의해 개방되어진 영역(세계)에만 귀속된다. 작품의 자생성은 작품 자신의 개방행위 내에서만 그 본성이 드러난다."10) 작품의 자생성이 거주할 수 있고, 본성을 드러낼 수 있는 세계는 작품 자신에 의해 만들어진(개방된) 세계뿐이라는 논리인데, 이 논리는 칸트의 소위 **헤아우토노미**11)를 반복하는 논리다. 칸트에 의하면 예술은 자율성, 즉 **아우토노미**12)를 가지고 있는데 이 예술의 아우토노미는 현실세계에 대항하여 주장하는 아우토노미가 아니라, 예술이 자기 자신에게만 적용할 수 있는 아우토노미라는 의미로 칸트는 이를 헤아우토노미라고 부른다. 작품의 자생성이 거주하여 본성을 드러낼 수 있는 세계는 결국 작품 자신의 힘으로 만들어낸 세계, 그리고 작품 자신이 만들어내야 비로소 존재할 수 있는 세계라고 할 수 있다. 칸트는 아우토노미라는 개념을 사용하여(헤아우토노미도 일종의 아우토노미이므로) **헤테로노미**,13) 즉 타율성을 의미하는 현실세계와의 연관성을 시사한다고 본다면, 달리 표현하여

---

10) ebd. S.27

11) **헤아우토노미**(자기자율성 Heautonomie)

12) **아우토노미**(자율성 自律性 Autonomie)

13) **헤테로노미**(타율성 他律性 Heteronomie)

아우토노미의 부정이 헤테로노미고 또 반대로 헤테레노미의 부정이 아우토노미이
므로 그 "부정"이라는 개념 자체가 양자 사이의 끊을 수 없는 관계를, 끊을 수 없는
연관성을 의미한다고 본다면, 하이데거는 "**세계**"라는 개념을 사용하여 현실세계와
의 연관성을 전혀 차단한다고 볼 수 있다. 표현을 비약시켜 칸트는 현실세계가 가지
고 있는 주관성의 이입을 인정한다고 한다면, 하이데거는 이 주관성의 이입을 차단
하여 예술의 객관성을 상정하려 한다고 볼 수 있다. 작품이 소유하고 있는 세계는
작품 자신이 만들어낸, 작품 자신의 세계로 현실세계와는 전혀 무관하기 때문이다.
작품의 자생성의 위상은 자기 자신의 위상이며, 자기 자신의 개방행위 자체라고 할
수 있다.

　작품의 자생성에 대한 2가지 설명으로, 하나는 비대상성이고, 다른 하나는 위상
의 문제이었다. 하나는 존재론적 설명이었고, 다른 하나는 현상론적 설명이었다.
작품의 자생성에 대한 하이데거의 세 번째 설명은 "**사건발생의 모태**"라는 설명이
된다. 첫 번째 설명을 존재론적 설명이라 하고, 두 번째 설명을 현상론적 설명이라
한다면, 세 번째 설명은 양자 설명의 합으로, 존재론과 현상론이 하나 속에 통합되어
있는 설명이 된다. 존재론과 현상론을, **실재와 시간**[14]을 통합하려는 철학이 하이데
거의 **해석학**[15]이다. 작품의 자생성 자체가 "사건발생의 모태"가 된다는 말인데, 이
작품의 자생성이라는 "사건발생의 모태" 내에 2가지 문제가 내재해 있다. 하나는
존재론적인 문제이고, 다른 하나는 현상론적인 문제다. 하이데거의 표현으로 무엇
이 진리냐 내지는 진리란 무엇이냐 하는 존재론적 문제와, 진리가 어떻게 생성하고
또 어떻게 움직이느냐 하는 현상론적 문제가 "사건발생의 모태"라 불리는 작품의
자생성 속에 내재해 있다. "무엇"과 "어떻게"를, 존재론과 현상론을 하나 속으로 통합
하여 사고하는 소위 "**사고의 긴장**"[16]이란 철학적 개념에 불과하고, 현실적으로는
거의 불가능한 개념이라 할 수 있다. 따라서 작품의 자생성을 의미하는 "사건발생의

---

14) **실재(實在 Sein)와 시간(時間 Zeit)**
15) **해석학(解釋學 Hermeneutik)**
16) "**사고의 긴장(Anstrengung des Denkens)**"

모태"라는 개념은 현실적으로는 거의 불가능한 개념인데, 이 불가능한 개념을 하이데거 자신은 **"진리의 사건발생"**, **"진리라는 사건발생"** 또는 **"작품 속에서 진리라는 사건발생이 진행되고 있다"** 등으로 표현한다.[17] 이상의 불가능한 개념인 "사건발생의 모태"를 하이데거의 논리를 따르자면 "사건발생의 원천"이라고도 해석할 수 있고, 또 "사건발생"과 "원천"을 같은 의미로 보아 사건발생 즉 원천이고 원천 즉 사건발생이라고도 해석할 수 있다. 그리고 "원천"을 물이 계속 흘러나오는 "샘물"이라고 생각한다면, 그 "샘물"에는 2가지 문제가 내재해 있는데, 하나는 물이라는 내용이고, 다른 하나는 물이라는 내용이 어떻게 생성하여 움직이느냐 하는 형식, 즉 현상이 된다. 하나는 물이란 무엇이냐 아니면 무엇이 물이냐 하는 진리의 문제와, 다른 하나는 그 물이 어떻게 생성하여 움직이느냐 하는 생성과 운동의 문제가, "사건발생"의 문제가 "샘물" 속에, "원천" 속에 내재해 있다. 이상의 2가지 문제를 종합하여 하이데거는 **"진리의 사건발생"** 또는 **"진리라는 사건발생"**이라고 표현하고, 이 종합적인 문제를 해결하기 위해 **제5의 해석학적 회전관계**인 **"대지와 세계"**라는 쌍개념을 도입한다.

2. 대지와 세계

작품의 자생성은, 하이데거가 같은 의미로 사용하는 또 다른 표현을 사용하여 **작품실재**[18]는 대지와 세계, 양자로 구성되어 있다. **대지와 세계**[19] 사이에서 이루어지는 제5의 해석학적 회전관계는 예술작품론의 핵심이며, 다른 모든 해석학적 회전관계들과 그리고 지금까지의 모든 설명들은 이 핵심적인 제5의 해석학적 회전관계를 위한 준비단계라고 할 수 있다. "작품의 자생성"이라는 표현 대신에 "작품실재"라는 표현을 사용하면, 작품실재를 구성하는 대지와 세계를 설명하기 위하여 하이데거는 건축물인 희랍 시대의 신전을 예로 든다. 신전에 대한 설명이 대단히 중요하므로 자세히 번역하면 다음과 같다. "신전이라는 건축물은 자체 내부에서 신상[20]을

---

17) vgl. Heidegger: Der Ursprung des Kunstwerkes, S.27
18) **작품실재(作品實在 Werksein)**
19) **대지(大地 Erde)와 세계(世界 Welt)**

폭풍우에 의해 상하지 않도록 감싸서 보호해 주고 있으며, 동시에 그 신상이 외부로, 신전의 밖의 세상으로 퍼져나가서 하나의 **성스러운 영역**을 이루게 한다. 신상이 보호되어 들어 있는 신전을 중심으로 하여 형성되는 그 성스러운 영역은 인간과 인간사가 생성하고, 서로 얽혀지고, 그리고 사망하고 사멸하는 영역이다. 이 성스러운 영역 안에서 출생과 사망이, 재해와 축복이, 승리와 패배가, 극복과 좌절이 교차되는 인간의 운명이, 민족의 역사가 이루어진다. 이 성스러운 영역은 넓고 광활한 영역이며 민족의 긴 역사 자체를 의미하는 세계다.”[21] 인간의 운명이, 민족의 흥망성쇠가 이루어지는 “성스러운 영역”이, 다시 말해 신전이라는 건축물을 중심으로 하여 형성되는 “성스러운 영역”이, 이 신전이라는 건축물의(신전이라는 예술작품의) 세계라는 말이다. 작품실재는, 다시 말해 작품의 자생성은 대지와 세계 사이에서 이루어지는 해석학적 회전관계에 의해 그 본성이 드러나는데 이는 다음과 같다. 신상을 감싸서 보호해주는 신전을 중심으로 형성되는 “성스러운 영역” 내에서, 다시 말해 그 “성스러운 영역”이라는 작품의 세계 내에서 비로소 그 신전 주위에 있는 바위는 그 육중함과 더불어 진정한 바위로 나타나고, 폭풍우는 그 막강한 위력과 더불어 진정한 폭풍우로 나타나며, 대리석은 비로소 밝고 찬란한 빛을 발하며, 밝은 낮과 어두운 밤의 구별이 비로소 생기고, 하늘은 비로소 넓고 광활하게 된다는 설명이다. 신전이라는 예술작품이 발하는 “성스러운 영역”이 존재하기 때문에, “성스러운 영역”이라는 세계가 존재하기 때문에, 바로 그렇기 때문에 바위는 육중하게 보이고 폭풍우는 거칠고 사납게 보인다는 설명이다. 그 “성스러운 영역”이라는 작품의 세계 내에서 비로소 나무, 풀, 독수리, 뱀, 귀뚜라미 등은 그들의 형상을 찾게 된다는 것이다. 바위가 바위가 되게 하고, 폭풍우가 폭풍우가 되게 하며, 나무가 나무가 되게 하고, 독수리가 독수리가 되게 하는 그 “성스러운 영역”, 그 작품의 세계를 희랍인들은 **자연**[22]이라고 불렀다고 말하면서[23] 하이데거 자신은 **세계**[24]라고 부른다. 그리고 희랍인들이 말

---

20) 신상(神像)

21) vgl. Heidegger: Der Ursprung des Kunstwerkes, S. 27, 28

22) **자연(自然 Physis)**

23) vgl. Heidegger: Der Ursprung des Kunstwerkes, S. 28

24) **세계(世界 eine Welt)**

하는 자연을, 하이데거가 말하는 세계를 원천적으로 가능케 하는 자료를 하이데거는 **대지**[25]라고 부른다.

　신전 주위의 "성스러운 영역"을 구성하는 요소는, 다시 말해 신전이라는 건축작품의 세계를 구성하는 요소들은 바위, 폭풍우, 나무, 독수리 등이 되는데, 이들이 대지라는 말이다. 신전이라는 건축 작품의 세계를 구성하는 모든 요소들의 합을 하이데거는 대지라고 부른다. 하이데거가 의미하는 "**대지**"의 개념을 이해하기 위해 다음 3가지에 주의할 필요가 있다. 첫째로 주의할 점은 대지를 단일한 개념으로 생각하는 것이다. 신전도 건축물로 하나의 예술작품이고 그 안에 들어있는 신의 모습을 하고 있는 신상도 하나의 예술작품이므로 축소하여 단일개념을 설명하기 위해 신상을 예로 든다면 다음과 같은 말을 할 수 있다. 신상이 단일한 자료인 대리석으로만 조각되어 있다고 생각한다면, 이 신상이라는 조각 작품에 대해, 이 신상이라는 예술작품에 대해 2가지 발언을 할 수 있다. 하나는 "이것은 성스러운 신이다"라는 발언이고, 다른 하나는 "이것은 성스럽지 않은 대리석이다"라는 발언이다. 2가지 발언 모두 타당한 발언으로, 하나는 성스러운 신을 형상화했으므로 타당하고, 다른 하나는 그 신상 전체가 성스러움과는 전혀 관계없는 물질인 대리석 외에는 아무 것도 아니기 때문에 타당한 발언이다. 첫째 발언은 신상이라는 예술작품의 세계를 나타내는 발언이고, 둘째 발언은 신상이라는 예술작품의 대지를 나타내는 발언이다. 성스러운 신상과 성스럽지 않은(가공되기 전의 거친 자료에 불과한) 대리석과의 관계가 세계와 대지의 관계가 된다. 성스럽지 않은, 가공되기 전의 거친 대리석이라는 자료가 없었더라면, 다시 말해 대지가 없었더라면, 그 거친 대리석을 가공해 살아 있는 듯한 (성스러운) 신상을, 다시 말해 세계를 만들어낼 수 없는 관계가 된다. 이상의 내용을 하이데거는 다음과 같이 표현한다. "대지는 모든 개방행위가 다시 지양되어 귀향하는 곳이다. 바로 이 개방행위 속에 그 개방행위를 다시 지양시켜 취소시키는 대지의 본성이 드러난다."[26] 개방 또는 개방행위 자체가 세계라는 말이고, 그 개방 또는 개방

---

25) **대지(大地 die Erde)**

26) vgl. Heidegger: Der Ursprung des Kunstwerkes, S.28

행위 자체를 지양시키고 취소시키는 것이 대지라는 말이다. 세계를 출생시켜 개방하는 자도 대지고, 그 세계를 다시 취소시켜 폐쇄시키는 자도 대지라는 말이다. 세계를 죽지 않도록 보호하는 자도 대지고, 세계를 다시 자신의 육체 안으로 흡수하여 죽이는 자도 대지라는 말이다. 둘째로 주의할 점은 대지를 복합적인 개념으로 생각하는 것이다. 이번에는 **신상** 대신에 같은 예술작품인 **신전**을 예로 들어 설명하는 것이 구체적인 설명이 된다. 신전을 중심으로 하여 구성된 "성스러운 영역", 다시 말해 신전이라는 예술작품의 세계를 구성하는 자료는 바위, 폭풍우, 나무, 독수리 등 다양한 자료들이었다. 이상의 다양하고 복합적인 자료들을 하나의 자료로, 다시 말해 대지를 단일한 개념으로 생각하는 것이 문제가 된다. 또 바위, 폭풍우 등은 자료라고 할 수 있으나 뱀, 독수리 등도 자료라고 생각해야 하는 데 문제가 있다. 이상의 다양하고 복합적인 요소들을 대지라는 단일 개념으로 통합하기 위하여 하이데거는 셋째로 "**어두움**"27)이라는 개념을 도입한다. 세계는 밝고, 대지는 어둡다는 말이 된다. 어두움은 밝은 빛이 지양되어 귀향하는 곳이며, 그리고 이 밝은 빛 속에는 그 밝은 빛을 다시 지양시켜 흡수해 버리는 어두움의 본성이(대지의 본성이) 깃들어 있다는 말이 된다. 종합하여 대지는 단일한 개념인 동시에 복합적인 개념, 어두운 개념이다.

지금까지의 설명을 종합하여 **제5의 해석학적 회전관계**를 그리고 해석학적 회전관계라는 메커니즘을 구체화할 필요가 있다. 이 구체화를 위해서 대리석이라는 자료만으로 가공된 예술작품인 신상을 가정하고 논하자면 다음과 같다. 신상은 2개의 요소로 구성되어 있는데, 아니면 2개의 요소를 말해주고 있는데, 하나는 신상이 풍겨주는 "성스러움"이고, 다른 하나는 차고 육중한 돌덩어리인 대리석이다. 결국 신상, "성스러움", 대리석이라는 삼자 관계가 된다. 하이데거에 의하면 이상의 삼자 관계 전체가(삼자 관계라는 총체가) **작품실재** 또는 작품의 **자생성**이 된다. 이상의 삼자 관계 중에서 제5의 해석학적 회전관계는 한편으로는 "성스러움"과 다른 한편으로는

---

27) "어두움(das Dunkle)"

대리석, 양자 사이에서 이루어진다. "성스러움"이 존재해야 비로소, 다시 말해 "성스러움" 속에서 비로소 차가움, 육중함, 찬란함 등 대리석의 본성이 드러나고, 또 반대로 대리석의 본성인 차가움, 육중함, 찬란함 등이 있기 때문에 그들의 합이 "성스러움"을 만들어 낸다는 논리다. 하이데거의 표현을 사용하면, 신상이 풍겨주는 "성스러움" 속에는 대리석이 본성을 드러내고, 또 반대로 대리석 속에는 "성스러움"이 내재해 있다는 논리다. "성스러움"은 세계고 돌덩어리인 대리석은 대지이므로, 세계 속에서 비로소 대지의 본성이 드러나고, 또 반대로 대지가 있기 때문에 세계가 존재한다는(개방된다는) 논리가 된다. 이상의 세계와 대지 사이에서 이루어지는 제5의 해석학적 회전관계를 밝은 낮과 어두운 밤사이의 회전관계로 이전시켜 설명하면 더욱 분명해진다. 밝은 낮이 존재해야 비로소 어두운 밤이 인식되고, 또 반대로 어두운 밤이 존재해야 비로소 밝은 낮이 개방될 수 있다는 논리가 된다. 신상, "성스러움", 대리석 삼자 사이의 삼자 관계에 대해서 하이데거의 예술작품론을 이해하기 위한 중요한 점 3가지를 언급하자면 다음과 같다. 첫째로 신상이라는 예술작품은 한편으로는 "성스러움"과 다른 한편으로는 대리석 사이의 해석학적 회전관계를 유발시키는데, 만약 이 해석학적 회전관계가 결여된다면(해석학적 회전관계가 유발되지 않는다면) 신상이라는 예술작품은 살아 있는 예술작품이 아니라 죽은 예술작품, 과거가 되어 버린 예술작품, 대상화 되어 버린 예술작품이라는 것이 하이데거의 의견이다. 둘째로 신상이라는 예술작품이 죽지 않고 살아 있기 위해서는 한편으로는 "성스러움"과 다른 한편으로는 대리석 사이에, 세계와 대지 사이에 **투쟁**이 일어나야 한다는 것이다. 이 투쟁을 우리는 지금까지 해석학적 회전관계라고 불렀다. 셋째로 이상 양자 사이의 투쟁은 양자가 동등한 변증법적 관계를 의미하는 것이 아니라, 세계가 밝은 낮이라면 대지는 어두운 밤의 관계다. 세계가 높고 좁다면 대지는 깊고 넓은 관계다. 세계가 아들이라면 대지는 엄마가 된다. 대지는 세계를 출향시켰다가 다시 자신의 품안으로 귀향시키는 넓고 깊고 어두운 심연이다. 이상 양자 사이의 관계를 변증법적 관계로부터 분리 독립시키는 일이 하이데거의 예술작품론을 이해하는 열쇠가 된다.

신상이 발하는 "성스러움"과 그 신상의 구성요소인 대리석 사이에서 이루어지는 해석학적 회전관계는 신전이 발하는 "성스러운 영역"과 신전의 주위환경을 구성하는 일체의 요소들, 일체의 자료들 사이에도 적용되는 해석학적 회전관계다. 전자는 후자의 축소형으로 후자를 설명하기 위한 수단이었다. 따라서 예술작품인 신전, 그 신선이 발하는 "성스러운 영역", 신전의 주위환경을 구성하는 일체의 자료, 요약하여 신전, "성스러운 영역", "일체의 자료"라는 삼자 관계가 다시 성립한다. 한편으로는 "성스러운 영역"과 다른 한편으로는 "일체의 자료", 양자 사이에서, 세계와 대지 사이에서 해석학적 회전관계가 유발되어야 비로소 신전이라는 예술작품은 살아 있는 예술작품, **과거가 아니라 현재의 예술작품**이 된다는 말이다. 신전, "성스러운 영역", "일체의 자료"라는 삼자 관계를 견지하고 이 와는 다른 해석을 소개하면 다음과 같다. 곧프리트 뵘은 희랍인들이 말하는 **자연**[28]을 하이데거가 말하는 세계가 아니라 대지와 일치시킨다. [29] 우리는 신전, "성스러운 영역", "일체의 자료", 달리 표현하여 예술작품, 세계, 대지라는 삼자 관계를 주장하는데 반해, 뵘은 신전과 "일체의 자료", 예술작품과 대지라는 양자 관계를 주장한다고 볼 수 있다. 아니면 우리는 예술작품에 내재해 있는 2개의 요소 세계와 대지 사이에 해석학적 회전관계가 유발되어야(양자 사이에 투쟁이 발생해야) 비로소 그 예술작품이 대상화되지 않은 살아 있는 예술작품이 된다고 생각하는 반면에, 뵘은 예술작품의 **시간성**,[30] **과정성**,[31] **돌연성**[32] 등의 현상을 말하면서[33] 이상의 현상들이 예술작품과 대지 사이에서 발생된다고 말한다. 예술작품, 세계, 대지 삼자를 삼각형이라 생각한다면, 우리는 **예술작품**이 삼각형의 시발점이라 생각하는 반면에, 뵘이 생각하는 삼각형의 관계는 다른 모양을 하고 있다. 뵘이 말하는 예술작품과 대지, 그리고 그 양자 사이에서 발생한다는 시간성, 과정성, 돌연성이라는 "3가지 현상" 등 합해서 삼자가 역시 삼각형을 만든

---

28) **자연(自然 Physis)**

29) vgl. Boehm, Gottfried: Im Horizont der Zeit, Heideggers Werkbegriff und die Kunst der Moderne, S.263

30) 시간성(時間性 Temporalität)

31) 과정성(Prozeß)

32) 돌연성(Plötzlichkeit)

33) vgl. Boehm, Gottfried: Im Horizont der Zeit, Heideggers Werkbegriff und die Kunst der Moderne, S.268, 269, 270

다고 가정하면 세 번째 점인 **"3가지 현상"**이 시발점이라고 생각하는 셈이다. 그러나 이상의 "3가지 현상"들은 예술작품과 대지, 양자가 존재한 다음에 비로소 발생되므로 시발점이 아니라 종착점이라 할 수 있고 또 발생하리라 가정되는 "3가지 현상"들을 제외하고 본다면 뵘의 주장은 삼자 관계가 아니라 양자 관계를 나타낸다고 보아야 한다. 뵘의 주장을 삼자 관계가 아니라 예술작품과 대지라는 양자 관계라고 본다면 다음 3가지 비판을 할 수 있다. 첫째로 세계와 대지 사이에서 발생했던 해석학적 회전관계의 위상이 뵘의 주장에서는 달라진다. 그 달라진 해석학적 회전관계의 위상은 단 2개의 요소인 예술작품과 대지 사이가 되어야 한다. 예술작품과 대지 사이가 아니라, 세계와 대지 사이에서 이루어지는 제5의 해석학적 회전관계가 뵘의 주장을 따르자면 성립하지 못한다. 둘째로 예술작품을 시발점으로 하는 삼자 관계가 아니라, 시간성, 과정성, 돌연성이라는 "3가지 현상"을 시발점으로 하는 삼자 관계라 가정한다면, 이는 예술작품의 **영향**[34]을 강조하는 주장이 된다. 뵘이 말하는 시간성, 과정성, 돌연성이란 예술작품이 수용자에게 주는 영향 외에는 아무 것도 아니다. 이와 같이 영향을 우선으로 한다면, 예술작품의 영향이 먼저 존재해야 비로소 다음에 예술작품 자체가 존재한다는, 다시 말해 예술작품이 예술작품으로 인정된다는 말이 된다. 하이데거는 반대로 예술작품을 먼저 생각하고 다음에 그 예술작품의 영향을 생각한다. 뵘의 생각대로 영향이 먼저라면, 예를 들어 괴테의 위대한 예술작품인 『파우스트』[35]는 괴테를 전혀 모르는 콩나물 장사에게는 예술작품이 전혀 되지 못하며, 그 콩나물 장사가 잘 아는 예를 들어 방인근의 『벌레먹은 장미』만이 위대한 예술작품이 된다는 결과가 된다. 셋째로 뵘은 예술작품과 대지라는 양자 관계에 의해 변증법적 해설에 빠질 위험성을 내포하고 있다. 변증법을 비판하려는 하이데거는 그에 대한 대안으로 해석학적 회전관계를 비호한다고 할 수 있다. 하이데거의 변증법에 대한 비판과 해석학에 대한 비호는 니체[36]의 영향이다. 하이데거가 말하는 세계와 대지의 관계는 니체가 말하는 아폴로성과 디오니소스성의 관계없이는 상상

---

34) 영향(影響 Wirkung)
35) 『파우스트 Faust』
36) 니체(Friedrich **Nietzsche** 1844~1900)

할 수 없는 관계다. 니체에 의하면 검은 자막 위에 조명된 밝은 영상이 아폴로성이고, 그 검은 자막 자체는 디오니소스성이 된다. 밝은 세계와 검고 어두운 대지, 밝은 영상과 검은 자막이라는 심연, 양자 사이의 관계는 양자가 서로 대등한 변증법적 관계가 아니라, 후자는 전자를 출생시키고, 다시 자신 속으로 흡수하는 관계다. 뵘의 주장은 하이데거에 대한 니체의 영향을 도외시한 느낌을 준다.

3. 작품론

작품의 자생성이라는 개념을 하이데거가 같은 의미로 사용하는 또 다른 표현인 **작품실재**[37]라는 개념을 사용하여, 작품실재의 2가지 구성요소인 세계와 대지를 논했다. 그리고 예술작품, 세계, 대지라는 하이데거 미학의 삼자 관계를 언급했다. 하이데거의 예술작품론을 추적하기 위한 3가지 주의를 언급하면, 첫째 이미 언급한 대로 하이데거는 "작품의 자생성"이라는 개념과 **작품실재**라는 개념을 동일한 개념으로 사용한다. 따라서 여기서는 "작품실재"라는 개념으로 통일하여 논한다. 둘째 "작품실재"라는 개념과 "예술작품"이라는 개념을 분리하는 것이 필요하다. 예술작품은 해석학적 회전관계가 유발되기 전의 상태, 대상으로서의 상태, 아직 살아 있는 현재가 되기 전의 상태를 의미한다. 그리고 작품실재는 해석학적 회전관계가 진행되고 있는 상태, 과거가 아니라 현재의 상태를 의미한다. 따라서 **"예술작품"**이라는 표현 대신에 여기서는 **"작품"**이라는 표현으로 통일하여 사용함이 타당하다. 왜냐하면 "예술작품"은 해석학적 회전관계가 유발되기 전이어서 진정한 예술이 되지 못하므로 "예술"이라는 표현을 제거함이 타당하기 때문이다. 따라서 **작품**과 **작품실재**는 서로 상이한 개념으로, 전자는 대상화된 개념, 과거가 되어 버린 개념이고, 후자는 비대상화의 개념, 현재로 머물러 있는 개념을 의미한다고 생각해야 한다. 작품실재를 하이데거는 다음과 같이 설명한다. **"세계를 세우고 대지를 펼치는 일"**이 작품실재의 2가지 본성이다. 이 2가지 본성은 2개가 아니라, 작품실재라는 하나의

[37) **작품실재**(作品實在 Werksein)

통일성을 구성하는 본성들이다. 우리가 작품의 자생성에 대해 말할 때는, 표현을 달리하여 완전한 그리고 균형 잡힌 평온 상태를 보여주는 작품에 대해 말할 때는 이 통일성을 말하고 있는 것이다."[38] 작품실재는 세계와 대지, 2개의 요소로 구성되었다고 지금까지 우리는 말해 왔는데, 2개를 하나로 통합하여 생각하는 **"사고의 긴장"**이 필요한 단계에 이르렀다. 작품실재는 2개의 본성이 있는데, 하나는 세계를 세우는 일이고, 다른 하나는 대지를 펼치는 일이라는 말이다. 하나의 사람이 2개의 본성을 가지고 있다고 해서 2명의 사람이 아니라 1명의 사람인 것과 같이, 2개의 본성을 가지고 있는 작품실재 역시 하나의 작품실재, 하나의 통일성이라고 생각해야 한다. 아니면 작품실재란 이렇게 보면 세워진 세계고, 저렇게 보면 펼쳐진 대지로 이중의 얼굴, **"야누스의 얼굴"**을 가졌다고도 생각할 수 있다. 작품과 작품실재가 서로 구별되므로, 작품이 진정한 작품, 작품실재에 도달하기 위해서는 작품은 이상의 2가지 일을, 세계를 세우는 일과 대지를 펼치는 일을 해야 하는 2가지 얼굴을, 야누스 얼굴을 가져야 한다는 것이 하이데거의 생각이다.

하이데거 미학의 작품론을 해명하기 위해서는 하이데거가 의미하는 **작품실재**를 규명해야 한다. 작품이 2가지 일을, 세계를 세우는 일과 대지를 펼치는 일을 완성하면, 그 작품은 진정한 작품으로 작품실재에 도달한다는 내용을 언급했다. 하나의 통일성인 작품실재는 2개의 본성을 가지고 있는데, 하나는 세계를 세우는 일이고, 다른 하나는 대지를 펼치는 일이라는 내용도 언급했다. 여기서 **"세계를 세운다"**는 의미와 **"대지를 펼친다"**는 의미가[39] 대단히 난해한 의미들로 하이데거 미학의 난해성을 나타내는 의미들이다. **"세계를 세운다"**라는 표현을 위해 하이데거가 사용하는 독일어 "Aufstellen"은 "세운다"라는 의미 외에도 "개방한다", 새로 이사하여 집을 "정돈한다", 집을 "새로 짓는다"라는 복합적인 의미들을 내포하고 있다. 다음에 **"대지를 펼친다"**라는 표현을 위해 하이데거가 사용하는 독일어 "Herstellen"은 역시 복합적인 의미를 내포하고 있다. 존재해 있는 자료들을 모아 없었던 물건을 새로 만들

---

38) Heidegger: Der Ursprung des Kunstwerkes, S.34
39) **세계를 세운다**(eine Welt aufstellen), **대지를 펼친다**(die Erde herstellen)

어 낸다는 의미와 그리고 기왕에 존재해 있었으나, 그러나 눈에 보이지 않았던 물건을 눈에 잘 보이도록 "펼쳐 놓는다"라는 의미 등 복합적인 의미를 "Herstellen"은 나타낸다. 다음에 작품은 2가지 작업을 해야, 다시 말해 세계를 세우는 작업과 대지를 펼치는 작업을 해야 작품실재에 도달할 수 있다는 내용을 언급해서, 그 2가지 작업의 주체가 마치 작품인 양 보였다. 그러나 하이데거의 해석학에 내재해 있는 메커니즘은 세계를 세우는 작업의 주체는 대지가 되고, 또 반대로 대지를 펼치는 작업의 주체는 세계가 되게 하는데 역시 난해성이 놓여 있다. 세계와 대지 사이의 관계에 대한 하이데거의 가장 핵심적인 발언은 다음과 같다. **"세계는 대지 위에 지어지고, 대지는 세계를 솟아나게 한다".**40) 집을 새로 짓듯이 "세계를 짓는다"는 말은 이해 가능하고 논리적인 말로 보이고, "대지는 세계를 솟아나게 한다"라는 말은 이해 불가능하고 비논리적인 말로 보인다. 하이데거가 예술작품론에서 **"세계"**라는 개념에 대해 하는 설명을 종합하면 다음 3가지가 된다. **질서, 가시성, 결단**41)이 그 3가지 설명이다. 세계라는 개념에 대한 이상의 3가지 설명을 이미 언급한 희랍인들의 자연에 관한 인용문에 의해 보충하자면 다음과 같다. 신상을 감싸서 보호해 주는 신전을 중심으로 형성되는 "성스러운 영역" 내에서 비로소 바위는 진정한 바위로 가시화 되고, 진정한 바위로 되어지고, 다시 말해 바위라는 현존재로 결단 내려지고, 폭풍우는 진정한 폭풍우로 가시화 되고, 폭풍우라는 현존재로 결단 내려지고, 또 대리석은 진정한 대리석으로 가시화 되고, 대리석이라는 현존재로 결단 내려진다는 설명이 된다. 그리고 이상의 가시화와 결단의 과정에 의해서 바위, 폭풍우, 대리석 등 사이에 (위계)질서도 생긴다는 설명이 된다. 질서, 가시화, 결단 등의 합이, 다시 말해 그들 사이의 상호관계가, 또 다시 말해 그들 사이의 **성위**42)가 "성스러운 영역"을 구성한다는 말이 된다. 세계라는 개념을 이상과 같이 질서, 가시화, 결단 등으로 규정하고43) 그의 대치

---

40) Heidegger: Der Ursprung des Kunstwerkes, S.35; **"Die Welt gründet sich auf die Erde, und Erde durchragt Welt."**

41) **질서(Ordnung), 가시성(Sicht), 결단(Entscheidung)**

42) **성위(星位 Konstellation)**

43) 세계의 개념에 대한 질서, 가시화, 결단 등 3가지 설명 중에서 질서와 가시화라는 설명은 Liiceanu를 참고할 것. Liiceanu: Zu Heideggers "Welt"-Begriff in "Der Ursprung des Kunstwerkes", S.205

개념인 대지를 규정하자면, 비질서, 비가시화, 비결단 등으로, 내지는 무질서, 무가시화, 무결단 등으로 규정 아닌 규정을 할 수 있다. 이상을 종합하여 하이데거 자신 역시 대지는 **"해명 불가능한 것"**이라고[44] 규정 아닌 규정을 한다. **"대지는 세계를 솟아나게 한다"**라는 말은 결국 규정되지 않은 채 남게 된다. 따라서 대지 자체만을 규정하려는 시도를 포기한다면, 그리고 세계 자체만을 규정하려는 시도도 포기한다면(왜냐하면 세계에 대한 3가지 설명 질서, 가시성, 결단 등도 규정 아닌 규정에 지나지 않으므로) 남아 있는 가능성은 세계와 대지 사이의 해석학적 회전관계에 의존할 수밖에 없다. 세계와 대지 사이의 해석학적 회전관계를 이번에는 축소형이었던 신상과 "성스러움" 사이의 상호관계에 의해서 규명해 본다.

　　신전과 그 신전을 중심으로 형성되는 "성스러운 영역" 사이의 관계를 축소시킨 형태가 신상과 "성스러움" 사이의 관계다. 축소형인 신상과 "성스러움" 사이의 관계에 의해 대지와 세계 사이의 관계를 설명하려는 이유는 사고를 간단하고 용이하게 하기 위함이다. 양자 사이의 순서를 바꾸어서 세계와 대지 사이의 관계는, "성스러움"과 신상을 형성하고 있는 대리석 돌덩어리 사이의 관계는, 다시 말해 "성스러움"과 "대리식 돌덩어리", 양자 사이의 관계는 첫째 **상호 부정의 관계**, 둘째 **상호 의존의 관계**, 셋째 부정과 의존의 합으로 **평온상태** 등 3가지 관계로 압축할 수 있다. 첫째 상호 부정의 관계는 전체가 대리석으로만 되어 있는 신상에 대해서 2가지 상반적인(상호 부정적인) 발언을 할 수 있다는 데서 온다. 하나의 발언은 "신상은 성스럽다"라는 발언이고, 다른 하나의 발언은 "신상은 성스럽지 않다"라는 발언이 된다. 2가지 발언 모두 타당한 발언이다. 신상이 성스럽다는 발언은 이 신상이 신외 신선한 세계를 나타내므로 예를 들어 어느 누구도 신상에 침을 뱉으려는 사람은 없기 때문이다. 다음에 신상이 성스럽지 않다는 발언은 이 신상이 무생물인 대리석이라는 돌덩어리에 지나지 않으므로 침을 뱉어도 된다는 이유에서 온다. 이 경우에는 신상을 대리석이라는 순수한 자료로만 본 데서, 다시 말해 대지로만 본 데서 오는 발언이다. "성스

---

44) Heidegger: Der Ursprung des Kunstwerkes, S.33, **"해명 불가능한(unerschließlich) 것"**

러움”과 자료인 대리석 사이의 관계는, 세계와 대지 사이의 관계는 전자를 긍정하면 후자가 부정되고, 전자를 부정하면 후자가 긍정되는 관계, 상호 부정의 관계다. 둘째 양자 사이의 상호 의존의 관계는 자명한 관계로 대리석 돌덩어리라는 자료가 없다면 신상이 풍겨주는 “성스러움”이 없을 것이고, 또 반대로 “성스러움”이 없다면 그 신상의 자료인 귀중한 대리석의 가치가 인식되지 못해 결국 대리석의 존재가치가 사멸해 버리기 때문이다. 성스러운 신상의 존재근거는 예를 들어 진흙이나 시멘트 같은 자료가 아니라 반드시 대리석이 되어야 하며, 또 반대로 대리석의 참된 가치는 예를 들어 항아리나 아파트 건물 같은 무생물이 아니라 반드시 살아 있는 성스러운 신상에서 드러난다는 설명이 된다. 성스러운 신상과(신상이 풍기는 “성스러움”과) 무생물인 대리석의 관계는, 세계와 대지의 관계는 상호 의존의 관계가 분명해진다. 살아 있는 성스러운 신상과 죽어 있는 성스럽지 않은 대리석 사이의, 살아 있는 “성스러움”과 죽어 있는 대리석 돌덩어리 사이의, 세계와 대지 사이의 상호 부정의 관계는 양자가 서로에 대해 자율성, 즉 **아우토노미**45)를 가지고 있는 관계고, 양자 사이의 상호 의존의 관계는 서로에 대해 의존성, 즉 **헤테로노미**46)를 가지고 있는 관계다. 자율성과 의존성의 합으로, 아우토노미와 헤테로노미의 합으로 셋째 작품의 평온상태가 이루어진다. 작품의 평온상태란 하이데거가 말하는 작품의 **자생성** 또는 **작품실재**를 의미한다. 부정의 관계와 의존의 관계의 합, 자율성과 의존성의 합인 평온상태에서는 신상은 이렇게 보면 성스럽게 보이고, 저렇게 보면 성스럽지 않게 보인다는 말이 된다. 이렇게 보면 살아서 움직이는 듯 보이고, 저렇게 보면 무생물인 대리석이라는 돌덩어리로 보인다는 말이 된다. 이상의 양자 사이의 관계를 “**야누스의 머리**”라고 한다면, 이 “야누스의 머리”가 하이데거의 해석학을, 해석학적 회전관계를 나타내는 말이다. 이 “야누스의 머리”가 전통철학의 변증법과 하이데거의 해석학을 분리시키는 계기가 된다. 전통철학의 변증법에는 이 “야누스의 머리”가 결여되어 있다. 그리고 이 “야누스의 머리”를 하이데거는 지금까지 작품의 **자생성**, **작품실재**, 작품의 **평온상태** 등으로 표현했는데, 이는 진정한 예술작품, 살아 있는 현재의 예술작품,

---

45) **아우토노미**(自律性 Autonomie)
46) **헤테로노미**(他律性 Heteronomie)

대상화되지 않은 예술작품을 의미하는 표현들이다. 바로 이 "야누스의 머리"가 하이데거가 의미하는 작품론의 대상이 된다.

    세계와 대지 사이의 관계를 나타내는 인용문 **"세계는 대지 위에 세워지고, 대지는 세계를 솟아나게 한다"**라는 말을 해결하기 위해 세계 자체만을, 그리고 대지 자체만을 따로 떼어서 규정하려는 시도를 포기하고, 그 양자 사이의 해석학적 회전관계에 의존했다. 그 결과는 역시 규정 아닌 규정만 되풀이하는 결과였다. 만약에 해석학적 회전관계에 의해 규정하려는 시도가 적중했다면, 그것은 해석학적 회전관계가 아니라는 역설적인 이유가 된다. 논리적인 규정이, 수학적인 계산에 의한 규정이 한계선에 도달할 때 비로소 **"해석학적 회전관계"**의 기능이 발휘되기 때문이다. 하이데거가 예술작품론을 통해 언급한 세계의 개념을 질서, 가시성, 결단 등 3가지로 종합하고 대지에 대한 설명을 시도해 본다. 세계의 개념을 질서, 가시성, 결단이라고 해서, 만약 세계의 대치 개념인 대지를 비질서, 비가시화, 비결단이라고 한다면, 이는 기계적인 규정, 다시 말해 논리적이고 계산적인 규정이 되어 버려 하이데거의 해석학에 어긋나게 된다. 오히려 질서, 가시성, 결단을 하나로 통일하여(세계는 질서, 가시성, 결단이라는 3개가 아니라 하나의 통일성이기 때문에) 그에 대치되는 또 다른 하나의 통일성을(대지라는 통일성을) 상상하는 것이 옳다. 대지라는 하나의 통일성은 다음 3가지로 설명된다. 첫째로 대지는 **"단 하나의 무한한 자료"**라고 할 수 있다. 하이데거는 대지를 **"아무런 구속을 가지고 있지 않은 영원한 자"**라고[47] 표현한다. 이상의 직역문을 풀이하면, 대지는 무한히 (한계선 없이) 그의 세력을 지속하는 자료, 그것도 단 하나의 무한한 자료라는 말이다. "단 하나의 무한한 자료"라는 표현에 대해 3가지를 주의해야 한다. 첫째 대지는 여러 개가 아니라 단 하나라는 데 주의해야 한다. 세계와 대지의 상관관계에 대해 말할 때는 하이데거는 세계는 부정관사를 사용하여 표현하고, 대지는 정관사를 사용하여 표현한다. 부정관사를 사용하여 표현하는 세계는 여러 개가 있을 수 있다는 말이고, 정관사를 사용하여 표현하는 대지는 단 하나

---

47) Heidegger: Der Ursprung des Kunstwerkes, S.32; **"das zu nichts gedrängte Mühelose -Unermüdliche"**

라는 말이다. "성스러움"과 신상을 구성하고 있는 대리석 돌덩어리에 대해 이상의
세계와 대지의 관계를 적용하면, 세계는, 다시 말해 신상이라는 대리석 돌덩어리가
풍겨주는 "성스러움"은 수용자인 주관에 따라 여러 가지로 차이 내지는 정도의 차이
가 생길 수 있다는 말이다. 그러나 "성스러움"을 탄생케 하는 대지는, 대리석 돌덩어
리는 난 하나로 신상의 내부와 외부, 상과 하, 좌와 우를 관통한다는 말이다. 신상의
전체와 총체는 대리석 돌덩어리 이외에는, 대지 이외에는 아무 것도 아니라는 말이
다. 둘째로 주의할 것은 대지는 무한하다는 표현이다. 주관인 수용자가 느끼는 "성스
러움"은 시간과 장소에 따라 변할 수 있으나, 그 "성스러움"을 탄생시키는 대지는,
대리석 돌덩어리는 시간과 장소를 초월해서 영원히 무한히 대리석 돌덩어리로 머물
러 있다는 말이다. 셋째로 주의할 것은 대지는 자료라는 표현이다. "성스러움"과
대리석 돌덩어리 사이의 관계는 생산품과 자료의 관계로, 생산품의 내부와 외부,
상과 하, 좌와 우 어디를 보아도 대리석 돌덩어리 외에는 아무 것도 아니나, 그 생산품
은 대리석 돌덩어리가 아닌, 대리석 돌덩어리와는 전혀 다른 "성스러움"이라는 설명
이다. 대지를 이상과 같이 **단 하나의 무한한 자료**라고 한다면, 자료는 하이데거가
의미하는 **물**[48]을 나타내기 때문에 대지의 개념은 극단적인 유물론을 나타낸다. 그
러나 자료는 단 하나, 물은 단 하나라고 한다면 하이데거는 유물론을 다시 유심론화
한다고 할 수 있다. 정신[49]은 하나, 신은 하나, 물은 하나라는 표현들은 모두 유심론
을 나타내는 표현들이기 때문이다.

　　대지의 개념에 대한 두 번째 설명은 **논리성의 지양**이라 할 수 있다. "논리성의
지양"이라는 표현은 논리에 어긋난다는 의미로 "비논리성", 논리를 초월한다는 의미
로 "무논리성", 논리 이전의 상태를 의미하는 "전논리성" 등을 모두 하나로 통합하는
표현으로 생각해야 한다. 이에 대한 하이데거 자신의 설명은 다음과 같다. "대지는
자신의 내부로 침투하려는 모든 계산적이고 논리적인 시도를 붕괴시킨다. 이 계산
적인 논리는 자연을 정복하기 위한 기술과 학술에 관해서는 주인이 되고 진보를 의미

---

48) **물(物 Ding)**
49) 정신(精神)

한다고 볼 수 있지만, 대지에 관해서는 주인도 아니고 진보도 의미하지 못하는 **의지의 무능**[50]에 불과하다. 대지를 눈에 잘 보이게 펼쳐 놓는다는 말은 해결할 수 없는 불가사의한 대지 자체를, 아니면 대지의 불가사의성 자체를 눈에 잘 보이도록 펼쳐 놓는다는 아니면 눕혀 놓는다는 말이다. 대지의 불가사의성을 논리적으로 파헤치려는 시도는 실패할 수밖에 없으며, 따라서 대지의 불가사의성 자체는 있는 그대로 존중되고 보존되어야 한다."[51] 대지라는 개념에 대한 "논리성의 지양"이라는 표현은 해명할 수 없고 그리고 해명하려 해도 안 되는 대지라는 "불가사의성" 자체를 파헤쳐 손상시키지 말고 있는 그대로 존중하고 보존해야 한다는 하이데거의 철학을 나타내는 표현으로 생각해야 한다. "성스러움"과 대리석 돌덩어리 사이의 관계로, 세계와 대지 사이의 관계로 복귀하면 다음과 같은 말을 할 수 있다. 이상의 대지의 개념에 의해 하이데거는 전통철학의 예술관을 거꾸로 뒤집어 놓고 있다. 전통철학은 예술을 상부구조와 하부구조로, **예술성**과 **물성**[52]으로 구분하여, 전자를 논리가 침투할 수 없는 논리의 치외법권 지대로, 그리고 후자를 논리적으로 해결할 수 있는 자료로 생각한다. 이에 반해 하이데거는 후자인 하부구조를, 물성을(물성은 대지를 의미하므로) 논리의 치외법권 지대로 생각하고 그리고 전자인 상부구조를, 예술성을(예술성은 세계를 의미하므로) 논리적으로 해결할 수 있는 부분으로 생각한다. 예술성은 하이데거에 있어서는 세계의 질서, 가시성, 결단을 의미하기 때문이다.

대지의 개념에 대한 세 번째 설명은 **폐쇄성**이다. "자신을 폐쇄하려는 성질이 대지의 본성"이라고[53] 하이데거는 말한다. 하이데거가 의미하는 대지의 폐쇄성이라는 본성을 다시 3가지로 풀어서 다음과 같이 설명할 수 있다. 폐쇄성은 우선 마치 해면과 같이 모든 것을(세계를) 흡수하는 본성을 의미힌다. 세계를 세우는 일을 하는 주체가, 다시 말해 세계를 개방하는 일을 하는 주체가 대지라는 말을 했는데, 이 때의

---

50) **의지의 무능(Ohnmacht des Wollens)**
51) Heidegger: Der Ursprung des Kunstwerkes, ebd. S.33
52) **예술성(藝術性)과 물성(物性)**
53) ebd. S.33; "Die Erde ist das wesenhaft Sich-verschließende"

개방작업은 다시 흡수하기 위한 작업으로 보아야 한다. 흡수작업이 가능하기 위해서는 개방작업이 선행해야 하기 때문이다. 다음에 폐쇄성은 보호하는 본성을 의미한다. 세계를 세워 개방하고, 그 세워진 개방된 세계를 다시 흡수하여 보호하려는 본성을 대지는 가지고 있다. 출타한 아들을 다시 귀향시켜 감싸고 두둔하려는 엄마의 본성이 대지의 본성과 같다고 할 수 있다. 마지막으로 대지는 세계를 다시 자신의 육체 속으로 환원시키려는 본성을 가지고 있다. 아들이 엄마의 무릎에 대한 영원한 동경을 가지고 있다는 사실은 반대로 아들을 자신의 무릎 속으로 다시 환원시키려는 엄마의 영원한 동경을 의미하기도 한다. 문학과 철학에서 엄마의 무릎은 엄마의 자궁[54]을 의미한다고 본다. 따라서 엄마의 자궁은 영원한 출산의 동경과 영원한 환원의 동경을, 영원히 배타내려는 동경과 영원히 빨아드리려는 동경을 동시에 가지고 있는 대지에 비교할 수 있다. 대지가 가지고 있는 폐쇄성은 출산물을 다시 파기하여 (세계를 다시 파기하여) 대지라는 "단 하나의 무한한 자료" 속으로 환원하려는 본성을 의미한다. 이상과 같이 모든 것을 흡수하려는 본성, 흡수한 것을 보호하고 감싸려는 본성, 흡수해서 보호했던 것을 다시 자신의 육체 속으로 환원하려는 본성을 합해서 대지의 폐쇄성이라고 할 수 있다. 지금까지 우리는 대지에 대한 설명들을 첫째 "단 하나의 무한한 자료", 둘째 "논리성의 지양", 셋째 "폐쇄성"이라고 종합했다. 그리고 질서, 가시성, 결단이라는 세계에 대한 3가지 설명들을 선행시켰다. 이상의 대지와 세계에 대한 설명들은 하이데거의 해석학적 회전관계에는 어긋나는 설명들이 된다. 해석학적 회전관계는 언급한 대로 논리적으로 증명할 수 있는 것이 아니라, 비논리적으로, 논리를 초월해서 진리가 스스로 자태를 나타내게 하는 것이기 때문이다. 따라서 우리는 여기서 세계와 대지 사이의 관계에 대해 하이데거 자신이 한 말을 인용함에 그칠 수밖에 없다. 세계와 대지 사이의 해석학적 회전관계를 하이데거는 다음과 같이 표현한다. "하나하나의 결단들이 합쳐져 긴 질서의 궤도를 형성하고, 긴 질서의 궤도들이 다시 하나하나 합쳐져 민족의 역사와 숙명을 형성하는데, 바로 이 민족의 역사와 숙명이라는 가시화된 결정체가 세계다. 대지는 반대로 질서,

---

54) 무릎(Schoß), 자궁(Mutterschoß)

가시성, 결단 등에 의해 아무런 제약도 받지 않는 자로, 세계를 폐쇄하고 감싸려고만 하는 자다. 세계와 대지는 그 본성에 있어서는 서로 구별되지만 그러나 서로 분리되는 일은 절대로 없다." "대지는 세계를 세워 개방하는 작업을 그리고 세워져 개방된 세계를 절대로 결여할 수 없다."[55] 언급한 대로 대지는 세계를 다시 파기하여 자신의 육체 속으로 환원시키려 하지만 그럼에도 세계를 출타시키는 일을, 세계를 개방하여 세우는 일을 하지 않을 수 없다는 말이다. 서로 구별되어야 하지만 그러나 서로 분리될 수 없는 운명이 세계와 대지의 공통운명이다.

우리는 지금까지 축소형인 "성스러움"과 신상 사이의, 정확히는 신상이라는 작품이 풍기는 "성스러움"과 신상이라는 대리석 돌덩어리 사이의, 세계와 대지 사이의 해석학적 회전관계를 논했다. 하이데거는 원래 예술작품론에서 축소형이 아니라 확대형을 묘사하고 있다. 확대형은 "성스러운 영역"과 신전 사이의 해석학적 회전관계다. 축소형에 의한 해석학적 회전관계는 확대형에도 적용되어야 한다. 확대형인 "성스러운 영역"과 신전 사이의 관계는, 세계와 대지 사이의 관계는 대단히 복합적이다. 그 복합성은 "성스러운 영역"과 신전, 세계와 대지 중에서 후자의 복합성을 의미한다. 축소형인 "성스러움"과 신상이라는 대리석 돌덩어리 사이에서는 후자는, 다시말해 신상이라는 대리석 돌덩어리는 내부와 외부, 상과 하, 좌와 우, 다시 말해 전체와 총체가 대리석 돌덩어리로 단일성을 이루었으나, 확대형인 "성스러운 영역"과 신전 사이의, 세계와 대지 사이의 관계에서 후자는 단일성이 아니라 복합성을 이루기 때문이다. 신전을 중심축으로 하여 형성되는 "성스러운 영역" 내에서 분명하게 자태를 드러내는 물들은 신전이라는 대리석 건물 자체와 신전을 둘러싸고 있는 바위, 폭풍우, 독수리 등 다양한 물들이라고 보아야 한다. 대리석 건물인 신전이라는 물과 바위, 폭풍우, 독수리 등이라는 복합적인 물들이 합해서 하나의 통일성인 "성스러운 영역"이라는 세계를 형성했다. 대리석 건물인 신전이라는 물과 그 주위를 형성하는 모든 물들을 합해서 하나의 통일성인 대지라는 개념으로 생각해야 하는 문제가 대두된

---

55) Heidegger: Der Ursprung des Kunstwerkes, S.35

다. 하이데거에 의하면 **대지는 하나**라는 말을 언급했듯이 다양한 복합적인 물들을 하나의 물로, 하나의 대지로 통합해야 할 필연성을 철학은 가지고 있다. 이미 언급한 대로 **무**가 아닌 것은 모두가 **물**이라면, 이는 극단적인 유물론을 의미하고, 그러나 물이 하나라면, 대지가 하나라면, 다시 말해 신전이라는 물, 바위, 폭풍우, 독수리라는 물들을 모두 합하여 하나의 대지라고 한다면, 이는 반대로 신은 하나라는 말과 같이 극단적인 유심론을 의미한다. 유물론과 유심론 양자를, 아니면 유물론과 유심론이라는 분리 자체를 지양하여, 유럽의 전통철학 자체를 뒤집어 놓으려는 것이 하이데거의 해석학이다. 지금까지 우리는 하이데거의 작품론을 세계와 대지 사이의 해석학적 회전관계에 의해 논했다. 작품은 세계를 세우는 작업과 대지를 펼치는 작업을 동시에 완성해야 진정한 작품, 작품실재에 도달한다는 내용을 위해 세계와 대지 사이의 해석학적 회전관계를 논했다. 작품실재는 세계를 세우는 작업과 대지를 펼치는 작업 사이의, 세계와 대지 사이의 **긴장상태**[56]를 의미한다고 볼 수 있다. 우리는 앞에서 작품의 자생성 또는 작품실재와 관련하여 "평온상태"를 언급했으나 여기서는 하이데거의 철학이 비약하는데 주의해야 한다. 세계와 대지 사이의 평온상태가 지양되고 그 양자 사이의 긴장상태로 지향되는 것이 리히퉁에 대한 설명이 된다. 그리고 세계를 세우는 작업과 대지를 펼치는 작업 사이의, 세계와 대지 사이의 평온상태 아니면 긴장상태가 작품실재고, 이 작품실재가 작품론의 대상이라면, 하이데거의 작품론은 작품론이 아니라 **작품실재론**이라고 해야 한다.

4. 리히퉁

하이데거의 작품론의 대상인 **작품실재**를 지금까지 여러 가지로 표현했다. 작품실재는 우선 세계를 세우는 작업과 대지를 펼치는 작업 사이의, 세계와 대지 사이의 **긴장상태**를 앞에서 언급했다. 다음에 작품실재는 **"야누스의 머리"**라고 우리는 표현했다. 이렇게 보면 세계로 보이고, 저렇게 보면 대지로 보인다는 설명이었다. 마지막

---

56) **긴장상태**(Spannung)

으로 작품실재는 **"작품의 평온상태"**[57]를 의미한다는 내용도 언급했다. 그리고 평온상태와 같은 의미로 **"작품의 자생성"**이라는 표현도 사용했다. 이상에서 언급한 여러 가지 표현들 중에서 여기서는 **"평온상태"**라는 표현을 사용하여 논하기로 한다. 평온의 반대 개념인 불안[58]이 테마가 되기 때문이다. 세계와 대지 사이의 관계는 상호 부정의 관계와 상호 의존의 관계로, 부정과 의존이라는 모순이 가져오는 불안이 그 양자 사이의 관계에 내재해 있다는 말이다. 개방이라는 본성을 가진 세계와 폐쇄라는 본성을 가진 대지 사이의 관계에는 하나가 다른 하나를 제외하려는 데서 일어나는 불안이 내재해 있다는 말이다. 외부로 출타하려고만 하는 세계와 그 세계를 내부로 귀향시키려고만 하는 대지 사이에 원초적인 불안이 내재해 있다는 말이다. 이상 양자 사이에 내재해 있는 불안을 하이데거는 **투쟁**[59]이라고 표현하면서 다음과 같이 말한다. "세계와 대지 사이의 대치관계는 하나의 투쟁이다. 이 투쟁 속에서 양 당사자 중 하나는 다른 하나에게 자신의 본성을 강요하려 한다."[60] 이상 양자 사이의 관계에 내재해 있는 불안은 일상적인 의미로 평온의 반대 개념이 아니라, 특수한 의미로 평온의 반대 개념이라는 논리를 하이데거는 다음과 같이 전개한다. "평온은 그의 타자[61]인 운동을 제외시키는 의미로서 운동의 반대 개념이 아니라, 포함시키는 의미로서 운동의 반대 개념이다. 운동의 종류에 따라서 평온의 종류도 결정된다. 평온이 운동을 포함할 때만 평온이 존재할 수 있다. 자생성에 도달한 작품의 평온은 이상과 같이 운동을 자체 내에 포함하고 있는 평온이다."[62] 인용문에 언급된 운동은 평온의 반대 개념인 불안을 의미한다. 따라서 작품의 평온상태는 그 자체 내에 원래부터 불안을 내포하고 있다는 설명이다. 정지는 운동을 자체 내에 내포하고 있고, 평온은 불안을 자체 내에 내포하고 있다는 말이다. 왜냐하면 운동 없이는 정지가 있을 수 없고, 불안 없이는 평온이 있을 수 없기 때문이다. 세계를 세우는 작업과 대지를 펼치

---

57) **"작품의 평온상태(die Ruhe des Werkes)"**
58) **평온(die Ruhe)**의 반대 개념은 **불안(die Unruhe)**
59) **투쟁(鬪爭 Streit)**
60) Heidegger: Der Ursprung des Kunstwerkes, S.35
61) 타자(他者)
62) ebd. S.35

는 작업 사이, 세계와 대지 사이에는 정지와 운동, 평온과 불안이 동시에 내재해 있다는 말이 된다.

　세계를 세우는 작업과 대지를 펼치는 작업 사이에, 세계와 대지 사이에 내재해 있는 정지와 운동이라는 모순은, 평온과 불안이라는 모순은 양자 사이에 하나의 공통적인 공동[63]을, 공통적인 **공동현상**을 발생하게 한다고 상상할 필요가 있다. 이 공동과 공통의 공간은 적과 아군 사이에 놓여 있는 비무장 지대, **완충지대**라고 상상할 수 있다. 세계를 세우는 작업과 대지를 펼치는 작업 사이에 놓인, 세계와 대지 사이에 놓인 이 비무장 지대인 완충지대를 하이데거는 "**개방된 중심**"[64]이라고 부르면서 다음과 같이 말한다. "실재물과 실재물 사이에서(실재물들에 의해 둘러싸인 가운데) 개방된 중심이 본성을 드러낸다."[65] 세계라는 실재물과 대지라는 실재물 사이에 하나의 공동현상인 "개방된 중심"이 발생하고 있다는 말이다. 세계를 세우는 작업과 대지를 펼치는 작업 사이에 놓여 있는, 세계와 대지 사이에 놓여 있는, 세계라는 실재물과 대지라는 실재물 사이에 놓여 있는 하나의 완충지대인 "개방된 중심"을 하이데거는 다시 "**리히퉁**"[66]이라는 말로 표현한다. "개방된 중심"이라는 표현이나 "리히퉁"이라는 표현은 동일한 의미를 나타내나, 전자는 위상론적인 표현이고 후자는 존재론적인 표현이라고 보아야 한다. 전자는 완충지대인, 다시 말해 사람이 살고 있지 않는 무인지대를 의미한다면, 후자는 그 무인지대의 색깔을 나타낸다고 보아야 한다. 전자가 무인지대, 즉 무의 지대를 나타내므로 색깔이 무라고 한다면, 그 색깔이 어둡다고 한다면, 후자는 밝은 빛을 나타낸다고 보아야 한다. 어두움과 밝은 색깔이 "개방된 중심"과 리히퉁의 차이라고 할 수 있다. 독일어 Lichtung의 동사형 Lichten은 빛을 발한다는 의미다. 그러나 정지는 운동을, 그리고 평온은 불안을 자체 내에 포함하고 있듯이 밝은 빛은 어두움을, 어두움은 밝은 빛을 자체 내에 포함하고

---

63) 공동(空洞)

64) **"개방된 중심**(die offene Mitte)"

65) Heidegger: Der Ursprung des Kunstwerkes, S.39, 40

66) **리히퉁**(Lichtung)

있다고 생각해야 한다. 어두운 지대인 "개방된 중심"과 리히퉁은 둘이 아니라 하나로 보아야 한다. 아니면 "개방된 중심"을 2개의 부분으로 "개방"과 "중심"으로 분리하여 "중심"은 어둡고, "개방"은 밝다고 한다면 "개방된 중심"은 리히퉁의 자화상이라고 도 할 수 있다. 종합하여 "개방된 중심"과 리히퉁은 둘이 아니라 하나로(아니면 하나 이기 때문에 둘로) 생각하는 **사고의 긴장**이 필요하다. 이상의 리히퉁을 하이데거는 **진리** 또는 **비잠재성**[67]이라고도 표현한다. 우리는 이상의 여러 가지 표현들 중에서 "리히퉁"이라는 표현을 선택하고 집중해서 논하기로 한다.

리히퉁이라는 개념과 관련하여 하이데거의 예술철학에 대한 3가지 중요한 사실 은 다음과 같다. 첫째 제6의 해석학적 회전관계, 둘째 리히퉁의 위상과 색깔에 의한 전통철학의 역전, 셋째 이미 거론되었던 **진리의 작품화** 등이 그 중요한 사실들이다. 첫째로 하이데거의 해석학을 형성하고 있는 **제6의 해석학적 회전관계**를 논하면 다 음과 같다. 세계라는 실재물과 대지라는 실재물 사이에 놓여 있는 하나의 공동 지대 인 완충지대를 언급했다. 이 완충지대를 거대한 검은 숲 가운데 놓여 있는 공동지대 라고 상상할 수 있다. Lichtung이라는 독일어는 거대한 숲 가운데 나무를 베어 생겨 난 빈터를 의미한다. 따라서 거대한 어두운 숲 가운데 **"태풍의 눈"**과 같이 주위를 휘몰아치고 있는, 아니면 주위에 의해 휘몰아쳐지고 있는 공동지대가 리히퉁이라고 할 수 있다. 리히퉁은 따라서 주위의 실재물들을, 세계라는 실재물과 대지라는 실재 물을 휘몰아치고 있는 공동지대, 아니면 그 양자들에 의해 휘몰아쳐지고 있는 공동 지대라고 상상할 수 있다. 리히퉁이라는 공동지대는 따라서 세계라는 세력과 대지 라는 세력이 동시에 내재해 있는 지대라고 할 수 있다. 리히퉁에 관한 하이데거의 대단히 난해한 표현은 다음과 같다. "실재물들을 초월하여, 그렇다고 하여 실재물들 과 전혀 분리되어 실재물들을 도외시하는 것은 아니고, 실재물들의 존재를 인정하 고 보면, 다음과 같이 타자가 발생한다. 전체의 실재물들 중앙에 하나의 개방된 중심 이 본성(자태)을 드러낸다. 그 개방된 중심이 리히퉁이다. 그 리히퉁은 실재물의

---

67) **진리(Wahrheit)** 또는 **비잠재성(Unverborgenheit)**

면에서 본다면 실재물보다 더 실재적이다. 따라서 이 개방된 중심은 실재물들에 의해 둘러싸인 것이 아니라, 이 개방된 밝은 중심은 어두운 무와 같이 모든 실재물들을 둘러싸고 있다."[68] 실재물들을 초월한다는 말은 세계라는 실재물과 대지라는 실재물을 초월한다는 말이다. 따라서 세계라는 실재물과 대지라는 실재물을 초월해야 하는데, 그러나 초월한다고 해서 그 양자를 전혀 도외시해서는 안 되고, 그들의 존재는 인정하면서 초월해야 한다는 말로 해석할 수 있다. 세계라는 실재물과 대지라는 실재물을 인정하면서 그 양자를 초월하여 생겨난 것이 타자, 즉 개방된 중심 또는 리히퉁이라는 말이 된다. 세계라는 실재물과 대지라는 실재물과는 전혀 다른 제3의 실재물, 즉 타자를 상정함에 의해서 하이데거는 제5의 해석학적 회전관계에서 **제6의 해석학적 회전관계**로 넘어간다. 세계라는 실재물과 대지라는 실재물 사이에 놓여 있는 완충지대가 타자라는 제3의 실재물이 되며, 이 타자가 제6의 해석학적 회전관계의 대상이 된다는 말이다. 세계라는 실재물과 대지라는 실재물 사이를(그 양자 사이의 공동지대를) 하나의 상자라고 한다면, 타자라는 제3의 실재물은 상자 속의 상자가 된다. 상자 속의 상자가, 제5의 해석학적 회전관계 속의 또 하나의 해석학적 회전관계가 제6의 해석학적 회전관계가 된다고 볼 수 있다. 세계라는 밝은 빛과 대지라는 어두움, 이중의 색깔로 되어 있는 것이 제5의 해석학적 회전관계라면, 제6의 해석학적 회전관계 역시 밝은 빛과 어두움 이중의 색깔을 가지고 있다는 것이 하이데거의 생각이다. 다음에 이 제3의 실재물인 타자를 실재물보다 더 실재적이라고 하이데거는 말하는데, 이는 실재물에 비해 색깔이 밝다는 의미다. 그러나 하이데거는 계속해서 그 타자라는 제3의 실재물은 어두운 무와 같이, 아니면 어두운 밤과 같이 양자의 실재물들을 둘러싸고 있다고 말하는데, 이는 그 타자의 색깔이 어둡다는 말이다. 결론적으로 타자는(리히퉁은) 밝은 빛인 동시에 어두움, 이중의 색깔을 가지고 있다는 말이다. 세계라는 밝은 빛과 대지라는 어두움, 이중의 색깔 속에 들어 있는 또 하나의 밝은 빛과 어두움이라는 이중의 색깔은 상자 속의 상자임이 분명하다. 상자 속의 상자라는 기법에 의해 하이데거는 제5의 해석학적 회전관계에서 제6의

---

68) Heidegger: Der Ursprung des Kunstwerkes, S.39, 40

해석학적 회전관계로 넘어가는 계기를 마련했다. 안의 상자는 또 하나의 상자로 밖의 상자로부터 독립된 상자이므로 제6의 해석학적 회전관계는 제5의 해석학적 회전관계로부터 독립된, 그와는 전혀 다른 새로운 해석학적 회전관계라고 할 수 있다. 반면에 안의 상자는 밖의 상자와 모양이 전혀 같으므로 **제6의 해석학적 회전관계**는 제5의 해석학적 회전관계의 연장이라고도 할 수 있다. 제5의 해석학적 회전관계가 세계와 대지 사이에서 발생하는 해석학적 회전관계라면, 제6의 해석학적 회전관계는 밝은 빛과 어두움 사이에서 발생하는 해석학적 회전관계다.

둘째로 리히퉁의 위상과 색깔에 의한 전통철학의 역전을 논할 차례다. 전통철학은 **실재물의 실재**[69]를 의심할 여지가 없는, 최후로 분명한 것으로 상정하고 그 위에 전체 철학의 체계를 세웠다는 것이 하이데거의 생각이다. "실재물의 실재"라는 표현 중에서 실재를 밝은 진리로 생각하고, 실재를 둘러싸고 있는 부분을 어두운 비진리로 생각하는 것이 전통철학의 사고형식이다. 무한한 우주 속에 단 하나의 태양만이 존재한다고 상상하면, 그 단 하나의 태양은 밝은 진리이며, 그 태양을 둘러싸고 있는 무한한 우주는 어두운 비진리라는 말이다. 태양이 밝은 낮이라면 우주는 어두운 밤이 되며, 전자가 실재라면 후자는 무가 되고, 전자가 아들이라면 후자는 그 아들을 출생한 엄마가 된다고 보는 것이 전통적 형이상학의 사고형식이다. 하이데거는 이상의 전통적 형이상학의 사고형식을 거꾸로 뒤집어 놓는다. 전통철학이 의심할 여지가 없는, 최후로 분명한 것이라고 생각했던 실재를 하이데거는 반대로 의심해야 할, 최초로 불분명해진 어두운 것이라고 말한다. 어두운 무한한 우주 속에 들어 있는 단 하나의 밝은 태양이라는 비유를 다시 사용하면, 밝은 태양과 어두운 우주 사이의 관계가 역전되는 것이 하이데거의 사고형식이다. 어두운 태양과 그 어두운 태양을 둘러싸고 있는 밝은 우주를 상상하거나, 아니면 밝은 태양 속에 들어 있는 어두운 무한한 우주를 상상해야 하는 불가능한 요구를 하이데거는 하고 있다. 분명한 것은 밝은 태양과 어두운 우주라는 전통철학의 사고형식을, 다시 말해 밝은 진리와 어두

---

69) **실재물의 실재**(das Sein des Seienden)

운 비진리라는 전통철학의 사고형식을 거꾸로 뒤집어 놓으려는 것이 하이데거의 의도다. 어두운 태양과 그 어두운 태양을 둘러싸고 있는 밝은 우주를 상상하면 전통철학의 색깔을 바꾸어 놓은 것이고, 반대로 밝은 태양 속에 들어 있는 어두운 우주를 상상하면 전통철학의 위상을 바꾸어 놓은 것이라고 할 수 있다. 전통철학의 사고형식을 뒤집어 놓는 하이데거의 표현은 "**진리는 그의 본성에 있어서는 비진리다**"라는[70] 표현이다. 진리가 비진리라는 하이데거의 말은 다음 3가지로 풀이된다. 진리가 비진리라는 말은 첫째로 하이데거의 **기초존재론**[71]의 결과다. 1930년을 전후로 하여 전 단계에서 하이데거가 테마로 했던 기초존재론은 후 단계, 즉 전향의 단계에서도 지속된다고 보아야 한다. 전통철학이 가장 밝은 개념으로 생각했고, 따라서 모든 철학의 기초라고 생각했던 실재를 하이데거는 반대로 가장 어두운 개념이라고 생각하고, 따라서 모든 철학의 기초가 아니라 목표라고 생각한다. 진리가 비진리라는 말은 따라서 전통철학이 가장 밝은 진리라고 생각했던 실재가 사실은 반대로 가장 어두운 비진리라는 말로 해석할 수 있다. 실재가 가장 어두운 비진리이므로 철학은 최초로 다시 말해 이제야 비로소 그 어두운 비진리를 사고하여 밝은 진리로 만들어야 한다는 논리가 된다. 진리가 비진리라는 말은 둘째로 하이데거의 진리 불가지론을 대표하는 말이다. 하이데거의 진리 불가지론을 나타내는 말의 예는 다음과 같다. "물들, 인간들, 선물과 제물들, 동물과 식물들, 도구와 작품들, 이 모든 것들은 실제로 존재하는 **실재물**들이다. 그런데 이 실재물들은 **실재**[72]라는 문제를 내포하고 있다. 이 실재를 그러나 베일에 감추어진 숙명이 지배하고 있다. 실재를 지배하는 이때의 숙명은 신성[73]과 비신성을 갈라놓는, 다시 말해 신성도 비신성도 지배하는 숙명이다. 베일에 감추어진 숙명의 지배를 받고 있는 알 수 없는 실재는 제외하고라도, 인간이 해결할 수 없는 실재물들은 너무나 많다. 아주 극소수의 실재물들만이 인식되었다. 그러나 그 극소수의 인식된 실재물들도 불완전하고 불안전한 인식에 지나지 않

---

70) Heidegger: Der Ursprung des Kunstwerkes, S.41
71) **기초존재론(Fundamentalontologie)**
72) **실재(das Sein)와 실재물(das Seiende)**
73) 신성(神性)

는다. 실재물을 인간이 완전한 내 것으로 만들거나, 실재물에 대한 완전한 표상을 만드는 일은 불가능하다.″[74] 인간사와 세계사에는 무수한 실재물들이 있는데, 그 중에 인간이 인식한 실재물은 극소수에 불과하나, 그것도 불완전하고 불안전한 인식에 지나지 않는다는 말이다. 종합하여 인간은 실재는 물론이고 실재물도 인식할 수 없다는 실재 불가지론과 실재물 불가지론, 합해서 **진리 불가지론**을 인용문은 나타내고 있다. 진리가 비진리라는 말은 지금까지 전통철학이 실재물들에 대해 말해 온 모든 진리라는 것은 헛소리로 비진리에 지나지 않는다는 말을 의미한다. 진리가 비진리라는 말은 셋째로 어두운 진리를 손상시키지 말고 있는 그대로 보존하자는 말로 해석할 수 있다. 리히퉁의 자화상인 "개방된 중심"을 밝은 "개방"과 어두운 "중심"으로 나누어 생각하면, 밝음과 어두움 양자를, 개방과 중심 양자를 모두 구제하자는 것으로도 해석할 수 있다. 진리에 해당하는 중심은 어두워서 비진리가 되며, 반대로 비진리에 해당하는 개방은 밝으므로 진리가 될 수 있어, 진리는 비진리고, 반대로 비진리는 진리라는 말이 된다. 진리를 인식했다는 말은 인식하지 못한 비진리가 되며, 반대로 진리를 인식하지 못했다는 겸손한 말은 진리에 도달했다는 말이 된다.

리히퉁이라는 개념과 관련하여 셋째로 중요한 사실은 "**진리의 작품화**"라는 문제다. "진리의 작품화"라는 문제를 하이데거는 3가지로 표현하는데 다음과 같다. 첫째 "실재물의 진리가 자기 스스로를 작품화한다"는 표현,[75] 둘째 "(실재물의) 진리를 제3자가 작품화 한다"는 표현,[76] 셋째 "작품의 작품실재 속에서 하나의 진리사건이라 할 수 있는 실재물의 개방화가 돌발한다"는 표현[77] 등이 그 3가지 표현이다. 이상의 3가지 표현 중에서 두 번째 표현은 진리의 작품화를 위해 제3자가 필요하므로, 다시 말해 진리를 작품 속으로 삽입하여 작품화하는 예술가가 아니면 수용자가 필요하므로 여기서는 제외된다. 왜냐하면 리히퉁은 그 자체가 완전한, 스스로 충족한

---

74) Heidegger: Der Ursprung des Kunstwerkes, S.39
75) ebd. S.21; "das Sich-ins Werk-Setzen der Wahrheit des Seienden"
76) ebd. S.59; "das Sich-Ins-Werk-Setzen der Wahrheit"
77) ebd. S.57, 58; "⋯⋯ daß im Werksein des Werkes das Geschehnis der Wahrheit, die Eröffnung des Seienden am Werk ist"

세계로 제3자의 도움을 필요로 하지 않는다고 보아야 하기 때문이다. 따라서 진리의 작품화에 대한 두 번째 표현은 수용문제를 다루는 다음 논문에서 거론된다. 다음에 "실재물의 진리가 자기 스스로를 작품화한다"라는 말은 리히퉁의 **생명성**[78]을 의미하는 말이고, 세 번째 표현인 "작품의 작품실재 속에서 하나의 진리사건이라 할 수 있는 실재물의 개방화가 돌발한다"라는 말은 진리의 본성인 "사건발생"을 의미하는 말이다. 따라서 리히퉁이라는 개념과 관련하여 그리고 "진리의 작품화"라는 문제와 관련하여 **진리의 생명성**, 진리의 본성인 **사건발생 성격**, 그리고 그 양자의 합으로 **진리의 돌연성** 3가지를 논하게 된다. 첫째 진리의 **생명성**을 논하자면 다음과 같다. 리히퉁과 관련하여 리히퉁의 색깔은 밝음인 동시에 어두움이라는 말을 했고, 리히퉁의 위상은 우주 속에 들어 있는 태양, 아니면 태양 속에 들어 있는 우주라는 비유도 언급했다. 리히퉁의 색깔을 어느 일정한 색깔로, 그리고 리히퉁의 위상을 어느 일정한 위상으로 고정하여 죽은 색깔, 죽은 위상으로 만들지 않고, 변화하는 살아 있는 색깔, 움직이는 살아 있는 위상으로 만들려는 것이 하이데거의 의도다. 그리고 우리는 리히퉁을 "**태풍의 눈**"이라고 비유했는데, 태풍의 눈이란 생명 중의 생명, 생생한 생명을 의미하는 비유다. 또 그리고 세계와 대지 사이에 정지와 운동, 평온과 불안이 공존한다는 내용을 언급했는데, 리히퉁은 정지인 동시에 운동이고 평온인 동시에 불안인 모순 그 자체, 또는 그 양자 사이의 **긴장상태** 그 자체라는 말이다. 모순 그 자체 내지는 양자 사이의 긴장상태를 철학은 불안이라는 말로 표현한다. 불안은 생명을 의미하고, 그의 반대 개념인 평온[79]은 주검을 의미한다는 것은 철학에서 하나의 상식으로 되어 있다. 따라서 진리의 작품화란 살아 있는 생명 자체가(리히퉁 자체가) 작품 속에서 그의 본성을(그의 자태를) 스스로 드러낸다는 표현이 된다. 둘째 진리의 본성인 "**사건발생**"이라는 성격 역시 생명성과 같은 의미이나, 진리의 생명성이 존재론적인 표현이라 한다면, 진리의 "사건발생"이라는 성격은 시간적인 표현이라 할 수 있다. 없었던 생명이 태어나면 그 생명체는 변화와 성장의 과정인 시간을 필요로 한다는 말이다. "작품의 작품실재 속에서 진리라는 사건발생이 돌발한다"는

---

78) **생명성**(生命性 Lebendigkeit)
79) **불안**(Unruhe)과 **평온**(Ruhe)

하이데거의 말은 진리라는 사건발생은 시간의 차원, 시간 자체라는 설명이다. 작품이 자생성에 도달하면, 작품이 작품실재에 도달하면, 그 속에 어떤 사건발생이 진행되고 있다고 하이데거가 말하는 것은 그 정적인 작품실재에 동적인 시간성을 부여하기 위함이다. 이상의 내용을 표현을 달리하여 하이데거는 "리히퉁은 그 자체가 동시에 폐쇄다"라는 말로[80] 표현한다. 밝은 빛은 동시에 어두움이라는 말인데, 리히퉁은 밝은 동시에 어둡고, 어두운 동시에 밝다는 말이 된다. 이는 리히퉁이 움직이고 변화한다는 역동성, 다시 말해 시간성을 의미하는 말이다. 마지막 셋째로 **돌연성**[81]은 이상에서 언급한 생명성과 시간성인 사건발생을, 존재론적인 생명성과 시간론적인 사건발생을 종합하는 현상론적인 표현이 된다. 생명이 태어나서 움직이고 변화하다가 영원히 존재하는 것이 아니라 순식간에 없어진다는 말이다. 리히퉁(진리)이라는 아주 작은 생명체가 작품실재 속에 태어났다가 순식간에 어두움 속으로 다시 사라진다는 말이다. 반 고흐의 작품 **"농부의 신발"**과 관련하여 진리의 돌연성을 나타내는 인용문은 다음과 같다. "반 고흐의 그림이 무슨 말을 하고 있다. 이 예술작품을 대하고 있으면 돌연히(갑자기) 우리는 현실세계와는 전혀 다른 세계에 머물게 된다".[82] 이 인용문에서 돌연히 나타나는 것은 예술세계이고, 돌연히 사라지는 것은 현실세계이지만, 현실세계에서 예술세계로의 돌연한 변화는 반대의 경우에도 적용되는 돌연한 변화, 돌연성이다. 종합하여 "진리의 작품화"라는 하이데거의 표현은 리히퉁의 생명성, 사건발생 성격, 돌연성을 나타내는 표현이다. 그리고 리히퉁은(진리는) 살아있는 생명체와 같이 순간적으로 밝게 빛나다가, 돌연히 어두움 속으로 다시 사라지는 것이라는 설명이 된다.

---

80) Heidegger: Der Ursprung des Kunstwerkes, S. 40
81) **돌연성(Plötzlichkeit)**
82) Heidegger: Der Ursprung des Kunstwerkes, S. 21

하이데거 Ⅲ

예술과 진리

1. 창작과 창작품

하이데거[1]의 예술작품론의 테마는 **예술작품**이다. 하이데거의 **기초존재론**[2]은 그러나 예술작품 자체를 대상으로 하는 것이 아니라, 예술작품 자체의 근원을, 원천을 대상으로 하므로 "예술작품론"의 정확한 테마는 예술작품의 원천이 된다. 예술작품의 원천은 그 예술작품을 생산한 예술가가 되므로 "예술작품의 원천은 예술가다"라는 것이 해답이 되는 듯하나, 이는 해답 아닌 해답이며 결국 예술작품과 예술가 사이에서 이루어지는 **제1의 해석학적 회전관계**라는 결과만 가져왔다. 예술작품의 원천은 예술가이고, 반대로 예술가의 원천은 예술작품이라는 것이 제1의 해석학적 회전관계였다. 해석학적 회전관계는 양자 사이의 불가분의 관계를 나타내는 개념이지 양자를 규정하는 개념은 아니다. 따라서 해결되지 않은 문제, 즉 예술작품과 예술가의 문제는 제2의 해석학적 회전관계를 발생케 한다. 예술작품과 예술가의 문제는 그 양자와 예술 사이의 관계를 발생케 하는데, 이것이 **제2의 해석학적 회전관계**였다. 예술작품과 예술가의 원천은 예술이고, 반대로 예술의 원천은 예술작품과 예술가라는 것이었다. 그러니 예술작품과 예술가 중에서 후자, 즉 예술가는 현장에 없거나 아니면 이미 사망하여 존재하지 않는 것이 보통이므로, 제2의 해석학적 회전관계는 축소되어 **예술**과 **예술작품** 사이에서 발생되는 **제3의 해석학적 회전관계**로 되었다. 예술과 예술작품 사이의 해석학적 회전관계는 볼 수도 없고 들을 수도 없는

---

1) 하이데거(Martin **Heidegger** 1889~1976)
2) **기초존재론**(基礎存在論 Fundamentalontologie)

추상적인 예술을 독립시키는 결과를 가져왔다. 따라서 추상적인 예술과 구체적인 작품 사이의 관계가 제3의 해석학적 회전관계였다. 예술의 원천은 작품이고, 반대로 작품의 원천은 예술이라는 것이었다. 추상적인 예술과 구체적인 작품 중에서 하이데거의 예술작품론은 자연히 후자, 즉 구체적인 작품에서 출발해야 하므로 작품이 핵심 문제로 등장한다. 하이데거는 반 고흐의 **"농부의 신발"**이라는 작품을 예로 들면서 **물, 도구, 작품**3)이라는 삼자 관계를 유도해낸다. 농부의 신발이라는 도구는 반은 물이고 반은 작품이 되므로 도구는 삼자 중에서 중간위상을 차지하게 되었다. 물과 도구 사이의 해석학적 회전관계와 도구와 작품 사이의 해석학적 회전관계, 2개의 해석학적 회전관계가 양립해 있는 것이 **제4의 해석학적 회전관계**였다. 제4의 해석학적 회전관계를 위한 예로 하이데거가 다루는 반 고흐의 "농부의 신발"은 이중의 타당한 발언을 가능케 했다. 하나는 "이것은 농부의 신발이다"라는 발언과, 다른 하나는 "이것은 농부의 신발이 아니다"라는 발언이 그 2개의 타당한 발언이었다. 첫 번째 발언은 그 작품이 농부의 신발을 보여주므로 타당하고, 두 번째 발언은 사람이 실제로 신을 수 없는 그림에 불과하므로 타당한 발언이다. 이중의 타당한 발언을 가능케 하는 반 고흐의 "농부의 신발"은 **"세계와 대지"**라는 양자 사이의 해석학적 회선관계를 발생케 하는데, 이것이 **제5의 해석학적 회전관계**였다. 이상의 세계와 대지 사이의 해석학적 회전관계를 성스러운 신을 묘사하고 있는 대리석 신상4)에 적용하면, "신상은 성스럽다"라는 타당한 발언과 "신상은 성스럽지 않다"라는 타당한 발언, 이중의 타당한 발언이 된다. 전자는 신상이 성스러워 그 앞에 무릎을 꿇고 참회하려는 생각이 든다는 말이고, 후자는 신상이 순수한 대리석 돌덩어리에 불과하므로 예를 들어 그 신상에 침을 뱉어도 된다는 말이다. 이상의 세계와 대지 사이의 해석학적 회선관계에 의해 하이데거는 비로소 자기의 목적인 예술작품론에 도달한다. 마지막으로 세계와 대지 사이에서 발생하는 공동지대 아니면 투쟁지대가 발생하는데, 이것이 **제6의 해석학적 회전관계**를 형성했다. 세계와 대지 사이의 공동지대 아니면 투쟁지대는 마치 **"태풍의 눈"**과 같은 현상으로 세계와 대지 양자를 하나 속으

---

3) **물**(物), **도구**(道具), **작품**(作品)
4) 신상(神像)

로 통합하는 상태였다. 따라서 그 양자 사이에서 발생하는 공동지대 또는 투쟁지대
는 밝음인 동시에 어두움, 어두움인 동시에 밝음이었다. 하이데거는 세계와 대지
사이에서 발생하는 제5의 해석학적 회전관계에 의해서 **예술**의 문제를 다루고, 밝음
과 어두움 사이에서 발생하는 제6의 해석학적 회전관계에 의해서 **진리**의5) 문제를
다룬다.

　세계와 **대지**6) 사이에서 발생하는 제5의 해석학적 회전관계의 결과는 작품의 **자
생성**7) 또는 **작품실재**8)였다. 작품은 세계를 세우는 일과 대지를 펼치는 일을 동시에
완수하면, 그 작품은 자생성 또는 작품실재에 도달한다는 말이다. 그리고 자생성과
작품실재라는 2개의 표현은 동일한 하나의 개념을 나타내는 표현으로, 자생성이
작품실재이고, 작품실재는 스스로 생존할 수 있는 자생성이라고 이해해야 한다. 그
리고 하이데거의 작품론의 대상은 기존의 작품 그 자체가 아니라, 기존의 작품 안에
서 아니면 기존의 작품을 초월해서 발생하는 **사건발생**9)이 대상이라는 내용도 언급
했다. 기존의 작품을 일차적 대상이라 하고, 기존의 작품 안에서 내지는 초월하여
발생하는 사건발생을 이차적 대상이라 한다면, 하이데거의 작품론은 후자, 즉 이차
적 대상을 다룬다는 말이다. 그리고 후자인 이차적 대상이 자생성 또는 작품실재라
는 말이다. 이상의 이차적 대상을 "작품실재"라는 말로 통일하여 표현하면, 하이데
거의 예술철학은 **기존의 작품**, **작품실재**, **수용자**라는 삼자 관계를 포함한다고 할
수 있다. 기존의 작품, 작품실재, 수용자라는 하이데거 예술철학의 삼자 관계와 예술
가, 예술작품, 수용자라는 전통철학의 삼자 관계를 비교하면, 다음의 3가지 차이점
을 말할 수 있다. 첫째로 하이데거는 기존의 예술작품을 출발점으로 하기 때문에
예술가의 문제와 그리고 예술가가 예술작품을 생산하는 생산과정이 하이데거의
예술철학에서는 탈락된다. 예술철학의 영역이 예술가가 예술작품을 생산하는 **생산**

---

5) **예술**(藝術)과 **진리**(眞理)
6) **세계**(世界)와 **대지**(大地)
7) **자생성**(自生性 das Eigenwüchsige)
8) **작품실재**(作品實在 das Werksein)
9) **사건발생**(Geschehen)

과정과 예술작품을 수용자가 수용하는 **수용과정** 2개의 과정으로 되어 있다고 한다면, 하이데거의 예술철학에서는 전자가, 즉 생산과정이 탈락된다는 말이다. 둘째로 하이데거의 예술철학에서는 기존의 작품과 작품실재가 문제가 되는데, 이는 전통철학이 말하는 예술작품이, 다시 말해 작품이라는 범주가 **"과거가 되어버린 죽은 대상화된 작품"**과 **"현재로 머물러있는 살아 있는 비대상성의 작품실재"**로, 2가지 종류의 작품으로 분열된다는 말이다. "과거가 되어버린 죽은 대상화된 작품"이란 하이데거에 의하면 예술작품의 작품실재는 무시하고 예술작품을 상거래, 비평, 학술 등의 대상물로 생각하는 경우이고, "현재로 머물러있는 살아 있는 비대상성의 작품실재"란 일체의 대상물이라는 생각은 망각하고 예술작품을 나와 똑같은 주체라고 생각하는 경우다. 이를 하이데거는 간단한 표현으로 **작품실재**라고 부른다. 역시 간단한 표현으로 대상화된 **기존의 작품**과 비대상성으로서의 **새로운 작품실재**라고 한다면 하이데거는 그 양자 사이의 관계를 **창작과정**[10]이라 부른다. 전통철학이 말하는 생산과정과 하이데거가 말하는 창작과정은 의미가 달라진다. 생산행위의 주체가 전통철학에서는 예술가가 되고, 하이데거에 있어서는 창작행위의 주체가 "기존의 작품"이 되거나 아니면 "기존의 작품"을 감상하는 수용자가 된다고 보아야 하기 때문이다. 셋째로 예술작품을 수용자가 수용히는 과정은 전통철학의 경우와 같이 기존의 작품과 수용자 사이의 관계라 할 수 있지만 전통철학의 모델과는 다른 현상을 보인다. 수용자가 기존의 작품을 예술적으로 대할 때는 창작과정이라 하고, 철학적으로 대할 때는 **진리화**[11]**의 과정**이라 하이데거는 부른다. 종합하여 전통철학의 모델인 수용과정은 하이데거에 와서는 **창작 과정**과 **진리화 과정**으로 분리된다고 보아야 한다. **"창작 과정"**과 **"진리화 과정"**을 순서대로 논한다.

　　전통 예술철학의 삼자 관계인 예술가, 예술작품, 수용자 중에서 예술가가 탈락되므로 하이데거의 예술철학은 예술작품과 수용자, 양자 사이의 관계만이 문제가 된다. 그러나 눈앞에 놓여 있는 기존의 예술작품은 죽은 대상으로서의 예술작품의 상

---

10) **창작과정**(Schaffung)
11) **진리화**(眞理化 Bewahrung)

태를 벗어나서 살아있는 비대상성으로서의 새로운 작품실재로 발전해야 하기 때문에 하이데거의 예술철학은 기존의 예술작품, 새로운 작품실재, 수용자 등 다시 삼자 관계가 된다고 할 수 있다. 하이데거의 새로운 삼자 관계인 기존의 **예술작품**, 새로운 **작품실재**, **수용자** 중에서 하이데거 예술철학의 중심과 핵심은 작품실재가 된다. 작품실재에 도달하지 못한 작품은 예술작품이라 할 수 없기 때문이다. 그리고 창작과정을 형성하는 기존의 예술작품과 새로운 작품실재 중에서 하이데거는 전자를 **창작품**[12]이라고 부르고, 후자를 언급한 대로 **작품실재**라고 부른다. 하이데거가 "기존의 작품"을 의미하는 창작품과 새로운 "**작품실재**" 둘로 분열시키는 이유는 창작이라는 개념을 전통철학이 주장하는 것과는 달리 새로 구성하기 위함이다. 다시 말해 "**새로운 살아 있는 비대상성의 작품실재**"를, 간단한 표현으로 **작품실재**를 창작하는 주체가 누구냐 하는 문제를 다루기 위함이다. 이 문제를 해결하기 위해서 하이데거는 **작품실재**에 대한 정의를 시도한다. 하이데거가 작품실재에 대해 규정하는 표현들을 종합하면 다음 3가지가 된다. 첫째로 작품실재는 **세계**와 **대지** 사이의 투쟁 자체라고 할 수 있다. 양자 사이의 투쟁을 세계라는 실재물과 대지라는 실재물 사이에서 발생하는 "**태풍의 눈**"이라고도 표현했는데, 이는 양자의 세력이 막강하고 막중하여 하나가 다른 하나를 제거하려는 경향을 나타낸다는 사실을 의미한다. 세계는 대지를 제거하려 하고, 반대로 대지는 세계를 제거하려 한다는 말이다. 대리석 신상에 적용하면, 세계는 "이것은 성스러운 신상이며 대리석 돌덩어리는 절대로 아니다"라고 말하는 반면, 대지는 "이것은 대리석 돌덩어리에 지나지 않으며 성스러운 신상은 절대로 아니다"라고 말한다는 결과가 된다. 세계에는 세계만 보이고, 반대로 대지에는 대지만 보인다는 말이다. 그러나 언급한 대로 세계와 대지는 서로 분명히 구별되나 분리될 수는 없는 운명이므로 양자 사이의 긴장관계 역시 양자가 가지고 있는 운명이라 보아야 한다. 둘째로 작품실재의 위상[13]은, 다시 말해 작품실재가 거주하는 거주지는 "기존의 작품", 기존의 진정한 예술작품이 된다. 우리는 앞에서 "과거가 되어버렸으며 대상화된 **기존의 작품**"과 "현재로 머물러있는 비대상성으로서의 살

---

12) **창작품(das Geschaffensein)**
13) 위상(位相 Topos)

아있는 **새로운 작품실재**"를 구분하면서 전자 기존의 작품을 부정적으로 묘사했으나 여기서는 하이데거의 미학이 비약하는 데 주의해야 한다. "진정한 예술작품"의 수준에 도달하지 못한 기존의 작품들은, 다시 말해 수준 이하의 기존 작품들은 하이데거의 예술철학에서는 제외된다. 하이데거는 유럽의 전통적 고전 예술작품만을 자기 예술철학의 대상으로 삼는다는 말이다. 따라서 하이데거가 예술철학의 대상으로 삼는 기존의 작품들은 작품실재에 도달할 수 있는 아니면 이미 도달한 작품들이라 보아야 한다. 작품실재의 위상을 나타내는 하이데거 자신의 말은 다음과 같다. "작품은 그것이 진정한 작품이라면 작품 스스로에 의해서 개방된 영역에 귀속된다. 작품의 작품실재는 작품 스스로가 만들어낸 바로 그 개방 속에서 본성을 드러내기 때문이다".14) 이상의 인용문을 비유를 들어 해설하자면 다음과 같다. 새들 중에 뻐꾸기는 반드시 다른 새들이 지어 놓은 보금자리에 알을 낳는다는 것이 사실이라면, 다른 새들이 이미 지어 놓은 보금자리가 "기존의 작품"이 되며 "기존의 작품"이 작품실재가 거주할 수 있는 보금자리라고(개방된 방, 개방이라고) 할 수 있다. 작품실재가 거주하는 개방된 방인 개방은 따라서 "기존의 작품"이 만들어 놓은 개방이다. 작품실재가 거주할 수 있는 개방이(보금자리가) 있느냐 없느냐에 의해서 진정한 고전 작품이냐 아니냐 하는 판가름이 난다. 셋째로 작품실재는 진리리는 사건발생의 집행자가 된다. 다른 새들이 지어 놓은 보금자리에 뻐꾸기가 들어와 알을 낳는다고 가정하면, 그 보금자리와 뻐꾸기 알이 합쳐져서 작품실재가 된다는 말이다. 보금자리와 뻐꾸기 알이 합쳐져서, 개방과 진리의 씨가 합쳐져서 작품실재가 된다는 말이며, 여기서 어떤 **사건발생**이 일어난다는 말이다. 여기서 일어나는 사건발생 여하에 따라서 남자 아기가 태어날 수도 있고, 또 여자 아기가 태어날 수도 있고, 올바른 아기가 그리고 잘못된 아기가 태어날 수도 있다는 말이다.

하이데거가 **창작품**이라고 부르는 **"기존의 작품"**과 작품실재 사이의 관계인 **창작과정**을 다음과 같이 논해본다. 하이데거가 "기존의 작품"을 "창작품"이라고 부르는

---

14) Heidegger: Der Ursprung des Kunstwerkes, S.27

이유는 "창작"이라는 개념을 새로 정립하기 위함이다. 창작, 다시 말해 "창작행위"란 하이데거에 의하면 눈에 보이지 않아 없었다고 생각했던 **실재물**을 새로 발견해내는 것이다.[15] 이상의 창작행위를 설명하기 위하여 하이데거는 전통철학이 주장해 왔던 희랍어의 **테히네**[16]에 대한 비판을 한다. 전통철하에 의하면 테히네는 수공업자와 예술가에 공통적인 요소로서 희랍인들은 수공업자도 그리고 예술가도 모두 **기술자**[17]라고 불렀다는 것이다. 항아리를 생산하는 수공업자도 그리고 예술작품을 창작하는 예술가도 기술, 즉 테히네가 필요한 것은 사실이지만, 전통철학은 희랍어 테히네의 진정한 의미를 잘못 이해했다는 것이 하이데거의 비판이다. 하이데거에 의하면 희랍어 테히네는 한 종류의 지식[18]을 의미하며, 그리고 지식은 넓은 의미로 "본다"라는 의미를 나타낸다는 것이다. 그리고 지식의 본성은 오히려 희랍어 표현인 **알레테이아**[19]에서, 독일어 표현인 **"실재물의 제시"**[20]에서 드러난다는 것이 하이데거의 설명이다. 종합하여 하이데거는 테히네란 없었던(또는 있었으나 눈에 보이지 않았던) **실재물**을 볼 수 있도록 드러내 보이는 행위이지, 없었던 작품을(항아리나 예술작품과 같은 작품을) 새로 생산해내는 행위는 아니라고 설명한다. 존재해 있었으나 눈에 보이지 않았던 실재물을 눈에 보이도록 제시하는 행위를 하이데거는 **창작**이라 부르고, 없었던 작품을 새로 만들어 내는 행위를 **생산**[21]이라고 부른다. 따라서 하이데거에 의하면 예술가는 수공업자와 같이 기술이 필요하다고 해서 기술자가 아니라, 눈에 보이지 않았던 실재물을 눈에 보이도록 제시하기 때문에 기술자가 된다. 이상과 같이 전통철학이 생각했던 테히네에 대한 비판에 의해 수공업자의 생산과 예술가의 창작을 구별하면서 하이데거는 창작을 다음과 같이 정의한다. "창작이란 제시하여 제시물이 되게 하는 행위다".[22] 눈으로 볼 수 없고 귀로 들을 수 없었던

---

15) ebd. S.45; "**Das Schaffen denken wir als ein Hervorbringen**". 실재물(實在物 das Seiende)
16) **테히네(Techne 기술)**
17) **기술자(Technites)**
18) 지식(知識 Wissen)
19) **알레테이아(Aletheia)**
20) "**실재물의 제시(Entbergung des Seienden)**"
21) **창작(Schaffen)과 생산(Machen)**
22) Heidegger: Der Ursprung des Kunstwerkes, S.48

실재물을 눈으로 볼 수 있고 귀로 들을 수 있는 실재물로 바꾸어 놓는 행위가 창작이라고 할 수 있다. 눈으로 볼 수 없고 귀로 들을 수 없었던 실재물이 "**실재**"23)라고 한다면, 창작이란 실재를 구체적인 실재물로 가시화 하는 행위라고 이해할 수 있다. 달리 표현하여 예술가는 보통 사람의 눈에는 보이지 않는 진리라는 실재물을(이것이 실재이기도 한데) 제시하여 보여주는 사람이지 새로 창조하고 생산하는 사람은 아니라는 것으로 이해할 수 있다. 이상의 주장을 하이데거는 알브레히트 듀러24)의 말을 예로 들어 증명하려 한다. "예술은 자연 속에 숨어 있다. 자연 속에 숨어 있어 눈에 보이지 않는 예술을 눈에 보이도록 끌어내는 사람은 예술을 소유하게 된다."25) 예술은 이미 자연 속에 내재해 있는데 눈으로 볼 수 없고 귀로 들을 수 없는 이 예술을 볼 수 있고 들을 수 있는 실재물로, 제시물로 바꾸어 놓은 것이 예술작품이 되며, 그리고 그 행위가 **창작행위**라는 말이다.

이미 존재해 있으나 눈에는 보이지 않았던 실재물을 눈에 보이도록 제시하는 행위를 하이데거는 **창작**26)이라고 부른다는 내용을 설명했다. 하이데거가 의미하는 창작이라는 개념을 듀러와 하이데거 자신에 적용하면, 창작은 듀러에 있어서는 자연 속에 숨어 있는 예술을 눈에 보이도록 끌어내는 행위가 되고, 하이데거에 있어서는 "기존의 예술작품" 속에 숨어 있는 진리를 눈에 보이도록 제시하는 행위가 된다. 듀러에 있어서는 예술의 원천은 자연이 되고, 하이데거에 있어서는 진리의 원천은 "기존의 예술작품"이 된다는 말이다. 진리의 원천이 되는 "기존의 예술작품"을 하이데거는 **창작품**27)이라고 부르고, 이 창작품이라는 개념을 다음 2가지로 규정한다. 창작품에 대한 첫 번째 규정은 "진리가 일정한 형태로 고정화된 것이 창작품이다"라는 규정이다. 28) 이미 존재해 있으나 눈에는 보이지 않았던 진리라는 실재물을 눈에

---

23) **실재**(實在 das Sein)
24) 알브레히트 **듀러**(Albrecht Dürer 1471~1528)
25) Heidegger: Der Ursprung des Kunstwerkes, S.58
26) **창작**(Schaffen)
27) **창작품**(創作品 das Geschaffensein)
28) Heidegger: Der Ursprung des Kunstwerkes, S.51; "**Geschaffensein des Werkes heißt: Festgestelltsein der Wahrheit in die Gestalt.**"

보이도록 제시하는 행위가 창작행위라고 했는데, 그 창작행위의 결과가 창작품이라는 말이 된다. 그러나 이상의 설명은 하이데거 철학의 난해성을 나타내는 설명으로 **진리**를 **실재**로 보느냐 아니면 **실재물**[29]로 보느냐 하는 문제가 제기된다. 진리를 실재라고 한다면, 눈에 보이지 않는 추상적인 진리를 눈에 보이는 구체적인 실재물로 고정화시킨 형태가 창작물이라는 설명이 된다. 다음에 진리를 실재물이라 한다면, (진리를 진리다 라고 부르는 자체가 이미 진리라는 실재물을 의미하지만) 창작품이라는 "기존의 예술작품"은 기존하는 진리에 대한 예술가의 해석에 지나지 않는다고 아니면 모방에 지나지 않는다고 보아야 한다. 그러나 종합하여 진리가 실재이든 아니면 실재물이든 관계없이, 창작품이 진리의 고정화된 형태이든 아니면 해석이든 관계없이, 고정할 수 없고 해석할 수 없는 진리가 고정되고 해석되는 것만은 분명하다. 하이데거는 이상의 고정과 해석이라는 개념을 종합하는 개념으로 **형태화**[30]라는 말을 사용하면서 창작품에 대한 난해한 설명을 한다. 막강하고 막중한 2개의 세력인 **세계**와 **대지**를 언급했고, 세계는 대지를 제거하려 하고, 또 반대로 대지는 세계를 제거하려 한다는 내용도 언급했다. 그리고 세계의 입장에서 본다면 전체가 세계이고, 또 반대로 대지의 입장에서 본다면 전체가 대지라는 내용도 언급했다. 하이데거는 대지의 입장에서 보면서 대지에(상하, 좌우 그리고 내부와 외부 총체가 대지 이외에는 아무 것도 아닌 대지에) **균열**[31]이 생긴다고 말한다. 이 균열은 물론 세계와 대지 사이의 투쟁에 의해 생긴 균열을 의미한다. 대지는 이 균열을 자체 내로 흡수하여 없애려고 하는데, 대지가 이 균열을 없애려고 하면 할수록, 그리고 바로 이 없애려고 하는 이유 때문에, 이 균열은 더욱더 분명하게 드러나 개방된다는 것이다. 그리고 이 균열은 자신만을 더욱더 분명하게 개방시키는 것이 아니라 흡수하여 폐쇄하고 보호하려는 내시까지도 분명하게 개방시킨다는 것이다. 결국 이 균열은 세계와 대지 양자를 분명하게 개방시킨다는 말이다. 이상의 균열을 하이데거는 예술가의 창작행위와 일치시키면서 단단한 돌덩어리에, 침묵을 지키는 목재에, 색깔이라는 어

---

29) **실재**(das Sein)와 **실재물**(das Seiende)
30) **형태화**(Feststellen in die Gestalt)
31) **균열**(Riß)

두운 작열에 균열이 가해져야 한다고 말한다. 단단한 돌덩어리라는 대지에, 침묵을 지키는 목재라는 대지에, 어두운 작열 이외에는 아무 것도 아닌 색깔이라는 대지에 균열이 가해져야 하며, 균열이 가해지면 어떤 **사건발생**이 일어난다는 설명이다. 이 상과 같이 대지에 균열이 가해져서 생겨난 사건발생을 순간적으로 포착하여 고정시 킨 형태가 하이데거에 의하면 **창작품**이 된다.

창작품에 대한 하이데거의 두 번째 규정을 논할 차례다. 도구와 예술작품의 구별 에 의해서, 하이데거의 표현에 의하면 도구라는 완성품과 예술작품이라는 창작품의 구별에 의해서 하이데거는 두 번째 규정을 시도한다. 도구라는 "완성품은 형식화된 자료",[32] 그것도(예술작품의 경우와는 달리) 실제로 사용하기 위한 목적으로 형식 화된 자료라고 하이데거는 정의한다. 신발이라는 도구는(신발이라는 완성품은) 신 발의 모양(신발의 형식)을 가져야 신을 수 있고, 실제로 신기 위해 완성되었다는 말이 다. 그리고 신발이라는 완성품의 존재는 그의 완전한 봉사성과 더불어 지양되어진 다고 하이데거는 말한다. 신발이 완전한 봉사성을 발휘하면 자기가 신고 있는 신발 의 존재를 의식하는 사람은 하나도 없다는 말이다. 도구라는 완성품과 **예술작품**이 라는 창작품 사이의 차이점은, 다시 말해 예술작품이라는 창작품이 신발이라는 완 성품으로부터 구별되는 점은 **창작성**[33] 자체가 창작품 속으로 포함된다는 사실이라 고 하이데거는 설명한다.[34] 예술작품이라는 창작품 속에는 창작성 자체가 내재해 있으며, 이 창작품이 진정한 창작품이라면, 다시 말해 진정한 예술작품이라면 그 안에 내재해 있는 창작성은 더욱더 분명하게 드러난다는 것이 하이데거의 의견이 다. 종합하여 한편으로는 신발이라는 완성품과 다른 한편으로는 신발을 그린 예술 작품이라는 창작품 사이의 구별을 다음 3가지로 실명힐 수 있다. 첫째로 신발도 그리 고 예술작품도 양자가 모두 형식화된 자료이나 전자는 실재로 사용하기 위하여 완성 되었고, 후자는 바로 사용하지 않기 위하여 창작되었다는 설명이 된다. 신발이라는

---

32) Heidegger: Der Ursprung des Kunstwerkes, S.52
33) **창작성(創作性)**
34) ebd. S.52

도구는 실제로 신기 위하여 완성되었으나, 신발을 화폭에 그린 예술작품은 아무런 목적 없이 벽에 걸어 놓기 위해서 창작되었다는 말이다. 둘째로 전자의 존재는 그의 완전한 봉사성과 더불어 없어지지만, 후자는 반대로 그의 존재가 비로소 시작한다는 설명이다. 완벽하게 완성된 신발을 신고 있는 사람은 자기가 신고 있는 신발을 의식하는 사람은 없지만, 완벽하게 창작된(진정한) 예술작품을 감상하고 있는 사람은 그 예술작품의 존재에서 해방되지 못하고, 반대로 그 예술작품의 존재에 의해 인도되기 시작한다는 말이 된다. 셋째로 신발이라는 완성품의 완성성 자체는(발을 보호하기 위해 신발을 인위적으로 완성했다는 의식은) 신발을 대하고 보면 역시 지양되어 없어지지만, 예술작품의 창작성은 그 예술작품을 대하고 보면 더욱더 생생하게 개방된다는 설명이다. 잘 만들어진 신발을 대하면 그 신발을 실제로 신고 싶은 생각뿐이지 그 신발을 인간이 인위적으로 만들었다는 의식은 없다는 설명이고, 잘 창작된 예술작품을 대하면 그 예술작품이 인위적으로 잘 창작되었다는 의식이 더욱 더 강하게 드러난다는 설명이다. 예술작품 속에 내재해 있는 이 창작성 내지는 인위성이 신발이라는 도구의 완성성과는 다른 점이 된다. 반 고흐의 **"농부의 신발"**을 보고 이 신발이 실제로 사람이 신을 수 있는 신발이라고 믿는 사람은 하나도 없고, 모든 사람은 이 신발이 인위적으로 창작된 신발이라고(거짓의 신발이라고) 생각한다는 말이다. 모든 예술작품은 거짓이지 정말은 아니라는 말인데, 바로 이 "거짓"이라는 창작성 내지는 인위성이 예술작품의 존재를 분명하게 개방하며, 나아가서는 예술작품의 존재 자체라는 것이 하이데거의 의견이다. 이상의 내용을 하이데거는 "작품의 제시 속에는 바로 그 작품의 존재가 분명해 진다"고[35] 표현한다. 진정한 예술작품은 그 안이 텅 빈 백지가 아니라, 그 안에서 어떤 **사건발생**이 일어나고 있다는 설명이다. 창작품에 대한 2가지 규정을 했는데 두 번째 규정이 하이데거 예술철학의 출발점이 된다. 첫 번째 규정은 고정할 수 없고 해석할 수 없는 진리를 일정한 형태로 고정하고 해석해놓은 "기존의 예술작품"이 되고, 두 번째 규정은 현재 살아서 생동하는 **작품실재**를 의미하기 때문이다. 전통 미학의 모델인 수용과정은 하이데거에 와서는 **창작**

---

35) ebd. S.53; **"Im Hervorbringen des Werkes liegt dieses Darbringen des 〈daß es ist〉."**

과정과 **진리화 과정**으로 분열된다는 사실을 언급했으며 지금까지 창작과정을 논했다. 지금까지 논한 창작과정은 자연 속에 숨어있는 예술을 예술가가 찾아내어 제시하고 기존의 작품 속에 숨어있는 실재를 수용자가 찾아내어 제세하는 과정으로 예술가와 수용자 다를 포함하는 과정이었다. 진리의 문제를 다루기 위하여, 실재의 문제를 다루기 위하여 하이데거는 이상의 창작과정을 예술가는 제외시키고 수용자에게만 적용하는데 주의할 필요가 있다. 그리고 세계와 대지 사이에서 발생하는 제5의 해석학적 회전관계가 창작과정을 논하는 열쇠가 되었다. 다음에 **진리화 과정**을 논하기 위해서는 그리고 진리 자체를 논하기 위해서는 밝음과 어두움 사이에서 발생하는 **제6의 해석학적 회전관계**가 열쇠가 된다.

2. 진리화의 문제

작품이 창작되지 않는다면 작품은 존재할 수 없으므로 창작가가 존재해야 하며, 또 창작품은(창작된 작품은) 그 창작품을 감상하는 수용자가 없다면 그것을 창작품이라 할 수 없기 때문에 수용자가 존재해야 한다고 하이데거는 말한다.[36] 당연하게 들리는 이싱의 발언은 예술가가 먼저 존재해야 예술작품을 창작하고, 예술작품이 먼저 창작되어야 수용자가 감상을 할 수 있다는 말이며, 이상 삼자 중 하나라도 결여되면, 예술가를 예술가라 할 수 없고, 예술작품을 예술작품이라 할 수 없고, 수용자를 수용자라 할 수 없다는 말이 된다. 이상의 전통 예술철학의 당연한 삼자 관계는 **창작품**, **작품실재**, **진리화**[37]의 **담당자**라는 삼자 관계로 변하는데 이는 하이데거가 진리의 문제를 다루기 위한 삼자 관계가 된다. 이상 하이데거의 삼자 관세에 내해서 다음 3가지를 언급할 수 있다. 첫째로 하이데기는 언급한 대로 기존의 예술삭품에서 춤발하므로 그의 삼자 관계에서는 예술가의 존재가 탈락된다. 예술가의 탈락은 예술가와 예술작품의 관계인 생산과정의 탈락을 의미하므로 하이데거의 미학은 **생산미학**이 아니라 **수용미학**이라고 보아야 한다. 하이데거의 수용미학은 그러나 예술작품

---

36) vgl. ebd. S.54
37) **진리화**(眞理化 Bewahrung)

을 출발점으로 하며 그리고 예술작품으로 다시 귀향하므로 수용미학이라기 보다는 **작품미학**이라고 보는 것이 더 타당하다. 예술작품이 진리의 원천이 되므로 하이데 거의 미학은 작품론, 더 정확히는 작품실재론이라고 보아야 한다. 둘째로 기존의 예술작품이 하이데거의 출발점이 되나, 이 기존의 예술작품들 중 진정한 고전적 예술작품의 수준에 도달하지 못한 작품들은 제외된다는 내용을 이미 언급했다. 따라서 하이데거가 의미하는 **창작**은 전통미학의 **창조**38)와는 달리 이미 창조된 기존의 예술작품을 대상으로 하게 된다. 우리는 앞에서 눈으로 볼 수 없고 귀로 들을 수 없는 실재를 볼 수 있고 들을 수 있는 구체적인 실재물로 제시하는 것이 창작행위라고 했고, 이 창작행위를 예술가에 적용하여 언급했으나 지금은 그 창작행위의 주체가 예술가에서 수용자로 이전하는 계기를 맞게 된다. 이유는 하이데거는 "기존의 예술작품"에서 출발하므로 예술가가 탈락되어 주체는 자연히 수용자로 변하기 때문이다. 그리고 수용자가 창작의 대상으로 삼는 예술작품은 언급한 대로 진정한 고전적 예술작품들이 되나 그것도 작품실재에 도달한 예술작품들만이 된다고 보아야 한다. 셋째로 전통미학의 수용자라는 개념을 하이데거는 "진리화의 담당자"라고 부르는 데, 이는 명칭의 변화일 뿐만 아니라 내용의 변화도 의미한다. **"진리화의 담당자"**라는 말의 출처인 독일어 **"Bewahren"**의 의미는 "진리화 한다"는 의미와 "보존한다"는 2가지 의미가 포함되어 있다. 예술작품에서 진리를 찾아내서 진리화 할 뿐만 아니라 (진리를 제시할 뿐만 아니라) 진리를 보존하는 사람이 "진리화의 담당자"라는 의미가 된다. "진리화의 담당자"를 전통 미학의 의미대로 수용자라고 한다면 하이데거의 미학을 생산미학이 아니라 수용미학이며 더 나아가서는 작품미학이라고 했는데, 다시 수정하여 수용자 미학이라고도 할 수 있다. 하이데거가 수용자라는 개념을 제서하고 "진리화의 담당자"라는 개념을 사용하는 이유는 예술작품에 대한 수동적인 수용자가 아니라 진리를 능동적으로 결단내리는 "진리의 담당자"라는 주체를 강조하기 위함이다. "진리화의 담당자"라는 표현 대신에 수용자라는 표현을 사용하여 창작품과 수용자 사이의 관계를 **창작과정**이라 하고, 수용자라는 표현 대신에 "진리

---

38) **창작(創作)**과 **창조(創造)**

화의 담당자"라는 표현을 사용하여 창작품과 "진리화의 담당자" 사이의 관계는 **진리화의 과정**이 되는 것이 하이데거의 난해한 예술철학이다. 이는 하이데거가 실재의 문제를 다루기 위해서, 진리의 문제를 다루기 위해서 창작과정을 수용자에만 국한시키고 또 진리의 결단을 강조하기 위해서 "진리화의 담당자"라는 표현을 사용하기 때문이다. 따라서 이미 언급한 하이데거 미학의 삼자 관계인 기존의 예술작품을 의미하는 **창작품, 작품실재, 진리화의 담당자** 등 삼자 중에서 창작품과 진리화의 담당자, 양자가(앞에서는 작품실재가 하이데거 미학의 중심과 핵심이 된다고 언급했지만 여기서는 관점을 바꾸어서) 하이데거 미학의 중심 테마가 된다고 할 수 있다. 그러나 이상의 양자 중에서, 창작품과 진리화의 담당자 중에서 어느 것이 우선인가를 분간할 수 없을 정도로 하이데거는 난해한 발언을 한다. "하나의 진정한 예술작품이 진리화의 담당자를 발견하지 못한다고 해서 그것이 진정한 예술작품이 아니라는 것이 아니라, 이 진정한 예술작품은 어느 때고는 나타날 진리화의 담당자를 기다리고 있거나 아니면 그 진리화의 담당자를 찾아내어 유도하기도 한다. 그리고 어떤 진정한 예술작품이 잊혀져서 망각 속으로 빠졌다면, 이 역시 진정한 예술작품의 가치를 상실했다는 것이 아니라 이는 보존의 상태에 머물러 있는 것이며, 망각했다는 사실은 바로 그 진정한 예술작품이 가치가 있다는 사실을 의미한다."[39] 가치가 없는 예술작품은 망각할 것이 없어서 망각이라는 말이 타당하지 못하다는 말이다. 그리고 진정한 고전적 예술작품은(달리 표현하여 작품실재에 도달한 창작품은) 진리화의 담당자가 없어서 망각된다 하더라도 진정한 예술작품이며, 또 진정한 예술작품을 위한 진리화의 담당자는 어느 때고는 반드시 나타난다는 말이다. 하이데거 미학의 수용과정은, 그의 용어로 표현하여 진리화의 과정은 진정한 고전적 기존의 예술작품과(작품실재에 도달한 창작품과) 진리화의 담당자, 양자가 핵심이 된다 달리 표현하여 **"창작품"**과 **"진리화의 담당자"**, 양자 사이의 관계를 논하는 것이 하이데거의 테마라고 할 수 있는데, 이 말은 "창작품"은 작품실재에 이미 도달해 있으므로 **"작품실재"**와 진리화의 담당자 사이의 관계가 테마라고도 말할 수 있다.

---

39) vgl. Heidegger: Der Ursprung des Kunstwerkes, S.54

기존의 예술작품을 의미하는 **창작품**, **작품실재**, **진리화**의 담당자라는 삼자 관계에서 창작품과 작품실재 사이의 관계가 창작과정이 되고, 창작품과 진리화의 담당자 사이의 관계가 진리화 과정이 된다는 내용을 언급했다. 창작과정과 진리화 과정을 종합하면 한편으로는 창작품과 작품실재 사이의 관계 그리고 다른 한편으로는 다시 창직품과 진리화의 남낭자 사이의 관계가 된다. 전자 창작과정이 예술적 과정이라 한다면 후자 진리화 과정은 철학적 과정이라 할 수 있다. 전자 창작과정에서 하이데거는 예술론을 전개한다고 한다면 후자 진리화 과정에서는 진리의 문제 즉 실재의 문제를 다룬다고 할 수 있다. 그리고 하이데거의 삼자 관계인 창작품, 작품실재, 지리화의 담당자 등 삼자 중에서 진리화의 담당자는 수용자를 의미하므로 그리고 창작품에서 작품실재를 만들어내는 자도 수용자고 또 창작품에서 진리를 찾아내는 자도 수용자므로 창작과정과 진리화 과정은 서로 일치하는 동일한 과정이라 할 수 있다. 창작 과정 즉 진리화 과정이며, 진리화 과정 즉 창작 과정이라 할 수 있으나 전자는 예술적이고 후자는 철학적으로 관점만 달리 한다고 볼 수 있다. 따라서 우리가 이미 설명한 창작 과정은 동시에 진리화 과정에 대한 설명이기도 하다. 그러나 관점을 달리한 진리화 과정인 창작품과 진리화의 담당자 중에서 수용자에 해당하는 "진리화의 담당자"가 과연 무엇이냐 하는 문제를 다음과 같이 제기할 수 있다. 뒤러의 말대로 자연에서 예술을 찾아내는 자가 예술가라면, 기존의 예술작품에서 진리를 찾아내는 자도 예술가라고 할 수 있어, 하이데거가 말하는 "진리화의 담당자"는 수용자가 아니라 예술가라고도 할 수 있다. 전통미학의 삼자 관계인 예술가, 예술작품, 수용자 삼자 중에서 예술가가 탈락된다는 말을 했으나 여기서는 수용자가 탈락된다고 말하거나, 아니면 수용자가 예술가로 변한다는 말을 할 수 있다. 수용자는 예술가가 되어야 한다는 불가능한 요구를 하이데거의 미학은 하고 있다.

하이데거가 생각하는 창작 과정과 진리화의 과정은 서로 분리된다는 내용을 언급했다. **창작과정**은 예술작품이(창작품이) 구성되기까지의 행위와 과정을 의미한다고 보아야 하고, **진리화의 과정**은 예술작품이(창작품이) 구성된 후부터의 행위와 과정을 의미한다고 보아야 한다. 창작과정은 진리를 일정한 형태로 고정시키는 행위와 과정이고, 진리화의 과정은 그 고정된 형태를 다시 유동화 하여 유기체로 바꾸는 행위와 과정을 의미한다고 보아야한다. 그러나 하이데거가 생각하는 창작과 창작과정은 이미 존재해 있는 기존의 예술작품을 대상으로 하므로 **재창작**, **재창작과정**이라고도 할 수 있다. 왜냐하면 자연을 대상으로 하여 만들어낸 것이 창작품이라면 자연의 대상을 다시 대상으로 하는 것은 창작의 창작이 되기 때문이다. 그리고 이미 언급한 창작품, 작품실재, 진리화의 담당자 등 삼자 관계 중에서 창작과정을 창작품과 작품실재의 관점에서 논했다면 다음에는 진리화의 과정을 창작품과 진리화의 담당자라는 관점에서 논할 차례다.

진리화의 담당자와 **창작품** 사이의 관계는 전통미학의 용어로 표현하면, 수용자가 예술작품을 대하는(감상하는) 관계다. 다시 말해 진리화의 담당자와 창작품 사이의 관계는 주관과 객관, 주체와 대상의 관계다. 그러나 이때의 예술작품은 특별한 예술작품, 특별한 대상이 되어야 하며, 그리고 이때의 수용자 역시 특별한 수용자, 특별한 주체가 되어야 한다. 특별한 예술작품, 특별한 대상이 되어야 한다는 말은 하이데거의 말대로 작품 실재에 도달하는 "창작품"이 되어야 한다는 말인데 다음 3가지로 설명할 수 있다. 첫째로 완전한 봉사성과 더불어 그 존재에 대한 의식이 사멸되는 (신발이라는) 도구와는 달리, (예술)작품은 그것이 완전할수록 오히려 그 존재에 대한 의식이 더욱 분명해진다는 내용을 언급했다. 완전한 도구에 대한 의식은 사멸하며, 따라서 도구의 실재도 사멸하고, 또 그것이 완전하기 위해서는 사멸해야 하지만, 완전한 예술작품에 대한 의식은 반대로 실재하며, 또 그것이 완전하기 위해서는 실재해야 된다는 말이다. 비실재와 실재 사이의 차이기, 비실재물과 실재물 사이의 차이가 도구와 예술작품의 차이라는 것이다. 신발이라는 도구도 분명히 존재해 있는 실재물이고, 예술작품도 존재해 있는 실재물이나 하이데거는 전자를 제거하고, 후자를 특별한 실재물로 승격시키기 위하여 이상의 구별을 한다. 둘째로 하이데거는 예술작품이라는 실재물이 소유하고 있는 특별성을 예술작품 속에 내재해 있는(창작물 속에 내재해 있는) **창작성** 내지는 **인위성**에 의해 한층 더 강조하려고 한다. 반 고흐가 그린 **"농부의 신발"**을 실제로 신을 수 있는 신발이라고 믿는 사람은 하나도 없다는 사실이, 반 고흐의 "농부의 신발"은 정말이 아니라 "거짓"이라는 사실이 창작성 내지는 인위성을 의미한다. 실재로 신을 수 있는 신발이라는 도구와 신을 수 없는 예술작품 양자를 비교하면, 전자는 정말이고 후자는 **"거짓"**말이 되는데, "거짓"말인 후자가 정말인 전자보다도 더 강한 위력을 발휘한다는 사실이 후자의 특별성을 의미한다. "거짓" 말을 잘해야 출세한다는 말과 같이 "거짓"이 현실세계를 지배한다고 한다면, 예술세계 역시 "거짓"에 의해 지배되고 지탱되는 세계라고 할 수 있다. 셋째로 이상의 "거짓"이라는 창작성 내지는 인위성이 더 한층 강도 높은 특별한 예술작품, 특별한 대상을 만들어 낸다. 하나의 비유를 들어 설명하면, 평온한 가정에 남편이 "거짓" 말을 하여 불화의(사건발생의) 동기를 만든다고 한다면, **창작성** 내지는 **인위성**이라는 **"거짓"**이 평온한 예술작품에 예측하지 못했던 "사건발생"을 일으키는 동기가 된다고 할 수 있다. 평온의 상태에서 사건발생을 일으키기 위해서는, 다시 말해 정적인 상태를 동적인 상태로 바꾸기 위해서는 동기가 필요한데, 철학에서는 이 동기를 **모순**[40]이라 한다면, 하이데거의 미학에서는 이 동기가 "거짓"이 된다고(창작성 내지는 인위성이 된다고) 할 수 있다. 이상의 사건발생의 돌발을 달리 다음과 같이도 설명할 수 있다. 새들 중에서 뻐꾸기는 다른 새들이 지어 놓은 보금자리에만 알을 낳는 것이 사실이라면, 다른 새들이 이미 지어 놓은 보금자리가 작품실재가 거주하는 보금자리고, 그리고 이 보금자리와 뻐꾸기 알이 합쳐져서 작품실재가 된다는 말을 언급했는데, 보금자리라는 위상과 뻐꾸기 알이라는 존재의 합에 의해서 어떤 사건발생이 돌발한다는 말이 된다. 보금자리와 뻐꾸기 알이 합쳐져서 남자가 태어나든 여자가 태어나든, 건강한 아이가 태어나든, 기형아 아이가 태어나든 "사건발생"이 돌발한다는 말이다. 위상과 존재가 합쳐지면, 위상론과 존재론이 합하면 "사건발생"이 돌발하고, 사건발생론이 된다는 말이다. 예측할 수 없는 "사건발생"이라는 사건발생론으로까지 승격된 예술작품이라는 대상은 특별한 대상임에 분명하다.

---

40) **모순**(Widerspruch)

　수용자와 예술작품, 주체와 대상이라는 양자 관계에서 대상인 예술작품만 특별한 예술작품이 되어야 하는 것이 아니라, 주체인 수용자도 특별한 주체가 되어야 하는데 역시 3가지로 설명할 수 있다. 첫째로 하이데거는 진정한 고전적 예술작품만을 대상으로 하기 때문에 이 진정한 고전적 예술작품을 수용할 수 있는 수용자만 선택된다고 할 수 있다. 많은 대중이 읽는 방인근의 『벌레먹은 장미』를 대중문학이라 하고, 소수의 교양인이 읽는 괴테의 『파우스트』를[41] 고전문학이라 한다면, 하이데거가 생각하는 수용자는 후자인 고전문학을 수용할 수 있는 수용자에 제한된다고 할 수 있다. 고전문학과 고전예술을 사랑하고 신봉하는 19세기 독일의 전통을 가다머는 교양신앙[42]이라고 부르는데, 하이데거가 생각하는 수용자는 이 교양신앙의 소유자가 되어야 한다는 말이다. 하이데거가 생각하는 특별한 수용자는 우선 교양인이 되어야 하고 또 경건한 마음으로 교회에 가듯이 경건한 마음으로 음악회와 연극을 감상하는 수용자가 되어야 한다는 말이다. 둘째로 하이데거가 생각하는 특별한 수용자는 이미 창작된 예술작품을 수동적으로 감상하는 수용자가 아니라, 그 창작된 예술작품을 대상으로 하여 능동적으로 재창작하는 창작자가 되어야 한다는 것이다. 하이데거의 미학은 수용자로 하여금 예술가가 되라는 거의 불가능한 요구를 한다는 내용을 이미 언급했다. 셋째로 하이데거가 생각하는 특별한 수용자는 거의 불가능한 요구인 예술가의 상태를 다시 초월하여 진리를 스스로 발견해 내고 결단내리고 담당하는 **"진리화의 담당자"**라고 할 수 있다. 하이데거가 의미하는 "진리화의 담당자"는 예술가의 상태를 초월하는 철학자라고도 할 수 있다. 하이데거가 생각하는 특별한 수용자는 교양인으로 한정되고, 또 교양인 중에서도 예술가의 경지에 도달할 수 있는 교양인으로 다시 한정되며, 결국에는 그 중에서도 철학자의 경지에 도달할 수 있는 수용자로 한정된다고 할 수 있다. 하이데거가 생각하는 수용자는 소수의 선택된 "귀족적" 수용자라고 할 수 있다. 하이데거 미학에 있어서 대상인 예술작품과 주체인 수용자 사이의 관계는, 하이데거 자신의 용어를 사용하여 창작품과 진리화의 담당자 사이의 관계는 특별한 대상과 특별한 주체 사이의 특별한 관계가 된다고

---

41) 『파우스트 Faust』

42) Gadamer, Hans-Georg: Wahrheit und Methode, S.7, 75; 교양신앙(Bildungsreligion)

보아야한다. 그 양자 사이의 특별한 관계는 한편으로는 예술작품 내에서 돌발하고 있는 사건발생과 그리고 다른 한편으로는 그 사건발생을 처리하여 결단내리고 또 그 결단을 담당해야 하는 진리화의 담당자 사이의 관계가 된다.

3. 진리화와 작품화

기존의 예술작품을 의미하는 창작품과 수용자를 의미하는 진리화의 담당자 사이의 특별한 관계를 논했다. 창작품과 진리화의 담당자 사이의 관계를 논했으므로 다음에는 **작품실재**와 **진리화의 담당자** 사이의 관계를 논할 차례가 되나 작품실재는 실제적으로는 존재하지 않아 추상적이고 정의할 수 없는 **사건발생**에 지나지 않으므로 제외된다. 존재해있지 않는 추상적인 작품실재에 대해 말하는 것은 존재하는 구체적인 작품인 창작품에 대해 말하는 것이 되어 결국 창작과정의 설명에 대한 반복이되기 때문이다. 그리고 창작과정과 진리화 과정은 창작품과 수용자의 관계로, 다시말해 대상과 주체의 관계로 동일한 과정이라고도 볼 수 있기 때문이다. 그러나 창작과정에서 진리화 과정으로 넘어가면서 관점이 달라져 예술적 과정에서 철학적 과정으로, 미의 관점에서 진의 관점으로 하이데거 철학이 비약하는 데 주의할 필요가 있다. 그러나 진리화 과정에서 하이데거의 철학적 사고를 추적하기 위해서는 그가 말하는 "작품실재"라는 개념을 다시 구체화할 필요가 있다. 지금까지(기존의) 예술작품이라는 말과 창작품이라는 말을 혼합하여 사용했는데, 2가지 말은 개념의 차이도 그리고 표현의 차이도 나타내는 데 주의해야 한다. **예술작품**이라는 표현은 전통미학의 표현으로 예술가에 의한 구성품을 의미하고, **창작품**은 하이데거의 표현으로 진리화의 담당자에 의한 제시품을 나타낸다는 내용을 언급했다. 그리고 수용자라는 표현과 진리화의 담당자라는 표현도 혼합하여 사용했다. **수용자**라는 표현은 역시 전통미학의 표현으로 예술작품을 수동적으로 수용하는 자를 의미한다면, **진리화의 담당자**라는 표현은 하이데거의 표현으로 진리를 능동적으로 발견하고 결단내리며, 그 결단을 담당하는 자를 의미한다는 내용도 언급했다. 이상의 혼합되어 사용된 개념과 표현들을 통일하여 하이데거 미학의 삼자 관계를 **창작품, 작품실재, 진리화의 담당자** 등으로 지금까지 표했다면 앞으로는 하이데거의 논리가 비약하는 단계에 도달한다. 그 비약의 단계를 설명하기 위해서는 창작품이라는 표현을 작품이라는 표현으로 대치하여 **작품, 작품실재, 진리화의 담당자** 등으로 변경하여 표현함이 유리하다. 하이데거는 그의 "예술작품론"을 통하여 "예술작품", "예술 - 작품", "작품"이라는 표현들을 사용하는데, 이상의 3가지 상이한 표현들은 상이한 개념을 의미한다. 우선 예술작품과 작품의 차이는 전자는 진정한 고전적 기존의 예술작품을 의미하고 (하이데거의 표현을 사용하면 진정한 고전적 기존의 창작품을 의미하고) 후자는 예술작품, 작품, 도구라는 서열에서 중간위상을 나타내는 표현이고 개념이다. **작품**은 따라서 예술작품과도 유사성이 있고, 또 도구와도 유사성이 있는 것으로 예술작품에 이르는 전 단계라고 할 수 있다. 다음에 "예술 - 작품"은 예술과 작품 둘로 분열시켜 사용하는 개념과 표현으로, 모든 작품이 곧 예술작품이 되는 것이 아니라 작품에 예술이 내재해 있어야 예술작품이 된다는 개념과 표현으로 이해할 수 있다. 진리화의 과정을 논하기 위해서는 따라서 "작품"이라는 개념과 표현으로 통일할 필요가 있다. 그리고 "작품실재"라는 개념과 표현은 **"작품"**과 **"실재"**[43]가 합쳐진 것으로, 다시 말해 "작품＋이다"라는 표현으로 **"진정한 살아 있는 현재의 작품"**을 의미한다고 보아야 한다. 종합하여 우리는 지금까지 하이데거 미학의 삼자 관계를 창작품, 작품실재, 진리화의 담당자라고 표현했다면, 앞으로는 **작품, 작품실재, 진리화의 담당자**라고 표현해야 한다. 새로 우리가 추적할 **작품, 작품실재, 진리화의 담당자**라는 삼자 관계는 다음 3가지 결과를 나타낸다. 첫째로 "작품"이라는 개념과 표현은 예술작품에서 "예술"이 분열되어 나간 현상으로 예술을 결여한 작품만을 의미하게 된다. 다시 말해 "작품"은 진정한 고전적 예술작품이 못 된다는 말이다. 둘째로 "작품실재"는 진정한 예술작품으로 살아 있는 현재의 예술작품, 다시 말해 대상화 되지 않은 예술작품을 의미한다. 작품에 예술이 내재해 있느냐 아니면 없느냐에 따라서 작품실재가 되고 작품이 된다는 말이다. 셋째로 "작품"은 실재가 아니라 위상,[44]

---

43) **"작품(Werk)"**과 **"실재(Sein)"**
44) 실재(Sein)와 위상(Topos)

즉 실재가 거주할 수 있는 거주지에 불과하며, 거주자인 예술이라는 실재를 기다리고 있는 상태라고 할 수 있다. 예술의 실재라는 표현에서 "실재"는 다시 진리를 의미하므로, 결국 예술의 테마에서 진리의 테마로 넘어가는 동기가 생기게 된다. 예술과 진리의 관계를, 다시 말해 예술의 테마에서 진리의 테마로 넘어가는 동기를 하이데거는 다음과 같이 표현한다. "예술의 본성은 진리를 작품 속으로 집어넣는 것이라고 할 수 있다."45) 예술의 본성은 진리를 작품화하는 것이라고, 또 진리를 작품화하면 그것이 예술이라고 이해할 수 있다. 예술의 본성, 즉 진정한 예술은 진리를 작품 속으로 집어넣는 것이므로 진정한 예술을 논하기 위해서는 **"작품"**, **"진리"**, 집어넣는다는 **"행위"** 등 삼자를 추적해야 한다. 멍석을 깔아야 지랄을 할 수 있다는 말에서 멍석이라는 위상에 해당하는 "작품", 지랄이라는 실재에 해당하는 "진리", "한다"라는 행위 등 삼자를 추적해야 한다는 말이다.

멍석과 지랄이 합쳐서 지랄을 "한다"라는 행위가 되는 것과 같이, 위상과 실재가 합해서, 작품과 진리가 합쳐서 **사건발생**이 돌발한다는 내용을 설명하는 것이 지리화의 과정을 설명하는 것이 된다. 이상의 관계에서 작품실재는 하이데거에 의하면 진정한 예술로 작품 속에 진리를 집어넣은 상태다. 따라서 **"작품＋진리＝작품실재"** 라는 공식이 성립한다. 그리고 작품실재는 구체적인 실재물이 아니라, 추상적인 사건발생이라고 보아야 한다. 왜냐하면 작품이라는 위상과 진리라는 실재가 합쳐서 사건발생이 되기 때문이다. 진리화의 과정을 논하는 것은 결국 "작품＋진리＝작품실재"라는 공식을 논하는 것이 되는데, 자세히 표현하면 다음과 같은 결과가 된다. **작품이라는 위상에 진리라는 실재를 집어넣으면 사건발생이 돌발한다**는 결과가 된다. 이상의 결과를 논하기 전에 다음 3가지를 상기하고 논할 필요가 있다. 첫째로 하이데거가 말하는 "사건발생"이라는 개념을 설명하기 위해서는 진리화의 담당자와 작품실재 사이의 관계를 논해야 하나, 이 관계는 진리화의 담당자와 창작품 사이의 관계, 다시 말해 진리화의 담당자와 작품 사이의 관계와 서로 일치하는 관계라는

---

45) Heidegger: Der Ursprung des Kunstwerkes, S. 59; "**Demnach wurde im voraus das Wesen der Kunst als das Ins-Werk-Setzen der Wahrheit bestimmt.**"

말을 이미 언급했다. 왜냐하면 작품, 작품실재, 진리화의 담당자라는 삼자 관계에서 작품실재는 실재적으로는 존재해 있지 않는 추상적인 사건발생으로 배제되므로, 추상적인 작품실재와의 관계를 말하는 것은 자동적으로 구체적인 작품과의 관계를 말하는 것이 되기 때문이다. 둘째로 **작품실재**는 "**작품＋실재**"로 이렇게 보면 작품이고, 저렇게 보면 실재로 하나의 머리에 두 개의 얼굴을 가진 야누스의 머리라고 할 수 있다. 작품실재가 야누스의 머리라는 말은 결국 작품이 야누스의 머리라는 것이 된다. 왜냐하면 작품실재는 추상적인 사건발생으로 거주할 수 있는 구체적인 장소가, 다시 말해 구체적인 작품이 반드시 필요하므로 추상적인 사건발생인 작품실재에 대해 말한다는 사실 자체가 이미 구체적인 작품에 대해 말하고 있다는 사실을 의미하기 때문이다. 작품실재를 독립시켜 작품, 작품실재, 진리화의 담당자 등 삼자 관계로도 볼 수 있고 또 작품과 작품실재를 하나로 보아 양자 관계로도 볼 수 있다는 말이다. 삼자 관계와 양자 관계를 동시에 사고해야 하는 것이 하이데거 미학을 난해하게 만든다. 추상적인 사건발생인 작품실재에 대해 말하는 것이 구체적인 작품에 대해 말하는 것과 일치하는 것이라면, 다시 말해 작품과 작품실재가 둘로 되어 있는 하나, 아니면 하나로 되어 있는 둘이라고 한다면, 셋째로 이 순간이 하이데거가 말하는 **진리화**[46)]의 문제가 본격적으로 등장하는 순간이 된다. 진리화라고 하는 말은 작품 속에 진리를 집어넣는 것으로 진리의 작품화 또는 작품의 진리화를 의미한다. 진리의 작품화든 작품의 진리화든 그 공통 요소인 작품과 진리의 관계를 논하고, 다음에 두 요소의 합으로 돌발하는 작품실재라는 사건발생을 논하는 것이 순서가 된다.

　작품이라는 위상에 **진리**라는 실재를 집어넣으면(**작품실재**라는) **사건발생**이 돌발한다는 표현에서, 사건발생을 돌발시키는 2개의 요소 **작품**과 **진리**의 관계를 논하고 다음에 양자 사이의 관계를(작품실재라는 사건발생을) 논하기로 한다. 작품과 진리, 양자 중에서 전자인 작품을 지랄을 할 수 있는 멍석, 뻐꾸기가 알을 낳을 수 있는 보금자리 등으로 비유했다. 다음에 그 멍석이라는 거주지에 지랄이 거주하게

---

46) **진리화**(Bewahrung)

되고, 보금자리라는 거주지에 뻐꾸기 알이 거주하게 된다는 비유의 내용도 암시했다. 작품이라는 명석에 진리라는 지랄이, 작품이라는 보금자리에 진리라는 뻐꾸기 알이 거주한다는 내용을 위해 말한 비유이었다. 작품 속에는 진리가 거주하고 있다는 말이다. 작품은 희랍어로 **토포스**[47]로 보아야 하고, 이 토포스에 거주하는 거주자를 하이데거는 **실재, 알레테이아, 비잠재성** 등으로 부른다.[48] 작품을 형식이라 본다면 진리는 내용이라고 보아야 한다. 작품을 비어 있는 그릇이라고 한다면, 진리는 그 그릇 속에 들어갈 내용물이라고 보아야 한다. 종합하여 우리는 작품을 위상이라 했고 진리를 실재라고 했다. 따라서 작품과 진리의 관계는 형식과 내용, 그릇과 내용물, 위상과 실재의 관계라고 할 수 있다. 여기서 하이데거 미학에 내재해 있는 또 하나의 난해성이 등장하는데 그것은 형식 속에 내용을 집어넣는 자가, 그릇 속에 내용물을 집어넣는 자가, 종합하여 작품 속에 진리를 집어넣는 자가 과연 누구냐 하는 문제가 제기된다. 이상의 문제가 난해한 이유는 하이데거는 주관주의 예술론을, 다시 말해 주체가 예술작품이라는 대상 속에 자신의 주관을 주입한다는 주관주의적 내지는 현상학적 예술론을 배제하기 때문이다. 바로 이 주관주의적 예술론을 배제하기 위하여 하이데거는 작품이라는 위상에 주체의 주관과는 관계없는 객관적인 진리를 집어넣어야 한다고 주장한다. 작품 속에 진리를 집어넣는 주체는 결국 **진리화의 담당자**가 되는데, 진리화의 담당자는 자신의 주관이 아니라 객관적인 진리를 집어넣어야 한다는 말이 된다. 진리화의 담당자라는 주체와 진리를 분리함에 의하여, 다시 말해 진리화의 담당자라는 주체의 주관과는 독립된 객관적인 진리를 등장시킴에 의하여 하이데거는 주관주의적 예술론을 배제하는데 성공했다고 가정하면, 또 하나의 난해성은 주관성을 배제하고 객관성을 보장하는 **진리**는 과연 무엇이냐 하는 분제가 제기된다. 진리는 진리화의 담당자라는 주체의 주관과는 전혀 관계없다는 주장으로 집약되는데, 다음 2가지로 설명된다. 첫 번째 설명으로 하이데거가 주장하는 진리의 객관성을 위에서 언급한 비유에 의하여 설명하자면 다음과 같

---

47) **토포스(Topos)**

48) vgl. Heidegger: Der Ursprung des Kunstwerkes, S.37; **실재(Sein), 알레테이아(Aletheia), 비잠재성(Unverborgenheit)**

다. 뻐꾸기는 다른 새들이 지어 놓은 보금자리에만 알을 낳는다는 비유를 들었는데, 2가지 주장이 있을 수 있다. 하나는 보금자리가 먼저 있어야 뻐꾸기가 알을 낳고 싶은 생각이 들어 알을 낳고, 따라서 알이 존재하게 된다는 주장이고, 다른 하나는 반대로 뻐꾸기가 먼저 알을 배속에 잉태하고 있어야, 다시 말해 알이 먼저 존재해야 보금자리가 눈에 보인다는 주장이다. 이상의 2가지 주장 중에서 하이데거는 첫째 주장인 보금자리가 먼저 눈에 보이면, 보금자리가 먼저 존재하면 비로소 알을 낳고 싶은 생각이 들어 알이 생기게 된다는 의견이다. 보금자리가 먼저 존재하면 알은 스스로 생기게 된다는 말인데, 작품이 먼저 존재해 있으면 진리가 스스로 잉태되어 탄생한다는 말이 된다. 행복하게 살 수 있는 집이 먼저 있어야 아이를 낳고 싶은 생각 이 드는지, 아니면 아이를 낳고 싶은 생각이 먼저 있기 때문에 비로소 집이 눈에 보이 는지 하는 문제는 여기서는 해결할 수 없는 문제로 여성심리학 내지는 인간심리학에 속하는 문제로 예술론을 초월하는 문제다. 그러나 보금자리가 먼저고 다음에 알이 라는 논리를 따른다면 진리화의 담당자라는 주체의 주관을 배제하고 스스로 탄생하 여 존재하는 진리는 객관성을 소유하고 있다고 할 수 있다. 왜냐하면 보금자리가 먼저 존재해 있어 진리라는 알이 뱃속에서 스스로(아무 도움 없이) 생겨났기 때문이 다. 진리의 객관성을 보장하기 위한 두 번째 설명은 보금자리와 뻐꾸기 알, **작품과 진리**라는 관계에서 뻐꾸기 알을 낳는 어미 뻐꾸기는 과연 무엇이냐 하는 문제, 진리 를 탄생시키는 자는 과연 누구냐 하는 문제가 제기된다. 어미 뻐꾸기는 없는 것으로 선험화 시키고, 진리를 잉태케 하는 자는 역시 없는 것으로 초험화 시켜야 할 단계에, 다시 말해 사고를 비약시켜야 할 단계에 도달했다. 성모 마리아라는 보금자리가 먼 저 있기 때문에 누구의 도움 없이도(남자의 도움 없이도) 예수라는 기독교의 신리가 스스로 탄생했다는 성경의 신화는 역시 여기서는 해결할 수 없는 문제로 예술론을 초월하여 형이상학 내지는 신학에 속하는 문제가 된다. 어미 뻐꾸기를 선험화시키 면 뻐꾸기 알은 객관성을 얻게 되고, 진리를 잉태케 하는 자를 초험화시키면 진리는 객관성을 소유하게 된다는 철학적인 설명이 된다. 이상 예술론을 초월하는 2가지 설명에 의해서 하이데거는 진리의 객관성을 구제하려 했으나 예술론을 초월한다는 사실 자체가 진리의 객관성을 완전히 보장한다고는 할 수 없으므로, 다시 말해 진리화의 담당자라는 주체의 주관을 완전히 제거했다고는 할 수 없으므로 다음 단계로 하이데거는 "**사건발생**"이라는 개념을 등장시킨다.

이상에서 언급한 "작품＋진리＝작품실재"라는 공식에서 진리는 실재를 의미하고, 작품실재는 해프닝 또는 이벤트와 같은 사건발생을 의미하므로, "**작품＋실재＝사건발생**"라는 공식이 성립한다. 그리고 우리는 앞에서 작품과 진리의 관계를, 다시 말해 작품과 실재의 관계를 논했으므로 여기서는 그 양자의 합이라고 할 수 있는 사건발생에 집중하기로 한다. 하이데거 미학에 내재해 있는 또 하나의 난해성을 말한다면, 진리화의 담당자라는 주체의 주관을 제거하기 위하여 등장한 "사건발생"이라는 개념은 반대로 그 주관을 필요로 한다는 사실이다. 왜냐하면 사건발생이란 나와 대상 사이에서, 진리화의 담당자와 작품 사이에서 일어나는 현상으로 내가 없다면, 진리화의 담당자가 없다면 그 사건발생은 일어나지 않을 것이며, 또 일어난다 하더라도 그것을 사건발생이라 할 수 없기 때문이다. 아니면 하이데거는 진리의 객관성을 한 번은 진리화의 담당자를 배제하여 보장하려 했고, 또 한 번은 반대로 진리화의 담당자를 구제하여 진리의 객관성을(실재의 객관성을) 보장하려 했다고도 볼 수 있다. 또 아니면 한 번은 진리화의 담당자라는 주체의 주관을 배제하려 하고 다음에는 구제하려 한다는 이유로 하이데거는 진리의 객관성과 주관성, 실재의 객관성과 주관성, 양자 다를 구제하려 한다고도, 또는 반대로 양자 다를 배제하려 한다고도 볼 수 있어 하이데거 미학의 난해성을 다시 한 번 보여준다. 진리가 객관적이냐 아니면 주관적이냐 하는 문제는 여기서 해결할 수 없으므로 제외하고 사건발생의 테마로 복귀하면, 언급한 "작품＋실재＝사건발생"이라는 공식에서 작품은 위상을 나타내므로 "**위상＋실재＝사건발생**"이라는 공식으로 바꾸어 사고를 진행할 수 있다. 위상과 실재가 합치면 거기서 사건발생이 돌발한다는 말인데, 앞에서 우리는 위상의 입장에서 사건발생을 설명했다면 이번에는 실재의 입장에서 사건발생을 설명할 수 있다. 위상은 작품을 의미하고 또 작품은 창작품 내지는 예술작품을 의미하므로, 결국 위상은 반 고흐가 그린 **"농부의 신발"**과 같이 실제로 신을 수 있는 신발로 정말이 아니라 신을 수 없는 "거짓" 말을 의미한다. "농부의 신발"이 정말이 아니라 바로 "거짓"말이기 때문에 문제성을 일으킨다는, 즉 사건발생을 일으킨다는 내용이었다. 이번에는 실재의 입장에서 본다면, 실재는(진리를 의미하는 실재는) 인간의 5감관으로 포착할 수 없는, 머릿속에만 들어 있는 추상적인 이념49)과 같은 것이라고 할 수 있다. 머릿속에 들어 있는 규정할 수 없는 추상적인 이념은 5감관을 통해 형상화하고 형태화하여 자신을 드러내려고 한다는 것이 철학적인 설명이다. 다시 말해 머릿속에 들어 있는 이념은 자신을 형상화하고 형태화할 수 있는 위상을 발견하면 사건발생이 돌발한다는 설명이다. 다시 비유를 들어 설명하자면, 행복하게 살 수 있는 집이 먼저 존재하면 결혼을 하여 아기를 낳고 싶은 생각이 생겨 결국 아기가 존재하게 된다는 말과, 또 반대로 아기가 먼저 잉태되어 뱃속에 존재하면 비로소 집이 눈에 보여 집을 사게 되어 결국 집이 존재하게 된다는 말, 모두가 옳다고 할 수 있다. 그리고 집이 먼저든 아니면 아기가 먼저든 집과 아기가 공존하게 되어 그 가정은 과거와는 다른 가정으로 변한다는, 다시 말해 그 가정에는 과거에는 없었던 사건발생이 생긴다는 설명이 된다. 위상이 먼저 있어야 실재가 생긴다는 말도 옳고, 실재가 먼저 있어야 위상이 생긴다는 말도 옳다. 따라서 위상이 먼저든 아니면 실재가 먼저든 사건발생은 반드시 일어난다는 말이 된다. 실재의 입장에서 보더라도 사건발생은 일어난다는 말이 된다.

4. 예술과 진리

하이데거가 의미하는 **진리화**의 문제를 2개의 과정, **창작과정**과 **진리화 과정**으로 축소하여 논했다. 창작품, 작품실재, 진리화의 담당자, 삼지를 삼각형을 형성하는 3개의 점이라 한다면, 그리고 작품실재라는 중심점을 중심축으로 하여 형성되는 2개의 변을 "창작품 - 작품실재"라는 변과 "진리화의 담당자 - 작품실재"라는 변이라고 한다면, 전통미학의 모델에 따라 말하자면 전자의 변은 **생산과정**이고 후자의 변은

---

49) 이념(理念 Idee)

수용과정이라고 보아야 한다. 그러나 예술가, 예술작품, 수용자라는 삼자로 형성된 전통미학의 삼자 관계는 창작품, 작품실재, 진리화의 담당자라는 하이데거 미학의 삼자 관계와는 상이하다는 내용을 언급했다. 그리고 하이데거 미학에서는 2개의 과정이, 창작과정과 진리화 과정이 서로 동일한 과정이라는 내용도 설명했다. 이유는 창작품, 작품실재, 진리화의 담당자라는 삼자 관계는 창작품과 진리화의 담당자라는 양자 관계 외에는 아무 것도 아니기 때문이다. 작품실재는 추상적인 실재로 그것이 존재한다면 반드시 창작품이라는 구체적인 실재물 속에서만 존재할 수 있어 창작품과 작품실재는 둘이 아니라 하나로 보아야 하기 때문이다. 따라서 창작품과 작품실재는 언급한 대로 하나로 되어 있는 둘, 아니면 둘로 되어 있는 하나로 **야누스의 머리**와 같은 것이므로, 진리화의 담당자가 가지고 있는 대상은 바로 이 야누스의 머리와 같은 것이 된다. 하이데거가 의미하는 진리화의 문제는 결국 하나이자 둘, 둘이자 하나인 이 야누스의 머리에 대한 문제가 되는데, 바로 이 야누스의 머리가 **사건발생**이라고 할 수 있다. 이 야누스의 머리인 사건발생이 작품 속에 진리를 집어넣은 상태로, 작품의 진리화 또는 진리의 작품화가 된다. 따라서 작품의 진리화와 진리의 작품화의 문제는, 집약된 표현으로 진리와 작품의 문제는, 비약하여 **진리**와 **예술**의 문제는 사건발생을 논하는 것이 된다. 비약하여 표현한 "진리와 예술"의 문제란 다음의 이유에 근거한다. 예술의 본성이 진리를 작품 속에 집어넣는 것이라면 "**작품＋진리＝예술**"이라는 공식이 성립하고, 또 이미 언급한 대로 "위상인 작품＋진리인 실재＝사건발생"이라는 공식도 성립하므로 결국 "**예술＝사건발생**"이라는 말이 된다. 왜냐하면 "작품＋진리"라는 표현은 "위상인 작품＋진리인 실재"라는 표현과 동일한 표현이기 때문이다. 그리고 "작품＋진리＝예술"이라는 공식에서 작품과 예술, 양자는 모두가 실제적으로는(하이데거의 표현을 떠나서 본다면) 예술작품을 나타내는 표현들이다. 실제적으로는 작품도 예술작품을 의미하고 예술도 예술작품을 의미한다는 말이다. 따라서 **"진리와 작품"**의 문제는 **"진리와 예술"**의 문제와 동일한 문제라고 할 수 있다.

진리와 예술의 문제를 거론했는데 순서를 바꾸어 **예술**과 **진리**의 순서로 사건발생에 대해 설명하면 다음과 같다. 하이데거가 의미하는 **진리화의 문제**는 야누스의 머리와 같은 사건발생에 집약된다. 진리화의 문제 즉 사건발생의 문제라는 말이고, 사건발생은 다시 전통미학의 개념과 표현을 사용하여, 예술작품이라는 대상과 수용자라는 주체 사이에 실제적으로 어떤 사건이 돌발하느냐 하는 문제가 된다. 하이데거가 "예술작품론"을 통하여 말하는 내용을 다음 3가지로 종합할 수 있다. 첫째로 사건발생은 주체가 대상 속으로 이입된 상태라고 할 수 있다. **예술작품**이라는 대상 속으로 수용자라는 주체가 이입된 상태를 하이데거는 "**붙들려 머물다**"[50]라는 단어를 사용하여 표현하는데 이는 다음과 같다. 예술작품을 대하면(감상하면) 감상자는 현실세계를 탈피하여 새로운 세계인 예술세계로 이전하게 되는데, "이 때에는 기존의 현실세계에 대한 모든 관계, 즉 현실세계의 가치, 지식, 판단들은 모두 정지되고, 작품 속에서 발생하는 진리에 의해 붙들려 그 안에 머물게 된다."[51] 예술작품을 감상한다는 것은 **예술작품 속으로의 몰입과 이입**을 의미한다는 말이다. 예술작품 속으로의 몰입과 이입을 의미하는 인용문으로 대부분의 해설가들이 인용하는 유명한 문장은 다음과 같다. "예술작품을 대하고 있으면 갑자기 우리는 현실세계와는 전혀 다른 세계에 머물게 된다."[52] 예술작품을 감상한다는 사실은 수용자라는 주체가 대상 속으로(아도르노의 표현을 사용하면) "**이민 간다**"는 사실을 의미하는데 그것도 갑자기 이민 간다는 사실을 의미한다. 갑자기 이민 온 세상은 이민 전의 세상과는 전혀 다른 세상임에 틀림없다. 그리고 예술작품 속으로의 몰입과 이입은 소위 작품 내재적 이론이 주장하는 **작품 내재적 현상**이라고 할 수 있다. 그리고 예술작품 속으로의 몰입과 이입은 아리스토텔레스 미학에서 유래하는 **감정이입의 현상**[53]이라고도 할 수 있다. 이상의 현상들을 나타내는 말로 하이데거는 "**붙들려 머문다**"라는 말 외에도 "**보존한다**"[54]라는 말을 사용한다. "보존한다"라는 말의 독일어 "Bewahren"은 "보존 한다"라는 의미와 "진리화 한다"라는 의미, 2가지 의미를 가지고 있다는

---

50) **붙들려 머물다(Verweilen)**"
51) vgl. Heidegger: Der Ursprung des Kunstwerkes, S.54
52) ebd. S.21
53) **감정이입(Einfühlen)**
54) "**보존한다(Bewahren)**"

말을 했는데 여기서는 전자의 의미를 나타낸다. 예술작품 속으로 몰입되고 이입되면 갑자기 변한 새로운 세계를 보존하고 보호하면서 그 안에서 지탱하여 머문다는 말이다. 예술작품 속으로의 몰입과 이입을 나타내는 또 하나의 표현으로 하이데거는 "보호하여 은닉한다"[55]라는 말을 사용한다. **"보호하여 은닉한다"**는 말은 여기서는 예술작품 속으로 몰입하고 이입하여 생겨난 새로운 세계를 보호하고 은닉한다는 말이 되는데, 이것이 뒤에 가서는 진리로 둔갑하는 것에 주의해야 한다. 이상의 의미들을 종합하여 하이데거는 독일어 표현인 "Verbergung"이라는 말을 사용하는데, 이 말은 "보호하여 은닉한다"라는 의미이나 여기서는 **"폐쇄"**라고 번역함이 타당하다. 이유는 **"폐쇄와 개방"**이라는 하이데거 미학의 핵심적인 쌍개념이 성립되기 때문이다. 예술작품 속으로의 몰입과 이입이라는 현상을 **"이민간다"**는 현상, **작품 내재적 현상, 감정이입의 현상** 등으로 설명했는데 이것이 사건발생에 대한 우리의 첫 번째 설명이며, 하이데거 자신은 이를 **"붙들려 머문다", "보호한다", "보호하여 은닉한다"**라는 말들로 표현한다는 내용을 설명했다. 예술작품을 대하면, 다시 말해 예술작품 속으로 몰입되고 이입되면 **이상한, 베일에 가려진, 기이한, 놀라운** 감정이 든다고 하이데거는 설명한다.[56]

둘째로 사건발생은 **"진리의 결단"**이라고 할 수 있다. 예술작품 속으로의 몰입과 이입은 사건발생을 예술발생으로 따라서 예술로 보는 설명이라면, 진리의 결단은 사건발생을 진리발생으로 따라서 진리로 보자는 설명이다. **"작품＋진리＝예술"**이라는 공식을 언급했는데, 이상의 공식에서 작품과 예술, 양자는 하나이자 둘, 둘이자 하나로 예술에 대해 말하는 것은 자동적으로 작품에 대해 말하는 것이 되어, **작품과 진리**의 문제는 곧 **예술과 진리**의 문제가 된다고 할 수 있다. 그리고 예술과 진리, 진리와 예술은 어느 것이 먼저이고 어느 것이 나중인지 구별할 수 없는 것이 하이데거의 미학이라고 할 수 있다. 분명한 것은 작품과 진리가 합치면, 예술과 진리가 합치면 사건발생이 돌발한다는 사실이다. 사건발생을 따라서 예술의 입장에서 본다면

---

55) **보호하여 은닉 한다(Verbergen)**

56) Heidegger: Der Ursprung des Kunstwerkes, S.9, 17, 54

예술작품 속으로의 몰입과 이입이 되고, 진리의 입장에서 본다면 진리의 결단이 된다는 말이다. 진리의 결단이라는 문제를 하이데거는 전쟁 서사시를 예로 들어 다음과 같이 서술한다. "전쟁 서사시가 태어나는 곳은 민족의 전설이다. 전쟁 서사시는 사실 그대로의 전쟁을 묘사하는 것이 아니라, 자기를 탄생시킨 **민족의 전설**을 묘사하며 변화시키고 발전시킨다. 그리고 전쟁을 수행하는 자는 그 전쟁 서사시에 등장하는 영웅들이 아니라, 민족의 전설 자체가 전쟁을 수행하는 것이다. 전쟁을 이끌고 수행하는 민족의 전설은 그 민족으로 하여금 무엇이 성스러우며 무엇이 세속적인 것인가를, 무엇이 위대하며 무엇이 왜소한 것인가를, 무엇이 고귀하며 무엇이 천한 것인가를, 무엇이 주인이며 무엇이 종인가를 결단내리도록 강요한다."[57] 전쟁 서사시라는 예술작품은 과거의 전쟁을 있는 그대로 복사하여 묘사하는 것도 아니고, 또 그 전쟁 서사시의 배경이 되는 민족의 전설을 있는 그대로 복사하여 묘사하는 것도 아니라는 말이다. 그 전쟁 서사시를 탄생시킨 민족의 전설 자체가 자기변화와 자기발전을 하여 자신의 소유자인 민족으로 하여금 진리를 새로 결단 내리는데 이바지한다는 말이다. 무엇이 성스러운 것이며, 무엇이 가치 있는 것이며, 무엇이 진리인가 하는 문제는 시대에 따라 변해왔으며, 또 앞으로 변할 것이므로, 바로 이 변화를 민족 스스로가 결단내리도록 예술작품은 강요한다는 말이다. 그리고 예술작품에 의해 결단내려진 진리의 결단은 유동적인 것으로 앞으로 다시 변할 수 있는 결단으로 **사건 발생**이라고 보아야 한다. 그리고 민족 스스로가 결단내려야 하는 이 변화를, 다시 말해 가치의 변화를, 진리의 변화를 역사라고 한다면, 이 역사가 예술을 만들어 내는 것이 아니라, 반대로 예술이 역사를 만들어 낸다고 하이데거는 말한다.[58] 이 말은 역사가 진리를 만들어 내는 것이 아니라, 반대로 진리가 이 역사를 만들어 낸다는 말이다. 예술작품과 진리는, 예술과 진리는 둘이자 하나이고 하나이자 둘인 야누스의 머리를 형성하고 있어, 예술에 대해 말하는 것은 진리에 대해 말하는 것이고, 또 반대로 진리에 대해 말하는 것은 예술에 대해 말하는 것과 같기 때문이다.

---

57) vgl. ebd. S.29
58) ebd. S.65

이상의 사건발생에 대한 2가지 설명을 서로 비교하자면 다음과 같다. 사건발생에 대한 첫 번째 설명인 예술작품 속으로의 몰입과 이입을 다시 3가지로 설명했는데, 그 3가지의 합을, 다시 말해 이민 간다는 현상, 작품 내재적 현상, 감정이입의 현상 등 3가지 설명의 합을 하나의 개념으로 **구심적 현상**[59]이라 할 수 있다. 이상의 3가지 현상들은 모두 하나의 구심점인 예술작품을 향한 운동을 나타내기 때문이다. 반면에 진리의 결단이라는 두 번째 설명은 반대로 **원심적 현상**[60]이라고 할 수 있다. 예술과 예술작품은(또는 예술과 작품은) 둘이자 하나이고 하나이자 둘이기 때문에 예술작품이라는 말 대신에 예술이라는 말을 사용한다면, 예술이 진리를 자체 내로 흡수하여 융합하려고 한다면, 진리는 반대로 그곳을 벗어나 밖으로 향해 자신을 해방하려는 성벽을 가지고 있기 때문이라고 할 수 있다. 예술 속으로의 몰입과 이입이 이민 간다는 현상, 작품 내재적 현상, 감정이입의 현상이라면, 진리의 결단은 반대로 이민 지에서 다시 나가려는 현상, 작품 외재적 현상, 감정 발산의 현상이라고 보아야 한다. 예술 속으로의 몰입과 이입이 구심적 현상이라면, 진리의 결단은 원심적 현상이라는 것이 첫 번째 구별이다. 두 번째 구별은 이미 언급된 구별로 예술작품 속으로의 몰입과 이입의 상태를 **예술**이라 한다면, 진리의 결단이라는 상태는 **진리**라고 표현해야 한다. 예술은 진리를 은닉하여 보호하려 하고 진리는 자기를 보호하고 은닉하려는 모태를 다시 떠나 모태로부터(예술로부터) 독립하려 한다는 것이 하이데거의 미학이다. 세 번째 구별은 이상의 2가지 구별을 종합하여 예술 속으로의 몰입과 이입은 **폐쇄**를 의미하고 진리의 결단은 **개방**을 의미한다고 보아야 한다. 구심적이며 은닉하고 보호하여 폐쇄하려는 예술의 색깔이 어둡다고 한다면, 그 모태를 벗어나 밖으로 향하려는 원심적이며 개방적인 진리는 밝은 색깔이라 보아야 한다. 그리고 이미 언급한대로 예술 속으로의 몰입과 이입을 하이데거는 "붙들려 머문다", "보존한다", "보호하여 은닉한다" 등의 말들로 표현하는 데 비해, 진리의 결단은 **"창작한다"**, **"진리화한다"**, **"개방한다"**, **"열다"** 등의 말들로 표현한다. 그리고 예술 속으로의 몰입과 이입의 현상을 하이데거는 이상한, 베일에 가려진, 기이한, 놀라운 감정이라 표현하는

---

59) **구심적(zentripetal) 현상**
60) **원심적(zentrifugal) 현상**

데 비해, 진리의 결단이라는 현상은 하나의 말로 **"밝은 감정"**[61]이라고 표현한다.

  사건발생에 대한 마지막 그리고 종합적인 세 번째 설명은 **"창작적 보존"**[62]이라고 하이데거는 표현한다. 지금까지 우리는 **진리화**의 문제를 추적하다가, 진리화의 문제는 야누스의 머리와 같은 사건발생에 대한 문제가 되므로 사건발생에 대한 설명을 이상의 2가지로, 예술(작품) 속으로의 몰입과 이입이라는 설명과 진리의 결단이라는 설명을 했다. 따라서 사건발생에 대한 세 번째 설명은 동시에 진리화에 대한 세 번째 설명이 된다. 진리화에 대한 하이데거의 마지막 그리고 종합적인 설명은 다음 3가지 인용문으로 압축된다. **"예술작품의 진리화란 그 예술작품 속에서 돌발하고 있는 실재물의 개방에 둘러싸여 참고 견디는 것이다."**[63] 다음 인용문은 같은 의미를 나타내지만 하이데거는 약간 다른 표현을 사용한다. **"예술작품의 진리화란 그 예술작품 속에서 돌발하고 있는 진리라는 엄청난 사실에 둘러싸여 냉정하게 참고 견디는 것이다."**[64] 마지막 인용문은 예술작품 속으로의 몰입과 이입이라는 현상과 진리의 결단이라는 현상, 양자의 현상을 종합하여 표현하는 것이 되는데 다음과 같다. **"예술이란 예술작품 속에 들어 있는 진리를 창작하면서 보존하는 것이다."**[65] 이상 3개의 인용문 중에서 첫째 인용문을 풀이하자면 다음과 같다. 예술작품을 감상한다는 것은, 하이데거의 표현을 사용하여, 예술작품을 진리화 한다는 것은 새로 탄생된 엄청난 실재물[66]에 부딪치게 되는데, 이때 수용자는, 다시 하이데거의 표현을 사용하여, 진리화의 담당자는 그 엄청난 실재물에 의해 좌절당하지 말고 이를 악물고 눈을 부릅뜨고 참고 견뎌야 한다는 내용이다. 둘째 인용문의 내용은 첫째 인용문의 내용과 동일하다. 그러나 실재물이라는 표현대신 진리라는 표현으로 바꾼 것이 차이점이

---

61) **밝은 감정(das Lichte)**

62) **창작적 보존(schaffende Bewahrung)**

63) Heidegger: Der Ursprung des Kunstwerkes, S.54; **"Bewahrung des Werkes heißt: Innestehen in der im Werk geschehenden Offenheit des Seienden."**

64) ebd. S.55; **"Bewahrung des Werkes ist ······ die nüchterne Inständigkeit im Ungeheueren der im Werk geschehenden Wahrheit."**

65) ebd. S.59; **"Also ist die Kunst: die schaffende Bewahrung der Wahrheit im Werk."**

66) 실재물(das Seiende)

다. 그리고 첫째 인용문은 예술과 그리고 예술 속으로의 몰입과 이입에 중점을 둔 표현이라면, 둘째 인용문은 진리와 그리고 진리의 결단에 중점을 둔 표현이라 할 수 있다. 셋째 인용문은 모든 것을 종합하는 인용문으로, 예술 속으로의 몰입과 이입이라는 현상과 진리의 결단이라는 현상을, 예술과 진리를 종합하는 인용문인 동시에 전체 하이데거 미학을 종합하는 난해하고 복합적인 인용문이라고 할 수 있다. 이 셋째 인용문의 난해성과 복합성을 간단히 설명하자면 다음과 같다. 셋째 인용문을 글자 그대로 다시 직역하면, **예술이란 예술작품 속에 들어 있는 진리를 창작하고 보존하는 것이다** 라는 말도 되고, 또는 **예술이란 예술작품 속에서 진리를 창작하고 보존하는 것이다** 라는 말도 된다. 이상의 인용문 속에는 다음의 난해성들이 내재해 있다. 첫째로 예술의 담당자가 누구냐 하는 문제가, 다시 말해 진리를 창작하고 보존하는 자가 누구냐 하는 문제가 제기된다. 예술작품은 예술가가 이미 생산한 기존의 예술작품이므로 예술가를 제외시킨다면 결국 예술의 담당자는, 다시 말해 진리를 창작하고 보존하는 자는 수용자가 될 수밖에 없다고 인용문을 해석해야 하는 문제가 있다. 둘째로 예술작품 속에 진리가 이미 들어 있느냐 아니면 아직 들어 있지 않느냐 하는 문제가 제기된다. 진리가 들어 있다면 기존해 있는 진리를 재창작하고(재제시하고) 보존해야 한다는 말이 되고, 진리가 아직 들어 있지 않다면 진리를 새로 제시하거나 비진리를 진리화 시켜야 한다는 말이 된다. 그리고 독일어 인용문을 있는 그대로 직역하면, 예술작품 속에 들어 있는 진리를 창조하고 보존한다는 말도 되고, 또 예술작품 속에서 진리를 새로 창조하고 보존한다는 말도 되어 난해성은 가중된다. 셋째로 "창작적인 보존"이라는 표현에서 창작과 보존은 서로 상반적인 의미를 나타내기도 하고, **"창작적인 보존"**을 "보존적인 창작"이라 바꾸어 생각하면 서로 동일한 의미를 나타내기도 하고, 또 양자의 개념이 창작은 창작이고 보존은 보존이라는 각각 독립적인 의미를 나타내기도 한다. 이상에서 열거한 모든 복합성을 종합하는 난해한 인용문이 셋째 인용문이라고 할 수 있다.

지금까지 우리는 진리화의 문제는 사건발생의 문제와 동일한 문제로 보고 이상과 같이 3가지로 설명했다. 이상의 설명 중에서 하이데거 미학의 난해성과 복합성은 여기서 해결하기 불가능하므로 제외하고 예술과 진리의 문제를 다시 한 번 거론하고 종결하기로 한다. 예술과 진리의 문제를 2개의 단계로 나누어서, 첫째 단계는 예술 과 진리 사이의 상관관계를 언급하고, 둘째 단계로는 하이데거 미학의 목표는 예술 이 아니라 진리가 되므로 진리 자체에 대한 언급이 되어야 한다. 첫째 단계를 언급하 자면, 예술과 진리 사이의 상관관계는 그 양자 사이에서 일어나는 해석학적 회전관 계다. 예술과 진리 사이에서 발생하는 해석학적 회전관계는 **대지**와 **세계** 사이에서 발생하는 제5의 해석학적 회전관계와 동일하다. 대지와 세계 사이에서 발생하는 해석학적 회전관계에 대해 말한 모든 설명은 따라서 예술과 진리 사이의 상호관계에 도 적용되는 설명이 된다. 예술은 진리를 제거하려 하고 또 반대로 진리는 예술을 제거하려 하며, 예술의 입장에서 보면 전체가 예술이고 또 반대로 진리의 입장에서 보면 전체가 진리며, 예술을 이해하기 위해서는 진리를 이해해야 하고 또 반대로 진리를 이해하기 위해서는 예술을 이해해야 한다는 말이 된다. **예술**과 **진리** 사이에 서 발생하는 해석학적 회전관계는 자세히는 구심력과 원심력 사이에서, 폐쇄와 개 방 사이에서, 어두운 색깔과 밝은 색깔 사이에서 발생하는 해석학적 회전관계다. 하이데거가 해석학적 회전관계를 선호하는 이유는 전통철학을 비판하고 특히 전통 철학의 변증법을 배척하려는 의도라고 할 수 있다. 다음에 둘째 단계로 진리 자체에 대해 언급할 차례다. 하이데거 미학의 목표인 진리에 대해 언급하기 위해서는 위에 서 인용한 인용문의 내용 중에서 수용자에 대한(하이데거의 표현으로 진리화의 담 당자에 대한) 묘사가 핵심적이다. 수용자는(진리화의 담당자는) 엄청난 실재물의 돌발에 의해, 또는 엄청난 진리의 돌발에 의해 좌절당하지 말고 이를 악물고 눈을 부릅뜨고 참고 견뎌야 한다는 내용이었다. 인용문의 내용을 다시 숙고하여 풀이하 면 다음과 같다. 엄청난 진리가, 지금까지는 상상도 못했던 엄청난 진리가 눈부시도 록 찬란한 모습을 하고 갑자기 순간적으로 돌발한다는 내용이다. 그리고 수용자는 (진리화의 담당자는) 이 돌발현상에 대해(이 사건발생에 대해) 졸도하거나 좌절하 지 말고 이를 악물고 눈을 부릅뜨고 견디어 참아야 한다는 내용이다. 수용자가 견디어 참아야 하는 이상의 막중한 긴장의 순간을 고도의 열병의 순간이라 한다면, 정신착란을 일으킬 정도로 고도의 열병을 앓고 난 후 사람이 변하여 딴 사람이 되듯이, 수용자는 딴 사람으로 변한다는 것이 하이데거의 생각이다. 예술 전람회장을(진정한 예술작품을 전시하는 전람회장을) 들어갈 때의 사람은 나올 때는 딴 사람으로 변한다는 것이 하이데거의 생각이다. 그러나 문제는 고도의 열병을 앓고 난 후 변한 요소가, 과거와는 달라진 변화가 진리냐 하는 문제다. 그러나 언급한 대로 변화는 다시 변화를 의미하므로, 고도의 열병을 앓고 난 후 새로 생긴 변화는 다시 변한다고 보아야 한다. 고도의 열병을 앓고 난 후 생긴 첫 번째 변화를 진리라고 한다면 다음에 올 변화는 비진리가 된다. "**진리는 비진리다**"라는 하이데거의 말은 고도의 열병을 앓고 난 후 얻은 진리는 다시 변할 것이고 또 변해야 하는 진리라는 말이다. 아니면 고도의 열병을 앓고 난 후 얻은 진리가 잘못된 진리, 즉 비진리일 수도 있다는 말이다. 하이데거는 진리를 **리히퉁**이라 하고 비진리를 **폐쇄**[67]라고 부른다. 진리는 리히퉁인 동시에 폐쇄라는 말이다. 아니면 리히퉁 자체는 밝은 동시에 어둡다는 말이다. 리히퉁과 폐쇄 사이에서, 밝음과 어두움 사이에서 발생하는 해석학적 회전관계가 이미 자세히 논한 **제6의 해석학적 회전관계**다.

---

67) **리히퉁(Lichtung)**과 **폐쇄(Verbergung)**

가다머 I
예술의 중개기능

1. 예술의 자기정당화

"예술에 관한 한 더 이상 자명한 것이라고는 하나도 없다는 사실만이 자명한 사실이다. 예술 자체도 그렇고, 사회에 대한 예술의 관계도 그렇고, 예술의 존재권도 그렇다."[1] 이상의 인용문은 현대예술에 대해 아도르노[2]가 내리는 대지진과 같은 선고문이다. 이 선고문은 예술이 최소한 실제로 실재해 있다는 예술실재의 자명성, 예술존재의 자명성을 다시 찾아야 한다는 경고문으로 해석할 수 있다. 다시 말해 이상의 선고문에서 아도르노는 현대 예술론에서 예술존재의 정당화 문제가 가장 우선적인 핵심 문제임을 표현하는 것이나. 예술이리는 것이 허공에 뜬 헛소리나 꿈속에서만 나타나는 꿈 소리가 아니라, 예술은 실제로 실재한다는, 예술존재의 합법화 문제, 예술존재의 **정당화**[3] 문제는 아도르노뿐만 아니라 모든 이론가들에게 현안으로 되어 있는 문제다. 더 나아가서 예술이 최소한 존재해 있다는 예술존재의 자명성을 입증하는 일, 예술존재의 정당화 문제가 지금까지의 모든 예술철학의 핵심 문제 즉 소실점이 되어왔다고 할 수 있다. 예술존재의 정당화 분제가 모든 예술철학의 소실점이라는 말은 이 문제에 일체의 예술행위에 괸한 총체저 문제가 좌우된디는 말이다. 예를 들어 신학에서 신이 분명히 존재한다는 신존재의 자명성만 입증된다면 모든 문제가 해결되는 것과 같이, 예술론에서 예술존재의 자명성이 입증된다면 총체

---

1) Adorno, Th. W.: Ästhetische Theorie, Frankfurt/M. 1973, S.9
2) 아도르노(Theodor W. **Adorno** 1903~1969)
3) **정당화(正當化 Legitimation)**

적 문제가 해결되는 것과 같다고 할 수 있다. 왜냐하면 신의 존재가 확실하다면 인간은 신의 계시와 지시에 따라 행동하여 세계는 평화롭게 될 것이며, 마찬가지로 예술이 분명히 존재한다면 그 존재하는 예술의 목표와 또 그 목표에 이르는 방법론들은 스스로 결정되고 생겨날 것이기 때문이다. **가다머**4)의 예술철학도 모든 예술철학의 소실점인 예술존재의 정당화 문제를 제기하는 것은 당연하다. 유럽의 예술사에서 본다면 19세기 중반부터 예술은 자신의 존재에 관한 자명성을 상실해 왔으므로 예술은 이제 자신의 존재이유, 존재의 정당화를 다시 찾아야 할 입장에 있다는 것이 가다머의 주장이다. 가다머는 예술존재의 정당화 문제를 2가지 방법에 의해 시도하는데, 그것은 **존재론**에 의한 방법과 **인성론**5)에 의한 방법이다. 존재론에 의한 방법은 독일 전통철학에 의한 방법이고, 인성론에 의한 방법은 인간에 내재한 인성에 의한 방법이다. 이상의 2가지 방법론 중에서 존재론에 의한 방법론만을 본 논문이 다루고, 인성론에 의한 방법론은 다음 논문으로 미룬다. 이상 2가지 방법론의 개관을 가다머는 『미의 현실성』6)이라는 그의 중요한 논문에서 다루고 있으므로 이 논문을 분석의 대상으로 한다.

존재론적 방법론을 전개하기 위해서 가다머는 예술은 언제나 변화해 왔으며, 따라서 자기 존재의 정당화를 끊임없이 계속해 왔다는 논리를 다음과 같이 전개한다. 유럽의 예술사에서 최초의 예술의 정당화 문제는 플라톤7)에서 제기 되었는데, 플라톤에 의하면 도덕적으로 선한 것만이 **이념**8)이 될 수 있으며 **진리**9)에 대한 요구를 할 수 있다고 가다머는 설명한다. 반면에 **신화**10)는 그 등장인물들이 도덕적으로 선하지 못하기 때문에 진리의 요구를 할 수 없다는 것이다. 따라서 신화라는 예술형식은(신화도 하나의 예술형식이라 한다면) 자기 존재의 정당화를 해야만 하는 입장

---

4) 가다머(Hans-Georg **Gadamer** 1900~2002)
5) **존재론(存在論 Ontologie), 인성론(人性論 Anthropologie)**
6) 『미의 현실성 Die Aktualität des Schönen』
7) 플라톤(**Platon** 427~347 v.Chr.)
8) **이념(理念 Idee)**
9) **진리(眞理 Wahrheit)**
10) **신화(神話 Mythos)**

에 놓여 있었다고 가다머는 말한다. 또 플라톤이 비판하는 **미메시스** 즉 **모방**은 이념을 모방하는 것이 아니라 그 이념의 **가상**[11]을 모방하는 것이기 때문에 역시 진리의 요구를 상실하므로, 예술의 핵심개념을 형성하는 모방 역시 자기 정당화의 문제를 피할 수 없었다는 것이다. 그 후 헬레니즘이 끝나고 후기 고전시대가 시작하는 1세기경 건물의 내부 벽들이 모자이크나 기하학적 모형의 장식들로 꾸며져 있었기 때문에 그 당시 조형 예술가들은 자신들의 시대가 끝나버렸다고 탄식했으며, 다시 그 후 2세기 초에 타키투스[12]가 『웅변가에 대한 대화』에서 수사학의 종말을 고한 것도 모두 조형예술과 수사학이라는 예술형식들의 자기 정당화의 필연성을 나타내는 계기들이었다는 것이다. 6세기와 7세기경에 등장했던 소위 **우상파괴** 운동은 신이나 성인들의 영상을 그림으로 그리거나 조각을 만들어서 섬기는 행위는 미신이라 하여 그 영상들을 파괴했다. 이 우상파괴 운동이 지나간 후 기독교의 교회는 오히려 우상파괴가 아니라 반대로 우상 형성에 대한 중요한 의미를 발견했다는 것이다. 이 결과로 소위 **"가난한 자들을 위한 성경"**[13]이 생겨났다고 가다머는 설명한다. 가난한 자들은 배우지 못해 라틴어로 쓰여 있었던 성경을 읽을 수 없어 성경은 자연히 많은 그림과 설화[14]를 내포하게 되어 그림을 장려하는 조형예술과 설화술을 장려하는 시문[15]이 자연히 정당화되었다는 논리다. 그 후 유럽 예술사는 중세의 기독교 예술의 정당화와 희랍 - 로마의 예술을 기반으로 하는 르네상스 시대의 소위 인문주의 예술의 정당화에 이르게 되었다고 설명한다. 이상과 같이 유럽의 예술사는 정당화의 연장으로서 정치적 사회적으로 격동의 시기였던 19세기에 이르게 되었다고 가다머는 말한다.[16]

정치적 사회적으로 격동의 시기였던 19세기에 예술의 자기 정당화 문제는 절정에 이르게 되었다는 의견을 가다머는 전개한다. 예술 정당화 문제의 절정을 이루었

---

11) **가상**(假象 Schein)
12) 타키투스(Publius Cornelius **Tacitus** 55 n. Chr.~)
13) **"가난한 자들을 위한 성경(Biblia pauperum)"**
14) 설화(說話)
15) 조형예술(bildende Kunst)과 시문(詩文 Poesie)
16) 예술의 자기 정당화 문제는 가다머의 논문 참조, Gadamer: Die Aktualität des Schönen, S.94, 95

던 계기는 헤겔[17]의 유명한 "**예술 종말론**"이었다. "예술은 예술의 최고 과제라는
면에서 볼 때 이제는 과거사로 되어버렸다. 예술은 현대인에 대해서는 진리와 생동
성을 상실했으며, 인간의 상념[18] 속에서만 존재하기 때문에 예술은 실제로는 과거
에 소유했던 필연성과 높은 위상을 더 이상 주장할 수 없게 되었다 …… 예술이 최고
욕구를 충족시켰던 과거와 비교하면, 오늘은 예술보다 예술에 대한 학술이 더 필요
한 때이다. 오늘의 예술은 우리를 사고에로 초대하는데, 그것도 과거 최고상태의
예술을 다시 불러오기 위해서가 아니라, 예술이 무엇인가를 학술적으로 인식하기
위해서다."[19] 이상의 인용문은 헤겔의『미학 강의』에서 유명한 부분으로 헤겔 미학
의 해설가들이 자주 인용하는 부분이다. 대부분의 해설가들은 예술은 이제는 과거
사로 끝장났으며 더 이상 존재하지 않는다는 논리로 이상의 부분을 인용하고 있다.
예술이 종말에 도달했다는 소위 "**예술 종말론**"의 근거는 헤겔이 예술사를 3단계로,
즉 상징적 예술형식, 고전적 예술형식, 낭만적 예술형식 등으로 나누어 중간 단계인
고전적 예술형식을 최고의 예술형식으로 보는 데 기인한다. "**예술미는 이념의 감관
적 가상화**"[20]라고 하여 **이념**과 **감관**[21]이, **내용**과 **형식**이 가장 이상적으로 조화된
상태가 진정한 최고의 **예술미**[22]이며, 이 진정한 최고의 예술미는 2000년 전 희랍인
들의 조각 작품에서 달성되었고, 따라서 이 두 번째 단계인 고전적 예술형식의 시대
는 이미 지나간 과거사이기 때문에 그 진정한 최고의 예술미도 과거사로 더 이상
존재하지 않는다는 논리다. 그리고 예술은 이제 그의 "최고 과제", "최고 욕구"인 진정
한 최고의 예술미를 상실했으므로 현대는 과거사가 되어버린 과거의 예술을 다시
복원하려 하지 말고, 예술이란 무엇이냐 하는 과학을 해야 하는 시대라는 말로, 우리
시대는 예술의 시대가 아니라 학술의 시대라는 논리다. "예술 종말론"이라고 해설가
들이 표현하는 이상의 인용문을 가다머는 **예술의 과거성**이라고 표현하면서 예술

---

17) 헤겔(Georg Wilhelm Friedrich **Hegel** 1770~1831)

18) 상념(想念)

19) vgl. Hegel: Vorlesungen über die Ästhetik I, S.25

20) Hegel: Vorlesungen über die Ästhetik I, S.25

21) **이념(理念)과 감관(感官)**

22) **예술미(藝術美)**

종말론 자체를 부정하며 역으로 예술 지속론의 논리를 전개한다. 이상의 인용문을 가다머가 해설하는 것을 보면 다음의 3가지로 요약할 수 있다.

첫째로 이상의 인용문과 관련하여 가다머는 헤겔 미학의 대담무쌍한 모험성을 지적하고 있다. 헤겔의 관심은 실은 예술 자체에 있는 것이 아니라 **진리** 자체에 있었다고 가다머는 해설한다. 헤겔이 예술의 과거성을 언급하는 것은 철학의 요구인 절대 진리를 극단적으로 강조하기 위함이라는 것이다. 철학이 요구하는 **절대 진리**[23]란 진리의 인식 자체를 인식의 대상으로 하는 것으로, 헤겔 철학의 대담무쌍한 모험성을 의미한다고 가다머는 해설한다.[24] (진리의) 인식 자체를 인식하려는 헤겔 철학의 모험성은(상징적 예술형식, 고전적 예술형식, 낭만적 예술형식 등과 같은 헤겔의 소위 3단 논법은) 불가사이한 기독교의 **삼위일체설**[25]의 전통에서 기인했다고 가다머는 말한다. 이 불가사이한 기독교의 삼위일체설은 유럽 역사에서 **인간사고**에 대한 도전이었으며 동시에 인간사회를 위한 약속이었다고 가다머는 말한다. 그리고 이 불가사이한 기독교의 삼위일체설은 인간사고의 한계선을 초월하는 것으로 인간의 사고를 생생하게 유지시켜주는 활력소 역할을 해 왔다는 것이다. 따라서 헤겔이 말하는 **예술사의 3단계**인 상징적 예술형식, 고전적 예술형식, 낭만적 예술형식 등은 예술사의 3단계가 아니라 진리의 3단계, 즉 **정신사**[26]의 3단계로 볼 수 있으며, 또 실제로 헤겔의 관심은 예술사의 단계가 아니라 정신사의 단계라고 가다머는 해설한다. 따라서 진정한 최고의 예술미는 이제는 과거사로 끝났다 하더라도 진리의 과정은, 정신의 과정은 지속한다는 논리이고, 또 예술이 진리에 봉사해야 하는 과제를 가지고 있다면, 예술은 자체를 변화하여 지속하는 진리에 지속적으로 봉사해야 한다는 논리다. 따라서 예술 종말론은 타당하지 않으며, 예술 자체는 그 형식을 변화하여 계속 지속한다는 논리다. 다른 말로 표현하면 예술은 자기 정당화를 다시 해야 할 시점에 있다는 논리다.

---

23) **절대진리(絶對眞理)**
24) vgl. Gadamer: Die Aktualität des Schönen, S.96
25) **삼위일체설(Trinität)**
26) **정신사(精神史)**

둘째로 가다머는 예술의 과거성에 관한 인용문과 관련하여 **역사화의 세기**를 지적하고 있다. 형이상학, 역사철학, 예술철학 등 모든 철학에서 넓고 깊은 지식을 가지고 있던 헤겔은 우리 현대인이 잘 알고 있는 사실 중 모르고 있던 것이 있었는데, 그것이 바로 과거와는 전혀 다른 세계인, 역사화의 세기에 살고 있는 인간들의 의식인 **"역사의식"**이라고 가다머는 말한다.[27] 여기서 우리는 독일어의 2가지 표현인 **역사의식과 발전사적 의식**[28]을 구별해야 하는데 전자는 과거 전통과 단절하려는 의식이고, 후자는 과거 전통을 지양하고 미래를 지향하려는 의식을 의미한다. 다시 말해 헤겔이 의미하는 역사는 과거에서 출발하여 현재를 통과해 미래로 지속되는 **발전사**였으며, 과거와의 총체적 단절을 의미하는 **역사**[29]는 아니었다고 할 수 있다. 바로 이 후자의 의식인 **"역사의식"**이 현대인에 내재해 있으며, 이러한 현대인의 세기가 정치적 사회적으로 격동의 세기였던 19세기에, 정확히는 19세기 중반에서 시작했다는 사실을 헤겔은 몰랐었다고 가다머는 말한다. 독일 정신사의 정점을 이루는 헤겔과 괴테가 사망한 해가 각각 1831년과 1832년으로 이 시점을 상징적으로 과거의 전통적 정신사가 끝나는 시점으로 본다면, 그 후 1848년의 3월 혁명, 칼 마르크스의 공산당 선언 등 정치적 사회적 격동의 시기는 철학적 정신사적으로도 격동의 시기를 의미한다. 철학적 정신사적 격동의 시기가 현대인의 의식인 "역사의식"을 탄생시켰으며, 어제와는 전혀 다른 오늘이 되고, 또 오늘과는 전혀 다른 예측할 수 없는 내일이 되는 현대사회, 급격히 변해 가는 현대사회의 현대 의식인 "역사의식"은 과거 전통과의 연계를 상실할 뿐만 아니라 과거 전통 그 자체를 부정하려는 의식이라는 것이다. 19세기 중반에 이미 사망했던 헤겔이 상상할 수 없었던 현대사회, 격동하고 급변하는 현대사회의 의식인 "역사의식"이라고 하는 현대인의 의식을 몰랐었다고 하는 주장은 이해할 수 있는 주장이다.

셋째로 가다머는 인용문과 관련하여 예술의 자기정당화에 성공한 예로 희랍인들

---

27) vgl.Gadamer: Die Aktualität des Schönen, S.97
28) **역사의식(das historische Bewußtsein)**과 **발전사적 의식(das geschichtliche Bewußtsein)**
29) **발전사(Geschichte)**와 **역사(Historie)**

의 예술과 기독교의 예술을 들고 있다.[30] 2000년 전 희랍인들의 예술은 구름 한 점 없이 맑고 밝은 자연을 배경으로 하고 있는 하얀 대리석의 조각 작품들과 신전들로, 남유럽에 특유한 이들 예술작품들은 창공이라는 영원한 밤의 세력과 대조와 동시에 조화를 이루는 예술이었으며, 특히 조각 작품들은 인간의 형태를 가지고 있는 신들로 남유럽에 위치한 희랍의 자연환경과 희랍의 창공하에서만 가능한, 희랍인들에게만 특유한 예술이었다는 것이다. 반면에 로마제국이 멸망하는 시점인 476년경에 시작하는 기독교 예술은 현실세계를 신의 세계인 피안의 세계에까지 연장하려는 예술로, 희랍인들의 예술이 현실과 영원한 창공 사이의 대조와 조화를 나타냈다면, 기독교 예술은 현실과 피안을 하나로 통합하려는 예술이었다고 가다머는 설명한다. 2000년 전의 희랍인들의 예술도 또 476년부터 시작하는 기독교 예술도 그들의 자기 정당화를 잘 해낸 예술들이라는 논리다. 종합하여 헤겔 철학의 소위 "예술 종말론"이란 타당한 해설이 아니며, 예술은 자기 정당화의 필연성을 언제나 자체 내에 포함하고 있다는 것이 가다머의 주장이다. 특히 19세기 중반부터 시작되는 현대사회의 "역사의식"은, 다시 말해 과거 전통을, 과거의 예술을 전면 부정하는 "역사의식"은 현대예술의 자기 정당화 문제를 강요하는 증거라는 것이다. 현대예술은 과거전통에는 더 이상 의존할 수 없으니 지기가 갈 길을 찾아야 한다는 것을, 다시 말해 자신의 정당화를 찾아야 한다는 것을 현대인의 역사의식은 강요한다고 가다머는 말한다. 그리고 2000년 전의 희랍인들의 예술과 또 476년부터 시작하는 기독교 예술이 보여 주듯이, 과거의 예술은 이미 자기 정당화를 계속 이루어 왔으므로 현재의 예술도 자기 정당화의 필요성을 인식해야 한다는 것이 가다머의 생각이다. 위에서 헤겔이 19세기 중반부터 시작되는 "역사화의 세기"를 예측하지 못했다는 내용을 언급했다. 헤겔이 미처 예측할 수 없을 정도로 격동하고 급변하는 현대사회를, 19세기 중반부터 시작되는 격동과 급변의 현대사회를 감안한다면, 헤겔이 말하는 소위 "예술 종말론"은 닥쳐올 다음 세기에 대한 경종으로도 해석할 수 있다. 헤겔이 말하는 "예술 종말론" 또는 "예술의 과거성"을 예술이 이제는 끝장나 버린 듯 보일 정도로 격동하고 급변하는 현대사회에 대한,

---

30) vgl. Gadamer: Die Aktualität des Schönen, S.97

내일을 예측할 수 없을 정도로 순간순간 변해 가는 심각한 현대사회에 대한 경종의 표현이라 본다면, 이 심각한 현대사회의 현상을 논할 필요가 있다.

2. 자명성의 상실

헤겔은 상징적 예술형식, 고전적 예술형식, 낭만적 예술형식 중에서 제2단계인 고전적 예술형식을 최고의 예술형식으로 보았다는 내용을 언급했다. 이 고전적 예술형식인 희랍인들의 예술은 희랍의 자연환경과 희랍의 창공하에서만 가능한, 희랍인들에게만 특유한 예술로서 자기 정당화의 문제를 잘 극복해낸 예술이었으며, 또 동시에 이 희랍인들의 예술은 그 당시의 공동체, 사회, 신전 그리고 예술가를 하나로 중개해주는 "**자명한 통합**"의 상징이었다고 가다머는 설명한다.[31] 달리 표현하면 그 당시의 공동체, 사회, 신전, 그리고 예술가 사이를 지배했던 자명한 통합의 표현이 그 당시 희랍인들의 예술이었다는 말이다. 현대적인 표현을 사용하면, 사회와 예술가를, 또는 사회와 예술을 하나로 묶어주는(통합해주는 또는 중개해주는) **자명성**[32] 이라는 것이 있는데, 바로 이 자명성이 희랍인들의 예술인 최고형식의 예술을 탄생시켰다는 것이 가다머의 논리다. 따라서 헤겔이 주장했다는 소위 예술 종말론 또는 예술의 과거성은 사회와 예술가를 하나로 중개해 주는(통합해 주는) "**자명성**"이 현대에 와서 사라졌다는 말이지 예술가 자체가, 예술 자체가 사라졌다는 말은 아니라고 가다머는 해설한다. 현대사회의 심각한 현상인, 사회와 예술가를 하나로 중개해 주는 "자명성"의 상실을 가다머는 다음과 같이 설명한다. 이미 19세기에, 정확히는 19세기 중반에 사회의 급변에 의해 예술가는 자신들과 시민들 사이의 **의사소통**의 단절을 의식히고 있었다는 것이다. 따라서 시민사회로부터 고립된 이 시대의 예술가는 자기 자신의 창작형식과 창작내용만을, 다시 말해 예술만을 진리라고 생각하게 되고, 이 결과 예술가는 "새로운 구세주"라는 의식이 유럽 정신사에 생기게 되었다고 설명한다. 그리고 "새로운 구세주"인 예술가만이 인간이 현실사회에서 발견할

---

31) Gadamer: Die Aktualität des Schönen, S.97
32) **자명성**(自明性 Selbstverständlichkeit)

수 없는 **조화**를 되찾아 주는 조화의 전달자라는 의식이 유럽 정신사에 생기게 되었다고 가다머는 말한다. 그러나 이 찬란한 "조화의 전달자"라는 이면에는 이 시대의 예술가는 사회의 국외자가 되어야만 했고, 또 단지 "**예술만을 위한 예술가**"로 사회로부터 고립되어야만 했다고 가다머는 설명한다.[33] 사회와 예술가 사이의 의사소통의 단절, 사회로부터 예술가의 고립, 또 그에 상응하는 현상으로 사회와 예술의 분리, 달리 표현하여 사회와 예술의 자명한 통합이 아니라 "**예술만을 위한 예술**"이 19세기의 심각한 현상이라는 말이다. 이상을 또 달리 표현한다면, **순수 예술**, **절대 예술**, **상아탑으로서의 예술** 등으로 표현되는 소위 "**라르 푸르 라르**"[34]라는 현상이 19세기 중반에 새로 생겨난 심각한 현상이라는 말이다. 따라서 "순수 예술", "예술을 위한 예술"을 의미하는 "**라르 푸르 라르**"라는 개념이 사회와 예술가의 분리를, 사회와 예술의 분리를 의미하는 개념으로, 간단히 표현하여 사회와 예술 사이의 자명한 통합을 파괴하는 개념으로 19세기의 심각한 현상이라 보아야 한다. 사회와 예술 사이를 지배했던 **자명한 통합**, 또는 **통합의 자명성**이 파괴되는 이유로 가다머는 전통적인 **교양신앙**과 그 교양신앙에 대한 도전인 현대적인 **프로보카씨온 예술** 사이의 분열을 들고 있다.[35] 전통적인 교양신앙이란 예를 들어 그림은 당연히 중앙원근법이라는 원칙에 의해 그려져야 하고, 음악은 당연히 협화음이라는 원칙에 의해 작곡되어야 한다는 전통적으로 이어온 교양, 의심의 여지가 없다고 생각해온 전통교양에 대한 신념을 의미한다. 다음에 프로보카씨온의 예술이란 전통적인 교양신앙을 부정하는 행동방식으로 급변하는 현대사회에서만 가능한 예술가들의 끊임없는 실험과 시도를 의미한다고 볼 수 있다. 가다머는 여기서 사회와 예술 사이를 중개했던 "**통합의 자명성**"이 파괴되었다는 심각한 현대사회의 현상을 전통적 **교양신앙**과 현대적 **프로보카씨온 예술** 사이의 분열에 의해서 설명한다.

사회와 예술 사이를 중개하는 통합의 자명성 파괴의 예로 가다머는 유럽 회화의

---

33) vgl. ebd. S.98
34) "**라르 푸르 라르**(l'art pour l'art)"
35) Gadamer: Die Aktualität des Schönen, S.98; **교양신앙**(Bildungsreligion), **프로보카씨온**(Provokation)

역사를 설명하면서 19세기 중반에 이미 회화예술의 근본적 전제조건이었던 **중앙원근법**36)이라는 자명성이 파괴되었다고 말한다.37) 이 중앙원근법의 파괴는 마레38)의 그림에서 관찰되며, 후에 쎄잔39)은 이 중앙원근법의 파괴라는 혁명적 운동에 의해 세계적인 대가가 되었다고 가다머는 말한다. 회화의 중앙원근법은 16세기 초부터 시작하는 르네상스 시대에 생겨난 기법으로 레오나르도 다 빈치40)의 그림 "성찬식"41)이 그 대표적인 예이다. 그림에 나타나는 모든 직선의 연장이 한 점에서 만나 소실점을 형성하는데, 그 소실점이 예수의 이마와 일치하게 된다. 반대로 표현하면 소실점인 예수의 이마를 중앙 점으로 하여 모든 공간구성이 이루어졌다고 할 수 있다. 그리고 중앙원근법에 의한 회화의 선들은 기하학적 선들로서 정삼각형, 사각형, 원들을 구성하는 것이 원칙이다. 그러나 이상의 중앙원근법은 르네상스 전의 시대인 기독교의 중세에는 없었던 기법이며 르네상스 시대의 자연과학과 수학의 발달로 새로 생겨난 자연과학적이고 기하학적인 구성법이었다고 가다머는 말한다. 이상의 자연과학적이고 기하학적인 중앙원근법은 이 당시 회화와 회화에 대한 학술에 있어서 위대한 기적과 같은 것이었다고 가다머는 설명한다.42) 그리고 이상의 중앙원근법은 다음에 계속되는 로코코, 바로크, 의고전주의43) 시대까지 지속하다가 이미 언급한대로 19세기 중반부터 마레, 쎄잔, 피카소44) 등의 화가에 의해 종말에 이르게 된다고 설명한다. 따라서 중앙원근법은 19세기 중반에 역사화 된 예술형식이나, 그 중앙원근법의 종말은 인상주의, 표현주의, 입체주의 등 현대의 다양한 예술형식을 탄생케 하는 계기가 되었다고 가다머는 설명한다. 전통적 교양신앙과 현대적 프로보카씨온 예술 사이의 분열을 설명하기 위해, 다시 말해 그 양자 사이의 거의 이해불가능한 변혁을 설명하기 위해 가다머는 **입체주의**45)를 예로 들어 설명한다. 입체

---

36) **중앙원근법**(Zentralperspektive)

37) Gadamer: Die Aktualität des Schönen, S.98

38) 마레(Hans von **Marées** 1837~1887)

39) 쎄잔(Paul **Cézanne** 1839~1906)

40) 레오나르도 다 빈치(**Leonardo da Vinci** 1452~1519)

41) "성찬식(das Abendmahl)"

42) vgl. Gadamer: Die Aktualität des Schönen, S.99

43) 로코코(Rokoko), 바로크(Barock), 의고전주의(Klassizismus)

44) 피카소(Pablo **Picasso** 1881~1973)

파들의 **"형식파괴"**라는 말을 사용하면서 가다머는 입체주의가 예술의 대상 자체를 지양하려는 예술형식이라고 정의한다.[46] 예술의 대상 자체를 지양한다는 말은 시각적인 대상에 만족하지 않고 대상의 내부 또는 배후의 비시각적인 요소들까지 묘사하려는 시도를 의미한다. 이는 19세기 중반까지 자명한 원칙으로 여겨졌던 중앙원근법의 원칙인 **"원근법적인 영상"**이 파괴됨을 의미한다고 가다머는 설명한다. "원근법적인 영상" 이라는 자명한 원칙이 19세기 중반까지는 교양신앙으로 통했는데, 이 전통적인 교양신앙에 정면으로 도전하는 프로보카씨온이 나타났다는 설명이다. 전통적 교양신앙의 내용이었던 "원근법적인 영상"이라는 자명성에 의하면 대상과 인간시선과의 자연적인 상관관계에 의해 회화가 구성되어야 한다. 창문을 통해 벌어지는 파노라마를 상상하면, 가까운 곳은 분명하고 크게 보이고, 먼 곳은 애매하고 적게 보이듯이, 회화도 자연의 대상을 그대로 옮겨 놓은 듯한 공간적 환상을 일으키는 것이 **"원근법적인 영상"**이다. 이상의 "원근법적인 영상"에 반하여 프로보카씨온의 예술형식에 속하는 입체주의 회화는(피카소의 회화가 보여 주듯이) 보이지 않는 대상의 내부 또는 배후를 나타내려는 시도를 한다. 인간의 시각이 대상의 가시적인 차원을 넘어서 비가시적인 대상의 내부와 배후까지 침투하려 하면, 그 대상 자체는 지양되어 파괴되어진다. 왜냐하면 예술적 대상이란 가시성 자체를 의미하기 때문이다. 자연적 시각의 대상을 다루는 전통적 예술형식인 "원근법적인 영상"이라는 자명성이, "원근법적인 영상"이라는 교양신앙이 대상의 내부와 배후까지 나타내려는 현대적 프로보카씨온에 의해 파괴된다는 설명이다.

전통적 교양신앙과 현대적 프로보카씨온 예술 사이의 분열을 르네상스 이래 자명성으로 통했던 중앙원근법과 이에 도전하는 현대의 입체주의 사이의 분열에 의해서 설명했다. 그러나 이 **전통적 교양신앙**과 **현대적 프로보카씨온** 사이의 분열은 회화뿐만 아니라 모든 예술형식에 적용된다는 것이 가다머의 의견이다. 회화에 관해서 말한다면 위에서 논한 대로 중앙원근법이라는 자명성과 이에 대한 프로보카씨온

---

45) **입체주의(Kubismus)**
46) vgl. Gadamer: Die Aktualität des Schönen, S. 99; **"형식파괴(Formzertrümmerung)"**

사이의 분열이 되겠지만, 음악, 시, 희곡, 건축 등 회화 이외의 모든 다른 예술형식에는 그들의 장르에 내재한 자명성이 있는데, 이 자명성과 새로운 시도를 의미하는 프로보카씨온 사이의 분열이 생긴다는 논리다. 음악에 있어서는 고전적 **음조**라고 하는 자명성이 예를 들어 쇤베르크[47)에 와서 **비음조**[48)에 의해 도전을 받게 되며, 또 일반적으로 전통적인 **협화음**이라는 개념은 현대적인 **불협화음**[49)이라는 개념에 의해 도전을 받게 된다는 것이다. 시에 관해서 말한다면 고전주의 시와 낭만주의 시 등 독일의 교양신앙적인 시들과 비교하면, 현대시는 접근 불가능한 시로 거의 이해의 한계선을 초월하는 시들이라는 것이다. 예를 들어 현대의 소위 **"구체 시"**[50)에 속하는 시로 임의의 활자를 피사의 탑 모양으로 조립해놓은 시는 괴테나 아히엔도르프[51)의 시와 비교하면 이해의 한계선을 초월하는 시로, 전자는 후자에 대한 엄청난 도전이라는 것이다. 다음에 희곡에 관해서 본다면 소위 카타르시스와 3통일 원칙이라는 자명한 교양신앙이 현대에 와서 철저하게 파괴되어, 예를 들어 브레히트[52)에 와서 교양신앙의 핵심이었던 바로 그 카타르시스와 3통일 원칙이라고 하는 자명성을 파괴하는 작업이 브레히트 연극의 생명이 되었다는 것이다. 연극의 생명이었던 카타르시스와 3통일 원칙을 파괴하는 작업을 생명으로 하고 있는 연극이 현대연극이라면, 다시 말해 연극의 생명을 말살하는 작업 자체가 생명인 것이 현대연극이라면, 현대연극은 상상을 초월하는 아이러니로서 전통연극에 대한 엄청난 프로보카씨온 임에 틀림없다. 마지막으로 가다머는 건축의 예를 들고 있는데 역시 전통적 **정역학**[53)이라고 하는 자명성에 대한 코르뷔시에[54)등 현대 건축가들의 도전은 엄청난 도전이라는 설명이다. 뾰족한 첨단 위에 서있는 건물이나 가늘고 연약한 기둥 위에 서있는 육중한 건물 등은 전통적인 정역학의 건물양식을 정면으로 부정하는 건물양

---

47) 쇤베르크(Arnold **Schönberg** 1874~1951)
48) 음조(Tonalität)와 비음조(Atonalität)
49) **협화음(Harmonie)**과 **불협화음(Disharmonie)**
50) **"구체 시(konkrete Poesie)"**
51) 괴테(Johann Wolfgang von **Goethe** 1749~1832), 아이헨도르프(Joseph Freiherr von **Eichendorff** 1788~1857)
52) 브레히트(Bertolt **Brecht** 1898~1956)
53) **정역학(Statik)**
54) 코르뷔시에(Le **Corbusier** 1887~1965)

식 임에는 틀림없다. 역시 정역학이라는 자명성이, 정역학이라는 교양신앙이 코르뷔시에 등 현대 건축가들에 의해 파괴된다고 볼 수 있다. 가다머가 의미하는 전통적 교양신앙과 현대적 프로보카씨온 사이의 분열은 현대의 다양한 예술행위에서 관찰되는 분열이다. 예술이냐 아니면 비예술이냐를 구별할 수 없는 해프닝, 일상생활의 도구들을 임의대로 조립해 놓고 예술이라 불리는 작품들, 또 비디오와 오디오 사이의 경계선을, 다시 말해 시각적 예술과 청각적 예술 사이의 경계선을 지양한 백남준의 예술행위 등은 전통적인 교양신앙에 의해 성장한 수용자들에게는 상상과 이해를 초월하는 프로보카씨온 임에 틀림없다. 수용자의 상상과 이해를 초월한다는 말은 수용자의 의식 속에 들어있는 자명성이 파괴된다는 말이다.

지금까지 교양신앙과 그 교양신앙에 대한 도전, 자명성과 자명성의 상실, 전통적 예술형식과 현대적 실험과 시도의 예술형식 등 양 진영으로 나누어서 19세기 중반부터 시작하는 "심각한 현상"에 대한 가다머의 논리 전개를 보아왔다. 이상의 **가다머의 논리전개**를 다음의 3가지로 요약할 수 있다. 논리전개의 첫째는 가다머는 19세기 중반부터 시작하는 새로운 프로보카씨온의 예술이 내포하는 심각성을 부각하려 한다는 사실이다. 19세기 중반을 경계선으로 하여 과거의 전통적 예술과 현대의 실험과 시도의 예술 사이의 엄청난 차이를 인식시키려는 노력을 가다머는 하고 있다. 헤겔이 채 예측 못 했다는 현대사회의 의식인 **"역사의식"**[55]은 과거의 전통을 수용할 능력을 상실했을 뿐만 아니라 과거 전통과의 완전한 단절을 의미하는 의식이다. 과거전통을 역사화 시키려는 의식은, 다시 말해 역사의식은 과거와 현재, 전통과 혁신, 교양신앙과 프로보카씨온이라는 양 진영 간의 첨예한 대립을 가져왔다. 이상의 양 진영 간의 첨예한 대립은 사상적으로는 보수나 혁신이나 하는 대립을 가져왔고, 예술적으로는 전통적 고전예술이냐 현대적 실험예술이냐 하는 대립을 가져왔고, 종합적으로 예술과 사회의 완벽한 분리를 가져왔다. 헤겔이 채 예측 못했다는 **"역사화의 세기"**는 사상의 분열, 예술의 분리, 세계의 분산이라는(예술세계와 시민

---

55) **"역사의식(das historische Bewußtsein)"**

세계의 분산이라는) 심각한 현상을 가져왔다는 사실을 가다머는 설명하고 있다.

　　가다머의 논리전개에 대해 둘째로 말할 수 있는 것은 가다머는 전통과 혁신, 교양신앙과 프로보카씨온 양 진영을 분열 분리시키는 요소를 자명성 상실이라고 표현했는데, 이 자명성 상실을 **신화**[56)의 상실로 확대시킨다는 사실이다. 19세기 중반을 경계선으로 하여 과거는 신화가 존재했던 시대이고, 현재는 신화가 상실된 시대라는 말이 된다. 얀쓰가 신화의 개념을 설명하는 것을 참고한다면, 신화에는 2개의 상반적인 개념이 포함되어 있는데, 하나는 긍정적인 개념으로 자유로운 상상력을 의미하고, 다른 하나는 부정적인 개념으로 초자연적인 힘을 가지고 있는 악마의 마술을 의미한다. 긍정적인 개념인 전자는 **시문**을 의미하고, 부정적인 개념인 후자는 **공포**를 의미한다.[57) 이상의 양자의 개념을 하나로 통합하는 의미로 가다머는 **신화**를 다음과 같이 정의한다. "신화는 하나의 설화인데, 모든 인간이 믿고 그대로 수용하는 설화이다. 신화는 그것이 진실인가 거짓인가 하는 의심 자체가 있을 수 없는 설화이다. 신화는 모든 인간을 하나로 묶어주는 진리이다. 모든 인간을 하나로 묶어주는 공통분모인 신화에 의해서 인간들 사이의 의사소통이 가능해진다."[58) 신화란 그것이 부정적이든 긍정적이든, 공포의 설화이든 상상력으로 충만한 설화이든, 모든 인간이 믿고 수용하는 진리이며, 모든 인간들 사이의 의사소통을 가능케 해주는 공통분모라는 설명이다. 모든 인간이 믿고 수용하는 진리, 또는 모든 인간들 사이의 의사소통을 가능케 해주는 공통분모란 가다머가 기꺼이 사용하는 **"자명성"**[59)이라는 말인데, 바로 이 자명성이 19세기 중반부터 상실되었다는 설명이다. 따라서 19세기 중반 이전에는 신화의 세계라는 말이 되고, 이후에는 탈신화의 세계라는 말이 된다. 19세기 중반 이선에는 인간을 통합해주는 사명성이 있었다는 말이고, 이후에는 통합의 자명성이 사라졌다는 말이다. 이상의 신화의 세계에서 탈신화의 세계로의 갑

---

56) **신화**(神話 **Mythos**)

57) vgl. Janz, Rolf-Peter: Mythos und Moderne bei Walter Benjamin, S. 368, 369; **시문**(**Poesie**), **공포**(**Terror**)

58) Gadamer: Ende der Kunst?···, S. 209

59) "**자명성**(**Selbstverständlichkeit**)"

작스러운 급변이, 통합의 세계에서 분열의 세계로의 급변이 역시 심각한 현상이라는 말이다. 19세기 중반부터 탈신화의 시대가 시작한다는 이론은 이해할 수 있는 이론이다. 그러나 이미 언급한대로 음악, 시, 희곡, 건축 등 모든 예술형식에는 그들의 장르에 내재한 자명성이 있는데, 이 자명성들이 상실되었다는 말은 이해에 역행하는 듯 보인다. 왜냐하면 자명성이란 결국 신화를 의미하므로 많은 다양한 신화들이 있다는 말이 되기 때문이다. 그러나 가다머가 자명성의 상실 또는 신화의 상실을 말할 때는 다음의 3가지 면에 주의해야 한다. 첫째 인간 사회는 하나이기 때문에 자명성도 하나, 신화도 하나라고 생각해야 한다. 가다머는 예술의 차원에서 통합의 자명성이라는 개념을 도출해서 이를 확대하여 신화의 개념에 도달하고, 신화의 개념을 다시 확대하여 진리의 개념, 즉 철학의 개념으로 지향하려고 한다. 예술의 차원에서 출발하여 철학의 차원에 도달하려는 것이 가다머의 예술철학이다. 따라서 둘째로 가다머가 음악의 자명성, 희곡의 자명성 등 다양한 자명성 이야기를 할 때는 하나의 자명성이, 하나의 신화가 다양한 예술형식들을 또 나아가서 예술과 사회를 하나로 통합해 주는 공통분모의 역할을 한다는 것을 이해해야 한다. 셋째로 모든 인간을, 예술과 사회를, 모든 예술형식들을 하나로 통합해 주는 **통합**의 역할을 가다머가 자명성인 신화에 부여하는 것은 **예술의 존재론**을 지양하고, **예술의 인성론**으로 이전하는 계기가 된다. 그리고 "자명성"과 "신화"라는 2가지 표현 중에서 가다머는 전자인 자명성이라는 표현을 선호한다. 이유는 19세기 중반부터 탈신화의 세계가 시작하므로 "신화"라는 개념은 신화의 세계와 탈신화의 세계라는 양 세계를 통합하는 중개기능을 상실하게 되어 "자명성"이라는 새로운 표현을 가다머가 사용하는 데 있다. 따라서 19세기 중반부터는 탈신화의 세계라고 하나 그럼에도 또 다른 형내의 "자명성"이 있다고 보는 것이 가다머의 의견이다. 바로 이 다른 형태의 자명성을 인성론에 의해 찾겠다는 것이 가다머의 이론이다. 가다머의 예술 인성론은 차후로 미룬다.

교양신앙과 그 교양신앙에 대한 도전, 자명성과 자명성의 상실, 전통적 예술형식과 현대적 실험과 시도의 예술형식 등 양 진영으로 분열된 "심각한 현상"에 대한 가다 머의 논리전개로 이상의 양 진영 간의 첨예한 대립과 자명성이었던 신화의 상실을 논했다. 가다머의 논리전개에 대한 세 번째 결론은 가다머는 이상의 양 진영 모두를 구제하려 한다는 사실이다. 가다머가 양 진영 모두를 구제하려는 노력에 대해서 다 음의 3가지를 언급할 수 있다. 첫째로 헤겔의 소위 "예술 종말론"과 관련해서 이미 언급한대로 예술은 중지하지 않고 계속 존재한다는 것이 가다머의 의견이다. 예술 사는 예술정당화의 연속 자체로 "정당화" 자체 즉 시대에 부합하는 예술의 형식은 변해왔으나, 예술 자체는 중지하지 않고 과거에서 현재에 이르기까지 존재해 왔으 며, 또 미래 속으로 그의 존재를 유지해 갈 것이라는 것이 가다머의 주장이다. 예술이 중지하지 않고 과거에서 현재를 통해 미래 속으로 그의 존재를 유지하리라는 이유는 예술이 영원히 존재하는 진리에 봉사해야 하는 과제를 가지고 있다는 데 기인한다. 예술은 진리를 전달해야 하는 매개체이기 때문에 진리가 존재하는 한 예술도 존재해 야 한다는 것이 가다머의 철학이다. 둘째로 신화와 관련하여 가다머 철학의 현주소 를 구체화할 수 있다. 19세기 중반이 세계사를 둘로 분리하는 분기점이라는 의견은 가다머 뿐만 아니라 많은 다른 이론가들에도 공통적인 의견이다. 그러나 여러 이론 가들의 이론들을 분리시키는 계기가 생긴다. 19세기 중반 이전의 신화의 세계와 이후의 탈신화의 세계라는 양자관계 중에서 신화의 세계인 과거의 세계에로 복귀하 느냐 아니면 탈신화의 세계인 현대 세계를 수용하고 그에 합당한 이론을 전개하느냐 하는 양자택일의 현상이 생긴다. 19세기 중반에 헤겔, 쉘링과 더불어 튀빙엔의 유명 한 3교우에 속했던 횔더린60)은 전자에 속하는 시인으로 **"새로운 신화"**61)의 필요성 을 느껴 옛날 희랍의 신화세계에 몰두했다. 후자에 속하는 이론가로 벤야민62)은 탈신화의 세계인 현대의 합리주의를 수용하고 합리주의적인 예술론을 전개해야 한다고 주장하는 예이다. 이상의 신화로의 복귀냐 아니면 신화에 대한 포기냐 하는

---

60) 헤겔(Georg Wilhelm Friedrich **Hegel** 1770~1831), 쉘링(Friedrich Wilhelm Joseph **Schelling** 1775~1854), 횔더린(Friedrich **Hölderlin** 1770~1843)
61) "새로운 신화(neue **Mythologie**)"
62) 벤야민(Walter **Benjamin** 1892~1940)

양자택일과 비교한다면, 가다머는 그 양자를 모두 수용해야 한다는 의견이다. 이유는 이미 언급한 대로 예술은 과거 신화의 세계에서 시작해서 탈신화의 세계인 현재를 통해 미래 속으로 그 존재를 지속하기 때문에 신화와 탈신화 양자를 모두 수용해야 한다고 보기 때문이다. 또 현대철학에서 언급한대로 벤야민은 탈신화의 이론인 합리주의적 예술론을 주장하고, 아도르노[63]는 반대로 그 합리주의적 이론과 예술론을 비판하고 신화에 접근하려는 예술론을 주장하는 데 비해, 가다머는 그 양자 사이에서 중간입장을 취한다고 할 수 있다. 셋째로 가다머는 신화의 이론이냐 아니면 탈신화의 이론이냐 하는 양자택일의 논쟁은 생산적이 못되는 논쟁이라 생각하고 예술 자체에 내재한 **중개기능**[64]에 복귀하려는 노력을 한다. 이 예술 자체에 내재한 중개기능이 가다머 예술론의 전체 테마라고 할 수 있다.

3. 예술의 중개기능

예술은 중지하지 않고 계속 존재한다는 말을 했고, 또 가다머는 신화의 세계인 과거와 탈신화의 세계인 현대, 양자를 모두 구제하려 한다는 말도 했다. 이상의 예술존재론과 과거와 현대의 연속론이라는 양 과제를 해결하기 위해 가다머는 소위 "예술 종말론"에서 헤겔이 말했던 **사고**[65]로 복귀하고 있다. 우리의 현대는 예술의 시대가 아니라 예술이 무엇인가를 인식해야 하는 학술의 시대라는 헤겔 철학으로의 복귀는 가다머 역시 헤겔학파임을 말해주고 있다. "지금까지의 간략한 개관에 의하면, 현대의 현상은 대단히 심각한 현상이며, 사고에 대한 하나의 도전으로서, 예술이란 과연 무엇인가를 **사고**가 해결해야 한다는 사실이 분명해 졌다."[66] **예술존재론**과 **예술연속론**이라는 양 과제를 해결해야 할 철학적 사고는 과거의 전통예술과 현대의 실험예술, 양자를 동시에 포함하는 사고가 되어야 한다고 가다머는 말한다. 그리고

---

63) 아도르노(Theodor W. **Adorno** 1903~1969)
64) **중개기능(Vermittlungsfunktion)**
65) 사고(思考)
66) Gadamer: Die Aktualität des Schönen, S. 100

그 **"철학적 사고"**는 현대 실험예술 자체는 과거 전통예술을 부정하는 예술이지만, 그러나 그 부정의 대상인 과거 전통예술로부터 자신의 원동력을 부여받은 예술이라는 사실을 인식하는 사고가 되어야 한다는 것이다. 그 철학적 사고의 원칙은 과거 전통예술과 현대 실험예술, 양자가 모두 예술이라는 사실과, 또 그 양자가 둘이 아니라 하나에 속한다는 사실을 사고하는 것이 원칙이 되어야 한다고 말한다. 여기서 가다머가 말하는 사고란 과거 전통예술이라는 대상 자체가 사고를 할 수 없으므로 현대 실험예술을 생산하는 예술가와 또 그 실험예술을 감상하는 수용자가 해야 할 사고를 의미한다. 따라서 현대 실험예술을 생산하는 현대 예술가는 과거전통의 예술어를(예술형식을) 전혀 모르고는 자신의 대담한 실험예술을 생산할 수 없으며, 또 현대 실험예술에 대해 거부감을 가지며 이해의 벽에 부딪치는 보수주의적인 수용자도 자신이 현재라는 한 시대에만 존재하는 것이 아니라 과거에서 현재로 또 현재에서 미래로 자신을 변화해간다는 사실을 사고해야 한다는 것이다. 다음에 가다머는 사고가 해결해야 할 예술의 존재론과 연속론을 사고의 주체인 현대 실험예술가와 현대 수용자가 해야 할 작업으로 규정하면서, 인간에 내재한 "기억과 회상의 여신" **므네모쉬네**[67]에 의해 그 예술의 존재론과 연속론을 다시 한 번 강조한다. 시간을 과거와 미래 2개의 부분으로 나눈다면(과거, 현재, 미래라는 연속에서 현재는 과거와 미래 사이를 끊어주는 길이가 없는 기하학적 점에 불과하다고 생각한다면) 이 2개의 부분을 연결해 주는 작업을 "기억과 회상의 여신" 므네모쉬네가 관장하고 있다는 것이 가다머의 설명이다. 인간에 내재한 이 므네모쉬네는 인간의 정신과 같은 것으로 과거와 미래의 동시성을 관장하고 보장해 준다는 것이다. 다시 말해 다시는 돌아올 수 없는 과거와 개방된 미래라는 지평선, 양자를 모두 자체 내에 포함하고 있는 것이 인간의 정신인데, 이 정신을 므네모쉬네가 관장하고 보장해 준다는 설명이다. "기억과 회상의 여신"인 므네모쉬네가 관장하고 보장해 주는 일을 과거와 현재의 동시성, 어제와 오늘의 통일성, 또는 과거의 형식어와 현재의 형식파괴 사이의 연속성 등으로 가다머는 표현한다. 이상의 표현들 동시성, 통일성, 연속성 등의 표현

---

67) **므네모쉬네**(Mnemosyne)

들은 다 같은 의미로 과거, 현재, 미래를 통해서 예술이 존재해 왔으며, 그것도 중단 없이 존재해 왔으며 앞으로도 중단 없이 존재하리라는 가다머의 근본 명제를 나타내는 표현들이다. 그리고 이상의 표현들은 예술이 가지고 있는 중개기능, 과거, 현재, 미래를 중개하는 기능을 의미하는 표현들이기도 하다.

앞에서 **철학적 사고**의 원칙은 과거 전통예술과 현대 실험예술, 양자가 모두 예술이라는 사실과, 또 그 양자가 둘이 아니라 하나에 속한다는 사실을 사고하는 것이 원칙이 되어야 한다는 말을 했다. 그리고 과거예술과 현대예술, 어제와 오늘 사이의 동시성, 통일성, 연속성을 인간에 내재한 므네모쉬네가 관장하고 보장해 준다는 내용도 언급했다. 이상의 내용을 요약하면, 사고를 원리로 하는 **존재론**과 "기억과 회상"이라는 인간에 내재한 능력을 원리로 하는 **인성론**이 가다머 예술론의 기초를 이루고 있다고 할 수 있다. 가다머는 이상의 2가지 방법론 모두를 활용하고 있다. 헤겔 미학의 이론가인 헬무트 쿤[68]의 방법론을 소개하고 가다머의 방법론과 비교하면 다음과 같다. "**실재발생사**"[69]라는 개념을 2개의 부분으로 나누어서 **실재**와 **발생사**라는 2개의 개념에 의해 헬무트 쿤은 자신의 방법론을 구체화하고 있다. 이상의 2개의 개념을 확장하면, 예술이란 무엇이냐 하는 실재론 즉 존재론과 예술은 원래 어떻게 발생해서 그 실재에 도달했느냐 하는 발생사, 2개의 출발점이 생긴다. 따라서 발생사에서 출발해서 목표인 실재에 도달하는 방법과 반대로 목표인 실재에서 출발하여 과정인 발생사에 도달하는 방법, 2개의 방법론이 생긴다. 헬무트 쿤에 의하면 지금까지의 관념론적 미학은 이상의 2가지 방법론 중에 후자, 즉 실재를 먼저 규정하고 다음에 발생사에 도달하려 했는데 이는 잘못이라는 것이다. 이유는 현대에는 예술교실, 예술단체, 예술상점, 예술학 등 예술에 관한 모든 것이 제도화되었기 때문에, 예술이 과연 무엇이냐 하는 문제부터, 존재론부터 시작하는 것은 더 이상 불가능하게 되었다는 것이다.[70] 예술에 관한 질문은 제도화된 현대사회에서는 자동적으로

---

68) 쿤(Helmut **Kuhn** 1899~1991)
69) "**실재발생사**(Ontogenese)"
70) vgl. Kuhn, Helmut: Die Ontogenese der Kunst, S.81, 82

이상에서 열거한 제도들에 대한 질문으로 변형되어, 예술의 실재에 관한 질문은(예술의 존재에 관한 질문은) 사멸된다는 말이다. 따라서 예술의 존재론이 불가능해진 현대는 예술에 관한 존재 규정은 불가능하나, 예술에 대한 비존재 규정만 가능하다는 것이다. 예술이란 과연 무엇이냐 하는 문제는 해결 불가능하나, 이것은 예술이 아니고, 저것도 예술이 아니고 하는 등 긍정적인 해결이 아니라, 부정적인 해결만 가능해졌다는 것이다. 이상의 부정적인 해결 가능성이 예술 존재론을 불가능하게 만든다는 이유다. 따라서 실재에서 시작해서 발생사에 도달하려 해서는 안 되고, 반대로 발생사부터 시작해서 최종목표인 예술의 존재에(예술의 실재에) 도달하도록 해야 한다는 것이 헬무트 쿤의 방법론이다. 이상의 헬무트 쿤의 방법론과 비교하면, 가다머는 반대로 존재론에서 시작해서 발생사에 도달하고자 노력한다. 그리고 가다머는 이 발생사를 인간에 내재한 능력에서 도출하려 하거나 그 발생사를 인간에 내재한 능력과 동일시하려는 노력을 보인다. 따라서 가다머는 **존재론**과 **인성론**[71)] 이라는 양 방법론을 모두 활용하거나, 인성론을 존재론을 위한 수단 내지는 존재론을 증명해 주는 증거물로 사용한다고 할 수 있다. 가다머가 예술 존재론부터 시작할 정도로 존재론 위주의 이론을 전개하는 이유는 예술의 동시성, 통일성, 연속성을 믿고 있다는 데 있다.

과거 전통예술과 현대 실험예술, 어제와 오늘 사이의 동시성, 통일성, 연속성이 가다머 예술론의 핵심이라 할 수 있다. 그러나 19세기 중반부터 시작하는 소위 "**역사의식**"에 의해 어제와 오늘, 과거 전통예술과 현대 실험예술이 완전히 분리되어, 그 양자 사이에 엄청난 단절이 생겼다고 하는 것이 가다머의 의견이다. 그러나 이 "엄청난 단절" 배후에는 그 양자 사이의 동시성, 통일성, 연속성이 있으며, 이들을 찾아내는 일이 가다머의 과제라고 할 수 있다. 이상 양자 사이의 동시성, 통일성, 연속성을 **중개**[72)]라는 하나의 말로 표현하면, 이 중개기능을 가다머는 우선 예술 존재론에 의해 설명하려 하며, 다음에 예술 인성론에 의해 다시 설명하려 한다. 인성론에 의한

---

71) **존재론(Ontologie)**과 **인성론(Anthropologie)**
72) **중개(仲介 Vermittlung)**

설명은 차후로 미루고 예술 존재론에 의한 설명을 보자면 다음과 같다. 철학의 원래 과제는 **공통성**[73]을 찾아내는 것이라고 가다머는 말하면서, 플라톤도 철학을 "하나를 찾으려는 노력"이라고 정의했다고 한다. "하나라는 공통성"이 철학의 과제라면, 그것은 예술철학의 과제이기도 하다. 이 "하나라는 공통성" 또는 **"하나의 공통성"**이 너와 나를 중개해 주고, 어제와 오늘을 중개해 주는 계기가 된다. 다시 말해 이 "하나의 공통성"이 너와 나 사이의, 어제와 오늘 사이의 공통분모와 같은 것으로 **의사소통**을 가능하게 만드는 계기가 된다. 이상의 중개기능을, 표현을 달리하여 인간사회의 근원적인 의사소통의 계기를 가다머는 **예술, 미, 미학**이라는 전통적인 3개의 개념에 의해서 설명하려 한다. 우선 **예술에 의한 설명**은 다음과 같다. 우리가 현재 사용하고 있는 의미의 예술이라는 말은 유럽 역사에서 200년 정도의 역사만 가지고 있다고 가다머는 말한다. 다시 말해 200년 전에는 제2의 의미가 포함되어 있어 예술이라는 말에는 2가지 의미가 들어 있었다고 한다. 그 2가지 의미 중의 하나는 **"아름다운 예술"**이고, 다른 하나는 **"기계적인 예술"**[74]이었다는 것이다. 전자 "아름다운 예술"을 **미술**이라 하고, 후자 "기계적인 예술"을 **기술**[75]이라 한다면, 200년 전에는 미술과 기술을 합해서 예술이라는 이름으로 불렀다는 것이다. 이상의 미술과 기술을 하나로 합한 의미로서의 예술을 아리스토텔레스[76]는 "Poiētikē Epistēme", 번역하여 **"생산을 위한 지식과 능력"**[77]이라고 정의했다고 가다머는 설명한다.[78] 그리고 이상의 미술과 기술 사이의 공통성은 생산행위와 생산품의 분리라고 가다머는 설명한다. 미술가가 미술품을 생산하든, 기술가가 공산품을 생산하든, 그 미술품과 공산품은 미술가와 기술가로부터 분리 독립된 작품이라는 말이다. "아름다운 예술"을 의미하는 미술과 "기계적인 예술"을 의미하는 기술, 양자 사이의 공통성은 독립된 **작품**의 생산이라는 말이 된다. 여기서 "독립된 작품"이라는 **작품범주**가 핵심 개념으로 등장

---

73) **공통성(Das Gemeinsame)**
74) **"아름다운 예술(schöne Kunst)", "기계적인 예술(mechanische Kunst)"**
75) **미술(美術)과 기술(技術).**
76) 아리스토텔레스(**Aristoteles** 384/3~322/1 v.Chr.)
77) **"생산을 위한 지식과 능력(Wissen und Können des Herstellens)"**
78) Gadamer: Die Aktualität des Schönen, S. 103

하는데, 이 작품범주가, 간단한 표현으로 "작품"이라는 개념이 200년 전에는 "아름다운 예술"과 "기계적인 예술" 사이의, 미술과 기술 사이의 공통분모로 그 양자를 하나로 통합해 주는 중개기능을 했다는 논리다. 다음에 200년이라는 시간적 거리를 극복하기 위해 가다머는 "생산을 위한 지식과 능력"이라는 정의는 원래 그릇이나 연장과 같은 사용물을 생신하기 위해서란 그 의미가 있으며, 또 그 사용물을 실제로 사용하는 사람의 지식에 의해 결정된다는 플라톤의 말을 인용하면서 다음과 같이 설명한다. 뱃사공이 자기가 필요한 배를 잘 알고(자기가 필요한 배에 대한 지식을 가지고) 배를 주문하면, 배를 제조할 수 있는 능력을 가진 제조가가 그 주문대로 배를 제조하는 것과 같다는 것이다. 따라서 배라는 **독립된 작품**은 뱃사공과 배 제조가를, 뱃사공의 지식과 배 제조가의 능력 사이의 공통분모와 같은 것으로 그 양자를 하나로 통합해 주는 중개기능을 한다는 말이다. 종합하면 예술이라는 개념을 미술과 기술이라는 2개의 개념으로 분리시키고, 다음에 분리된 2개의 개념 사이의 공통분모가 되는 "작품"이라는 범주를 도출함에 의해서 가다머는 미술과 기술의 중개를 설명하고, 다음에 역시 같은 논리에 의해서 뱃사공과 배 제조가의 중개를 설명한다. 양자가 모두 작품범주에 의한 중개다.

다음에 역시 예술에 의한 설명으로, 이번에는 작품범주가 아니라 예술의 **실재**79) 자체에 의해서 가다머는 중개기능을 설명하려 한다. "**예술은 미메시스다**" 그리고 "**예술은 보편이다**"라는 예술의 실재에 대한 2가지 정의가 있다. 이상의 2가지 개념, **미메시스와 보편**80)에 의해서 중개기능이 설명되고 있다. 미메시스란 원래 "자연에 대한 모방"이라는 것이다. 자연은 "완전하게" 자신을 나타내는 것이 아니라, 인간의 형성작업이 보충되어야만 비로소 완전해지도록, 보충작업이라는 여백을 자연은 인간을 위해 남겨놓았다고 희랍인들은 생각했다는 것이다. 따라서 원래의 자연과 모방된 자연의(모방된 자연은 예술을 의미 하는데) 관계는 다음과 같다. 이상의 관계를 수학적인 공식에 의해 표현하자면, "**모방된 자연＝자연＋보충작업**"이라는 공식

---

79) **실재(實在)**
80) **미메시스(Mimesis)와 보편(das Allgemeine)**

이 된다. 미메시스란(이는 "모방된 자연"으로 예술을 의미하는데) 이상의 수학공식에서 자연에다 보충작업을 가미한 것이 된다. 자연을 얼굴이라 하고, 또 보충작업을 얼굴을 장식하는 화장행위라고 한다면, 미메시스는 "**화장을 한 얼굴**"이라 비유할 수 있다. 여기서 자연과 모방된 자연이라는, 또는 비유를 들어 말하자면 얼굴과 화장을 한 얼굴이라는 2개의 자연, 2개의 얼굴이 생기는데, 후자 다시 말해 모방된 자연을 아니면 화장을 한 얼굴을 가다머는 "**실재하는 가상**"이라고 표현한다. 이상의 표현을 뒤집어서 "**가상하는 실재**"라고[81] 해도 철학적으로 같은 의미다. "실재하는 가상" 또는 "가상하는 실재"라는 표현에는 **실재와 가상**[82] 2개가 하나로 통합되어(하나로 중개되어) 들어있다. 따라서 "실재하는 가상" 또는 "가상하는 실재"는 화장을 한 얼굴, 또는 보충작업이 가미된 자연으로서 미메시스를 의미하며, 이 미메시스가 예술이라는 설명이다. 그리고 이 미메시스라는 개념이 화장행위와 얼굴을, 보충작업과 자연을 중개하는 기능을 자체 내에 가지고 있다는 것이다. 다음에 "**예술은 보편이다**"라는 이론은 아리스토텔레스의 『시학』에서 유래하는데, 가다머는 이 **보편**에 의해서 중개기능을 설명하려 한다. 아리스토텔레스는 **시문**과 **역사**를 분리하여 시문이 역사보다 더 철학적이라고 『시학』에서 말하고 있다. 이유는 역사는 이미 발생한 사건들만 설명할 수 있는 데 비해, 시문은 언제나 발생 가능한 사건을 설명해주므로, 전자는 일정한 시대에 발생한 특수 사건을 설명하고, 반면에 후자는 일정한 시대라는 특수성을 초월하여 모든 시대에 발생 가능한 보편을 설명한다는 논리다. 따라서 역사의 설명은 일정한 시대에만 해당하는 특수이나, 시문의 설명은 모든 시대에 해당하는(모든 시대를 자체 내에 포함하는) 보편이라는 것이다. 하나의 보편이 다수의 특수들을(모든 특수들을) 자체 내에 포함하므로, 하나의 보편이 다수의 특수들을 하나로 중개한다는 논리다. 보편을 본질로 하고 있는 시문이(예술이) 중개기능을 이미 자체 내에 가지고 있다는 결론이다. 이상에서 보아온 미메시스에 의한 설명과 보편에 의한 설명, 모두 예술의 실재가 이미 중개 자체라는 설명이다.

---

81) "**실재하는 가상**(der seiende Schein)", "**가상하는 실재**(das scheinende Sein)"
82) **실재**(實在 Sein)와 **가상**(假象 Schein)

예술철학이 추구하는 "**하나의 공통성**"이 너와 나 사이의, 어제와 오늘 사이의 의사소통을 가능하게 만드는데, 다시 말해 그 양자 사이를 중개하는데, 이 중개기능을 지금까지 예술이라는 전통적 개념에 의해서 설명했다. 다음에는 역시 전통적 개념인 **미에 의한 설명**을 할 차례다. 여기서도 가다머는 2가지 개념에 의해 설명하는데, 그 하나는 **공중성**이고 다른 하나는 **아남네세**[83]이다. **공중성에 의한 설명**은 다음과 같다. 앞에서 200년 전에는 예술의 개념에는 "아름다운 예술"인 미술과 "기계적인 예술"인 기술 2가지가 포함되어 있었다는 말을 했는데, 현대 예술의 개념은 후자가 탈락된, 전자만의 개념이 되어야 한다는 것이다. **예술은 "아름다운 예술"**이라고 가다머는 정의한다. 여기서 문제가 되는 것은 "아름답다"고 하는 미이다. 미에 대한 가다머의 정의는 독일 관념론 철학이 내리는 정의와 일치한다. 미에 대한 정의의 핵심개념은 공중성인데 다음과 같다. 인간은 무엇을(무엇이든) 공중에게 보여서 인정과 공감을 받기를 원하며, 또 인정과 공감을 받을 때 만족을 느낀다는 것이다. 그리고 그 만족은 목적이나 이해관계를 초월하는(동반하지 않는) 만족이라는 것이다.[84] 예를 들어 예절에 관해 말한다면, "**아름다운**" **예절**이란 화려하고 소란스럽게 꾸며진 예절이 아니라, 단순한 예절로 공중의(모든 사람의) 인정과 공감을 받는 예절이 되어야 하며, 전체 공중사회를 정돈하고 정립하여, 하나의 공통된 공중사회가 되게끔 하는 예절이 "아름다운" 예절이라는 것이다. 미에 대한 가다머의 정의는, 미도 하나의 목적이라면 미는 목적 없는 목적이 되어야 하고, 또 미도 하나의 관심사라면 미는 관심 없는 관심이 되어야 한다는 칸트의 정의와 일치하는 정의다. 칸트는 **공통의미**[85]라는 말을 사용하면서 미를 판단할 때는 만인이(모든 사람이) 공감하도록 미를 판단해야 된다고 말하는데, 이는 가다머가 사용하는 공중성과 일치하는 말이다. 칸트가 사용하는 공통의미나, 가다머가 사용하는 공중성은 우리가 이미 언급한 "**하나의 공통성**"과 같은 의미들이다. 따라서 미는 "하나의 공통성"을 형성하며 또 반대로 "하나의 공통성"을 형성하고 정립하는 것만이 미라는 논리다. "하나의

---

83) **공중성(Öffentlichkeit), 아남네세(Anamnese)**
84) Gadamer: Die Aktualität des Schönen, S.105
85) **공통의미(Gemeinsinn)**

공통성"인 미가 의사소통의 매개체로서 너와 나를 중개하는 것은 당연하다. 다음에 **아남네세에 의한 설명**은 다음과 같다. 옛날 희랍인들은 우주의 질서인 코스모스에서, 다시 말해 밤과 낮의 변화, 해와 달의 변화 등 **"우주의 정연한 질서"**에서 미를 발견했다고 한다. 따라서 우주의 정연한 질서에 반대되는 무질서, 타락, 충동 등은 미가 아니라는 것이다. "우주의 정연한 질서"라는 개념과 관련하여 가다머는 플라톤의 대화『파이드로스』86)의 내용을 다음과 같이 설명한다. 인간은 이상세계인 신들의 세계와 타락과 충동의 세계인 현실세계 중간에 놓여 있다는 것이다. 이상세계와 현실세계 중간에 붙들려 있는 인간이 하루는 현실세계를 멀리하고(신들의 도움을 받아) 수레를 타고 이상세계에 도달했다는 것이다. 인간이 이 이상세계에서 처음 볼 수 있었던 것은 현실세계에서 보았던 무질서, 타락, 충동 등이 아니라, 영원한 질서, 진정한 진리, 순수한 실재라는 것이다. 이상의 영원한 질서, 진정한 진리, 순수한 실재라는 이상87)에 신들은 몰두하고 도취되어 있는 반면에, 인간은 두고 온 무질서, 타락, 충동 등의 현실세계에 의해 혼란되어 그 아름다운 영원한 이상을 보는 순간 현실세계인 지구로 다시 떨어졌다는 것이다. 따라서 인간은 그 **"아름다운 영원한 이상"**과 다시 이별하게 되었으며, 그 "아름다운 영원한 이상"은 단지 모호한 회상으로만 남게 되었다는 것이다. 이 회상을 아남네세라고 하는데, 이 아남네세에 의해서 인간은 다시 수레를 타고 신들의 세계로 올라가 그 "아름다운 영원한 이상"을 볼 수 있는 가능성이 열려 있다는 것이다. 논리를 약간 비약하여 표현하면, 예술가가 창조한 미는 아남네세의 기능을 행사하여 "아름다운 영원한 이상" 세계를 다시 회상시킨다는 말이다. 예술가가 창조한 미는 따라서 무질서, 타락, 충동의 현실세계만 존재하는 것이 아니라, 영원한 질서, 진정한 진리, 순수한 실재라는 "아름다운 영원한 이상"도 존재한다는 것을 보증해 준다는 것이다. 다시 말해 예술가가 창조한 미는 그 양자를 중개한다는 설명이다. 미에 의한 중개기능의 설명으로 공중성에 의한 설명과, 아남네세에 의한 설명 2가지를 논했는데 전자가 너와 나, 인간과 인간을 중개하는 수평적인 중개라면, 후자는 이상과 현실, 하늘인 이상의 세계와 현실인 지구의 세계

---

86)『파이드로스 Phaidros』
87) 이상(理想)

를 중개하는 수직적인 중개라 할 수 있다.

　지금까지 너와 나 사이, 인간과 인간 사이의 의사소통을 가능하게 만드는 "하나의 공통성"을 전통적 개념인 예술과 미에 의해서 설명했다. 마지막으로 예술에 의한 설명과 미에 의한 설명을 종합하여 역시 전통적인 개념인 **미학에 의해 설명**할 차례다. 이 미학에 의한 설명에서 가다머는 자신의 이론을 위해 중요한 개념 3개를 전개하는데, 그것은 **파라독스, 형상, 초과실재**[88] 등의 개념이다. 가다머는 파라독스와 형상의 개념들은 바움가르텐[89]의 미학에 의해 설명하고, 초과실재의 개념은 칸트[90]의 미학에 의해 설명한다. 이상 3개의 개념들 파라독스, 형상, 초과실재는 가다머의 이론뿐만 아니라 미학 자체의 근본 개념들로 이론가들마다 그 명칭만 달리하는 개념들이다. 우선 가다머는 **바움가르텐의 미학**에 의해 파라독스와 형상의 개념을 설명하는데 다음과 같다. 가장 전형적 독일 철학인 미학은 18세기에 합리주의에 의해 철학의 한 부분으로 탄생했다는 것이다. 이 당시의 합리주의는 르네상스 이래로 발달해온 자연과학을 기초로 한 이성 위주의 철학을 의미한다. 그러나 수학적인 정확성을 토대로 하고 자연정복을 목표로 하고 있는 이 합리주의가 해결하기 힘든 문제가 있는데, 이 문제가 **"극단적으로 주관적인 임의성"**[91]의 영역, 즉 미와 예술의 문제였다는 것이다. 따라서 합리주의 철학자 바움가르텐은 극단적으로 주관적인 임의성의 영역인 미와 예술을 합리주의 철학 밑으로 통합하기 위해 다음과 같이 정의했다는 것이다. 미와 예술, 다시 말해 아름다운 예술은 **"감관적 인식이다"**라는 정의를 내렸다는 것이다. 가다머에 의하면 이 "감관적 인식"이라는 정의가 파라독스라는 것이다. "감관적 인식"이 파라독스라는 이유는 다음과 같다. 합리주의에 의하면 인식은 주관적인 감관의 요소들을 제거하고 이성, 보편, 법칙 등 객관성에 도달함을 의미한다. 반면에 감관은 사람마다 하나의 대상을 다르게 보고, 다르게 듣는 것과 같이 극단

---

88) **파라독스(Paradox), 형상(Bild), 초과실재(Mehr als das Sein)**
89) 바움가르텐(Alexander Gottlieb **Baumgarten** 1714~1762)
90) 칸트(Immanuel **Kant** 1724~1804)
91) **"주관적인 임의성(subjektive Beliebigkeit)"**

적으로 주관적인 임의성을 의미한다. 따라서 극단적으로 주관적인 임의성을 주관성이라 하고, 그 임의성이 제거된 인식을 객관성이라 한다면, **"감관적 인식"**은 **"주관적 객관성"**으로 주관과 객관이 하나 속에 들어있게 되어 파라독스가 된다는 설명이다. "주관적 객관성" 또는 "객관적 주관성"이라는 파라독스는 뒤에 칸트, 헤겔, 아도르노 등까지 이어지는 독일 미학의 핵심적인 개념이다. 그리고 이 파라독스가 감관과 인식을, 주관과 객관을 중개함은 당연하다. 이상의 "감관적 인식"이라는 파라독스를 시적인 표현을 사용하여 다음과 같이 설명할 수 있다. 어느 날 밤에 떠오르는 달을 보고 슬픈 생각이 들어, "저 달이 슬픔인 줄을 예전엔 미처 몰랐어요"라고 노래하는 사람을 상상한다면, 이상의 노래는 모든 인간에게 가능한 사건으로, (아니면 바로 이러한 사건이 가능하기 때문에 인간을 인간이라 부를 수 있는 사건으로) 철학이 피하려야 피할 수 없는 문제다. 이상의 노래를 분석하면 다음과 같다. 오늘 나라는 주관이 슬퍼하고 있다는 사실과, 슬퍼하지도 않고 기뻐하지도 않는 중립적인 달, 그것도 오늘만 떠오르는 것이 아니라 내일도 모레도 영원히 떠오르는 객관적인 달, 2개의 사실이 하나 속에 통합되어 있다. 바로 오늘 그리고 바로 나라는 특수와, 중립적이며 영원히 반복하는 달의 운행이라는 보편, 특수와 보편이, 주관성과 객관성이 하나 속에 중개되어 있는 것이 "저 달이 슬픔인줄을 예전엔 미처 몰랐어요"라는 파라독스의 노래이며, 이 파라독스가 예술이라는 말이다.

다음에 가다머는 자기 이론의 핵심개념인 **형상**[92]을 역시 바움가르텐의 미학에 의해 다음과 같이 설명한다. 예술에는 시나 소설과 같은 **언어예술**, 음악과 같은 **시간예술**, 회화나 조각과 같은 **공간예술** 등 3가지가 있는데, 이 3가지 예술을 총관하는 미학을 **"아름답게 사고하는 예술"**[93]이라고 바움가르텐은 정의했다고 가다머는 말한다. 바움가르텐이 이상과 같이 미학을 정의한 이유는, 이 당시의 중요한 장르였던 **수사학**[94]이 "잘 연설하는 예술"이라고 정의되었는데 이 수사학의 정의를 변경하여

---

92) **형상**(形像 Bild)
93) 바움가르텐이 미학을 정의할 때 사용하는 예술의 개념은 예술이라기보다는 기술이라는 의미로 보아야 한다. **"아름답게 사고하는 예술(Kunst, schön zu denken)"**

미학의 정의로 바움가르텐은 사용했다는 것이다. 그리고 이 당시 중요한 장르였던 수사학은 유럽 역사뿐만 아니라 세계 역사에서, 또 과거뿐만 아니라 현재에 이르기까지 가장 원초적이고 총체적인 예술이라는 것이 가다머의 의견이다. 그리고 바움가르텐에 의하면 수사학과 시학[95]을 합해서 언어예술이라고 한다면, 이 **언어예술**이 가장 중심이 되는 예술이고 나머지 시간예술과 공간예술은 부차적인 예술들이라고 가다머는 설명한다. 그러나 중심이 되는 언어예술에서가 아니라 반대로 부차적인 예술인 공간예술에서, 구체적으로 **조형예술**[96]에서 미학의 핵심개념을 유도해 내는 것은 그 생동성 때문이라고 가다머는 말하나, 그러나 이는 조형예술이 가다머 이론의 가장 핵심적 개념인 형상을 도출해 내기 위한 가장 적합한 예술형식이기 때문이라고 이해할 수 있다. 따라서 가다머는 중심이 되는 언어예술에서가 아니라 부차적인 조형예술에서 조형 또는 형상이라는 개념을 자기 이론의 핵심개념으로 유도해 낸다. 가다머는 형상이라는 개념을 플라톤 철학에 적용하여 다음과 같이 설명한다. 플라톤에 의하면 **"진정한 실재"**[97]가 **"원초 형상"**[98]이고, 이 "원초 형상"을 **"형상"**화한 것이 현상세계라는 현상이 된다고 가다머는 설명한다. 이상과 같이 플라톤 철학을 설명하면서 가다머는 3가지 의도를 나타내고 있다. 첫째 가다머는 "진정한 실재"까지도 형상으로 보고(원초 형상으로 보고) 또 그 "진정한 실재"의 형상화인 현실세계도 형상으로 보아 형상이란 개념의 **형이상학적 보편성**을 구제하려 한다. 둘째 가다머는 "원초 형상"이라는 "진정한 실재"는 눈으로 볼 수 없고 귀로 들을 수 없어, 그 존재 여부를 확인할 수 없으므로 제외한다면, 존재하는 것은 오로지 하나의 현실세계이기 때문에(하나의 경험세계이기 때문에) 이 유일한 현실세계를(이 유일한 경험세계를) 포괄하는 **형이하학적인 보편성**으로서의 형상의 개념을 구제하려 한다. 셋째로 주관인 인간도 경험세계에 속하기 때문에 주관인 인간이 가지고 있는 의사소통을 위한 **유일한 매개체**도 형상이라는 것을 가다머는 설명하려 한다. 따라

---

94) **수사학**(Rhetorik)
95) 시학(詩學 Poetik)
96) **조형예술**(bildende Kunst)
97) **"진정한 실재**(das wahre Sein)"
98) **"원초 형상**(das Urbild)"

서 "대상인 사물 속에 우리는 형상을 주입하며, 또 대상인 사물에서 우리는 사물 자체
가 아니라 형상만을 읽어낸다"라고 가다머는 말한다. 대상과 주관이라는 철학적
표현을 사용하여 말한다면, 대상에 대한 형이상학적 그리고 형이하학적 형상의 개
념, 또 대상에 대한 주관의 행동방식으로서의 형상, 합해서 형상의 개념은 가다머의
전체 이론을 관통하는 **보편**의 개념이 된다. 다양한 특수들을 자체 내에 포함하고
있는 보편의 개념인 **형상**이 중개된 개념, 중개의 개념이라는 것은 당연하다.

　　예술의 중개기능을 설명하기 위해 전통적인 개념인 미학이라는 개념을 동원했
다. 그리고 미학에 의한 중개기능 설명을 위해 파라독스, 형상, 초과실재 등 3개의
개념을 언급했다. 세 번째 개념인 **초과실재**[99]라는 개념에 접근할 차례다. 초과실재
의 개념을 설명하기 위해서 예술은 파라독스라는 의미로 파라독스에 대한 설명을
다시 전개할 필요가 있다. 칸트는 합리주의자 바움가르텐을 훨씬 능가한, 합리주의
를 극복한 철학자로 "미의 경험"이란 과연 무엇인가 하는 문제를 해결하려 했다고
가다머는 설명한다. "미의 경험"이라는 문제의 난해성은, 자연과학의 원칙인 자연법
칙이라는 보편에 의해 해결할 수도 없고, 또 그렇다고 하여 "미의 경험"에 전혀 보편성
을 거절만을 할 수는 없다는 데 있다고 칸트는 생각했다는 것이다. 다시 말해 "미의
경험"이란 보편성이 없다는 말도 옳고, 그럼에도 보편성이 있다는 말도 옳다는 것이
그 난해성이라고 가다머는 설명한다. **"미의 경험"**에 대해 칸트가 가지는 난해한 문제
성은, 보편의 긍정도 보편의 부정도, 달리 표현하여 진리의 긍정도 진리의 부정도
할 수 없다는 사실이었다는 것이다. 따라서 칸트는 그 해결책으로 "미의 경험"에 어떠
한 종류의 진리를 인정하나, 구속성이 없는 진리를 인정하기로 했다고 가다머는 설
명한다. "구속성"이 없는 진리는 결국 진리가 아니므로 이 역시 파라독스라는 설명이
다. 이 파라독스를 해결하기 위해 칸트는 미의 판단을 다음과 같이 정의했다는 것이
다. 어떤 대상 X가 "아름답다"고 판단할 때 판단자는 만인의 공감을 요구하면서 "X는
아름답다"라고 판단해야 한다는 것이다. 만인의 공감을 "요구"한다는 말은 만인을

---

99) **초과실재(Mehr als das Sein)**

논리적으로 수긍시켜 X를 "아름답게" 보도록 만드는 것이 아니라, 만인의 교양수준이 어느 때고는 향상되어 X를 "아름답게" 보리라는 전제하에 미의 판단을 한다는 말이다. 그러나 어느 때에 이르러서 만인이(한 사람도 예외 없이) 그 대상 X를 "아름답다"고 판단한다고 가정하면, 그 대상 X의 미는 논리적이고 따라서 객관적인 학술에 의한 판단과 일치하게 되지만, 그러나 실제로는 무수한 시간이 흐른다 하더라도 만인이 대상 X를(한 사람도 예외 없이) "아름답다"고 판단하는 때는 결코 없으므로, 종합하여 미의 판단은 논리적이고 객관적인 판단인 동시에 그 논리적이고 객관적인 판단을 초월해야하는 판단이 된다. "미의 경험"이란 결국 학술적인 판단과 학술을 초월하는 판단으로 역시 파라독스로 남게 된다. 칸트는 논리적이고 객관적인 학술이라는 말 대신에 **개념**100)이라는 말을 사용하면서 "미의 경험"이란 개념화해서는 안 되는 개념이라고 정의했다고 가다머는 설명한다. 그러나 "미의 경험"에 위에서 언급한대로 진리를 인정할 수도 또 인정 안 할 수도 없으므로, 비약하여 표현하면 개념을 인정할 수도 또 안 할 수도 없으므로, 미와 "미의 경험"이란 **개념이 없는 개념**이라고 칸트는 정의했다고 가다머는 설명한다. 이상과 같이 진리의 인정과 진리의 부인, 개념화와 비개념화라는 파라독스 때문에 칸트는 미학의 기초를 예술가가 창조한 **예술미**가 아니라 예술가의 손을 거치지 않은 **자연미**101)에 두었다고 가다머는 설명한다. 이유는 인간이 생산한 예술미에는 어떤 의미, 어떤 개념을 주입하여 파라독스의 문제가 발생하나, 인간의 손이 거치지 않은 자연미에는 어떤 의미나 어떤 개념을 주입할 수 없기 때문에 파라독스의 문제가 발생하지 않기 때문이라는 설명이다. 이상에서 설명한, "미의 경험"에 내재한(미에 내재한) 파라독스는 **"예술의 경험"**으로 이어진다. 고전 예술작품은 원래 **제식**102)이나 **통치자의 상징**과 같은 인간사를 위해 만들어졌다고 가다머는 설명한다. 다시 말해 예술의 근원은 종교적, 정치적, 사회적 인간사를 위한 도구로서, 그 인간사를 위해 봉사하기 위해서 출발했다는 것이다. 그러나 19세기 중반에 와서 **도구성**, **봉사성**이라는 근원에서 출발한 예술이

---

100) **개념**(槪念 Begriff)
101) **예술미**(藝術美)와 **자연미**(自然美)
102) **제식**(祭式 Kult)

바로 자신의 근원인 도구성과 봉사성을 떨쳐버리고, "순수한 예술", "예술을 위한 예술"이 되려고 했다는 것이다. 예술이 자신의 근원인 도구성과 봉사성을 제거하면, 그것은 더 이상 예술이 아니라 비예술 내지는 반예술이 됨에도 불구하고 정반대로 "순수 예술" 또는 "예술을 위한 예술"이라고 주장함은 파라독스라는 것이 가다머의 설명이다. 예술이 자신의 존재근거를(도구성과 봉사성을) 말살한다는 사실이 바로 자신의 사망을 의미한다고 본다면, 다시 말해 19세기 중반부터 시작하는 소위 "순수 예술" 또는 "예술을 위한 예술"이 자신의 존재근거인 도구성과 봉사성을 완전히 말살 한다는 사실이 자신의 완전한 사망을 의미한다고 본다면 예술의 완전한 사망이 정반 대로 완전한 생명을 의미하는 "순수 예술" 또는 "예술을 위한 예술"이라 함은 파라독 스, 그것도 완전한 파라독스라는 설명이다.

이상의 파라독스를 해결하기 위해 가다머는 예술에다 근원인 도구성과 봉사성 을 인정해서 고전예술의 개념을 구제하는 일과, 반대로 도구성과 봉사성을 부인해 서 현대의 소위 "순수 예술"도 구제하는 일 2가지를 동시에 하기 위해서, 달리 표현하 면 과거의 전통예술과 현대의 실험예술을 중개하기 위해서 파라독스와 형상이라는 개념 다음에 가다머는 "초과실재"라는 개념을 동원한다. 가다머는 이 "초과실재"라 는 개념에 도달하기 위해 다시 2개의 단계를 밟으며 따라서 마지막 셋째 단계가 "초과 실재"에 대한 설명이 된다. **첫째 단계**로 위에서 언급한, 인간사를 위한 도구, 인간사 를 위한 봉사는 관심을 의미하므로, 이 관심을 제거하여 칸트는 "미의 경험"을 **"관심 없는 만족"**[103]이라는 유명한 정의를 내렸다고 가다머는 말하면서 이 "관심 없는 만 족"이라는 개념에 의해서 첫째 단계의 설명을 진행한다. 화폭에 그려진 고양이를 비유로 들어 가다머의 설명을 대신하자면 다음과 같다. "이것은 고양이다"라는 말은 옳다. 왜냐하면 실제로 고양이를 그려 넣었기 때문이다. 또 "이것은 고양이가 아니 다"라는 말도 옳다. 왜냐하면 그 화폭에 그려진 고양이는 쥐를 잡을 수 없기 때문이 다. 이 화폭에 그려진 고양이가 (그 고양이가 아름답게, 만족스럽게 그려졌다면)

---

103) **관심 없는 만족(interesseloses Wohlgefallen)"**

"관심 없는 만족"이라는 논리다. "관심이 없다"는 이유는 그것은 고양이가 아니기 때문에 쥐를 잡기 위해 그 그림 고양이를 소유하려는 사람은 없을 것이며, 또 "만족한다"는 이유는 그것은 거부감을 주는 쥐가 아니라 고양이로 그것도 아름답고 살아있는 듯한 고양이기 때문이다. "관심 없는 만족"이라는 고양이 그림에 대해(또는 그림 고양이에 대해) 다음과 같이 말할 수 있다. 첫째로 이 고양이 그림의 도구성과 봉사성이 구제되었다. 왜냐하면 "이것은 고양이다"라는 말이 옳기 때문이다. 둘째로 이 고양이 그림의 도구성과 봉사성이 제거되었다. 왜냐하면 이것은 고양이가 아니기 때문에 그 그림 고양이는 인간사를 위해 쥐를 잡는 일이라는 봉사를 할 수 없기 때문이다. 그러나 고양이 그림의 도구성과 봉사성을 구제했다 하더라도 그것은 구제되지 않은 구제며, 또 그 고양이 그림에서 도구성과 봉사성을 제거했다 하더라도 그것은 구제를 전제로 한 제거라고 할 수 있다. 구제와 제거, 제거와 구제는 뗄 수 없는 불가분의 관계에 놓여 있다. 왜냐하면 바로 그 도구성과 봉사성을 본질로 하고 있는 (쥐 잡는 일을 본질로 하고 있는) 자연의 고양이가 없다면 "순수 예술"이라고 하는 그 고양이 그림이 탄생할 수 없기 때문이다. 칸트가 "관심 없는 만족"이라는 개념을 사용하여 관심을 제거하려는 이유는 위에서 언급한 도구성과 봉사성을 구제하고 동시에 부인하려는 일 외에도, 셋째로 **공통의미**[104]를 구제하려 하는데 있다고 가다머는 설명한다. 자연 그대로의 살아있는 고양이를 제시한다면 쥐를 잡기 위해 고양이를 소유하려는 사람도 있고, 또 고양이에게 거부감을 가진 사람은 피하게 되어 관심이 분열되므로, 모든 관람자를(만인을) 하나로 통합해주는 공통의미가 사라지기 때문이다. 그러나 자연에 살아있는 고양이가 아니라, 화폭에 고양이를 그려서 제시한다면 쥐를 잡기 위해 그 고양이를 소유하려는 사람도 없고 또 피하는 사람도 없으므로 모든 관람자를(만인을) 하나로 통합해주는(하나로 중개해주는) 계기가 된다는 설명이다. 그러나 칸트가 말하는 공통의미도 하나의 "의미"라면(그것이 만인을 하나로 묶어주는 유일한 의미, 즉 진리라 하더라도) 예술은(고양이 그림은) 그 하나의 의미를 전달해야 하는 의무를 갖게 되므로 "하나의 의미를 전달해야 한다

---

104) **공통의미**(Gemeinsinn)

는” 도구성 내지는 봉사성을 면할 수 없다. 따라서 **둘째 단계**로 가다머는 역시 칸트 미학의 핵심개념인 **"자유로운 유희"**[105]라는 개념을 동원한다. 칸트에 의하면, 자연에 피어난 꽃이라든가 벽과 천정을 장식하는 도배지의 무늬와 같은 장식물들은 인간의 감성을 높여주고 명랑하게 해주는데, 그것도 아무런 의미도 강요하지 않고 인간으로 하여금 단순히 유희를 하게끔 만든다는 것이다. 만약에 장식물인 도배지가 어떤 의미를 강요한다면, 이것은 어렸을 때 열병을 앓아본 사람은 경험했겠지만, 그 도배지의 무늬가 어떤 무서운 모양으로 변해 나타나는 것과 같은 것이 되며, 따라서 장식의 의미를 잃어 도배지로 장식하는 사람은 없을 것이라고 한다. 따라서 자연미나 예술미가 인간에게 주는 **만족**은 일체의 의미로부터 자유로운 만족이고, 또 그것은 "자유로운 유희"라는 것이 칸트의 의견이라고 가다머는 설명한다. 그러나 "자유로운 유희"는 일체의 의미에서 해방되어야 하기 때문에, 다시 말해 일체의 의미를 말살해야 하기 때문에 **탈의미**라고 할 수 있다. "관심 없는 만족"에 의한 설명이 "공통의미"를 구제한 데 비해, "자유로운 유희"에 의한 설명에서는 "탈의미"로서 그 의미가 (그 공통의미가) 다시 배제되는 결과를 가져와, 다시 파라독스에 빠지게 된다. 공통의미의 구제와 공통의미의 배제라는 파라독스를 해결하기 위해 마지막 셋째 단계로 가다머는 **초과실재**[106]라는 개념을 동원한다.

　　예술의 근원인 도구성과 봉사성을 인정해서 고전예술의 개념을 구제하고, 또 반대로 도구성과 봉사성을 부인해서 현대의 소위 "순수 예술"도 구제하는 일, 2가지를 동시에 수행하기 위한 마지막 **셋째 단계**가 초과실재라는 개념의 동원이다. 초과실재라는 개념을 3가지로 설명할 수 있는데, 미리 언급하자면 첫째 긴장성, 둘째 이중성, 셋째 독립성이라고 할 수 있다. 첫째로 **초과실재의 긴장성**부터 논해 본다. 초과실재의 문제는 소위 **가상의 문제** 또는 실재와 가상의 문제와 일치하는 문제다. 실재와 가상의 문제를 설명하기 위해 다시 자연 고양이와 그림 고양이로 비유하여 설명하면 다음과 같다. 자연의 고양이를 **실재**로, 그림의 고양이를 **가상**[107]으로 철학은 규정한

---

105) **사유로운 유희**(freies Spiel)"
106) **초과실재**(超過實在 Mehr als das Sein)

다. 문제의 핵심은 실재와 가상 사이의 관계, 자연 고양이와 그림 고양이 사이의 관계다. 이상 양자 사이의 관계를 수학적인 공식에 의해 표현할 수 있다고 가정하면, "가상=실재+X"라는 공식이 된다. 이유는 실재는 단독으로 존재할 수 있으나(자연의 고양이는 단독으로 존재할 수 있으나) 가상은 단독으로 존재할 수 없기 때문이다. 자연고양이라는 실재가 없다면, 고양이를 그릴 수 없어 그림 고양이라고 하는 가상이 태어날 수 없기 때문이다. 따라서 "가상=실재+X"라는 공식에 의해 다음 가다머의 표현이 이해된다. **"가상은 증식이 붙어있는 실재다."**[108] **증식**[109]이라는 말은 피부에 나는 사마귀와 같은 것으로 필요 없이(의미 없이) 생겨나는 증식을 의미한다. 따라서 자연 본래의 얼굴과 사마귀가 붙어있는 얼굴, 양자를 비교하면 얼굴은 실재고 사마귀가 붙어있는 얼굴은 가상이라는 말이 된다. 다시 "가상=실재+X"라는 공식으로 복귀하면, 가상은 실재보다 X만큼 많으므로(X만큼 초과했으므로) 가다머는 가상을 **초과실재**라고 표현한다. 이는 "가상=실재+초과"라는 표현으로 "가상=실재+X"와 일치하는 표현이다. 이 표현을 자연 고양이와 그림 고양이라는 비유에 적용하면, "그림 고양이=자연 고양이+초과"라는 표현이 된다. 여기서 "그림 고양이"가 긴장성을 의미한다는 설명이다. 그 긴장성은 "그림 고양이"가 "자연 고양이"와 같기도 하고 다르기도 하다는 데서 오는 긴장성이다. 사마귀가 붙어 있는 얼굴은 역시 얼굴이므로 같은 얼굴이기도 하고, 또 사마귀라는 이질적인 증식이 붙어 있어 다르기도 한 것과 같다. 따라서 가다머가 말하는 초과실재란(이것이 예술작품을 의미하는데) 실재와 초과실재 사이에서, 얼굴과 이질적인 사마귀가 붙어있는 얼굴 사이에서, 자연고양이와 그림고양이 사이에서 생겨나는 긴장성 자체라는 설명이 된다. 다시 말해 초과실재란 실재와 비실재 사이의, 동일성과 비동일성 사이의 긴장성으로, 내재된 긴장성, 긴장성 자체라는 설명이다.

　　둘째로 **초과실재**의 **이중성**을 설명할 차례다. 이중성이라는 개념은 가다머의 이

---

107) **실재(實在 Sein)**와 **가상(假象 Schein)**
108) Gadamer: Die Aktualität des Schönen, S. 126
109) **증식(Zuwachs an Sein)**

론뿐만 아니라 모든 예술철학과 예술 자체의 핵심개념으로 로마 신화의 이름을 따라 **"야누스의 머리"**라고 불린다. 하나의 머리에 2개의 얼굴이 있어 보기에 따라(보는 각도에 따라) 다른 얼굴이 된다는 뜻이다. 따라서 "이중성"은 다양한 각도에 따라 다양하게 변하는 얼굴의 모습으로 "다양성"이라는 의미로 해석함이 옳다. 그러나 가다머의 초과실재를 논할 때는 혼란을 피하기 위해 글자 그대로 "이중성"이라 생각하고 논할 필요가 있다. 다시 고양이 비유에 의해 설명하자면, 그림 고양이는 자연고양이와 같기도 하고, 다르기도 하여, "그림고양이"라는 하나의 고양이는 2개의 얼굴을, 이중의 얼굴을 가지고 있다는 말이다. "이중성"이라는 개념은 실재와 비실재 사이의, 동일성과 비동일성 사이의 "긴장성"이라는 개념의 반복에 지나지 않는다. 반복에도 불구하고 가다머는 "이중성"의 개념을 "초과실재"를 한층 더 확대시키는 계기로 사용하고 있다. "그림 고양이가 마치 자연 고양이인 양 보인다"라는 논리로 가다머는 초과실재의 개념을 확대하고 있다. "마치 …… 인 양 보인다"라는 가정의 표현은 칸트 철학에서 유래한다. 따라서 칸트 철학을 가정의 접속사를 사용하여 **"알스 옵"**[110)의 철학이라고도 부른다. "그림 고양이가 마치 자연 고양이인 양 보인다"라는 이중성의 판단이 그림 고양이라는 대상에 대한 판단이라면, 이번에는 대상을 창조한 주관 즉 예술가에 대한 판단으로 "알스 옵"의 논리를 적용하여 예술가의 개념을 가다머는 설명한다. 위대한 예술가를 천재라고 가정하고 가다머는 **천재개념**에 내재한 이중성을 설명한다. 칸트는 천재를 "자연의 힘" 또는 "자연의 총아"[111)라고 정의했다고 가다머는 말하는데, 이는 천재는 자연 그 자체거나, 자연과 거의 같다는 말이라는 것이다. "알스 옵"의 논리를 적용하면 "천재는 마치 자연인 양 보인다"라는 표현이 된다는 설명이다. 천재는 자연이기도 하고 자연이 아니기도 하다는 이중성의 존재라는 말이다. 그리고 천재는 예술작품을 일체의 규칙을 무시하고 창조하지만, 다시 말해 일체의 규칙 없이 창조하지만 천재가 창조한 예술작품은 마치 일정한 규칙에 의해 창조된양 보인다는 것이 칸트의 생각이고 가다머의 생각이다. 위대한 예술가를 의미하는 천재개념에 의해 자연과 비자연, 규칙과 무규칙, 철학적인 표현

---

110) **"알스 옵(Als ob)": 마치 …… 인 양**
111) "자연의 힘(Naturkraft)", "자연의 총아(Günstling der Natur)"

을 사용하면 **실재**와 **비실재**라는 이중성을 가다머는 설명하는데 이는 초과실재의 이중성에 대한 설명과 일치한다. 초과실재의 이중성, 다시 말해 예술의 이중성을 설명하기 위해서 칸트의 "알스 옵" 논리를 사용하는 것은 철학의 상식으로 되어 있다.

　셋째로 **초과실재의 독립성**을 설명할 차례다. 위에서 설명한 초과실재의 긴장성이나 이중성은 모두 변증법적 관계를 구성하는 개념들이다. 동일성과 비동일성, 실재와 비실재라는 쌍개념들은 모두 변증법적 관계를 구성하는 쌍개념들이다. 초과실재는 따라서 이상의 변증법적 관계에서 탄생하는, 변증법적 관계를 생명의 근원으로 하고 있는 개념이다. 초과실재라는 개념에 내재한 긴장성과 이중성만으로 본다면 가다머의 미학은 변증법적 미학이라 보아야 한다. 그러나 세 번째 개념인 독립성에 의해 가다머 미학의 변증법적 관계가 변하는 계기가 된다. 가다머는 초과실재의 독립성을 클라비코르트[112]라고 하는 옛날 악기에 의해 설명하는데 다음과 같다. 18세기에 사랑받던 악기로 현재의 피아노와 비슷한 클라비코르트가 있었는데, 이 악기의 특징은 건반의 작동이 정지했음에도 불구하고 공명판의 음향은 얼마동안 지속한다는 것이다. 건반의 작동이 정지한 후에도 계속 울리는 음향은 그 음향을 생산한 건반의 작동으로부터 **"독립된 음향"**이라는 설명이다. 결론적으로 초과실재는 이상의 "독립된 음향"과 같다는 설명이다. 앞에서 언급한 "그림 고양이＝자연 고양이＋초과" 또는 "초과실재＝실재＋초과"라는 공식으로 다시 복귀하면, "그림 고양이"나 "초과실재"는 하나의 독립성을 얻게 된다는 말이다. 다시 말해 "그림 고양이"는 "자연 고양이"에 대해, 또 "초과실재"는 실재에 대해 독립성을 얻는다는 말이다. 이 말은 "그림 고양이" 즉 "초과실재"는 독립된 제2의 고양이, 제2의 실재가 된다는 논리가 된다. 따라서 초과실재는 실재로부터의 독립에 의해 실재와 동등한 제2의 실재가 된다고 보아야 한다. 자연 고양이 대신에 자연 인간을 대입하면 초과실재는 제2의 자연 인간이 된다는 설명이다. 가다머의 논리를 비약시켜 표현하면 초과실재는 실재의 중복, 인간의 중복, 비약해서 세계의 중복, 철학적인 표현으로 경험세계의

---

112) 클라비코르트(Klavichord)

중복이 된다. 다시 비약해서 표현하면 예술은(초과실재는) 살아있는 생명체와 같이 (예를 들어 살아있는 실재인 인간과 같이) 말을 걸기도 하고 말을 하기도 한다는 것이 가다머의 이론전개다. 그럼 인간이라는 예술작품은 살아있는 인간의 중복이기 때문이다. 말을 걸기도하고 말을 하기도 하는 예술은(초과실재는) 하나의 완전한 독립된 생명체와 같은 것으로 소위 "절대예술" 내지는 "순수예술"이라고 표현된다. 이유는 예술은(초과실재는) 경험세계와 동등한, 경험세계로부터 독립된 **자율성, 아우토노미**를 가지게 되기 때문이다. 긴장성, 이중성, 독립성을 소유한 "초과실재"가 예술이며, 예술은 자율성을 소유한 세계로서, (다시 철학적인 표현을 사용하여) 총체성의 세계로서 중개기능 자체라는 말을 되풀이할 필요는 없다. 모든 것을 다 자체 내에 포함하고 있다는 의미의 총체성이라는 개념은 바로 중개개념 자체를 나타내는 개념이다.

4. 결론

가다머 이론의 핵심은 2가지로 구성되어 있다. 교양신앙에 부응하는 과거 전통예술과 그 교양신앙에 도전하는 현대 실험예술, 전통고수와 전통에 대한 프로보카씨온이 그 2가지 구성 요소다. 이상 양자의 문제성은 예술의 자기정당화 문제와 또 예술존재의 자명성상실이라는 2개의 현안 문제로 구체화 된다. 가다머는 그러나 과거의 전통예술과 현대의 실험예술, 양자를 하나로 통합하고, 예술의 자기정당화 문제와 예술존재의 자명성상실이라는 2개의 문제를 동시에 해결하려 한다. 이상의 가다머 이론의 핵심을 요약해서 표현하면 예술 존재론과 예술 연속톤이 테마라고 할 수 있다. 예술은 진리에 봉사해서 진리를 표현해 주이야 히는 외부를 가시고 있으므로, 진리가 존재하는 한 예술도 존재해야 한다는 예술 존재론과, 또 예술은 과거에도 존재하며, 현재를 통해 미래 속으로 그 존재를 지속한나는 예술 연속론, 양자는 2개가 아니라 하나의 문제로 집약된다. 예술이 존재한다면 그 예술은 연속할 것이며, 또 예술이 연속한다면 그 예술의 존재는 이미 증명된 것이기 때문이다. 이상의 양자를 하나로 통합하는 일을 **중개**라고 한다면, 가다머의 이론은 **"중개의 이론"**이라고 할 수 있다. 과거 전통예술과 현대 실험예술을, 전통 고수와 전통에 대한 프로보카씨온을, 예술의 자기정당화 문제와 예술존재의 자명성상실의 문제를, 예술존재론과 예술연속론을 하나로 통합하는 중개의 문제가 가다머의 유일한 관심사라고 할 수 있다. 이상의 중개의 문제를 가다머는 **존재론**과 **인성론**113)에 의해 해결하려한다. 존재론에 의한 방법론만 본 논문에서 다루고 인성론에 의한 방법론은 차후로 미루었다.

중개의 문제를 피할 수 없는 현안으로 만드는 이유는 19세기 중반부터 갑자기 생겨난 소위 **"역사화의 세기"**였다. 이 "역사화의 세기" 의식을 가다머는 **"역사의식"**이라 부르면서, 이 의식을 자기 이론의 핵심이 되는 개념으로 승격시킨다. 이유는 과거와 현재를, 과거 전통예술과 현대 실험예술을 전혀 상이한 2개의 세계로 갈라놓으려는 역사화의 의식, 다시 말해 "역사의식"이 없다면 가다머 이론의 핵심인 중개 문제가 무용지물이 되어버리기 때문이다. 예술의 중개기능을 설명하기 위해 가다머는 인간에 내재한 "기억과 회상의 여신" **므네모쉬네**114)와 **"철학적 사고"**, 2개의 영역에 의지하는데, 이는 가다머가 **인성론과 존재론**, 양자를 다 사용한다는 사실을 의미한다. 므네모쉬네는 과거와 현재의 동시성, 어제와 오늘의 통일성, 과거 형식어와 현대의 형식파괴 사이의 연속성을 관장하고 보장해 주는 여신이다. 므네모쉬네는 예술의 인성론을 다룰 다음 논문에서 다시 거론된다. **"철학적 사고"**는 과거 전통예술과 현대 실험예술, 양자가 모두 예술이라는 사실과, 또 그 양자가 둘이 아니라 하나에 속한다는 사실을 사고하는 사고다. 다시 말해 가다머가 의미하는 "철학적 사고"란 중개의 사고라고 할 수 있다. 예술의 중개기능을 전통 개념들인 예술, 미에 대한 분석에 의해 설명했으며, 또 종합적으로 역시 전통 개념인 미학에 의해 설명했다. 예술에 의한 설명으로, 가다머는 **작품범주**를 도출하여 작품은 "아름다운 예술"인 미술과 "기계적인 예술"인 기술을 하나로 중개하고, 또 뱃사공과 배 제조가를(인간과 인간

---

113) **존재론(Ontologie)**과 **인성론(Anthropologie)**
114) **므네모쉬네(Mnemosyne)**

을) 하나로 중개한다는 내용을 언급했다. 또 **"예술은 미메시스다"**, 그리고 **"예술은 보편이다"**라는 정의를 사용하여 예술의 실재 자체가 중개라는 설명을 했다. 그러나 미술과 기술의 중개, 뱃사공과 배 제조가의 중개, 실재와 가상의 중개, 다수 특수들의 중개 등 예술에 의한 중개는 모두 수평적인 중개다. 다음에 미에 의한 중개로 공중성에 의한 설명과, **아남네세**[115]에 의한 설명 2가지를 언급했는데, 전자는 너와 나, 인간과 인간을 중개하는 수평적인 중개였고, 후자는 이상과 현실을, 하늘의 이상세계와 지구의 현실세계를 중개하는 수직적인 중개였다. 마지막으로 미학에 의한 중개 설명으로 **파라독스**, **형상**, **초과실재** 3가지 개념을 설명했다. 결론적으로 말하면 예술은 파라독스고, 형상이고, 초과실재라는 말이다. 파라독스와 형상은 단일한 개념들이 아니라 중개된 개념들이며, 초과실재 역시 긴장성, 이중성, 독립성들이 하나로 중개된 개념이다. **"예술은 파라독스 자체다"**라고 예술에 대한 정의를 내릴 수 있을 정도로, 파라독스를 해결하는 해결책 자체가 파라독스가 되는 결과를 냈다.

예술의 중개기능을 설명하기 위해 가다머가 전개하는 존재론적 방법론은 다음의 3가지 문제성을 유발한다. 첫째 존재론적 방법론은 시간성[116]이 결여된 방법론이다. 예술에 의한 중개의 설명은 수평직인 중개이므로, 어제와 오늘이라는 시간성이 결여된 동시적인 중개다. 미에 의한 설명으로 공중성[117]에 의한 설명과 아남네세에 의한 2가지 설명을 했는데, 전자는 너와 나를 중개하는 수평적인 중개였고, 후자는 상과 하를 중개하는 수직적인 중개였다. 여기서 중개되는 너와 나, 상과 하는 동시에 존재하므로 역시 어제와 오늘이라는 시간성이 결여된 중개들이다. 미학에 의한 설명인 파라독스, 형상, 초과실재라는 개념들도 모두 추상적 개념들로 추상적 중개에 불과하다. 추상성이란 시간성의 결여를 의미한다. 과거 전통예술과 현대 실험에술 사이를, 19세기 중반 이전과 이후를 단절시키는 "역사의식"이 가다머 이론의 출발점이라 한다면, 바로 이 단절의 극복은 시간성에 의해서만 가능하다. 둘째 존재론적

---

115) **아남네세(Anamnese)**
116) 시간성(時間性)
117) 공중성(公衆性)

방법론은 변증법으로 급전될 위험성을 내포하고 있다. "초과실재＝실재＋초과"라는 공식에서 실재와 초과 사이에 변증법적 관계가 가능하며, 또 초과실재와 실재 사이에도 변증법적 관계가 가능하므로, 변증법으로 급전될 가능성이 이중으로 내재해 있다. 과거 전통예술과 현대 실험예술이 2개의 예술이 아니라 하나의 예술이고, 어제와 오늘이 2개의 시간이 아니라 하나의 시간이라는 명제가 가다머의 명제라면, 2개의 범주를 다시 말해 이원론을 생명으로 하고 있는 변증법은 가다머의 명제를 부정하는 결과를 가져올 수 있다. 가다머의 명제를 구제하는 길은 변증법을 구축하는 길이라 할 수 있다. 어제와 오늘, 과거 전통예술과 현대 실험예술, 2개의 카테고리를 상정하면, 하나가 긍정되면 다른 하나는 반듯이 부정되는 것이 **변증법**이고, 2개 다 긍정되는 것이 가다머의 **해석학**118)이기 때문이다. 셋째 존재론적 방법론은 특수와 보편의 관계에서 자가당착에 빠질 위험성을 내포하고 있다. 가다머는 "**미학적 경험**"이란(이는 "미의 경험"과 "예술의 경험"을 합한 표현인데) 특수를 보편 아래로 포섭하는 것이 아니라, 반대로 특수에서 보편을 탄생시키는 것이라고 정의한다.119) 부정하기도 또 긍정하기도 쉽지 않은 이상의 정의는 특수와 보편 중에서 전자에(특수에) 역점을 부여하는 정의임에 틀림없다. 그러나 가다머가 말하는 파라독스, 형상, 초과실재라는 개념들은 모두 보편의 범주에 속하는 개념들이다. 예를 들어 "그림고양이＝자연고양이＋X"라는 공식에서 "그림고양이"는 초과실재며, 보편의 개념이고, "자연고양이"는 실재며, 특수의 개념이다. 가다머가 특수에다 역점을 부여한다는 사실은 파라독스, 형상, 초과실재의 개념들을 손상시키는 결과를 가져오므로 자가당착이라고 할 수 있다. 이상에서 논한 3가지 문제성은 인성론적 방법론을 동원하는 계기가 된다.

---

118) **변증법(辨證法 Dialektik), 해석학(解釋學 Hermeneutik)**
119) Gadamer: Die Aktualität des Schönen, S.112

가다머 II

예술 인성론

1. 존재론과 인성론

　"오늘의 유럽 철학은 과거 전통철학과 분리될 수 없는 연관성에도 불구하고 그 과거 전통철학으로부터 단절을 의식하고 있다. …… 지난 세기에 생겨난 새로운 의식이 그 깊은 단절의 계기가 된다. 그 단절의 순간 이후로 전통적 철학적 사고는 그의 연속성을 거의 상실했으며, 그럼에도 연속성이 있다고 한다면 간헐적으로만 그 연속성을 주장할 수 있다. 따라서 과거 전통개념들이 오늘의 철학적 사고에 마찰 없이 봉사하리라고 순진하게만 생각할 수는 없다."[1] 이상의 인용문은 가다머의 주저 『진리와 방법론』의 서론에 들어 있는 문장이다. 이상의 인용문에 들어 있는 함축된 3개의 의미를 재구성하자면 다음과 같다. 첫째로 19세기를 경계선으로 하여 (자세히는 19세기 중반을 경계선으로 하여), 과거 전통철학과 현재 현대철학 사이에 깊은 단절이 생겼다는 것이 가다머의 주장이다. 19세기 중반을 경계선으로 하여 과거와 현재가, 전통철학과 현대철학이 단절되었다는 이론은 가다머 뿐만 아니라 다른 모든 이론가들에도 공통된 이론으로 현대철학에 관한 하나의 상식으로 되어 있다.[2] 둘째로 과거와 현재 사이, 전통철학과 현대철학 사이의 단절에도 불구하고 그 양자 사이의 연관성과 연속성이 존재한다는 것이 역시 가다머의 주장이다. 과거와 현재 사이를, 전통철학과 현대철학 사이를 중개해 주는 바로 이 연관성과 연속성

---

1) Gadamer: Wahrheit und Methode, S.XXX
2) 19세기 중반이 전통과 현대, 과거 전통예술과 현대 실험예술을 단절하는 경계선이라는 내용은 본 논문의 제I부에서 자세히 설명되었다.

이 가다머 이론의 출발점이 된다. 가다머의 세 번째 주장은 따라서 과거의 전통적 개념과 현재의 철학적 사고를 중개하는 일은 간단하고 순진하게 이루어질 수 만은 없다는 것이다. 과거의 전통개념과 현재의 새로운 사고, 전통과 현대를 중개하는 작업이 가다머 이론의 목표점이 된다. 이상에서 재구성된 3개의 함축된 의미를 간단히 종합하자면 다음과 같다. 19세기 중반을 경계선으로 하여 과거 전통철학과 현재 현대철학 사이가, 전통과 현대 사이가 깊이 단절되어 그 양자 사이의 연관성과 연속성이 거의 상실될 상태에 있으므로, 현대철학은 이 연관성과 연속성을 다시 찾아야 할 위치에 놓여 있다고 할 수 있다. 그러나 이 연관성과 연속성을 다시 찾는 작업이 간단하고 마찰 없는 작업은 아니라는 주장이다. 이 작업은 앞의 「가다머 I」에서 예술의 존재론3)에 의해 논했다.

　　19세기 중반에 생겨난 **"역사의식"**은4) 어제와는 전혀 다른 오늘이 되고, 또 오늘과는 전혀 다른 예측할 수 없는 내일이 되는 현대사회, 급격히 변해 가는 현대사회의 인간의식을 의미한다. 이 "과거전통을 역사화 하려는 의식"인 역사의식은 과거전통과의 연관성과 연속성을 상실할 뿐만 아니라 과거전통 그 자체를 부정하려는 의식을 의미한다. 이상의 "역사의식"에 의해서 과거와 현재, 전통과 현대, 과거의 전통예술과 현대의 실험예술이 단절되어 그 양 진영이 서로 대립하는 결과를 가져왔다. 이상의 양 진영의 단절은 반동이냐 진보냐 하는 사상의 분열을 초래했고, 순수예술이냐 참여예술이냐 하는 예술의 분리를 가져왔고, 예술이냐 사회냐 하는 세계의 분산을 동반했다. 이상의 서로 대립된 양 진영에 의해 2개의 극단적인 이론의 대립이 생기게 되는데, 가다머는 그 2개의 대립적인 이론 양자를 다 수용하려고 한다. 과거와 현재를, 전통철학과 현대철학을, 과거의 전통예술과 현재의 실험예술을 하나로 묶어주는 **중개**5)를 가다머는 "하나의 통일성" 또는 "자명성"이라고 부른다. 과거와 현재를, 전통예술과 실험예술을 하나로 중개해 주는 "하나의 통일성" 또는 **"자명성"**6)이 분명

---

3) 존재론(存在論)
4) vgl. Gadamer: Die Aktualität des Schönen, S.96; **역사의식(das historische Bewußtsein)"**
5) **중개(仲介 Vermittlung)**

히 존재한다고 믿는 것이 가다머의 철학이고, (용어를 통일하여 "자명성"이라는 용어만을 사용한다면) 바로 이 "자명성"을 찾아내는 작업이 철학의 사명이라고 가다머는 생각한다. 가다머에 의하면 **철학적 사고**의 원칙은 과거 전통예술과 현대 실험예술 양자가 모두 예술이라는 사실과, 또 그 양자가 둘이 아니라 하나에 속한다는 사실을 사고하는 것이 되어야 한다는 것이다. 과거와 현재, 전통예술과 실험예술을 하나로 중개해주는 이 "자명성"을 논하기 위한 방법론에는 2가지가 가다머의 예술론에 내재하는데, 하나는 「가다머Ⅰ」에서 논한 **존재론**에 의한 방법론이고, 다른 하나는 「가다머Ⅱ」에서 논의될 **인성론**[7]에 의한 방법론이다. 존재론에 의한 방법론은 그러나 마찰을 동반하는 방법론으로 그 자체로는 완전한 방법론이 못 된다는 것이 가다머의 의견이다. 여기서 가다머가 인성론으로 이전하는 이유를, 아니면 인성론의 도움을 요청하는 이유를 논할 필요가 있다.

가다머가 예술의 중개기능을 논하기 위해 존재론적 방법론에서 인성론적 방법론으로 이전하는 이유 2가지와 존재론과 인성론 사이의 관계를 논해본다. 가다머가 존재론적 방법론에서 인성론적 방법론으로 이전하는 첫째 이유는 가다머가 그의 주저『진리와 방법론』의 서론에서 말하듯이 **후세를, 딜타이, 하이데거**[8] 등의 영향이라 할 수 있다. 구체적으로 말하면 이상의 3명의 철학자들에 의한 영향은 현상학과 해석학[9]을 의미한다. 현상학과 해석학을 종합하여 가다머가 자신의 이론을 전개하려 하는 것이『진리와 방법론』이라고 할 수 있다. 여기서 우리는 이상의 현상학과 해석학을 자세히 논할 처지에 있지 않으며 또 그것은 불가능한 작업이므로, 라이너 빌이 현상학, 변증법, 해석학 등 세 종류 철학의 공통점과 차이점을 논하는데 이를 우리는 참고로 한다. 라이너 빌의 설명에 의하면 우선 현상학, 변증법, 해석학의 공통점은 "이론과 방법론"이라는 상관관계에서 볼 때 의미의 다양성을 (또는 진리의 다양

---

6) **자명성(Selbstverständlichkeit)"

7) **존재론(存在論)**과 **인성론(人性論)**

8) 후세를(Edmund **Husserl** 1859~1938), 딜타이(Wilhelm **Dilthey** 1833~1911), 하이데거(Martin **Heidegger** 1889~1976)

9) 현상학(現象學 Phänomenologie)과 해석학(解釋學 Hermeneutik)

성을) 나타내는 **부정성**10)이 된다. "부정성"이라는 표현은 따라서 의미를 규정할 수 없다는, 또는 진리를 규정할 수 없다는 표현이다. 라이너 빌은 "이론과 방법론"이라는 쌍 개념을 "**순수 이론**과 **실천적 방법론**"이라는 쌍개념으로 점진시키고 확대시키면서 현상학, 변증법, 해석학은 모두 실천적 방법론에 가깝지 순수 이론은 아니라는 논리를 전개한다.11) 현상학, 변증법, 해석학 등 3개 철학의 **공통점**을 종합하면, 이들 철학들은 모두 진리의 객관성이나 단일성이 아니라 부정성 내지는 다양성을 주장하는 철학들이라는 것이다. 그리고 이상의 3개 철학은 모두 순수 이론이 아니라 실천적 방법론이라는 결론이다. 다음에 역시 라이너 빌은 이상 3개 철학 사이의 **차이점**을 다음과 같이 설명한다. **현상학**은 이론이라기보다는 방법론에 가깝다. 현상학이라는 방법론은 이론이 개념구성에 의해 대상을 왜곡시키지 못하도록 규제하는 방법론이다. 현상학적 방법론이란(현상학이라는 방법론은) 원초적인 관찰과 원초적인 묘사를 원칙으로 하고 있다. 이 원초적인 관찰과 원초적인 묘사라는 현상학적 방법론은 대상을 왜곡시키는 소위 이론의 독단적인 단언을 방지할 수 있는 최대한의 보장이 되기 때문이다. 이상의 현상학과 비교한다면, **변증법**12)은 이론과 방법론을 하나로 묶어주는 **유동적인 통일성**13)이라고 할 수 있다. 변증법이라고 하는 이 유동적인 통일성은 따라서 이론인 동시에 방법론이라고 할 수 있다. 다음에 **해석학**은 역시 "이론과 방법론"이라는 쌍개념에 의해 본다면, 이론도 아니며 또 방법론도 아니기를 주장한다. 해석학은 오히려 자신을 "**원초적인 이해**"14)의 표정이라고 생각한다. 이 "원초적인 이해"라는 표정은 이론과 방법론이라는 분리와 또 변증법이 주장하는 그 양자 사이의 중개를 선행하는 표정이거나, 아니면 그 분리 자체와 또 분리된 양자 사이의 중개 자체까지도 탄생시켜 주는 표정이다. 그러한 "원초적인 이해"라는 표정에는 세계의 총체성이 담겨져 있으며, 또 그 "원초적인 이해"라는 표정은 대상에 대한

---

10) Wiehl, Reiner: Begriffsbestimmung und Begriffsgeschichte, Zum Verhältnis von. Phänomenologie, Dialektik und Hermeneutik, S.170; **부정성**(**不定性** Unbestimmtheit)

11) ebd. S.171

12) **변증법**(**辨證法** Dialektik)

13) **유동적인 통일성**(bewegliche Einheit)

14) "**원초적인 이해**(ursprüngliches Verstehen)"

개별적인 인식을 선행하는 이해라고 할 수 있다. 따라서 이론, 방법론, 그리고 그 양자 사이의 중개 등은 해석학이 주장하는 그 "원초적인 이해"와 비교한다면 모두 부차적인 것들이다.15) 이상에서 논한 라이너 빌의 설명을 종합하면, 현상학은 이론이라기보다는 방법론이며, 변증법은 이론과 방법론 양자를 수용하려 하고, 마지막으로 해석학은 이론과 방법론 양자를 부정하거나 그 양자를 하나로 융합하는 "원초성"을 주장하여, 그 "원초성"에서 비로소 이론과 방법론이라는 두 줄기의 강물이 흘러나가는 결과를 가져왔다. 지금까지의 라이너 빌의 설명을 토대로 하고 후세를, 딜타이, 하이데거가 가다머의 예술론에 행사한 영향을 종합하면 다음과 같다. 첫째로 가다머 예술론의 핵심 개념인 **이해**16)는 전통적 존재론이 주장하는(이는 전통적 합리주의 철학을 의미하는데) 의미의 객관성 내지는 단일성이 아니라, 의미의 부정성 내지는 다양성을 나타낸다고 할 수 있다. 둘째로 가다머의 핵심 개념인 이해에 도달하는 길은 전통철학의 길이었던 이론이 아니라 오히려 방법론이 더 가까운 길이라는 것이다. 셋째로 역시 핵심 개념인 이해는 이론과 방법론 이전의 원초성이며, 이론에 의한 분리와 분석은 아니라는 것이다.

　가다머가 존재론적 방법론에서 인성론적 방법론으로 이전하는 두 번째 이유를 설명할 차례다. **"이론과 방법론"**이라는 상관관계에서 본다면 가다머의 예술론에 대한 영향은 이론 위주의 전통철학에 대한 비판으로 나타난다고 할 수 있다. 따라서 대부분의 현대철학은 현상학과 해석학도 전통철학에 대한 비판으로, (전통 철학은 존재론을 의미하므로) 존재론에 대한 비판으로 보아야 한다. 현상학과 해석학이 가다머에 행사한 영향은 전통철학인 존재론에 대한 비판의식이라고 할 수 있다. 또는 현상학과 해석학이 가다머로 하여금 전통 철학인 존재론을 이탈하는 계기를 주었다고 할 수 있다. 계기를 주었다는 말은 존재론으로부터의 이탈이 필연적으로 인성론으로 인도한다고만은 볼 수 없기 때문이다. 다음에는 가다머가 존재론에서 인성

---

15) vgl. Wiehl, Reiner: Begriffsbestimmung und Begriffsgeschichte, Zum Verhältnis von. Phänomenologie, Dialektik und Hermeneutik, S. 170, 171

16) **이해(理解 Verstehen)**

론으로의 이전이 우연이 아니라 필연이라는 논리를 전개할 차례다. 이것은 따라서 가다머가 예술의 중개기능을 설명하기 위해 존재론에서 인성론으로 이전하는 두 번째 이유가 된다. 위에서 우리는 라이너 빌의 설명에 따라 "이론과 방법론"이라는 쌍개념으로 논한 데 비해, 여기서는 범례를 바꾸어 **개념과 역사**라는 쌍개념에 의해 논함이 유리하나. 현상학, 해석학, 변증법의 가장 핵심적인 방법론의 원칙은 **개념사** 또는 **이념사**[17]이기 때문이다.[18] 개념사와 이념사는 같은 의미로 개념과 이념은 내용을 의미하고, 역사는 형식을 의미한다고 보아도 좋다. 용어를 통일하여 설명의 혼잡을 피하기 위해 **개념사**라는 용어를 택하고, 그 "개념사"를 분리하여 표현하면, "개념과 역사"라는 쌍개념이 되어 결국 라이너 빌이 사용하는 "이론과 방법론"이라는 쌍개념에 상응하게 된다. "이론과 방법론"이라는 쌍개념과 "개념과 역사"라는 쌍개념 사이의 상응성은 설명의 반복을 의미하기도 하지만 전자에서 후자로의 점진성도 내포하고 있다. 바로 이 점진성을 논하는 작업이 가다머가 존재론에서 인성론으로 이전하는 필연적인 이유를 설명하는 것이 된다. "개념과 역사"라는 쌍개념에서도 "이론과 방법론"이라는 쌍개념에서와 같이 반복되는 설명은 개념과 역사의 분리다. 개념이냐 아니면 역사냐 하는 양자택일과 그리고 그 양자 사이의 융합이냐 아니면 중간위상이냐 하는 설명들이 반복되는 설명이다. 다음에 이상 2개의 쌍개념 사이의 점진된 설명은, 다시 말해 "이론과 방법론"이라는 쌍 개념에서 "개념과 역사"라는 쌍개념으로의 점진된 설명은 다음 3가지로 요약된다. 첫째로 "개념과 역사"라는 쌍개념에서 개념은 영원불변의 **실재**[19]를 의미하고, 역사는 반대로 시시각각 변하는 **의식**[20]을 의미한다. 철학에 등장하는 모든 쌍개념들은, (철학적으로 표현하면) 모든 철학의 형식들은 불변의 카테고리와 변화의 카테고리, 불변과 변화라는 쌍으로 되어 있다. "이론과 방법론", "이념과 역사", "개념과 역사" 등의 쌍개념들 중에서 전자인 이론, 이념, 개념 등은 불변의 카테고리에 속하며 이들과 쌍을 이루는 후자들은

---

17) **개념사**(Begriffsgeschichte) 또는 **이념사**(Ideengeschichte)
18) vgl. ebd. S.173
19) **실재**(實在 Sein)
20) **의식**(意識 Bewußtsein)

변화의 카테고리에 속한다. 따라서 "개념과 역사"라는 표현에서 "개념"은 영원히 불변하는 것이라고 보아야 하고, "역사"는 항상 변하는 것이라고 보아야 한다. 그리고 항상 변하는 것은 인간의 역사이고, 그 역사를 만들어내는 것은 인간의 의식이기 때문에 인간의 의식이 항상 변한다고 이해해야 한다. 따라서 "개념과 역사"라는 쌍개념에서 영원히 불변하는 "개념"에 정반대되는 것이 인간의 의식이라 본다면, 간단한 표현으로 인간이라 본다면, 가다머가 존재론에서 인성론으로 이전함은 우연이 아니라 필연이라 할 수 있다. 존재론은 영원히 불변하는 실재를 추구하고, 인성론은 시시각각 변하는 인간 의식을, 다시 말해 인간에 내재한 요소들을 추구하기 때문이다. 둘째로 개념사를 구성하는 2개의 요소, "개념"과 "역사"는 분리할 수 없는 하나의 **회전관계**를 형성하고 있다. 영원히 불변하는 "개념"이 존재한다면 그 "개념"은 역사를 만들어가고, 또 시시각각 변하는 "역사"가 만들어지고 있다면 그 역사의 주체가 되는 "개념"이 존재하기 때문이다. 회전관계를 형성하고 있는 개념과 역사 사이의 관계는 필연적인 관계다. 셋째로 "개념과 역사"라는 쌍개념에서 영원히 불변하는 "개념"의 불변성을 시간지양이라 하고, 시시각각 변하는 역사의식을 시간지향이라 한다면, 시간지양은 시간지향을 전제로 하고, 또 반대로 시간지향은 시간지양을 전제로 하는 관계로 양자는 우연이 아니라 필연의 관계를 형성하고 있다. 가다머가 시간지양을 추구하는 존재론에서 시간지향을 추구하는 역사의식으로 이전함은, 다시 말해 (역사의식의 주체는 인간이므로) 인간에 내재한 인성론적인 요소로 이전함은 필연적이라는 말이다.

마지막으로 종합하여 존재론과 인성론 사이의 관계를 논해본다. 첫째로 가다머의 예술론에서 존재론과 인성론은 2개의 대치개념으로 쌍개념을 구성한다고 할 수 있다. 존재론과 인성론이 하나의 쌍개념이 될 수 있다는 근거는 현상학의 영향이라 할 수 있다. 전통철학과 현대 현상학 사이의 차이점에 의해 설명하자면 다음과 같다. 전통철학의 형식은, 예를 들어 헤겔의 형이상학을 구성하는 실재와 무[21]라는 쌍개

---

21) 실재(實在)와 무(無)

념과, 또 헤겔의 예술철학을 구성하는 이념과 가상[22]이라는 쌍개념은 모두 **"주인 대 노예"**라는 관계라고 할 수 있다. 왜냐하면 헤겔의 형이상학과 예술철학은 실재 위주의, 이념 위주의 형이상학이며, 예술철학이기 때문이다. "이념과 가상"이라는 표현과 같은 의미를 나타내는 전통철학의 보편적인 형식인 **"실재와 가상"**[23]이라는 쌍개념 역시 "주인 대 노예"라는 관계를 나타낸다고 할 수 있다. "실재와 가상"의 관계는 "주인 대 노예" 관계라고 주장하는 전통철학에 대해 반발하는 철학이 현대의 현상학이라 할 수 있다. 현상학은 따라서 **실재**와 **가상**[24]의 관계를 "주인 대 노예"라는 관계가 아니라 **"주인 대 주인"**이라는 관계로 가상을 승격시키자는 철학이 된다. "이론과 방법론"이라는 쌍개념을 논할 때, 현상학은 이론이라기보다는 방법론에 가깝다는 말을 했는데, 이는 이론과 방법론이 분리 독립하여 "주인 대 노예"의 관계가 아니라 "주인 대 주인"의 관계가 된다는 말이다. 또 "개념과 역사"라는 쌍개념도 "주인 대 주인"의 관계를 나타내는 말로, 개념도 또 역사도 동등하게 중요한 요소들이라는 의미다. 철학의 보편형식인 "실재와 가상"을 "주인 대 주인"의 관계로, 가상을 실재와 동등한 위치로 격상시키는 것이 현대의 **현상학**이며, 바로 이것이 그 양자를 "주인 대 노예"로 유지하려는 **전통철학**과의 차이점이다. 따라서 현대 현상학의 영향 하에 있는 가다머의 철학형식으로 볼 수 있는 "존재론과 인성론"은 2 요소가 동등하게 중요한 "주인 대 주인"의 관계라고 보아야 한다. 둘째로 가다머의 예술철학을 구성하는 2개의 요소, 즉 **"존재론과 인성론"**을 하나의 쌍 개념으로 본다면, 이론은 실제적으로 2개의 요소 중에 어느 한 요소로 치우쳐서 존재론에 중심을 두느냐, 아니면 인성론에 중심을 두느냐 하는 문제가 발생한다. 그러나 가다머는 양자 모두를 구제하려한다. 양자 모두를, 즉 존재론과 인성론 모두를 구제한다는 말은 그 양자를 중개한다는 말로, 여기서도 중개의 문제가 대두된다. 우리의 테마인 예술의 중개를 지금까지 논해 왔으나 여기서는 존재론과 인성론의 중개, 즉 철학의 중개가 문제가 된다. 중개의 문제는 가다머에 있어서 예술과 철학에, 예술철학에 깊이 내재해 있는 문제라고

---

22) 이념(理念)과 가상(假象)
23) **실재(Sein)와 가상(Schein)**
24) **실재(實在)와 가상(假象)**

할 수 있다. 셋째로 가다머는 존재론과 인성론을, 점진시켜 표현한다면 이론과 방법론을, 개념과 역사를 하나로 중개하려 한다고 말할 수 있는데, 이유는 가다머 **해석학**[25])의 핵심개념인 **이해**[26])의 문제에서 유래한다. 가다머에 의하면 이해는 이론에 의해서만도 해결되지 않으며, 또 방법론에 의해서만도 해결되지 않으며, 그 양자 사이의 융화, 아니면 그 양자 사이의 긴장, 또 아니면 그 양자를 선행하는 원초상태에 의해서만 해결된다는 의견이다. 이해는 이론과 방법론 사이에서, 개념과 역사 사이에서, 존재론과 인성론 사이에서 일어나는 **사건발생**[27])이라고, 영어의 표현을 사용하면 해프닝이라고 가다머는 생각한다. 이미 예술의 존재론을 논했으므로 예술의 인성론을 논할 차례며, 인성론의 3가지 핵심 개념들인 **유희, 상징, 축제**[28])를 차례로 논한다.

2. 유희

유희의 개념을 논하기 전에 가다머의 인성론의 전체 구조를 보면 3개의 구성요소로 되어 있다. 이미 언급한 유희, 상징, 축제가 그 3개의 구성요소다. 이상의 3개의 구성요소, 유희, 상징, 축제는 우연히 임의적으로 나열된 3개의 구성요소가 아니라 하나의 통일성을 구성하는 필연적인 구성요소들이다. 유희의 수행자는 인간이므로 유희는 주관의 관점에서 논해야 할 개념이고, 상징은 가다머의 설명에 의하면 반쪽의 동전과 같은 상징물을 의미하므로 대상의 관점에서, 객관의 관점에서 논해야 할 개념이며, 또 축제는 인간과 인간이 모여서, 다시 말해 나와 네가 합해서 일어나는 사건이 축제이므로 "주관과 주관"이라는 관점에서, 또는 **간주관성**[29])이라는 관점에서 논해야 할 개념이다. 그러니 나외 너라는 간주관성을 주관과 객관의 관계로 본다면, (너는 코무니카씨온을 위한 나의 대상이 되므로) 축제는 "주관과 객관"의 관점에

---

25) **해석학**(解釋學 Hermeneutik)
26) **이해**(理解 Verstehen)
27) **사건발생**(Geschehen)
28) **유희**(遊戲 Spiel), **상징**(象徵 Symbol), **축제**(祝祭 Fest)
29) **간주관성**(間主觀性 Intersubjektivität)

서 논해야 할 개념이다. 종합해서 인성론의 3개의 구성요소들인 유희, 상징, 축제는 주관, 객관, 그리고 그 양자의 합인 "주관과 객관"이라는 3단 논법에 의해 필연적으로 구성되는 하나의 통일성을 이룬다고 할 수 있다. 그러나 가다머의 텍스트를 읽을 때 주의할 점 2가지를 언급한다면, 가다머의 인성론은 주관의 관점이라는 유희와 객관의 관점이라는 상징이 합해서 완성시키는 통일성인 "주관과 객관"이라는 축제에 와서 비로소 중개기능을 발휘하는 것이 아니라, 통일성을 구성하는 그 구성요소 하나하나가 이미 중개기능을 발휘하며, 또 그들의 합인 "주관과 객관"으로서의 축제는 완전한 완성된 중개기능을 발휘한다고 보아야 한다. 가다머의 텍스트를 읽을 때 두 번째로 주의할 점은 위에서 언급한 주관, 객관, 그리고 그들의 합인 "주관과 객관"이라는 논리의 3단계에 의해 예를 들어 주관의 관점인 유희에서는 주관만 테마가 되는 것이 아니라, 주관과 객관이 그리고 그들의 합인 "주관과 객관"이 다 거론된다는 점이다. 따라서 세포조직이라 할 수 있는 유희와 상징은 단독으로 완전한 단자들로, 소위 "창문 없는 단자"[30]들로 소우주들이라 한다면, 그들의 합인 축제는 대우주라고 말해도 과언은 아니다.

유희[31]라는 개념은 모든 예술론에서 핵심이 되는 개념으로 가다머의 예술론에서도 가장 중심이 되는 개념이다. 유희에 대한 가다머의 설명을 재구성해서 첫째 유희의 개념정의, 둘째 대상이 되는 작품범주, 셋째 중개기능 등의 순서로 논해본다. **첫째로 유희의 개념정의**를 위해서 가다머는 유희를 기계적인 유희와 인간적인 유희, 2가지로 나누어 설명하는 데 다음과 같다. 우선 기계적인 유희는 정지라는 개념의 정반대 개념인 운동을 의미하는데 3가지 성질을 가지고 있다. 반복운동, 자유운동, 자기운동이 그 3가지 성질이다. 이상의 3가지 성질을 하나의 직선상에 놓여 있는 2개의 점 S와 O를 상상해서 설명하면 다음과 같다. 반복운동은 S에서 출발하여 O에 도달하면 다시 S로 귀향하는 운동의 반복을 의미한다. 자유운동은 S와 O 사이의 반복운동이 외부로부터의 강요에 의한 운동이 아니라, 내부로부터 발생하는 자유에

---

30) "창문 없는 단자(fensterlose Monade)"
31) **유희(遊戲 Spiel)**

의한 운동이라는 의미다. 출발점인 S가 이유가 될 수 없고, 또 도달점인 O가 목적이 될 수 없다는 말이다. 그리고 자기운동[32]은 반복운동과 자유운동의 합으로, 반복과 자유의 합으로, 아무런 이유나 아무런 목적 없이 움직이는 운동 그 자체라고 이해할 수 있다. 자기운동이라는 개념은 헤겔 철학의 자기의식[33]과 유사한 개념으로 하나의 살아있는 생명체에 비유할 수 있다. 가다머에 의하면 따라서 "유희는 자기운동이다"라는 말이 된다. 그리고 유희가 자기운동이고, 자기운동이 유희라면, 유희의 이유와 유희의 목적이 무엇이냐 하는 질문은 생명의 이유와 목적이 무엇이냐 하는 질문과 같은 질문으로 의미를 상실하는 질문이 된다. 유희는 그 이유와 목적을 초월하는 자기운동이라 할 수 있다. 이상이 가다머가 유희를 2가지로 분류하여 정의하는 첫번째 유희의 개념이다. 이상의 첫 번째 유희의 예로 "빛의 유희", "파도의 유희" 등을 들고 있는데,[34] 이는 생명체뿐만 아니라 모든 자연에 내재해 있는 유희로, 다시 말해 무생물에까지도 내재해 있는 유희로 기계적인 의미의 유희를 벗어나지 못 한다. 이상의 기계적인 의미의 유희를 과장하자면, 소위 기철학이 주장하듯이 무생물인 돌에도 파장이 움직이고 있다는, 돌도 유희를 한다는, 돌도 자기운동을 한다는 말이 되고, 더욱 과장하자면, 돌도 살아 있다는 과장이 된다. 이상의 넓은 의미의 유희, 기계적인 유희의 개념을 지양하고 축소하여 가다머는 인간적인 유희를 다음과 같이 설명한다.

반복운동, 자유운동, 자기운동이라는 기계적 유희의 3가지 성질은 동물과 인간을 합한 일체의 생명계에도 적용되는 성질들이라는 것이 가다머의 생각이다. 반복운동과 자유운동의 합인 자기운동을 가다머는 생명체를 의미하는 **과잉성격**[35]이라고 부른다. 과잉성격이란 에네르기 또는 스테미나[36]의 과잉상태를 의미한다. 에네르기와 스태미나라는 표현을 통일하여 독일어의 **크라프트**[37]라는 표현을 사용하면,

---

32) **자기운동(Selbstbewegung)**
33) 자기의식(Selbstbewußtsein)
34) vgl. Gadamer: Die Aktualität des Schönen, S.113
35) **과잉성격(Überschuβcharakter)**
36) 에네르기(Energie) 또는 스태미나(Stamina)

생명의 성격은(다시 말해 살아있다고 하는 증거는) 크라프트의 과잉성격, 크라프트의 과잉상태 이외에는 아무 것도 아니라고[38] 가다머는 설명한다. 생명 자체를 의미하는 이 "크라프트의 과잉성격"을 가다머는 계속해서 "**생명의 자기표현**"[39]이라는 말로 바꾸어 표현한다. 결국 "자기운동", "과잉성격", "생명의 자기표현" 등은 다 같은 의미로 유희를 의미한다. 달리 표현하면, 유희라는 자기운동은 아무런 이유나 아무런 목적을 동반하지 않는 (크라프트의) 과잉성격의 단순한 표출이라 할 수 있으며, 또 그 과잉상태인 크라프트의 단순한 표출 자체가 **생명성** 자체라는 말이다. 이상의 설명은 가다머가 아리스토텔레스의 설명을 근거로 하여 하는 설명인데 요약하면 다음과 같다. "살아있는 생명체는 아무런 이유나 목적 없이 단순히 움직이려는 운동의 충동을 자체 내에 가지고 있는데 이것이 자기운동이다. 유희는 따라서 자기운동이며, 이 유희라는 자기운동은 아무런 목적이나 목표를 가지고 있지 않은 순수한 운동 그 자체이며, 또 이 유희라는 자기운동은 크라프트의 과잉성격이라는 현상 그 자체며, 생명의 자기표현 그 자체다."[40] 유희에 대한 3가지 표현인 **자기운동**, **과잉성격**, "**생명의 자기표현**" 등이 동물계(동물과 인간을 합해서) 일체에 적용되는 점진된 표현들이다. 여기서 동물의 유희와 **인간의 유희**를 구별하는 계기가 생기는데 이성이 그 계기가 된다. 자기운동, 과잉성격, "생명의 자기표현"이라는 3개의 동일한 의미를 가진 표현들을 통일하여 "**크라프트의 응집체**"[41]라는 표현을 사용하면 동물의 유희에는, 다시 말해 동물의 "크라프트의 응집체"에는 이성이 결여되었으나, 인간의 유희에는, 인간의 "크라프트의 응집체"에는 이성이 내재해 있는 것이 차이점이라고 가다머는 설명한다. 인간적 유희를 집약하면 다음 3가지를 말할 수 있다. 첫째 동물적 유희는 카오스의 세계, 예측할 수 없는 무이성의 세계인 데 비해, 인간적 유희는 크라프트의 과잉성격에도 불구하고 질서의 세계, 이성의 세계라는 설명이다. 둘째로 인간적 유희에 이성이 내재해 있다고 하더라도, 그 이성은 전체 유희과정을, 전체

---

37) **크라프트(Kraft)**

38) vgl. Gadamer: Die Aktualität des Schönen, S.114

39) "**생명의 자기표현(Selbstdarstellung des Lebendigen)**"

40) Gadamer: Die Aktualität des Schönen, S.114

41) "**크라프트의 응집체(Akkumulation der Kraft)**"

"크라프트의 응집체"를 규제하고 억제하기 위해 객관적으로 존재하는 이성이 아니라, 그 이성은 다시 지양되는 이성이라는 설명이다. 셋째로 가다머는 칸트 철학으로 귀향하여 **이성존재**의 양시론을 전개한다. 인간적 유희에 내재하는 이성을 "마치 이성이 내재해 있는 양"이라는 상태로, 즉 주관적으로만 존재하는 이성으로 가다머는 격하시킨다. 이 **"주관적으로만 존재하는 이성"**을 가다머는 **"목적 없는 이성성"**[42]이라고 부르는데, 2가지 면에서 2가지 의미를 내포하고 있다. 우선 "목적 없는 이성성"이라는 표현에서 "목적 없는"이라는 형용사는 수식어에 불과함으로, 다시 말해 "하얀" 이성성, "빨간" 이성성 등과 같이 수식어에 불과하므로 결국 이성성의 존재를 (이성의 존재를) 인정해야 되며, 또 "목적 없는" 이성성은 결국 이성성이(이성이) 아니라는 말이 되어(이성은 반드시 목적을 내포하고 있기 때문에) 이성의 존재를 부인해야 된다. 따라서 이성의 존재와 비존재라는 이중성을 초래한다. 다음에 독일어 표현인 **이성성**에도 의미의 이중성이 내재해 있다. 이성성은 이성의 성질만을 의미하므로, 이 역시 이성의 존재를 부인할 수도 또 긍정할 수도 없는 상태로, 이성이 존재한다고도 할 수 있고 또 존재하지 않는다고도 할 수 있는 의미로 이중적인 의미다. 유희의 세계에 이성이 존재하기도 하고 존재하지 않기도 하는, 이성 존재의 주관성과 객관성 양자를 인정하는 양시론은 칸트 철학의 영향이다. 유희의 세계에 이성이 내재해 있다는 말은 유희의 세계가 카오스나 무질서의 세계가 아니라, 이성에 의해 규제와 억제를 받는다는 말이고(왜냐하면 이성은 규제와 억제를 의미하는 논리적인 사고능력을 의미하므로), 이성이 결여되었다는 말은 유희의 세계가 카오스와 무질서의 세계라는 말이 된다. 예를 들어 나는 왕자고 너는 공주라는 유희의 세계에 이성이 존재한다면 나와 너는 사랑하고 결혼을 해야 한다는 말이 된다. 왜냐하면 이성이 "사랑과 결혼"이라는 목적에만 도달하기 위해 일제의 다른 행동은 규제하고 억제하기 때문이다. 유희의 세계에서 이성이 지양되어 없어진다면 (막이 올라가 연극이 끝난다면) 나와 너는 원점으로 돌아가, 나는 왕자가 아니며 너는 공주가 아니므로 나와 너는 사랑하고 결혼할 수 없다는 말이 된다.

---

[42] **목적 없는 이성성**(zweckfreie Vernünftigkeit)"

지금까지의 유희개념에 대한 설명을 3가지로 종합하면 다음과 같다. 첫째 기계적인 유희개념은 반복운동, 자유운동, 자기운동 등이며, 둘째 이상의 3가지 운동에 이성이 가미된 것이 인간적 유희개념이며, 셋째 인간적 유희개념에 가미된 이성은 "목적 없는 이성" 또는 이성성으로 주관적 객관성 내지는 객관적 주관성을 가지고 있다는 것이었다. 가다머는 이상의 이성이 가미된 인간적 유희개념을 **동시유희, 의사소통, 운동의 자기규제**라는 3가지 점진적인 개념들로 발전시킨다. 우선 **동시유희**43)라는 개념은 공 튕기기 하는 어린이를 예로 들어 설명하면 다음과 같다. 공이 예를 들어 3회 튕긴 후 빗나가면 어린이는 불만족하고, 30회 튕긴 후 빗나가면 그 어린이는 만족한다고 할 수 있겠으나, 공튕기기 "과정 자체"는 불만족의 시점인 3회와 만족의 시점인 30회를 초월하는, 아니면 불만족과 만족 자체를 망각케 하는, 더 점진된 표현으로 일체를 망각케 하는 "과정 자체", "열광 자체"라 할 수 있다. 이 열광 자체, 이 과정 자체를 가다머는 위에서 설명한 **"목적 없는 이성"**이라44) 부른다. 공이 튕겨지는 과정 자체가 "목적 없는 이성"이라는 표현에서 "목적이 없다는" 말은 반드시 30회가 목적이 아니라는 말이고(30회를 넘어서 공이 계속 튕겨지면 그 어린이의 열광은 더 커지므로), 그것이 이성이라는 말은 공이 다른 방향으로 빗나가지 말고 계속 손과 땅 사이의 왕래를 지속해야 한다는 규제와 억제를 의미한다고 생각할 수 있다. 이상의 공 튕기기의 과정 자체를 다음에 가다머는 **순수한 반복운동 자체**라고 하며, 그것이 **유희의 동일성**45)이라고 말한다. 어린이의 손과 땅 사이의 공의 왕래 자체가, 그 왕래라는 순수한 반복운동 자체가 유희의 본질, 유희의 동일성이라는 말이며, 바로 이 유희의 동일성이 어린이로 하여금 열광하게 만든다는 논리다. 공의 왕래라는 순수한 반복운동 자체가 유희의 동일성이라는 말은 그 어린이의 생김새, 또 공의 생김새 등 일체의 모든 여건과는 관계없이, 다시 말해 다른 모든 여건들을 제외한 왕래라는 순수한 반복운동 자체만을 의미하는 말이다. 바로 이 유희의 동일성이 **동시유희**로 어린이의 공 튕기기를 관람하는 관람자까지 그 유희에 참가시킨다

---

43) **동시유희(Mitspielen)**
44) Gadamer는 "목적 없는 이성성"이라 하지만, "목적 없는 이성"과 같은 의미로 보아야 한다.
45) **유희의 동일성(Identität des Spiels)**

는 것이다.46) 어린이의 공 튕기기를 관람하는 관람자는 마치 자신이 공 튕기기를 하는 것처럼 그 공 튕기기 과정에, 그 유희과정에 몰입한다는 설명이다. 다음에 가다머는 이 동시유희를 점진시켜 **의사소통**47)이라는 개념으로 표현한다. 공 튕기기를 하는 어린이뿐만 아니라 그 유희를 관람하는 관람자도 그 유희과정에 몰입되므로, 동시유희에 의해 어린이와 관람자가 하나로 중개된다는 말이다. 다시 말해 동시유희에 의해 유희를 수행하는 어린이와 유희를 관람하는 관람자 사이의 거리가 없어져, 양자의 생각이 하나가 된다는 말이다. 양자의 생각이 하나가 된다는 말은 양자 사이에 의사소통이 존재한다는 말이다. 끝으로 가다머는 의사소통을 다시 점진시켜 **운동의 자기규제**48)라는 말을 사용한다. 동시유희나 의사소통은 외부로부터 강요된 동시유희나 의사소통이 아니라, 내부로부터 자유롭게 생겨나는 동시유희와 의사소통이기 때문에 이때 가해지는 규제는, 즉 동시유희가 되도록 그리고 의사소통이 되도록 가해지는 규제는 외부 세계에는 적용되지 않는 규제이고, 단지 동시유희 자신에게만 그리고 의사소통 자신에게만 가해지는 규제라는 말이다. 따라서 유희과정이 끝나면 규제의 대상이 없어지므로 동시유희와 의사소통은 지양되어 없어진다는 말이 된다. 이 "운동의 자기규제"라는 개념 역시 칸트 미학의 영향이며, 칸트가 사용하는 예술의 **"자기 자율성"** 즉 **헤아우토노미**라는 개념을49) 가다머가 답습한다고 볼 수 있다.

다음에는 유희개념과 관련하여 **둘째로 작품범주**50)를 논할 차례다. 위에서 우리는 "유희의 동일성"을 논했는데 이 개념이 가다머의 전체 예술론을 형성하는 핵심적인 개념들 중의 하나다. 이 "유희의 동일성"이 작품범주에 와서는 **"해석학적 동일성"**으로 불리는데 가다머 해석학의 정수를 이룬다. 이 "해석학적 동일성"을 설명하기 위해서 가다머는 2개의 비판을 하는데, 하나는 브레히트51)에 대한 비판이고 다른

---

46) Gadamer: Die Aktualität des Schönen, S.114
47) **의사소통(Kommunikation)**
48) vgl. Gadamer: Die Aktualität des Schönen, S.115; **운동의 자기규제(selbstgesetzte Bewegungsvorschrift)**
49) vgl. 유형식: 인물로 본 독일미학, S.47f.; **"자기 자율성(Heautonomie)"**
50) **작품범주(Werkkategorie)**
51) 브레히트(Bertolt **Brecht** 1898~1956)

하나는 작품의 폐쇄성을 주장하는 소위 작품 내재적 이론에 대한 비판이다. 브레히트와 그의 이론을 따르는 현대의 이론가들은 작품과 수용자(관람자) 사이의 거리를 제거하여 (또는 작품과 수용자 사이의 벽을 개방하여) 수용자를 작품 속으로 통합하거나 반대로 작품을 수용자의 세계로(현실의 세계로) 통합하려 하는데, 이는 잘못이라는 것이 가다머의 의견이다. 또 브레히트의 이론과는 반대로 작품과 수용자 사이를 차단하여 작품의 폐쇄성을 주장하는 것도 잘못이라는 의견이다. 브레히트의 이론을 **개방성의 이론**이라 하고, 작품과 수용자 사이를 차단하려는 소위 작품 내재적 이론을 **폐쇄성의 이론**이라고 한다면, 개방성과 폐쇄성 둘 다 잘못이라고 비판하는 가다머는 브레히트의 이론과는 다른 개방성을, 또 작품 내재적 이론과는 다른 폐쇄성을 생각하고 있다. 결국 가다머의 이론은 "개방성과 동시에 폐쇄성의 이론"인데, 브레히트의 이론과도 다르고 작품 내재적 이론과도 다른 이론이라고 할 수 있다. 이상의 가다머적인 "개방성과 폐쇄성의 이론"은 **"유희의 동일성"**에서 유래한다. "유희의 동일성"은 단언적 개념구성에 의해서는 설명할 수 없는 개념이고, 개념구성과는 반대로 "이것은 유희의 동일성이 아니고, 저것도 아니고"라고 하는 비단언적 개념제거에 의해서만 설명할 수 있는 개념이다. 개념들을 계속 제거한 후 마지막으로 더 이상 제거할 수 없는 X가 남는다고 한다면, 바로 이 X가 "유희의 동일성"이라고 보아야 한다. 공 튕기기 하는 어린이의 생김새도 아니고, 공의 생김새도 아니고, 그날의 날씨가 흐렸느냐 아니면 화창하냐 하는 문제도 아니고 등등 계속 제거하고 마지막으로 남는 더 이상 제거할 수 없는 X가 "유희의 동일성"이라는 말이다. 그리고 이 마지막으로 남는, 더 이상 제거할 수 없는 X라는 유희의 "동일성"은 작품범주와 관련해서는, 다시 말해 예술작품이라는 작품에 관해 말한다면 **"작품의 통일성"**이라[52] 불리고, 계속해서 "해식학적 동일성"이라는 개념으로 발전된다. 바로 이 **"해석학적 동일성"**이 작품의 의미를 발생 또는 야기시킨다고[53] 가다머는 말한다.

　"해석학적 동일성"[54]이 가다머의 예술론을 위해 대단히 중요하므로 다시 한 번

---

52) vgl. Gadamer: Die Aktualität des Schönen, S.115; **"작품의 통일성"**(Einheit des Werkes)
53) ebd. S.116

구체화시키면 다음과 같다. "해석학적 동일성"은 "유희의 동일성"과 같이 단언적 개념구성에 의해서가 아니라, 비단언적 개념제거에 의해서 구체화 시킬 수 있는 (아니면 반대로 추상화시킬 수 있는) 개념이라 할 수 있다. 어린이의 공 튕기기를 다시 예로 든다면, 어린이의 손과 땅 사이의 공의 왕래라는 순수한 반복운동 자체가 "유희의 동일성"이고, 또 이것이 작품과 관련해서 말한다면 "해석학적 동일성"이 된다. "해석학적 동일성"을 더욱 구체화시키자면 (또는 더욱 추상화 시키자면) "어린이의 손과 땅 사이의 공의 왕래"라는 표현에서 어린이의 손, 땅, 공 등등 가시적인 요소들은 (철학적으로 표현하면 경험적인 요소들은) 제거되어야 하며, 다시 말해 일체의 가시적인 요소들이, 일체의 경험적인 요소들이 제거되어야 하고, 더 이상 제거할 수 없는 마지막 X가 "해석학적 동일성"이라고 할 수 있다. 이번에는 예를 바꾸어 S와 O 사이의 직선을 예로 들어 설명한다면, 유희개념의 하나로 S에서 출발하여 O에 도달하면 다시 S로 귀향하는 반복운동을 언급했다. 여기서 S와 O 사이의 반복운동이 순수한 반복운동 자체로 "해석학적 동일성"이 되기 위해서는, 앞의 예에서 어린이의 손과 땅 등이 제거되어야 하는 것과 같이, 출발점 S와 도착점 O 자체도 제거되어야 한다. S를 주체라 하고, O를 객체라 한다면, 주체와 객체도, 다시 말해 예술행위의 삼자 관계인 예술가, 예술작품, 수용자 등 삼자 중에서 주체인 예술가와 수용자 그리고 객체인 예술작품 등 일체가 제거되어야 한다는 말이다. 더 이상 제거할 수 없는 마지막의 X를 (해석학적 동일성을) 가다머 자신은 오르간의 즉흥연주를 예로 들어 다음과 같이 설명한다. 즉흥연주에 의한 즉흥곡은 연주가 끝나면 곧 사라져 없어지므로 순간적으로만 존재하는 즉흥곡이라고 할 수 있다. 그러나 이 순간적으로만 존재하는 즉흥곡이 (그 연주가 위대하고 인상적인 연주라면) 인간의 의식 속에 영원히 존재할 수 있다고 가다머는 설명한다. **"의식 속에 영원히 존재하는 X"**가 "해석학적 동일성"이라는 설명이다. 지금까지의 설명을 종합하면, 일체의 가시적 그리고 가청적, 합해서 일체의 경험적 요소들이 제거된 X가 "해석학적 동일성"이라고 보아야한다. 가다머가 **즉흥연주**[55]에 의해 "해석학적 동일성"을 설명하는 이유는 즉흥연주가 일

---

54) **해석학적 동일성**(hermeneutische Identität)"

55) **즉흥연주**(Improvisation)

체의 경험적 요소들을 초월하는 데 가장 적합한 형식이기 때문이다. 그리고 가다머에 의하면, 이 즉흥연주는, 다시 말해 "의식 속에 영원히 존재하는" 위대하고 인상적인 즉흥연주는, 그 즉흥곡을 연주한 연주자 자신도 있는 그대로 두 번 다시는 재현할수 없는, 일회적이고 우연적인 즉흥연주를 의미한다. 가다머 해석학의 핵심개념인 "해석학적 동일성"은 하이데거가 사용하는 **리히퉁**56)이라는 개념의 영향이라는 인상을 준다. 다음에는 이상의 "해석학적 동일성"과 작품과의 관계를 다음 3가지로설명해본다.

　　"해석학적 동일성"과 작품과의 관계에 대한 첫 번째 설명은 양자의 분리 독립 이다. "해석학적 동일성" 따로, 작품 따로라는 말이다. 우선 작품이 먼저 존재해야 비로소 "해석학적 동일성"이 존재할 수 있는 관계라고 할 수 있다. "해석학적 동일성"은 제거작업의 결과이므로 제거작업의 대상인 작품이 먼저 존재해야 하기 때문이다. 그러나 일체의 경험적인 요소들이 제거된 후에는, 다시 말해 바로 "해석학적 동일성" 을 탄생시킨 경험적인 요소인 작품이 완전히 제거된 후에는, 작품이 먼저 존재해야 비로소 "해석학적 동일성"이 존재할 수 있다는 말은 타당성을 상실한다. 오르간의 즉흥연주를 다시 예로 든다면 "의식 속에 영원히 존재하는 X"는, 다시 말해 연주자 자신도 두 번 다시는 재현할 수 없는 그 "의식 속의 X"는 일체의 경험적인 요소들인 오르간, 오르간을 두드리는 손, 악보에 그려진 부호, 또 귀로 들을 수 있는 음 등으로부터 분리 독립된다는 말이다. 그리고 "의식 속에 영원히 존재하는 X"라는 "해석학적 동일성"은 어느 누구도 두 번 다시는 재현할 수 없는 일회적이고 우연적인 성격을 가지고 있다는 말이다. 이상의 일회성과 우연성이 "해석학적 동일성"의 독립성을 보장하는 동시에 중요성의 방향을 역전시키고 있다. 작품이 먼저 존재해야 비로소 "해석학적 동일성"이 존재할 수 있다고 해서 일차적인 작품에서 이차적인 "해석학적 동일성"으로 방향이 정해졌으나, 이번에는 중요성의 방향이 역전되어 "해석학적 동일성"이 일차적이고 작품이 이차적이라는 말이 된다. 이 말은 작품의 존재이유는

---

56) vgl. 유형식: 인물로 본 독일미학, 도서출판 미크로, 2003, S.306f.; **리히퉁(Lichtung)**

"해석학적 동일성"만을 위해서 주장할 수 있다는 말로 "해석학적 동일성"이 없는 작품은 존재가치를 상실한다는 말이다. 이상을 달리 표현하면 "해석학적 동일성"만 발생시키면 어떠한 물건도, 어떠한 사건도 작품의 가치를 인정받을 수 있다는, 다시 말해 "작품"이라 인정받을 수 있다는 말이 된다. 바로 "해석학적 동일성"과 "작품" 사이의 중요성의 역전이 가다머 **해석학**의 핵심문제를 설명해 준다. 중요성의 역전과 관련하여 가다머의 해석학을 다음 3가지로 요약할 수 있다. 우선 가다머는 "해석학적 동일성"이 작품의 의미를 "**야기시킨다**"라는 말과 의미가 "**발생한다**"[57]라는 말을 하는데, "해석학적 동일성"은 의미가 발생하도록 유도하고 유혹하는 공간이라 상상할 수 있고, 바로 이 공간 안에서 의미가 잉태되어 발생한다고 가다머의 말을 이해할 수 있다. 가다머가 "해석학적 동일성"과 의미를 일치시키지 않고 분리시키는 이유는 "해석학적 동일성"이라는 무의미의 지대 아니면 무의 지대에서 발생하는 하나의 의미는 절대적인 의미가 아니라 상대적인 의미로 또 다른 의미가 발생할 수 있다는 가능성을 유보하기 위해서다. 다음에 작품을 보는 사람마다 다르게 다양하게 "해석학적 동일성"이 구성되므로, 즉 의미가 발생할 수 있는 공간이 다양해지므로 의미도 다양해진다는 설명이 된다. 과장하여 표현하면 작품은 하나인데, 의미는 무수하다는 표현이 된다. 마지막으로 "해석학적 동일성"이 그때그때 시간과 장소에 따라 그리고 작품을 감상하는 수용자에 따라 다양하게 구성되기 때문에, "해석학적 동일성"은 하나의 작품이 주는 의미만 개방하는 것이 아니라 "작품"이라는 개념 자체를 개방시킨다. 이유는 일체의 경험적인 요소들이 제거된 X가 "해석학적 동일성"이므로 그 제거의 대상은 그것이 예술작품이든, 아니면 실용적인 물건이든(예를 들어 재떨이든) 차이가 없기 때문이다. 가다머는 따라서 포도주 병을 위한 선반도 예술작품이 될 수 있다고 말하는데, 이는 재떨이도 예술작품이 될 수 있다는 말이다. "해석학적 동일성"이 가지는 개방성은 모든 가시적, 가청적, 합해서 모든 경험적 물건들이 예술작품이 되도록 만드는 가능성을 의미한다. 의미의 개방성 그리고 "해석학적 동일성"의 개방성, 합해서 가다머의 해석학은 철저한 개방성의 이론이라 할 수 있다.

---

57) **야기시킨다**(stiften), **발생한다**(geschehen)

여기서 이미 언급한 브레히트의 개방성과 비교한다면, 브레히트는 예술작품을 개방하려 하는 데 비해, 가다머는 예술작품이 주는 의미를 그리고 예술작품이라는 개념 자체를 개방하려 한다고 할 수 있다. 브레히트는 예술작품을 수용자의 현실세계 속으로 지양하여 예술세계와 현실세계를 하나의 세계로 통합하려 한다면, 가다머는 하나의 예술작품이 주는 하나의 의미를 다양한 의미로 분산하려 하거나 예술작품이라는 개념 자체를 중립화하여 예술작품이라는 울타리 자체를 개방한다고도 할 수 있다.

"해석학적 동일성"과 작품과의 관계에 대한 둘째 번 설명은 예술의 철학화라 할 수 있다. 가다머의 해석학이란 과연 무엇이냐 하는 문제는 많이 논의되었고, 지금도 논의되고 있다. 가다머의 해석학이 기존의 작품을(기존의 예술작품을) 단순히 해석하는 기술적인 방법론에 지나지 않느냐 아니면 어떤 독자적인 이론을 형성하느냐 하는 문제, 가다머의 해석학이 현상학이냐 아니면 변증법이냐 하는 문제 등은 아직도 현안으로 남아 있다. 이상과는 다른 각도에서 가다머의 해석학이 예술론이냐 아니면 철학론이냐 하는 문제를 제기할 수 있다. 왜냐하면 가다머 해석학의 출발이 예술작품이므로 예술을 제외하고는 가다머의 해석학은 상상할 수 없으며, 또 가다머의 해석학은 기존의 예술작품에서 출발했으나, 그 출발점을 초월하여 철학의 영역으로 지양되어 버리기 때문이다. 따라서 가다머의 해석학이 예술론이냐 아니면 철학론이냐 하는 문제를 견지하고 논해본다. 철학이 주체와 객체 사이의 관계를(자아와 대상 사이의 관계를) 다루든, 아니면 현상과 현상의 배후 사이를 다루든, 철학은 (유럽의 전통철학은) 이원론을 면할 수 없다. 반면에 예술은 예술가가 예술작품을 생산하고 수용자가 감상하는 삼자 관계, 즉 삼원론을 면할 수 없다. 예술가, 예술작품, 수용자라는 삼자 관계, 즉 삼원론을 지양하고 양자 관계, 즉 이원론으로 지향하려 하는 것이 가다머의 해석학이라 할 수 있다. 예술가, 예술작품, 수용자가 삼각형을 형성하는 3개의 점들이라고 상상하여, "예술가 - 예술작품"이라는 하나의 선과 "수용자 - 예술작품"이라는 또 하나의 선, 2개의 선을 가정한다면, 가다머는 전자의 선,

즉 "예술가 - 예술작품"이라는 선을 제거하려 한다고 할 수 있다. 이는 "예술가 - 예술작품"이라는 관계에서 예술가를 제거시킨다는 말이다. 그 증거로는 우리가 이미 논한 의미의 개방성과 "해석학적 동일성"의 개방성이 그 증거가 된다. 의미의 개방성은 의미의 해방을 의미한다고 볼 수 있고, 또 의미의 해방은 경험적 요소인 작품으로부터의 해방이며, 계속해서 그 일정한 경험적 요소인 작품을 생산한 예술가를 (제거의 대상인 경험적 작품을 생산한 예술가를) 무의미한 존재로 제거하는 결과를 가져온다. 다음에 "해석학적 동일성"의 개방성은 예를 들어 재떨이 또는 자연물인 돌까지도 예술작품이 되게 하므로 예술가를 더 한층 무의미한 존재로 제외시킨다고 할 수 있다. 의미의 개방성과 "해석학적 동일성"의 개방성이 수행하는 예술가의 제거와 제외는 2개의 선 중에서 하나의 선을, "예술가 - 예술작품"이라는 선을 완전히 지양시켜 "수용자 - 예술작품"이라는 선만 독존하게 만든다. "수용자 - 예술작품"이라는 형식은 주체와 객체, 자아와 대상이라는 형식이 되어, 철학의 기본 형식인 이원론이 되는 결과를 가져온다. 따라서 가다머의 해석학은 예술을 철학화 한다고 할 수 있다. 여기서 소위 작품 내재적 이론의 폐쇄성과 가다머 이론의 폐쇄성을 비교하면 다음과 같다. 작품 내재적 이론은 소위 "절대 예술"을 주장하는 이론으로 "예술가 자신을 위한 예술" 또는 "예술을 위한 예술"을 대표하는 이론이다. 따라서 작품 내재적 이론은 "예술가 - 예술작품"이라는 선과 "수용자 - 예술작품"이라는 선중에서 후자를 제거하려는 이론이다. 그리고 작품 내재적 이론은 동시에 예술작품만을 하나의 완전한 "창문 없는 단자"로, 루카치[58]의 표현을 사용하면 "둥그런 우주"[59]로 인정하는 이론이다. 이상의 2가지 설명을 종합하여, 작품 내재적 이론은 예술작품만을 하나의 "완전한 우주", 하나의 "창문 없는 단자"로 인정하면서 예술가에 대한 관계는 개방시켜 놓는 이론이라 할 수 있다. 따라서 작품 내재적 이론의 폐쇄성이란 수용자에 대한 폐쇄성을 의미한다. 이상의 작품 내재적 이론에 내재한 폐쇄성을 역전시킨 것이 가다머 이론에 내재한 폐쇄성이 된다. 다시 말해 가다머 이론의 폐쇄성은 예술작품을 수용자에 대해서는 개방시키면서 예술가에 대해서는 폐쇄시켜 놓는다. 이유는 이

---

58) 루카치(Georg **Lukács** 1885~1971)
59) "둥그런 우수(runder Kosmos)"

미 언급한대로 예술가는 의미 없는 존재로 제거되고 제외되기 때문이다. 작품 내재적 이론의 폐쇄성을, 그 방향을 역전시킨 것이 가다머 이론의 폐쇄성이 된다.

"해석학적 동일성"과 작품과의 관계에 대한 세 번째 설명은 예술의 철학화라는 둘째 설명과는 반대로 철학의 예술화라고 할 수 있다. 위에서 우리는 예술가, 예술작품, 수용자라는 삼자 관계를 언급했는데, 여기서는 예술작품, "해석학적 동일성", 수용자라는 새로운 삼자 관계가 생긴다. 이유는 이미 언급한대로 "해석학적 동일성"과 작품이 2개의 존재로 분리독립 되며, 또 예술가는 의미 없는 존재로 제거되기 때문에, 결국 **예술작품**, **"해석학적 동일성"**, **수용자**, 삼자의 새로운 관계가 생기기 때문이다. 위에서 우리는 예술의 철학화를 언급했으나, 여기서는 반대로 철학의 예술화를 말할 수 있다. 예술작품, "해석학적 동일성", 수용자라는 새로운 삼자 관계는 삼원론으로 이는 예술의 형식이지, 이원론을 근본으로 하는 철학의 형식은 아니기 때문이다. 철학의 예술화에 대해서 다음의 3가지를 말할 수 있다. 첫째로 가다머의 해석학은 기존의 예술작품을 토대로 하는 예술론이라 할 수 있고, 둘째로 예술의 철학화가 말하듯이 가다머의 해석학은 철학론에 가깝다고도 할 수 있다. 셋째로 가다머의 해석학은 예술과 철학을, 예술론과 철학론을 중개하려는, 다시 말해 그 양자를 하나로 통합하려는 이론이라고도 할 수 있다. 이상과 같이 해석학의 의미를 다양하게 만드는 이유는 "예술"이라는 개념의 다양성에서 유래한다. "해석학적 동일성"을 언급할 때, 실용물인 재떨이나 자연물인 돌도 예술작품이 될 수 있다는 말은 예술을 넓은 의미로 보는 것이고, 예술가의 손을 거쳐서 생산되는 작품만을 예술작품으로 보는 것은 좁은 의미의 예술을 의미한다. 따라서 넓은 의미의 예술과 좁은 의미의 예술에서 발생하는 3개의 유사한 개념들, 즉 "해석학적 동일성", "작품의 통일성", "작품의 의미" 등의 개념들을 정리하여 설명할 필요가 있다.

가다머는 해석학의 핵심이 되는 개념들로 **"해석학적 동일성"**, **"작품의 통일성"**, **"작품의 의미"**[60] 등의 유사한 개념들을 사용한다. 이상 3개의 개념들을 2개의 부류로 분류하면, 넓은 철학적 의미로 사용할 때는 가다머는 "해석학적 동일성"이라는 개념을 사용하고, 좁은 예술적 의미로 사용할 때는 "작품의 통일성" 또는 "작품의 의미"라는 개념을 사용한다. 언급한대로 예술작품은 물론이고 실용물인 재떨이나 자연물인 돌까지도 해석학의 대상이 될 때는 "해석학적 동일성"이라는 개념이 사용된다. "해석학적 동일성"은 따라서 예술의 영역을 초월하여 넓은 철학의 영역으로 지양되는 개념이라 할 수 있다. 다음에 좁은 예술적 의미로 사용될 때는 "작품의 통일성"과 "작품의 의미"라는 2개의 개념들이 사용되는데, 전자는 객체의 관점에서 후자는 주체의 관점에서 사용되는 개념이다. 예술작품이라는 대상을 대상이라는 관점에서, 즉 객체의 관점에서 본다면 사람마다 하나의 대상을 제각기 다르게 보므로 예술작품의 얼굴은 다양한 얼굴, 야누스의 얼굴이나, 특정한 하나의 수용자, 즉 주체의 관점에서 본다면 예술작품의 얼굴은 다양한 얼굴이 아니라 단일한 얼굴로 하나의 일정한 모습만 가지고 있다는 말이다. 다양한 수용자들이 다양하게 관찰하므로, 하나의 예술작품에는 의미의 다양성이 내재해 있다는 말이고, 또 하나의 수용자는 예술작품을 자신의 색안경을 통해, 일정한 하나의 방향으로만 관찰하기 때문에 하나의 단일한 의미만 읽는다는 말이다. 그러나 이상의 "해석학적 동일성", "작품의 통일성", "작품의 의미" 등에 공통된 공통분모가 있는데, 이를 가다머는 "**피 호소**"라고[61] 부른다. 피 호소라는 말은 호소를 당한다는 말인데, 실용물인 재떨이건 자연물인 돌이건 또 예술가에 의해 생산된 예술작품이건, 그것이 해석학의 대상이 되기 위해서는 최소한 수용자가 호소를 당해야, 대상이 수용자에 대해 호소력을 발휘해야 비로소 해석학의 대상이 될 수 있다는 말이다. 공통분모인 피 호소를 달리 설명하면 어린이의 공 튕기기라는 유희에 관람자가 몰입되어, 마치 자신이 공 튕기기를 하는 양 동시유희를 한다는 말과 같다. 이상의 "피 호소"라는 개념은 관람자가 유희과정에, 주체가 객체라는 대상에, 외부의 강요 없이, 자유롭게 참여하는 주체의 관점에서 말하는 표현이다. 가다머는 이상의 "피 호소"를 객체라는 대상의 관점에서 말하는 표현으

---

60) "**해석학적 동일성**(hermeneutische Identität)", "**작품의 통일성**(Werkeinheit)", "**작품의 의미**(Werksinn)"

61) vgl. Gadamer: Die Aktualität des Schönen, S.116; "**피 호소**(das Angesprochenwerden)"

로, "**작품에서 발생하는 요구**"라는 표현으로[62] 비약시킨다. 작품이(그것이 재떨이건, 돌이건, 예술작품이건 상관없이) 나에게 하나의 대답을 요구한다는 것이다. 그리고 이 대답은 내가 찾아야 할 내가 주어야할 대답으로, 가다머는 이 대답을 내가 채워야 할 **여분**[63]이라는 표현을 사용한다. 그리고 내가 채워야 할 "여분", 내가 구성해야 할 "여분"을 가다머는 **형상**[64]이라는 개념으로 점진시킨다. 지금까지의 설명을 간단히 요약하면, "해석학적 동일성", "작품의 통일성", "작품의 의미" 등을 하나로 중개하는 개념으로 가다머는 형상의 개념을 도입하며, 이 형상의 개념이 가다머의 해석학에 내재해 있는 보편적인 개념이 된다. 새로운 삼자 관계의 정립은 따라서 **예술작품**, **형상**, **수용자라는 삼자의 관계**가 되는데, 형상이 작품범주에 내재한 중개기능을 하게 된다.

　　지금까지 우리는 유희에 대한 가다머의 설명을 재구성해서, 첫째 유희의 개념정의, 둘째 작품범주를 논했다. 다음은 **셋째로 중개기능**을 논할 차례다. 중개기능은 위에서 논한 순서대로 유희에 내재한 중개기능과 작품범주에 내재한 중개기능 2가지로 논해 본다. 유희에 내재한 중개기능을 논하자면 다음과 같다. 유희의 3가지 성질은, 그것이 동물적 유희든 또는 인간적 유희든 관계없이, **반복운동**, **자유운동**, **자기운동**이었다. 이상의 유희의 3가지 성질에 인간의 이성을 가미시켜 동시유희, 의사소통, 운동의 자기규제라는 인간적 유희의 개념들로 가다머는 점진 발전시킨다는 말을 언급했다. **동시유희**, **의사소통**, **운동의 자기규제**라는 3개의 개념은 사실은 3개의 성질이라기보다는 하나의 "**유희의 동일성**"[65]에 대한 3개의 설명이라 보아야 한다. 아니면 하나의 상위개념인 "유희의 동일성"이 이상의 3가지 하위개념들로 표현된다고도 말할 수 있다. 결론적으로 말한다면, 하위개념에서 시작하든 또 상위개념에서 시작하든 유희는 중개기능 자체라는 결론에 도달하는데 이는 다음과 같다.

---

62) ebd. S.117; "**작품에서 발생하는 요구**(eine vom Werk ergehende Forderung)"

63) **여분**(Spielraum)

64) **형상**(形象 Bild)

65) "**유희의 동일성**(Identität des Spiels)"

동시유희는 유희과정에 관람자가 몰입하여, 마치 자신이 유희를 (공 튕기기 유희를) 하는양 그 유희과정에 참여하는 것으로, 공 튕기기라는 유희에 의해 공 튕기기 하는 어린이와 관람자가 하나로 중개됨을 의미한다. **의사소통**은 공 튕기기 하는 어린이의 생각과 관람자의 생각이 (공이 중지하지 않고 계속 튕기어 지기를 바라는 생각이) 일치한다는 것을 의미한다. 생각의 일치라고 하는 의사소통은 공 튕기기라고 하는 유희의 소산이다. 다음에 "운동의 자기규제"라는 개념은 유희가 외부로부터 강요된 규제에 의해서 규제되는 것이 아니라 유희가 자신을 스스로 규제한다는 개념이다. **"운동의 자기규제"**는 따라서 공 튀기기라고 하는 유희의 소산으로 유희의 자율성, 유희의 아우토노미를 나타내는 개념이라고 이해해야 한다. 유희과정 자체가, 공의 왕래라는 순수한 반복운동 자체가 외부로부터의 규제나 도움 없이 스스로 충족한 하나의 독립된 아우토노미라는 말이다. 이 아우토노미라는 개념은 "창문 없는 단자" 또는 "둥그런 우주"와 같은 개념으로 그 자체로서 완전하고 부족함이 없는 **총체성**을 나타내는 개념이기도 하다. "총체성"이란 철학적으로 중개의 개념, 중개된 개념을 의미한다. 주체와 객체가, 자아와 대상이 하나로 중개된 것이 총체성이다. 다음에 상위개념인 **"유희의 동일성"**은 공의 왕래라는 순수한 반복운동 자체로, **"해석학적 동일성"**과 같이 단언적 개념구성에 의해서가 아니라, 비 단언적 개념제거에 의해서 도달할 수 있는 개념이다. 하위개념들인 동시유희, 의사소통, 운동의 자기규제 등은 주체와 객체, 자아와 대상의 중개에 의해서 이루어지는 중개라 한다면, 상위개념인 "유희의 동일성"은 주체와 객체, 자아와 대상의 소개[66]에 의해서, 다시 말해 그 양자들의 제거에 의해서 도달되는 추상적인 중개를 의미한다. 주체와 객체가 하나로 융합되어 (하나로 중개되어) 그 양자가 소멸되는 것이나, 융합 이전에 (중개 이전에) 그 양자를 제기하여 소멸시키는 것이나 결과는 같다고 볼 수 있다.

유희에 내재한 중개기능을 논했으므로 다음에는 작품범주에 내재한 중개기능, 다시 말해 예술작품에 내재한 중개기능을 논할 차례다. "유희의 동일성"이 작품범주

---

66) 중개(仲介)와 소개(疏開)

에 와서는 "해석학적 동일성"으로 점진 발전된다는 내용을 언급했고, 또 "해석학적 동일성" 그리고 그와 유사한 개념들인 "작품의 통일성", "작품의 의미" 등을 분리 정리하여 설명했다. 그리고 (예술)작품, 형상, 수용자라는 새로운 삼자 관계를 언급했다. 작품범주에 내재한 중개기능에 대한 설명은 이상의 새로운 삼자 관계에 대한 설명이 되어야 한다. 왜냐하면 작품, 형상, 수용자라는 삼자 관계에서 형상이 중간위상으로서 작품과 수용자를 중개해 주기 때문이다. 우선 형상[67]에 대해 가다머는 도스토예프스키의 소설 『카라마조프의 형제들』의 예를 들어 다음과 같이 설명한다. 도스토예프스키는 이 소설에서 스메르야코프가 굴러 떨어졌다고 추측되는 계단을 묘사하는데, 이 계단 장면을 읽은 독자들은 불길한 계단, 죽음의 계단 등등 자기 나름의 형상을 구성하여 많은 시간이 지난 지금도 그 독자들은 그 계단을 눈앞에 분명하게 보고 있다고 주장한다는 것이다. 그러나 사실은 그 계단 장면을 읽은 독자들이 주장하는 그 분명한 계단의 모습은 독자마다 다른 모습을 하고 있다. 이상의 간단한 예에 의해서 새로운 삼자 관계, 작품, 형상, 수용자 등 삼자를 논해 본다. 그러나 논하는 순서는 작품, 수용자, 형상의 순서가 되어야 한다. 왜냐하면 형상은 작품과 수용자 사이에서 발생하는 사건발생[68] 이외에는 아무 것도 아니기 때문에 마지막으로 논하는 것이 순서다. 첫째로 작품은 우선 그것이 자연작품이든 예술작품이든 상관없이 형상이 생겨날 수 있는 토대가 된다. 아니면 작품은 형상을 잉태하여 출산하는 모체라고도 할 수 있다. 약간 과장하여 뱀의 껍질갈이를 상상하여 뱀이 버리고 이탈하는 낡은 껍질이 작품이라 한다면, 낡은 껍질을 빠져나간 뱀의 육체를 형상이라 보아도 좋다. 버려진 낡은 껍질은 뱀의 육체를 탄생시킨 모체라 할 수 있고, 또 그 버려진 낡은 껍질에서 새로 탄생한 뱀은(낡은 껍질을 빠져나간 뱀은) 자신의 흔적을 발견할 수 있다고 할 수 있다. 도스토예프스키의 소설에 묘사된 "계단 장면"은 독자의 의식 속에 들어있는 형상의 모체인 동시에, 또 그 형상의 흔적에 지나지 않는다는 말이다. 다시 말해 작품은("계단장면"을 작품이라 한다면) 형상을 출산하는 모체인 동시에 출산된 형상의 흔적에 지나지 않는다는 말이다. 다음에 작품은 이미 언급한대로 호소

---

67) 형상(形象 Bild)
68) 사건발생(Geschehen)

력이 있어야 하는데, 가다머는 "작품에서 발생하는 요구"라는 표현을 점진시켜 **"호소
기능"**[69]이라는 표현을 사용한다. 형상을 탄생시키기 위해서는 자연작품이나 예술
작품은 적어도 수용자에 대한 "호소기능"이 있어야 한다는 말이다. 자연작품이나
예술작품에 부여되는 이 "호소기능"은 위에서 언급한 "버려진 낡은 껍질" 또는 "흔적"
을 격상시키는 개념이 된다. 모든 자연작품이 그리고 모든 예술작품이 곧 형상을 탄생
시킬 수 있다는 것이 아니라, 거기에는 어떤 특성이, 다시 말해 호소기능이 내재해
있어야 한다는 말이 된다. 그리고 이 호소기능이 무차별하게 아무런 형상을 탄생시키
는 것이 아니라, 호소기능이 일정한 방향으로 인도하여 형상을 탄생시킨다고 가다머
는 말한다.[70] 자연작품들 또는 예술작품들은 그것들이 호소기능만 소유하고 있다면
형상을 발생시키는 촉매제가 된다는 설명이다. 마지막으로 **작품**에는 형상의 성질을
규정하는 계기가 부여된다. 작품이 자연작품과 예술작품을, 다시 말해 일체의 자연
물, 일체의 가공물, 일체의 예술품을 포함하는 광의의 작품이라면 형상은 철학적 형
상 내지는 인생관이 되며, 좁은 의미로 작품이 예술가가 생산한 예술작품만을 의미한
다면, 이는 예술관[71]이 된다는 설명이다.

둘째로 예술작품, 수용자, 형상이라는 삼자 관계의 순서에서 **수용자**를 논할 차례
다. 도스토예프스키의 계단장면 묘사를 읽은 수용자들은 (독자들은) 많은 시간이
지난 지금도 그 계단장면을 분명하게 보고 있다고 주장하나, 그 수용자들이 주장하
는 계단의 모습은 수용자마다 다른 모습을 하고 있다는 내용을 언급했다. 이는 하나
의 대상에 대한 현상학적 묘사로 하나의 대상이 수용자마다 다른 모습으로, 다양한
모습으로 나타남을 의미한다. 현상학적 묘사란 시간, 공산, 사회성이 포힘된 묘사를
의미한다. 도스토예프스키의 계단정면 묘사를 예를 들어 과거의 도스토예프스키와
동시대 수용자가 읽느냐, 아니면 현재의 수용자가 읽느냐에 따라서 그 계단장면은
달리 보이며, 또 러시아인이 읽느냐 아니면 한국인이 읽느냐에 따라 그 계단장면은

---

69) Gadamer: Die Aktualität des Schönen, S.118; **호소기능(evokative Funktion)**
70) vgl. Gadamer: Die Aktualität des Schönen, S.118
71) 인생관(人生觀)과 예술관(藝術觀)

다양하게 보인다. 또 그 계단장면을 읽는 수용자의 사회적 상태와 상황에 따라 그 계단장면은 다시 다양하게 변한다. 이상과 같이 계단장면의 모습을 다양하게 만드는 요소들, 즉 시간, 공간, 사회성을 수용자 외재적 요소들이라 한다면, 계단장면의 다양성을 더욱 다양하게 만드는 요소로 수용자 내재적 요소가 부가된다. 수용자 자신의 내적 상태, 예를 들어 수용자 자신이 순간적으로 유쾌한 상태냐 아니면 우울한 상태냐에 따라서 그 계단장면이 달리 읽혀진다는 말이다. 수용자 외재적인 시간, 공간, 사회성에 의한 대상 모습의 다양화와 또 수용자 내재적인 상태에 의한 다양화, 합해서 다양한 다양성의 모습을 가진 것이 계단장면의 모습이며, 예술작품의 모습이라 할 수 있다. 예술작품이 다양하게 보이는 것은 수용자가 다양한 것에서 유래한다.

셋째로 예술작품, 수용자, 형상이라는 삼자 관계의 순서에서 마지막으로 형상을 논할 차례다. **형상**의 개념은 작품범주에 내재한 중개기능으로 절정의 중개를 의미하는 개념이다. 따라서 형상은 가다머 이론의 핵심이 되는 개념이므로 상세히 논할 필요가 있다. 우선 형상이라는 개념을 구체화시키고, 다음에 가다머가 이 개념을 토대로 하여 많은 개념들을 유도해 내는데, 그 관계를 논해본다. 우선 형상의 개념을 다음 3가지로 구체화 할 수 있다. 첫째로 형상은 단일성의 개념인 동시에 다양성의 개념이다. 단 한 명의 수용자에 관해서 말한다면, 그 한 명의 수용자가 눈앞에 보고 있는 그 계단장면의 순간적인 모습은 단 하나의 일회적이고 단일한 모습이라 할 수 있다. 그러나 수용자 내재적인 요소들과 수용자 외재적인 요소들을 합해서 감안한다면, 그 단일한 모습은 지양되어 다양한 모습이 된다고 보아야 한다. 형상은 단일한 다양성 또는 다양한 단일성이라고 철학적인 표현을 사용할 수 있다. 둘째로 형상은 형상구성과 형상파괴 사이의 변증법이라 할 수 있다. 도스토예프스키가 묘사한 계단장면을 다양한 수용자들이 읽고 다양한 형상을 구성한다는 말을 했는데, 이는 도스토예프스키가 구성해놓은 형상을 파괴하고 다양한 수용자들이 다양한 형상을 재구성한다는 말이 된다. 형상의 개념에는 형상구성과 형상파괴가, 형상구성과 형상파괴라는 연쇄작용이 내재해 있다. 셋째로 형상은 작품과 수용자 사이에서 일어나는 **사건발생**으로 작품이 촉매제 역할을 하여 수용자에 대해 **호소기능**을 발휘하면, 수용자는 그 호소기능에 의해 자신의 대답으로 (자신의 형상구성으로) 대응하는 관계다. 형상은 호소와 대응이라는 변증법적 관계에 의해 존재하는 개념이다. 3가지 설명을 종합하여 **형상**이라는 개념은 단일성과 다양성, 형상구성과 형상파괴, 호소와 대응 사이에 존재하는 변증법적 개념이라고 정의할 수 있다.

다음에는 형상의 개념을 토대로 하여 가다머가 다른 많은 유사한 개념들을 유도해 내는 관계를 논해 본다. 지금까지 우리는 **작품**, **형상**, **수용자**라는 삼자 관계에서 작품을 넓은 철학적 의미로 또 동시에 좁은 예술적 의미로 보아 왔는데, 여기서는 작품을 예술가가 생산한 예술작품이라 규정하고 논한다. 이유는 가다머의 해석학은 기존의 예술작품을 토대로 하는 예술론이라 보아야 하기 때문이다. 그리고 가다머의 텍스트에 산재해 있는 여러 개념들을 통합하여 3개의 개념들, 즉 **"의미집행"**, **"작품의 동일성"**, **"미학적 비구별성"**이라는 3개의 개념들만 논한다. 이상의 3개의 개념들은 형상에 대한 3가지 표현들이다. 첫째로 가다머가 형상을 **"의미의 집행"**[72]이라 부르는데 다음과 같다. 예술작품, 형상, 수용자라는 삼자 관계는 하나의 예술작품을 기초로 해서 수용자가 하나의 형상을 구성하는 관계를 나타낸다. 여기서 기초가 되는 예술작품을 가다머는 **"의미기대"**[73]라 부르고, 구성된 형상을 **"의미집행"**이라 부른다. 예술작품은 형상을 구성하기 위한 기초 자료에 지나지 않는다는 말이고, 그 기초 자료를 사용하여 구성해낸 결과가 (아니면 그 기초 자료를 기대에 준해서 집행시킨 결과가) 형상이 되고, 이 형상이 "의미의 집행"이라는 설명이다. 그리고 가다머는 예술작품과 형상, 의미기대와 의미집행, 양자 사이의 관계를 **"해석학적 운동"**[74]이라고 표현한다. 예술작품이 호소기능을 발휘하면 다시 말해 의미기대를 발휘하면 호소와 대응이라는, 의미기대와 의미집행이라는 "해석학적 운동"이 발생한다는 말이다. 호소기능이 내재한 예술작품은 하나의 "의미"를 기대해서 "해석학적 운동"을 발생시키며, 결

---

72) **"의미의 집행**(Sinnvollzug)"
73) **"의미기대**(Sinnerwartung)"
74) **"해석학적 운동**(hermeneutische Bewegung)"

과적으로 "의미집행"에 도달한다는 말로 이해하면 된다. 그리고 의미의 "집행"은 의미의 완성과는 다른 개념임에 주의해야 한다. 집행은 다시 재집행의 가능성이 내재해 있지만, 완성은 이미 끝난 것으로 재 완성의 가능성을 배제하는 개념이다. 따라서 가다머가 "의미완성"이라 하지 않고 "의미집행"이라 부르는 이유는 이때 발생된 의미가 절대적인 의미는 아니라는 사실을 나타낸다. 둘째로 가다머는 "의미집행"이라는 개념을 점진시켜 형상을 **"작품의 동일성"**75) 이라고 표현하고, 이 "작품의 동일성"은 객관적으로 보장할 수 없는 동일성이라고 말한다.76) "작품의 동일성"을 객관적으로 보장할 수 없는 이유는 간단히 말하면, "해석학적 운동"이 일정하게 정지되어 있는 상태가 아니라 항상 변하고 있는 유동상태라는 데서 유래한다. 이상을 달리 표현하면, "작품의 동일성"을 찾는 길은 예술작품을 구성하고 있는 경험적 요소들에서만, 즉 색깔, 선, 나무, 돌 등에서만 찾으려 하거나 아니면 그 경험적 요소들 사이의 상관관계인 **성위**77)에서만 (이것은 구조주의 이론을 의미하는데) 찾으려 하는 것은 잘못이라는 것이 가다머의 생각이다. "작품의 동일성"을 탄생시키는 "해석학적 운동"은 가다머에 의하면 예술작품을 구성하는 경험적 요소들, 또 그 요소들 사이의 성위, 거기다 수용자 내재적 상태, 수용자 외재적 요소들인 시간, 공간, 사회성이 모두 가미된 집합상태를 의미한다. 이상의 집합상태인 "해석학적 운동"에 의해서, 그것도 일정한 정지상태가 아니라 항상 변하는 유동상태인 "해석학적 운동"에 의해서 순간적으로 발생되는 것이 "작품의 동일성"인데, 따라서 이 "작품의 동일성"은 확실히 보장할 수 있는 것은 아니라는 것이 가다머의 논리전개다. 셋째로 **"미학적 비구별성"**78)을 논할 차례다. 가다머는 "의미집행"을 점진시켜 "작품의 동일성"이라 하고, 이를 다시 점진시켜 형상의 세 번째 표현인 "미학적 비구별성"이라 한다. "미학적 비구별성"은 "미학적 동일성"과 같은 개념이나, 후자가 개념제거에 의한 추상적 개념이라 한다면, 전자는 개념구성에 의한 비교적 구체적 개념이라 할 수 있다. 연극상연을 예로 들어 가다

---

75) **"작품의 동일성(Identität des Werkes)"**
76) Gadamer: Die Aktualität des Schönen, S.119
77) **성위(星位 Konfiguration)**
78) **"미학적 비구별성(ästhetische Nichtunterscheidung)"**

머는 "미학적 비구별성"을 다음과 같이 설명한다. 연극의 생명은 (이를 가다머는 "미학적 비구별성"이라 하는데) 원작에 대한 정확한 이해만도 아니고, 연출가의 재능만도 아니고, 완벽한 배역 할당만도 아니며, 모든 것을 다 합한 연출의 특수성과 "작품의 동일성" 사이에서 결정된다고 가다머는 말한다.[79] 가다머의 논리를 따르자면 연출 일체라는 특수형식은 다양한 요소들이 하나로 융합되어 생겨난 순간적인 결정체라 할 수 있고, 또 "작품의 동일성" 역시 원작과 연출가 사이에서 일어나는 순간적인 **사건발생**이라 할 수 있다. 따라서 "미학적 비구별성"은 순간적 결정체인 형식과 역시 순간적 사건발생인 내용 사이에서 발생하는 순간적이고 따라서 우연적인 **불꽃**이라고 비유할 수 있다. 이 "미학적 비구별성"을 가다머는 "**미학적 경험**"이라고도 부른다. 지금까지 **형상**의 개념을 "의미집행", "작품의 동일성", "미학적 비구별성"이라는 3개의 점진적 표현에 의해서 설명했다.

다음에는 마지막으로 작품범주에 내재한 절정의 중개개념인 형상을 간단히 종합한다. 위에서 논한 예술작품, 형상, 수용자라는 삼자 관계에서 좁은 의미의 예술작품을 넓은 의미의 작품으로 대치시키고 형상의 중개기능을 논한다. 이유는 형상의 개념은 좁은 예술적인 개념뿐만 아니라 넓은 철학적 개념으로 가다머 이론의 보편개념을 형성하기 때문이다. 따라서 작품은 일체의 자연물, 즉 자연작품과 일체의 가공물, 일체의 예술작품을 포함한다고 생각해야 한다. 이상과 같이 작품, 형상, 수용자의 삼자 관계에서 작품을 일체의 만물을 포함하는 넓은 의미로 본다면, 형상의 개념이 수행하는 3가지 중개기능이 구체화 된다. 첫째로 형상의 개념은 자연물과 가공물을, 자연작품과 예술작품을 중개하는 수평적 중개기능을 가지고 있다고 할 수 있다. 이유는 작품이 자연물이든 가공물이든 또 예술작품이든 관계없이, 그것들은 다같이 호소능력을 발휘하고 "해석학적 운동"을 발생시켜 형상구성을 해야 할 처지에 놓여 있기 때문이다. 법 앞에 만인이 평등하다는 말은, 법만 지키면 법이 만인을 중개한다는 말이다. 같은 논리로 형상 앞에는 만물이 평등하다는 말을 할

수 있고, 단 호소력만 발휘한다면 형상이 만물을 중개한다는 말이 된다. 그리고 이 중개는 동시적이고 수평적인 중개가 된다. 이상의 수평적 중개에 의해서 가다머의 해석학은 예술이라는 특수영역을 벗어나 **보편주의**[80] 속으로 지양되는 위험성을 내포하고 있다. 둘째로 형상의 개념은 과거와 현재, 과거의 전통예술과 현대의 실험예술을 중개하는 수직적인 중개가 된다. 같은 이유로 그것이 과거의 작품이든 또 현대의 작품이든, 그것이 전통예술이든 실험예술이든 관계없이 호소력을 발휘하여 "해석학적 운동"을 발생시켜 형상을 구성해야 할 처지에 놓여 있기 때문이다. 과거와 현재, 과거의 전통예술과 현대의 실험예술을 중개하는 일이 가다머 이론의 핵심이라는 내용을 언급했다. 따라서 형상의 개념은 가다머 해석학의 생명선이라 할 수 있다. 셋째로 형상의 개념은 예술과 철학을, 예술론과 철학론을 중개하는 개념적 중개라 할 수 있다. 작품, 형상, 수용자라는 삼자 관계, 삼원론은 예술의 형식이 된다는 말도 언급했다. 그러나 이상의 삼자 관계에서 형상은 실제로 실재하는 존재물이 아니라 수용자의 "의식 속에만 존재하는 X"이므로 형상에서 실재[81]를 박탈한다면, 결국 작품과 수용자라는 양자 관계, 이원론이 되어버린다. 2원론은 예술의 형식이 아니라 철학의 형식이라는 말을 했다. 따라서 작품, 형상, 수용자라는 삼자 관계는 삼원론인 동시에 이원론으로, 예술론인 동시에 철학론이라 할 수 있다. 형상은 따라서 실재인 동시에 비실재, 예술론인 동시에 철학론으로, 그 양자를 하나로 중개한다고 할 수 있다. 가다머의 해석학이 예술론이냐, 아니면 철학론이냐 하는 문제를 결정할 수 없는 이유가 그 양자가 하나로 중개된다는 데 있다. 형상의 중개기능은 수평적 중개, 수직적 중개, 개념적 중개로 총체적 중개라 할 수 있다. 총체적 중개개념인 형상은 가다머 이론에 편재해 있는 개념이다. 따라서 화가가 그림을 그린다는 것은 형상을 그린다는 말이고, 관람자가 그림을 본다는 것은 형상을 본다는 말이 된다. 우상을 만들지도 말고, 우상을 보지도 말라는 것이 성경의 말이라면, 바로 그 우상만을(우상과 형상을 같은 의미로 본다면) 만들고 우상만을 보라는 것이 가다머의 말이 된다. 왜냐하면 우상은 나와 신을, 수용자와

---

80) 보편주의(Universalismus)
81) 실재(實在)

신을 하나로 연결해주는 중개기능을 발휘하기 때문이다.

3. 상징

예술작품과 수용자를 중개해주는 형상을 가다머는 "의미집행", "작품의 동일성", "미학적 비구별성", "미학적 경험" 등 여러 가지 명칭으로 표현한다는 내용을 언급했다. 예술작품이라는 표현 대신에 자연작품, 즉 자연을 대치시키고, 형상이라는 표현 대신에 "미학적 경험"을 대치시켜 생기는 **자연**, **"미학적 경험"**, **수용자**라는 삼자 관계에 의해 가다머는 **상징**[82]의 개념으로 넘어가는 계기를 마련한다. **"미학적 경험"**은 예술에 대한 경험과 또 자연에 대한 경험, 양자에 대한 경험을 포함한다는 것이 가다머의 생각이다.[83] 그리고 "미학적 경험"은 가다머에 의하면 미의 경험을 의미하는데, 예술에 대한 "미학적 경험"은 **예술미**가 되고, 자연에 대한 "미학적 경험"은 **자연미**가 된다고 보아야 한다. 바로 이 **자연**과 **자연미**가 상징의 개념으로 넘어가는 계기를 마련해 준다. 가다머는 자연과 자연미를 다음 3가지로 설명한다. 첫째로 자연에 내재한 **"의미의 부정성"**[84]을 가다머는 언급한다. 자연에 대한 2개의 극단적인 발언으로, "자연은 더럽고 추하다"라는 발언과 "자연은 깨끗하고 아름답다"라는 발언을 선택한다면, 자연은 전자도 아니고 후자도 아니라는 것이 가다머의 의견이다. 18세기에 쓰인 알프스 여행기를 보면 알프스는 무시무시하고 거칠고 저주받은 듯한 대상으로 묘사된다고 가다머는 설명한다. 그러나 그 이후부터 알프스는 "깨끗하고 아름답다"는 식으로 묘사되는데, 이는 자연을 바라보는 인간의 눈이 예술에 의해 익숙해졌기 때문이라고 가다머는 설명한다. 다시 말해 자연을 "깨끗하고 아름답게만" 묘사하는 예술에 의해 인간의 눈이 어두워졌기 때문이라는 논리를 가다머는 전개한다. 따라서 "자연은 예술미의 반사에 지나지 않는다고" 말하는 헤겔이 옳다고 가다머는 말한다.[85] 예술에 의한 습관화를 제거한다면, 자연은 따라서 깨끗하고 아름답지도

---

82) **상징(象徵 Symbol)**
83) Gadamer: Die Aktualität des Schönen, S.121
84) **"의미의 부정성(意味의 不定性)"**

않으며 또 더럽거나 추하지도 않다는 것이 가다머의 의견이다. 자연은 중립적인 존재며, 자연이 발하는 자연미는 의미의 중립성, 의미의 부정성[86]을 내포하고 있다고 가다머는 생각한다. 자연이 **호소능력**[87]을 발휘하여 "미학적 경험"을 구성하면 자연미를 경험하게 되는데, 이때 자연이 발휘하는 호소는 중립적인 호소로서 어떤 일정한 방향을 제시하지 않는 부정의 호소이므로, 자연미 역시 일정한 의미를 전달하는 규정의 자연미가 아니라 그 일정한 의미의 규정을 부인하는 부정[88]의 자연미라고 생각하면 된다.

둘째로 가다머는 위에서 언급한 자연에 내재한 "의미의 부정성"을 점진시켜 "**부정의 고독한 영혼의 세력**"이라는[89] 표현을 사용한다. 이 표현은 헤겔의 영향을 추측하게 하는 표현인데, 헤겔은 자연과 자연미를 다음과 같이 묘사한다. "새들의 찬란한 날개는 사람의 눈에 보이지 않은 채 날아가 버리고, 새들의 아름다운 노래는 사람의 귀에 들리지 않은 채 흘러가며, 남쪽나라의 숲 속에서는 단 하루 밤만 피었다 없어지는 선인장의 꽃들이 사람의 경탄을 받지 못한 채 시들어간다. 그리고 그윽하고 독특한 향기를 지닌 아름답고 충만한 식물들이 사람의 향락을 거치지 않고 숲 속에서 썩어간다. 그러나 예술작품은 바로 인간을 향해서, 인간의 정서와 정신을 향해서 주어지는 호소이고 제언이다. 인간의 정서와 정신을 메아리치게끔 만드는 것이 예술작품이다."[90] 이상의 인용문에서 헤겔은 한편으로는 인간과의 관계에서 고립된 자연과 다른 한편으로는 인간에 의해서 인간을 위해서 만들어진 예술과를 대립시키며, 전자는 "고독한" 호소, 후자는 "행복한" 호소라는 식으로 묘사하고 있다. "고독한" 호소는 호소의 대상이 없다는 말이고, "행복한" 호소는 물론 인간이라는 호소의 대상이 있다는 말로 이해해야 한다. 가다머는 전자의 "고독한" 호소를, 즉 자연은 원래

---

85) ebd. S.122
86) 부정성(不定性)
87) **호소능력(evokative Funktion)**
88) 부정(不定)
89) ebd. S.121; "**부정의 고독한 영혼의 세력**(unbestimmte Seelenmacht der Einsamkeit)"
90) Hegel: Vorlesungen über die Ästhetik I, S.102

고독한 존재며, 따라서 자연이 발하는 호소기능 역시 고독한 호소기능이라는 헤겔의 생각을 답습한다고 할 수 있다. 자연이 인간의 정서와 정신을 메아리치게끔 하는 호소기능은 가지고 있다고 인정하나, 그 메아리의 방향이 정해져 있지 않아 (그 메아리의 대상인 인간이 결여되어 있으므로) 부정의 고독한 영혼의 세력이라는 독일어 표현을 가다머는 사용한다. 위에서 언급한 "의미의 부정성"이 호소방향의 중립성 내지는 부정성을 의미한다면, "고독한 영혼의 세력"이라는 표현은 호소의 방향 자체가 탄생되기 전의 원초상태로서의 호소기능을 의미한다고 볼 수 있다. 이 표현은 인간의 눈과 귀 등, 인간의 5감관에 도달하기 전의 자연을, 인간의 5감관으로부터 단절된 상태의 자연을, 그리고 호소능력을 발휘할 대상이 없어 고독한 자연을 의미한다. 가다머는 이 고독한 원초상태의 자연을 **"둥그런 원형"**[91]이라고 표현한다. 이 "둥그런 원형"이라는 개념이 상징에 대한 설명에서 중요한 역할을 한다.

셋째로 자연의 부정성과 원초성을 종합하여 가다머는 자연과 자연미가 예술과 예술미를 위한 **"교정자 역할"**을 한다고 말한다.[92] "부정의 고독한 영혼의 세력"이라는 개념을 가다머가 헤겔에서 배웠다고 한다면, 가다머는 "교정자로서의 자연과 자연미"를 칸트의 미학에서 배웠다고 할 수 있다. 칸트는 **목적**과 **합목적성**[93]을 구별하여 목적은 자연물 자체이고, 합목적성은 그 자연물의 성질만을 의미한다고 말한다. "쥐를 잡기 위해 한 마리의 고양이를 소유하고 싶다"라는 말을 예로 든다면, 목적은 쥐를 잡기 위해 필요한 살아있는 자연의 고양이를 의미하고, 합목적성은 화폭에 그려 넣은 고양이를 의미한다. 예술은 **"자연의 합목적성"**이 되어야지 자연 그대로가 되어서는 안 된다는 칸트 미학은, 고양이를 화폭에 그려 넣어야지 살아있는 고양이를 풀칠을 해서 화폭에 붙여 놓아서는 안 된다는 것을 의미한다. 그리고 자연의 합목적성은 고양이를 화폭에 그려 넣을 때, 결과가 자연 그대로의 고양이가 되어야지 예를 들어 쥐가 되어서는 안 된다는 것을 의미한다. 피카소와 같은 현대 화가는 대상

---

91) **"둥그런 원형(Kugelwesen)"**
92) Gadamer: Die Aktualität des Schönen, S.122
93) **목적(Zweck)**과 **합목적성(Zweckmäßigkeit)**

을 자연 그대로 화폭에 그리지 않고 대상의 내부나 배후를 화폭에 그리는데, 이는 칸트의 "자연의 합목적성"이라는 개념에 위배되는 화법이라 할 수 있다. 이상과 같이 칸트가 사용하는 "자연의 합목적성"을 가다머는 그대로 답습하여 자연과 자연미는 예술과 예술미를 교정해주는 교정자가 되어야 한다고 말한다. 그러나 가다머는 칸트 미학의 회화 기술적인 변을 초월하여(고양이 그림의 결과가 자연 그대로의 고양이가 되어야지 쥐가 되어서는 안 된다는 회화 기술적인 면을 초월하여) "자연의 합목적성"이라는 표현을 인간에 내재한 동경의 대상으로 사용한다. 자연과 자연이 발하는 자연미는 부정성과 원초성[94]의 상징으로 인간의 영원한 동경의 대상이라는 논리다. 자연과 자연미는 "둥그런 원형" 또는 "둥그런 우주"로 인간이 다시 돌아가려는 영원한 고향이라고 가다머의 논리를 이해해도 좋다. 자연과 자연미에 내재한 **부정성**, **원초성**, **동경성**이 가다머가 의미하는 상징의 개념을 구성한다.

자연과 자연미에 내재한 부정성, 원초성, 동경성을 기반으로 하여 가다머는 **상징**의 개념을 다음 3가지로 설명한다. 상징은(상징은 예술작품을 의미하는데) 첫째 "**부정의 의미기대**"이고, 둘째 "**구조물**"이며, 셋째 "**초과실재**"라는 것이 그 3가지 설명이다. 첫째로 상징이 "**부정의 의미기대**"[95]라는 가다머의 설명을 논하면 다음과 같다. 동전이나 접시와 같은 대상을 2개의 파편조각으로 만들어 하나의 파편조각은 주인이 소유하고, 다른 하나의 파편조각은 객에게 주어, 후에 주인과 객의 후손들이 다시 만나 2개의 파편조각을 맞추어, 양가의 오래된 우정을 확인하는 예를 상징의 예로 가다머는 설명한다. 이때의 2개의 파편조각들은 "**기억의 파편조각**"들로 모두 상징물들이라는 설명이다. 이상과 같은 대상의 2분이라는 상징의 설명을, 다시 말해 대상에 의한 상징의 설명을 다음에는 인간에 내재한 주관에 의한 설명으로 가다머는 심화시키고 있다. 플라톤의 대화『심포지온』의 한 장면에서 아리스토파네스[96]가 말하는 사랑의 본질을 예로 들어 가다머는 상징을 설명한다. 아리스토파네스에 의

---

94) 부정성(不定性)과 원초성(原初性)
95) **부정의 의미기대(unbestimmte Sinnerwartung)**
96) 아리스토파네스(**Aristophanes um** 445 v.Chr.~um 385 v.Chr.)

하면 인간은 원래 **"둥그런 원형"**이었는데, 어느 날 과오를 저질러 신들이 인간을 2개의 파편조각으로 분리시켰다는 것이다. 그 후 인간은 영원한 파편조각으로 살게 되었고, 결여된 나머지 파편조각과 다시 만나 완전한 "둥그런 원형"을 이루려는 동경을 가지고 있다는 것이다. 이상의 2가지 설명, 즉 "기억의 파편조각"이라는 대상에 의한 설명과 인간에 내재한 주관에 의한 설명, 양자의 설명을 가다머가 하는 이유는 대상인 예술작품과 주관인 인간성이 일치한다는 이론을, 아니면 예술을 인간성에 의해 설명하려는 인성론을 전개하려는 의도로 볼 수 있다. 인간이 영원한 파편조각이며, 그 파편성을 치료하기 위해 결여된 다른 파편조각과 재회하여 다시 "둥그런 원형"이 되려는 영원한 동경을 가지고 있다면, 상징 역시 같은 의미를 내포해야 한다. 따라서 상징은 "둥그런 원형"에 대한 **예시**를 의미한다고 가다머는 말한다. 이 "둥그런 원형"에 대한 예시는 그러나 정확하고 객관적인 지시가 아니라 반대로 부정확하고 주관적인 예시가 되는데, 이유는 다음과 같다. "기억의 파편조각"이라는 예와 "둥그런 원형"이라는 예에서 동전이나 접시는 둥그런 모양을 하고 있고, 또 "둥그런 원형"도 둥그런 모양을 하고 있어, 하나의 파편조각을 둥그런 원형에서 잘라내면 나머지 다른 하나의 파편조각의 모습이 미리 규정되어, 찾고 있는 상대방에 대한 부정확하고 주관적인 예시가 아니라 정확하고 객관적인 지시라고 생각할 수 있는 위험성이 있다. 그러나 "둥그런 동전"이나 "둥그런 원형"에서 둥글다는 표현은 모두 기하학적 의미로 둥글다는 표현이 아니고, 철학적으로 "완전한" "총체적"이라는 의미로 이해해야 한다. 동전의 원래의 모습은 그리고 사랑하는 상대방의 원래의 모습은 분명하고 객관적으로 지시는 할 수 없지만 불분명하고 주관적으로 예시는 할 수 있는 모습이라고 생각하면 된다. 따라서 상징은(예술작품은) 하나의 예시인데 그 예시의 대상인 "둥그런 원형"이 불규정적이고 주관적인 대상이므로 부정[97]의 **예시**라고 할 수 있다. 예시라는 말을 가다머는 **의미기대**[98]라는 말로 대치하여 **"부정의 의미기대"**라는 말을 사용한다. 예술작품은 규정적이고 객관적인 의미, 다시 말해 완전하고 총체적인 의미를 지시해주는 것이 아니라, 그 완전하고 총체적인 의미를 예시해 주기만 하는데, 그

---

97) 부정(不定)
98) **의미기대(Sinnerwartung)**

"완전하고 총체적인 의미"가 아직 부정의 상태이므로 "부정의 의미기대"라는 말을 가다머는 사용한다.

상징이 "부정의 의미기대"라는 설명을 더 구체화하기 위해서 가다머는 비유와 상징의 차이를 설명한다. **비유**[99]는 문예사전에 의하면 이미 소유하고 있는 보편에 적합한 특수[100]를 찾는 경우로 이 때에 구성되는 의미는(보편과 특수가 일치하여 이루어지는 의미는) 합리적이고 객관적인 의미, 즉 규정된 의미가 된다. 보편과 특수의 일치를 철학에서는 합리성, 객관성이라고 부른다. 반면에 **상징**은 특수는 소유하고 있으나 보편이 결여되어 보편을 찾아야 하는 경우로 이 때에 구성되는 의미는 비합리적이고 주관적인 의미, 즉 부정의 의미가 된다고 할 수 있다. 결여되어 있는 보편에 특수가 도달하여 보편과 특수의 일치를 달성하리라는 보장이 없기 때문이다.[101] 또 가다머는 합리적이고 객관적인 의미규정인 비유의 조건은 미리 알고 있다는 의미로 사전지식이며, 상징은 바로 이 사전지식이 결여된 것이라 설명하면서 다음과 같이 말한다. "개체는(특수는) 영원한 **파편실재**이며, 영원한 **파편생애**[102]로서 또 하나의 파편실재, 또 하나의 파편생애와 다시 만나 분단을 치료하고 완전한 생애를, 총체적 실재를 이룰 것을 약속만 할 수 있는 개체다."[103] 가다머가 설명하려는 내용을 종합하면 다음과 같다. 비유는 사전지식을 전제로 하므로 전달되는 의미가 합리적이고 객관적인 의미로 의미의 분명한 지시라 할 수 있고, 상징은 사전지식이 결여되어 있으므로 전달되는 의미가 비합리적이고 주관적인 의미로, 의미의 분명한 지시가 아니라 불분명한 예시, 다시 말해 분명한 의미에 대한 약속에 지나지 않는다고 할 수 있다. 또 비유는(사전지식인) 보편이 이미 존재해 있어 특수가(개체가) 존재해 있는 보편에 도달하기만 하면 되지만, 상징은 보편이 결여되어 있어 개체가 결여

---

99) **비유(Allegorie)**

100) 보편(das Allgemeine)과 특수(das Besondere)

101) 비유와 상징의 관계를 보편과 특수의 관계로 설명하는 예는 다음의 책을 참고했음. **Gero vonWilpert: Sachwörterbuch der Literatur, Stuttgart 1969, S.15**

102) 파편실재(Seinsbruchstück), 파편생애(Lebensfragment)

103) **Gadamer: Die Aktualität des Schönen, S.23**

되어 있는 보편에 도달하리라는 보장이 없으므로, 보편에의 도달을(완전한 생애, 총체적 실재에의 도달을) 약속만 한다고 할 수 있다.

개체가(특수가) 영원한 파편실재라 함은 예술작품이 영원한 파편실재라는 말이다. 이 영원한 파편실재인 개체가 자신의 분신인 또 다른 개체에 대해 동경을 가지고 있고, 다시 만나 "둥그런 원형"을 이루려는 약속을 한다는 내용을 언급했다. 가다머가 말하는 **"둥그런 원형"**은 "둥그런 우주" 또는 "창문 없는 단자"와 같은 의미로 다음 3가지로 종합할 수 있다. 첫째로 초월적인[104] 의미로 "둥그런 우주"는 **우토피**[105]를 의미한다. 예술작품이라는 상징은 우토피를 예시하고 약속해 준다는 말인데, 이 우토피는 불꽃과 같이 순간적으로 생겼다가 사라지는 우토피로 규정할 수 없는 부정의 그리고 미지의 우토피라 할 수 있다. 가다머는 이를 보장할 수 없는 **"의미완성"**이라고[106] 표현한다. "둥그런 원형"은 둘째로 철학적인 의미로 **총체성**[107]을 의미한다. 예술작품이라는 상징은 총체성을 예시하고 약속해 준다는 말인데, 가다머는 헤겔 철학에서 유래한 총체성이라는 표현 대신에 원초성이라는 표현을 선호한다. 이론과 방법론이라는 양자 분리 이전의 **"원초적인 이해"**[108]를 주장하는 가다머가 원초성이라는 표현을 선호하는 것은 당연하다. "둥그런 원형"은 셋째로 인간적인 의미로 **유한성**[109]을 의미한다고 가다머는 말한다.[110] 인간의 유한성은 인간에 내재한 동경성을 의미한다. 인간의 생명이 유한하지 않고 무한하다면 동경이라는 개념은 의미를 상실하기 때문이다. 예술작품이라는 상징은 결론적으로 인간의 유한성과 세계의 관계를, 세계에 대한 인간의 유한한 관계를 예시하고 반사해 준다는 말인데, 이는 예술작품이 인간성을 반사시키는 거울이라는 이론을, 아니면 예술론과 인성론을 일치시키려는 가다머의 의도를 나타낸다고 볼 수 있다.

---

104) 초월적인(transzendent)
105) **우토피(Utopie)**
106) Gadamer: Die Aktualität des Schönen, S.123; **"의미완성(Sinnerfüllung)"**
107) **총체성(Totalität)**
108) **"원초적인 이해(ursprüngliches Verstehen)"**
109) **유한성(Endlichkeit)**
110) vgl. Gadamer: Die Aktualität des Schönen, S.123

상징은 **구조물**111)이라는 설명을 논할 차례다. 구조물이라는 개념을 설명하기 위하여 가다머는 헤겔 미학에 대한 비판을 다음과 같이 한다. 예술미는 "이념의 감관적 가상화"라고 헤겔은 말하는데, 이는 옳지 않은 말로 **이상주의적 유혹**에 지나지 않는다고 가다머는 비판한다. 예술미가 이념의 감관적 가상화라는 말은 예술미는 이념을 전달해주는 매개체에 지나지 않는다는 말인데, 이 말을 달리 표현하면 예술작품을 작품으로 생각하지 않고 하나의 정보 인포르마씨온112)을 위한 매개체로 생각한다는 말이 되어, 이는 잘못된 생각이라는 것이 가다머의 판단이다. 예술작품은(상징은) 하나의 작품이지 의미전달을 위한 매개체가 아니라는 것이, **예술적 경험**113)과 의미전달은 다르다는 것이 가다머의 판단이다. 예술적 경험을 가능케 해주는 예술작품은(상징은) 의미의 전달자가 아니라 작품 자체라는 말인데, **작품**이라는 말 대신에 가다머는 **구조물**114)이라는 말을 사용한다. 작품이라는 말 대신에 가다머가 구조물이라는 말을 사용하는 이유는 작품을 하나의 자율적이고 완전한 세계로 생각하는 데서 온다. 작품이 어떤 객관적인 의미를 전달해주는 도구가 아니라, 의미가 비로소 탄생해서 생성하는 의미의 거주지라는 뜻에서, 그리고 이 거주지가 없다면 의미 자체가 탄생할 수 없다는 뜻에서 가다머는 구조물이라는 표현을 사용한다. 따라서 예술작품은(상징은) 구조물이다 라는 말이 성립하는데, 이 구조물의 성격을 다음 3가지로 설명할 수 있다. 첫째로 예술작품이라는 구조물은(상징이라는 구조물은) 가다머에 의하면 **예시와 은폐**115)**의 변증법**이라 할 수 있다. 예술작품이라는 구조물이 "둥그런 원형"을 예시해주어 어느 정도 이해할 수 있는가 하면, 다시 은폐하여 이해 불가능하게 보인다는 말이다. "둥그런 원형"을 우토피아라고 한다면, 이는 이해할 수 있는 우토피아라는 말도 옳고, 또 이해할 수 없는 우토피아라는 말도 옳다는 것이 된다. 이해한다는 말은 이해하지 못한다는 말이고, 또 이해하지 못한다는 말은 이해한다는 말이 되는 것이 변증법이다. 둘째로 예술작품이라는 구조물이 의미를 전달

---

111) **구조물**(Gebilde)
112) 인포르마씨온(Information)
113) **예술적 경험**(künstlerische Erfahrung)
114) **작품**(Werk)과 **구조물**(Gebilde)
115) **예시**(Verweisung)와 **은폐**(Verbergung)

해 준다면, 그 유일한 의미는 예술작품 자체의 **현존재**[116]라고 가다머는 말한다.[117]
달리 표현하면 예술작품은 의미의 전달자가 아니라, 자신이 의미 자체라는 말이 된
다. 이 의미 자체인 예술작품이 마치 살아있는 생명체처럼 우리에게 말을 걸어온다
고 가다머는 설명한다. 셋째로 예술작품이라는 구조물은 벤야민이 말하는 **아우라**
와 같은 것이라고[118] 가다머는 설명한다. 아우라와 같은 구조물인 예술작품 앞에서
는 그 예술작품을 계획하고 생산해낸 예술가와 또 그 예술작품을 감상하는 수용자는
평등하다고 가다머는 말한다. 예술작품은 그 예술작품을 생산해낸 예술가로부터
독립하는 것은 물론이고, 예술작품과 예술가, 양자가 서로에 대해 동등하고 독립적
인 2명의 인격체라는 말이다. 달리 표현하면 예술가가 계획하고 생산하는 과정과,
그 과정의 결과인 새로 탄생된 예술작품 사이에는 비약이 내재해 있어, 과정과 결과
는 전혀 별개라는 논리다. 생산과정과 생산결과 사이의 비약으로 인해 새로 탄생된
예술작품을 대하면 마치 새로 탄생한 고귀한 인간을 대하듯이 경건한 마음을 갖게
되며, 그 새로 탄생된 예술작품을 (그 새로 탄생된 상징물을) 파괴하는 일은 마치
신성한 십자가를 파괴하는 것과 같은 신성모독이라고까지 가다머는 설명한다.

  마지막으로 상징은 "**초과실재**"[119]라는 설명을 논할 차례다. 상징은 구조물이라
는 설명을 논할 때는 가다머는 헤겔 미학에 대한 비판으로 시작했지만, 상징이 "초과
실재"라는 설명을 위해서는 하이데거 철학에 대한 비호로 시작한다. 하이데거에
의하면 예술작품은 **노출**인 동시에 **은폐**[120]라고 한다. 예술작품은 어떤 의미를 드러
내어 노출시키는가 하면, 그 노출되려는 의미를 다시 가리어 은폐시킨다는 말이다.
하이데거가 사용하는 "노출과 은폐"의 변증법이 헤겔 미학의 "이상주의적 유혹"을
물리칠 수 있는 철학이라 비호하면서 가다머는 예술작품을 다음과 같이 정의한다.
"예술작품은 어떤 의미를 드러내어 노출시키기 보다는 오히려 어떤 의미가 흘러가

---

116) **현존재(現存在 Dasein)**
117) Gadamer: Die Aktualität des Schönen, S.124
118) vgl. 유형식: 인물로 본 독일미학, S.403f.; **아우라(Aura)**
119) "**초과실재(Zuwachs an Sein)**"
120) 노출(Entbergung)과 은폐(Verbergung)

없어지거나 스며들어 사라지지 않도록, 단단한 구조물 속에 가리어 보호하는 것이 예술작품이다."121) 흘러 새거나 스며들어 사라지지 않고, 단단한 구조물 속에 가리어 보호되고 있는 "어떤 의미"를 인간이 이해했다고 생각하면, 그것은 이해하지 못한 것이며, 또 이해하지 못했다고 생각하면, 그것은 이해했다고도 할 수 있다는 말이다. 그리고 바로 이 "어떤 의미"가 유한적인 인간의 의미이며, 그리고 이것이 유한적인 인간의 총체성이라고 가다머는 설명한다. 이것이 유한적인 인간의 총체성이라는 말은 인간은 영원한 **파편실재**이므로 유한한 존재이며, 또 유한한 인간을 반사해 주는 거울인 예술작품도 비유122)와는 달라 사전지식이(완전하고 무한한 신이나 소유할 수 있는 사전지식이) 결여되어 있다는 데서 나오는 말이다. 따라서 예술작품이라는 구조물 속에 가려 보호되고 있는 "어떤 의미"는 유한한 인간에게는 "하나의 의미" 이상의 것이 될 수밖에 없다는, "하나의 의미"보다 더 많은 의미가 될 수밖에 없다는 설명이다. "하나의 의미"란 예술작품이 주는 "하나의 객관적인 의미"를 말하는데, 바로 이 "하나의 객관적인 의미"를 초월하여, 다시 말해 "하나의 객관적인 의미"보다 많은 의미를, "다양한 주관적인 의미"를 예술작품이라는 구조물은(예술작품이라는 상징은) 자체 내에 포함하고 있다는 것이 가다머의 설명이다. 사전지식을 소유하고 있는 완전하고 무한한 신의 총체성은 "하나의 객관적인 의미"가 되겠으나, 사전지식을 소유하지 못한 불완전하고 유한한 인간의 총체성은 "다양한 주관적인 의미"가 될 수밖에 없다는 말이다. 바로 이 "다양한 주관적인 의미"를 가다머는 **초과실재**라고 부른다.123) 가다머는 "초과실재"라는 개념을 더욱 구체화시키기 위하여 **대행품**124)이라는 개념을 유도해 낸다. 예술작품은(상징물은) 대행품이라는 말이다. 예를 들어 교회 안의 성모 마리아상 앞에 서면 마음이 실제로 경건해지는 이유는 나무, 물감 등 경험적이고 물리적인 구성물에 지나지 않는 무생물인 성모 마리아상이 자신의 실재를 초과하여 성모 마리아 역할을 한다는 말이다. 또는 무생물인 성모 마리아

---

121) Gadamer: Die Aktualität des Schönen, S.125
122) 비유(Allegorie)
123) ebd. S.126
124) **대행품(Repräsentation)**

상이 무생물로서의 실재를 초과하여 그 진정으로 신성한 성모 마리아 자신이 된다는 말이다. 일반적인 예를 하나 더 상상한다면, 나의 귀여운 어린 딸이 그려준 그림을 마치 그 그림이 나의 딸 자신인 양 나는 사랑하고 소중하게 생각하여, 전쟁이 발발하여 피신한다면 모든 것을 다 버리고라도 그 그림만은 가지고 간다는 경우를 상상할 수 있다. 이상의 2가지 예에서 무생물인 성모 마리아상과 경험적 물리적 구성물인 딸의 그림을 상징이라 한다면, 이 때의 대행의 뜻으로 그 무생물인 성모 마리아상이 실제로 신성한 성모 마리아 역할을 행사하고, 그 경험적 물리적 구성물인 딸의 그림이 실제로 사랑하는 딸의 역할을 행사한다는 사실은 모두 자신들의 실재를 초과하는 데서 나오는 사실들이다. 경건한 마음을 갖게 하는 성모 마리아상, 사랑하고 소중하게 생각하는 딸의 그림, 이들 상징물들은(이들 예술작품들은) 따라서 대치할 수 없는 대행품으로 가다머는 **대치불가능성**[125]이라는 표현을 사용한다. 상징이란 (예술작품이란) 한 번 태어나면, 한 번 태어난 사랑하는 나의 딸을 다른 딸로 대치할 수 없는 것과 같이, 일회적이고 대치 불가능한 것이 상징이고 예술작품이라는 설명이다.

"예술작품은 일회적이고 대치 불가능하다"라는 것이 가다머 예술론의 원칙이라 할 수 있다. 예술작품의 **대치불가능성**을 설명하기 위하여 가다머는 "초과실재"라는 개념을 유도해 냈고, 또 이 개념을 점진시켜 **대행품**이라는 개념을 유도하며, 이를 다시 점진시켜 이번에는 **모방, 미메시스**라는 개념을 유도한다. 따라서 "**예술작품은 미메시스다**"라는 것이 가다머의 이론이다. 미메시스의 개념을 설명하기 위하여 가다머는 예술작품에 내재한 모방 불가능성 내지는 복제 불가능성을 설명하려 한다. 예술작품이 미메시스, 모방이라면, 예술작품에 내재한 모방불가능성이라는 밀은 모순으로 들린다. 이유는 미메시스에 대한 성확한 이해부족에서 아니면 미메시스의 잘못된 해석에서 오는데, 가다머는 미메시스를 다음과 같이 설명한다. 모방품 내지 복제품과 위에서 설명한 대행품 사이의 차이점에 의해서 가다머는 미메시스를 설명하려 한다. 모방품 내지 복제품인 사진이나 CD판은 얼마든지 모방하고 복제할

---

125) **대치불가능성(Unersetzbarkeit)**

수 있지만, 대행품은 사랑하는 딸의 그림과 같이 모방 불가능하며 복제 불가능하다는 설명이다. 결론적으로 한편으로는 모방품 내지 복제품과 다른 한편으로는 예술작품 내지 대행품을 구별짓는 것은 미메시스라는 설명이다. 모방품 내지 복제품은 미메시스가 아니며, 예술작품 내지 대행품은 미메시스라는 말이다. **미메시스**에 대한 가나머 특유의 설명은 다음 3가지다. 모든 예술작품에는 미메시스가 내재해 있는데, 이 미메시스는 첫째로 어떤 기지의 또는 기존의 사실을 모방하는 것이 아니라, 어떤 새로운 것을(다시 말해 어떤 미지의 또는 미존의 것을) 처음으로 탄생시킨다는 것이다. 다시 말해 미메시스는 새로운 탄생의 원동력이라는 것이다. 둘째로 미메시스가 처음으로 탄생시킨 이 "새로운 것은" 마치 감관세계에 존재하는 (현실세계에 존재하는) 생물과 같이 움직이며 말을 하고 있다는 것이다. 셋째로 살아서 움직이며 말을 하고 있는 이 "새로운 탄생"이 **호소기능**[126]을 발휘하면, 우리는 멈추어서 그 말에 귀를 기울이게 되는데, 이때 우리는 기억과 회상을 경험하게 된다는 것이다.[127] 예술작품이라고 하는 단단한 구조물 속에 생겨난 새로운 탄생이 우리를 대화로 초대하면 우리는 귀를 기울이게 되며, 그 결과는 우리 자신을(나 자신의 기억과 나 자신의 회상을) 다시 발견하게 된다는 말인데, 이는 대단히 의미 깊은 말이다. 앞의 장에서 **"기억과 회상의 여신" 므네모쉬네**[128]를 언급했는데, 므네모쉬네가 관장하는 세계가 인간세계며 인간 자신이라는 인성론적인 설명이었다. 또 예술작품은 유한한 인간의 총체성을 반사해주는 거울이라는 내용을 언급했는데, 예술작품에서 인간이 발견하는 것은 자기 자신, 자신의 "기억과 회상", 자신의 총체적 모습이라고 이해하면 된다. 미메시스에 대한 설명에서 가다머의 인성론적인 방법론은 극치에 도달한다고 할 수 있다. 미메시스에 대해 아도르노도 비슷한 정의를 하는데 다음과 같다. "**미메시스**는 생명에 내재해있는 수용적, 표현적 그리고 의사소통적 행동방식을 나타내는 이름이다. 이 미메시스의 행동방식이 인류의 문명 과정에서 정신으로서 유지되고 보전되는 장소가 예술이다. 따라서 예술은 정신화된 미메시스 또는 합리성에 의

---

126) **호소기능**(evokative Funktion)
127) vgl. Gadamer: Die Aktualität des Schönen, S.127
128) **므네모쉬네**(Mnemosyne)

해 변질되어 객관화된 미메시스라고 할 수 있다.”[129] 살아있는 생명의 특징이 미메시스며, 이 미메시스가 유지되고 보존되어 있는 장소, 또는 눈으로 볼 수 없고 귀로 들을 수 없는 미메시스가 눈으로 볼 수 있고 귀로 들을 수 있게 객관화된 것이 예술작품이라는 말이다. 위에서 모든 예술작품에는 미메시스가 내재해 있다고 말했는데, 가다머의 설명과 아도르노의 설명을 종합하여 더 정확히 표현하면 모든 예술작품은 (따라서 모든 상징물은) 미메시스 자체라고 말할 수 있다. 그리고 예술작품이 미메시스고 살아있는 생명인 인간의 특징이 미메시스라면, 예술작품은(색깔, 화폭, 나무액자 등 물질적인 자료들로 된 구성물에 지나지 않는 예술작품은) 역시 자신의 실재를 초과하는 실재로서(물질적 구성이라는 자신의 실재를 초과하는 실재로서) 인간 자신의 거울이라 할 수 있고, 또 예술작품에서 인간은 자기 자신만을 볼 수 있다는 말은 이해할 수 있는 말이 된다.

상징에 관한 설명을 종결하기 위하여 상징이 가지고 있는 중개기능을, 그것도 가다머의 핵심 테마인 과거 전통예술과 현대 실험예술 사이의 중개를 간단히 언급한다. 상징이 가지고 있는 중개기능은 3가지 표현에 의해서 설명된다. 이 3가지 표현들은 “자기표현”, “만남”, “자신의 구성작업” 등이다. 첫째로 **자기표현**[130]에 의한 중개기능을 보자면 다음과 같다. 미메시스에 대한 설명에서 미메시스는 어떤 기지의 또는 기존의 사실을 모방하는 것이 아니라, 미메시스는 하나의 새로운 탄생이라는 말을 했는데, 이 말은 예술작품은(따라서 상징은) 모방이나 복제가 아니라 하나의 새로운 탄생이라는 말이 된다. 이 “새로운 탄생”이라는 의미로 가다머는 “**예술작품은 자기표현이다**”라는 말을 사용한다. 예술가가 예술작품 속에나 어떤 일정한 의미를 구성하여 집어넣는 것이 아니라, 예술작품 자신이 자신의 의미를 밖으로 표출한다는 말이다. 예술작품을 그 예술작품을 생산한 예술가로부터 분리 독립시켜 예술작품의 자율성, 아우토노미를 가다머는 보장하려 한다고 볼 수 있다. 예술가로부터

---

129) vgl. A. Wellmer: Wahrheit, Schein, Versöhnung. Adornos ästhetische Rettung der Modernität, in: Adorno
 -Konferenz, S. 141
130) **자기표현(Selbstdarstellung)**

예술작품을 분리 독립시킨다는 면에서는, 그것이 과거 전통예술이든 또 현대 실험 예술이든 경우는 같다. 과거 전통예술도 자율성을 가지고 있고, 현대 실험예술도 자율성을 가지고 있다는 말이다. 과거 전통예술도 예술이고, 현대 실험예술도 예술 이라는 말이 된다. 과거 전통예술도 자기표현이고, 현대 실험예술도 표현은 다르지 만 역시 자신의 표현이기 때문이다. "예술작품은 자기표현이다"라는 가다머의 말은 과거 전통예술과 현대 실험예술을 중개하려는 말이라고 볼 수 있다. 둘째로 가다머 는 **만남**131)이라는 표현을 사용하는데, 이는 **사건발생**132)과 같은 의미로 보아야 한 다. 예술작품 속에서 새로운 의미가 탄생하여 나에게 말을 걸어오면, 나는 그 새로 탄생한 의미와 만나게 되어, 충격을 받아133) 나의 인생이 변하는 경험, 즉 예술적 경험을 하게 된다는 설명이다. 나에게 충격을 줄 수 있어야, 다시 말해 나에게 호소능 력을 발휘할 수 있어야 비로소 예술작품이 될 수 있다는 말인데, 과거 전통예술도 또 현대 실험예술도 같은 경우라는 말이다. 같은 경우에 놓여 있는(동등한 입장에 놓여 있는) 과거 전통예술과 현대 실험예술은 그 동등성에 의해 중개된다는 말이다. 셋째로 "**자신의 구성작업**"134)은 수용자 자신의 구성작업을 의미한다. 위에서 예술 가가 예술작품 속에 새로운 의미를 구성하여 집어넣는 것이 아니라, 예술작품 자신 이 자신의 의미를 밖으로 표출한다는 말을 했으나, 이번에는 반대로 수용자가 예술 작품 속에다 자신의 의미를 구성하여 집어넣는다는 말로 이해해야 한다. 그리고 이 말은 예술가와 수용자 사이의 역할교환을 의미한다. 따라서 예술작품 속에 새로 태 어난 의미는 사실은 수용자가 자신의 의미를 심어 놓은 것이기 때문에, 예술작품이 라는 대상과 수용자라는 주관 사이의 일치를 의미한다. 과거 전통예술이든 또 현대 실험예술이든 관계없이 주관이 자신을 주입시켜야 예술작품이 성립한다는 말인데, 이를 가다머는 예술작품은 주관 자신의 구성작업이라고135) 말한다. 예술가의 구성 작업이 아니라 수용자 자신의 구성작업이라는 결론은 과거 전통예술과 현대 실험에

---

131) **만남**(Begegnung)
132) **사건발생**(Geschehen)
133) Gadamer: Die Aktualität des Schönen, S.128
134) "**자신의 구성작업**(eigene Aufbauarbeit)"
135) ebd. S.128

술은 모두 구성작업의 대상이라는 같은 처지에 놓여 있으므로 양자가 서로 중개된다
는 것을 의미한다. 왜냐하면 두 예술 다 수용자가 구성작업을 해야 할 자료에 불과하
기 때문이다. 그리고 이 결론은 예술가 위주의 생산미학이 아니라, 수용자 위주의
수용미학을 나타내는 결론이다.

4. 축제

가다머의 인성론의 전체 구조는 유희, 상징, 축제로 되어 있고, 또 이 3개의 구성요
소는 우연한 3개의 구성요소가 아니라, 하나의 통일성을 구성하는 필연적인 구성요
소라는 내용을 언급했다. 그리고 유희는 주관의 관점에서 논해야 하고, 상징은 대상
의 관점에서 논해야 하며, 축제는 주관과 대상의 합이라는 관점에서 논해야 한다는
내용도 언급했다. 인성론의 마지막 구성요소인 **축제**136)를 언급한대로 주관과 대상
의 합이라는 관점에서, 그것도 주관과 대상의 **중개**137)라는 관점에서 논할 차례다.
주관과 대상의 합 내지 주관과 대상의 중개라는 관점은 유희의 단계와 상징의 단계보
다 더 진보한 단계, 종합적이고 철학적인 단계가 된다. 주관과 대상이라는 개념에는
나와 너라는 수평적인 중개와, 어제와 오늘이라는 수직적인 중개가 동시에 내포되
어 있기 때문이다. 수평적인 중개와 수직적인 중개의 합을 가다머는 **코무니카씨온**
이라 부르고, 이 코무니카씨온이 축제의 본질을 구성한다는 의견이다. 그러나 가다
머가 말하는 코무니카씨온은 나와 너라는 수평적 중개를, 그리고 어제와 오늘이라
는 수직적 중개를 초월하여, 미지의 공간으로까지 그리고 미지의 시간 즉 미래 속으
로까지 확장되는 개념으로, 가다머는 이를 **"잠재적 공동성"**138)이라고 부르기도 한
다. 다음에 가다머는 "잠재적 공동성"을 더욱 확대하여 **"보편적 언어"**라고까지 부르
는데 이는 다음과 같다. 가다머는 "절대음악"(절대예술)의 예로 베토벤의 음악을
들면서, 과거에도 베토벤의 음악을 들었으며, 현재에도 듣고 있고, 미래에도 들을

---

136) 축제(祝祭 Fest)
137) 중개(仲介 Vermittlung)
138) ebd. S.130; **"잠재적 공동성(potentielle Gemeinsamkeit)"**

것이라는 전제하에, 그 이유가 무엇이냐 하는 질문을 제기한다. 베토벤 음악을 계속 듣게 하는 이유는, 그의 음악이 주는 의미 때문도 아니며 (이유는 그의 음악을 자주 들으면 의미는 이미 이해했으며 또 해설가들이 그의 모든 작품의 의미를 이미 규정해 놓았으므로) 또 그의 음악이 주는 인포르마씨온도 아니라고 (이유는 베토벤 음악이 주는 인포르마씨온은 이미 지나간 과거의 것으로 가치 없는 인포르마씨온이기 때문에) 가다머는 설명한다. 베토벤 음악을 계속 듣게 하는 이유를 가다머는 개념성과 무개념성이라는 2개의 말로 설명한다. 베토벤이 하나의 작품을 생산할 때에 베토벤은 일상적인 의식에 의해 작업에 착수하나, 그 일상적인 의식을 초월하는, 그 일상적인 의식세계와는 전혀 다른 새로운 세계가 구성되어 2개의 세계가 생긴다는 설명이다. 일상적인 의식의 세계와 이를 초월하는 새로운 세계, 2개의 세계가 생기게 되는데 전자는 개념성의 세계고, 후자는 무개념성의 세계라는 설명이다. 전자, 즉 일상적인 의식의 세계는 경험세계 또는 합리적인 현실세계로 논리와 계산에 의해 움직이는 개념성의 세계며, 후자는 예술세계로 합리성을 초월한 세계, 논리와 계산이 통하지 않는 무개념성의 세계를 의미한다는 설명이다. 그리고 이상의 2개의 세계 중에서 일상적인 경험세계인 개념성의 세계는 베토벤이 직접 살았던 세계로 곧 잊혀지고 우리와는 관계없으나, 무개념성의 예술세계는 **호소기능**을 발휘하여 우리와의 코무니카씨온을 가능하게 만든다는 설명이다. 달리 표현하여 종합하면, 베토벤의 작품 속에는 2개의 언어가 말해지고 있는데, 하나는 일상적이고 구체적인(우리와 관계없는) 언어이고, 다른 하나는 비일상적이고 비구체적인(우리와 관계있는) 예술어인데, 이 후자의 예술어가 "잠재적 공통성"을 지닌 언어로서 우리에게 말을 걸고 있는 언어라는 것이다. 그리고 이 예술어를 **보편적 언어**[139]라고 가다머는 말한다. 보편적 언어인 예술어에 의해서 어제와 오늘 사이에 그리고 나와 너 사이에 의사소통이 이루어지고, 양자가 서로 중개 된다는 것이 가다머의 이론이다. 따라서 베토벤의 음악을 계속 듣게 하는 이유는 베토벤이 보편적인 예술어를 창조해 어제와 오늘을 중개하고 나와 너 사이의 의사소통을 가능하게 만들기 때문이라는 설명이다. 그리고 중개의

---

139) **보편적 언어**(universale Sprache)

개념들인 "코무니카씨온", "잠재적 공통어", "보편적 언어" 등으로 불리는 예술어를 가다머는 다음에는 축제라는 개념에 의해서 다시 한 번 확대 보편화시킨다.

가다머가 **축제**[140]의 개념을 설명하는 과정을 대개 3개의 과정으로 나누어 생각할 수 있다. "**집합**", "**자기시간**", "**시간지양**"이 그 3개의 과정이다. 첫째 "**축제는 집합**[141]**이다**"라는 명제를 논해본다. 축제는 원래 사회라는 공동체의 전체 구성원을 하나로 집합시키고, 하나의 목적 밑으로 집중시키는 공통성의 표현이라는 것이 가다머의 의견이다. 공통성의 표현으로서의 축제는 따라서 자고로 사회학적인 테마라기보다는 종교학적인 테마였다고 가다머는 말한다.[142] 사회학적인 테마라 함은 구성원들이 분산하여 이해관계에 의해 다시 집합하는 현상을 의미하고, 종교학적인, 다시 말해 종교적인 테마라 함은 구성원들이 이해관계를 초월하여 하나의 절대적 목적하에(예를 들어 하나의 절대적 신 밑으로) 집합하고 집중하는 현상을 의미한다. 공동체의 전체 구성원을 여러 개로 분산시키는 것이 아니라 하나로 집합시키고, 여러 가지 목적에 따라 분리시키는 것이 아니라 하나의 목적 밑으로 집중시키는 축제를 가다머는 다음에 **노동**과 비교하면서 다음과 같이 설명한다. 일상생활을 유지시켜주는 노동은 (노동을 해야 돈을 벌이 빵을 살 수 있으므로) 과거와 현재를, 나와 너를 분산시키고 분리시킨다는 것이다. 아도르노의 말에 의하면 **분업**[143]이 인류사회의 원죄[144]라고 하는데, 가다머의 생각도 같다고 할 수 있다. 분업이 아담과 이브의 분업으로부터 시작한다고 본다면, 다시 말해 무화과라고 하는 인식의 열매를 따먹은 후 남자로서의 직업을 행사하는 아담과, 여자로서의 직업을 행사하는 이브, 2개의 직업으로부터 분업이 시작한다고 본다면, 분업이 인류사회의 최초의 원죄라고 하는 아도르노의 말은 이해되며, 가다머가 노동을 (노동은 현대사회의 분입을 의미하므로) 전체 구성원을 하나로 집합시키고, 하나의 목적 밑으로 집중시키는 축

---

140) **축제(祝祭 Fest)**
141) **집합(Versammlung)**
142) Gadamer: Die Aktualität des Schönen, S. 130
143) **분업(Arbeitsteilung)**
144) 원죄(原罪)

제에 대한 반대 개념으로 생각하는 것도 이해된다. 분업의 대명사라고 할 수 있는 노동은 공동체의 구성원을 분산시키고 분리시키는 반면에, 축제는 반대로 공동체의 전체 구성원들을 하나로 집합시키고 하나의 목적 밑으로 집중시킨다는 결론이다. 노동이 구성원들을 분산시키고 분리시킨다는 말은 위에서 언급한 인류사회의 "원죄"라는 분업 외에도 하나의 상식적인 말이라고 할 수 있다. 왜냐하면 일상적인 노동은 시간을 과거, 현재, 미래로 분배하고, 구성원들을 계층과 계급별로 분리하며, 또 구성원들을 시간과 장소에 따라 분산시키기 때문이다. 마지막으로 가다머는 축제의 개념을 축제를 위한 연설인 축사와 관련하여 **"지향적인 행위"**145)라고 표현한다. 축제를 행사하기 위해서는 여러 가지 형식이 있는데, 그 여러 가지 형식의 공통점은 "말로 된 연설"이라는 것이다. 이 "말로 된 연설"은 반드시 논리 정연한 연설문뿐만 아니라 주문, 노래 등 일체의 "말의 구성물"이라는 의미로 생각해야 한다. 따라서 "말로 된 연설"의 정반대가 되는 현상은 침묵이라고 생각해야 한다. "말로 된 연설"과 침묵의 관계는 다음과 같다. 축제 시에는 "말로 된 연설"을 하는 사람은 하나 또는 소수이고, 그 외의 모든 구성원들은 "말로 된 연설"의 반대 현상인 침묵만을 지키는 관계라고 가다머는 설명한다. 따라서 축제의 본질은 축사, 즉 "말로 된 연설"이 아니라 반대로 말이 없는 침묵이라고 해야 한다는 것이다. 그리고 축제에 참가한다는 사실은, 침묵을 하고 있다가 "말로 된 연설"을 하기 위하여 축제에 참가하는 것이 아니라, 반대로 집에서는 말을 하다가 침묵을 하기 위해 축제에 참가한다는 관계가 된다는 것이 가다머의 설명이다. 따라서 축제는 하나의 행위인데, "말로 된 연설"을 의미하는 "말의 행위"가 아니라, "말 없는 행위"라는 의미로 "지향적인 행위"라고 가다머는 말한다. 그리고 이 **"지향적인 행위"**가 행사하는 힘은, 다시 말해 전체 구성원을 하나로 집합시키고 집중시키는 힘은 계몽적인 "말의 연설"이나 아름다운 노래 등에 있는 것이 아니라, 그 힘은 전혀 다른 곳에, 즉 한 곳에 집합하고 하나 밑에 집중하려는 인간에 내재한 성벽에 있다는 것이, 그리고 인간에게 내재한 이 "지향적인 행위" 자체가 예술 어라는 것이 가다머의 의견이다.

---

145) Gadamer: Die Aktualität des Schönen, S. 131; **지향적인 행위(intentionale Tätigkeit)**

둘째로 "**축제는 자기시간**[146]**이다**"라는 명제를 논할 차례다. "**자기시간**"이라는 개념을 설명하기 위하여 가다머는 3개의 단계를 밟고 있다. 첫째 단계로 가다머는 "**축제는 범행**[147]**이다**"라고 말하는데, 독일어의 범행을 의미하는 Begehen이라는 말은 예를 들어 죄를 "범한다"라는 의미도 가지고 있고 또 어떤 행위를 (그 행위의 결과를 생각하지 않고) 무조건 "행한다"라는 의미도 가지고 있다. 따라서 Begehen 의 뜻을 "범행"이라고 번역하는 이유는 이중적인 의미를 살리기 위함이다. "범행"은 따라서 그 결과가 유리한 결과인가 아니면 불리한 결과인가를 생각하지 않고 무조건 범하고 행하는 것을 의미한다. 축제란 그 목적 여하에 관계없이 무조건 범하고 행하는 것이 축제라는 말이다. 그리고 축제란 축제를 "범행"해야 비로소 축제가 시작하는 관계가 아니라 이미 축제가 진행 중이며, 그것도 축제의 시작이나 종말이 아니라 절정에 도달해 있는 순간이라고 가다머는 설명한다. 그리고 축제는 달력의 시간배정에 의해 외부에서 주어지는 것이 아니라, 인간의 내부에 내재해 있는 충동의 자발적인 발로라고 가다머는 설명한다. 인간에 내재해 있는, 인성[148]에 내재해 있는 축제는 따라서, 실제적 시간을 의미하는 실용적 시간배정인 캘린더가 규정하여 놓았기 때문에 축제가 범행되는 것이 아니라, 반대로 인성에 내재한 축제의 충동이 실용적 시간인 캘린더를 만들어 냈다는 관계가 된다고 가다머는 설명한다.[149] 둘째 단계로 가다머는 "**축제는 회귀**[150]**다**"라고 말한다. 예를 들어 추석이나 크리스마스는 매년 한 번씩 회귀한다는 말이다. 추석이나 크리스마스가 매년 한 번씩 회귀하는 것은 언급한대로 캘린더에 추석과 크리스마스의 날짜가 기입되어 있기 때문이 아니라, 인성에 내재한 축제의 충동이 바로 그 때 발로해야 하는 "자기시간"을 가지고 있기 때문이라고 가다머는 설명이다. 추석과 크리스마스는 캘린더에 기입되어 있는 시간과는 전혀 관계없는, 자신들의 시간, "**자기시간**"[151]들을 가지고 있기 때문이라는

---

146) **자기시간(Eigenzeit)**
147) **범행(Begehen)**
148) 인성(人性)
149) Gadamer: Die Aktualität des Schönen, S. 132
150) **회귀(Wiederkehr)**
151) "**자기시간(Eigenzeit)**"

것이 추석과 크리스마스가 매년 다시 회귀하는 이유라는 설명이다. 셋째 단계로 가다머는 시간의 2가지 종류, "실용적 시간"과 "자기시간"을 분리함에 의해서 축제의 시간을 설명하고 있다. "**실용적 시간**"[152]이란 우리가 날마다 읽고 있는 시계에 나타나는 시간이고, 또 그 시계 시간의 연장이 캘린더의 시간이 된다. 이 "실용적 시간"은 인간이 채워야 하는 빈 그릇과 같은 "**공허한 시간**"[153]이라고 가다머는 말한다. 인간이 채워야 할 "공허한 시간"은 다시 2개의 극단적인 형식으로 나타나는데, 하나는 전혀 채워지지 않은 "공허한 시간" 즉 **권태**이고, 다른 하나는 너무 지나치게 채워진 **긴급**이라고[154] 가다머는 설명한다. "권태" 아니면 그의 반대 형식인 "긴급"으로 나타나는 "실용적인 시간"인 "공허한 시간"은 따라서 인간이 어떻게 제거하고 추방하느냐 하는 제거와 추방의 대상이 되는 시간이라는 것이다. 반면에 축제의 시간은 "공허한 시간"이 아니라 "**충만된 시간**"[155]으로, 제거와 추방의 대상이 아니라 반대로 제휴와 추종의 대상이 된다는 설명이다. 아니면 축제의 시간은 축제 자체가 시간으로, "**자기시간**"이라고[156] 가다머는 설명하며, "자기시간"의 예로 유년시, 청춘시, 장년시, 노년시, 죽음 등을 들고 있다. 예를 들어 유년시는 초등학교에 입학하기 전 1세부터 6세까지라고 "실용적 시간"이(캘린더 시간이) 규정해 놓아서 유년시라고 부르는 것이 아니라, 유년시는 자체가 시간으로 즉 "자기시간"으로 초등학교에 입학한 후에도 얼마든지 지속할 수 있다는 설명이다. 유년시가 언제 끝나고 또 죽음이 언제 시작하느냐 하는 시간의 문제는 "실용적 시간"과는 관계없이, 유년시 자체가, 죽음 자체가 결정하는 시간, 모두 "자기시간"들이라는 설명이다. 유년시, 청춘시, 죽음 등을 "자기시간"이라 부른다면, 다시 말해 일종의 시간이라 부른다면, 결국 2가지 종류의 시간이 존재하게 되는데. 하나는 "**자기시간**"이고, 다른 하나는 "**실용적 시간**"이다. 그리고 축제의 시간인 "자기시간"은 실용적 시간의 지양을 의미하며, 축제에 관해 말한다면 축제시간이고, 예술에 관해 말한다면 예술시간이라 보아야 한다.

---

152) "**실용적 시간(pragmatische Zeit)**"
153) "**공허한 시간(leere Zeit)**"
154) **권태(Langeweile)**와 **긴급(Eile)**
155) "**충만된 시간(erfüllte Zeit)**"
156) Gadamer: Die Aktualität des Schönen, S. 132, 133

셋째로 "**축제는 시간지양이다**"라는 명제를 논할 차례다. 시간의 지양은 언급한 대로 "실용적 시간"의 지양을 의미한다. 가다머가 "실용적 시간"의 지양을 다시 거론하는 이유는 "축제는 자기시간이다"라는 명제를 계속 연장하며 점진된 결론을 유도하기 위해서다. 그 점진된 결론은 "**예술작품은 유기체다**"[157]라는 것이 된다. 예술작품이 유기체라는 말은, 이미 언급한대로 유년시, 청년시, 죽음 등과 같이 예술작품은 시계와 캘린더에 나타난 "실용적 시간"과는 관계없는 자신의 독자적인 "자기시간"을 가지고 있다는 말이다. 다시 말해 유년시에 처해 있는 어린이나, 청년시에 처해 있는 청년이 살아 있는 유기체인 것과 같이, 예술작품도 하나의 생동하는 유기체라는 설명이다. 예술작품이 하나의 생동하는 유기체라는 설명을 가다머는 다음의 3가지 표현에 의해서 설명하고 있다. 우선 예술작품은 하나의 중심을 향해서 조직되어 있는데, 그것은 마치 인간을 구성하고 있는 여러 가지 부분들, 즉 팔, 다리, 머리 등이 하나의 중심을 향해 조직되어 있는 것과 같다는 설명이다. 팔, 다리 등의 존재이유는 팔, 다리 등 그 자체에 있는 것이 아니라 다른 곳에, 즉 중심에 있다는 설명이다. "중심을 향한 조직"을 칸트는 "목적 없는 합목적성"[158]이라고 설명했고, 아리스토텔레스는 "더할 것도 없고 뺄 것도 없는 것이 미다"라고 설명했다고 가다머는 말한다. 건강하고 아름답게 조화된 생동하는 인간을 상상하면, 그 인간을 구성하는 모든 부분들은, 예를 들어 팔은 팔대로 다리는 다리대로 움직이는 것이 아니라, 하나의 중심을 향해서 조화 있게 움직이며, 또 그 건강하고 아름답게 조화된 생동하는 인간에게서는 어느 하나도 더할 것이 없고, 어느 하나도 뺄 것이 없는, 완전한 조화된 인간이라는 설명이다. 다음에 가다머는 이상의 유기체로서의 예술작품을 "**생동하는 유기체적 통일성**"[159]이라는 말로 종합해서 표현한다. "생동하는 유기체적 통일성"이라는 표현은 인간을 표현하는 말인데, 그것도 육체적으로 그리고 정신적으로 건강하고 조화된 아름다운 인간을 표현하는 말이다. 마지막으로 이상의 "육체적으로 그리고 정신적으로 건강하고 조화된 아름다운 인간"을 "이상적인 인간", "인간의 이상성"이

---

157) **유기체(Organismus)**
158) "목적 없는 합목적성(Zweckmäßigkeit ohne Zweck)"
159) **"생동하는 유기체적 통일성(lebendige organische Einheit)"**

라 한다면, 가다머는 **예술작품의 이상성**160)에 대해 언급하고 있다. 예술작품의 "이상성"을 가다머는 템포, 리듬, 지체 등의 말로161) 설명하는데 이는 다음과 같다. 예를 들어 음악의 악보에는 템포의 지시가 주어지는데, 이는 잘못으로 작곡가나 지휘자가 임의적으로 템포 지시를 주는 것이 아니라, 템포 지시는 작품 자체가 주어야하는 것이라는 실명이다. 그리고 시를 낭독할 때 리듬에 따라 시를 낭독하게 되는데, 이 리듬도 낭독하는 사람 임의대로 정하는 것이 아니라, 시에 내재한 리듬을 우리가 끌어내고 또 우리 인간에 내재한 리듬을 시 속으로 끌어들인다고 가다머는 설명한다. 음악에 내재한 템포나, 시에 내재한 리듬과 우리가 대화를 해야 한다는 말인데, 이 대화를 가다머는 **지체**라는 말로 표현한다. 우리와의 대화의 상대자인 음악에 내재한 템포나, 시에 내재한 리듬은 그 예술작품의 "이상성"을 의미하는데, 이 "이상성"에의 완전한 도달은 불가능하다고 가다머는 설명한다. 이유는 음악을 작곡한 작곡가도 그리고 그 음악을 노래하는 성악가도, 또 시를 쓴 시인도 그리고 시를 낭독하는 독자도 경험적이고 개체적인 존재들로 그 "이상성"과는 다른 세계에 살고 있고, 그 "이상성"과는 다른 언어를 사용하는 사람들이기 때문이라는 설명이다. 음악과 시에 내재한 "이상성", 다시 말해 예술작품에 내재한 **"이상성"**과 관계하는 길은, 그 "이상성"에 의해 지체되어 그 "이상성"의 언어를 새로 배워서 대화하는 길 이외에는 없다는 설명이다. 이를 가다머는 **영원성**에 대한 **유한한 적응**162)이라고 말하는데, 예술작품의 영원한 "이상성"에 완전히 도달함은 불가능하며, 도달의 시도만이 시간적으로 그리고 공간적으로 다양하다는 설명이 된다. 결국 한 예술작품에 대한 완전한 **해설**은 없으며, 해설은 영원히 그리고 다양하게 지속한다는 말이 된다. 그리고 예술작품은 "자기시간"이며, "자기세계"이고, 예술가와 수용자가 하나의 살아있는 유기체인 것과 같이 예술작품도 하나의 살아있는 유기체라는 설명이다. 법 앞에는 만인이 평등하다는 말이 있듯이, 예술작품 앞에서는 그 예술작품을 창조한 예술가도 또 그 예술작품을 감상하는 수용자도 평등하다는 말이 성립한다.

---

160) 이상성(Idealität)
161) 템포(Tempo), 리듬(Rhythmus), 지체(Verweilen)
162) Gadamer: Die Aktualität des Schönen, S. 136; **유한한 적응**(endliche Entsprechung)

　　　　　　　　　　　　　＊ ＊ ＊

　어제와 오늘이라는 수직적인 중개와 나와 너 라는 수평적인 중개의 합으로 코무니카씨온의 동기가 예술에 내재해 있음을 가다머는 설명하려 했다. 그리고 이 코무니카씨온의 동기가 집약되어 있는 것이 축제의 개념이었다. 모든 예술형식은 일종의 축제이며, 그리고 모든 예술형식에는 코무니카씨온의 동기가 내재해 있다는 설명이다. 코무니카씨온의 핵심 개념으로 가다머는 **"잠재적 공통성"** 또는 **"잠재적 공통어"**라는 개념을 유도해 냈다. 그리고 코무니카씨온이라는 개념은 어제와 오늘 사이의, 나와 너 사이의 **의사소통**을 의미하는 개념으로 **중개**와 같은 의미를 가진 동의어다. 따라서 축제의 개념이 가지고 있는 중개기능을 다시 논할 필요는 생략되며, 대신에 가다머가 시도하는 인성론 전체에 대한 결론을 언급할 필요는 남아있다. 19세기 중반에 새로 생겨난 **"역사의식"**에 의해서 과거와 현재가, 전통과 현대가, 과거의 전통예술과 현대의 실험예술이 서로 단절되어, 그 양 진영이 대립하는 결과를 가져왔다는 말을 언급했다. 그리고 이상의 양 진영의 단절은 반동이냐 아니면 진보냐 하는 사상의 분열을 초래했고, 순수 예술이냐 아니면 참여 예술이냐 하는 예술의 분리를 가져왔으며, 예술이냐 아니면 사회냐 하는 세계의 분산을 동반했다는 내용도 언급했다. 가다머는 이상의 양 진영이 2개의 진영들이 아니라 하나의 진영이라는 의미로, 그 양 진영 사이에는 연속성 다시 말해 통일성이 있다는 사실을 인성론에 의해 증명하려 시도했다. 가다머는 지금까지의 전략을 뒤집어서 이상의 양 진영들은 모두 **가상**들이며, **실재**가 아니라는 논리로 결론을 유도한다. 서로 대립되어 있는 양 진영들은, 하나는 **"역사적 가상"**이고, 다른 하나는 **"신보적 가상"**이리고[163] 가다머는 말한다. "역사적 가상"인 과거의 전통예술도 그리고 "신보적 가상"인 현대외 실험예술도 실재는 아니라는 논리다. "역사적 가상"인 과거 전통예술은 교양과 교양신앙에 의한 **현혹**[164]이며, 현대 실험예술은 일체의 과거전통을 부정하여 모든 것을 새로 시작해야 한다고 주장하는 "진보적 가상"으로서 이는 소위 "이데올로기 비판"

---

163) **역사적 가상**(der historische Schein)", "**진보적 가상**(der progressive Schein)"
164) **현혹**(Verblendung)

이라 불리는 **현혹**이라고 가다머는 말한다. 165) 위에서 열거한 양 진영들은 모두 옳지 않은 "가상"들이며, 진정한 "실재"는 예술에 의해 중개되는데, 이것이 예술이 주는 **수수께끼**라고 가다머는 말한다. 예술에 내재한 과거와 현재의 **동시성** 또는 다른 표현으로 **"시간의 극복"**이166) 바로 이 수수께끼라고 가다머는 말한다. 바로 이 수수께끼를 풀기 위해서 수수께끼와 같은 신화인물인 "기억과 회상의 여신" **므네모쉬네**167)를 가다머는 동원한다. 인간의 기억과 회상의 세계를 지배하고 있는 므네모쉬네를 동원함은 인성론을 의미하며, 유희, 상징, 축제가 인성론을 구성하는 요소들이다.

"기억과 회상의 여신" 므네모쉬네에 대한 설명을 가다머는 유희의 개념에 의해 시도한다. 유희는 인간적이라고 가다머는 말하는데, 이는 가다머가 쉴러168)와 니체169)에서 배운 말이다. "완전한 인간이라면 유희를 하고, 또 유희를 하면 완전한 인간이다"라는 말은170) 쉴러의 유명한 말이다. 니체는 쉴러보다 유희의 개념을 더 깊게 심화시키고, 더 넓게 확대시켜 에네르기 또는 스태미나를 의미하는 크라프트의 과잉상태를 말하고 있다. 그리고 이 "크라프트의 과잉상태"란 니체가 말하는 **도취**171)를 의미한다. "도취는 최고 상태의 흥분을 의미하며, 이 도취라는 흥분 없이는 예술은 불가능하다. 무엇보다도 성적 흥분이라는 도취가 가장 근원적인 그리고 가장 원초적인 도취의 모습이다. 이 근원적이고 원초적인 도취가 여러 가지 형식으로 나타나는데, 축제의 도취, 경기시합의 도취, 용감성의 도취, 승리의 도취, 극단적인 행위의 도취, 잔인성의 도취, 파괴의 도취, 자연현상인 봄의 도취, 마취제의 도취, 넘쳐흐르는 의지의 도취 등으로 나타나는데, 도취의 본질은 크라프트의 고조이며, 크라프트의 충만이다."172) 니체가 말하는 도취의 개념을, 다시 말해 "크라프트의

---

165) Gadamer: Die Aktualität des Schönen, S.136
166) **동시성(Gleichzeitigkeit), "시간의 극복(Überwindung der Zeit)"**
167) **므네모쉬네(Mnemosyne)**
168) 쉴러(Friedrich **Schiller** 1759~1805)
169) 니체(Friedrich **Nietzsche** 1844~1900)
170) Schiller, Friedrich: Über die ästhetische Erziehung des Menschen in einer Reihe von Briefen, S.481
171) **도취(Rausch)**
172) Nietzsche: Götzen-Dämmerung, S.995

과잉상태"를 가다머는 이어받아 유희의 개념에 통합시킨다. 유희가 **"생명의 자기표현"**173)이라고 가다머는 말하는데, 생명, 그것도 가장 생동하는 생명은 유희를 하고, 그리고 유희를 할 수밖에 없다는 말로 해석할 수 있다. 약간 과장해서 표현하면 **"유희가 유일한 생명의 증거"**라는 말을 할 수 있다. 유희가 의미하는 바로 이 "유일한 생명의 증거"를 가다머는 희랍신화의 인물인 기억과 회상의 여신 **"므네모쉬네의 찬란한 시선"**174)이라고 표현한다. 바닷가에서 모래성을 쌓은 후 다시 허물고, 다시 쌓은 후 또 허무는 어린아이의 시선에는, 또 니체가 말하는 도취에 잠겨 있는 인간의 시선에는, 종합하여 크라프트의 과잉상태에 잠겨있는 인간의 시선에는 므네모쉬네의 찬란한 시선이 빛나고 있다는 설명이다. 크라프트의 과잉상태에 의해 찬란하게 빛나고 있는 므네모쉬네의 시선은 당장 무슨 일이라도 저지를 준비가 되어 있으며, 어떠한 종류의 범행이든 상관없이, 범행 자체를 갈망하고 혈안이 되어 있는 시선이라고 할 수 있다. 이러한 찬란한 그리고 강렬한 므네모쉬네의 시선 앞에서는 질서를 규정하고 배정하려는 시간은(실용적 시간은) 세력을 상실한다는 설명이다. 기억과 회상의 여신 므네모쉬네의 찬란한 그리고 강렬한 시선은 시간의 지양을 의미한다고 가다머는 말한다. 시간의 지양은 공간의 지양을 의미하므로 (철학적으로는 시간은 공간이며, 반대로 공간은 시간이라 할 수 있으므로) 므네모쉬네의 찬란한 그리고 강렬한 시선은 시간적 통합과 공간적 통합, 합해서 총체적 통합을, 수직적 중개와 수평적 중개, 합해서 총체적 중개를 의미한다고 할 수 있다. 므네모쉬네의 시선 앞에서는 시간적인 규정도 공간적인 배정도 지양되어 버린다는 말이다. 그리고 이 므네모쉬네의 찬란하고 강렬한 시선만이 유한한 인간이 할 수 있는 최고의 경험방식이며, 이 "최고의 경험방식"에 의해 인간은 유한한 것을 무한하게, 영원하게 붙들어 두려고 한다고 설명한다. 그 예로 죽은 자들을 위한 여러 가지 "죽음의 예시"을 가다머는 들고 있다. 므네모쉬네의 찬란한 그리고 강렬한 시선은 시간의 지양을 의미하는 동시에 시간의 지속을 의미한다는 역설적인 말이다. 기억과 회상의 여신 므네모쉬네는 수수

---

173) **"생명의 자기표현(Selbstdarstellung des Lebendigen)"**
174) Gadamer: Die Aktualität des Schönen, S.136; **므네모쉬네의 찬란한 시선(der strahlende Blick der Mnemosyne)"**

께끼와 같은 인물로 예술이라는 수수께끼를 푸는 열쇠가 된다. 기억과 회상의 여신 므네모쉬네는 가다머 인성론의 열쇠로 더 깊은 연구가 필요하다.

가다머 III

해석학

1. 서론: 해석학의 간단한 역사

희랍신화에 의하면 올림포스 산 위에 거주하는 12명의 신들 중 하나의 신이 헤르메스[1] 신이다. 헤르메스의 임무는 신의 계시 등 일정한 사건과 사물의 내용을 알리거나 일정한 말을 해명하거나 통역하는 것이었다. 따라서 **해석학**[2]이라는 개념에는 일정한 내용(의미)을 알려주고 해명하고 통역해 준다는 3가지 뜻이 포함되어 있다.[3] 가다머는 이상의 3가지 뜻을 합하여 해석학을 "**이해의 기술**"이라고 정의한다.[4] "이해의 기술"이라는 말에서 "기술"은, 독일어 표현으로 "**Kunst**"는 기술, 묘술, 학술 등을 의미하는 복합적인 개념이다. 따라서 해석학이 일정한 대상을 해결하기 위한 단순한 기술과 묘술에 지나지 않는 것인지, 다시 말해 일정한 대상을 해결하기 위한 수단과 방법에 지나지 않는 것인지, 아니면 해석학이 자기목적을 가지고 있는 하나의 독립된 학술인지의 문제는 우리가 해결해야 할 문제로 남는다. 그리고 "이해의 기술"이라는 말에서 "이해"라는 개념도 복합적인 의미를 가진다. 텍스트와 독자, 양자 중에서 텍스트의 입장에서 본나면 해석학은 이해시기는 기술이 되고, 독자의 입장에서 본다면 이해히는 기술이 되기 때문이나. 텍스트와 독자라는, 대상과 주관의 관계를 언어세계라는 현실세계에 적용하면 양자 사이의 관계는 더욱더 복잡해진

---

1) 헤르메스(Έρμῆς)
2) **해석학(解釋學 Hermeneutik)**
3) vgl. Hauff, Jürgen u. a.: Methodendiskussion, Arbeitsbuch zur Literaturwissenschaft Bd. 2, S. 1
4) Gadamer, Hans-Georg: Replik, S. 283, "**이해의 기술(Kunst der Verständigung)**"

다. 내가 일정한 의미를 전달하기 위해 발언을 한다면, 나라는 주관은 관중이라는 대상을 효과적으로 수긍시키기 위해(효과적으로 웅변하기 위해) 수사학[5]을 해야 하는 입장이고, 관중이라는 주관은 나의 발언이라는 대상을 이해하기 위해 해석학을 해야 하는 입장이 되기 때문이다. 해석학이라는 개념을 한층 더 복합적으로 그리고 복잡하게 만드는 이유는 해석학의 대상이 역사적으로 달라졌다는 데도 놓여 있다. 예를 들어 **쉴라이어마허**[6]는 해석학을 구두로 된 발언이든 아니면 문자로 된 텍스트든 일체의 이해의 문제로 생각하는 반면에, **딜타이**[7]는 해석학을 문자로 쓰인 텍스트에만 한정하고 있다. 그리고 **하이데거**[8]는 이해[9]의 문제가 "**현존재의 실재방식**"[10]이라고 하여 해석학을 자기 철학의 근본과 근원이라 생각하고 있다. 역사적으로 달라진 해석학의 대상을 추적하자면 다음과 같다.

해석학의 문제는 언제나 전통개념이 위기에 처하는 순간에 제기된다. 전통적인 종교, 문화, 도덕, 예술 등의 규범이 흔들리고 변화될 때 언제나 해석학의 문제가 대두된다는 것이 이론가들의 공통적인 의견이다. 해석학의 역사적 변천을 살펴보면 해석학은 **문법적 수사적 해석방법**과 **비유적 해석방법** 2가지 방법론에 의해서 르네상스 전까지는, 정확히는 루터의 성경해석 전까지는 운영되어 왔다. 문법적 수사적 해석방법은 텍스트를 문법과 말의 의미를 그대로 살려서 직역을 해야 한다는 방법론이고, 비유적 해석방법은 글자 그대로의 의미를 초월하여 텍스트에 비유적 그리고 상징적 의미를 부여해야 한다는 다시 말해 텍스트를 의역해야 한다는 방법론을 의미한다.[11] 전통개념이 크게 흔들리고 변화와 변천을 해야 하는 르네상스 시대에 와서, 자세히는 16세기 초에 와서 해석학은 내용적으로 **신학적 해석학**과 **문헌학적 해석학**,[12] 2가지 해석학으로 통합되게 된다. 기독교문화와 희랍 고전문화로 되어

---

5) 수사학(修辭學 Rhetorik)
6) 쉴라이어마허(Friedrich Daniel Ernst **Schleiermacher** 1768~1834)
7) 딜타이(Wilhelm **Dilthey** 1833~1911)
8) 하이데거(Martin **Heidegger** 1889~1976)
9) 이해(理解 Verstehen)
10) "**현존재의 실재방식**(Seinsweise des Daseins)"
11) vgl. Rusterholz, Peter: Hermeneutische Modelle, S.104

있던 르네상스 시대의 최대의 관심사는 성경해석과 희랍 고전문헌의 고전해석이기 때문이다. 신학적 해석학과 문헌학적 해석학, 양자의 공통적인 문제는 외국어를 해석해야 하는 문제로, 신학적 해석학은 히브리어를 해석해야 하고, 문헌학적 해석학은 희랍어를 해석해야 하는 문제를 가지고 있었다. 히브리어도 그리고 희랍어도 당시에는 제2 외국어에 지나지 않는 언어들로 제1 외국어라 할 수 있는 라틴어에 비해 중요성이 떨어지는 언어들이기 때문이었다.[13] 내용적으로 분리되었던 신학적 해석학과 문헌학적 해석학은 그러나 형식적으로는 하나의 해석학으로 통일되게 된다. 루터의 종교개혁은 종교 분야 뿐만 아니라 문화, 도덕, 예술 등 모든 분야에 걸친 대지진으로 종교개혁이 모든 개혁의 모델이 되고, 루터의 성경 해석이 고전해석의 모범이 되어 신학적 해석학과 문헌학적 해석학이 하나로 통일되는 계기를 맞게 된다. 다시 말해 루터의 성경 해석방식인 신학적 해석학이 성경 이외의 분야에서 통용되었던 문헌학적 해석학에도 적용되게 된다. 루터의 **신학적 해석학**이 르네상스 시대의 모델과 모범이 되는 해석학으로 해석학의 역사상 첫 번째 큰 변화라 할 수 있다.

루터[14]의 성경해석의 원칙은 "**자기 스스로의 해설자**"[15]라는 원칙이었다. 성경을 읽고 그 의미를 이해하기 위해 독자는 성경의 역사나 성경에 대한 전통을 알아야 할 필요도 없고, 특별한 해석의 기술을 필요로 하는 것도 아니며, 당시에 유행했던 문법적 수사적 해석방법이라는 직역이나 비유적 해석방법이라는 의역의 방법론들도 필요 없다는 것이었다. 외부의 도움이나 간섭 없이 성경은 스스로를 해설한다는 것이 "자기 스스로의 해설자"라는 원칙인데 당시 교회의 성직자들이 성경을 자의대로 해석하여 악용하려는 것을 차단하려 한 루터의 의도라고 보아야 한다. 당시 교회의 성직자들이 성경을 자의대로 악용하기 위하여 내리는 성경해석의 결과를 무난즉 도그마라고 한다면, 성경해석을 이 도그마에서 해방시키기 위해 루터가 만들어

---

12) **신학적 해석학**(theologische Hermeneutik)과 **문헌학적 해석학**(philologische Hermeneutik)

13) vgl. Gadamer, Hans-Georg: Wahrheit und Methode, S.163

14) 루터(Martin Luther 1484~1546)

15) "**자기 스스로의 해설자**(sui ipsius interpres)"

낸 원칙이 "자기 스스로의 해설자"라는 원칙이다. "자기 스스로의 해설자"라는 신학적 해석학의 원칙은 오늘의 소위 작품내재적 이론의 원칙과 같은 것으로 **해석학적 회전관계**[16)에 의해서 운영된다. "해석학적 회전관계"란 부분은 전체에 의해서 이해되고, 또 반대로 전체는 부분에 의해서 이해된다는, 부분과 전체 사이의 회전관계를 의미한다. 성경의 부분을 이해하기 위해서는 성경에 관한 역사, 전통 등 외부의 도움을 찾을 것이 아니라 성경 자체의 전체를 이해해야 하고, 또 반대도 그렇다는 것이 해석학적 회전관계다. 여러 개의 부분이 모여서 하나의 전체를 구성하고, 하나의 전체는 여러 개의 부분에 의해 구성된다는 것이, 여러 개인 목, 팔, 다리가 모여서 하나의 인간을 구성하고, 하나의 인간은 여러 개인 목, 팔, 다리에 의해 구성된다는 것이, 부분과 전체는 하나의 총체라는 것이, 목, 팔, 다리, 인간은 합하여 하나의 총체적 인간이라는 것이 해석학적 회전관계의 이념이라 할 수 있다. 부분과 전체 사이의 해석학적 회전관계에 의해 운영되는 루터의 "자기 스스로의 해설자"라는 원칙은 성경을 하나의 완전한 세계로, 하나의 "창문 없는 단자"로, "둥그런 우주"로 보는 원칙이다. 성경은 외부의 도움이나 간섭 없이 자급자족할 수 있는 **아우토노미**[17)의 세계라는 것이다. 하나의 완전하고 완벽한 아우토노미의 세계인 성경에 대한 해석학으로 루터가 생각해 낸 "자기 스스로의 해설자"라는 원칙은 그러나 다음과 같은 문제성을 내포하고 있다. 루터의 "자기 스스로의 해설자"라는 원칙에 대한 가다머의 비판은 다음과 같다.

　루터의 신학적 해석학을 형성하는 "**자기 스스로의 해설자**"라는 원칙은 3가지 문제성을 내포하고 있는데 이 3가지 문제성에 대해 가다머는 비판을 가한다. 신학적 해석학의 문세성은 첫째로 도그마로부터 성경해설을 해방시키려 했던 "자기 스스로의 해설자"라는 원칙 자체가 **도그마**라는 가다머의 비판이다. 왜냐하면 루터는 성경을 자주성과 자족성의 세계로 외부의 도움이나 간섭 없이 완전하고 완벽한 통일성으로 아니면 총체성으로 보기 때문에, 이 통일성 내지는 총체성 자체가 또 하나의 도그

---

16) **해석학적 회전관계**(hermeneutischer Zirkel)"
17) **아우토노미**(Autonomie)

마가 된다는 논리이기 때문이다.[18] 성경이 완전하고 완벽한 통일성 내지는 총체성의 세계라는 루터의 주장, 내지는 기독교의 주장 역시 도그마의 성격을 면할 수 없다는 가다머의 비판은 이해할 수 있는 비판이다. 신교와 구교로 분리하여 신교에 속했던 루터는 구교에 대해 편견을 가지는 것이 사실이고, 또 신교와 구교가 합해진 기독교 자체도 불교와 마호메트교 등 다른 종교에 대해 편견을 가지고 있으므로 기독교의 핵심이 되는 성경 역시 편견성을 피할 수 없으므로 다시 말해 도그마의 성격을 피할 수 없으므로, 성경은 "스스로의 해설자"라는 원칙이 도그마라는 논리다.[19] 비약하여 표현하면 기독교도, 불교도, 마호메트교도 모든 종교가 도그마의 성격을 피할 수 없다는 논리가, 다시 비약하여 표현하면 모든 "진리"의 발언이 도그마의 성격을 피할 수 없다는 논리가 가다머의 논리라고 이해할 수 있다. "자기 스스로의 해설자"라는 원칙이 가지고 있는 문제성은 둘째로 시간성 내지는 역사성의 결여다. 부분은 전체에 의해서 해결되고 전체는 부분에 의해 해결되므로, 부분과 전체가 합하여 형성하는 통일성 또는 총체성은 시간의 변화를 초월하는 통일성과 총체성이 된다. 성경은 그 자체가 통일성이고 총체성이기 때문에, 달리 표현하여 성경은 하나의 완전하고 완벽한 세계이기 때문에 시간과 공간을 초월하여 영원히 동일하다는 논리다. 모든 종교가 그리고 모든 "진리"의 발언이 도그마의 성격을 피할 수 없는 것과 같이 모든 종교, 모든 예술, 모든 진리는 시간과 공간의 영향을 받는다는 것이 가다머의 철학이다. 시간과 공간의 영향을 합하여 **역사성**[20]이라고 표현한다면 루터의 "자기 스스로의 해설자"라는 원칙은 역사성을 결여하여 잘못된 원칙이라는 것이 가다머의 비판이다. "자기 스스로의 해설자"라는 원칙에 내재해 있는 문제성은 셋째로 해석학적 회전관계의 잘못된 운영이다. 루터는 성경의 부분과 성경의 전체 사이에서, 부분과 전체라는 양자 사이에서 해석학적 회전관계를 운영하는데, 이 양자 관계가 잘못된 양자 관계로 다른 양자 관계가 되어야 한다는 것이 가다머의 비판이다. 가다머는 **"세계사"**[21]라는 표현을 사용하는데, 독일어 표현의 "세계사"를 "역사 자체"라고 이

---

18) vgl. Gadamer, Hans-Georg: Wahrheit und Methode, S.164
19) vgl. ebd. S.106
20) **역사성(歷史性 Geschichtlichkeit)**

해해야 한다. 해석학적 회전관계는 성경의 부분과 성경의 전체 사이에서 운영될 것이 아니라, 양자 관계를 달리 하여 성경 자체와 "역사 자체" 사이에서 운영되어야 한다는 것이 가다머의 생각이다. 가다머가 "세계사"라는 말을 사용하는 이유는 세계는 하나이기 때문에 "하나의 역사"라는 의미를 살리기 위함이다. 우리가 사용한 "역사 자체"라는 표현도 따라서 "하나의 역사"라는 의미로 이해해야 한다. 가다머는 "진리는 하나"라는 말을 사용하지 않고 "역사는 하나"라는, "세계사"라는 말을 사용하는데 주의할 필요가 있다. 이 하나의 역사인 "세계사"를 가다머는 **위대한 어두운 책**[22]이라고 부르면서 올바른 해석학적 회전관계는 성경과 이 "위대한 어두운 책" 사이에서 운영되어야 한다는 논리를 전개한다. 기독교인들은 성경을 "위대한 밝은 책"이라고 부를 것이기 때문에 이에 대한 대치개념으로 가다머는 "하나의 역사"를, 그의 표현대로 "세계사"를 "위대한 어두운 책"이라고 부르며, 또 해석학의 과제는 밝은 것이 아니라 어두운 것이기 때문에 해석학은 밝은 성경에서 어두운 역사로 시선을 옮겨야 한다는 이론을 전개한다. 따라서 해석학의 진정한 목적은 성경 자체가 아니라 너와 나 사이의, 나와 성경 사이의 공통적인 역사라는, 하나의 공통적인 "세계사"라는 것이 가다머의 생각이다.

해석학의 역사상 두 번째 괄목할 만한 변화는 **쉴라이어마허**의 낭만주의적 해석학이다. 쉴라이어마허의 해석학을 3가지 면에서 논해 본다. 쉴라이어마허의 해석학에서 등장하는 괄목할 만한 변화는 첫째로 언어 자체의 문제이다. **진**의 발언도, **선**의 발언도, **미**[23]의 발언도, 일체의 발언이 도그마의 성격을 피할 수 없다는 내용을 언급했듯이, 발언 일체는 도그마가 되는, 다시 말해 편견이 되는 숙명을 피할 수 없으므로, 해석학은 편견이고 도그마인 발언을 대상으로 할 것이 아니라 발언의 전 단계인 **"언어 자체"**를 대상으로 해야 한다는 논리다. 언어 자체는 일체의 발언을 구성하는 원자재 즉 자료와 같은 것으로, 해석학은 믿을 수 없는 이미 구성된 발언을 대상으로 해서는

---

21) "세계사(Weltgeschichte)"
22) vgl. Gadamer, Hans-Georg: Wahrheit und Methode, S. 166; **위대한 어두운 책(das große dunkle Buch)"**
23) **진(眞), 선(善), 미(美)**

안 되고, 구성 전의 원자재인 자료를 대상으로 해야 한다는 논리이다. 모든 발언의, 비트겐쉬타인24)의 용어를 사용하면 모든 언어유희의, 현대 용어를 사용하면 모든 이데올로기의 원자재인 언어 자체를 해석학이 다루어야 한다는 주장은 해석학의 역사상 괄목할 만한 변화이며 해석학을 한 단계 끌어올린 것이라고 이론가들은 말한다. 쉴라이어마허는 언어를 **시스템**이라고 보고, 세계와 역사를 움직이는 것은 시스템인 언어이지 어느 발언이나, 어느 이데올로기는 아니라는 것이 쉴라이어마허의 철학이라는 내용을 루스터홀스는 설명한다.25) 페터 손디26)는 심지어 현대 **기호론**27)의 선구자인 소쉬르의 핵심개념인 **랑그와 파롤**28)을 쉴라이어마허가 이미 알고 있었다는 명제를 제기한다.29) 소쉬르의 기호론에 의하면 언어 자체는 랑그가 되고, 일체의 발언과 일체의 이데올로기는 파롤이 된다. 인간이 자기 의사에 따라 발언을 하는 것이 아니라, 랑그의 운동법칙에 따라 발언이 되고 이데올로기가 만들어진다는 것이 랑그와 파롤 사이의, 언어와 발언 사이의 관계라고 할 수 있다. 쉴라이어마허 해석학의 두 번째 특징은 독일 낭만주의의 계승이라 할 수 있다. 가다머의 설명에 의하면 쉴라이어마허 해석학의 전제조건은 모든 인간은 **범생명**30)의 표출이기 때문에 모든 인간을 하나로 묶어주는 공통점이 있다는 낭만주의 철학이 된다.31) 모든 인간 사이에는 하나의 공통점이 있기 때문에, 다시 말해 나와 너 사이에는 같은 점이 있기 때문에, 이 같은 점에 의해서 나는 너를 예감하고, 한 인간은 다른 인간을 이해할 수 있다는 **예감**32)의 해석학이 쉴라이어마허의 해석학이라고 가다머는 설명한다.33) 예감의 해석학은 우선 **감정이입**34)을 핵심 개념으로 하고 있다. 내가 너를 예감하고, 독자가

---

24) 비트겐쉬타인(Ludwig **Wittgenstein** 1889~1951)
25) vgl.Rusterholz, Peter: Hermeneutische Modelle, S.114
26) 손디(Peter **Szondi** 1927~1971)
27) **기호론(Semiotik)**
28) 랑그(langue)와 파롤(parole)
29) vgl.Rusterholz, Peter: Hermeneutische Modelle, S.114
30) **범생명(凡生命 Alleben)**
31) Gadamer, Hans-Georg: Wahrheit und Methode, S.177
32) **예감(Divination)**
33) Gadamer, Hans-Georg: Wahrheit und Methode, S.177
34) **감정이입(Einfühlung)**

작가를 이해한다는 것은 내가 너의 속으로, 독자가 작가 속으로 감정을 이입하여 내가 네가 되고, 독자가 작가가 된다는 것을 의미한다. 예감의 해석학은 다음에 나와 너를, 독자와 작가를 동일한 위상에 정착시킨다. 내가 문제가 되거나 아니면 네가 문제가 되는 것이 아니라, 독자가 문제가 되거나 아니면 작가가 문제가 되는 것이 아니라, 문제가 되는 것은 나와 너 사이의 공통성이기 때문에, 독자와 작가 사이의 동일성이기 때문에, 나와 너는 같은 처지에 있고, 독자와 작가는 같은 처지에 있어, 양자는 동일한 위상에 놓여 있다는 논리다. 따라서 작가가 보통 사람과는 다른 천재라면, 독자도 천재인 작가와 같은 위상에 놓여 있으므로 천재 내지는 준천재가 된다. 이러한 의미로 가다머는 쉴라이어마허의 해석학을 **천재미학**[35]이라고 부른다. 쉴라이어마허의 낭만주의적 해석학에 의하면 마지막으로 작가가 자기 자신을 이해하는 것보다 독자가 작가를 더 잘 이해한다고 가다머는 설명하면서, 쉴라이어마허의 해석학이 해석학의 역사상 최초로 **보편성**의 요구에 도달했다는 주장한다.[36] 쉴라이어마허의 예감의 해석학이 가지는 보편성 요구는 모든 인간에 공통적으로 내재한 범생명이라는 낭만주의 철학에 근거를 두고 있다. 모든 인간에게 보편적으로 내재한 범생명에 근거를 둔 해석학은 보편성요구를 할 수 있다는 설명이다. 그리고 쉴라이어마허의 낭만주의적 해석학에서 핵심이 되는 문제는 나라는 주관과 너라는 주관인 범생명 사이의 문제라는 의미로 쉴라이어마허의 테마는 "어두운 역사"가 아니라 **"어두운 너"**라고[37] 가다머는 말한다. 쉴라이어마허 해석학의 특징은 셋째로 특이한 해석학적 회전관계의 운영이다. 루터의 성경해석에서 본 바와 같이 작품의 부분과 작품의 전체 사이에서 해석학적 회전관계가 운영되는 것이 보통인데, 쉴라이어마허의 경우는 텍스트와 주관 사이에서 해석학적 회전관계가 운영된다. 부분에 해당하는 텍스트와 전체에 해당하는 주관이라는 "어두운 너" 사이에서, 다시 말해 텍스트와 범생명 사이에서 해석학적 회전관계가 운영된다. 쉴라이어마허의 해석학을 이상 3가지로 요약했는데, 이 3가지 면에서 가다머의 해석학은 차이점을 드러낸다. 다시 말해 이상의 3가지 면을

---

35) Gadamer, Hans-Georg: Wahrheit und Methode, S.180; **천재미학(Genieästhetik).**
36) ebd. S.183, 184
37) ebd. S.179

가다머는 비판하면서 자신의 해석학을 구체화시키게 된다.

　　해석학의 역사상 세 번째 괄목할 만한 변화는 **딜타이**[38]의 해석학이다. 딜타이의 해석학을 역시 3가지 면으로 집약해서 설명하자면 다음과 같다. 첫째로 쉴라이어마허는 진의 발언도, 선의 발언도, 미의 발언도, 일체의 발언이 도그마와 편견의 성격을 피할 수 없으므로, 일체 발언의 원자재인 언어를 해석학의 대상으로 하는 반면에, 딜타이는 언어가 아니라 **인생**[39]을 해석학의 대상으로 만든다. 쉴라이어마허는 일체의 발언을 믿지 못해 발언의 전단계인 언어 자체로 전향했다면, 딜타이는 언어 자체를 믿지 못해 인생 자체로 전향했다고 할 수 있다. 인생이 먼저 있고 다음에 언어가 있을 수 있기 때문에, 쉴라이어마허의 입장에서 본다면, 딜타이는 전단계의 전단계로 해석학의 대상을 축소 내지는 확대시켰다고 볼 수 있다. 딜타이의 해석학이 인생 자체로 전향하는 이유는 다음과 같다. 현대사회에서는 직업의 분열에 의해서, 다시 말해 과도한 분업에 의해서 기계의 한 부분에 종사하는 노동자는 동일한 기계이나 다른 부분에 종사하는 노동자를 이해할 수 없으며, 또 기계 전체를 이해 할 수 없고, 나아가서는 사회 전체를, 세계 전체를 이해할 수 없다는 논리를 딜타이는 전개한다. 요약히여 표현하면, 현대사회는 직업을 극단적으로 분열시킨 결과 인간을 분열시켜 인간과 인간 사이에는 공통적인 **코무니카씨온**이 상실되었다는 주장이다.[40] 인간과 인간 사이의 공통적인 코무니카씨온의 상실은 공통적인 언어의 상실을 의미한다. 딜타이에 의하면 **정신과학**[41]이 상실된 코무니카씨온을, 상실된 언어를 재복권하는 과제를 갖게 된다. 딜타이의 정신과학은 따라서 이미 상실된 인간의 공통적 언어에 기반을 두는 것이 아니라, 상실될 수 없는 인간의 공통적인 생에, 다시 말해 인생에 기반을 두는 것은 당연하나. 딜타이의 철학을 따라서 **인생철학**[42]이라고도 하는데, 딜타이의 인생철학은 독일의 전통철학과는 분리되는 새로운 철학이라

---

38) 딜타이(Wilhelm **Dilthey** 1833~1911)
39) **인생**(人生 das Leben)
40) vgl.Rusterholz, Peter: Hermeneutische Modelle, S.117, 118
41) **정신과학**(精神科學 Geisteswissenschaft)
42) **인생철학**(Lebensphilosophie)

보아야 한다. 진리, 이념, 의식을 상위개념으로 보았던 전통철학은 의식이 인생을 규정한다고 말하는 반면에, 딜타이의 인생철학은 반대로 인생이 의식을 규정한다고 주장하게 된다.[43] 칼 마르크스가 의식이 물질을 규정하는 것이 아니라 반대로 물질이 의식을 규정한다고 말해서 전통철학을 거꾸로 뒤집어 놓았다면, 딜타이는 의식이 인생을 규정하는 것이 아니라 반대로 인생이 의식을 규정한다고 말하면서 전통철학을 칼 마르크스와는 다른 방향으로 역시 뒤집어 놓는다고 볼 수 있다. 가다머는 딜타이의 인생의 개념을 **"무진장한 창조적 사실성"**[44]이라고 해설하는데, 이 "무진장한 창조적 사실성"이 과연 무엇이며, 또 이 개념을 학술적으로 다룰 수 있고 구체화할 수 있느냐 하는 문제가 제기된다.

인생을 대상으로 하는 딜타이의 해석학은 둘째로 인생사를 대상으로 하게 된다. 인생사는 간단한 표현으로 **역사**[45]를 의미하는데 독일 정신사에서 역사관의 변천을 요약하자면 다음과 같다. 독일 정신사에서 역사의식을 처음으로 제창한 사람은 **헤르더**[46]이다. 규범적 사고를 지양하고 역사적 사고를 가능케 만든 것이 헤르더의 공적이다. 역사의식, 다시 말해 역사적 사고란 헤르더에 의하면 모든 시대에 독자적인 생존권과 독자적인 완전성을 인정하는 것이 된다. 시간적으로 볼 때 2000년 전의 희랍인들의 대리석 신전들이 아름다웠다면, 그로부터 2000년 후의 독일의 고딕 교회도 똑같이 아름답다는 논리가, 그리고 공간적으로 볼 때 유럽인들의 치즈가 맛있고 가치 있는 것이라면, 한국인들의 김치도 똑같이 맛있고 가치 있는 것이라는 논리가 역사의식이며 역사적 사고를 의미한다. 일정한 규범을 적용하여, 다시 말해 규범적 사고에 의하여 2000년 전의 희랍인들의 신전은 아름다우나 그로부터 2000년 후의 독일인들의 고딕 교회는 추하다고 판단하거나, 유럽인들의 치즈는 가치가 있으나 한국인들의 김치는 가치 없는 것이라고 판단하는 규범의식 또는 규범적 사고를 지양

---

43) vgl.Rusterholz, Peter: Hermeneutische Modelle, S.118
44) Gadamer, Hans-Georg: Wahrheit und Methode, S.217; **무진장한 창조적 사실성(die unerschöpflich -schöpferische Realität)"**
45) **역사(Geschichte)**
46) 헤르더(Johann Gottfried **Herder** 1744~1803)

하고 모든 시대에게, 모든 문화에게 자체의 고유가치와 자체의 특이성을 인정하는 것이 역사의식이고 역사적 사고다. 헤르더에 의해 가능해진 역사의식과 역사적 사고를 발전시켜 의식과 사고를 주체화시킨 사람이 역사학자 **드로이센**[47])이다. 드로이센은 해석학의 방향을 다시 한 번 전향시킨다고 이론가들은 말하는데, 드로이센은 인식의 관심을 역사연구의 대상에서 역사연구의 주체로 전향시킨다. 역사를 연구하는 역사학자는 자신의 주관을 완전히 말살하고 역사현상이라는 과거 속으로 사라져 없어지는 것은 불가능하다는 것이 드로이센의 주장이다.[48]) 역사학자가 다루는 테마선택 자체에 역사학자의 주관이 내재해 있으며 또 역사학자는 자기가 살고 있는 시대의 가치관과 경향이라는 색안경을 통해 선택한 테마를 보고 다룬다는 것이 드로이센의 주장이다. 역사학을 객관에서 주관으로 이전시킨 것이, 역사학을 주관화 시킨 것이 드로이센의 공적이라 할 수 있다. 드로이센에 의해 주관화된 역사학을 다음에는 유명한 역사학자 **랑케**[49])가 다시 한 번 방향전환을 시킨다. 랑케는 역사를 하나의 "**형식적 구조**"[50])로 본다. 역사가 하나의 형식적 구조라는 말은 역사는 자체가 하나의 독립적이고 독자적인 **목적론**[51])으로 외부의 간섭 없이 독립적이고 독자적인 자기발전을 한다는 말이다.[52]) 랑케가 역사를 목적론으로 격상시킨 결과는 해석학에 지대한 영향을 행사하게 된다. 하나의 사건, 하나의 사실을 해석할 때 그 자체의 입장에서 해석하는 것이 아니라, 총체적인 목적론의 입장에서 해석해야 하기 때문에 역사가 다 흐를 때까지 기다려야 한다는 결론이 된다. 예를 들어 한국의 김치가 가치 있는 것이냐 아니면 가치 없는 것이냐를 판단해야 한다면, 김치는 가치 있을 수도 그리고 없을 수도 있는 것으로 한국역사가 다 할 때까지 판단을 미루어야 한다는 결론이 된다. 이상과 같이 랑케의 역사관을 목적론적 역사관이라 한다면, 이 목적론적 역사관을 딜타이는 자신의 해석학에 도입한다. 딜타이는 **인생사**[53])를 하나의

---

47) 드로이센(Johann Gustav **Droysen** 1808~1884)

48) vgl. Hauff, Jürgen u. a.: Methodendiskussion, S.8, 9

49) 랑케(Leopold von **Ranke** 1795~1886)

50) "**형식적 구조**(die formale Struktur)"

51) **목적론**(目的論 Teleologie)

52) vgl. Gadamer, Hans-Georg: Wahrheit und Methode, S.190, 191

53) **인생사**(Lebensgeschichte)

연속적인 시간 내지는 시간의 연속으로 본다. 딜타이가 생각하는 인생사를 "**인생의 대하**"[54]라고도 표현하는데, 인생사는 하나의 큰 강줄기와 같은 것으로, 그 안에 기대와 회상이, 계획과 체험이, 미래, 현재, 과거 모든 것이 하나로 혼합되어 내재해있는 큰 줄기, 큰 강줄기라고 할 수 있다.

딜타이의 해석학은 셋째로 루터의 신학적 해석학과도 그리고 쉴라이어마허의 낭만주의적 해석학과도 다른 해석학적 회전관계를 운영하게 된다. 예를 들어 우리가 이해해야 할 텍스트가, 다시 말해 우리가 해석해야 할 텍스트가 괴테의 『젊은 베르테르의 슬픔』이라고 한다면, 텍스트는 괴테 자신의 단편적인 인생이 되고, 그 단편적인 인생의 배후에는 괴테의 총체적인 인생사가 대치하게 된다. 해석학적 회전관계는 단편적인 인생을 의미하는 텍스트와 83년이라는 괴테의 인생사 사이에서 운영된다. 해석학적 회전관계라는 메커니즘에 의하면 『젊은 베르테르의 슬픔』이라는 텍스트를 이해하기 위해서는 83년이라는 괴테의 인생사를 이해해야 하고, 또 83년이라는 괴테의 인생사를 이해하기 위해서는 『젊은 베르테르의 슬픔』이라는 텍스트를 이해해야 한다는 논리가 되나 문제는 딜타이의 해석학에서는 전체가 부분보다, 총체적인 "인생의 대하"가 부분적인 인생의 단편보다 우위를 점령하는데 있다. 딜타이의 해석학에 대해 다음 3가지를 언급할 수 있다. 우선 딜타이가 생각하는 전체의 인생사는 하나의 완전한 **의미구조**[55]를 형성한다. 전체의 인생사는 처음과 끝이 모두 내재해 있는 완전한 목적론이라는 말이다. 완전한 목적론으로서의 전체 인생(인생사)을 가다머는 "**조직화의 중심**"이라고[56] 설명한다. "조직화의 중심"이라는 말은 "인생의 대하"를 나타내는 말로서 모든 인생의 단편들은 이 거대한 하나의 물줄기인 "인생의 대하"에 의해서 조직된다는 것을 의미한다. 여기서 강조되어야 할 것은 인생의 단편이 "인생의 대하"를 규정하는 것이 아니라, 반대로 "인생의 대하"가 단편을 규정한다는 사실이다. 전체인 "인생의 대하"가 부분인 인생의 단편을 자기

---

54) "**인생의 대하**(Lebensstrom)"
55) **의미구조**(Sinnstruktur)
56) vgl. Gadamer, Hans-Georg: Wahrheit und Methode, S. 210; "**조직화의 중심**(organisierende Mitte)"

의사대로 규정한다는 사실은 전체인 "인생의 대하"는 행동의 주체로서 의지와 의사를 가지고 있고 또 발휘한다는 사실을 의미한다. 이 전체인 "인생의 대하"는 의지와 의사를 가지고 있다고 해서 마치 살아서 움직이는 생명체와 같이 보이나 생명체의 생명성은 인정하지 않고 형식적이고 기계적인 기능만 인정하여 가다머는 **"논리적 주체"**라는 표현도[57] 사용한다. 주체는 주체인데 논리적으로만 주체라는 말이다. 다음에는 텍스트에 대한 **이해**[58]의 문제이다. 괴테의 단편인생인 『젊은 베르테르의 슬픔』이라는 텍스트를 이해한다는 사실은 텍스트에 내재한 진정한 그리고 궁극적인 의미를, 달리 표현하여 절대적인 의미를 이해한다는 것이 아니라 일시적인 모습을, 일시적인 표정을 이해한다는 것이 된다. 이에 대한 가다머의 표현은 다음과 같다. "이해란 표정에 대한 이해를 말한다. 표정 속에는 진정한 의미가 내재해 있으나 우리가 생각하고 판단하는 것과는 다른 방법으로 내재해 있다. 그러나 진정한 의미는 표정 속에 분명히 내재해 있으며, 표정이 이해되면 진정한 의미도 이해된다."[59] 딜타이가 생각하는 전체 인생사와 관련하여 마지막으로 언급할 수 있는 사실은 텍스트에 대한 절대적인 이해는 불가능하다는 사실이다. 『젊은 베르테르의 슬픔』이라는 독일문학 텍스트를 이해하기 위해서는 독일문학사가 끝날 때까지 기다려야 된다는 결론이므로, 텍스트에 대한 이해는 일시적인 이해이고 또 앞으로 다른 의미로 변화될 수 있는 이해가 된다.

2. 언어의 문제

해석학의 역사상 3가지 괄목할 만한 변화를 언급했다. 루디, 쉴라이어마허, 딜타이 등 세 사람의 해석학이 그 3가지 괄목할 만한 해석학들이었다. 가다머는 이상 3인을 비판하는 동시에 비호하면서 비판하는 부분은 버리고 비호하는 부분은 이어받는다. 가다머는 쉴라이어마허로부터 언어철학을 그리고 딜타이로부터는 인생철

---

57) vgl. Gadamer, Hans-Georg: Wahrheit und Methode, S.211; **논리적 주체(logisches Subjekt)"**

58) **이해(理解 Verstehen)**

59) Gadamer, Hans-Georg: Wahrheit und Methode, S.211

학을 이어받는다. 루터로부터는 가다머는 해석학적 회전관계를 계승하나 긍정적이 아니라 부정적으로 계승한다고 할 수 있다. 부분을 이해하는 것이 전체를 이해하는 것이고, 또 그 반대도 그렇다는 회전관계의 메커니즘을 지양하고 가다머는 부분과 전체의 **융합**[60]이라는 가다머 특유의 철학으로 발전시킨다. 가다머의 해석학을 논하기 위해서는 쉴라이어마허에서 시삭하는 **언어의 문제**를, 딜타이에서 시작하는 **시간과 역사의 문제**를 논하는 것이 필수적이다. 그리고 마지막으로 언어와 시간의 합으로, 언어와 역사의 합으로 **이해**[61]의 문제를 논하는 것이 순서가 된다.

쉴라이어마허의 해석학이 해석학의 역사상 최초로 보편성요구에 도달했다고 가다머는 말하는데,[62] 이는 **언어**가 보편적이며, 언어가 보편적인 매개물이라는 말이다. 진의 발언도, 선의 발언도, 미의 발언도, 일체의 발언이 도그마의 성격을 피할 수 없어 편견이 되어 버리기 때문에, 일체의 발언을 구성해 주는 원자재에 해당하는 "언어 자체"는, 다시 말해 도그마와 편견 이전의 상태라 할 수 있는 "언어 자체"는 도그마와 편견으로부터 자유로우므로 보편적이고 따라서 보편적인 매개물이라는 주장이다. 언어 자체의 보편성 요구를 의미하는 말로 가다머는 다음과 같은 표현들을 사용한다. "언어는 보편적인 매개체다. 언어라는 보편적인 매개체 속에서 이해가 발생된다."[63] "언어는 이성 자체의 언어다."[64] "이해될 수 있는 실재는 언어다."[65] "언어관이 세계관이다." "세계를 가졌다는 것은 언어를 가졌다는 것을 의미한다."[66] 가다머는 쉴라이어마허의 언어철학을 이어받고 하이데거 철학에 의해서 계속 발전시키는데, 이상의 표현들은 하이데거 자신의 표현이거나 아니면 하이데거가 말할 수 있는 표현들이다. 이상의 표현들을 종합하는 말로 "세계라는 현존재는 언어에 의해서 작성된다"[67]라고 가다머는 말하는데, 이는 "인간이라는 현존재는 미학적으

---

60) **융합**(融合 Verschmelzung)

61) **이해**(理解 Verstehen)

62) Gadamer, Hans-Georg: Wahrheit und Methode, S.183, 184

63) ebd. S.366

64) ebd. S.379

65) ebd. S.450

66) ebd. S.419

로만 합리화할 수 있다"는[68] 니체[69]의 말과 대치되는 말이 된다. 현대철학의 선구자인 니체가 미학을, 다시 말해 예술을 출발점인 동시에 도착점으로 한다면, 현대 해석학의 선구자인 가다머는 언어를 출발점인 동시에 도착점으로 한다는 말이 된다. 니체가 예술을 형이상학의 최종목표이고 형이상학의 유일한 대상이라고 생각한다면, 가다머는 언어를 형이상학의 최종목표이고 유일한 대상으로 생각한다는 말이 된다. 니체가 "태초에 예술이 있었다"라고 말한다면, 가다머는 "태초에 언어가 있었다"라고 말할 것이다. 언어철학과 관련하여 가다머의 해석학을 3가지 단계로 나누어서 추적해 본다.

언어의 보편성 요구를 언급했듯이 **언어**를 출발점인 동시에 도착점으로 해야 한다는 것이 가다머 해석학의 첫째 단계이다. 해석학의 출발점인 동시에 도착점인 언어를 가다머는 다음과 같이 표현한다. "언어는 중심지인데, 이 중심지 내에서 대화자와 대화대상에 대한 이해가 집행된다".[70] 인간과 인간 사이의 의사소통과 또 의사소통의 대상에 대한 이해는 언어라고 불러지는 대지 내에서(중심지 내에서) 발생했다가 살아진다는 설명이다. 인간에 대한 이해 그리고 사건과 사물을 의미하는 대상에 대한 이해가 발생하는 곳도 언어이고 사라지는 곳도 언어라는 말이다. 언어는 큰 바다와 같기도 하고 큰 대지와 같기도 한 것으로, 이해에 관한 일체의 문제가 이 큰 바다 내에서, 이 큰 대지 내에서 생성하기도 하고 사멸하기도 한다는 설명이다. 인간에 대한 이해 그리고 대상에 대한 이해, 일체의 이해가 언어라고 불러지는 **대지**[71] 내에서 생성하고 사멸한다는 철학을 가다머는 니체에서 이어받는다. 한편으로는 대지와 다른 한편으로는 개념적 사고를 의미하는 실재,[72] 양자로 분리하여, 양자 사이의 변증법적 관계가 아니라, 후자를 전자 내로 통합하는 중복성의 관계는 니체

---

67) ebd. S.419
68) Nietzsche, Friedrich: Die Geburt der Tragödie, S.131
69) 니체(Friedrich **Nietzsche** 1844~1900)
70) Gadamer, Hans-Georg: Wahrheit und Methode, S.361
71) **대지(the good earth)**
72) 실재(實在 das Sein)

의 철학이다. 실재가 태어나는 곳도 대지이고, 실재가 다시 없어져 사라지는 곳도 대지라는 실재와 대지 사이의 **중복성**[73]의 관계는 니체 없이는 상상할 수 없는 철학이다. 대지가 엄마라면 실재는 아들이고, 대지가 밤이라면 실재는 낮이고, 대지가 무라면 실재는 유인 관계로, 대지의 품안에 안겨 있는 실재는 상상할 수 있으나, 그 반대의 경우는 상상할 수 없는 관계가, 엄마의 품안에 안겨 있는 아들은 상상할 수 있으나 그 반대의 경우는 상상할 수 없는 관계가 된다. 한편으로는 언어라고 불러지는 대지와 다른 한편으로는(일체의) 이해, 양자로 분리하여, 이해가 언어라는 대지 속에 통합되어 있으나 그 반대의 경우는 불가능하다는 양자 사이의 중복성 관계를 설명했다. 다음에 가다머는 하이데거의 철학을 반복하는 발언을 한다. 언어는 실재가 거주하는 집이라는 주장인데, 언어와 실재 사이의, 언어와 이해 사이의 중복성 관계를 나타내는 니체 철학의 연장이라 보아야 한다. "언어는 의사소통을 위해 인간이 소유하고 있는 하나의 도구일 뿐만 아니라, 언어를 기반으로 하여 그리고 언어 내부에서만 인간세계가 비로소 생겨난다."[74] 언어 없이는 도덕, 문화, 역사 등 인간세계가 불가능하며 태어날 수도 없다는 주장이다. 따라서 이미 언급한 대로 "언어관이 세계관이다", "세계를 가졌다는 것은 언어를 가졌다는 것을 의미한다", "세계라는 현존재는 언어에 의해서 작성된다"라고 가다머는 말하는데, 이는 인간세계의 태초는 언어라는 성경의 말을 연장한 것이라고도 볼 수 있다. 가다머는 언어를 인간세계의 시초와 태초라고 넓고 아주 넓은 의미로 보고 있다. 다음에 가다머는 넓은 의미의 언어를 구체화시키는 것으로 딜타이의 인생철학을 이어받아 언어는 **인생과정**[75] 자체라고 말한다. "하나의 언어를 이해하기 위해서는 그 언어 속에서 실제로 살아야 한다. 이 사실은 살아 있는 언어뿐만 아니라 이미 사라진 죽은 사어에 관해서도 적용되는 사실이다. 따라서 해석학의 문제는 단순한 언어교육의 문제가 아니라, 언어라는 매개체 내에서 아니면 언어라는 매개체에 의해서 발생하는 새로운 의미를 이해해야 하는 문제가 된다."[76] 살아 있는 외국어를 이해하든 아니면 죽어 있는 사어를 이해하든,

---

73) **중복성**(Duplizität)
74) Gadamer, Hans-Georg: Wahrheit und Methode, S.419
75) **인생과정**(Lebensvorgang)

하나의 언어를 이해하기 위해서는 그 언어를 말하던 인간들의 인생을 이해해야 한다
는 말인데, 가다머는 여기서 언어의 문제에서 인생의 문제로 이전하는 계기를 마련
한다. 니체, 하이데거, 딜타이의 영향은 가다머로 하여금 언어를 넓고 광활한 의미로
파악하게 만든다.

    가다머의 해석학을 이해하기 위한 둘째 단계는 청각적인 구두 언어와 시각적인
문자언어 중에서 후자가, 다시 말해 **텍스트**가 해석학의 대상이 된다는 사실이다.
끝없는 바다 같기도 하고, 광활한 대지 같기도 한 언어를 축소시켜 가다머는 해석학
의 대상을 구체화한다고 볼 수 있다. 텍스트에 대한 가다머의 말은 다음과 같다. "문
자로 된 텍스트가 해석학의 본연의 과제다. 문자로 된 텍스트는 **자기소외**다. 이 자기
소외를 극복하는 일이, 다시 말해 텍스트를 읽는 일이 이해문제의 최고의 과제다".77)
구두로 표현하는 말은 표현방식, 몸짓, 얼굴표정, 음조, 템포, 그 당시의 상황 등에
의해서 비교적 구체적으로 그리고 개관적으로 전달되나, 문자로 쓰인 텍스트는 이
상의 구두표현이 가지고 있는 장점들이 결여되어 구체성도 없고 객관성도 없다는
것이 가다머의 설명이다. 구체성도 그리고 객관성도 결여된, 따라서 애매하고 모호
하기만 한 텍스트는 자기소외 이외에는 아무 것도 아니라는 것이 가다머의 주장이
다. 그리고 구체적이고 객관적인 구두 언어와 비교해 애매하고 모호한 텍스트는 단
점을 가지고 있는 것이 분명한데, 바로 이 단점이 사실은 단점이 아니라 장점이라는
것이 가다머의 생각이다.78) 왜냐하면 구체적이고 객관적인 구두 언어에 대해서는
해석학은 할 일이 없어 무용지물이 되나, 애매하고 모호한 텍스트에 대해서만 할
일이 많아 유용지물이 되기 때문이다. 가다머가 해석학의 과제를 구두 언어와 문자
언어 중에서 문자언어로 축소시키는 것은 당연한 것이다. 왜냐하면 문자언어만이,
텍스트만이 해석학의 존재이유를 보장해 줄 수 있기 때문이다. 해석학의 문자언어
중심주의는, 즉 텍스트 중심주의는 후에 프랑스 구조주의자의 한 사람인 **데리다**79)

---

76) Gadamer, Hans-Georg: Wahrheit und Methode, S.362
77) ebd. S.368; **자기소외(Selbstentfremdung)**
78) vgl. ebd. S.372

에게 계승된다. 데리다는 청각적인 구두 언어를 구체적이고 객관적인 논리중심주의[80]라고 배척하고 애매하고 모호한 문자언어를 **문자흔적**[81]이라고 하여 자기 철학의 토대로 만든다. 결국 데리다가 말하는 문자흔적은 가다머가 말하는 자기소외를 의미한다. 가다머는 텍스트에 내재한 자기소외의 개념을 진전시켜 **"텍스트의 이상성"**이라는 표현을 사용한다.[82] "텍스트 내에 문자로 고정되어 있는 것은 그 텍스트를 탄생시킨 작가로부터 그리고 그 텍스트를 읽는 독자로부터 자유로우며 독립된 상태에 놓여 있다. 그 텍스트를 탄생시킨 작가의 의도라든가 또는 그 텍스트를 읽은 독자의 의견 등은 구체적이고 객관적인 규정과 규범을 나타내는 듯 하나 사실은 규정과 규범의 반대 개념인 **공허지**[83]를 나타낸다. 왜냐하면 작가의 의도는 자기의 텍스트 속에서 사라지고 없어져 독자는 작가의 의도와는 달리 텍스트를 이해하며, 또 그 텍스트를 읽는 독자마다 다른 의견을 형성하기 때문이다."[84] 문자로 고정해 놓은 것이 텍스트인데, 이 텍스트는 그러나 작가의 의도대로 일정한 하나의 의미를 전달하지도 않고 또 독자가 이해한 의미가 절대적이고 따라서 유일한 의미도 아니라는 설명이다. 문자로 고정해 놓은 텍스트가 공허지라는 말은 작가의 의도도 그리고 독자의 의견도 들어 있지 않는, 작가가 전달하려는 의미도 그리고 독자가 전달받았다는 의미도, 일체의 의미가 비어 있는 백지와 같은 무인지대, 무의미 지대라는 설명이다. 텍스트가 무인지대, 무의미 지대이므로, 다시 말해 작가의 지배에서도 그리고 독자의 지배에서도 자유롭고 독립적이므로 **"텍스트의 아우토노미"**라는 표현을 사용할 수 있다.[85]

가다머의 해석학을 이해하기 위한 셋째 단계는 가다머가 의미하는 **대화**[86]의 개

---

79) 데리다(Jacques Derrida 1930~)
80) 논리중심주의(Logozentrismus)
81) **문자흔적(Schriftspur)**
82) vgl. Gadamer, Hans-Georg: Wahrheit und Methode, S.372; **"텍스트의 이상성(Idealität des Textes)"**
83) **공허지(空虛地)**
84) ebd. S.373
85) vgl. ebd. S.369, 370; **"텍스트의 아우토노미(Autonomie des Textes)"**
86) **대화(對話 Gespräch)**

넘을 이해하는 것이다. 대화의 개념에 대해서 3가지를 언급할 수 있는데 다음과 같다. 가다머가 생각하는 대화의 개념은 우선 나와 너라는 양자 관계를 의미하는 **코무니카씨온**과는 달리 삼자 관계를 형성한다. 그 삼자는 나라는 **해석자**, 해석의 대상인 **텍스트**, 그리고 해석자와 텍스트를 중개해 주는 **공통 관심사**[87]가 된다. 이상 삼자 관계로 되어 있는 대화를 가다머는 "**해석학적 대화**"라고 부르는데[88] 해석학적 대화의 특징은 "공통 관심사"가 삼자 관계에서 해석자와 텍스트를 연결해 주는 핵심이 된다는 사실이다. 해석자와 텍스트라는 양자 사이의 코무니카씨온은 해석자가 텍스트를 이해하면 끝나지만, 해석학적 대화에서는 이해의 대상이 텍스트가 아니라 텍스트를 초월하는 제2의 대상이 된다는 설명이다. 바로 이 제2의 대상이 "**공통 관심사**"인데 가다머 해석학의 뼈대를 이루는 개념이다. 다음에 가다머는 나와 너라는 양자 사이의 코무니카씨온으로 돌아와 나와 너 사이에 "진정한 대화"가 형성된다면, 그 결과는 예측할 수 없었던 것으로 하나의 "**사건발생**"이 된다는 설명을 한다.[89] 예측할 수 없었던 "사건발생"을 야기시키는 대화를 나타내는 말로 가다머는 "대화에 빠져 든다", "대화에 말려든다"라는 표현을 사용한다.[90] 예측할 수 없었던 "사건발생"은 결국 위에서 언급한 제2의 대상인 "공통 관심사"를 나타내는 표현이다. "사건발생"은 해석자와 텍스트라는 양자 모델에 의한 표현이고, "공통 관심사"는 해석자, 텍스트, 공통 관심사라는 삼자 모델에 의한 표현이라는 것이 차이점이다. 마지막으로 가다머는 양자 모델에 의한 "사건발생", 삼자 모델에 의한 "공통 관심사"를 더욱 심화시키기 위해서 **유희**[91]의 개념을 도입한다. 가다머가 생각하는 유희개념을 이해하기 위해 한국과 일본 사이의 축구경기를 상상하면 다음과 같다. 한국팀도 일본팀도 그리고 경기를 관람하는 관람자들도, 모든 사람들의 시선과 관심이 시시각각으로 움직이는 축구공 하나에만 집중되어 있다는 사실을 인식할 수 있나. 한국팀도, 일본팀도 그리고 경기에 참가한 모든 사람들의 시선과 관심을 하나로 통합하고 집중

---

87) **공통 관심사**(gemeinsame Sache)
88) Gadamer, Hans-Georg: Wahrheit und Methode, S.365; "**해석학적 대화**(das hermeneutische Gespräch)"
89) ebd. S.361; "**사건발생**(Geschehen)"
90) ebd. S.361
91) **유희**(遊戱 Spiel)

시키는 주체는 축구공 자체, 축구 경기 자체라는, 점진된 표현으로 경기 자체라는, (경기는 유희이기 때문에) 유희 자체라는 논리를 가다머는 전개한다. 한국팀, 일본팀 그리고 모든 관람자들의 유일한 관심사는, 따라서 공통적인 관심사는 일본 선수들이 한국 선수들보다 키가 크다든지, 한국 선수들은 붉은 유니폼을 입었다든지 하는 것들이 아니라 축구경기 자체라는, 축구 유희 자체라는 논리다.[92] 다시 해석자와 텍스트라는 양자 관계로 복귀하면 해석자와 텍스트 사이에는 유희가 진행되는데, 해석자, 텍스트, 유희 삼자 중에서 주체는 유희라는 것이, 해석자와 텍스트를 하나로 통합하고 이끌어 주는 주체는 유희라는 것이 가다머의 논리다. 이상의 설명을 요약하면 해석자, 텍스트, 공통 관심사 등 삼자 중에서 가다머는 "**공통 관심사**"를 핵심 개념으로 등장시키고 거기에 "**사건발생**", **유희성** 그리고 **주체성**을 부여한다고도 말할 수 있다.

가다머의 해석학을 이해하기 위해 언어 자체의 문제, 문자언어인 텍스트, 그리고 "해석학적 대화"를 논했다. 가다머에 의하면 언어 자체는 끝없는 바다와도 같고, 광활한 대지와도 같은 인생과정 자체라는 내용을 언급했고, 따라서 해석학의 문제는 이 끝없고 광활한 인생과정 자체를 이해해야 하는 문제라는 내용도 언급했다. 다음에 가다머는 넓은 의미의 언어 자체를 축소시켜 해석학의 과제를 문자언어인 텍스트에만 한정시킨다는 내용을 언급했다. 여기서 가다머는 문자언어인 텍스트를 공허지, 문자흔적, 텍스트의 이상성 등으로 보아 축소시켰던 것을 다시 확대시키는 계기를 마련한다. 일체의 의미가 비어 있는 백지와 같은 텍스트는 현대의 기호론자들이 말하는 **시뮬라크룸**[93]과 같은 것으로 귀에 걸면 귀걸이 코에 걸면 코걸이 식으로 모든 종류의 의미들을 수용할 수 있는 커다란 용기와 같은 것이 되기 때문이다. 문자로 된 텍스트에 부여한 "공허지"의 개념 외에도 가다머는 텍스트의 개념을 확대하여 건축, 조각, 그림 등 공간예술과 음악과 같은 시간예술에까지 적용한다. 현대의 기호론자들은 일체의 공간예술과 시간예술을 기호 내지는 시뮬라크룸이라 보는 반면에,

---

92) Gadamer, Hans-Georg: Wahrheit und Methode, S.464
93) **시뮬라크룸(simulacrum)**

가다머는 텍스트라고 본다. 따라서 해석학적 대화를 구성하는 해석자, 텍스트, 공통 관심사 등 삼자 중에서 텍스트는 일체의 예술작품을 대표한다고 보아야 한다. 그리고 가다머의 해석학을 이해하기 위해 중요한 것은 "공통 관심사"가 문자언어인 텍스트만의 핵심 관심사가 되는 것이 아니라 모든 예술작품의, (가다머의 철학을 확대시켜 표현하면) 모든 역사현상의 핵심 관심사가 된다는 사실이다. 그러나 확대시켰던 가다머의 철학을 다시 축소시켜 문자언어인 텍스트에만 한정하여 대화의 문제를, 가다머에 의하면 "해석학적 대화"를 논하는 것이 효과적이다. 텍스트와의 대화를 가다머는 다음과 같이 설명한다. "대화를 구성하는 2명의 파트너인 텍스트와 해석자 사이에는 2명의 대등한 인간 사이와 같이 코무니카씨온이 이루어지는데, 이 코무니카씨온은 하나가 다른 하나에 의해 수긍되어 적응해 가는 관계가 아니라, 그 양자는 대등하고 동등한 파트너들로 코무니카씨온의 결과는 미리 예측하거나 단언할 수 없는 결과를 낳게 된다. 대화가 시작되면 텍스트는 하나의 관심사를 말하게 되는데, 텍스트로 하여금 말을 하게 만드는 것은 해석자의 책임이다. 이 대화는 동등한 2명의 파트너가 참가하는 대화다."94) 이상의 인용문에서 해석자가 텍스트로 하여금 말을 하게 만들어야 한다고 하는데, 가다머는 텍스트와 해석자 사이의 **공통 언어**95)를 만들어 내야 한나는 표현도 사용한다. 2명의 파트너 사이에 대화가 이루어지기 위해서는 양자 사이의 공통 언어가 있어야 한다는 것은 당연한 것이다. 이 "공통 언어"는 우리가 사용하는 일상 언어를 초월하는 언어로 "공통 관심사"와 같이 가다머 해석학의 핵심을 형성한다. 이 "공통 언어"를 이해하기 위해서는 시간과 역사의 문제를 논해야 한다.

3. 시간과 발전사의 문제

문자로 고정되어 영원히 불변하는 텍스트와 시시각각으로 변하는 해석자라는 인간 사이의 대화는 모순으로 보인다. 예를 들어 괴테의 『파우스트』라는 텍스트는

---

94) Gadamer, Hans-Georg: Wahrheit und Methode, S.365
95) **공통 언어**(gemeinsame Sprache)"

종이와 검은 문자로만 된 생명 없는 물질에 불과하므로 『파우스트』라는 텍스트를 사람이 읽을 수는 있으나 같이 대화를 한다는 것은 불가능하기 때문이다. 바로 이 모순성을 제거하기 위하여 가다머는 텍스트와 해석자 사이의 대화를 "**해석학적 대화**"라 부르거나, 텍스트와 해석자 사이의 "**공통 언어**"를 만들어내야 한다는 표현을 사용한다. 가다머가 의미하는 "해석학적 대화"를 이해하기 위해서는, 다시 말해 영원히 변하지 않는 생명 없는 물질에 불과한 텍스트와 시시각각으로 변하는 살아 있는 해석자 사이의 "공통 언어"를 만들어내기 위해서는 첫째로 텍스트와 해석자 사이의 **시간거리**, 둘째로 시간거리가 유발하는 **선입관** 또는 **편견**, 셋째로 텍스트와 해석자 사이의 공통분모라 할 수 있는 **영향발전사**를 논하는 것이 순서가 되어야 한다.

　"**해석학적 대화**"를 이해하기 위해 첫째로 텍스트와 해석자 사이의 **시간거리**[96]를 논해 본다. 예를 들어 200년 전에 쓰인 『파우스트』와 오늘의 해석자 사이의 시간거리를 설명하는 가다머의 표현이 그의 해석학을 이해하는 데 중요하므로 자세히 인용하자면 다음과 같다. "시간거리는 그것이 현재의 해석자를 텍스트로부터 멀리 분리시킨다고 하여 극복되어져야 할 문제는 아니다. 시간거리는 사실은 현재가 뿌리를 내리고 있는 **사건발생의 원천지**이다. 시간거리는 따라서 극복해서 제거시켜야 할 문제는 아니다. 시간거리를 극복하여 제거시켜야 한다는 것은 **역사주의**[97]의 잘못된 생각이었다. 역사주의는 과거의 텍스트를 해석할 때 그 텍스트의 과거 속으로 감정이입을 하여 과거의 개념과 과거의 표상을 가지고 텍스트를 해석해야지 현재의 개념과 현재의 표상을 가지고 해석해서는 안 된다고 주장하기 때문이다. 역사주의가 주장하는 것과는 달리 과거와 현재 사이의 시간거리는 사실은 이해의 문제를 위해 긍정적이고 생산적인 기능성을 제공한다. 시간거리는 과거와 현재를 갈라놓는 심연이 아니라, 시간거리는 유래와 전통을 자체 내에 포함하고 있는 저장소와 같은 것이다. 시간거리라는 빛을 띄우면서 **전통**은 우리에게 자태를 나타내고 있다. …… 텍스트나 예술작품 속에 내재한 진정한 의미의 도달은 완성되어 끝나는 것이 아니라

---

96) **시간거리**(Zeitenabstand)
97) **역사주의**(Historismus)

영원한 **프로세스** 이외에는 아무 것도 아니다. 시간거리는 과거의 잘못과 현재의 잘못을 걸러 내는 필터 역할을 하기도 하며, 또 시간거리는 새로운 이해가 탄생하는 원천이기도 하다. 잘못을 걸러 내는 필터 역할을 하고 새로운 이해를 탄생시키는 원천이기도 한 시간거리는 일정하고 고정되어 있는 상태에 있는 것이 아니라 항상 움직이고 항상 확장되는 상태에 있다. 시간거리는 편견을 제거할 뿐만 아니라 진정한 이해를 탄생시키기도 한다."[98] 이상의 인용문은 가다머 해석학의 핵심요소를 내포하고 있으므로 요약하면 다음과 같다. 우선 괴테의 시간과 오늘의 시간 사이의 시간거리는, 다시 말해 200년 전의 과거와 현재 사이의 시간거리는 하나의 원천지 또는 요람지로 이 안에서 사건이 발생하며, 사건발생의 합이 전통을 이룬다는 설명이다. 시간거리는 따라서 하나의 연못 또는 바다와 같은 공간으로 이 공간 내에서 사건이 발생하기도 하고 사멸하기도 하여 하나의 전통이 형성되고 자기발전을 한다는 말이다. 다음에 하나의 연못과 같고 바다와 같은 공간인 시간거리 자체는 고정된 것이 아니라 항상 변하고 움직인다는 설명이다. 왜냐하면 괴테의『파우스트』와 우리 사이의 시간거리는 200년이나 앞으로 100년 후의 해석자와의 거리는 300년이 되기 때문이다. 마지막으로 텍스트나 예술작품 속에 내재한 진정한 의미란 고정되고 확정되어 객관적으로 제시할 수 있는 것이 아니라, 고정하고 확정할 수 없는 것으로 영원히 움직이고 자기발전을 하는 프로세스라는 설명이다. 시간거리라는 공간 속에서 발생하기도 그리고 사멸하기도 하는 사건발생 자체가 고정적이 아니라 유동적이고, 또 유동적인 사건발생의 합인 전통 자체도 유동적인 것이 되며, 따라서 유동적인 전통에 의해서는 유동적인 의미만, 다시 말해 의미형성의 프로세스만 가능하기 때문이다. 200년 전의 괴테와 현재의 내가, 과거의 텍스트와 현재의 해석자가 만나서 그 양자 사이에 어떤 사건이 발생하는데, 이 사건발생을 담고 있는 저장소가 시간거리라는 설명이다. 그리고 이 시간거리라는 저장소는 현재의 해석자인 나를 초월하여, 다시 말해 나를 포함하여 계속 확장되는 저장소라는 설명이다. 그리고 계속 확장되는 이 저장소 속에 내재한 의미도(나도 이 저장소에 포함되어 있으므로)

---

98) Gadamer, Hans-Georg: Wahrheit und Methode, S. 281, 282

나의 의미까지 포함한 의미가 되며 또 시간이 흘러 해석자가 변함에 따라 항상 변해 가는 유동적인 의미가 된다는 설명이다. 결론적으로 200년 전에 쓰인 괴테의 텍스트와 현재의 나인 해석자 사이의 대화는 불가능한 모순이 아니라, 해석자가 텍스트를 읽기 시작하는 순가 이미 대화가, 해석학적 대화가 시작했다는 설명이 된다.

　　"해석학적 대화"를 이해하기 위해 둘째로 **선입관** 또는 **편견**[99]을 논할 차례다. 하이데거의 용어인 **초안** 또는 **선초안**[100]이라는 개념을 사용하여 선입관 또는 편견을 가다머는 다음과 같이 설명한다. "텍스트를 이해하려는 독자는 언제나 선초안을 가지고 텍스트를 읽기 시작한다. 텍스트에 첫째 의미가 나타나면 독자는 벌써 전체 의미를 이미 초안해 놓은, 다시 말해 선초안을 가지고 있는 상태이다. 텍스트를 읽기 시작한 초기 단계에 독자가 이미 전체 의미를 초안한다는 사실은 독자가 일정한 기대를 가지고 일정한 방향으로 텍스트를 추적하기 때문이다. 이 전체 의미를 미리 초안하고, 그리고 이 미리 초안된 전체의미가 텍스트를 읽어감에 따라 둘째 의미, 셋째 의미 등으로 점차로 수정되어지는 과정이 이해의 과정이다. …… 따라서 미리 초안한 전체의미를, 선초안을 계속 수정해 간다는 사실은 첫째 의미, 둘째 의미, 셋째 의미 등으로 새로운 의미들이 연속적으로 나타난다는 사실을 암시하고 끝에 가서는 통일된 의미가, 총체적인 의미가 나타나리라는 가능성을 말해 준다. 텍스트를 이해하기 위한 **해석작업**[101]은 선초안을 가지고 출발하는데 이 선초안은 계속적으로 더 개선된 초안으로 대치되게 된다. 바로 이 계속적인 새로운 초안을 구성하는 일이 **의미운동**[102]을 가져온다. 그리고 이 유동적인 의미운동이 하이데거가 설명하는 이해의 과정이고 해석작업이다."[103] 선입관은 독일어 표현으로 선이해를, 편견은 선판단을 의미하므로 철학석으로는 같은 범주에 속한다고 보아야 한다. 다음에 선초안 역시 같은 범주에 속하는 표현이다. 미리 이해하고, 미리 판단하고, 미리 초안한다

---

99) **선입관(Vorverstӓndnis)** 또는 **편견(Vorurteil)**
100) **초안(Entwurf)** 또는 **선초안(Vorentwurf)**
101) **해석작업(Auslegung)**
102) **의미운동(Sinnbewegung)**
103) Gadamer, Hans-Georg: Wahrheit und Methode, S. 251, 252

는 의미이기 때문에 최종적인 진정한 이해, 진정한 판단, 진정한 초안이 아니므로 부정적인 것만은 사실이다. 이 부정적인 개념들인 선이해, 선판단, 선초안들을 모두 편견이라는 하나의 개념으로 통합하면 가다머 해석학에 대해 다음과 같은 결론을 내릴 수 있다. 가다머는 우선 이상의 부정적인 개념들을, 그 대표적인 개념으로 **편견**[104]을 재 복권시켜야 한다는 입장이다.[105] 진정한 해석학은 편견이라는 개념을 부정적이라고 하여 제거하려 해서는 안 되고, 부정적인 편견을 긍정적이고 생산적인 편견으로 역전시켜야 한다고 가다머는 주장한다.[106] 이유는 바로 편견이 텍스트와 해석자 사이의 **긴장**을 유발하여 "해석학적 대화"를 가능하게 만들기 때문이다.[107] 텍스트를 읽기 시작한 해석자는 자기가 미리 구성한 선초안에, 다시 말해 자기가 미리 구성한 편견에 어긋나는 현상이 생길 때에만, 전체의미에 대한 선초안과 텍스트에서 발견되는 의미 사이의 불일치가 생길 때에만 긴장감이 생겨 텍스트를 계속 읽게 되고, 그 긴장감이 결여될 때는 텍스트 읽기를 중지한다는 설명이다. 텍스트에 내재한 모든 내용이 해석자의 편견과 일치한다면 모든 것이 지당한 말뿐이어서 읽을 가치가 없어 더 이상 텍스트가 아니라는 설명이다. 다음에 가다머는 편견을 인간적인 너무나 인간적인 것으로 확대하고 승화시켜 인간 자체가 편견의 동물이라는 철학을 전개한다. 따라서 편견의 동물인 인간에게만 해석학이 필요하지 편견이 없는, 다시 말해 전지전능한 신에게는 해석학은 필요 없다는 주장이다.[108] 편견에 의해 유발되는 해석학적 대화를 가다머는 여기서 문학 텍스트에만 국한시키지 않고 일체의 예술세계로, 일체의 인간사로 확장 확대하고 있다. 마지막으로 가다머는 텍스트에 내재한 진정한 총체적인 의미의 탄생을 철학적으로는 상정하나 실제적으로는 부인한다고 보아야 한다. 인간의 편견이 영원히 지속한다면, 다시 말해 인간이 편견 없는 신의 경지에 영원히 도달할 수 없다면, 진정한 총체적 의미의 도달 역시 불가능한 것은 당연하다. 인간 자체가 편견의 동물이라면 인간이 발견했다고 하는

---

104) **편견(偏見 Vorurteil)**
105) vgl. Gadamer, Hans-Georg: Wahrheit und Methode, S. 261
106) ebd. S. 256
107) vgl. ebd. S. 290
108) vgl. ebd. S. 461

진정한 총체적 의미 속에는, 다시 말해 인간이 발견했다고 하는 최후 진리 속에는 언제나 편견이 내재해 있기 때문이다. 진정한 의미의 도달을 위해 해석학적 대화가 필요하다면, 끝없는 의미도달 과정은 끝없는 해석학적 대화의 필요성을 말해 준다.

　"해석학적 대화"를 이해하기 위해 셋째로 **영향발전사**[109]를 논할 차례다. 가다머는 자신의 핵심 개념인 영향발전사를 설명하기 위해 양면 작전을 사용하고 있다. 한편으로는 가다머는 이성을 절대시했던 계몽주의를 비판하고, 다른 한편으로는 바로 계몽주의의 산물인 실증주의를 비판하려는 딜타이의 인생철학을 역시 비판한다. 계몽주의자들이 신봉했던 "절대이성"이 인간사 모두를 해결할 수 있다는 생각은 잘못된 것으로 "이성이란 홀로 존재할 수 있는 것이 아니라 인간사에 의지해서만 존재할 수 있다. 이성은 자신의 주인이 아니라 자신이(이성이) 관여하는 주어진 상황에 의해서만 존재이유를 주장할 수 있다"고 가다머는 말한다.[110] 인간사와 관련해서만 이성의 존재를 말할 수 있는 것이지 인간사와 절단해서는 이성이란 존재하지도 않고 따라서 이성을 운운할 수도 없다는 말이다. 인간사를 도외시하는, 인간사를 무시하는 "절대 이성주의"는 잘못이라는 결론이다. 다음에 가다머는 인간사를 도외시하고 무시하려는 절대 이성주의인 계몽주의와는 정반대로 인간 중심주의를 주장하는 딜타이의 철학과도 거리를 두려 한다. 인간의 체험을 중요시하여 체험 속으로의 내면화만 주장하는 딜타이의 이론 역시 잘못된 것으로 딜타이는 내면적 체험을 강조한 나머지 그 내면적 체험을 둘러싸고 있는 역사적 현실, 사회, 국가 등을 망각하고 있다고 가다머는 비판한다. 가다머가 절대 이성을 주장하는 계몽주의와 절대 내면화를 주장하는 딜타이 철학 사이의 양면작전을 하면서 자신의 특유한 개념인 **"발전사"**를 사용하여 하는 유명한 말은 다음과 같다. "발전사는 우리의 소유물이 아니라, 우리가 발전사의 소유물이다. 명상을 하고나서 우리가 우리 자신을 이해했다고 말한다면 사실 그것은 가정과, 사회와, 국가 속에 들어 있는 우리 자신을 이해한 것이다. 명상의 결과로서 하나의 초점으로 모였다는 주관이란 사실은 여러 개의 초점으

---

109) **영향발전사(Wirkungsgeschichte)**
110) Gadamer, Hans-Georg: Wahrheit und Methode, S. 260

로 흐트러진 **산만의 영상**[111]을 의미한다. 우리 자신인 개체가 하고 있는 명상의 결과는 발전사라는 커다란 대하 속에서 한순간 아물거리다 사라지는 불빛에 지나지 않는다. 인간 실재의 발전사를 구성하는 것은 따라서 과학적이고 정확한 판단이 아니라 사실은 반대로 하나의 편견이, 진리와는 아직 거리가 먼 편견이 인간 실재의 발전사를 구성하고 있다고 보아야 한다.”[112]

독일어 표현인 **Geschichte 발전사**라는 개념은 **Historie 역사**라는 개념과 분리해서 생각해야 한다. 역사는 종결된 사건의 줄거리를 의미하고 발전사는 사건의 줄거리가 과거에서 출발하여 현재를 거쳐 미래로 연장됨을 의미한다. 발전사를 의미하는 독일어 표현인 “Geschichte”는 “사건이 발생한다”라는 의미를 나타내는 동사 “geschehen”의 과거분사형으로 발전사라는 개념 속에는 “사건발생”의 뜻이 내재해 있다. 가다머는 발전사라는 개념을 사용하여 자신의 특유한 개념인 **“영향발전사”**[113]를 만들어 내는데 인용문과 관련하여 3가지로 설명을 요약해 본다. 가다머가 의미하는 영향발전사는 우선 큰 강줄기 대하와 같은 것이라고 상상할 수 있다. 대하는 과거에도 흘렀고, 현재도 흐르고, 미래도 흐를 것이므로 영향발전사는 과거, 현재, 미래를 통해서 끝없이 생성 발전해 가는 큰 줄기, 그것도 어느 때고는 종결에 도달하는 폐쇄된 줄기가 아니라 종결이 없는 개방된 줄기라 할 수 있다.[114] 영향발전사는 따라서 우리가 존재해도 존재하지 않아도 생성 발전해갈 것이므로 우리의 소유물이 아니라, 반대로 우리도 포함시켜 생성 발전해가는 대하이므로 우리가 영향발전사의 소유물이라는 설명이 된다. 가다머는 영향발전사라는 개념에 **전통**과 전통의 적용을 의미하는 **아플리카씨온**[115] 2개의 개념을 부여한다. 과거, 현재, 미래를 통해 생성 발전해 감으로 영향발전사라는 개념 속에는 전통의 개념이 내재해 있나는 주장이고, 또 이 전통은 우리와 절단된 전통이 아니라 우리를 포함하고 있는 전통이므로,

---

111) **산만의 영상(Zerrspiegel)**
112) Gadamer, Hans-Georg: Wahrheit und Methode, S. 261
113) **“영향발전사(Wirkungsgeschichte)”**
114) Gadamer, Hans-Georg: Wahrheit und Methode, S. 448
115) **전통(Tradition)과 아플리카씨온(Applikation)**

다시 말해 우리가 지키고 적용해야 할 전통이므로 동시에 적용, 즉 아플리카씨온이 된다는[116] 주장이다. 영향발전사와 전통, 2개의 표현 중에서 가다머는 전자의 표현을 선호하는데 이유는 전통 일체를 비판하고 부정하려는 혁명적 이론과 거리를 두기 위함이다. 전통 일체를 비판하고 부정하려는 혁명적 이론 자체가 전통의 산물이라는 것이, 다시 말해 전통을 적용한 결과의 산물이라는 것이 가다머의 생각이다. 영향발전사와 전통은 같은 개념들인데 가다머는 전자의 개념에 아플리카씨온의 개념을 부여함으로서 후자의 개념보다 넓고 생산적이며 직접적인 개념으로 만들고 있다. 가다머가 의미하는 영향발전사는 다음에 해석학적 대화를 위한 우리의 파트너가, 다시 말해 해석자의 파트너가 된다. 큰 강줄기인 대하와 같은 영향발전사와 해석자가 만나는 순간을 가다머는 **"해석학적 상황"**[117]이라고 부르는데, 그 해석학적 상황의 특징은 어느 때고는 완전히 해결할 수 있는, 완전히 해석할 수 있는 상황이 아니라 끝이 없는, 개방된 상황이라는 것이 가다머의 주장이다. 그러나 이 해석학적 상황 속에서 어떤 사건이 발생하는데, 예측할 수 없었던 이 사건발생은 영향발전사라는 대하와 하나로 융화되어 영향발전사 자체는 제2의 영향발전사로 모습을 달리하는 계기가 된다는 것이 가다머의 철학이다. 해석학적 대화가 있을 때마다, 다시 말해 새로운 해석학적 상황이 생길 때마다 모습을 달리하여 계속 생성 발전해 가는 영향발전사를 가다머는 **"관심사 자체"**[118]라고도 표현한다. 따라서 해석학적 상황에서 일어나는 "사건발생"의 주체는 우리가 아니라, 해석자가 아니라 공통 관심사라 할 수 있는 "관심사 자체"라고 가다머는 말한다.[119] 나와 너 사이의, 해석자와 영향발전사 사이의 해석학적 상황에서 사건이 발생하는데, 이 사건발생의 담당자가, 이 사건발생의 주체가 "관심사 자체"를 의미하는 영향발전사라는 말이다. 마지막으로 가다머가 의미하는 영향빌전사란 과연 무엇이냐 하는 질문이 제기된다. 가다머 자신은 대하와 같은 영향발전사를 구체적으로 존재해 있는 **실재**라기 보다는 **실재적**이라고도

---

116) vgl. Gadamer, Hans-Georg: Wahrheit und Methode, S.291f.
117) ebd. S.285; **"해석학적 상황(hermeneutische Situation)"**
118) **"관심사 자체(die Sache selbst)"**
119) Gadamer, Hans-Georg: Wahrheit und Methode, S.439

표현하고[120] 또는 실재라기 보다는 **영상**이라고도[121] 표현한다. 반면에 슐츠는 가다머의 영향발전사라는 개념을 **의식**이라기 보다는 **실재**라고 해설한다.[122] 가다머의 표현은 영향발전사란 우리가 날마다 사용하는 칫솔이나 치약과 같이 구체적으로 보여줄 수 있는 것은 아니지만 있기는 있어 영상을, 모습을 드러내고 있다는 말이고, 슐츠의 해설은 치약이나 칫솔과 같이 구체적으로 존재한다는 말로, 예를 들어 한국의 영향발전사나 독일의 영향발전사는 분명히 구체적으로 존재한다는 것으로 이해할 수 있다. 구체적인 실재의 개념을 부인할 수도, 또 반 정도만 인정할 수도, 그리고 완전히 인정할 수도 있는 영향발전사라는 가다머의 개념은 난해한 개념이라 할 수 있다. 난해한 개념인 영향발전사에 가까이 접근하기 위해서는 **이해**[123]의 문제를 논할 필요가 있다.

4. 이해의 문제

가다머는 해석학을 "**이해의 기술**"[124]이라고 정의한다는 말을 이미 언급했다. 이해의 문제가 가다머 해석학의 최종목적, 텔로스라는 말이다. 가다머는 이해라는 최종목석에 도달하기 위해 대개 3개의 단계를 밟고 있는데, 첫째 단계는 **해석작업**[125]이라는 개념에 의해 출발하는 것이고, 둘째 단계는 **지평선융합**[126]이라는 개념에 도달하는 것이고, 셋째 단계는 지평선융합에 의해 발생하는 **이해**의 성격을 규정하는 것이 된다. 첫째 단계인 **해석작업**이라는 개념부터 논해 본다. 가다머는 이해의 개념을 여러 가지로 정의하는데 해석작업과 관련된 정의는 다음과 같다. "이해란 주관의 행위라기보다는 오히려 전통발생 속으로 빠져 들어감을 의미한다. 다시 발

---

120) ebd. S.432; **실재(das Sein), 실재적(das Seiende)**

121) ebd. S.449; **영상(das Bild)**

122) Schulz, Walter: Anmerkungen zur Hermeneutik Gadamers, S.315; **의식(das Bewußtsein)과 실재(das Sein)**

123) **이해(理解 Verstehen)**

124) "**이해의 기술(Kunst der Verständigung)**"

125) **해석작업(Auslegung)**

126) **지평선융합(Horizontverschmelzung)**

해 과거와 현재가 항상 중개되고 있는 전통발생 속으로 빠져 들어간다는 사실이 이해를 의미한다. 따라서 해석학이 의미하는 이해의 개념은 이해의 방법론과는 다른 것으로 해석자 자신이 전통발생 속으로 몰입함을 의미한다."127) 이해란 해석자의 주관적 의사대로 하고 싶으면 하고, 안 하고 싶으면 안 하는 식으로 텍스트를 대하는 것이 아니라, 텍스트와 해석자 사이에서 발생하는 전통발생 속으로 필연적으로 몰입하는 것이 이해라는 말이고, 따라서 이해는 해석자가 거리를 유지하면서 적용하기도 하고 안 하기도 하는 방법론과는 다른 것으로 거리 없이, 다시 말해 직접적으로 전통발생 속으로 뛰어드는 행동이라는 설명이다. 그리고 "전통발생"이란 위에서 논한 영향발전사를 의미한다. 가다머에 의하면 이상과 같이 전통발생 속으로 다시 말해 영향발전사 속으로 해석자가 직접 뛰어드는데, 이때 해석학적 상황이 발생하게 된다. 해석학적 상황이란 전통이 해석자에게 부여하는 2개의 요소, **생소함**과 **친밀함** 사이에서 발생하는 **긴장감**을128) 의미한다. 이 긴장감이 발생하는 중간지대가, 다시 말해 생소함과 친밀함 사이의 중간지대가, 또다시 말해 전통을 형성하고 있는 2개의 요소인 생소함과 친밀함 사이의 중간지대가 해석학의 진정한 위상이라고 가다머는 말한다.129) 해석학이 위치해야 할 위상은 전통을 형성하는 2개의 요소, 생소함과 친밀함 사이의 중간지대라 하지만, 문제는 해석자로부터 아무런 대응반응이 없다면 해석학적 대화가 이루어지지 않는다는 사실이다. 해석학의 위상은 정립되었고, 또 거기서 긴장감이 발생한다 하더라도 해석자가 스스로 대응반응을 해야 이해에 도달한다는 말이다. 이해는 노력 없이 거저 생기는 것이 아니라 노력인 대응반응을 해야 하는데, 해석자가 해야 하는 노력인 대응반응이 **해석작업**이 된다. 가다머가 의미하는 해석작업을 3가지로 설명하면 다음과 같다.

해석작업은 우선 자체가 최종목적이 아니라, 해석작업의 최종목적은 공통 관심사라 할 수 있는 **"관심사 자체"**가 된다. 해석자가 텍스트를 읽기 시작하면 해석학적

---

127) Gadamer, Hans-Georg: Wahrheit und Methode, S.274, 275
128) **생소함**(Fremdheit)과 **친밀함**(Vertrautheit), **긴장감**(Spannung)
129) Gadamer, Hans-Georg: Wahrheit und Methode, S.279

상황, 긴장감이 발생하여 해석학적 대화가 이루어지는데, 이때에 해석자, 텍스트, 관심사 자체 삼자 중에서 관심사 자체가 해석학적 대화를 이끌어 가는 주체로서 해석자와 텍스트, 양자의 최종목적이 된다는 말이다. 해석학적 대화와 일반 코무니카씨온과의 차이는 전자의 경우는 해석자, 텍스트, 관심사 자체 삼자 관계로 관심사 자체가 주체가 되는 반면에, 후자의 경우는 나와 너라는 주체와 객체 양자 관계로 내가 주체가 되는 것이 차이점이라 할 수 있다. 의사가 환자와 대화를 하거나, 검사가 범죄자와 대화를 하는 양자 관계의 대화는 코무니카씨온은 되지만 해석학적 대화는 되지 못한다는 말이다.130) 따라서 저자, 텍스트, 해석자라는 삼자 관계를 해석자를 저자나 텍스트 속으로 몰입시켜, 다시 말해 해석자를 제거시켜 양자 관계로 축소하려는 쉴라이어마허의 낭만주의적 해석학은 진정한 해석학적 대화가 못 된다는 것이 가다머의 주장이다. 해석작업은 다음에 해석자와 텍스트 사이의 **"공통 언어"**131) 자체라고 할 수 있다. 한국 독자가 독일어 텍스트『파우스트』를 읽을 경우, 괴테가 텍스트를 쓸 때 사용한 언어가 독일어이고 한국 독자가 그 텍스트를 읽을 때 사용하는 언어가 독일어라고 해서 공통 언어는 독일어라는 결론은 해석학적 대화를 의미하는 결론은 못 된다. 해석학적 대화를 위한 공통 언어는 자연언어를 초월하는 언어로 문자로 된 텍스트뿐만 아니라 공간예술인 조형예술이나 시간예술인 음악에까지 적용되는 언어를 의미한다. 가다머는 이 해석학적 "공통 언어"를 **"이해의 집행"**132) **자체**라고도 또는 **"질문과 대답의 변증법"**이라고도 표현한다.133) 해석작업은 마지막으로 그 자체가 최종목적이 되지 못하며, 그리고 해석작업은 해석학적 대화를 위한 수단인 공통 언어에 불과하고, 이해 자체가 아니라 이해를 집행하는 절차에 불과하므로 작업이 끝나면 이해 속으로 사라져 없어져야 할 운명을 가졌다고 할 수 있다. 해석작업 자체는 자신의 자율성 즉 아우토노미를 원하지도 않는다는 논리를 가다머는 전개한다.134) 가다머가 의미하는 "해석작업"의 개념 역시 난해한 개념으로 "실재"인지 아니

---

130) vgl. ebd. S.363
131) **공통 언어**(gemeinsame Sprache)"
132) **이해의 집행**(Vollzug des Verstehens)"
133) Gadamer, Hans-Georg: Wahrheit und Methode, S.375, 366
134) ebd. S.377, 376, 377

면 단지 "실재적"인지, 독립된 학술인지 아니면 단지 학술을 위한 방법론인지를 구별하기 불가능한 개념이다. 가다머는 그러나 해석작업을 이해와 같은 수준으로 승격시켜 **"새로운 창조"**[135]라고도 말하는데, 해석작업 자체는 새로 창조된 것이 아니라, 다시 말해 새로 창조된 텍스트가 아니라, 새로운 창조행위 자체라고, 새로운 텍스트를 만들어 내는 행위 자체라고 가다머의 말을 받아들여야 한다. 아니면 이해라는 개념은 보통 텍스트에 내재해 있다고 생각되는 "궁극적인 의미"에 도달하는 것이 아니라 새로운 텍스트를 만들어내는 행위 자체라고 가다머의 말을 받아들여야 한다. 한국 독자가 괴테의 독일 텍스트를 읽는다는 사실은 한국 독자 자신의 한국 텍스트를 읽는다는 결론이 된다. 왜냐하면 한국 독자는 독일 텍스트에 의해서 자신의 텍스트를, 한국 텍스트를 새로 만들어 내고 있기 때문이다.

이해의 개념을 설명하기 위해서 가다머가 밟고 있는 둘째 단계는 **지평선융합**[136]이라는 개념이다. 가다머가 말하는 지평선이라는 표현은 수평선이라는 표현과도 같이 들려 난해한 개념이므로 구체화 할 필요가 있다. 수평선이 아니라 지평선이라는 표현을 고수하고 다음 3가지로 구체화를 시도한다. **지평선**[137]이라는 개념은 우선 그 구조가 깔때기 모양이라고 구체화 할 수 있다. 대상을 바라보는 눈의 위치가 정해져 있고 정해져 있는 눈으로부터 출발하여 상하좌우로 넓게 퍼져 가는 깔때기 모양을 상상할 수 있다. 눈의 위치인 정점을 출발하여 깔때기의 길이가 길어지면 길어질수록 깔때기의 단면도 면적이 더욱더 넓어지는 모양을 상상할 수 있다. 눈의 위치를 피라미드의 정점이라 생각하고 깔때기의 몸 전체를 피라미드의 몸체라고도 생각할 수 있다. 그러나 가다머가 생각하는 지평선은 수직적인 피라미드가 아니라 옆으로 놓인 수평적인 피라미드라고 보아야 한다. 따라서 "지평선"이라는 개념은 일차원적인 기하학의 직선도 아니고, 이차원적인 평면도 아니며, 삼차원적인 입체인데, 그것도 옆으로 놓인 깔때기 모양의 입체라고 구체화 할 수 있다. 다음에 가다머

---

135) ebd. S.449. **"새로운 창조(neue Schöpfung)"**
136) **지평선융합(Horizontverschmelzung)**
137) **지평선(Horizont)**

는 이상 깔때기의 출발점인 정점을 **"입장"**[138]이라고 부르고, 이 입장은 고정적이 아니라 유동적이며, 따라서 전체 깔때기의 몸체를 의미하는 지평선도 유동적이라고 말한다.[139] 깔때기의 출발점인 정점의 위치변화에 따라 깔때기 전체의 위치가 결정 되는 것은 당연하다. 깔때기의 정점을 일정한 거리 앞으로 전진시키면 깔때기 전체 도 일정한 거리 앞으로 전진되기 때문이다. 마지막으로 가다머는 지평선을 **"상황"** 또는 **"시야"**[140]라고도 부르는데, 모든 인간은 하나의 인생상황 또는 인생을 보는 시야를 가지고 있다는 의미로, 역시 모든 인간은 하나의 지평선을 가지고 있다는 의미로 지평선의 개념을 해석할 수 있다. 모든 인간은 하나의 이데올로기를 가지고 있다고 현대철학은 말하며, 모든 인간은 하나의 시스템을 가지고 있다고 현대의 시 스템 이론가들은 말하고, 모든 인간은 하나의 담론을 가지고 있다고 현대의 언어철 학자들은 말한다. 가다머에 의하면 모든 인간은 하나의 지평선을 가지고 있다는 말 이 된다. 그러나 가다머가 지평선의 개념에 부여하는 동적인 "상황"이나 정적인 "시 야"를 감안하면, "지평선"이라는 개념은 현대철학의 "시스템" 개념과 유사한 개념이 라 할 수 있다. 동적인 상황과 정적인 시야가 합해서 동적인 동시에 정적인 시스템을 형성한다고 볼 수 있다. 가다머의 "지평선"이라는 개념은 현대의 시스템 이론을 예시 해주는 개념이라 할 수 있다.

가다머가 말하는 "지평선"의 개념을 수평적인 피라미드 혹은 깔때기 모양으로 구체화한 후 **지평선융합**의 개념을 논할 차례다. 우선 가다머는 지평선이 없는 사람 은 멀리 볼 수 없으며 가까이 놓인 대상을 과대 평가하는 사람이고, 반면에 지평선이 있는 사람은 가까이 놓인 대상에만 제한되지 않고 그것을 초월해서 보는 능력이 있는 사람이라고 말한다. 그리고 지평선을 가졌다는 사실은 모든 대상의 크기, 위치, 의미 등을 그 지평선 내에서, 그 지평선에 의해서 평가하는 것이라고 가다머는 말한다.[141]

---

138) **"입장(Standort)"**

139) Gadamer, Hans-Georg: Wahrheit und Methode, S. 288

140) **"상황(Situation)"** 또는 **"시야(Gesichtskreis)"**

141) Gadamer, Hans-Georg: Wahrheit und Methode, S. 286

모든 인간은 자기가 가지고 있는 지평선에 의해서 사물과 대상을 판단하고, 지평선이 없는 사람은 사물과 대상을 판단할 능력이 없는, 다시 말해 철학이 없는 사람이라는 말이다. 내가 가지고 있는 철학을, 나의 지평선을 나의 시스템이라고 한다면, 나는 나의 시스템에 의해서 사물과 대상을 판단한다는 말이 된다. 다음에 가다머는 해석자가 텍스트를 읽는다는 사실은 해석자는 자신의 지평선을 가지고 텍스트의 지평선과 만난다는 논리를 전개하는데, 해석자는 자신의 **편견**을 가지고 텍스트 속으로 들어간다는 표현을 가다머는 사용한다.[142] 지평선은 하나의 편견이라는 이론을 가다머는 전개하는데 이는 다음과 같다. 해석자가 텍스트를 읽는다는 사실은 해석자의 지평선과 텍스트의 지평선이 만난다는 사실을 의미하고, 또 지평선은 하나의 시스템과 같은 것으로, 또는 하나의 색안경과 같은 것으로 그 자체가 절대적이 아니라 상대적인 것이므로, 극단적으로 표현해 지평선은 잘못된 판단, 즉 편견이라고 할 수 있기 때문에, 해석자가 텍스트를 읽는다는 사실은 편견과 편견이 만난다는 사실을 의미한다. 해석자가 텍스트를 읽으면 하나의 지평선과 또 다른 지평선이 만나, 하나의 편견과 또 다른 편견이 만나, 그 양자 사이에서 **긴장감**이 생겨 해석학적 상황이, 해석학적 대화가 발생한다는 것이 가다머의 논리다. 마지막으로 가다머는 해석자의 지평선과 텍스트의 지평선이 만나면 양자가 팽팽하게 병존하는 것이 아니라, 양자가 융화되어, 해석자의 지평선도 아니고 텍스트의 지평선도 아닌 제3의 지평선으로 하나가 된다는 것이 가다머의 철학이다. 해석자의 지평선과 텍스트의 지평선, 나의 지평선과 너의 지평선, 2개의 지평선이 아니라, 또는 모든 인간이 지평선을 가지고 있다면 수 없이 많은 지평선이 아니라 **단 하나의 지평선만이** 있다는 것이 가다머의 철학이다.[143] 해석자의 지평선도 아니고 텍스트의 지평선도 아닌, 나의 지평선도 아니고 너의 지평신도 아닌 제3의 지평선이 발생하는데, 이 제3의 지평선을 가다머는 **영향발전사**[144]라고 부른다. 그리고 가다머는 이 영향발전사를 "관심사 자체" 또는 "**공통 관심사**"[145]라고도 부른다. 진리는 하나라는 말을 하듯이 가다머에

---

142) ebd. S.289
143) ebd. S.288
144) **영향발전사(Wirkungsgeschichte)**

의하면 지평선은 하나, 영향발전사는 하나, "공통 관심사"는 하나라는 말을 할 수 있다. **역사주의**[146]나 낭만주의 해석학은 텍스트라는 대상이나 텍스트를 쓴 작가 속으로 몰입하여 제3의 지평선을 의미하는 인간의 공통 관심사인 영향발전사를 망각했으므로 잘못된 해석학이나 텍스트 또는 작가 속으로의 몰입에 의해 생소함을 유발하고, 따라서 생소함과 친밀함 사이의 긴장감을 유발하는데 공헌하여 해석학적 대화의 출발점은 달성했으나 진정한 목표점에는 도달하지 못 했다는 것이 가다머의 비판이다.[147]

해석학의 진정한 목표는 이해의 문제가 되는데, 가다머가 밟고 있는 마지막 셋째 단계는 **이해의 성격**을 규정하는 일이다. 가다머가 생각하는 이해의 개념을 크게 분류하여 3가지로 규정할 수 있다. 의미발생, 유희성격, 개방성이 그 3가지 규정이다. **의미발생**[148]이라는 이해의 첫 번째 성격은 다음과 같다. 해석자가 텍스트를 읽으면 해석자의 지평선과 텍스트의 지평선, 아니면 해석자의 편견과 텍스트의 편견, 양자가 융합되어 제3의 지평선이, 아니면 제3의 편견이 발생한다는 내용을 언급했다. 이 양자의 융합과정 자체를 가다머는 의미발생이라고 부른다. 따라서 가다머가 생각하는 의미는 객관적으로 그리고 분명하게 보여주고 말해줄 수 있는 의미가 아니라 그때그때 갑자기 발생하는 예측할 수 없는 의미를 의미한다. 아니면 가다머는 해석자의 지평선과 텍스트의 지평선, 양자가 융합하는 과정을 해석자가 가지고 있는 **의미계기**[149]와 텍스트에 내재한 의미계기가 융합하여 새로운 의미가 발생한다는 말로도 설명한다. 의미가 객관적으로 그리고 분명하게 주어져 있는 것이 아니라 그때그때 갑자기 발생하여 예측할 수 없다는 이유는 2명의 대화자 중, 다시 말해 해석자의 지평선과 텍스트의 지평선 중 어느 누구도 결정권을 소유한 주제가 되지 못하고, 결정권의 주체는 대화 자체라는 데 놓여 있다. 의미결정권은 제3자인 대화 자체에

---

145) **"공통 관심사(gemeinsame Sache)"**
146) **역사주의(Historismus)**
147) Gadamer, Hans-Georg: Wahrheit und Methode, S. 290
148) **의미발생(Sinngeschehen)**
149) **의미계기(Sinnmoment)**

있으므로 해석자의 지평선과 텍스트의 지평선, 양자는 대화의 결과를, 대화의 의미 결정을 기다려야 하는 입장이므로 객관적으로 그리고 분명하게 제시해 줄 수 없는 것은 당연하고 따라서 예측할 수 없다는 설명이다. 제3자인 대화 자체가 의미결정권을 가졌다는 내용을 슐츠는 "주역배우는 내가 아니라 대화 자체다"라는 말로 표현한다.[150] 미리 예측할 수 없는 의미발생을 보르만은 가다머의 해석학에 있어서는 "진리는 미학적 의식이나 역사적 의식을 초월하여, 다시 말해 학술의 영역 피안에 위치해 있다"는 말로 설명한다.[151] **진리**는, 다시 말해 절대적인 의미결정은 논리적인 미학이나 역사학 등 학술에 의해 결정할 수 없어 예측불허라는 내용의 설명이다. 그러나 가다머는 해석자와 텍스트 사이에서 발생하는 의미결정이, 의미발생이 예측할 수 없는 갑작스러운 "사건발생"이라고 하여 발생하는 모든 의미가 다 옳다는 소위 의미의 무정부주의와 자신의 해석학과를 분리하려는 시도를 한다. 가다머는 의미결정이라는 표현을 피하면서 (이유는 절대적인 의미, 즉 절대적인 진리란 없으므로 의미결정이라는 표현이 적절하지 못하기 때문에) **의미경험**[152]이라는 표현을 사용하여 발레리[153]의 해석학을 다음과 같이 비판한다. 발레리에 의하면 예술가의 형성의지가 자신을 표현하려는 과정 중, 마치 계속 달리는 기차가 정거하듯이 우연히 그리고 일시적으로 정거하는 순간이 예술가가 창조한 예술작품이라는 논리다. 따라서 발레리에 의하면 예술작품이란 완성품이 아니라 앞으로 더 계속되어야 할 과정, 예술가의 형성과정 이외에는 아무 것도 아니라는 설명이다. 따라서 발레리에 의하면 예술가가 창조한 예술작품 속에는 예술가의 진정한 의지는, 다시 말해 예술가가 진정으로 전달하려는 의미는 들어 있지 않고, 그 예술작품을 초월해 있다고 가다머는 설명한다. 일체의 의미를 처음부터 배제시키는 발레리의 해석학을 가다머는 "**해석학적 허무주의**"라고 부른다.[154] "해석학적 허무주의에 의해 의미결정은 결과적으

---

150) Schulz, Walter: Anmerkungen zur Hermeneutik Gadamers, S.309

151) Bormann, Claus v.: Die Zweideutigkeit der hermeneutischen Erfahrung, S.85

152) **의미경험**(Sinnerfahrung)

153) 발레리(Ambroise-Paul-Toussaint-Jules **Valéry** 1871~1945)

154) Gadamer, Hans-Georg: Zur Fragwürdigkeit des ästhetischen Bewuβtseins, S.66; "**해석학적 허무주의** (hermeneutischer Nihilismus)"

로 독자에게 맡겨져 독자가 결정하는 모든 의미는 다 옳다는 소위 의미의 무정부상태
에 발레리의 해석학은 귀착한다고 가다머는 비판한다. 결과적으로 의미의 무정부
상태를 옹호하는 발레리의 해석학은 잘못된 것이고, 진정한 해석학은 구속성과 자
유, 양자를 통합하는 해석학이 되어야 한다는 것이 가다머의 해석학이다.[155] 구속성
은 과거에서부터 전해 내려오는 전통에 대한 구속성으로 텍스트에 내재한 전통이
고, 자유는 그 구속성으로부터의 자유를 말한다. 텍스트에 내재한 전통에 대한 구속
성과 동시에 자유라는 변증법적 관계는 텍스트에 내재한 전통은 인정해야 하나 그대
로 답습할 필요는 없다는 말로, 달리 표현하면 텍스트에 내재한 의미를 인정해야
하지만 그러나 그 인정된 의미와는 다른 새로운 의미로 변화 발전해야 한다는 관계를
나타낸다. 해석자와 텍스트 양자 사이에서 발생하는 의미발생은 텍스트에 내재한
과거의 의미와 같기도 하고 동시에 다르기도 한 새로운 의미가 된다.

이해라는 개념의 두 번째 성격인 **유희성격**을 논할 차례다. 이해는 하나의 유희라
는 말인데 이해의 유희성격은 의미발생이라는 개념에 내포되어 있다고 보아야 한
다. 왜냐하면 갑자기 발생하는 예측할 수 없는 의미, 즉 의미발생은 마치 역시 결과를
예측할 수 없는 축구경기와(축구유희와) 같기 때문이다. 경기라는 표현을 독일어로
는 Spiel 유희라고 표현하기 때문에 축구경기라는 표현 대신에 축구유희라는 표현을
사용한다면 가다머가 생각하는 이해의 유희 성격에 쉽게 접근할 수 있다. 진의 발언
도, 선의 발언도, 미의 발언도 일체의 발언이 도그마의 성격을 면하지 못하기 때문에
해석학은 어느 발언을, 어느 텍스트를 대상으로 할 것이 아니라, 그 발언의 그 텍스트
의 원자제가 되는 언어를 대상으로 해야 한다는 내용을 언급했다. 우선 가다머는
이 원자제가 되는 언어 자체를 유희라고 생각한다. "언어는 우리 모두가 참가하는
유희다"라는 것이[156] 가다머의 언어철학이다. 언어를 거울이라 부르면서 가다머는
언어라는 거울 속에 모든 것이 나타난다고 말한다. 우리의 실재, 우리의 의식, 우리의
지식 등 모든 것이 언어라는 거울 속에 나타나므로, 언어가 철학의 총체적 대상이라

---

155) vgl. ebd. S.67
156) Gadamer, Hans-Georg: Rhetorik, Hermeneutik und Ideologiekritik, S.72

고 주장한다.157) 따라서 이 언어라는 거울 속에 나타나지 않는 것은 철학의 대상이 될 수도 없으며 되어서는 안 된다는 것이 가다머의 생각이다. 그러나 인간의 실재, 인간의 의식, 인간의 지식 등 모든 것을 포함하고 있는 이 언어라는 거울은 마치 축구 유희와 같이 자신의 유희법칙에 따라 움직이는 것이고 인간 의사에 따라 움직이는 것은 아니라는 것이 가다머의 철학이다. 2개의 팀이 축구경기를 한다면 축구라는 "유희는 자신 자체 속에, 오직 자신 자체 속에만 자신의 실재를 가지고 있다고" 슐츠는 가다머의 유희개념을 설명하는데,158) 축구유희를 하는 선수들의 인간성, 도덕성, 생김새 등은, 다시 말해 유희를 하는 인간들 자신은 잊혀져 사라지고, 존재하는 것은, 실재하는 것은 유희 자체라는 설명이다. 축구경기장 전체를 지배하고 지휘하는 주체는 한국팀도 아니고 일본팀도 아니며, 한국 관람자도 아니고 일본 관람자도 아닌 축구유희 자체라는 설명과 같이, 언어라는 거울 전체를, 언어라는 세계 전체를 지배하고 지휘하는 주체는 언어 자신이지 우리의 실재도, 우리의 의식도, 우리의 지식도 아니라는 설명이며, 언어는 축구유희와 같은 것으로 유희 성격을 가지고 있다는 설명이다. 다음에 가다머는 일반 언어철학적 관점에서의 유희 성격을 연장하여 예술 작품의 차원에 적용한다. 발레리의 "해석학적 허무주의"에 대한 비판으로 진정한 해석학은 구속성과 자유, 양자를 통합하는 해석학이 되어야 한다는 내용을 언급했는데, 이때의 "자유"를 가다머는 **"재창조"**라고 부르면서 "재창조는 선행하는 창조행위를 따르는 것이 아니라, 창조된 작품의 **자태**를 따르는 것이라고" 말한다.159) 괴테의 『파우스트』를 읽고 해석하는 일 자체가 "재창조"인데, 이때의 재창조는 괴테가 전달하려는 의미를 추적하는 것이 아니라, 괴테와는 상관없이 『파우스트』를 구성하고 있는 여러 가지 구성요소들 사이에서 발생하는 자태를 발견해 내는 일이 재창조라는 설명이다. 극 줄거리, 등장인물 등 여러 가지 구성요소들 사이에서 갑자기 하나의 자태가 나타나는데, 이 자태는 마치 축구유희의 마지막 자태와 같아 (축구유희의 마지막

---

157) vgl. ebd.

158) Schulz, Walter: Anmerkungen zur Hermeneutik Gadamers, S.309

159) Gadamer, Hans-Georg: Zur Fragwürdigkeit des ästhetischen Bewußtseins, S.67; **재창조(Nachschaffen)**, **자태(Figur)**

결과와 같아) 역시 유희 성격을 가지고 있다는 설명이다. 마지막으로 가다머는 이해 자체를 **"말들과의 유희"**라고까지[160] 유희개념을 확대시킨다. 텍스트를 구성하는 원자제인 언어 자체가 유희이며, 또 예술작품 자체가, 텍스트 자체가 유희라면, 언어로 구성된 텍스트가 전달하는 의미 역시 유희가 되는 것은 당연하다.

　이해라는 개념의 마지막 세 번째 성격인 **개방성**[161]을 논할 차례다. 해석자가 텍스트를 읽으면 양자 사이에서 예측할 수 없었던 의미가 갑자기 발생한다는 의미발생을 언급했고, 이 의미발생은 마치 긴장감을 일으키는 축구유희를 관람하는 것과 같아 유희 성격을 가지고 있다는 내용을 언급했다. 이해의 2가지 성격인 의미발생과 유희 성격은 합해서 개방성을 의미한다. 갑자기 발생했다가 사라지는 의미는 다음의 의미발생을, 다시 말해 제2의, 제3의 의미발생 등 연속적인 의미발생을 예시해주고, 축구유희는 이번이 마지막 축구유희가 아니라 제2의, 제3의 축구유희 등 연속적인 축구유희를 예시해주기 때문이다. 사건발생은 다음의 사건발생 가능성을 열어 놓고, 축구유희는 이번이 마지막이 아니라 다음번의 축구유희 가능성을 열어 놓는다는 말이다. 가다머 해석학에 내재한 이해개념의 개방성을 위해서는 경험, 유한성, 해석학적 회전관계 등 3가지를 논할 필요가 있다. 우선 가다머는 **경험**을 **"해석학적 경험"**[162]이라고 표현하는데 다음과 같다. 해석자가 텍스트를 읽으면, 해석자의 지평선과 텍스트의 지평선, 양자가 융합하여 해석자의 지평선도 아니고 텍스트의 지평선도 아닌 제3의 지평선이 발생한다는 내용을 언급했다. 그리고 해석자의 지평선도, 또 텍스트의 지평선도 양자 모두 편견성을 면하지 못한다는 내용도 언급했다. 따라서 해석자의 지평선과 텍스트의 지평선이 융합하여 새로 발생하는 제3의 지평선 역시 편견성을 면하지 못하는 것은 당연하다. 이상을 날리 표현히면, 해석자의 의미계기[163]와 텍스트의 의미계기, 양자가 융합하여 새로 발생하는 제3의 의미발생

---

160) Gadamer, Hans-Georg: Wahrheit und Methode, S. 464; **"말들과의 유희"**(Spiel mit Worten)
161) **개방성**(Offenheit)
162) **"해석학적 경험**(hermeneutische Erfahrung)"
163) 의미계기(Sinnmoment)

역시 완전하고 절대적인 의미가 아니라 의미계기에 불과하다는 말인데, 그러나 해석자의 의미계기와도 그리고 텍스트의 의미계기와도 다른 새로운 의미계기라는 말이 된다. 가다머는 "의미계기"라는 말을 **"의미경험"**164)이라고 표현한다. "의미경험"이라는 표현에서 "경험"이라는 개념이 가다머 해석학의 핵심개념이 된다. 가다머의 해석학은 의미의 해석학이 아니라 경험의 해석학이라고 할 수 있다. 가다머의 "의미경험"을 브라운은 원인이라고 하기보다는 결과라는 뜻으로 "원인이라고 하기보다는 영향이다"라고 설명한다. 165) 새로 발생하는 의미발생이 객관적이고 절대적인 진리는 아니나 우리 인간역사를 변화 발전시키는 영향을 행사하는 것으로 하나의 경험이라는 설명이다. 계속해서 브라운은 이 의미발생이 절대적인 진리는 아니므로, 따라서 의미결정이 아니라 의미경험에 불과하므로, 이 의미발생을 인식하는 것이 아니라 인정하는 것이라고 설명한다. 166) 가다머 자신은(의미결정이 아니라) 의미경험을 **"해석학적 경험"**이라고 표현하면서 이 해석학적 경험을 **거울영상**167)에 비유해 설명한다. 그리고 의미의 무한성을 유한한 메디움168)에 의해 표현하는 것이 "해석학적 경험"이 되는데, 이는 마치 잔잔한 호수에 비쳐지는 아름다운 성곽과 같은 것이라고 말한다. 169) 잔잔한 호수 위에 비쳐지는 아름다운 성곽이라는 거울영상은 3가지로 설명되는데, 첫째 바라보는 관찰자의 위치에 따라 그 모습이 달라진다는 사실이고, 둘째 그 거울영상 자체는 실재하는 아름다운 성곽이 아니라는, 다시 말해 비실재라는 사실이고, 셋째 그럼에도 불구하고 아름다운 성곽은 실제로 존재하는 실재라는 사실이다. 아름다운 성곽이 존재하지 않는다면 호수 위에 비치지 않기 때문이다. 이상의 설명을 종합하면, 가다머가 생각하는 **"해석학적 경험"**이란 비실재인 동시에 실재인, 없다고도 할 수 있고 있다고도 할 수 있는 야누스의 머리인데, 관찰자의 바라보는 위치에 따라, 그리고 오늘의 관찰자 내일의 관찰자 등 관찰자의 시간에 따라

---

164) **의미경험(Sinnerfahrung)**
165) Braun, Hermann: Zum Verhältnis von Hermeneutik und Ontologie, S. 213
166) vgl. ebd. S. 213
167) **거울영상(Spiegelbild)**
168) 메디움(Medium)
169) vgl. Gadamer, Hans-Georg: Wahrheit und Methode, S. 441, 442

변화 발전하는 야누스의 머리라고 할 수 있다. 공간과 시간의 변화에 따라 역시 발전하는 야누스의 머리가 가다머가 생각하는 "해석학적 경험"이라 할 수 있다. "해석학적 경험"은 공간과 시간에 따라 항상 변화 발전하는 개방된 경험을 의미한다.

이해라는 개념의 개방성을 "경험"에 의해 논했는데 다음은 **"유한성"**170)에 의해 논할 차례다. "경험"은 무한성의 개념이 아니라 유한성의 개념이다. 의미발생이 절대적인 의미결정이 아니라, 상대적인 의미경험이라는 브라운의 해설은 "경험"의 개념이 유한한 현존재의 개념이지 무한한, 다시 말해 영원한 신의 개념은 아니라는 것을 말해 준다.171) 이해의 문제는 유한한 인간들의 문제이지 영원한 신들의 문제는 아니라는 설명이다. 가다머의 해석학에 내재한 이해의 유한성을 슐츠는 인간학172)과 관련하여 설명한다. 가다머의 해석학은 "인간의 전통과의, 즉 과거와의 대화를 의미한다. 가다머는 과거의 세력을, 그리고 인간의 무력173)을 드러내 보이려고 한다. 강력한 세력을 가진 전통이라는 과거를 연약하고 늙으면 죽게 되는 무력한 인간은 일시적으로 경험할 뿐이다."174) 계속해서 슐츠는 망각은 인간적이라는 의미로 "전통이라는 과거는 기억 속에 존재하는 것이 아니라 망각 속에 존재한다. 바로 과거의 망각이 과거로 하여금 인간의 소유물이 되게 하는 방법이다. 과거가 망각되기 때문에 과거는 유지되고 기억된다. 모든 과거는 망각 속으로 잠적하여 사라진다. 그리고 이 망각은 잠적되어 사라진 과거를 유지하고 보존하는 그릇이 된다. 해석학의 대상은 바로 이 망각이라는 그릇이다."175) "과거"라는 개념은 어제도 그리고 오늘도 또 내일도 지속하는 인간의 **"전통"**176)을 의미하며, 이 "전통"은 망각되어 우리는 모르고 있으나 다음의 "경험"을 기다리고 있다는 설명이다. 망각은 유한한 인간의 소유물이지, 무한한 신들의 소유물은 아니라는 설명이다. 이해는 일시적인 경험이

---

170) **"유한성"**(Endlichkeit)

171) vgl. Braun, Hermann: Zum Verhältnis von Hermeneutik und Ontologie, S.214

172) 인간학(Anthropologie)

173) 세력(勢力)과 무력(無力)

174) vgl. Schulz, Walter: Anmerkungen zur Hermeneutik Gadamers, S.313, 314

175) ebd. S.313

176) **"전통(Überlieferung)"**

지 절대적인 인식은 아니라는 이해의 경험성과, 또 이해는 유한한 것이지 무한한 것은 아니라는 이해의 유한성을 합하여 가다머 해석학의 **"해석학적 회전관계"**를 언급하고 논문을 종결하기로 한다. 과거에도 지속해 왔으며 그리고 현재도 지속하며 또 미래도 끊이지 않고 지속하는 전통을 가다머는 이미 언급한 **"영향발전사"**라고 하는데, 진정한 해석학은 이 영향발전사를 대상으로 해야 하고, 해석자와 이 영향발전사 사이의 회전관계가 해석학의 진정한 해석학적 회전관계가 된다는 것이 가다머의 철학이다. 가다머의 주저 **『진리와 방법론』**을 맺는 유명한 말은 해석학적 회전관계를 나타낸다. "진정한 의미를 이해하려는 우리는 의미발생이라는 사건에 말려들어 있다. 우리가 진정한 의미를 이해했다고 생각하면 이미 때는 늦어 우리는 이해작업을 다시 시작해야 할 시점에 놓여 있다."[177] 과거에도 지속해 왔고 그리고 현재도 지속하며 또 미래도 지속할 영향발전사를 우리가 이해했다고 생각하면 이는 잘못이라는 설명이다. 왜냐하면 영향발전사는 계속 변화 발전하여 한 번의 이해는 더 이상 이해가 되지 못하기 때문이다. 해석자와 영향발전사 사이의 회전관계는, 그것도 시간과 공간에 따라 변화하는 해석자와 역시 계속 발전하는 영향발전사 사이의 회전관계는 변화발전 그 자체, 개방성 그 자체라고 할 수 있다. 가다머가 생각하는 이해의 개념은 변화발전 그 자체, 개방성 그 자체라고 할 수 있다.

---

177) Gadamer, Hans-Georg: Wahrheit und Methode, S.465

벤야민

예술과 기술

1. 서론

벤야민[1]이 생각하는 현대예술에 관한 이론은 『기술적 재생산성 시대의 예술작품』이라는 논문에 집약되어 있다. 이 논문의 목적은 파시즘을 파괴하는데 기여하는 정치적 목적이라고 할 수 있다. 따라서 예술은 예술을 위한 예술, 즉 **"라르 푸르 라르"**[2]의 입장을 버리고, 정치에 참여해야 한다는 예술의 **앙가주망**[3]에 관한 이론이 이 글의 전체 내용이며, 벤야민의 "현대예술"이라는 개념을 형성하고 있다. 따라서 독일의 파시즘을 직접 간접으로 유리하게 했던 전통 개념들, "창조성", "천재성", "영원한 가치", "신비성" 등을 벤야민은 현대예술을 위해서는 적합하지 않은 개념들로 제외시킨다.[4] 현대 예술론에서 제외되는 이상의 개념들은 전통 예술론을 형성하는 개념들이므로 벤야민이 생각하는 현대 예술론은 이상의 개념들과는 반대의 개념들이 되어야 한다. 따라서 벤야민의 현대 예술론은 **생산가능성,**[5] **천재성의 제외, 구성**[6] 등의 개념들에 의존한다. "예술작품은 원래 재생산될 수 있는 것으로 한 인간이 생산한 예술작품은 다른 인간에 의해 언제나 모방되어 재생산 되었다"[7]는 것이 벤야민의 근본 생각이다. 예술행위 일제를 예술가, 예술작품, 수용자 등 3가지로 나누어 생각하

---

1) 벤야민(Walter **Benjamin** 1892~1940)
2) **"라르 푸르 라르(l'art pour l'art)"**
3) **앙가주망(Engagement)**
4) vgl. Benjamin: Das Kunstwerk…, S.9
5) **생산가능성(Machbarkeit)**
6) **구성(Konstruktion)**
7) vgl. Benjamin: Das Kunstwerk…, S.10

면, 우선 예술의 생산과정, 즉 예술가와 예술작품의 관계에 지대한 변화가 생기게 된다. "생산가능성", "천재성의 제외", "구성" 등이 의미하는 말은 다음과 같다. 첫째로 예술가는 천재이며, 천재는 보통 인간은 될 수 없는 타고난 자연이라는 칸트식의 천재 론이8) 벤야민에게서 배제된다. 타고난 천재인 예술가가 예술작품을 "창조"하는 것 이 아니라, 보통 인간인 그러나 기술적으로 숙련된 생산가가 기술적으로 예술작품을 "생산"한다는 것이 벤야민의 주장이다. 둘째로 하나의 숙련된 기술공인 생산가가 생산한 예술작품도, 보통 인간이 모방할 수 없는 신비의 작품으로 유일하고 또 단 한 번만 존재하는 영원한 가치를 나타내는 소위 천재의 "창조물"과는 거리가 먼 것으 로, 보통 인간에 의해 만들어졌으며 또 몇 번이고 모방되어 재생산 될 수 있는 소비재 가 된다. 셋째로 예술가는 언급한 대로 천재인 타고난 자연이 아니라 보통 인간이기 때문에 예술가와 수용자, 작가와 독자의 관계가 전도되거나, 후자가 전자의 지위를 찬탈하는 결과를 가져온다. 다시 말해 "예술가", "예술작품", "수용자"라는 전통 미학 의 삼자 관계에서 예술가의 위상이 상실되어 벤야민의 현대 미학에서는 예술작품과 수용자라는 아니면 작품과 독자라는 양자 관계로 변한다. 또 표현을 달리하면 예술 가, 예술작품, 수용자라는 전통 미학의 삼자 관계가 벤야민의 현대 미학에서는 "생산 가", "생산품", "소비자"라는 자본주의 사회의 새로운 삼자 관계가 된다고도 말할 수 있다.

예술의 **재생산성**9)을 설명하기 위하여 벤야민은 희랍인들의 주조, 각인, 중세인 들의 목판화, 목판인쇄, 동판화, 부식동판화, 그리고 19세기 초의 석판화 등의 발달 사로부터 시작한다.10) 이상 언급한 재생산 가능한 예술형식의 연장이 **사진술**인데, 19세기에 와서(정확히는 19세기 중반에) 이 사진술이 기술적 재생산의 대표적 예로 재생산의 질과 양뿐만 아니라 현대예술의 성격을 총체적으로 변화시키게 되었다는 것이 벤야민의 의견이다. 다시 말해 19세기 중반부터 **기술**은 **예술**11)의 성격을 총체

---

8) Kant: Kritik der Urteilskraft, S. 235
9) **재생산성(Reproduzierbarkeit)**
10) 주조(Guß), 각인(Prägung), 석판화(Lithographie)

적으로 변화시켜, 예술의 본질을 전혀 새롭게 다시 정의해야 한다는 것이 벤야민의 의견이다. 예술을 다시 정의해야 한다는 철학적 근거로 첫째로 벤야민은 인간의 인지[12]와 예술의 장르와의 상관관계를 말한다. 역사가 변함에 따라서 인간 집단의 존재방식도 변하고, 또 존재방식의 변화에 따라 인간 집단의 메디움[13]인 인지의 형식도 또 그에 따라 예술의 장르도 변한다는 것이다. 인지의 형식인 메디움은 영원히 변하지 않는 자연적 산물이 아니라, 항상 변하는 역사적 산물이기 때문에, 따라서 예술의 장르도 역사적 산물로 역사에 따라 새로운 장르가 되어야 한다는 논리다. 언급한 대로 희랍인들의 장르가 주조와 각인이라면, 중세인들의 장르는 목판화, 동판화, 부식동판화 등이고, 19세기 초에는 석판화가 되고, 19세기 중반부터는 사진술이 그 역사에 맞는 장르가 된다는 말이다. 현대예술을 다시 정의해야 하는 두 번째 이유는 현대 기술 자체에 내재한 문제로, 기술이 재생산성을 가속화시킴에 비례하여 예술은 더욱더 재생산성에 의존하게 되고, 또 재생산성에 대한 의존도가 커지면 커질수록 이에 비례하여 재생산 가능한 예술작품들만이 생산되게 된다는 주장이다. 극단적으로 표현하면, 현대의 모든 예술작품은 기술적 재생산품이고, 또 반대로 모든 기술적 재생산품은 예술작품이 된다고도 할 수 있다. 현대의 **기술적 재생산성**[14]이 예술에 대한 새로운 정의를 요구하는 것은 당연한 논리다. 세 번째 이유는 첫 번째 이유인 인지의 형식과 예술의 장르 사이의 상관관계를 확대한 이유로서, 대량생산과 대량광고의 사회인 현대 대중사회의 인지와 직관의 형식에 근거를 둔 이유가 된다. 현대예술은 자신이 존재하기 위해 절대로 필요한 **시장가치** 때문에 자연히 **대중**의 인지형식에 방향을 맞추게 되고, 또 대중 역시 그때그때 주어지는 예술을, 시간과 장소에 따라 변하는 예술을, 달리 표현하여 그때그때의 **경향**[15]을 비판 없이 수용하여 소비하며 그 "경향"에 방향을 맞춘다는 것이다. 예술과 대중은 서로 손발이 잘 맞아 예술과 대중의 공통분모라고 할 수 있는 **"현대예술"**이 탄생한다는 논리다. 현대

---

11) **기술(技術)**과 **예술(藝術)**

12) 인지(認知)

13) 메디움(Medium)

14) **기술적 재생산성(**technische Reproduzierbarkeit**)**

15) **경향(**Tendenz**)**

대중의 출현에 의해 과거의 예술과는 다른 예술, 즉 "현대예술"이 등장하므로 이는 새로운 정의의 대상이 된다는 의미다.

끝으로 현대의 "기술적 재생산성"이, ("기술적 재생산성"이라는 개념을 간단하게 "기술"이라는 개념으로 표현하면) 현대의 **기술**이 예술을 새로 정의해야 할 정도로 예술의 본질을 변모시켰다면, 예술의 수용문제도 달라진다는 것은 당연하다. 이 수용문제에 대한 패쏠트의 설명을 빌리면 다음과 같다. "벤야민에 있어서는 예술이 하나의 독자적인 인식과 논리성의 영역으로서 어떻게 현대의 기술을 자체 내에 흡수 통합하느냐 하는 것은 관심사가 아니다. 예술의 독자성 즉 **예술의 아우토노미**는 이미 지양되고 없는 것이어서, 예술은 이제 계몽의 수단으로 그리고 이데올로기 파괴의 수단으로 변모해야 한다는 것이 관심사가 되었다."[16] 벤야민 미학의 수용론을 요약하면, **교훈**과 **여흥**, 계몽과 오락, 라틴어 표현으로 **도케레**와 **델렉타레라**는[17] 전통 예술의 공식이 깨지고, 예술은 이제 교훈, 계몽, 도케레 일변도로 되어야 한다고 할 수 있다.

2. 아우라의 붕괴

벤야민이 19세기 중반을 기술적 재생산성의 대표적인 예인 사진술이 예술의 개념 자체를 뒤흔들어 놓아 예술을 새로 정의해야 하는 시점으로, 다시 말해 현대예술의 출발점으로 보는 것은 아도르노가 이 19세기 중반을 **고도자본주의**의 시작으로 보아 현대 즉 **모데르네**의 출발점으로 보는 것과 일치한다.[18] 벤야민이 생각하는 새로 정의된 예술 즉 현대예술을 이해하기 위해서는 그의 예술론의 핵심인 **아우라**[19]

---

16) Paetzold: Neomarxistische Ästhetik, S.136
17) **교훈**(Belehrung)과 **여흥**(Unterhaltung); **도케레**(docere)와 **델렉타레**(delectare)
18) 19세기 중반을 예술사에서 하나의 분기점으로 보는 것은 벤야민, 아도르노뿐만 아니라 가다머 등 다른 이론가들에서도 공통적인 현상이다. 그러므로 19세기 중반은 예술뿐만 아니라 철학 등 세계사가 달라지는 순간으로 보아야 한다. **고도자본주의**(Hochkapitalismus), **모데르네**(die Moderne)
19) **아우라**(Aura)

라는 개념을 이해해야 한다. 아우라에 대한 벤야민 자신의 정의는 다음과 같다. "어느 화창한 여름날 오후에 시원한 나무그늘 밑에 누워 휴식을 취하면서, 지평선에 나타나는 산맥을 바라보거나 그림자를 던져주는 머리 위의 나뭇가지를 조용한 마음으로 쳐다보면, 이때 느끼는 감정은 그 산맥과 나뭇가지의 아우라를 호흡하는 것과 같은 것이다."[20] 아우라에 대한 벤야민 자신의 정의는 개념적 논리적 표현이라기 보다는 예술적 추상적 표현으로 지대한 사고를 요하는 표현이다. 벤야민이 생각하는 아우라의 개념을 3가지 방향으로 나누어 생각할 수 있다. 시간 공간적 개념, 사회적 개념, 주관과 객관의 조화 등의 3가지 방향이 그것이다. 첫째로 시간 공간적 개념으로 볼 때 아우라는 **"바로 여기 그리고 바로 지금"**[21]이라는 의미를 가진다. 인용문에서 아우라를 호흡하는 휴식자의 순간 찰나적 감정은, (이것이 아우라를 의미하는데) 그림자를 던져 주는 나무 밑 바로 그 자리가 아니라, 휴식자의 위치가 변경되어 뜨거운 햇빛을 강하게 받거나, 또는 휴식자와 산맥 사이의 거리가 변경되어 산맥이 너무 가까이 있거나 아니면 너무 멀리 있다면, 이때에 휴식자가 느끼는 감정은 달라진다. 또 시간적으로 볼 때 화창한 여름날 오후가 아니라, 햇빛이 너무 강한 정오이거나, 아니면 이미 해가 져서 어두운 밤이라면, 역시 휴식자의 감정은 또 달라진다. 인용문에 나타난 "바로 여기 그리고 바로 지금"은, 라틴어 표현으로 "히크 에트 눙크"는 휴식자가 느끼는 유일하고 일회적인 아우라다. 벤야민 자신은 예술작품의 아우라를 설명할 때 "일회적 아우라"라는 말 대신에 "여기 그리고 지금", "일회적 현존재"[22] 등의 표현을 사용한다. **"히크 에트 눙크"**로서의 아우라는 과장하여 표현하면, 동서양 넓고 넓은 지구상에서 "바로 여기"와 또 5000년 동안의 긴 인류사와 앞으로 영원히 계속할 인류사를 합친 것 중에서 "바로 지금"을 의미한다고, 글자 그대로 해석할 필요가 있다. 공간적으로 하나의 점과 시간적으로 하나의 순간이 합친 것이 **"히크 에트 눙크"**로서의 아우라라고 할 수 있다. 따라서 아우라는 공간적으로 또 시간적으로 항상 변하는 다양한 아우라라고 할 수 있다.

---

20) Benjamin: Das Kunstwerk…, S.15
21) "바토 어기 그리고 바로 지금(hic et nunc)"
22) "일회적 현존재(einmaliges Dasein)"

벤야민이 생각하는 아우라를 더 정확히 이해하기 위해서는 둘째로 "히크 에트 눙크"로서의 아우라 개념에 **사회성**23)의 개념을 수용하여 이해해야 한다. 인용문에서 묘사되는 휴식자가 예를 들어 가난한 노동자냐 아니면 부유한 노동주냐에 따라, 또 무교양인이냐 아니면 교양인이냐에 따라, 또 동양인이냐 아니면 서양인이냐 등등에 따라서 휴식자가 느끼는 감정은 다양해진다. 인용문의 휴식자는 예술의 수용자 즉 감상자이고, 휴식자가 바라보는 산맥과 나뭇가지를 예술작품이라고 한다면, 사회성으로서의 아우라는 페터 뷔르거의 설명에 의하면 다음과 같다. "아우라라는 개념에는 2가지 인식할 점이 들어 있다. 하나는 자연세계(경험세계) 속에 존재해 있는 하나의 대상인 예술작품 자체가 어떤 영향을 발휘하는 것이 아니라, 오히려 그 영향은 예술작품이 속해 있는 전체 사회제도에 의해서 생겨난다. 둘째는 예술에 대한 수용방식은 사회와 역사에 따라 달라진다는 것이다."24) 사회성으로서의 아우라는 예술작품 자체 속에 내재하는 것이 아니라 예술작품을 초월한 것으로 즉 작품 외재적인 것으로 사회제도, 그 사회의 역사와 문화 등에 의해서 결정된다는 것이다. 따라서 하나의 동일한 예술작품이, 즉 하나의 동일한 "산맥과 나뭇가지"가 풍겨주는 아우라는 사회, 역사, 문화 등에 따라 다양하게 달라질 수밖에 없다. 예를 들어 동일한 여신상 베누스25)가 희랍인에게는 예식의 숭배 대상이 되었지만, 중세의 성직자들에게는 재해를 갖다 주는 우상으로 변했다고 벤야민은 말한다. 이 사회성으로서의 아우라를 벤야민은 한 예술작품의 전통, 유일성, 권위 등으로26) 표현한다. 사회성으로서의 아우라는 예술철학에서 하나의 상식화된 개념으로 이론가에 따라 표현만 다르다. 가다머27)는 이를 **"실재물에 첨가되어 있는 증식물"**28)이라고 표현하고, 아도르노는 이를 정신, 타자,29) 상이점 등으로30) 표현한다. 벤야민, 가다머, 아도르노

---

23) **사회성(社會性)**

24) Bürger, Peter: Theorie der Avantgarde, S.40

25) 베누스(Venus)

26) Benjamin: Das Kunstwerk···, S.16, 13; 전통(Tradition), 유일성(Einzigartigkeit), 권위(Autorität)

27) 가다머(Hans-Georg **Gadamer** 1900~2002)

28) Gadamer, Hans-Georg: Die Aktualität des Schönen, S.47; **"실재물에 첨가되어 있는 증식물(Zuwachs an Sein)"**

29) 정신(精神), 타자(他者)

30) Adorno: Ästhetische Theorie, S.134

등이 의미하는 내용은 다 같은 것으로 다음과 같은 예로 설명될 수 있다. 예를 들어 한 추한 여인 A가 예쁘게 화장을 하여 미인 Aa가 되었다고 가정하자. A와 Aa의 관계는 다음과 같다. A는 자연세계(경험세계)에 존재하는 예술작품 자체이고, 실재이고, 존재물 그 자체이며, Aa는 아우라이고, 가상31)이고, "증식물"이 된다. 여기서 주의할 것은 추한 여인 A가 화장(a)을 하여 미인 Aa가 되었다면, 미인이 되기 위한 유일한 조건은 추한 여인 A가 먼저 존재해야 다음에 예쁘게 화장을 한 미인 Aa가 존재할 수 있다는 사실이다. 자연세계에 존재하는 물 자체인 예술작품이 먼저 있어야 하고 다음에 비로소 예술작품의 아우라가 생긴다는 말이다. 미인 Aa 속에는 이미 추인 A가 포함되어 있듯이, 사회성 속에는 예술작품 자체가 이미 포함되어 있다. 미인 Aa가 화장을 하기 전의 A와 같게도 보이고 또 다르게도 보이는 이중성을 가진 것처럼, 사회성으로서의 아우라도 야누스32)의 머리를 가지고 있다. 다시 말해 사회성으로서의 아우라도 한국사회, 독일사회 등 사회에 따라 달라지므로 무궁무진하게 다양해지는 아우라이다.

"히크 에트 눙크"로서의 아우라가 객관적 대상인 예술작품 자체가 자신으로부터 **방사**하는 아우라라고 한다면, 사회성으로서의 아우라는 반대로 인간 또는 인간 집단이 객관적 대상에 주관을 **영사**하는 데서 생기는 아우라라고 할 수 있다.33) 벤야민이 생각하는 세 번째 아우라의 개념은, 사회성과 "히크 에트 눙크"의 종합으로서의 아우라, 표현을 비약시켜 객관과 주관의 종합34)으로서의 아우라에 대한 개념이다. 객관과 주관의 종합으로서의 아우라를 패쏠트는 다음과 같이 설명한다. "아우라는 사물 즉 대상 속에 깃들어 있는 인간의 흔적을 대변해 준다. 대상 속에 깃들어 있는 아우라를 경험한다는 것은 그 대상과 인간과의 지나간 과거의 관계를 기억 속으로 다시 불러내는 것을 의미한다. 대상이 마치 자기 자신을 인간에게 맡겨 버리는 것과

---

31) 실재(實在 Sein)와 가상(假象 Schein)
32) 야누스(Janus)
33) **방사(ausstrahlen), 영사(einprojizieren)**
34) 종합(Synthese)

같은 것으로 이러한 아우라의 개념은 이상주의가 의미하는 우토피[35]와 일치하는 개념이다."[36] 종합으로서의 아우라는 주관과 객관, **인간과 자연사이의 조화**를 의미한다. 인용문 속의 휴식자는 자연 속에 묻혀 있으며, 또 자연은 이 휴식자 속에 깃들어 있다고 할 수 있다. 아우라를 묘사하는 인용문은 인간과 자연이, 인간과 사물이, 주관과 객관이 이상적으로 하나가 되어 있는 우토피에 대한 묘사라 할 수 있다. 종합으로서의 아우라는 객관의 방사와 주관의 영사가, 자연과 자아가 서로 조화되는 우토피의 아우라라고 할 수 있다. 이상의 종합으로서의 아우라 개념 역시 예술철학에서 새로운 것은 아니다. 칸트 미학의 핵심으로서 판단력[37]의 선험원리인 **자연의 합목적성**[38]은 벤야민의 아우라의 전신이라고 보아야 하며, 또 예를 들어 루카치[39]가 말하는 **인간화**[40]도 주관과 객관의 합으로 벤야민의 아우라와 같은 개념으로 볼 수 있다. 또 아도르노가 말하는 **물신**[41]도 결국은 벤야민의 아우라와 같은 맥락에서 보아야 하나, 아도르노는 이를 부정적으로 보는 것이 차이점이다. 아도르노와는 반대로 벤야민은 긍정적이고 고전적인 아우라의 개념을 견지한다. 긍정적이고 고전적인 아우라의 개념을 벤야민이 견지하는 이유는 아우라의 파괴를 완벽하게 묘사하기 위함이다.

지금까지 보아온 아우라에 대한 3가지 정의, 즉 "히크 에트 눙크"로서의 아우라, 사회성으로서의 아우라, 주관과 객관의 종합으로서의 아우라는 아우라의 3가지 종류를 나타내는 것이 아니라, 하나의 아우라의 3가지 성격을 나타내는 것으로 생각해야 한다. 따라서 아우라의 개념이 언급될 때에는 이상의 3가지 성격을 하나 속으로 통합하여 생각하는 소위 "개념의 긴장"[42]이 필요하다. 벤야민의 미학에 있어서 현대

---

35) 우토피(Utopie)
36) Paetzold: Neomarxistische Ästhetik, Teil 1, S.150
37) 판단력(判斷力 Urteilskraft)
38) **자연의 합목적성(Zweckmäßigkeit der Natur)**
39) 루카치(Georg **Lukács** 1885~1971)
40) **인간화(Anthropomorphisierung)**
41) **물신(物神 Fetisch)**
42) "개념의 긴장(Anstrengung des Begriffs)"

예술이 시작하는 순간은 19세기 중반 아우라가 붕괴하기 시작하는 순간이다. 아우라의 붕괴과정을 설명하는 것은 첫째 예술의 위기, 둘째 예술의 아우토노미 상실, 셋째 예술의 종말 등의 과정을 설명하는 것이 된다. 첫째로 **예술의 위기**가 시작하는 순간은 언급한 대로 현대예술이 시작하는 순간으로, 달리 표현하면 **모데르네**[43]가 시작하는 순간으로, 예술작품에 내재한 아우라가 붕괴하기 시작하는 순간인 19세기 중반이 된다. 페터 뷔르거가 현대예술인 아방가디즘을 정의하면서 사용하는 "**작품의 통일성**"의 붕괴라는[44] 말은 바로 아우라의 붕괴를 의미한다. 따라서 현대예술의 특징 중의 하나는 "작품의 통일성"의 붕괴 또는 아우라의 붕괴라고 할 수 있다. 아우라의 붕괴를 설명하기 위하여 벤야민은 예술의 근원은 종교적인 **의식**[45]이라는 개념에서 출발한다. "결정적으로 중요한 사실은, 예술작품이 가지고 있는 아우라적 존재방식은 그 예술작품의 의식기능에서 절대로 분리할 수 없다는 사실이다. 다른 말로 표현하면 예술작품의 순수한 고유가치 즉 생명은 의식에 그 근거를 두고 있다. 그리고 이 의식이 예술작품이 지닌 원래의 사용가치이기도 하다."[46] 여기서 의식이라는 개념은 광의의 개념으로 기독교, 유교, 불교 등 종교의 의식뿐만 아니라 종교의 퇴화형인 마술, 미신 등 일체의 의식행위를 나타내는 개념이다. 인간은 전지전능한 신이 아니기 때문에 여하한 형태의 의식행위를 필요로 하고 있다는 의미로서의 의식이 벤야민이 생각하는 의식의 개념이다. 예술의 근원을 이와 같이 종교 내지는 의식에서 찾는 이론은 예술철학에서 잘 알려져 있다. 벤야민의 아우라 개념은 그러나 **예술**과 **의식**의 관계를 더 밀착시켜, 예술을 의식에 붙어서 의식을 뜯어먹고 사는 기생충이라고[47]까지 벤야민은 표현한다. 예술과 의식의 관계는, 예술은 의식 없이는 절대로 존재할 수 없으나, 의식은 반대로 예술 없이도 존재할 수 있다는 관계가 된다. 여기서 현대의 기술적 재생산성이, 간단한 표현으로 현대의 **기술**이 예술과 의식 사이의 연결고리를 끊어 버린다는 것이 벤야민의 생각이다. 예술과 의식 사이의 연결

---

43) **모데르네(die Moderne)**
44) Bürger: Theorie der Avantgarde, S.76; 아방가디즘(Avantgardismus), "**작품의 통일성(Werkeinheit)**"
45) **의식(儀式 Ritual)**
46) Benjamin: Das Kunstwerk···, S.16
47) Benjamin: Das Kunstwerk···, S.17

고리를 끊는 일을 하는 현대 기술의 첫 번째 그리고 구체적인 실례가 사진술이라는 것이 벤야민의 주장이다. 사진술이 예술의 원래의 기능인 **의식기능**을 파괴함에 따라 예술은 처음에는 세속적인 미의 시녀로 전락했고, 다음에는 예술은 소위 "**라르 푸르 라르**"의 자세로 현대 기술의 침입에 대항하려 했다는 주장을 벤야민은 전개한다.[48] "라르 푸르 라르", 즉 예술을 위한 예술이라는 예술의 새로운 자세는 벤야민에 의하면 예술이 현대 기술에 의해 완전히 함몰되기 직전의 예술의 마지막 보루라고 할 수 있다. 이 예술의 마지막 보루는 넓고 넓은 바다 가운데 홀로 존재하는 단 하나의 유일한 섬과 같은 것으로, 벤야민은 이를 "예술신학"이라고도 또 "부정적 신학"이라고도 부른다. 단 하나의 넓은 바다와 단 하나의 유일한 섬을 변증법적으로 상상하면, 바다와 섬의 관계는 무와 실재의[49] 관계가 된다. 무와 실재라는 변증법적 관계에서 실재는 처음이고 전부고 마지막인 총체성이 된다. 마찬가지로 바다와 섬이라는 변증법적 관계에서, 섬은 즉 예술은 처음이고 전부고 마지막인 총체성이 된다. 실재의 총체성이라는 의미로 벤야민은 "예술신학"이라는 말을 사용하고, 또 이 총체성이 교회에서 말하는 신의 총체성이 아니라, 예술의 총체성이기 때문에 "부정적 신학"이라는 말도 사용한다. 역으로 말해서 현대 기술인 사진술이 예술신학, 부정적 신학이라는 예술 지상주의를 탄생케 하는 공적은 보였으나, 이 "**예술 지상주의**"는 예술 자체의 위기를 말해 주는 표현이 되었다는 것이 벤야민의 주장이다.

아우라의 붕괴과정을 설명하기 위한 둘째 과정은 **예술의 아우토노미 상실**이 된다. 현대의 기술이 예술과 의식 사이의 연결고리를 끊는다는 사실은 예술의 아우토노미 상실로 이어진다. 예술의 아우토노미 상실로 이르는 과정은 벤야민에 의하면 3단계로 설명된다. 1단계로 현대의 기술은 예술생산으로 하여금 기술에 의지하게 만들고, 또 더 나아가서는 기술에 의해서만 가능한 예술작품들만을 만들어 내게 한다는 것이다. 다시 말해 현대에는 기술을 거치지 않은 예술작품은 전무하게 된다는 이론이다. 2단계로 현대의 기술이 예술과 의식 사이의 연결고리를 끊었기 때문에

---

48) ebd. S.17; **의식기능(Ritualfunktion), "라르 푸르 라르(l'art pour l'art)"**
49) 무(nichts)와 실재(Sein)

예술은 다른 연결고리를 찾아야 한다는 것이 벤야민의 주장이다. 과거에는 예술은 **의식**에 붙어서 의식을 뜯어먹고 사는 "기생충"이었으나 현대에는 다른 대상, 즉 **정치**에 붙어서 정치를 뜯어먹고 사는 "기생충"으로 변했다는 논리다. 예술은 이래도 저래도 "기생충" 신세는 면할 수 없다는 논리, 즉 예술의 아우토노미는 완전히 상실되었다는 논리다. 마지막 3단계는 전통적 **작품범주**50)또는 **작품의 통일성**의 완전한 붕괴 내지는 분열로 예술의 아우토노미 상실을 벤야민은 다시 한 번 강조하는 단계가 된다. 3단계에서 벤야민은 기생의 대상물인 **의식**과 **정치** 둘 다 수용하여 아우토노미의 정반대 개념인 예술의 의존성 즉 **헤테로노미**51)를 강조하려 한다. 이상의 2개의 의지물에 의해 생기는 2개의 가치를, 다시 말해 의식이라는 의지물과 정치라는 의지물에 의해 생기는 2개의 가치를 벤야민은 **제식가치**와 **전시가치**라고 부른다.52) 이 제식가치와 전시가치라는 개념들은 예술이 자신을 위해 존재하는 것이 아니라 제식이나 전시를 위해 존재한다는 것이므로, 제식가치와 전시가치라는 개념들은 예술의 아우토노미를 부정하고 작품범주를 파괴하는 개념들이 된다. 이 **작품범주의 파괴** 또는 와해가 벤야민이 의미하는 현대예술의 핵심이 된다. 벤야민은 인접개념들인 **의식과 제식**53) 그리고 역시 인접개념들인 **정치와 전시**,54) 이 두 쌍의 인접개념들을 수용하여 아우토노미의 철저한 파괴를 설명한다고 할 수 있다. 결국 현대의 기술은 예술을 한때는 **의식 또는 제식**에서 해방시켜 예술로 하여금 아우토노미를 갖도록 도운 적도 있으나, 현대에 와서 예술로 하여금 다시 **정치 또는 전시**에 의존하게 만들어 예술에서 아우토노미를 다시 박탈했다고 할 수 있다.

아우라의 붕괴과정을 설명하기 위해 예술의 위기, 예술의 아우토노미 상실을 논했으므로, 다음에는 셋째로 **예술의 종말**을 논할 차례다. 여러 번 언급한 대로 아우토

---

50) **작품범주(Werkkategorie)**
51) **헤테로노미(Heteronomie)**
52) vgl.Benjamin: Das Kunstwerk…, S.18; **제식가치(祭式價値 Kultwert)와 전시가치(展示價値 Ausstellungswert)**
53) **의식(儀式)과 제식(祭式)**
54) **정치(政治)와 전시(展示)**

노미의 상실, 작품범주의 파괴 등의 표현은 전통적 미학이 의미하는 예술이 이제는 종말에 도달했다는 표현들이다. 패쫄트의 말을 다시 빌리면 "과거의 예술형식이 현대에 와서는 그 타당성을 상실했을 뿐만 아니라 더 나아가서는 예술 자체의 지양, 즉 예술 자체의 종말이라는 것이 벤야민의 유물론적 예술론의 내용이다."[55] 벤야민이 의미하는 예술의 종말을 설명하기 위해서는 아우라의 개념에 의한 설명이 효과적이다. 아우라가 존재하면 예술도 존재하고, 아우라가 말살되면 예술의 생명도 말살된다고 보아야 한다. 따라서 아우라가 존재하는 경우와 아우라가 말살된 경우, 2가지 경우를 나누어 생각할 수 있다. 아우라가 존재하는 경우는 벤야민에 의하면 다시 2가지 경우, 즉 예술이 의식에 기생하여 제식가치[56]를 소유하는 경우와, 그리고 예술이 의식에서 해방 독립하여 제식가치를 상실하는 경우 2가지가 된다. 전자의 경우 즉 예술이 의식에 기생하여 제식가치를 위해서 존재하는 경우는 타율성, 즉 **헤테로노미**로서의 예술이 되며, 후자의 경우 즉 예술이 의식에서 해방 독립되어 제식가치를 떨쳐버리는 경우는 자율성, 즉 **아우토노미**로서의 예술이 된다. 이상의 2가지 경우에는 예술이 타율성으로 존재하든 자율성으로 존재하든 예술이 어떠한 형태로든 예술의 존재는 보장된다고 보아야 한다. 예술의 존재형식이 타율성에서 자율성으로 변하는 순간은 언급한 대로 사진술이 등장하는 19세기 중반이 된다. 이 19세기 중반은 벤야민이 소위 **"예술신학"** 또는 **"부정신학"**이라고 부르는 "예술지상주의"의 순간으로 **"모데르네"**의 출발점이 되는 시점이다. 그리고 이 시점에서는 예술이 타율성으로 존재하든 또는 자율성으로 존재하든, 예술작품에는 아우라가 내재해 있다고 보아야 한다. 다음에는 아우라가 말살된 경우인데, 이 경우에는 예술이 아우라를 상실했기 때문에 **정치**에 기생해서 **전시가치**[57]를 위해 존재하는 예술로서, 다시 말해 타율성의 예술로 다시 한 번 전락하게 된다. 타율성의 예술, 자율성의 예술, 다시 타율성의 예술이라는 순서가 되는데, 이 마지막 단계인 아우라가 말살된 단계에서는 예술은 2가지 종류의 상실을 감수해야 한다. 구체적으로 그 2가지 종류의 상실은

---

55) Paetzold: Neomarxistische Ästhetik, Teil 1, S.130
56) 제식가치(祭式價値 Kultwert)
57) **전시가치(展示價値)**

아우라의 상실과 자율성의 상실을 의미한다. 벤야민이 의미하는 "예술의 종말"은 **아우라**와 **아우토노미**, 이중의 상실을 의미한다. 예술이 아우라와 아우토노미, 둘 다를 상실하는 순간부터 예술은 완전히 새로운 기능을 부여받게 되어, 예술을 "예술"이라고 더 이상 부를 수 없을 정도로 예술이 아닌 예술이 되었다는 것이[58] 벤야민의 이론이다. 예술의 존재 자체를 인정하기 위해서는 결국은 아우라의 존재가 인정되어야 한다는 논리다. 아우라가 마지막으로 존재하는 순간, 즉 예술이 마지막으로 존재하는 순간은 벤야민에 의하면 인물사진이다. 현대의 기술이 아우라를 파괴시키는데 큰 공헌을 했으나 아우라의 마지막 보루인 인물사진은 아직 파괴하지 못했다는 것이 벤야민의 생각이다. "이제는 고인이 된 옛날 애인의 사진 속에서 **제식가치**[59]가 마지막 피난처를 가지고 있으며, 아우라가 마지막으로 손짓을 하고 있다"고[60] 벤야민은 말한다. 그러나 아쮀[61] 등 19세기의 사진작가들이 사진에서 인물을 제거함에 의해서 아우라의 최후의 피난처이었던 인물사진에서까지 아우라가 완전히 사라졌다고 벤야민은 말한다. 아우라의 마지막 보루였던 인물사진에서 아우라의 토포스라고 할 수 있는 인물이 사라짐에 의해서 아우라도 완전히 사라져 예술의 종말은 철저하게 완성되었다는 것이 벤야민의 의견이다. 인물사진 속에 들어 있는 인물에 그래도 마지막으로 아우라가 들어 있다는 벤야민의 주장을 다음과 같이 이해해야 한다. 다시 말해 이 사진 속의 인물이 주관과 객관의 통합을 가능케 한다고, 객관 속으로의 주관의 이입을 가능케 한다고 벤야민의 주장을 이해해야 한다. 그러나 인물사진에서 인물까지도 사라짐에 의해서 객관에서 주관이 완전히 제거되며, 따라서 아우라도 완전히 제거되어, 객관만으로의 예술작품은 더 이상 예술작품이라고 할 수 없어, 예술의 종말이 완벽해진다는 논리다. 완벽한 예술종말의 실례로, 다시 말해 완벽한 아우라 말살의 실례로 벤야민은 예술가와 수용사, 또는 작가와 독자 사이의 역전된 관게, 아니면 전자의 말살을 언급한다. 과거에는 소수의 작가 대 다수의 독자의 관계였으나,

---

58) Benjamin: Das Kunstwerk…, S.20
59) **제식가치(祭式價値)**
60) ebd. S.21
61) 아쮀(Jean-Eugène-Auguste **Atget** 1857~1927)

현대에는 다수의 작가 대 다수의 독자로 동수가 되거나 아니면 공장의 모든 노동자들이 신문에 자신들의 의견을 발표하면 바로 그것을 그들의 작품이라 할 수 있어 모든 노동자들 자신이 작가가 되듯, 아예 작가의 개념, 예술가의 개념이 말살된다는 것이다. 작가와 예술가라는 개념의 완전한 말살은 예술의 완전한 말살을 의미한다.

현대기술의 대표적 예인 사진술에서 인물이 사라지는 순간에 아우라도 그리고 예술도 종말에 도달하므로 예술은 이제(이 순간부터 예술은 더 이상 예술이 아니므로 예술이라 부를 수 없지만) 새로운 기능과 새로운 가치를 행사하게 되는데, 이것이 **정치**와 **전시가치**라고 벤야민은 말한다. 19세기의 사진작가 중의 한 사람인 아줴가 인물사진 대신에 사람이 들어 있지 않은 파리의 빈 거리를 찍은 사진은 마치 하나의 범행장소를 보여주는 것과 같다는 것이다. 사람이 들어 있지 않은 범행장소에 대한 사진은 범죄행위에 대한 상황증거를 위한 것으로 법적 내지는 정치적 목적을 가진 사진이라고 할 수 있다. 여기서 중요한 것은 사람이 들어 있지 않는 상황증거만을 위한 사진은 관찰자의 **수용**[62])을 이미 예정된 일정한 방향으로 규정해 버린다는 사실이다. 다시 말해 상황증거의 사진을 보는 관찰자는 자유로운 사고의 가능성은 박탈되고 일정한 규정된 방향으로 유추해서 최후의 해답에 도달하도록 강요된다는 사실이다. 다시 말해 현대 기술의 실례인 사진술은 인물사진을 말살시킴에 의해서 관찰자 즉 수용자를 일정한 방향으로 움직이게 하는 **지령**을, (지령의 의미를 넓게 해석해서 대중을 일정한 방향으로 움직이게 하는) **정치**를 행사하게 되었다는 것이 벤야민의 의견이다. 더 나아가 현대 기술의 첨단 형이라 할 수 있는 **영화**가 발휘하는 지령과 정치는 상황증거 사진의 그것에 비해 가공할 정도로 정확하고 막강하게 되었다는 것이 벤야민의 주장이다. 왜냐하면 영화에서는 순간적으로 바뀌는 장면들의 연속이 수용자의 자유사고를 전혀 말살해 버리며, 순간적인 수용자의 결론유추를 미리 규정된 방향으로 강요하기 때문이다. 벤야민에 의하면 사진술이 예술이냐 아니냐 하는 질문은 어리석은 질문이며, 올바른 질문은 현대의 사진술이 예술의 본질, 다시

---

62) **수용**(Rezeption)

말해 예술 자체를 얼마나 변혁시켰는가 하는 질문이 되어야 한다는 것이다. 그러나 사진술이 전통 미학을 뒤집어 놓은 강도는 그 다음에 곧 등장하는 영화가 전통 미학을 다시 뒤집어 놓은 강도에 비하면 어린아이 장난에 불과하다는 것이[63] 벤야민의 의견이다.

　　현대의 기술이 예술의 본질을 철저하게 파괴하여 더 이상 예술이라고 할 수 없는 예술, 그것의 가장 대표적인 실례가 벤야민에 의하면 영화다. 벤야민은 바로 이 영화에 의해서 현대예술의 성격을 규정하려고 한다. 현대의 영화를 규정하는 데 있어서 벤야민은 첫째로 한편으로는 전통적 무대예술인 **연극**과 다른 한편으로는 **영화**를 비교 설명한다. 연극에 있어서는 연극배우는 자기가 묘사하려는 인물에, **인물역할**에 **감정이입**[64]을 해야 하며, 또 이 감정이입은 관객으로까지 이어져, 관객도 연극배우가 묘사하는 역할에 감정이입을 하게 된다는 것이 벤야민의 설명이다. 반면 영화에 있어서는 영화배우는 자기가 담당할 역할에 감정을 이입하여 자신과 역할을 동일시 생각하는 것이 아니라, 자기 역할에 대하여 비판적이고 분석적인 태도 즉 **테스트의 태도**를 가지며, 이 테스트의 태도가 관객에까지 연장된다는 설명이다. 연극에 있어서는 관객은 무대 위의 역할에 감정이입을 하나, 영화에 있어서는 관객은 역할에 대해 테스트의 태도를 취하거나 아니면 영화의 관객도 감정이입을 한다고 주장한다면, 그것은 역할에 대한 감정이입이 아니라 영화 자체를 생산하는 기구와 기계에 대한 감정이입이 되어 결국은 감정이입이 아니라는 설명이다. 그리고 연극배우는 자기 눈앞에 있는 관객의 반응에 그때그때 적응해야 하나, 영화배우는 관객이 아닌 기계장치인 기구[65]에 적응해야 하기 때문에 연극배우와 영화배우가 적응해야 할 대상이 다르다는 것이다. 연극과 영화 사이의 차이점은 연극배우가 적응해야 할 대상은 살아 있는 인간들이기 때문에 한번의 실수는 영원히 교정할 수 없으나, 영화배우가 적응해야 할 대상은 죽은 기계장치이기 때문에 여러 번 실수해도 얼마든지 교정

---

63) Benjamin: Das Kunstwerk……. S.22
64) **감정이입(Einfühlung)**
65) 기구(機具 Apparat)

할 수 있다는 것이 차이점이라는 논리다. 연극과 영화 사이의 또 하나의 중요한 차이점은 연극에 있어서는 배우가 작품 중에 규정되어 있는 작중인물을 묘사해야 하나, 영화에 있어서는 배우는 작중인물이 아니라 자기 자신을 묘사해야 한다는 것이 벤야민의 설명이다. 영화배우의 중요성은 **역할유희**(66)를 얼마나 잘하느냐가 아니라, 오히려 자신의 생김새, 육체 등 자신의 외모를 잘 보여주는 **자기유희**(67)에 있다는 논리다. 현대예술에 대한 성격규정의 두 번째로 이상에서 언급한 것을 종합하여 연극과 영화, 연극예술과 영화예술 사이의 차이점에 의해 벤야민은 연극예술의 폐위, 영화예술의 즉위를 선언한다고 할 수 있다. 그 이유는 연극예술의 생명은 **무대지시**(68)에 있으며, 이 무대지시를 작가의지의 연장으로 본다면 현대의 영화예술에서는 작가의지의 연장인 무대지시가 아니라, 작가의 의지와는 전혀 관계없는 **기구지시**(69)가 등장한다는 논리다. 작가의지를 도외시하고 말살하는 기구지시는 결국 작가 자신의 **레송 데트르**, 즉 **존재이유**(70)를 도외시하고 말살한다는 논리다. 작가와 예술가의 말살은 예술 자체의 말살을 의미한다는 말은 이미 언급했다.

현대예술에 대한 세 번째 성격규정으로 벤야민은 연극예술의 폐위, 영화예술의 즉위에 의해 미학 자체의 대변혁을 설명하려 한다. 아우라의 완전한 붕괴 후 생겨난 최초의 현대 장르인 영화가 전통 미학을 근본적으로 변혁시켰다는 말은 당연하다. 미학 자체의 대변혁이라는 말은 부브너가 지적하듯이(71) 그리고 벤야민 자신이 말하듯이, 이제는 미학이라는 개념 자체가 적합하지 않아 **미학**이라는 개념 대신에 **기술**(72)이라는 개념을 사용해야 할 정도라는 것이다. 벤야민 자신의 말을 인용하면 다음과 같다. "문제가 되는 것은 작가의 작품 자체가 아니라 생산관계 내에서 그 작품이 차지하고 있는 기능이 문제가 된다. 다른 말로 표현하면 작품을 생산하기 위한

---

66) **역할유희**(Rollenspiel)
67) **자기유희**(Selbstspiel)
68) **무대지시**(Regieanweisung)
69) **기구지시**(Apparatanweisung)
70) **존재이유**(Raison d'être)
71) Bubner: Ästhetische Erfahrung, S.28
72) **기술**(技術 Technik)

작가의 기술이 중요한 문제가 된다. 기술이라는 개념은 작품생산에 대한 사회적 그리고 유물론적 분석을 가능케 하는 개념이 된다."[73] 미학 자체의 대변혁이란 미학의 폐위, 그리고 기술의 즉위를 의미한다고 할 수 있다. 기술이 핵심을 이루는 벤야민의 현대 예술철학을 종합하면 다음과 같다. 우선 전통 미학의 **유희개념**의 대변혁이다. 전통 미학의 유희는, 그 예로 연극예술의 유희는 역할유희로서 인간 대 인간의 유희이나, 현대미학의 (기술의 미학을 "현대미학"이라 한다면) 유희는, 그 예로 영화예술의 유희는 인간 대 인간의 유희가 아니라 인간 대 기구의 유희가 된다. 인간 대 기구의 유희를 벤야민은 다음과 같이 설명한다. "기구 앞에 서 있는 영화배우의 육체는 붕괴현상을 거듭하여 휘발해 버려 없어지며, 자기 육체가 차지하는 사실성, 자기 육체가 발하는 음성, 소음까지도 상실하게 된다. 영화배우의 육체는 끝에 가서는 무성의 화면으로 변해 버려 스크린에 잠깐 나타나 바르르 떨다가 사라져 버리는 신세가 된다."[74] 인간 대 기구의 유희는 사실은 유희가 아니라 영화배우라는 인간의 붕괴현상만을 보여주는 유희, 유희가 아닌 유희, 즉 반유희를 의미한다고 보아야 한다. 그럼에도 그것을 유희라고 한다면, 한편으로는 기구와 그리고 다른 한편으로는 영화배우의 육체가 던져 주는 그림자 사이의 유희라고 벤야민은 말한다. 다음에 벤야민의 현대 예술철학에서는 역할유희가 지양되고 대신에 기술에 의한 **몽타주**[75]가 선양된다고 할 수 있다. 한 번의 실수를 다시는 교정할 수 없는 무대예술의 역할유희가 여러 번의 실수도 얼마든지 교정하여 장면과 장면을 조립하는 몽타주에 의해 대치된다. 마지막으로 벤야민은 유희개념의 대변혁에 의해, 다시 말해 역할유희의 지양과 몽타주의 선양에 의해 전통 미학의 소위 "**아름다운 가상**"[76]의 몰락을 선언한다. 헤겔미학의 핵심 개념인 "아름다운 가상"은 더 이상 타당하지 못하므로 그 대신에 벤야민은 "**기술의 토지에 피어난 푸른 꽃**"[77]이라는 말을 사용한다. 역할유희의 연극예술에서는 장면과 장면 사이, 막과 막 사이의 연결부분이 있으므로 한편으로는 무대장면

---

73) Benjamin: Der Autor···, S.176
74) Benjamin: Das Kunstwerk··· , S.25
75) **몽타주(Montage)**
76) "**아름다운 가상(schöner Schein)**"
77) "**기술의 토지에 피어난 푸른 꽃(blaue Blume im Land der Technik)**"

과 다른 한편으로는 막과 막 사이의 연결부분, 표현을 간단히 하여 무대와 현실, 일루시온과 데스일루시온,[78] 예술세계와 현실세계 사이의 구별이 존재하나, 몽타주의 영화예술에 있어서는 그 구별이 전무하므로(그 구별을 몽타주에 의해 제거하므로) 하나의 완전한 총체성의 세계가 탄생한다는 논리다. 현실, 데스일루시온, 현실세계가 제거된 완전한 총체성의 예술세계를 독일 낭만주의는 "푸른 꽃"이라고 불렀다면, 기술의 몽타주에 의해 현실, 데스일루시온, 현실세계를 완전 제거하여 생겨난 완전한 총체성의 예술세계 역시 낭만주의의 그것과 같은 **"푸른 꽃"**이나 기술에 의해 생겨난 것이 다르다는 것이다. "푸른 꽃"을 탄생시킨 모체가 하나는 **예술**이나 다른 하나는 **기술**이라는 말이다. 벤야민의 현대미학을 해결하는데 기술이 열쇠가 된다.

3. 모데르네

이미 인용했듯이 생산관계[79] 내에서는 작품 자체의 존재가 중요한 것이 아니라, 그 작품이 발휘하는 **기능**[80]이 중요하다는 말은 유물론적 예술관을 의미한다. 생산을 근본원리로 하고 있는 **유물론**[81]에 의하면 생산관계 즉 사회를 의미한다. 따라서 벤야민의 유물론에 의하면 예술도 생산의 일익을 담당해야 하고, 또 생산에 더 나아가서는 사회에 예술이 기여해야 한다는 것이다. 이와 같이 예술을 생산관계 내지는 생산과정 속으로 통합한다는 사실은 예술과 기술의 관계를 불가피하게 만든다. 인간이 기술을 지배하던 시대가 끝나고, 반대로 기술이 인간을 지배하기 시작하는 시대가 아도르노의 말대로 **고도자본주의**[82]가 시작하는 시점이라고 한다면 그 시점은 19세기 중반이 된다. 따라서 지금까지 한 세기 반의 기술의 역사를 인간사회가 전혀 무효화 할 수는 없기 때문에 예술론은 기술의 문제를 어떠한 방법으로든 직면하지 않으면 안 되게 되었다는 것이 벤야민의 의견이다. 벤야민의 예술론에 관한한 기술

---

78) 일루시온(Illusion)과 데스일루시온(Desillusion)
79) 생산관계(Produktionsverhältnisse)
80) **기능(技能 Funktion)**
81) **유물론(唯物論 Materialismus)**
82) **고도자본주의(Hochkapitalismus)**

의 문제는 일체의 예술행위 즉 예술의 생산과정과 수용과정에 철저하게 침투되어 있다. 기술은 예술론에 통합되어 왔고 또 통합되어야 한다는 것이 벤야민의 의견이다. 기술을 예술에 통합하는 데는 **예술과 학술**, **예술과 대중**, **예술과 정치** 등의 3가지 현상으로 나누어 생각할 수 있다. **예술과 학술의 문제**, 학술과 예술의 문제는 독일 예술론에서 오래된 문제로 소위 교훈과 여흥, 도케레와 델렉타레, 내용과 형식의 문제로[83] 논의되어 왔다. 헤겔을 비롯해서 모든 이론가들은 전자와 후자의 일치, 즉 교훈과 여흥, 도케레와 델렉타레, 내용과 형식의 일치를 주장해 왔으나, 실제적으로는 전자에 중점을 두는 이론과 후자에 중점을 두는 이론으로 나누어진다. 벤야민 역시 예술과 학술의 "상호침투"라는 말을[84] 사용하여 양자간의 일치를 주장하는 듯하나, 실은 벤야민 이론의 총체성으로 볼 때 후자인 학술, 도케레, 내용에 치우친다고 보아야 한다. 현대의 기술에 의해 등장한 사진술에서, 정확히는 사진에서 인물이 사라지는 순간부터 아우라가 완전히 사라진다는 말을 이미 했다. 과거에서부터 인물사진까지의 예술을 "**아우라적 예술**"이라 하고, 사진에서 인물이 사라지는 순간부터 현재까지의 예술을 "**아우라 후기 예술**"[85]이라고 해설가들은 구별짓는다. 이상과 같이 전체의 예술사를 "아우라적 예술"과 "아우라 후기 예술"로 나눈다면, 예술과 학술, 델렉타레와 도케레, 형식과 내용 사이의 일지라는 개념은 전자에 즉 아우라적 예술에 적용되는 개념이다. 후자 즉 아우라 후기 예술은 아우라가 말살되었으므로 예술과 학술, 델렉타레와 도케레, 형식과 내용 등의 쌍개념 중에서 전자의 개념들 즉 예술, 델렉타레, 형식이 제거됨을 의미한다. 종합하여 간단히 표현하면 벤야민에 의하면 예술과 학술 중에서 전자가 종말에 도달했으니 후자 일변도로, 즉 학술 일변도로 되어야 한다는 것이다. 현대의 관중은 테스트를 하는 시험관이라는[86] 벤야민의 말은 예술이 학술로 되어야 한다는 말이다.

---

83) 교훈(Belehrung)과 여흥(Unterhaltung), 도케레(docere)와 델렉타레(delectare), 내용(Inhalt)과 형식(Form)
84) Benjamin: Das Kunstwerk…, S.35; "상호침투(Durchdringung)"
85) "**아우라적 예술(auratische Kunst)**", "**아우라 후기 예술(nachauratische Kunst)**"
86) Benjamin: Das Kunstwerk…, S.41

　　예술과 기술의 통합에 있어서 두 번째 현상인 **예술과 대중의 문제**를 논하면 다음과 같다. 현대사회는 대량생산, 대량소통, 군중심리의 사회로 대중이 예술의 본질을 규정해주는 모체가 되므로 예술도 이 대중이라는 모체에 따라 체질변화를 해야 한다고 벤야민은 말한다.[87] 대중이라는 양이 질로 변해야 된다고 벤야민은 말하는데[88] 이는 대중이라는 현대사회의 현상을 수용하고 통합하는 예술이 새로 생겨나야 된다는 말이다. 현대 기술의 결과인 대량생산과 대량소비의 사회인 현대사회를 구성하는 대중을 분석하는데 벤야민은 여러 가지 쌍개념들을 사용한다. 현대사회라는 모체에서 태어난 새로운 예술은 "아우라 후기 예술"이라 하고, 현대 대중사회 이전의 예술을 "아우라적 예술"이라고 한다면, 이 아우라적 예술과 아우라 후기 예술 사이의 차이점이 대중이라는 개념에 내포된 특징이 된다. 이 양자 간의 차이점을 설명하기 위해 벤야민은 우선 **마술사의 총체성**과 **외과의사의 분석성** 사이의 차이점을 언급한다. 마술사와 외과의사 사이의 차이점은 예술과 학술 사이의 차이점을 나타낸다. 벤야민에 의하면 마술사는 환자에 손을 대서 병을 치료하나, 이때에 마술사는 자신과 환자 사이에, 다시 말해 인간과 인간 사이에 "자연적 거리"를 유지하며 "권위"[89]에 의해 병을 치료한다는 것이다. 반면에 외과의사는 손을 대는 것이 아니라 칼을 대서 치료하며, 환자의 내부까지 해부칼로 파고 들어가기 때문에 외과의사와 환자 사이의 "자연적 거리"가 파괴되어, 마술사의 권위가 아닌 외과의사의 분석성에 의해 병을 치료한다는 것이다.[90] 권위를 기반으로 하는 마술사의 취급방법과 분석성을 기반으로 하는 외과의사의 취급방법을 벤야민은 **화가와 사진작가**의 그것에 비유한다. 마술사와 화가의 취급방법은 총체적인 것임에 비해, 외과의사와 사진작가의 취급방법은 분석적이라고 벤야민은 말한다.[91] 마술사와 화가의 취급방법은 아우라적 예술의 취급방법이며, 외과의사와 사진작가의 그것은 아우라 후기 예술의 취급방법이라는 말이다. 마술사의 총체성과 외과의사의 분석성이라는 개념을 연장하여 벤야

---

87) Benjamin: Das Kunstwerk…, S.39; 모체(Matrix)
88) ebd. S.39; 양(Quantität)과 질(Qualität)
89) "권위(Autorität)"
90) Benjamin: Das Kunstwerk…, S.31, 32
91) ebd. S.32

민은 **정신집중**과 **정신산만**이라는 쌍개념을 사용한다. 그림의 화면과 영화의 화면을 비교하면, 전자는 관찰자를 명상의 세계로 인도해서 그림이 주는 연상 속으로 몰입하게 하는 데 비해, 후자는 명상과 연상을 전혀 배제한다는 것이다. 영화의 관찰자는 한 화면을 눈으로 포착하는 순간 이미 다음 화면이 나타나 한 화면에 대한 고정화 즉 명상과 연상이 불가능하다는 것이다. 그림은 정신집중의 예술이고, 영화는 반대로 정신산만의 예술이라는 설명이다.

이상의 정신집중과 정신산만이라는 쌍개념을 다시 확장하여 벤야민은 **시각적 수용과 촉각적 수용**[92]이라는 3번째 쌍개념을 만들어낸다. 벤야민의 현대미학에서 작가와 예술의 종말을 이미 언급했듯이 예술의 생산과정의 의미가 탈락됨에 의해 벤야민의 현대미학은 수용미학으로 돌변해 버린다. 따라서 시각적 수용과 촉각적 수용은 벤야민의 현대미학을 위한 열쇠가 되는 쌍개념이다. 시각적 수용과 촉각적 수용을 설명하기 위해 벤야민은 인간 역사의 태초부터 현재까지 인간과 같이 존재해 온 건축물을 예로 설명한다. 건축물에 대한 수용은 2가지 방향으로 즉 인지와 사용[93]에 의해 이루어진다는 것이다. 건축물은 눈으로 보기에 아름답게 지어져야 할 뿐만 아니라 들어가 편리하게 살 수 있어야 한다는 논리다. 건축물에 대한, 다시 말해 건축물이라는 예술작품에 대한 수용은 이상의 인지가치와 사용가치에 의해 이루어지는 데 전자를 시각적 수용, 후자를 촉각적 수용이라 벤야민은 부른다.[94] 아우라적 예술의 수용방법인 시각적 수용은 명상에 의해 이루어지고, 아우라 후기 예술에 대한 수용방법인 촉각적 수용은 명상이 아닌 습관에 의해 이루어진다는 것이 벤야민의 설명이다. 정신집중이 아니라 정신산만으로 특징지어지는 현대사회의 대중은 명상과 연상으로 유도하는 시각적 수용에는 무능하고 습관에 의한 촉각적 수용만을 한다는 것이 벤야민의 이론이다. 기술을 예술에 통합하는 첫 번째 현상인 예술과 학술의 관계에서 벤야민의 현대미학은 학술 일변도로 된다고 말했듯이 두 번째 현상인 예술

---

92) **시각적 수용**(optische Rezeption)과 **촉각적 수용**(taktile Rezeption)
93) 인지(認知)와 사용(使用)
94) Benjamin: Das Kunstwerk…, S.40, 41

과 대중의 관계에서도 현대예술의 모체인 대중 일변도라고 할 수 있다. 다시 말해 시각적 수용과 촉각적 수용 중에서 후자 일변도라고 할 수 있다.

기술을 예술에 통합하는 세 번째 현상은 **예술과 정치의 문제**다. 벤야민의 현대미학에서 생산과정의 탈락과 수용과정 일변도를 이미 언급했다. 아도르노에 의하면 기술은 "**주체의 연장된 팔**"로서,[95] 주체가 할 일을 기술이 대신한다고 하는데, 다시 말해 예술가가 할 일을 기술이 대신하여 결과적으로 예술작품에서 예술가의 언어를 말살시킨다고 하는데, 이 말은 기술이 생산과정 자체를 말살시킨다는 것을 의미한다. 같은 의미로서 벤야민에 의하면 현대 기술이 생산을 무한히 가능하게 만듦에 의해서 (한 장의 원판에 의해 사진현상이 무한히 가능한 것과 같이) 생산의 문제 자체를, 다시 말해 생산과정 자체를 무의미하게 만든다는 것이다. 따라서 생산과정이 제거되므로 소비과정 즉 수용과정 만으로서의 미학이 현대미학이라 할 수 있다. 벤야민의 현대 수용미학을 다음 3가지 면으로 설명할 수 있다. 첫째로 패쫄트가 벤야민의 현대미학을 설명하는데 사용하는 **소설**과 **정보**라는 쌍개념이 벤야민의 수용미학을 잘 설명해 준다.[96] 수공업과 농업이 지배했던 전통사회에서 인간은 미지의 먼 곳에 대해 상상하고 동경했는데, 이러한 전통사회를 표현해 주는 형식이 소설이며, 반면에 기술이 지배하는 현대사회에서는 인간은 이상의 상상과 동경에 대한 여유를 상실하고, 미지의 먼 곳이 아니라 기지의 가까운 곳으로부터의 빠른 정보만을 필요로 하게 되었다는 것이다. 그리고 이 현대 형식인 정보의 특징은 빨라야 하고, 증명할 수 있는 것이어야 하며, 미지의 먼 곳이 주는 권위나 신비가 아니라 기지의 가까운 곳에 대한 정확한 정보에 의존한다는 것이다. 다시 말하면 전통형식인 소설은 여가를 필요로 하고 또 여유 있는 독자에 의해 수용되나, 현대형식인 정보는 순간을 필요로 하고 또 여유 없는 독자에 의해 수용된다는 것이다. 전통형식과 현대형식 간의 차이는 시간에 대한 관계의 차이라는 것이 벤야민의 설명이다. 둘째로 벤야민은 이상의 현대형식을 발전시켜 **경향과 질**[97]이라는 쌍개념을 사용한다. "정확한 시대경

---

95) Adorno: Ästhetische Theorie, S.96
96) vgl. Paetzold: Neomarxistische Ästhetik, Teil 1, S.137; **소설(Erzählung)**과 **정보(Information)**

향을 묘사해 주는 작품은 더 이상의 문학적 질을 필요로 하지 않는다. 정확한 시대경향을 묘사해 주는 작품은 이미 모든 필요한 질을 자체 내에 포함하고 있다고 할 수 있다."[98] 시대의 경향이 예술의 질이고, 또 예술의 질이 시대의 경향이라는 벤야민의 결론은 위에서 언급한 정보라는 개념의 확장이라고 할 수 있다. 경향과 질이라는 쌍개념은 서로 대치되는 쌍개념이 아니라 서로 일치되는 쌍개념으로, 정보를 예술적 카테고리로 환원시킨 쌍개념이다. 결국은 현대예술은 정보가 되어야 한다고 할 수 있다. 셋째로 벤야민은 정보와 경향을 다시 확장하여 예술과 정치라는 쌍개념을 만든다. "제가 말하고자 하는 것은, 작품이 문학적으로 타당할 때만 그 작품이 묘사해 주는 경향도 타당하다는 것입니다. 또는 정확한 정치적 경향은 정확한 문학적 경향을 포함합니다. 다시 표현하면 정확한 정치적 경향을 묘사해 주는 문학적 경향 그 자체가 그 작품의 질을 나타내 준다는 것입니다."[99] 문학적 경향이 즉 정치적 경향이고, 정치적 경향이 즉 문학적 경향이라는 말이 된다. 문학적 경향과 정치적 경향 사이의 일치를 예술과 정치라는 쌍개념에 적용하면 예술이 곧 정치고, 정치가 곧 예술이라는 예술과 정치의 일치관계가 성립한다. 예술과 정치 사이의 일치관계에도 불구하고 벤야민의 현대미학은 후자에 즉 정치에 중점을 두는 미학이다. 정치의 예술화냐 아니면 예술의 정치화냐 하고 묻는다면 파시즘은 기꺼이 정치를 예술화시키므로 (악한 정치를 선한 예술로 둔갑시키므로) 파시즘과는 반대로 예술이 정치화 되어야 한다는 것이 벤야민의 의견이다.[100] 파시즘이 기꺼이 하고 있는 정치의 예술화는 현대 기술에 의한 소외상태의 극치로, 인간은 이제 자신의 파멸까지도 마치 그것이 예술인 양 향락의 태도로 바라보도록 강요된다는 것이 벤야민의 설명이다.

아우라의 붕괴와 기술의 구성, 아우라의 폐위의 기술의 즉위를 지금까지 설명한 셈이다. 과거에는 아우라가 예술을 규정했으나 현대에는 기술이 예술을 규정하게

---

97) **경향**(Tendenz)과 **질**(Qualität)
98) Benjamin: Der Autor als Produzent, S.175
99) ebd. S.175
100) Benjamin. Das Kunstwerk…, S.44

되었다는 설명이었다. 기술이 예술의 생산과정과 수용과정을 근본적으로 재규정하는 내용을 3가지로 요약할 수 있다. 첫째로 기술은 예술에 관한 일체의 개념들을 개혁시킨다. 예술가가 아닌 기술에 의해 생산되는 생산물은 더 이상 예술작품이 아니라 생산품이며, 또 대량생산에 의해 생산되는 생산품을 관찰하는 대중은 예술의 수용자가 아니라 생산품의 소비자로 변한다고 보아야 한다. 다시 말해 생산자, 생산품, 소비자라는 **자본주의의 삼자 관계**가 성립한다. 예술가, 예술작품, 수용자라는 **전통미학의 삼자 관계**가 벤야민의 현대미학에 와서는 생산자, 생산품, 소비자로, 자세히는 대량생산자, 대량생산품, 대량소비자라는 삼자 관계로 변한다. 둘째로 이상의 새로운 삼자 관계를 자세히 보면, 기술에 의한 예술가라는 존재의 제거에 의해 삼자 관계가 아닌 양자 관계로, 다시 말해 예술작품과 수용자라는 양자 관계로, 또는 생산품과 소비자라는 양자 관계로 나타난다. 기술에 의한 대량생산은 생산과정 자체의 의미를 상실케 하여, 결국은 많은 생산품을 어떻게 소비시키느냐 하는 생산품과 소비자의 관계가 유일한 문제로 남게 된다. 셋째로 생산품과 소비자라는 자본주의적 양자 관계에서 소비자의 성격은 다음과 같다. 대량생산에 의해 제공되는 대량생산품을 소비하는 소비자는 우선 "선택적"이다. 벤야민은 이를 관중의 "테스트의 태도",101) "비판적 태도",102) "시험관"으로서의 관중103) 등으로 부른다. 이상의 표현들은 소비자가 대량 공급되는 생산품을 전부 소비하는 것이 아니라 자기가 필요로 하는 생산품만을, 자기가 필요로 하는 정보만을 선택하여 소비함을 의미한다. 대량생산품을 소비하는 소비자는 다음에 위에서 언급한 "선택적"이라는 개념의 반대개념인 "비선택적"이라고도 할 수 있다. 벤야민은 이를 "산만한"104) 관중이라는 말로 표현한다. "산만한" 관중에 호소할 수 있는 예술은 전통적 예술형식인 시각적 예술 또는 청각적 예술, 공간적 예술 또는 시간적 예술은 더 이상 아니며, 새로운 예술형식인 습관에 의한 **촉각적 예술**이라는 것이 벤야민의 의견이다. 습관에 의한 "촉각적"이

---

101) ebd. S.24
102) ebd. S.33
103) ebd. S.41
104) ebd. S.41

라는 개념은, 또는 촉각에 의한 습관이라는 개념은 논리와 합리성[105]을 초월한 "비선택성"이라는 개념을 의미한다. 이상의 비합리성 또는 "비선택성"은 마지막으로 "**쇼크 효과**"와 연관된다. 현대의 소비자는 이성과 합리성에 의해 수긍시킬 수 있는 소비자가 아니라, 육체적 또는 정신적 쇼크에 의해서만 수긍시킬 수 있고 호소할 수 있는 소비자라는 말이다. 패쫄트의 설명대로 "현대 자본주의 사회에서 경험의 가능성이 상실되었다고 생각하는 벤야민은 그 상실된 경험의 대치물로 쇼크에 의한 수용을 확신하고 있다."[106] 현대 소비자, 현대 관중의 성격을 종합하면 선택적 태도, 또는 비선택적 태도, "**쇼크 효과**" 등으로 요약된다.

4. 결론

다음은 벤야민이 좋아하는 작가 브레히트[107]의 유명한 시 "**후세대에게 말하노라**"의[108] 한 부분을 인용한 것이다. "나무를 노래하면 그것이 죄악이 되는 세상, 이 세상은 도대체 어찌된 세상인가? 죄악이 된다는 말은 노래가 많은 비행에 대한 침묵을 뜻하기 때문이다."[109] "이 세상"과 "노래" 사이의 파라독스가 브레히트 미학의 핵심이다. 브레히트에 의하면 "이 세상"은 착취와 억압의 세계로 지양되어야 할 악한 세계다. 그럼에도 불구하고 나무를 "노래"하고 자연을 "노래"하려는, 다시 말해 예술을 사랑하는 인간의 본능을 브레히트는 부인하지 않는다. 악하고 추한 세계와 선하고 아름다운 예술 사이의 파라독스가 브레히트를 이해하는데 열쇠가 된다. 브레히트를 높이 평가하는 벤야민 역시 같은 생각이다. 현실과 예술 사이의, 앙가주망과 "라르 푸르 라르" 사이의, 헤테로노미 예술론과 아우토노미 예술론 사이의 파라독스가 벤야민의 현대미학이다. 이상의 파라독스는 아우라적 예술과 아우라 후기 예술 사이에도 적용되는 파라독스다. 예술작품에서 기술에 의해 아우라가 소멸되었다는

---

105) 논리(論理)와 합리성(合理性)
106) Paetzold, S.142
107) 브레히트(Bertolt **Brecht** 1898~1956)
108) "**후세대에게 말하노라 An die Nachgeborenen**"
109) B. Brecht, S.786

벤야민의 말은 아우라 소멸의 "필연성"을 의미하는 것이지 아우라 소멸의 "당위성"을 의미하는 것은 아니다. 예술에서 아우라가 소멸되는 것은 유감스럽고 필연적이나, 과거의 아우라적 예술에 대해 동경과 사랑을 벤야민은 잃지 않고 있다고 이해해야 한다. 과거의 아우라적 예술에 대한 동경이 벤야민의 역사관에서 비유적으로 표현된다. 파울 클레[110]의 작품 **"앙겔루스 노부스"**[111]의 천사를 벤야민은 다음과 같이 묘사하고 있다. "천사는 자기가 지키고 있던 곳을 지금 막 떠나려는 순간이다. 천사의 눈은 크게 떠져 있고, 입은 열려져 있고, 날개는 막 날기 위해 펼쳐져 있다. 이것이 인류의 역사를 상징하는 천사의 모습이다. 천사의 얼굴은 과거로 향하고 있다. 많은 사건들이 벌어지고 있는 이 지구상에서 천사가 발견하는 것은 폐허와 폐허만을 쌓아 가는 파멸의 연속뿐이다. 천사는 그러나 이 지구상에 더 머물러서 죽은 자들을 깨우고, 파괴된 것들을 다시 재건하려 하지만, 파라디스에서 불어오는 강풍은 천사의 날개를 펼쳐 날아가지 않으면 안 되게 만들고 있다. 이 강풍은 끊임없이 천사를 미래로 몰고 가지만, 천사의 시선은 미래가 아니라 폐허로 변한 과거로 향해 있다. 바로이 강풍이 우리가 소위 진보라고 부르는 것이다".[112] 인류의 역사를 상징하는 천사의 정확한 위치는, 파멸에 의해 폐허로 변해 가는 지구와 파멸이 지양된 파라디스 사이에, 고뇌의 과거와 해방의 미래 사이에 있다고 할 수 있다. 그러나 천사의 시선은 전자에 즉 폐허의 지구에, 고뇌의 과거에 향하고 있다. 아우라적 예술과 아우라 후기 예술 사이에 위치한 천사의 시선 역시 후자가 아니라 전자에 향하고 있다고 보아야 한다. 아우라적 예술에 대한 동경이라는 의미에서 예술과 학술, 예술과 대중, 예술과 정치 등을 논할 때 후자 일변도라는 말을 새로 이해해야 한다. 천사의 시선이 향해 있는 과거의 예술 즉 아우라적 예술은 당위성을 의미하고, 천사의 시선이 등지고 있는 아우라 후기 예술 즉 미래의 학술, 대중, 정치 등은 예술이 강풍에 의해 끌려가고 있는 필연성을 의미한다.

---

110) 클레(Paul **Klee** 1879~1940)
111) **"앙겔루스 노부스(Angelus Novus)"**
112) Benjamin: Über den Begriff der Geschichte, S.697, 698

아우라적 예술과 아우라 후기 예술 사이의 변증법적 관계와 더불어 벤야민의 현대미학을 구성하는 또 하나의 변증법은 변화 자체를 의미하는 역사와 변화를 초월한 기술 사이에 (기술을 변하지 않는 추상적인 개념으로 본다면) 있다고 할 수 있다.[113] 역사는 구체적으로 망상이었던 나치 역사를 의미하고, 기술은 이 망상을 파괴할 수 있는 합리성을 의미한다. 망상과 합리성, 역사와 기술 사이의 변증법적 관계가 벤야민의 미학이라면 여기서는 당위성과 필연성의 관계가 전도된다고 볼 수 있다. 이 전도된 경우에 천사는 과거의 망상적인 나치 역사에는 시선을 등지고, 나치 역사가 지양된 미래의 우토피에 시선을 향할 것이기 때문이다. 바로 이 점이 "모데르네"에 관한 한 벤야민과 아도르노의 갈림길이다. 벤야민은 신화를 부정하고 이성과 합리성을 긍정하는 반면에, 아도르노는 반대로 이성과 합리성을 부정하고 신화를 긍정한다.[114] 결론적으로 이상 2가지 종류의 변증법을 종합하여 표현하면 과거의 역사와 미래의 기술 사이의 변증법이 벤야민의 현대미학이라 할 수 있다. 신화와 이성, 과거의 망상과 미래의 합리성, 고뇌의 현실과 해방의 우토피가 벤야민의 변증법적 미학을 구성하는 요소들이다. 벤야민의 미학을 아우라적 예술 일변도라고 해석하는 것은 물론 잘못이고, 또 반대로 아우라 후기 예술 일변도라고 해석하는 것도 잘못이다. 벤야민이 반동적 내지는 보수적이라 해석하는 것은 물론 잘못이고, 또 반대로 혁명적 내지는 급진적이라고 해석하는 것도 잘못이다. 유심론과 유물론, 이상주의와 마르크스주의를 하나 속으로 통합하려는 노력이 벤야민의 현대미학이라 할 수 있다.

---

113) vgl. Bubner, S.82
114) vgl. Janz, Rolf-Peter: Mythos und Moderne bei Walter Benjamin, S.367

아도르노 I

예술과 미학

1. 서론

　일체의 예술행위는 예술가, 예술작품, 수용자로, 현대적 용어로 표시하면 생산자, 생산품, 소비자로 삼자 관계 내에서 이루어진다. 따라서 예술에 관한 일체의 이론들도 이 삼자 관계 내에서 이루어지는데 특히 이 점을 아도르노 미학을 연구하는데 주의해야 한다. 현행의 수용미학과 같은 이론은 이 삼자 관계 내에서 어느 일정한 방향으로 기울어지고 있는데,1) 다시 말해 예술작품과 수용자 사이의 관계라는 일정한 방향으로 기울어지는데, 이는 아도르노 미학에서는 배제된다. 그러나 예술가와 수용자를 연결하는 매개물이 예술작품이라면, 예술작품은 모든 예술론이 피할 수 없는 예술론의 원초적 대상이 된다. 아도르노의 『미학적 이론』도 예술2)에 대한 언급으로 시작하며 예술작품을 제1차적 대상으로 하고 있다. 그러나 주의할 것은 첫째로 예술 내지는 예술작품을 이론의 대상으로 한다고 해서 아도르노의 미학을 소위 **작품내재적 이론**3)과 동일시하는 것은 큰 착오다. 또 이 동일시가 착오라고 해서 반대로 아도르노의 미학은 예술작품을 전혀 무시하는, 즉 예술의 **자율성**을 부정하는 **참여예술** 내지는 **타율성**의 예술4) 이론이라고 생각하는 것도 역시 큰 착오다. 둘째로 아도르노는 예술 내지 예술작품 자체에 대한 **반성**5)과 더불어 자기의 미학을 시작한

---

1) 수용미학은 특히 작품과 수용자의 상호관계에 역점을 두고 있다.
2) "작품" 또는 "예술작품"을 "예술"과 같은 말로 아도르노도 혼용하고 있다.
3) **작품내재적 이론**(werkimmanente Theorie)
4) **자율성**(Autonomie), **참여예술**(Engagement), **타율성**(Heteronomie)
5) **반성**(Reflexion)

다. 다시 말해 예술 자체의 생존권 내지는 예술의 **존재이유**[6]의 자명성을 부정하고 시작하는 것이 아도르노의 미학이다. "예술에 관한 한 더 이상 자명한 것이라고는 하나도 없다는 것이 자명한 사실이다. 예술 자체도 그렇고, 사회에 대한 예술의 관계도 그렇고, 예술의 존재권도 그렇다".[7] 예술을 대상으로 하는 것이 미학이라면, 아도르노의 미학은 바로 자신의 존재이유인 예술이라는 대상의 부정을 대상으로 하는 미학이라고 할 수 있다. 셋째로 이상과 같이 대상인 예술 자체에 대한 철저한 부정[8]은 하나의 방법론으로까지 비약하여 미학 자체에 대한 반성과 연결된다. "미학에 아무런 보편타당한 방법론이 없다는 것이 하나의 방법론이라고 할 수 있다."[9] 아도르노의 미학은 불안정한 미학이며 기꺼이 불안정한 상태에 머물러 있으려는 미학이다.

이상에서 언급한 아도르노 미학을 연구하는데 주의할 3가지 문제는 극도의 반성과 사고를 요구한다. 이 요구에 부합하기 위해서 미리 몇 가지 사전지식을 제공한다면 첫째로 아도르노의 미학은 이미 언급한 바와 같이 작품내재적 이론의 핵심인 **작품범주**[10]만으로도 또 그 작품범주를 무시하는 **작품초월**[11]만으로도 해결되지 않는, 그 양자를 다 수용하는 변증법적 이론이라고 할 수 있다. 이 변증법적 이론은 작품내재와 작품초월 사이에서만, 달리 표현하여 예술작품과 수용자 사이에서만 적용되는 것이 아니라, 더 나아가서 예술생산과 예술작품, 즉 예술가와 예술작품 사이에까지 적용된다. 아도르노의 미학은 예술행위 일체를 대상으로 하려는 **총체성의 미학**이라고 할 수 있다. 둘째로 예술에 대한 아도르노의 철저한 반성은 예술이라는 대상을 하나의 유동상태로 보는 것이다. 다시 말해 예술은 완성된 것이 아니라 완성이라는 목표를 향해 진행하고 있는 **과정**[12]으로 보아, 예술은 정의할 수도 없고, 또 정의해서

---

6) **존재이유**(raison d'être)

7) Adorno, Th. W.: Ästhetische Theorie, Frankfurt/M. 1973, S.9

8) 부정(Negation)이란 개념은 독일 철학에서 특히 변증법에서 반성(Reflexion)이란 개념과 같다고 보아야 한다.

9) Ästhetische Theorie, ebd. S.530

10) **작품범주**(Werkkategorie)

11) **작품초월**(Werktranszendenz)

12) **과정**(Prozeß)

도 안 되는 것이 되어 버린다. 예술은 하나의 **수수께끼**라는 말을 아도르노는 자주 한다. 셋째로 이상의 수수께끼를 대상으로 하고 있는 미학, 역시 수수께끼 성격을 벗어날 수 없다. 아도르노 미학의 수수께끼 성격은 우선 **예술, 미학, 사회**가 상호간에 독립적인 자율성을 유지하면서도 뗄 수 없는 상관성을 유지한다는데 들어 있다. 특히 예술과 미학의 관계, 예술과 사회의 관계는 해결하기 어려운 수수께끼라고 할 수 있다. 미학과 그의 방법론에 대한 아도르노의 철저한 반성은 미학의 불안정한 상태를 너머 미학의 존폐의 문제에까지 몰고 간다. 끝으로 아도르노 미학의 또 한 가지 수수께끼 성격을 들자면, 그의 저서 『미학적 이론』13)이라는 말은 "이론적 미학"이라고도 해석할 수 있어서, 예술은 이론적이 되어야하고 또 이론은 예술적이 되어야 한다는 말로도 해석할 수 있다. 극도의 사고와 반성을 요구하는 아도르노 미학의 수수께끼를 염두에 두고 연구에 착수해야 한다.

이상에서 열거한 아도르노 미학의 난해한 문제들에 접근하기 위해 우선 그의 주저인 『미학적 이론』의 서론14)을 분석하고 해설하는데 만족하기로 한다. 이 책의 서론은 대개 2개의 큰 부분으로 구분되는데,15) 전반부는 예술과 미학 그리고 그들의 상호관계가 중요 테마라고 할 수 있고, 후반부는 예술과 사회 그리고 미학이 갖는 중개기능이 중요 테마라고 할 수 있다. 그러나 이상의 대체적인 분류에도 불구하고 모든 문제들이 복합적으로 등장함을 미리 말해둔다. 본 논문은 이상에서 언급한 서론의 전반부만을 다루고 후반부는 차후로 미룬다. 우리가 다룰 서론의 전반부에서 아도르노는 우선 전통미학 일체에 대한 비판을 가하고, 둘째 예술과 미학의 묘한 관계를 논하고 셋째 역시 묘한 2가지 종류의 **반성**16)을 논하고 있다.

---

13) 『미학적 이론 ästhetische Theorie』
14) 아도르노 사후에 출판된 서론 "Frühe Einleitung"은 "미학적 이론"의 뒷부분에 있다.
15) 전반부는 본 저서에서 S.494~513, 후반부는 S.513~532를 의미한다.
16) **반성(反省 Reflexion)**

2. 전통미학에 대한 비판

　　전통미학에 대한 비판을 아도르노는 여러 가지 측면에서 하고 있다. 역사적인 면, 개념적인 면, 방법론적인 면으로 비판을 하는가 하면, 수직적으로 또 수평적으로 비판을 가하고 있다. 아도르노의 전통미학에 대한 비판은 총체적 비판이다. 첫째로 역사적인 면에서 보면, 사람이 태어나서 성장하고 늙으면 죽는 것과 같이 "모든 철학 체계 따라서 미학도 시간이 지나면 낡아 타당성을 상실 한다"는[17] 것이 아도르노의 근본적 철학관이다. 따라서 전통미학은 그 개념이 이미 낙후되어 다시 정의해야 할 시간에 도달했다는 것이 아도르노의 분명한 의견이다. 이 역사적인 면에서의 비판을 구체적으로 보자면 다음과 같다. 지금까지의 "미학은 마치 풍신기 모양으로 때로는 철학적으로, 때로는 예술사적으로 또 때로는 과학 철학적으로 운영되어 왔으며, 그리고 현재 형이상학적으로 또 경험론적으로도 운영되고 있다. 또는 규범적으로 때로는 서술적으로[18] 운영되기도 한다. 때로는 예술가의 측면에서 때로는 수용자의 측면에서 운영되고 있다. 어떤 사람은 미학의 중심은 예술에 있다고 하면서 자연미는 예술미의 전 단계에 지나지 않는다고 말하는가 하면, 또 어떤 사람은 정반대로 예술미는 자연미에는 따라갈 수 없는 제2의 자연미에 불과하다고 말하는 사람도 있다."[19] 이상의 역사적인 면에서 본 일체의 방법론들이 잘못된 방법론들이라는 것이 아도르노가 전통미학에 가하는 비판이다. 여기서 아도르노는 과거의 사변적 이상주의적 미학과 현재의 과학 철학적 경험론적 미학, 규범적 미학과 서술적 미학, 생산미학과 수용미학 등 과거에서 현재까지의 일체의 미학에 대해 비판을 가한다. 또 아도르노 미학의 근간을 이루고 있는 헤겔 미학과 칸트 미학에 대해서도 비판을 가하고 있다. 헤겔 미학과 칸트 미학이 아도르노 미학의 근간을 형성한다는 것이 사실인데, 이는 아도르노가 양자 미학을 답습하여, 양자 미학을 적당히 절충한다는 것이 아니라, 양자 모두를 비판한다는 그것도 총체적으로 비판한다는 사실을 의미

---

17) Ästhetische Theorie, S.493
18) 규범적(normativ), 서술적(deskriptiv)
19) Ästhetische Theorie, S.493

한다. 헤겔 미학을 비판하기 위해서는 칸트 미학이 필요하고, 또 반대로 칸트 미학을 비판하기 위해서는 헤겔 미학이 필요하므로, 달리 표현하면, 헤겔 미학은 칸트의 입장에서 비판하고, 또 반대로 칸트 미학은 헤겔의 입장에서 비판해야 하므로 헤겔과 칸트, 양자의 미학이 근간이 되어야 한다는 것이 아도르노의 생각이다. "오늘의 미학은 칸트와 헤겔 사이의 논쟁을 기반으로 해야 하며 양자 미학을 인위적으로 합쳐 놓은 종합이 되어서는 안 된다"라는[20] 아도르노의 말이 이를 증명한다. 아도르노 미학을 이해하기 위해 강조해야 할 사실은 아도르노가 헤겔을 비판할 때는 칸트의 입장에 서서 비판하고, 또 칸트를 비판할 때는 헤겔의 입장에 서서 비판한다는 사실이다.

둘째로 개념적인 면에서의 전통미학에 대한 비판은 다음과 같다. 이상의 역사적 면에서의 전통미학에 대한 아도르노의 비판은 개념적인 면에서의 비판과 상통하는 비판이다. 아도르노는 여기서 미학이라는 **학술**이 자체 내에 지니고 있는 내재적 문제성에 대한 비판을 가하고 있다. 이 문제성은 학술이 아닌 예술을 하나의 학술인 미학으로 다루려는 데에 있으며, 2가지 문제성으로 나타난다. 그 하나는 학술의 본성이 그러하듯이, 미학이라는 학술도 예술이라는 대상을 철학적 카테고리에 의해서 일률적으로 다루려는 관습에 있고, 그 둘째는 역시 다른 학술들과 마찬가지로 미학에서도 학술과 그 학술의 대상 사이의 관계인 **인식**[21]의 문제에 있다는 것이 아도르노의 생각이다. 미학도 하나의 학술인 이상 그의 대상을 도외시 할 수 없어 미학이 항상 인식론의 지배와 그늘 밑에서 존재해 왔다는 것이다. 미학은 대상을 획일적인 카테고리에 의해 해결하려는 제반 학술들이 가지고 있는 관습을 버려야 하고, 또 주체와 객체, 학술과 대상이라는 틀에 박힌 인식론의 공식에서 해방되어야 한다는 것이 아도르노의 주장이다. 여기서 "인식론의 공식"에서 해방되어야 한다는 말은 "틀에 박힌 공식"에서 해방되어야 한다는 말이며, 인식론 자체가 부정되는 것이 아니고, 아도르노의 미학에서 인식론 자체는 중요한 역할을 하고 있다. 이상에서 본 바로 전통미학에 대한 아도르노의 개념적 비판은 전통미학뿐만 아니라 미학 자체에 대한 비판이

---

20) ebd. S.528
21) **인식**(認識 Erkenntnis)

다. 아도르노의 미학 역시 비판의 대상이 될 각오를 하고 있는 미학이라 할 수 있다.

셋째로 전통미학에 대한 아도르노의 방법론적 비판 역시 앞의 역사적 비판 그리고 개념적 비판과 같이 총체적인 비판이다. 방법론은 철학사에서 3가지 방향으로 구분되어 왔다는 것이 아도르노의 의견이다. 즉 **유명론**과 **플라톤주의**[22] 그리고 그 양자간의 중간입장이 그 3가지 방향이다. 개체적인 대상만이 존재한다고 주장하는 것이 유명론이고, 개체적인 대상 외에도, 그 개체적인 대상 배후에 또는 그 개체적인 대상 속에는 추상적인 **보편개념**이 있다고 주장하는 것이 플라톤주의 이다.[23] 유명론은 따라서 플라톤주의로 대표되는 사변주의적 이상주의가 주장하는 보편개념을 부정하고, 반대로 보편개념을 주장하는 사변주의적 이상주의는 현상 즉 사실 자체만을 인정하려는 유명론을 부정한다는 것이 아도르노의 생각이다. 아도르노는 사변철학의 입장에 서서 유명론을 비판하고, 또 사변철학을 비판할 때는 아도르노는 유명론의 입장에 서서 비판한다. 그렇다고 해서 아도르노는 그 양자의 중간입장을 유지하는 것이 아니라, 이 중간입장 역시 신랄하게 비판한다. 이 비판 역시 총체적인 비판이라는 것을 다시 한 번 강조한다.

유명론과 **사변철학**에 대한 비판은 다음과 같다. 아도르노에 의하면, 크로체[24]가 미학적인 이론에 극단적인 유명론을 도입한 이래로, 미학은 보편원칙이나 추상적 불변수를 더 이상 찾으려 하지 않고 특수한 **형식과 자료**[25]에만 몰두하게 되었다는 것이다. 이의 예로 아도르노는 루카치[26]의 『소설론』, 벤야민[27]의 『독일 비극의 근원』 등을 들고 있다. 유명론의 영향하에 있는 이들 이론들이 미학의 전통적인 큰 문제들을, 즉 형이상학적 문제들을, 다시 말해 보편원칙들을 전혀 무시하거나 보편원칙의

---

22) **유명론(唯名論 Nominalismus)**과 **플라톤주의(Platonismus)**
23) vgl. J. Speck(Hrsg.): Handbuch wissenschaftstheoretischer Begriffe, Bd. 2, Göttingen 1980, S.447f.
24) 크로체(Benedetto **Croce** 1866~1952)
25) **형식(Form)**과 **자료(Material)**
26) 루카치(Georg **Lukács** 1885~1971)
27) 벤야민(Walter **Benjamin** 1892~1940)

현상실례에 불과한 특수 분야인 형식 또는 자료에 의해서만 해결하려는 것이 잘못이라는 것이다. 따라서 이런 미학은 의미 없고 진부한 원칙이나 제시하게 되고, 아니면 필연적이 못되는 임의적인 판단만 내릴 수 있는 숙명에 빠지게 된다는 것이 아도르노의 비판이다. 아도르노가 유명론적 이론들을 비판한다고 해서 완전히 유명론을 부정하는 것이 아니며, 유명론의 공적도 인정하는데 주의해야 한다. 유명론의 큰 공적 중에 하나는 사변철학적 전통미학의 기반을 흔들어 놓았다는 사실이라는 것이다. 보편에서 출발하려는 것이 아니라 원래 특수인 현상에서 출발하려 했던 헤겔의 미학도 유명론의 영향에 의해서 가능했다는 것이다. 그러나 이러한 헤겔의 계획은 계획에 그치고, 헤겔의 미학은 자체 내에 의고전주의적 요소들을 내포하고 있었기 때문에, 그의 변증법과는 어긋나게, 추상적인 불변수만을, 즉 추상적인 보편요소만을 가지게 되었다는 것이 아도르노의 비판이다. 유명론적인 이론들의 또 하나의 과오는 그 유명론에 의해 가능케 된 특수, 즉 구체성의 개념을 극단적으로 독트린화한 결과로 (그 극단화된 구체성이 하나의 보편개념이 되어 다시 구체성을 상실하므로) 바로 그 "구체성" 자체를, 유명론적인 이론들이 원래 찾으려 했던 바로 그 "구체성" 자체를 다시 잃어버리게 되었다는 것이 유명론에 대한 아도르노의 변증법적인 비판이다.

다음에 사변철학적 미학에 대한 아도르노의 비판은 다음과 같다. 칸트와 헤겔은 예술을 이해하지 못하면서 위대한 미학을 쓴 사람들로, 이는 당시 철학과 예술이 아직 분리되지 않았던 시대이었기 때문에 가능했다고 아도르노는 말한다. 즉 철학과 예술에 동일한 정신[28]이 지배하고 있다는 사실은 철학이 예술에 의존하지 않더라도 예술을 다룰 수 있었다는 것을 의미한다고 아도르노는 말한다. 그러나 철학과 예술이 더 이상 일치하지 않는 현대사회에서는 철학이 내린 보편규정은 예술에 타당하지 못하다는 것이다. 따라서 일반적으로 미학이라는 철학은(사변철학과 같이) 그의 본래의 구조상 보편을 추구하게끔 만들어져 있으나, 미학이 추구해서 찾아낸 그 보편이란 구체적인 예술작품에는 적용되지 않으며, 또 적용된다 하더라도 그 보

---

28) 정신(精神 Geist)

편은 시간이 가면 더 이상 보편성이 없는 보편으로 되어 진다는 것이 아도르노의 생각이다. 헤겔과 칸트의 미학 중에서 한 가지 중요한 것은, 아도르노의 미학은 헤겔보다는 칸트의 영향을 더 크게 받고 있다는 점을 미리 말해 둔다. 헤겔 미학은 **"개념과 사실의 통일성"**이라고[29] 해서 **개념과 사실**의[30] 일치를 주장한다. 개념과 사실의 일치를 주장한다는 말은 그 양자 사이의 분리를 전제로 하므로, 결국 헤겔은 통일성이라는 이념에 의해 개념과 사실을 분리시키는 결과를 가져왔다는 것이 아도르노의 의견이다. 이 말을 칸트의 용어를 써서 아도르노가 설명하는 것을 보면 다음과 같다. 헤겔은 **경험과 초험**의[31] 일치를 증명하려고 했음에 비해, 칸트는 이것을 포기했다고 아도르노는 말한다. 헤겔식으로 표현하면 개념과 사실 사이의 통일성을, 칸트식으로 표현하면 초험과 경험 사이의 통일성을 포기하는 대신에 칸트는 초험적 경험 또는 경험적 초험이라는 의미로 "보편적 특수" 또는 "특수적 보편"을 정립했다고 아도르노는 말한다. "보편"을 칸트는 객관성이라고도 말하기 때문에 "보편적 특수" 또는 "특수적 보편"이라는 말을 다시 풀어서 표현하면 "주관적 객관성" 또는 "객관적 주관성"이 된다고 아도르노는 설명한다. 이와 같이 경험과 초험, 특수와 보편, 주관과 객관의 "비분리"[32]에 또는 그 양자 사이의 끊을 수 없는 상관관계에 기초를 둔 칸트 철학은 비판시대 전의 시대라는 18세기에, 다시 말해 주관과 객관의 완전한 분리 이전 시대의 예술에 관계했던 고로, 칸트의 과오는 헤겔의 과오보다 덜 하다는 것이 아도르노의 의견이다.

다음에 유명론과 사변적 이상주의 사이에 위치하려는 중간 입장에 대한 비판은 다음과 같다. 아도르노는 유명론이 주장하는 사실 자체와 사변철학자들이 추구했던 보편개념 사이에서 소위 중간입장을 취한다는 심멜[33]의 미학을 비판한다. 이 중간입

---

29) Hegel: Vorlesungen über die Ästhetik, Bd. I, Frankfurt/M. 1970, S. 191
30) 개념(Begriff)과 사실(Realität)
31) **경험(das Aposteriori)과 초험(das Apriori)**
32) 헤겔이 주장하는 개념과 사실의 일치와 칸트가 주장하는 경험과 초험의 비분리라는 양자의 비교에서, 일치와 비분리가 같은 말로 보이나, 이것이 헤겔 미학과 칸트 미학이 분리되는 분기점의 하나다. 즉 헤겔은 개념과 사실의 총체성(Totalität)을 주장하고, 칸트는 가상(Schein)의 개념을 가능케 한다는 것이 아도르노의 의견이다.

장의 미학은 그 본질이 경험에도 그리고 개념에도 거리를 두려는 **무구속성**34)에 있다
고 아도르노는 비판한다. 아도르노에 의하면 예술의 본질은 반대로 **구속성**35)이기
때문에, 이상의 중간입장은 예술과 상충한다는 것이 아도르노의 비판이다. 아도르노
에 의하면 예술에 대한 효과적인 인식은 한편으로는 사실(경험)에 의해서는 조금도
현혹되지 않는 철저한 개념과 또 다른 한편으로는 사실 속에 깊숙이 빠져있는 무의식
적 의식에 의해서 이루어진다는 것이다. 달리 표현하면 미학은 경험과의 거리를 손상
시키지 않고 유지하면서, 단자론적 사상을 가지고 그 경험이라는 **타자**36) 속으로 파고
들어갈 때에 그 미학은 생산적이 된다고 아도르노는 말한다.37) 단자론적 사상이란
개념을 의미하고 타자란 경험을 의미한다. 따라서 개념과 경험, 또는 개념과 타자,
양자 사이의 변증법적 관계를 아도르노는 인용문에서 말하고 있다. 미학은 개념과
경험, 같은 의미이나 달리 표현하여 사상과 경험, 또는 개념과 사실을 가지고 예술을
판단해야 한다는 말인데, 이 말은 미학은(예술을 생산하는) 예술가의 입장을 가지고
예술을 판단해야 한다는 말로 해석할 수 있다. 미학은 예술가의 입장을 취해야 한다는
말이 되는데, 이 예술가의 입장이라는 말이 개념과 경험, 사상과 경험, 양편에 대해
미학이 가지고 있는 **구속성**을 의미한다. 미학이 만약에 그 구속성을 버리고 중간입장
이 주장하는 무구속성을 따르면, 그 미학은 수공업자의 이론으로 전락하여 결국은
실증주의38)에로 귀착한다는 것이 아도르노의 주장이다. 중간입장의 미학에 대한
비판은 실증주의의 산물인 **경험론**39)에 대한 비판으로 이어진다. 앞에서 언급된 유명
론적인 상황의 압력에 의해서 경험론으로 도피하려는 미학은 과거에서부터 내려오
는 예술가의 범례만 통계표로 시사해 주고, 예술작품의 **진리내용**40)인 **정신**은 미신과
같은 것으로 금물로 생각한다고 아도르노는 비판한다. 또 경험론적 미학은 예술작품

---

33) 심멜(Georg **Simmel** 1858~1918)
34) **무구속성(Unverbinklichkeit)**
35) **구속성(Verbindlichkeit)**
36) **타자(他者 das Andere)**
37) vgl. Ästhetische Theorie, S.497
38) **실증주의(Positivismus)**
39) **경험론(Empirismus)**
40) **진리내용(Wahrheitsgehalt)**

을 단순한 외적인 자극의 집합체라고 생각하며, 예술이 무엇이냐 하는 문제는 인간의 판단 외부에 있는 문제, 다시 말해 인간의 판단에 의해 결정할 수 없는 문제라고 주장하기도 하며, 또는 반대로 예술은 주관의 투영이외에는 아무 것도 아니라는 주장도 한다고 아도르노는 경험론적 미학을 비판한다. 이런 경험론적 미학은 미학의 진정한 대상을 상실하며, **문화공업**[41]의 영역으로 미학을 후퇴시킨다는 것이 아도르노의 주장이다. 예술은 원래 그 구조상 경험이라고 하는 **실재물** 속에서는 그 모습을 드러내지 않는 **실재**로서[42] 그 경험의 규칙을 배척하는 것이 예술이며, 또 예술은 자신의 정의된 본질을 초월하는 것이 예술의 본질이라는 것이다. 이 예술의 정의된 본질을 초월하는 사고가, 다시 말해 철학적인 표현으로 예술이라는 실재물의 초월을 사고하는 것이 미학의 사명이라고[43] 아도르노는 말한다. 다음으로 이상의 중간입장과는 직접적인 관련은 없으나 그러나 동일한 비판의 대상이 되는 소위 아카데미주의[44]를 아도르노는 다음과 같이 비판한다. 대학의 미학강의는 미학의 문제들에 관해 불확실한 것과 논란의 여지가 있는 것에 대해서는 불안을 느끼기 때문에 현대 자연과학이 주장하는 **관조적 태도**만을 취하고 있다고 아도르노는 비판한다. 그러나 이 자연과학적인 관조적 태도는 중간입장의 이론가들이 주장하는 **무구속성**과 같이 미학의 원래의 테마에서 빗나가며 현대예술을 (특히 카프카의 문학 등을) 해결할 능력이 없다는 것이 아도르노의 비판이다. 이런 관조적 미학은 관찰자가 거리를 두고 예술작품을 관조하는 "주관적 취미"라는 개념을 전제로 하지 않을 수 없게 되어 잘못된 미학이라는 것이 아도르노의 비판이다. 이런 주관적인 따라서 대상을 멀리 하려는 **취미판단**[45]을 전제로 하는 관조적 미학에 대해 아도르노는 진정한 미학은 대상에 대한 아무런 구속성이 없는 주관적인 취미판단이 아니라 사실 자체 속으로, 다시 말해 대상 자체 속으로 파고 들어가야 한다고 관조적 미학을 비판한다.

---

41) **문화공업**(文化工業 Kulturindustrie)
42) **실재물**(das Seiende)과 **실재**(das Sein)
43) Ästhetische Theorie, S. 499
44) 아카데미주의(Akademismus)
45) 취미판단은 칸트 미학의 핵심개념이다. 여기서 아도르노는 헤겔의 입장에서 칸트를 비판하고 있다. **취미판단**(Geschmacksurteil)

　지금까지 우리가 보아 온 역사적, 개념적, 방법론적 비판들을 수직적으로 추적해 왔다고 한다면, 다음에는 수평적인 면에서의 비판을 보기로 한다. 이 수평적인 면에서 이루어지는 아도르노의 비판은 전통미학 내지는 현대미학 일체에 관한 비판이다. 이 비판의 대상은 전통미학과 현대미학의 공통적 과오인 소위 **나이브테** 즉 **단순성**46)에 대한 비판이다. 여기서 미리 말해둘 것은, 이 "단순성"이라는 개념이 직관, 직접성, 우둔성, 나아가서는 비합리성 등의 개념들과 유사하고 또 그들과 혼동되어 쓰이고 있기 때문에 아도르노는 중립적인 외래어 "나이브테"라는 표현을 택하고 있다는 사실이다. 그리고 나이브테에 대한 비판은 다음에 우리가 볼 예술과 미학에 대한 아도르노의 분석과 반성을 위한 발판이 된다. 아도르노에 의하면 우선, 시민계급은 미학을 "일요일의 여가"를 방해하는 귀찮은 존재로 생각한다는 것이며, 또 이 귀찮은 존재라는 의미 속에는 예술에 내재해 있는 **"호의적인 저항"**47)을 미학이 공연히 들추어낸다는48) 의미가 들어 있다는 것이다. 그러나 예술에 내재해 있는 이 저항49)은 합리화되고 제도화된 현대사회에서 억압당하고 억눌려 있는 자연에 대한 인간의 관심을 다시 일깨워 준다는 것이 아도르노의 주장이다. 그러나 자본주의적 기업체제는, 아도르노의 표현으로 **문화공업**은 그러한 예술에 내재해 있는 저항을 제도화하고 이데올로기화해서 무해한 것으로 만들기도 하며, 나아가서는 예술을 비합리성을 위한 자연보호 구역으로 규정해 놓고 인간의 사고가 침투하지 못하게 하고 있다는 논리를 아도르노는 전개한다. 바로 이 비합리성이라는 "자연보호 구역"을 보호하기 위한 목적으로 문화공업은 예술이란 직관이니 단순성이니라고 거짓선전하고 있다고 아도르노는 비판한다. 따라서 예술가는 원래 예술에 대해 사고를 안 했으니 우리도 사고를 할 필요가 없다고 현대의 **문화공업**은 주장한다고 아도르노는 비판힌다. 문화공업의 소산인 나이브테에 대한 아도르노의 비판은 다음과 같다.

---

46) **나이브테(naiveté 단순성)**
47) vgl. Ästhetische Theorie, S.499
48) 여기서 예술과 미학의 관계가 부각되기 시작한다. 예술에 내재해 있는 저항을 꺼내어 들어내는 것이 우선 미학의 사명이라고 할 수 있다.
49) 저항은 비판 또는 반성과 같은 뜻으로 볼 수 있다.

첫째로 예술이란 순수한 감성의 영역이라고 주장하면서 문화공업의 소산인 나이브테라는 이데올로기는 예술에 내재해 있는 논리성[50]을 금물시하고 있다는 설명이다. 그러나 예술은 순수한 감성이외에도 논리성이라는 요소를 함께 내포하고 있어, 예술은 사실상 또 하나의 완전한 세계, 즉 제2의 세계로 제1의 세계인 우리의 세계와 같기도 하고 다르기도 하다는 것이 아도르노의 예술관[51]이다. 우리가 살고 있는 현실세계는 감성과 논리성, 또는 감성과 이성 양자로 되어 있는 2원론의 세계이기 때문이다. 둘째로 나이브테라는 개념은 한때 고전주의 예술작품의 중요한 특징으로 각광을 받았던 소위 **"고결한 단순성"**[52] 이었는데 현대에 와서는 고객획득의 수단으로 전락했다는 것이다. 문화공업의 산물인 나이브테에 의해, 다시 말해 나이브테라는 문화공업의 이데올로기에 의해, 현대의 소비자들은 알약 속에 들어 있는 내용물에 대해서 쓸데없는 생각을 하지 않고 단순하게, 즉 나이브하게 알약을 꿀꺽 삼키게 된다는 것이 아도르노의 설명이다. 한때 고전적인 의미의 고결한 단순성이 문화 소비자들의 단순성 즉 우둔성으로[53] 역할을 바꾸어, 그 문화 소비자들은 그저 고마운 생각으로, 거기다 비합리성이라는 자연 보호구역이 풍겨주는 요소로서, "형이상학적 위로"라고까지 부를 수 있는 "양심감"을 가지고 현대공업이 제공하는 쓰레기들을 삼키고 있다고 아도르노는 비판한다.[54] 셋째로 오늘날 예술가들이 잘못 생각하고 있는 나이브테는 문화공업에 대한 순진한, 즉 나이브한 적응의 증거로 예술가들의 순응주의[55]를 탄생시켰다는 것이 아도르노의 주장이다. 진정한 예술가는 그러나 현실사회, 즉 스타투스 크보[56]에 적응 내지는 순응한 적은 한번도 없었으며 이데올로기로 경직된 현실과의 타협을 거부했다는 것이 아도르노의 논리다. 현실과의 타협을 거부하는 예술가가 사실은 단순한, 즉 나이브한 예술가인데, 그러한

---

50) 논리성(論理性 Logizität)

51) vgl. Ästhetische Theorie, S.499

52) J. J. Winckelmann이 희랍 로오마 시대의 조각을 논하기 위해 사용한 개념으로 "edle Einfalt und stille Größe"에서 유래. vgl. F. Martini: Deutsche Literaturgeschichte, Stuttgart 1957, S.186

53) 독일 말에서 Einfalt는 "단순성"의 뜻과 "우둔성"의 뜻을 함께 가지고 있다.

54) Ästhetische Theorie, S.499 참조

55) 순응주의(Konformismus)

56) 스타투스 크보(Status quo)

나이브한 예술가는 현대사회에서는 반대로 단순하지 않은, 다시 말해 까다롭고 성가신 예술가로 통한다는 것이 아도르노의 주장이다. 종합적으로 나이브테의 개념이 현대에 와서 그 역할을 전도했다는 것이 아도르노의 생각이다. 지금까지의 나이브테에 대한 비판이 암시하듯이 아도르노는 단순성, 즉 나이브테와는 정반대의 개념인 **"반성"**57)이라는 개념을 가지고 예술을 논한다. 예술의 본질을 구성하는 요소 중에는 "반성"이라는(아도르노는 "반성"이라는 개념을 "저항"이라는 개념으로도 표현하는데) 계기가 들어 있으며, 반성의 계기가 결여되어 있는 예술도 사실은 바로 반성적 시대의 산물로 변증법적 의미로 볼 때 역시 반성의 계기가 들어 있다고 보아야 한다는 것이 아도르노의 의견이다.58) 이 반성의 계기는 예술가에게도, 예술작품에도, 또 예술의 수용자에게도 필연의 요소라는 것이 아도르노의 미학이다. 나이브테라는 이데올로기가 만들어낸 "직관이론"은 소위 "직접적 경험"이라는 아름다운 말을 사용하여 "순수한 직접성"59)을 주장하는데, "순수한 직접성"까지도 바로 그 순수한 직접성을 초월할 수 있는 계기인 반성에 의해서만 가능하다는 것이 아도르노의 생각이다. 한편으로는 경험의 직접성과 그리고 다른 한편으로는 그 경험에 대한 반성이 상호 중개되고, 직접성과 **반성**이 상호 중개되고, 다음에 그 **중개성**60)이 다시 지양되어 **직접적**으로 될 때 예술작품에 관한 이상적인 인식이 가능하다고 아도르노는 주장한다. 단순성 또는 직접성에 의미를 부여한다면, 그 단순성 또는 직접성은 목표이지 출발점은 아니라는 것이 아도르노의 주장이다.61)

3. 예술과 미학

한편으로는 예술과 나른 한편으로는 예술을 대상으로 하고 있는 학술인 미학, 양자 사이의 관계를 논하는데 있어서 독자들이 유의해야 할 것은 3가지가 있다. 하나

---

57) **반성(反省 Reflexion)**
58) Ästhetische Theorie, S. 501 f.
59) "순수한 직접성(reine Unmittelbarkeit)"
60) 중개성(仲介性 Vermittlung)
61) vgl. Ästhetische Theorie, S. 502

는 아도르노의 미학에 있어서 예술과 미학이 엄연히 분리되어 각자의 아우토노미를 가지고 있다는 사실이다. 둘째로 예술과 미학이 서로 아우토노미를 유지하고 있으면서도 양자는 떼려야 뗄 수 없는 상호관련 속에 묶여 있다는 사실이다. 예술을 토대로 하지 않는 미학은 상상할 수 없으며, 미학이 결여된 예술은 더 이상 예술이 아니라 프로파간다로 전락된 것에 불과하다는 것이 아도르노의 주장이다. 셋째로 독자가 주의 있게 추적해야 할 것은 예술을 테마로 하고 있는 "제1의 반성"과 미학을 테마로 하고 있는 "제2의 반성"을 분리해서 생각하는 것이고, 때로는 그 양자를 하나 속에서 동시에 생각하는 것이다. 미학이 낙후되고 미학에 대한 관심이 마비되었던 이유는 미학이 철학에만 종속되어 왔던 이유도 있지만, 그보다 더 중요한 이유는 미학의 잘못된 대상 설정에 기인한다고 아도르노는 주장한다. 변화된 현대사회에서도 예술이 아직도 가능하냐 하는 근본적인 문제를 다루지 않고, 미학은 예술은 어떤 모습을 해야 하느냐 하는 부차적 문제만을 다루어 왔는데 이것이 잘못이라고 아도르노는 설명한다. 그리고 현대에 와서는 미학의 대상인 예술은 자신의 개념만을 고수하고 예술의 소비면을, 즉 수용면을 외면한다고 하여 예술이 아니라 반예술[62]이라고 낙인이 찍히기도 했는데, 이것도 미학을 낙후되게 만드는 이유 중 하나라고 아도르노는 주장한다. 반예술로 낙인이 찍히지 않은 예술의 예로(아도르노에 의하면 바로 이 낙인이 찍히지 않은 예술이 사실은 반예술이라는 논리인데) 아도르노는 나치 예술을 들고 있다. 이상의 설명은 예술이냐 아니면 반예술이냐 등의 예술의 불안정한 상태를 나타내 주는 설명인데, 그 불안정한 예술을 대상으로 하고 있는 미학 자체도 불안정한 미학이 되었다는 것이, 다시 말해 낙후된 미학이 되었다는 것이 아도르노의 설명이다. 미학을 불안하게 만드는 또 하나의 사실은, 헤겔이 예술 종말론을 예언한 것 외에도, 예술 자체가 자신의 종말을 더 절실하게 느끼고 있다는 사실이라고 아도르노는 설명한다. 그리고 아도르노에 의하면 미학을 불안하게 만드는 이상의 "예술종말"의 감정은 예술이 과거의 전통적 개념만을 고수하고, 자신의 새로운 개념을 형성하지 못해, 변화된 사회에 대처하지 못하는데서 유래한다는 것이다. 따라서

---

62) 반예술(反藝術)

오늘날 예술가들 중에 튼튼한 토대 위에 서 있다고 생각하는 예술가가 있다면, 그 튼튼한 토대란 문화공업이 예술을 경영의 여러 부분 중 하나의 부분으로 만들고 그리고 그 예술부분을 이데올로기화 해서 생겨난 토대로서 사실은 토대가 아닌 토대라는 것이 아도르노의 비판이다. 따라서 미학이 자기의 불안감을 극복하기 위한 가장 절실한 문제는 원점으로 되돌아가, 현대사회에서도 예술이 도대체 가능하냐 하는 예술 자체의 가능성에 대한 질문을 미학은 다루어야 한다고 아도르노는 말한다. 즉 예술 자체의 가능성에 대한 질문은 예술종말론을 부정하고 미학의 불안감을 지양해 주는 계기를 줄 수 있다는 것이 아도르노의 생각이다.

이 "예술종말론"을 부정할 수 있는 계기는 아도르노에 의하면 2가지가 있다. 그 하나는 **미메시스**[63]**의 해방**이고 두 번째는 **가상**[64]**의 구제**이다. 첫 번째 계기인 미메시스의 충동은 인간의 본성에 내재해 있는 충동으로 세계가 지금 망하고 끝장나는 것이 아니라 다음에 있을 세계에 대한 희망이고 행운을 약속해 주는 것으로서 자고로 예술을 존속시켜 왔고 또 앞으로 존속시킨다는 것이다. 이 미메시스의 충동은 반신화적, 다시 말해 계몽적 요소들과 긴장관계를 유지하면서 예술을 보존해 왔다는 것이 아도르노의 설명이다. 그러나 현대에 와서 **목적합리성**[65]만을 추구하는 현대사회의 시스템이 미메시스의 충동을 더 이상 참을 수 없는 경지까지 억압하고 있다는 것이다. 예술의 생존을 위해서 그리고 미학의 생존을 위해서 이 미메시스의 충동을 억압에서 해방시켜야 하며, 또 예술과 그리고 미학의 생존을 위해 이 미메시스의 충동보다 더 중요한 것은 없다는 것이 아도르노의 의견이다. 예술의 생존권을 보장할 수 있는 두 번째 가능성은 가상의 구제이다. 인간에 내재해 있는 미메시스의 충동에 의해서 가능힌 이 가상 역시 인간에 내재해 있는 것으로 현대사회에서는 괴물로 전락 변모했다는 것이 아도르노의 주장이다. 그러나 현대의 베스트셀러들의 "fiction"이라는 표제는 괴물이 아니라 사실은 **미학적 가상**과 같은 개념으로 모든

---

63) **미메시스**(Mimesis)
64) **가상**(假象 Schein)
65) **목적합리성**(目的合理性 Zweckrationalität)

예술작품이 필연적으로 가져야 할 요소라고 아도르노는 설명한다. 벤야민의 "**아우라**"라는[66] 개념 역시 이 가상의 개념을 나타내는 것으로 마력과 같은 것이라고 아도르노는 설명한다. 예술은 이 "아우라" 또는 가상 등을 단순히 거짓말이라고 떨쳐 버려서는 안 되며, 반대로 예술이 이 "아우라" 또는 가상을 마치 독을 해독해 주는 해독제와 같이 예술 자신의 형태 속으로 수용하면, 그 예술은 자각하라고 꾸짖는 오만한 자연과학에 저항할 수 있는 힘을 얻게 된다는 것이 아도르노의 예술철학이다.[67] 이 가상의 구제가 예술의 생존권을, 나아가서는 미학의 생존권을 보장할 수 있는 두 번째 계기라는 논리다.

앞에서는 예술의 생존권 자체에 대한 질문으로 미메시스와 가상을 언급했는데 다음에는 예술과 미학이 존재하기 위해서 반드시 가져야 할 보편적 개념의 문제를 보기로 한다. 아도르노에 의하면 현대에서 예술과 미학 사이에 부조화를 유발하는 이유는 다음과 같다. 한편으로는 현대미학은 자신의 낡은 개념을 고수하면서 현대예술의 **시투아씨온**[68]을 허겁지겁 뒤쫓아 가고 있는가 하면, 다른 한편으로는 현대예술은 그 예술이 어떻게 변하든 없어서는 안 될 바로 그 자신의 개념을 떨쳐 버리고 있다는 것이 예술과 미학 사이의 부조화의 이유라고 아도르노는 설명한다. 그러나 예술은 경험과 개념이 중개[69]된 것으로 보편적 개념을 제외할 수 없다는 것이 아도르노의 주장이다. 그리고 정신과학으로서의 미학은 어떤 새로운 것을 불변수로 환원하려는 정신과학의 성벽을 가지고 있는데, 미학이 만들어 낸 추상적 규정들 중에는 불변의 것이란 하나도 없으며, 있다면 그 추상적 규정들은 자기변형을 끊임없이 하고 있는 정신에 의해 언젠가는 거짓으로 변한다는 사실만이 불변이라고 아도르노는 말한다. 예술도 그리고 미학도 보편적 규정, 즉 보편개념을 절대적으로 필요로 하나

---

66) Benjamin은 Aura라는 개념에 의해서 전통 예술과 현대 예술을 분리한다. **Aura**가 깨진 예술이 현대 예술이 된다. vgl. hierzu: Walter Benjaman: Das Kunstwerk im Zeitalter seiner technischen Reproduzierbarkeit, Frankfurt/M. 1977, S.15f.

67) vgl. Ästhetische Theorie, S.504

68) **시투아씨온**(Situation)

69) 중개(仲介 vermittelt)

그러나 이 보편개념은 불변의 보편개념이 아니라 변하는 보편개념이라는 것이다. 변하지 않는 개념을 보편개념이라고 한다면 아도르노가 의미하는 보편개념은 보편개념이 되어서는 안 되는 보편개념이라고도 표현할 수 있다. 예술과 미학이 반드시 수용해야 할 이 보편개념이 역사적으로 변화해야 한다는 사실을 아도르노는 카프카[70]와 베케트[71]의 작품을 예로 들어 설명한다. 카프카의 『변신』이나 『유형지』 등의 작품에 예를 들어 칸트의 취미판단 중 어떤 엄격한 판단기준을 적용하려는 것이 바보짓이라는 것은 풋내기 훈장에게도 자명한 것이라고 아도르노는 말하며, 이상의 작품들은 중세의 폐허 속에 들어 있는 현대의 거대한 임대아파트와 같은 비유[72]라고 아도르노는 해설한다. 그리고 이상의 작품들은 과거의 어떤 보편개념으로도 해결되지 않는 현대의 현상이라는 것이 아도르노의 설명이다. 그리고 베케트의 어떤 작품을 비극이니 아니면 희극이니 또는 비극과 희극을 합해 놓은 희비극이니 하는 말도 모두 더 이상 타당성이 없는 보편개념들이라는 것이다. 베케트의 『고도』라든지 『종반전』 등의 작품에서 등장인물들이 웃기로 결심한 장면을 예로 든다면, "희극"이라는 숙명이 비극적으로 표현된 것이라고 아도르노는 설명한다. 무대 위에서의 웃음에 의해 관중들의 웃음을 사라지게 만드는 베케트의 작품은 비극도 아니고 희극도 아니며 그렇다고 희비극이라고도 할 수 없다는 논리다. 중세의 폐허 속에 질서정연하게 늘어선 현대의 거대한 임대아파트와 같은 카프카식의 비유라든가, "숙명적 희극"의 "비극적 묘사"라는 베케트식의 **압수르트**[73]는 모두 과거의 보편개념에 대한 심판이외에는 아무 것도 아니라는 것이 아도르노의 의견이다. 그러나 예술은 과거의 보편개념을 떨쳐 버리지만 말고 그 보편개념에 대한 반성을 수용해야 하며, 미학도 자기의 대상을 잃지 않고 대상에 접근하려면 과거의 개념에 대한 반성과 비판적 자기의식의 절차를 계속해야 한다는 것이다. 예술과 미학은 각각 보편개념을 반드시 가지고 있어야 하나 이 보편개념은 변화된 그리고 늘 변화해 가는 보편개념이

---

70) 카프카(Franz **Kafka** 1883~1924)
71) 베케트(Samuel **Beckett** 1906~1989)
72) 비유(比喩 Parabel)
73) **압수르트(absurd)**

되어야 한다는 것이 아도르노의 주장이다. 원래 변하지 않는 것이 보편개념이라고 한다면 예술과 미학은 보편개념이 되어서는 안 되는 보편개념을 수용해야 한다는 말이다.

앞에서 예술과 미학이 반드시 수용해야 할 보편개념을 논했는데 이번에는 앞의 결과를 뒤집어엎고 예술이 아무런 보편개념을 가지고 있지 않은 경우를 아도르노는 논하고 있다. 이는 아도르노의 특유한 변증법적 수법으로 예술과 미학의 생존권을 주장할 수 있는 제2의 변증법적 가능성을 말한다고 할 수 있다. 여기서 아도르노는 원점으로 다시 돌아가, 예술과 미학이 반드시 보편개념을 가져야 한다고 해서 잘못된 보편개념을 갖기보다는 오히려 전혀 보편개념을 갖지 않는 편이 낫다는 논리를 전개하고 있다. 아도르노에 의하면, 현대의 예술은 자신의 자취에 놀라 미학을 자신의 뒤에 뒤떨어져 있는 것으로 멸시해 버리거나, 아니면 어떤 새로운 미학이 나타나 그렇지 않아도 위태로워진 자신의 생명선을 끊어 버리지나 않을까 두려워하고 있다는 것이다. 그리고 예술에게 **현존재**와 **내용**[74]을 부여했던 형이상학이 끝장난 현대에 와서 예술이 의지할 것은 하나도 없게 되었다는 것이 아도르노의 주장이다. 또 예술이 과거의 모든 보편개념을 떨쳐버린 현대는 개념의 무인지대라는 것이다. 따라서 미학에 의지하려는 것은 논외로 하고라도 미학을 두려워해 피하고 있는 예술은 자연적으로 **무의미**[75]에 귀착하거나 아니면 **물신주의**[76]에 끌려가게 된다는 것이 아도르노의 주장이다. 그러나 아도르노는 이 2가지 방향 즉 무의미와 물신주의에서 부정적이 아니라 긍정적인 면을 보고 있다는데 주의해야 한다. 예술이 무의미에로 귀착하면 그것도 **진리내용**[77]에 대한 접근방법 중 하나라는 논리다. 현대사회의 무의미를 묘사한 카프카와 베케트의 작품을 아도르노는 항상 높이 평가하고 있다. 만약 예술이 보편개념의 결여에도 불구하고 무의미에로 귀착하지 않으면, 그 예술은

---

74) 현존재(Dasein)와 내용(Gehalt)
75) **무의미**(Sinnlosigkeit)
76) **물신주의**(物神主義 Fetischismus)
77) **진리내용**(Wahrheitsgehalt)

현상 즉 스타투스 크보[78]를 위한 프로파간다로 전락한 예술, 다시 말해 예술이 아니라는 주장이다. 다음에 예술이 물신에 끌려가면(예술은 자체 내에 물신의 요소를 내포하고 있다고 아도르노는 생각하지만) 예술은 **비진리**[79]로 빠지게 된다는 주장이다. 이렇게 되면 예술은 정신분석학이나 아니면 실증주의[80]에 빠지게 되어, 정신병 환자들을 치료하기 위해서는 그 환자들에게서 예술의 요소를 제거해야 한다는 예술폐지론에 귀착한다는 논리를 아도르노는 전개한다. 그러나 아도르노는 바로 이 예술을 비진리로 몰고 가는 물신을 변증법적인 의미에서 예술의 생존권을 위해 절대적인 요소로서 구제하려는 논리를 역시 전개한다. 아도르노의 변증법은 다음과 같다. 비진리로 끌고 가는 물신주의가 없다면 진리 자체도 없으며, 또 예술의 질은 바로 이 물신주의의 정도와 비례해서 높아지기도 하고 낮아지기도 한다는 것이다. 현대사회의 특징인 **현혹성**[81]이라고도 아도르노가 말하는 이 물신주의에 의해서만 예술은 **사실의 영역**을 초월하여 **정신적인 영역**에 도달할 수 있는 힘을 얻는다는 것이 아도르노의 주장이다.[82] 이상에서 본 바와 같이 보편개념이 결여된 현대에서 무의미와 물신주의도 예술의 생존권, 나아가서는 미학의 생존권을 위한 하나의 계기가 될 수 있다는 것이 아도르노의 논리다.

이상에서 본 현대예술의 심각성 내지는 불안성은 아도르노의 변증법에 의하면 반대로 현대예술의 안정성을 의미할 수 있는 계기가 된다. 예술은 끝장난 것이 아니라 예술은 바로 지금 비로소 존재를 새로 시작해야 한다는 논리를 입증할 수 있는 계기가 된다. 이 계기에 의해서 미학의 대상인 예술의 필연적인 존재는 미학 자신의 필연적인 존재를 의미하고, 나아가서 현대에는 예술이 미학을 어느 때 보다도 필요로 한다는 논리를 아도르노는 전개한다. 그러나 예술이 미학을 필요로 하는 것은 예술이 갈팡질팡 할 때 미학에서 어떤 규범을 제공받기 위함이 아니라, 예술이 혼자

---

78) 스타투스 크보(Status quo)
79) **비진리(das Unwahre)**
80) 실증주의(Positivismus)
81) **현혹성(Verblendung)**
82) vgl. Ästhetische Theorie, S. 506

서 해 낼 수 없는 반성의 힘을 미학에 의해서 형성하기 위함이라는[83] 논리를 아도르노는 전개한다. 여기서 미학이 예술에 대해 가지고 있는 2개의 기능, 즉 "예술 실천적 기능"과 "예술 비판적 기능"[84] 을 보기로 한다. 첫째로 미학의 **예술 실천적 기능**[85]을 본다면, 우선 현대의 예술가들은 자료, 형식, 형성[86] 등의 개념들을 상투어적으로 사용하고 있는데, 미학은 이 상투어들의 상투성을 제거하여, 이상의 개념들을 순수하게 만들어야 한다는 것이다. 또 이 예술 실천적 기능은 무엇보다도 **예술작품의 "전개"**[87]라는 면에서 요구된다고 아도르노는 말한다. 예술작품은 시간을 초월해서 자신과 영원히 동질적으로 머물러 있는 것이 아니라, 예술작품은 그때그때 순간의 현존재로 쉬지 않고 발전 전개하는 것이, 즉 그 전개 자체가 예술이라고 아도르노는 생각한다. 예술작품의 존재란 바로 그의 변화발전 자체라는[88] 것이 아도르노의 예술철학이다. 그리고 전개 또는 변화발전 자체로서의 예술은 자기와 인척관계에 있는 정신의 형식을, 역시 항상 쉬지 않고 변화발전 해 가는 정신의 형식을 마치 주해나 비평처럼[89] 인용한다는 것이 아도르노의 철학이다. 여기서 미학은 예술에게 이 정신의 형식을, 다시 말해서 예술이 인용할 수 있는 인용문을 예술에게 제공해야 한다는 논리다. 이와 같이 해서 예술은 미학을 통해서 자신을 날카롭게 다듬어야 한다는 논리다. 또 자신을 날카롭게 함에 의해서 예술은 **진리내용**에 도달할 수 있는 힘을 얻는다는 것이 아도르노의 설명이다. 예술이 도달해야 하는 진리내용이란 아도르노에 의하면 철학과 예술의 상호접근 내지는 일치를 의미하거나 또는 철학이 예술 속으로 소멸해 버리는 것을 의미한다. 이 철학의 예술화 내지는 예술의 철학화는 예술이 자체 내에 내포하고 있는 **반성적 내재성**[90]에 의해서 가능한데, 바로 이 반성적 내재성을 미학이 일깨워 주어야 한다는 것이 아도르노의 예술철학이다. 예술작

---

83) vgl. ebd. S.507
84) "예술 비판적"(kunstkritisch)이라는 말을 아도르노는 직접 사용하지 않는다. 그러나 아도르노 미학의
　　논리전개에 따라 미학이 예술을 비판하는 기능을 "예술 비판적" 기능이라고 할 수 있다.
85) ebd. "eine kunstpraktische Funktion von Ästhetik"
86) 자료(Material), 형식(Form), 형성(Gestaltung)
87) "**전개(Entwicklung)**"
88) vgl. Ästhetische Theorie, S.507
89) 주해(Kommentar)나 비평(Kritik)
90) Ästhetische Theorie, S.507; **반성적 내재성(die reflektierte Immanenz)**

품의 진리내용, 달리 표현하여 철학과 예술의 상호일치의 상태는 따라서 외부로부터 주입된 어떤 철학의 내용과 엄밀히 구별되어야 하며, 그리고 예술의 자기 자신에 대한 반성에 의해서만 이루어진다고 아도르노는 말한다. 그리고 아도르노에 의하면 이 예술의 자기 자신에 대한 반성이 **제1의 반성**[91]이 된다. 미학이 지닌 예술 실천적 기능이린 예술의 자신에 대한 반성, 즉 제1의 반성을 일깨워 주는 기능이다.

다음에 미학의 두 번째 기능인 **예술 비판적 기능**을 보기로 한다. 전통미학과 현대예술이 서로 배치되는 시대에 미학이 할 수 있는 또 하나의 일은, 니체의 말대로, 과거의 몰락해 가는 범주들을 변화해 가는 범주들로 그것도 **규정적 부정**에 의해 사고해야 하는 일이라고 아도르노는 말한다.[92] 이 말을 2개의 부분으로 나누어 분석하면, 우선 "몰락해 가는 범주들"이란 이미 타당성을 잃은 과거의 보편개념들로 미학이 해야 하는 과거 보편개념들에 대한 해체작업을 의미한다. 그 다음에 "변화해 가는 범주들로 규정적 부정에 의해 사고"한다는 말은 새로운 범주들을, 즉 새로운 보편개념들을 구성해야 한다는 구성작업을 의미한다. 전통적 보편개념을 해체한다는 것은 결국 미학이 자기 자신을 해체한다는 것을 의미한다. 왜냐하면 미학은 원래가 보편개념을 형성하는 성벽이 있고 또 학술로서의 미학은 어떤 의미에서 보편개념을 생명으로 하기 때문이다. 그러나 아도르노의 변증법에 따르자면, 구성은 해체를, 또 해체는 구성을 의미하기 때문에(전제로 하기 때문에) 미학은 해체작업 후 곧 자신을, 다시 말해서 보편개념을 다시 구성해야 한다는 말이 된다. 그리고 "규정적 부정"에 의해서 사고한다는 말은, 과거의 범주와 새로운 범주, 또는 과거의 보편개념과 새로운 보편개념 중에서 새로운 것에 역점을 두라는 말이다. 하여튼 미학이 과거의 범주를 해체하고 새로운 범주를 구성한다는 것은 미학이 과거의 자신을 해체하고 새로운 자신을 구성한다는 것과 같다. 여기서 미학이 하고 있는 자신의 해체와 구성작업은 미학이 자기 자신에게 가하고 있는 반성 이외에는 아무 것도 아니다. 이 반성

---

91) "제1의 반성"이란 말을 아도르노는 직접 사용하지 않는다. 아도르노는 미학적 반성을 "제2의 반성"이라 하기 때문에 예술적 반성을 "제1의 반성"이라고 한다. vgl. Ästhetische Theorie, S. 47, 510

92) vgl. Ästhetische Theorie, S. 507; **규정적 부정(bestimmte Negation)**

을 아도르노는 **제2의 반성**[93]이라고 부르며, 칸트와 헤겔의 미학이 바로 이 제2의 반성을 유발했다고 칭찬하고 있다. 이 제2의 반성에 의해서 미학이 스스로를 새로 정비하여(날카롭게 하여) 이번에는 예술을 능동적으로 비판할 수 있다는 것이 아도르노의 논리다. 이 미학의 비판기능을 아도르노 미학의 문맥에 따라 예술비판적 기능이라고(아도르노는 "예술 비판적 기능"이라는 말을 사용하지 않지만) 명명할 수 있다.

4. 중개

아도르노에 의하면 미학의 딜레마는 경험에서 시작해서 보편개념에 도달하는 방법으로도 또 반대로 보편개념에서 시작해 경험에 도달하는 방법으로도 미학을 구성할 수 없다는데 놓여 있다.[94] 미학이 만약에 위에 언급한 귀납적 내지는 연역적 방법이라는 양자 중 하나를 택한다면 그런 미학은 **사실**과 **개념**[95]을 서로 양극으로 갈라놓아 미학의 본질인 진리내용에 도달하지 못한다는 것이 아도르노의 의견이다. 여기서 사실과 개념, 또는 경험과 보편개념, 더 나아가서는 귀납법과 연역법의 중개의 문제가 생긴다. 따라서 미학이 중개의 미학이 아니라면 그런 미학은 양극화되어 예술에 대한 문외한적인 규정이나 아니면 현실의 데이터에 대한 맥 빠진 분류만을 제공한다는 것이 아도르노의 비판이다. 따라서 미학은 중개의 미학이 되어야 하는데, 이 말은 다시 변증법적 미학이 되어야 한다는 것을 의미한다. 이 변증법적 미학을 설명하자면 다음과 같다. 미학은 인간의 사고를 경직시키는 연역 또는 귀납[96] 일변도의 미학이 되어서는 안 되고, 그 양자를 하나 속에 포함하는 미학이 되어야 한다는 것이 아도르노의 주장이다. 피히테[97]와 헤겔[98]도 이 사실을 인식해 귀납의 출발점

---

93) ebd. S.510
94) vgl. Ästhetische Theorie, S.510
95) 사실(Faktum)과 개념(Begriff)
96) 연역(das Deduktive) 또는 귀납(das Induktive)
97) 피히테(Johann Gottlieb **Fichte** 1762~1814)
98) 헤겔(Georg Wilhelm Friedrich **Hegel** 1770~1831)

인 개체가 연역의 출발점인 보편[99]과 하나가 된다는 것을 증명하려고 했다고 아도르노는 설명한다. 그러나 우리가 여기서 주의할 것은, 아도르노는 피히테와 헤겔식의 개체와 보편의 "일치"를 거부하고 칸트식의 개체와 보편의 "중개"를 주장한다는 사실이다. 헤겔 미학은 그의 변증법적 『논리학』[100]과는 달리 비변증법적이라고 아도르노는 자주 비판하며, 올바른 변증법은 오히려 칸트 미학에서 발견할 수 있다고 생각한다. 칸트의 미학은 2개의 의식을, 즉 한편으로는 필연[101]의 의식과 그리고 다른 한편으로는 그 필연의 증명 불가능성 내지는 증명 불필요성의 의식을 결합하려고 했다고 아도르노는 설명한다. 필연과 그 필연의 증명 불가능성이라는(또는 증명 불필요성이라는) 양자가 하나 속에 들어 있는 의식을 철학사는 "**알스 오프**"[102]의 철학이라고 표시하는데 다음과 같다. "장미꽃이 아름답다"고 판단하면 취미판단이 되는데 이 취미판단에는 필연과 그 필연의 증명 불가능성(내지는 증명 불필요성) 양자가 내재해있다는 설명이다. 모든 사람이 예외 없이 다시 말해 필연적으로 "장미꽃이 아름답다고" 판단해야하는데 이는 증명할 수도 없고 또 증명할 필요도 없다는 설명이다. 이상의 판단을 칸트의 말에 의해 표현하면 "마치 모든 사람이 예외 없이 필연적으로 판단하는 양" 나도 그렇게 판단하는 것이 취미판단이 된다. 따라서 "마치 모든 사람이 예외 없이 필연적으로 판단하는 양"이라는 "알스 오프"의 문장에는 필연과 그 필연의 증명 불가능성(내지는 불필요성) 양자가 중개되어 있다는 설명이다. 헤겔의 미학보다는 칸트의 "알스 오프" 미학에, 다시 말해 칸트의 **중개**[103] 미학에 기울어지는 아도르노의 말들은 다음과 같다. 예술은 현존재로서 관능적인 것이지만 동시에 정신인 것으로 규정된다고 아도르노는 말하는데 이는 관능과 정신이 중개된 것이라는 말이다. 예술은 결국 관능과 정신이라는, (관능은 눈으로 볼 수 있고 귀로 들을 수 있는 객관 물을 의미하기 때문에) 객관과 정신이라는 2개의 얼굴을

---

99) 개체(das Einzelne)와 보편(das Allgemeine)

100) 『논리학 Wissenschaft der Logik』

101) 필연(das Notwendige)

102) Als ob는 영어의 as if와 같음. 칸트의 모든 선험원리들은 인간의 오성으로 증명할 수 있는 것이 아니라 "마치 증명되어진 것처럼" 생각하는 선험원리들이다.

103) **중개(仲介 Vermittlung)**

가진 **야누스**104)의 머리라고 보아야 한다. 이 야누스 머리를 가진 예술에 접근할 수 있는 것이 변증법적 미학, 즉 **중개의 미학**이라는 논리가 된다. 지금까지 우리는 미학의 기능을 예술 실천적 기능과 예술 비판적 기능으로 분리해 논했고, 또 아도르노 미학의 본질인 반성도 예술에 대한 반성과 미학 자신에 대한 반성, 즉 제1의 반성과 제2의 반성으로 분리해 논했으므로, 중개의 문제에 있어서도 2개의 중개로 분리해 논하는 것이 아도르노 미학을 이해하는데 타당하다. 제1의 중개는 예술에 내재된 중개, 즉 예술과 미학의 관계 내에서 일어나는 중개이고, 제2의 중개는 예술을 초월하는 중개, 즉 예술과 사회의 관계 내에서 일어나는 중개이다.

우선 **제1의 중개**, 즉 예술에 내재적인 중개를 논해 본다. 위에서 언급한 예술을 형성하고 있는 2개의 요소 즉 관능과 정신의 중개를, (관능은 경험세계에 존재하는 물질을 의미하기 때문에) 물질과 정신의 중개를 아도르노는 다음과 같이 설명한다. 예술이 관능적인 동시에 정신적이라고 해서 예술작품이 태어나는 순간부터 정신적이라는 말은 아니다. 이것은 예술이 정신을 절대적인 것으로 소유하고 있다거나 그 정신을 언제나 보증할 수 있는 그러한 정신이 아니라는 것이다. 정신은 예술에 내재해 있는 하나의 계기이며, 예술에 내재해 있는 이 정신적인 계기는 예술로 하여금 경험적 사실, 즉 현실세계와 상호 모순관계를 형성하게 만든다고 아도르노는 말한다. 그리고 현실세계와 상호 모순관계를 형성하고 있는 예술은 그 현실세계에 대한 **규정적 부정**105)으로 발전된다는 것이 아도르노의 변증법적 미학이다.106) 여기서 "규정적 부정"으로 발전된다는 말은 예술은 현실세계에 대치되는 또 하나의 세계, 제2의 세계로 발전된다는 말이다. 예술에 내재해 있는 정신에 의해 예술을 정의하면, 예술작품은 현실세계에 실제로 존재해 있는 **실재물**107)로 보인다 하더라도, 그러나 사실은 예술작품은 정신과 그 정신의 타자 사이에서 일어나는 **프로세스**의 결정

---

104) **야누스**(Janus)
105) **규정적 부정**(bestimmte Negation)
106) vgl. Ästhetische Theorie, S.511
107) **실재물**(das Seiende)

체[108] 자체라는 것이 아도르노의 주장이다. 아도르노는 헤겔식의 정신을 비판하면서 자기가 의미하는 정신을 부각시키려한다. 헤겔 미학이 말하는 정신의 객관성이란 그의 타자 속으로 변질된 정신의 객관성으로 그 타자와 동일화된 정신이라는 것이 아도르노의 비판이다. 헤겔이 말하는 정신은 따라서 **총체성**[109]으로서 철학의 정신은 되나, 예술의 정신은 그러나 하나의 계기로서의 정신이지 총체성으로서의 정신은 아니라는 것이 아도르노의 주장이다. 아도르노에 의하면 헤겔의 이상주의가 붕괴된 후에 정신은 예술작품을 구성하는 하나의 계기로 축소되었고, 이 축소된 정신은 자신의 타자 없이는 존재할 수 없게 되었다는 것이다. 여기서 정신과 그의 타자와의 관계를 이해하는 것이 아도르노 미학을 이해하는데 핵심이 된다. 첫째로 정신이 존재하기 위해서는 자신의 타자를 절대적으로 필요로 하는(또 타자가 존재하기 위해서는 정신을 절대적으로 필요로 하는) **존재근거**의 관계이다. 둘째로 정신은 자신의 타자를 부정하려 하고, 또 타자는 정신을 부정하려는 **상호부정**의 관계이다. 셋째로 정신과 그의 타자와의 관계는 서로 독립된 2개의 세계로 상호 **자율성**의 관계이다. 아도르노가 의미하는 타자란 정신 이외의 일체의 것, 즉 비정신적인 것을 의미하며, 예술작품을 구성하는 물질, 예술작품의 모델, 예술가의 취급방법[110] 등을 아도르노는 들고 있다. 지금까지 설명한 내용은 정신과 그의 타자가 상호 중개되어 생긴 예술, 즉 정신과 타자라는 2개의 얼굴을 가진 야누스의 머리와 같이 보이는 예술에 관한 중개이었다. 정신과 타자의 중개는 비유를 들어 다음과 같이 설명된다. 나에게 강한 감동을 주어 인생관을 변경시킨 예술작품이 "모나리자의 미소"라고 한다면, 한편으로는 강한 감동과 다른 한편으로는 액자, 선, 색깔 등의 물질로 구성된 구조물, 정신적인 것과 물질적인 것 등 양자로 분리되는데 전자가 정신이고 후자가 타자라는 설명이다. 예술작품이란 강한 감동만도 아니고 물질적인 구조물만도 아니라는 말이고, 정신만도 아니고 타자만도 아니라는 설명이다. 예술작품이란 정신과 그의 타자가, 정신과 물질이 **중개**된 것이라는 설명이다.

---

108) Ästhetische Theorie, S.512
109) **총체성(Totalität)**
110) vgl. Ästhetische Theorie, S.513

예술 또는 예술작품이란 한편으로는 정신과 다른 한편으로는 그 정신의 타자 사이에서 일어나는 프로세스의 결정체라는 결론이 제1의 중개에 의한 결론이다. 이상의 결론은 예술 자체 내에 내재해 있는 정신적인 계기에 의해 가능해진 결론이다. 예술은 제1의 중개에 의해 경험세계, 즉 현실세계에 대치되는 또 하나의 세계로 되어진다는 것이 아도르노의 미학이다. 아도르노 자신의 표현은 다음과 같다. "예술은 사실상 제2의 세계로 우리가 살고 있는 세계인 제1의 세계와 같기도 하고 다르기도 하다."111) 아도르노의 미학을 이해하는데 무한한 사고를 요하는 것이 바로 이 예술에 대한 개념이다. 우리가 살고 있는 세계 즉 현실세계를 제1의 세계라고 한다면, 예술은 또 하나의 세계 즉 제2의 세계라는 말이다. 다시 한 번 강조하면, 이 예술이라는 제2의 세계는 우리가 살고 있는 경험세계로부터 완전히 독립된, 아니면 경험세계와 대등한, 또 아니면 경험세계에 대치된 지위를 갖고 있는 세계라는 것이다. 그리고 이 제2의 세계인 예술은 인용문에서 볼 수 있는 바와 같이 현실세계와, 다시 말해 우리가 살고 있는 경험세계와 같기도 하고 다르기도 하다는 것이 아도르노의 예술철학이다. 이 제2의 세계를 아도르노는 **자율성, 단자** 또는 **단일성**112) 등으로 표시한다. 예술은 하나의 자율성, 단자, 단일성이라는 말이다. 이 자율성, 단자 또는 단일성으로서의 예술은 다시 자신의 티지를 가지게 되는데 이것이 제1의 중개에서 **제2의 중개**로 넘어가는 동기가 된다. 예술이란 한편으로는 정신과 다른 한편으로는 그 정신의 타자 사이에서 일어나는 프로세스라고 하는 것이 제1의 중개에 의한 결론이었다. 이상의 제1의 중개에서 정신이 가진 타자를 편의상 제1의 타자라고 한다면, 제2의 중개에서 자율성, 단자 또는 단일성이 가지게 되는 타자를 제2의 타자라고 할 수 있다. 그리고 이 제2의 타자를 아도르노는 이질성,113) 경험세계, 현실세게 등으로 표시하는데, 결국 이 제2의 타자는 우리가 살고 있는 현실세계, 현실사회를 의미한다. 이상을 종합하여 표현하자면 예술과 사회와의 중개가 제2의 중개라고 할 수 있다. 예술과 사회와의 관계는(자율성, 단자 또는 단일성이라는 3개의 표현을 그 3개의

---

111) ebd. S.499
112) ebd. S.512; **자율성(Autonomie), 단자(Monade) 또는 단일성(Einheit)**
113) 이질성(das Heterogene)

표현은 같은 하나의 의미를 나타내므로 "단일성"이라는 하나의 표현으로 통일하여 말한다면) 단일성과 그의 타자와의 관계로, 다시 말해 예술과 현실사회와의 관계로, 제1의 중개에서 본 정신과 그의 타자와의 관계와 같은 결과가 된다. 단일성과 그의 타자와의 관계는 다시 상호 존재근거의 관계, 상호부정의 관계, 상호 자율성의 관계가 된다. 그리고 이상의 3가지 관계는 변증법적 관계를 의미한다. 즉 예술과 현실사회는 상호 변증법적 관계에 놓이게 된다는 결론이다. 그런데 이 단일성의 타자인 다시 말해 예술의 타자인 현실사회의 본질은 아도르노에 의하면 **부조화, 고난, 고뇌**[114] 등이기 때문에 예술이라는 단일성의 존재에 의해서 부조화, 고난, 고뇌 등의 존재도 같이 주장된다는 것이 아도르노의 변증법이다. 또 반대로 이 인간의 고뇌는 표현되어지기 위해서(자신의 존재를 알리기 위해서) 예술이 태어나기를 기다리고 있다는 것이 아도르노의 변증법적 미학이다. 그리고 인간의 고뇌가 예술을 기다리고 있다는 사실이 예술과 사회가, 예술과 고뇌가 중개되는[115] 계기가, 다시 말해 제2의 중개라는 계기가 된다. 아도르노는 헤겔 미학이 **이념의 감관적 가상화**[116]라고 해서 조화의 미학을 주장했으나, 따라서 헤겔은 예술을 고뇌의 의식[117]으로부터 엄격하게 단절시키려고 했으나, 그러나 결과적으로는(변증법적인 의미로는) 반대로 고뇌의 미학, 즉 부조화의 미학을 탄생케 하는 계기를 제공했다고 헤겔을 두둔하기도 한다. 헤겔은 예술종말론을 주장했지만, 이 고뇌라는 면에서 볼 때 오히려 반대로 헤겔은 예술 존속론을 주장할 수 있는 계기를 제공해 주었다고 아도르노는 말한다. 왜냐하면 끊이지 않는 인간사회의 고뇌의 존속은 자신을 표현해 주는 예술의 존속을 보장하기 때문이다. 제2의 중개는 **단일성과 고뇌**, 표현을 달리하면 예술과 사회 사이의 중개가 된다. 아도르노 미학은 이 제2의 중개에 의해 **예술과 사회**를, 미학과 사회학을 가까이 접근시키는 계기를 얻게 된다. 제2의 중개는 다음의 논문에서 테마가 된다.

---

114) **부조화**(das Dissonante), **고난**(Not), **고뇌**(Leiden)
115) vgl. Ästhetische Theorie, S.512.
116) **이념의 감관적 가상화**(das sinnliche Scheinen der Idee)
117) Ästhetische Theorie, S.512

1. 예술의 구성

이 논문의 제I부에서 예술에 대한 미학의 기능으로 예술실천적인 기능과 예술비판적 기능을 보았다. 예술작품은 시간을 초월해서 자신과 영원히 동일하게, 영원히 불변의 것으로 머물러 있는 것이 아니라 시간과 더불어 변하고 발전하는 것, 그 변화발전 자체가 예술작품의 본질이라고 아도르노는 생각한다. 여기서 예술작품이 예술작품이기를 그치지 않고 계속 예술작품으로 머물게 하는 힘을, 다시 말해 이상의 변화발전의 프로세스를 계속하도록 정신의 형식을 제공해 주는 것이 미학의 예술실천적 기능이었다.[1] 반면에 미학의 예술비판적 기능은 미학 자신에 대한 기능으로 과거의 범주를 해체하고 새로운 범주를 구성하는 기능, 즉 미학 자신의 해체작업과 구성작업을 의미했다.[2] 예술실천적 기능은 결국 예술이 미학에 의해 새로운 활력을 얻어 자체 내에 내재해 있는 반성을 되찾는 것으로 이것을 제1의 반성이라고 했다.[3] 예술비판적 기능은 미학 자신이 스스로를 새로 정비하여 시간에 낙후되지 않고 예술을 능동적으로 비판할 수 있는 기능, 미학이 자신에게 가하는 반성으로, 이것을 제2의 반성이라고 했다.[4] 예술작품이 자체 내에 **반성**[5]의 계기를 내포하고 있다는 말은 물리적인 자료로서의 예술작품이 아니라 복합성으로서의 예술작품을, 또는 아도르

---

1) vgl. 유형식: 아도르노 미학의 개관 I -예술과 미학, 獨逸文學, 42집, S.78
2) ebd. S.79
3) ebd. S.78
4) ebd. S.79
5) **반성(反省 Reflexion)**

노에 의하면 정신6)으로서의 예술작품을 의미한다. 물리적 의미로 있는 그대로의 생명 없는 물7) 자체가 예술작품이 아니라, 예술작품은 **모순**을 내포하고 있는 역동적인 **긴장** 자체라고도8) 할 수 있다. 예술작품은 아도르노의 말대로 **자료와 정신**이 중개된 것이다. 이와 같이 중개된 예술작품은 아도르노 미학에 의하면 단지9)로 독존하는 것이 아니라 제2의 중개, 예술과 사회와의 중개를 필요로 한다. 지금까지 말한 것을 종합하면 아도르노 미학을 이해하는 데 중요한 공식이 성립한다. 예술실천적 기능, 제1의 반성, 제1의 중개는 모두 예술작품에 내재된, **작품 내재적**10)이고, 예술비판적 기능, 제2의 반성, 제2의 중개는 작품 외재적 또는 **작품 초월적**11)이다. 아도르노 미학의 근본 구조는 작품내재와 작품초월로 구성되어 있다. 전자인 작품내재와 관련된 현상을 **예술적**, 또 후자인 작품초월의 현상들을 **미학적**12)이라고 표현한다. 본 논문에서 우리는 첫째로 작품내재적인 예술적 현상들의 구성, 즉 예술의 구성과, 둘째 예술작품의 작품초월적 미학적 현상인 예술과 사회의 중개, 셋째 아도르노 미학의 핵심인 미학적 객관성을 개관하기로 한다.

아도르노 미학의 특징으로, 예술은 사회와의 변증법적 관계에 의해서 정의된다. "예술은 사회에 대한 반명제이나, 이 사회적 반명제는 직접 사회에서부터 연역되는 것은 아니다."13) 예술이 사회에 대해 반명제의 관계에 있다는 말은 예술도 사회와 같이 하나의 완전한 세계, 완전한 "창문 없는 단자"14)라는 의미로 해석해야 한다. 그러나 이 사회적 반명제를 (그것이 사회적이라 해서) 사회 자체에서 연역하려는 것은 잘못이라는 것이다. **"사회적 반명제"**로서의 예술은 따라서 사회와는 전혀 관계 없는 (이 말은 전혀 관계있다는 말도 되지만) 독립된 구성물이라는 뜻이다. 예술과

---

6) 자료(資料)와 정신(精神)

7) 물(物)

8) **모순(Widerspruch), 긴장(Spannung)**

9) 단자(Monade)

10) **작품내재적(werkimmanent)**

11) **작품초월적(werktranszendent)**

12) **예술적(künstlerisch), 미학적(ästhetisch)**

13) Adorno: Ästhetische Theorie, S. 19

14) "창문 없는 단자(fensterlose Monade)"

사회의 관계는 변증법적 관계로 **존재근거**의 관계, **상호부정**의 관계, **상호자율성**의 관계다.15) 사회와의 변증법적 관계에서 아도르노가 예술을 정의하는 또 하나의 예는 다음과 같다. "예술은 사실상 제2의 세계로 우리가 살고 있는 세계인 제1의 세계와 같기도 하고 다르기도 하다."16) 여기서 제2의 세계인 예술이 인간의 세계인 사회와 같다는 말은 예술도 완전한 단자의 세계로 자율성을 가지고 있다는 말이고, 다르다는 말은 예술과 사회, 양자는 서로에 대해 상호부정의 관계에 있다는 말이다. 예술과 사회의 존재근거의 관계는 전형적인 변증법의 형식으로 예를 들어 여자의 범주와 남자의 범주는 상호 존재근거의 관계에 있다고 할 수 있다. 왜냐하면 여자의 범주가 존재하지 않는다면 남자를 구태여 "남자"라고 명명할 필요도 없고 또 그 가능성도 없기 때문이다. 반대로 남자의 범주가 존재하지 않으면 마찬가지로 여자의 범주도 존재하지 않는다. 이와 같은 상호 존재근거의 관계는 예술과 사회에도 적용된다. 예술과 사회는 한마디로 **비 - 사 - 비**17)의 관계로 2개의 상호 의존적인, 상호 상반적인, 상호 독립적인 존재가 얼굴을 맞대고 있는 관계라고 할 수 있다. 비 - 사 - 비의 관계에 있는 예술과 사회에서 (아도르노 미학을 이해하는 데 중요한 점은 범주에는 예술과 사회 2개의 범주만이 존재한다고 생각해야 한다) 사회만이 자체 내에 모순을 포함하고 복합적인 것이 아니라, 예술도 마찬가지로 모순과 복합성의 존재라는 것이다. 이 모순과 복합성의 존재인 예술을 이해하는 데는 전통적인 인식론이나 어떤 경직된 방법론18)에 의해서는 불가능하고 **반성**에 의해서만 가능하다고 아도르노는 말하는데 이것이 제1의 반성이다. 반성의 기능에는 3가지가 있다. 첫째 하나를 둘로 나누어 생각하는 기능이고, 둘째는 반대로 둘을 하나로 합해서 생각하는 기능이고, 셋째는 둘째 기능을 확대시킨 것으로 예술작품을 경험세계에 존재해 있는 물건 이상의 것으로, 가상으로, "야누스의 머리"로 이해하는 기능이다. 아도르노가 의미하는 제1의 반성은 아도르노적인 해석학을, 즉 아도르노적인 이해의 문제를 유래시킨다. **이**

---

15) **존재근거(Existenzgrund)**의 관계, **상호부정(Negation)**의 관계, **상호자율성(Autonomie)**의 관계
16) Adorno: Ästhetische Theorie, S. 499
17) **비 - 사 - 비(vis-à-vis)**
18) 인식론(認識論)과 방법론(方法論)

해[19]의 문제에서 아도르노 미학은 대상의 존재를 절대적으로 요구한다. 미학적 이론은 선험론적인 구성에 의해서만 다시 말해 경험을 초월하는 순수한 구성에 의해서만 좌우되어서는 안 되고, 미학적 이론의 무대는 어디까지나 미학적 대상에 대한 경험이라는 것이 아도르노의 주장이다.[20] 아도르노가 대상과 대상에 대한 경험을 강조하는 것은 (여기서 대상만을 다루려는 경험론과 아도르노의 미학을 일치시키려 한다면 잘못이다) 전통적인 딜타이[21]식의 해석학과 거리를 두기 위함이다. 딜타이와 그의 학파는 이해의 개념을 경험의 요소들을 말살시키는 **감정이입**[22]이라는 개념과 일치시켰는데, 이 결과 이해라는 개념은 주관주의에 빠지게 되어 경험의 요소를 상실하게 되었다고 아도르노는 비판한다. 아도르노가 경험의 요소를 강조한다고 해서 아도르노를 경험론자라고 규정하는 것은 큰 잘못이다. 아도르노가 생각하는 경험이라는 개념에는 크게 "**예술적 경험**"과 "**미학적 경험**" 2가지가 있고, 또 예술적 경험에는 그의 전신인 전예술적 경험, 즉 **살아 있는 인지**[23]가 있다고 아도르노는 말한다.[24] 아도르노의 예술의 구성을 이해하는데 이 예술적 경험이 핵심이 된다. **예술적 경험**[25]은 물리적 의미로 있는 그대로의 경험으로부터, 즉 살아 있는 인지로부터 거리를 두어야 한다는 주장이다. 예술적 경험은 경험세계라는 살아 있는 인지가 가지고 있는 직접성에서 거리를 유지해야 하나, 그러나 그 직접성의 흔적 없이는 예술적 경험이 불가능하다고 아도르노는 말한다.[26] 왜냐하면 그 직접성을 완전히 말살해 버리면 그 예술적 경험은 너무 세련되어 예술작품이 싫든 좋든 가지고 있어야 하는 "**직접적 현존재**"[27]의 권리를 무시해 버리기 때문이라는 것이다. 따라서 아도르노는 경험론자들이 주장하는 살아 있는 인지, 즉 전예술적 경험을 비판한다. "**전예술적 경험**"은 자신과 예술작품의 일치를 주장해서 주관주의 아니면 취미라는

---

19) **이해**(理解 Verstehen)
20) Adorno: Ästhetische Theorie, S.513
21) 딜타이(Wilhelm **Dilthey** 1833~1911)
22) **감정이입**(Einfühlung)
23) **살아 있는 인지**(das lebendige Wahrnehmen)
24) Adorno: Ästhetische Theorie, S.513
25) **예술적 경험**(die künstlerische Erfahrung)
26) Adorno: Ästhetische Theorie, S.514
27) "**직접적 현존재**(das unmittelbare Dasein)"

범주 속으로 빠지게 되어 예술작품을 적중하지 못한다는 것이 아도르노의 주장이다. 따라서 경험세계에 있는 그대로의 대상을 주장하는 전예술적 경험만으로는 불가능하고 여기에 **개념**28)을 가해야 예술적 경험이 된다는 것이다. 그러나 이번에는 반대로 예술적 경험이 너무 사상에, 개념에 치우치면 그 예술적 경험은 경직되어 수용성29)이라는 계기를 상실하게 되어 다시 예술작품을 적중하지 못한다는 것이다. 따라서 전예술적 경험이 개념에 의해 투영될 때만 예술적 경험이 된다고 아도르노는 주장한다. 아도르노가 이상의 전예술적 경험을 비판하는 것은 결국 하나를 둘로 나누어 생각하는(경험론 자들은 하나를 하나로만 생각하는데 비해) 반성을 강조하려고 한다고 보아야 한다.

예술적 경험과 관련해서 반성의 기능 중에 하나인 하나를 둘로 나누어 생각하는 기능을 논했다. 이번에는 반대로 둘을 하나로 합해서 생각하는 반성의 기능을 본다. 이 기능이 미학적 경험을 이해하는데 중요한 기능이다. **미학적 경험**30)은 관찰자의 자기부정과 같은 것으로 다시 말해 관찰자가 자신의 자아를 제거 말살하는 것과 같은 것으로, 미학적 대상이 즉 예술작품이 말하기도 하고 또 침묵하기도 하는 것을 알아내는 능력을 요구한다고 아도르노는 말한다.31) 미학적 경험은 한편으로는 관찰자와 대상 사이의 거리를 요구하면서도 다른 한편으로는 이 거리를 제거하여 "대상과의 일치"를 가능하게 만드는 자기부정을 또한 요구한다고 아도르노는 미학적 경험을 설명한다. 바로 이러한 의미가 칸트가 말하는 **"관심 없는 관심"**32)이라는 개념 속에 내포되어 있다고 아도르노는 말한다. 자아는 자신의 재창조에서 더 이상 행복을 발견하지 못한다는 쇼펜하우어의 말을 인용하면서 자기보존이라는 타부를 버리고 자기부정에 의해 자아와 대상, 관찰자와 미학적 대상과의 일치를 이루는 것이 미학적 경험이라고 아도르노는 말한다. 이상의 미학적 경험에 의해서 **"이해"**는 예술적

---

28) **개념**(概念 Begriff)
29) 수용성(Rezeptivität)
30) **미학적 경험**(die ästhetische Erfahrung)
31) Adorno: Ästhetische Theorie, S,514
32) **"관심 없는 관심**(interesseloses Interesse)"

경험보다도 더 높은 단계에 도달한다는 이론이다. 예술적 경험보다도 더 높은 단계인 이 "이해"의 단계는, 다시 말해 미학적 경험에 의해서만 가능해진 "이해"는 예술작품 자체가 지니고 있는 **인텐씨온**33)에 대한 이해가 된다는 것이다. 그러나 이 미학적 경험에 의해 가능해진 이해, 예술작품 자체의 인텐씨온에 대한 이해도 영구불변의 경직된 이해가 아니라 일시적인 이해라고 아도르노는 말한다. 그리고 이 예술작품 자체의 인텐씨온을 구체적으로 아도르노는 예술작품의 **이데**34)와 같은 것이라고 말하나, 그러나 그 인텐씨온은 예술작품의 **내용**과는 다르다고 말한다. 그럼에도 예술적 경험과 미학적 경험은 절대 필요한 것으로, 소설이나 희곡의 줄거리 또 그 모티브 등을 적절하게 인지하고도 그 작품을 "이해"하지 못하는 사람이 있다는 사실은 위에서 논한 예술적 경험과 미학적 경험의 당위성을 증명하는 것이라고 아도르노는 말한다. 지금까지 이야기한 것을 종합하면 반성의 방향에 따라 하나를 둘로 나누어 생각하는 반성을 예술적 경험이라 했고, 반대로 둘을 하나로 합해서 생각하는 반성을 미학적 경험이라 했다. 전자의 반성을 독일철학은, 특히 쉘링35)은 **생산적 직관**36)이라고 했는데 이는 주체와 객체의 분열 또는 주체가 대상을 생산하는 것을 의미한다. 따라서 예술적 경험을 가능케 하는 반성을, 즉 하나를 둘로 나누어 생각하는 반성을 **생산적 반성**37)이라고도 할 수 있다. 이 경우에 아도르노도 실제적으로 생산적이라는 개념을 사용하고 있다. "미학은 경험과의 거리를 손상시키지 않고 유지하면서 단자론적 즉 소우주론적 사상을 가지고 그 경험이라는 타자38) 속으로 파고들어갈 때에 그 미학은 생산적 즉 효과적이다. 다른 말로 표현하면 미학은 예술생산의 입장에서, 즉 예술가의 입장에서 예술을 판단할 때 효과적이다."39) 예술적 경험이란 생산적 반성으로, 경험세계에 존재하는 예술작품은 하나가 아니라 둘이 상호 모순관계에서 대치하고 있다는 것을 이해하는 것이 된다. 즉 하나의 예술작품 속에는 경험과

---

33) **인텐씨온**(Intention)
34) **이데**(Idee)
35) 쉘링(Friedrich Wilhelm Joseph Schelling 1775~1854)
36) **생산적 직관**(Produktive Anschauung)
37) **생산적 반성**(Produktive Reflexion)
38) **타자**(他者 das Andere)
39) Adorno: Ästhetische Theorie, S.497

사상, 현존재와 정신, 실재와 비실재, 양자가 대치하고 있다는 것을 이해하는 것이 된다. 여기서 아도르노는 관찰자 즉 수용자에게 생산자 즉 예술가의 입장을 취하라는 무리한 요구를 하고 있다고 보아야 한다.[40] 다음에 미학적 경험을 가능케 하는 반성, 둘을 하나로 합해서 생각하는 반성을 보자면 다음과 같다. 셸링은 주체와 객체, 자아와 대상을 하나로 통합하는 직관을 **지성적 직관**[41]이라고 불렀다. 셸링의 개념에 의해 표현하자면 아도르노의 두 번째 반성을, 즉 둘을 하나로 합해서 생각하는 반성을 **지성적 반성**이라 할 수 있겠으나 이는 수용에 관한 반성이므로 **수용적 반성**[42]이라고도 할 수 있다. 미학적 경험을 가능케 하는 이상의 수용적 반성은, 즉 둘을 하나로 합해서 생각하는 반성은 정신과 관능이, 비실재와 실재가, 개념과 경험이, 한마디로 정신과 그의 타자가 하나로 결정화되는 과정 자체를 이해하는 것이 된다. 예술적 경험이 아니라 미학적 경험과 관련해서 예술을 정의할 때는 아도르노는 "자신의 망각", "작품 속으로의 소멸", "충격", "쇼크", "관찰자의 자기부정",[43] "작품 자체의 인텐씨온 이해" 등의 표현을 사용한다. 아도르노 미학의 핵심적 개념인 미학적 경험과 수용적 반성은 한마디로 주체의 제거 또는 "**주체의 폐위**"[44]를 의미한다. 다음에는 지금까지 논한 **생산적 반성**과 **수용적 반성**에 의해서 아도르노가 예술작품을 어떻게 상상하는가를 보기로 한다.

예술작품이 과연 무엇을 말해주고 있는가 하는 문제에 도달하기 위해서는, 아도르노의 표현을 사용하여 예술작품의 **진리내용**[45]에 도달하기 위해서는 생산적 반성인 예술적 반성[46]에 의해서만은 도달 불가능하고, 또 수용적 반성인 미학적 반성[47]에 의해서만도 도달 불가능하다는 것이 아도르노의 논리다. 진리내용의 노달은 생

---

40) Sauerland, Karol: Einführung in die Ästhetik Adornos, S.40
41) **지성적 직관(intellektuelle Anschauung)**
42) 수용적 반성을 생산과 소비라는 경제학의 개념에 의해 표현하자면 소비적 반성이라고도 할 수 있다.
43) Adorno: Ästhetische Theorie, S.396
44) Adorno: Dialektik des Engagements, S.24; **주체의 폐위(Abdankung des Subjekts)**
45) **진리내용(Wahrheitsgehalt)**
46) 예술적 반성은 다름 아닌 제1의 반성을 의미한다.
47) 미학적 반성은 제2의 반성을 의미한다.

산적 반성과 수용적 반성, 예술적 반성과 미학적 반성, 제1의 반성과 제2의 반성, 양자에 의해서만 가능하다고 아도르노는 주장한다. 2가지 상호 역행적인 반성들의 합이 진리내용을 어떻게 정의하는가를 논한다면 그 결과는 예술작품이란 첫째 "**야누스의 머리**"고, 둘째 역설이고, 셋째 프로세스[48]라고 할 수 있다. 첫째로 예술작품이란 "야누스의 머리"라는 정의를 논해 본다. 야누스는 원래 머리는 하나이나 그 머리의 앞과 뒤에 2개의 얼굴을 가진 전설의 인물이다. 여기서 "하나"와 "둘"의 관계가 예술적 반성과 미학적 반성, 제1의 반성과 제2의 반성의 종합에 해당되는 관계다. 하나의 머리를 2개의 얼굴로 나누어 생각하는 것이 예술적 내지는 생산적 반성이고, 두 얼굴을 하나의 머리로 합해서 생각하는 것이 미학적 반성 내지는 수용적 반성이다. 결국 하나의 예술작품에서 두 개의 얼굴, 정신과 그의 타자라는 양면만을 보는 반성은 완전한 진리내용에 도달할 수 없고, 또 반대로 정신과 그의 타자라는 두 요소에서 단 하나의 예술만을 인식하는 반성도 완전한 진리내용에 도달할 수 없다는 논리다. 이상 양자의 단편적인 방법은 경직되어 예술작품을 적중하지 못한다고 아도르노는 말한다. "**미란 개념과 사실, 양자 사이의 완전한 일원화를 의미하는 이데다**"[49]라고 하는 헤겔 미학을 아도르노가 비판하는 것은 2개의 요소, 개념과 사실은 하나라는 수용적 반성만 인정하는 헤겔 미학에 대한 비판이다. 이상의 헤겔 미학에 대한 비판은 주관과 객관, 즉 이원화를 인정하는 칸트 미학으로 아도르노를 기울게 한다. 그렇다고 해서 아도르노의 미학을 칸트의 미학과 동일시하려는 것은 잘못이다. 왜냐하면 헤겔 미학과 칸트 미학의 합이, 일원화와 이원화의 합이, 미학적 반성과 예술적 반성의 합이 아도르노 미학이라고 할 수 있기 때문이다. 야누스의 머리와 관련해서 아도르노가 실제로 예술작품을 정의하는 것을 보면 다음과 같다. 아도르노의 원문은 내난히 함축적인 표현이므로 풀어서 번역하면 다음과 같다. "모든 진정한 예술작품에는 실제로 존재하지 않는 어떤 요소가 내재해 있다. 다시 말해 모든 진정한 예술작품에는 비실재가 실재해 있다고 할 수 있다. 바로 이 실재해 있는 비실재가(또는 비실재해 있는 실재가), 달리 표현하여 실제로는(물리적인 의미로는) 존재하지

---

48) "야누스의 머리(Janus-Kopf)", 역설(Paradox), 과정(Prozeß)
49) Hegel: Vorlesungen über die Ästhetik, S.157

않으나 존재하는 듯 보이는 그 요소를 **가상**[50]이라 하는데, 예술작품이 가상화되면 예술작품은 자신과는(물리적인 의미의 자신과는) 다르게 보인다. 바로 이 다르게 보이는 요소를 예술작품에 내재한 **정신**[51]이라고 한다. 그리고 이 다르게 보이는 요소, 즉 정신이 예술작품이라는 실재에 내재해 있는 비실재, 또는 비사실이라는 것이다."[52] 예술작품은 실재와 비실재, 사실과 비사실, 달리 표현하여 자료와 정신[53]이라는 두 개의 얼굴을 가진 하나의 야누스라고 인용문을 해석할 수 있다.

위에서 야누스의 머리를 설명할 때에는 예술적 경험과 미학적 경험, 생산적 반성과 수용적 반성, 제1의 반성과 제2의 반성 등의 합에 의해 설명했다. 그러나 아도르노의 미학을 난해하게 하는 것은 아도르노가 이상의 양자 중에 어디다 중점을 두느냐 하는 문제다. 전자에 중점을 둔다면 칸트 미학에 기울어지고, 후자에 중점을 둔다면 헤겔 미학에 기울어진다. 그러나 명심할 것은 아도르노는 헤겔을 비판할 때는 칸트의 입장에서, 칸트를 비판할 때는 헤겔의 입장에서 비판한다는 사실이다. 이번에는 헤겔의 입장에 서서 아도르노는 예술작품에 대한 두 번째 정의인 **역설**을 설명한다. 예술작품에 대한 경험 즉 예술적 경험은 제1차 단계에 지나지 않아 완전한 진리내용에는 도달하지 못하기 때문에 그 예술적 경험은 "진리냐 아니면 비진리냐"하는 양자택일이라는 극단상황에 의해 투영되어야 한다는 것이 아도르노의 의견이다. "하나의 예술작품을 **진리**라는 총괄적 개념으로 파악하는 것은 그 예술작품을 **비진리**와의 상관관계 속에서 파악하는 것으로, 어떠한 예술작품도 그 예술작품 외부의 비진리 즉 경험세계의 비진리와 관계하지 않는 것은 없기 때문이다."[54] 그리고 진리의 문제는 예술의 본질적인 문제이기 때문에 예술작품은 싫든 좋든 **인식**[55]에 관여해야 한다는 것이 아도르노의 주장이다. 따라서 인식은 예술작품에 대해 합법적인 관계를 가

---

50) **가상**(假象 Schein)
51) **정신**(精神 Geist)
52) Adorno: Ästhetische Theorie, S.127, 134
53) 자료(資料 Material)와 정신(精神 Geist)
54) ebd. S.515
55) **인식**(認識 Erkennen)

지고 있다는 것이다. 바로 인식이 가지고 있는 예술작품에 대한 합법적인 관계 때문에, 달리 표현하여 예술작품에 내재해 있는 인식의 요소 때문에, (인식을 미워하는) **문화공업**56)은 예술작품을 비합리성의 영역으로 몰아넣으려 한다고 아도르노는 비판한다. 문화공업과 같이, 예술작품을 비합리성의 영역으로 매도해 몰아넣는 것은 잘못이라는 논리다. 그런데 예술작품과 합법적인 관계를 이루고 있는 이 인식은 대상에 대한 인식이 아니라는57) 것이 아도르노의 주장이다. 여기서 아도르노는 다시 칸트 미학으로 기울어지는 현상을 나타낸다. 인식이 대상에 대한 인식이 아니라는 말은 아도르노에 의하면 예술작품 자체가 인식적 구조이고 동시에 인식적 방법58)이기 때문이다. 이 말을 달리 표현하면 예술작품 자신이 인식의 주체이고 동시에 인식의 대상이라는 말인데, 이는 예술작품이란 알 수 없는 수수께끼 자체라는 것을 표현하는 말이 된다. 바로 이 예술작품의 수수께끼 성격을 아도르노는 이해 불가능하다는 의미로 **"비자명성"**이라고 표현하고 바로 이 비자명성이 예술작품이 가지고 있는 유일한 **자명성**이라는 역설적인 정의를59) 내린다. 이 비자명성을, 다른 말로 이해 불가능성을 예술철학은 **해명**에 의해 말살해서는 안 되고 그 비자명성이라는 이해불가능성 자체를 **이해**해야60) 한다고 아도르노는 말한다. 아도르노의 해석학은 해석학이 아닌 해석학, 역설의 해석학이다. 따라서 예술작품의 본질인 이해불가능성 자체를 해명에 의해 말살하려 했던 일체의 전통적 미학은 붕괴되어진다고 아도르노는 말한다. 그의 예로 현대의 압수르트한 문학은(아도르노는 베케트와 카프카의 문학을 현대문학의 예로 든다) 의미 말살 자체가 그 문학의 인텐씨온이기 때문에 압수르트한 현대문학에서 의미를 해명하려는, 이해 불가능성을 말살하려는 전통미학은 예술작품을 적중하지 못한다는 주장이다.

---

56) **문화공업(Kulturindustrie)**
57) 인식은 원래 인식의 주체와 인식의 대상을 반드시 필요로 한다. 즉 대상 없는 인식은 인식이 될 수 없다.
58) Adorno: Ästhetische Theorie, S. 516
59) ebd. **"비자명성(das Unverständliche)", 자명성(Selbstverständlichkeit)**
60) **해명(erklären), 이해(Verstehen)**

　"야누스의 머리"로서의, 그리고 역설로서의 예술작품 다음에 세 번째 정의인 **프로세스**로서의 예술작품을 보기로 한다. 이 점에 있어서도 아도르노는 일체의 전통미학을 부정한다. 예술은 지금까지의 예술에 관한 모든 정의와는 위배되는 것이며, 예술이 스스로 생성 발전해 온 것 바로 그 자체가 예술에 관한 정의라고[61] 아도르노는 말한다. 예술작품이란 무엇인가 하고 예술작품의 근원을 새로 찾으려는 노력이나 또는 어떤 기존해 있는 근원, 다시 말해 예술작품의 근원이라고 이미 인정되어진 근원으로 추론해 가려는 노력도 의미가 없다는 것이 아도르노의 주장이다. 이유는 예술작품의 객관성이 (이 객관성을 아도르노는 미학적 객관성이라고 하는데) 이상의 근원형성이나 근원추론을 불허하기 때문이라는 것이다. 예술작품이 가지고 있는 이 객관성은 주관과 중개된 것이기 때문에, 다시 말해 주관이 내재된 객관성이기 때문에 주관이 완전히 배제된 예술작품의 근원이란 있을 수 없다는 것이다. 아도르노가 생각하는 예술작품이란 "근원 - 과정 - 목적"이라는 공식에서 볼 때 근원도 목적도 제거된 **"과정 자체"**, **프로세스 자체**라고 보아야 한다. 아도르노의 유명한 예술에 관한 정의는 다음과 같다. "예술의 정의는 그 예술의 과거에 의해서 예시되나, 그 정의의 합법성은 그 예술의 현재에 의해서 결정된다. 그리고 이 정의는 그 예술의 미래에 대해서는 개방되어 있다. 그렇다고 해서 예술의 현재만을 (이것이 경험세계와 구별되는 예술의 본질이라고 하여) 고수하다 보면 그 현재는 곧 변해 없어지고 만다. 그래서 과거에는 예술이었던 것이 현재에는 예술이 아닌 것이 많다. 예술이 지녔던 과거는, 더 이상 예술이 지니고 있는 현재가 아니다. 영화가 예술이냐 아니냐 하는 질문은 의미 없는 질문이다. 왜냐하면 예술이 지니고 있는 순간적인 현재는 그 예술이 과거에는 소유하고 있지 않았던 요소이고 또 미래에는 변해 없어질 요소이기 때문이다. 예술은 어떤 **불변수**에 의해서가 아니라 **운동법칙**에 의해서만 정의할 수 있다. 예술은 자신의 타자와의 관계 속에서만 정의되어 진다."[62] 아도르노는 인용문에서 예술의 속성으로서의 순간적인 현재를 **불꽃**[63]에 비유해서 설명한다. "예술

---

61) Adorno: Ästhetische Theorie, S.522

62) ebd. S.11, 12; **불변수(Invariante)**, **운동법칙(Bewegungsgesetz)**

63) **불꽃(Feuerwerk)**

은 원래 불꽃과 같은 현상으로 그의 순간성 때문에 이론으로는 거의 붙잡을 수 없는 것이 예술이다."[64] 예술의 위상은 과거 - 현재 - 미래 중에서 극히 순간적인 현재라 할 수 있고, 예술이라는 현상은 근거 - 과정 - 목적 중에서 "과정 자체"라고 할 수 있다. 예술은 한마디로 **과정**과 **순간**이 하나 속에[65] 들어 있는 상태다. 지금까지 아도르노 가 생각하는 예술의 정의를 "야누스의 머리", 역설, 프로세스 등으로 나누어 논했다. 결국 이상 3개의 개념들은 동일한 개념들이라고 할 수 있다. 또는 이상 3개의 개념을 하나 속에 포섭하는 개념이 정확한 개념이라고 할 수 있다. 이상이 아도르노가 생각 하는 예술의 구성이 된다. 다음에는 이상과 같이 구성된 예술과 사회와의 상관관계 를 논할 차례다.

2. 예술과 사회의 중개

예술과 사회의 관계는 **비 - 사 - 비**의 관계로, 상호 의존적인, 상호 상반적인, 상호 독립적인 두 존재가 서로 얼굴을 맞대고 있는 관계라는 말을 했다. 이 말은 2개의 **단자**가, 2개의 **우주**가 서로 대치상태에 있다는 말이다.[66] 아도르노의 미학을 이해하 는데 중요한 열쇠는 단자는 2개, 우주는 2개, 세계는 2개, 범주는 2개라는 공식을 잊지 않는 것이다. 이 2개의 세계 중에서 전자 즉 예술의 구성을 앞에서 보았으므로 여기서는 사회의 구성을 논하고 예술과 사회의 **중개**[67]를 논하기로 한다. 인간사회 를 어떻게 보느냐에 따라서 이론이 달라지고 철학이 달라지는데, 크게 긍정적 존재 론과 부정적 존재론으로 양립되는 것이 보통이다. 아도르노의 존재론은 후자 즉 부 정적 존재론에 속한다. 아도르노 철학이 다루는 세계는 부정적 세계라고 보아야 한 다. 아도르노 철학의 세계를 구성하는 개념들은 **고뇌와 고난**,[68] **부조리**, **재해**, **울음**, **눈물**[69] 등이다. 아도르노의 부정적 미학의 핵심을 나타내 주는 말로서『미학적 이

---

64) Adorno: Ästhetische Theorie, S.125; **순간성(Flüchtigkeit)**
65) Adorno: Ästhetische Theorie, S.154; **과정(Prozeß)과 순간(Augenblick)**
66) **비 - 사 - 비(vis-á-vis), 단자(Monade), 우주(Kosmos)**
67) **중개(仲介 Vermittlung)**
68) Adorno: Ästhetische Theorie, S.35, 169; **고뇌(Leiden)와 고난(Not)**

론』에 들어 있는 가장 아름다운 문장은 다음과 같다. **"진정한 예술은 어떻게도 설명할 수 없는 표정을, 하도 기가 막혀 눈물까지도 나오지 않는 울음소리를 나타내주는 예술이다.**"[70] 이번에는 긍정적 존재론을 나타내는 칸트의 미학과 아도르노의 미학을 비교해 아도르노의 부정성을 구체화시켜본다면 다음과 같다. **자연의 합목적성**[71]을 미의 척도로 생각하고 있는 칸트는 자연은 예술로 보여야 아름답고 또 예술은 자연으로 보아야 아름답다고 한다.[72] 이는 자연 자체를, 대상 자체를 아름답게 보려는 긍정적 존재론을 나타내는 말이다. 어느 고요한 여름 저녁 보드라운 달빛 아래서 **밤꾀꼬리** 노래 소리는 아름다운데 그 밤꾀꼬리 노래 소리가 진짜가 아니라 어떤 장난꾸러기가 내는 기만의 소리로 드러나는 순간에 미는 사라진다고[73] 칸트는 말한다. 밤꾀꼬리는 자연 그대로의 살아 있는 밤꾀꼬리여야 하고, 그렇다면 그 노래 소리는 예술로 즉 아름답게 들린다는 것이다. 이상의 칸트의 긍정적 존재론과는 반대로 아도르노는 암셀(지빠귀)의 예를 들어 **"새들의 노래 소리를 아름답다고 하지만, 그 노래 소리에는 무서운 것이 내재해있다. 왜냐하면 그 노래 소리는 사실은 노래 소리가 아니라 울음소리로 새들을 얽어매는 속박의 소리, 앞으로 닥쳐올 재해의 소리이기 때문이다"**.[74] 칸트의 미학과 아도르노의 미학을 극단적으로 양분화 하자면, 전자는 미, 쾌적, 행운의 미학이고 후자는 반대로 추, 두려움, 재해의 미학이다. 한마디로 아도르노가 생각하는 인간사회는 후자의 사회 즉 부정적인 사회다.

아도르노의 부정적 사회구성은 3가지 면으로 관찰할 수 있다. 첫째 현대사회는 분업의 사회고, 둘째 이윤 추구에 있어서 목적 - 수단 합리성의 사회고, 셋째 현혹 또는 조작의 사회라고 할 수 있다. 첫째 **분업**의 사회란 현대인의 의식으로는 지극히 당연하고 타당한 말로 들리나, 그 배후에는 아도르노의 깊은 사회 철학적 아루구멘

---

69) ebd. S.35; **부조리**(das Dissonante), **재해**(Unheil), **울음**(Weinen), **눈물**(Träne)

70) ebd. S.179; "Authentische Kunst kennt den Ausdruck des Ausdruckslosen, Weinen, dem die Tränen fehlen."

71) **자연의 합목적성**(Zweckmäßigkeit der Natur)

72) Kant, Immanuel: Kritik der Urteilskraft, Stuttgart 1963, S.234

73) ebd. S.228

74) Adorno: Ästhetische Theorie, S.105

트가 들어 있다. 즉 아도르노가 생각하는 현대사회는 수요와 공급의 법칙이라는 **시장논리**에 의해서만 움직이고 있는 사회이다. 이 말을 확대 비약시키면, 수요와 공급이, 상호독립 내지는 상호대립 관계로 발전하는 것이 현대사회라고 할 수 있다. 생산과 소비의 조화관계가 깨지고 생산을 위한 생산, 소비를 위한 소비로 물화 또는 물질화된나는 말이다. 이에 따라 **사용가치와 교환가치**[75)]의 조화가 깨져 교환가치가 사용가치보다 엄청나게 큰 물화된 괴물의 사회로 전락했다는 것이 아도르노의 주장이다. 분업이라는 개념 자체를 아도르노는 인류 역사가 저지른 **원죄**[76)] 또는 **상처**라고 부르며 이 표현을 인간의 육체적 노동과 정신적 노동의 분업에까지 적용한다. 두 번째의 **목적 - 수단 합리성**[77)]의 사회라는 아르구멘트는 첫 번째 아르구멘트와 마찬가지로 수단이 목적을, 목적이 수단을 합리화한다는 말이다. 또 이를 확대 비약시여 아도르노의 논리를 추적하면 목적과 수단, 양자가 서로 대등하고 동등하여 상호독립의 관계가 더 나아가서는 상호대립의 관계가 된다는 말이 된다. 양자 사이의 상호대립의 관계에 의해 목적과 수단의 조화관계가 깨져 사회를 지배하는 유일한 신은 **물신**[78)]이 되는데, 이를 아도르노는 현대사회의 물신주의라고 한다. 현대사회를 지배하는 것은 인간이성의 산물인 신이 아니라, 인간의 이성으로는 어찌할 수 없는 물신이기 때문에 현대사회는 합리성의 사회가 아니라 예측할 수 없는 비합리성의 사회라고 아도르노는 말한다. 기계 만능의 현대사회의 합리성은 역설적으로 그의 정반대인 비합리성으로 탈바꿈했다는 것이 아도르노의 변증법적 사회철학이다. 셋째의 **현혹** 또는 **조작**[79)]의 사회라는 말은 제1의 아르구멘트와 제2의 아르구멘트의 합으로, 현대사회는 인간의 인식능력인 이성과 오성으로는 인식 불가능한 사회이며, 그리고 눈에 보이지 않는 어떤 메커니즘에 의해 폭행당하고 위협당하고 있는 사회라는 아르구멘트다. 그리고 현대시회를 폭행하고 위협하며 움직이는 이 메커니즘은, 다시 말해 현대사회를 움직이는 유일한 운동법칙인 이 메커니즘은 의미의 창조가 아니라 의미의 말살로, 의미의

---

75) **사용가치(Gebrauchswert)와 교환가치(Tauschwert)**
76) Adorno: Ästhetische Theorie, S.337; **원죄**(原罪 die uralte Schuld)
77) **목적 - 수단 합리성(Zweck-Mittel Rationalität)**
78) **물신**(物神 Fetisch)
79) **현혹(Verblendung) 또는 조작(Manipulation)**

충만이 아니라 의미의 결여로 현대사회를 몰고 간다는 것이 아도르노의 주장이다. 그리고 이 메커니즘은 합리적인 현대 **관료제**에 의해 **관제된**[80] 산물이나 끝에 가서는 그 관료제까지도 지배하게 되며, 인간의 합리성을 초월하는 **총체성**[81]의 원리가 된다는 것이 아도르노의 주장이다. 여기서 현대사회를 지배하는 총체성의 원리인 메커니즘을 신이라고 한다면 이는 부정적인 신이다. 헤겔의 총체성을 합리적인 총체성, 긍정적인 총체성이라고 한다면 아도르노의 총체성은(이 현대사회를 움직이는 메커니즘은) 비합리성의 총체성, 부정적인 총체성이라고 할 수 있다. 지금까지 우리는 아도르노의 예술의 구성과 사회의 구성을 논했다. 한편으로는 "야누스의 얼굴", 역설, 과정으로서의 **예술구성**과, 또 다른 한편으로는 분업, 목적 - 수단 합리성, 현혹으로서의 **사회구성** 등 양자 사이에는, 다시 말해 예술과 사회, 양자 사이에는 변증법적 관계가 지배하고 있다. 예술과 사회의 변증법적 관계는 한마디로 **비 - 사 - 비**의 관계가 된다.

예술과 사회 사이의 변증법적 관계를 의미하는 **비 - 사 - 비**의 관계를 아도르노는 2가지 방법에 의해서 설명한다. 그 하나는 사회와의 관계를 거부하고 나아가서는 사회의 존재 자체를 무시하려는 **"라르 푸르 라르"**[82]식의 예술의 아우토노미를 주장하는 예술관 즉 작품 내재론에 대한 비판과 그 둘째는 정반대로 예술의 아우토노미를 부정하려는 경험론에 대한 비판에 의해서 아도르노는 설명하려 한다. 첫째로 작품 내재론에 대한 비판은 다음과 같다. 작품 내재론은 (이것을 아도르노는 예술적 경험 또는 제1의 반성 등의 개념으로 지금까지는 비판이 아니라 비호해 왔지만) 그 실천 과정에서 본다면 그 자신이 제거하려던 실증주의의 특징들을 오히려 받아들이고 있고, 또 그 작품 내재론의 엄격한 방법론은 제2의 잠재력이라 할 수 있는 요소, 즉 예술작품에 구체적으로는 나타나 있지 않은 요소들을(이것은 사회적 요소를 말하는데) 외면해 버린다는 것이 아도르노의 비판이다. 여기서 철학적 미학은 작품 내재론이 벽에 부딪쳐 해결 못하는 문제를 제2의 반성에 의해 극복해 주어 진리내용에

---

80) **관료제**(Bürokratie), **관제된**(verwaltet)
81) **총체성**(Totalität)
82) **"라르 푸르 라르**(l'art pour l'art)"

도달하도록 해야 한다는 것이 아도르노의 생각이다. 작품 내재론은 자신의 협소한 시야 때문에 사회에 대한 숙고의 가능성을 말살하기 때문이다. 예술은 그러나 한편으로 독립적인 존재로 사회와 대등한 관계에 있고, 다른 한편으로는 예술은 그 자체가 사회적이라는 사실을[83) 작품 내재론은 알아야 한다고 아도르노는 주장한다. 또 작품 내재론의 주장처럼 예술에서 자료만을 경험하고 그것을 미학이라고 주장하는 사람은 속물이고, 또 반대로 예술만을 예술로 인지해서 특권적인 예술을 주장하는 사람도 예술의 진리내용을 상실하는 사람이라고[84) 아도르노는 비판한다. 그 **진리내용**[85)이란 단순히 예술 자체라고는 할 수 없으며, 그리고 "예술작품의 내재적 구조는 (이미 논한 예술의 구성을 의미하는데) 바로 예술이 아닌 것, 즉 예술의 피안을 필요로 한다고"[86) 아도르노는 말한다. 둘째로 경험론에 대한 비판은 (경험론을 전예술적 경험의 의미로 이미 논한 바 있다) 다음과 같다. 경험은 역사적으로 볼 때 하나의 한계선을 가지고 있는 것인데, 경험이 이 한계선을 뛰어 넘어 감정이입[87)이라는 주관주의에 빠졌다고 아도르노는 비판한다. 예술은 그러나 경험주의가 주장하듯 (가상적인 픽씨온에나 있을법한) 소위 **직접성**[88)이라는 개념에 의해 해결되지는 않는다고 아도르노는 주장한다. 예술의 본질은 원래 **비경험성**이라고 할 수 있는데, 이 비경험성이라는 면에서 볼 때 모든 예술작품은 경험으로는 도달 불가능한 **태고적**[89)이라고 아도르노는 말한다. 따라서 이 비경험성이고 태고적이라는 경험의 한계선 때문에 미학은 현대 즉 **모데르네**에서 부터 출발하도록 강요당하고[90) 있다는 것이 아도르노의 논리전개다. 왜냐하면 현대는 적어도 과거에 대해 어떤 빛을 던져 주고 있는데 비해, 과거에만 집착하고 있는 이론은 현재와 과거 사이의 거리를 무시하여 결과적으로 현재에도 그리고 과거에도 반드시 내재해야 할 그 **태고성**[91)의 요소를

---

83) Adorno: Ästhetische Theorie, S.518

84) ebd.

85) **진리내용(Wahrheitsgehalt)**

86) ebd.

87) 감정이입(Einfühlung)

88) **직접성(Unmittelbarkeit)**

89) ebd. S.518; **비경험성(Unerfahrbarkeit). 태고적(archaisch)**

90) 아도르노의 미학은 따라서 현대(die Moderne)에 대한 미학이라 할 수 있다.

91) Adorno: Ästhetische Theorie, S.518

망치고 있기 때문이라는 것이다. 지금까지 언급한 작품 내재론과 경험론에 대한 비판을 종합하여 아도르노는 다음과 같이 말한다. 예술은 결코 그 예술이 극단적으로 사회를 배격한다 하더라도, 사회적 본질을 가지고 있고, 그 사회적 본질이 함께 이해되지 않는다면 예술은 이해할 수 없다는 것이다.[92] 아도르노 미학에서 이상의 예술에 내재해 있는 사회적 본질을 논하는 순간이, 작품 내재론적인 예술적 경험에서 미학적 경험으로, 제1의 생산적 반성에서 제2의 수용적 반성으로 넘어가는 순간이다. 이 순간부터 예술적 경험은 특권을 상실하고, 미학적 경험이 예술과 사회를 중개해야 한다는 것이 아도르노 미학의 논리다. 이 미학적 경험은 예술과 사회 사이에서 어정쩡한 중간입장을 버리고 극단과 극단을 통해 예술 아니면 사회, 사회 아니면 예술식의 변증법적 중개를 해야 한다 주장이다. 다른 말로 표현하면, 예술작품에 대한 올바른 **이해**를 위해서는 (이해도 2단계로 나누어 예술작품 내재적 이해와 미학적 이해로 나눈다면 후자 즉 미학적 이해를 의미한다) 반성이 어떠한 저항이 있더라도 동시에 작품의 내재, 작품의 외재에 위치하면서 항상 자신을 유동적 상태로 유지해야 한다는 것이 아도르노의 미학이다. 단지 작품의 내재에만 박혀 있는 사람의 눈을 예술은 뜨게 하지 않고, 단지 외재에만 머물러 있는 사람은 예술을 위조하고 있다는 것이 아도르노의 주장이다.

작품의 내재와 외재, 예술과 사회 사이의 비 - 사 - 비의 관계가 아도르노의 변증법적 미학이라는 내용을 언급했다. 작품의 내재와 작품의 외재, 예술과 사회 사이의 비 - 사 - 비 관계는 그 양자 사이의 상호 독립적 관계, 상호 부정의 관계, 상호 존재근거의 관계 등으로 나타난다. 양자 사이의 **상호 독립적 관계**란 첫째 예술의 아우토노미는 사회의 아우토노미를 의미하고 또 반대로 사회의 아우토노미는 예술의 아우토노미를 의미하는 것이 된다. 둘째 사회를 하나의 우주, 하나의 세계로 본다는 것은 예술도 하나의 우주, 하나의 세계로 보는 것이고, 또 반대로 예술을 하나의 우주, 하나의 세계로 본다는 말에는 사회도 그렇게 본다는 의미가 내포되어 있다. 셋째로 독자가 예술을 감상한다는 말은 독자가 사회에서 예술의 세계로 **이민**[93] 간다는 말이고 또

---

92) Adorno. Ästhetische Theorie, S.518
93) **이민**(emigrieren)

독자가 예술 감상을 중지하는 순간은 예술에서 다시 사회로 이민 온다는 뜻이 된다. 아도르노는 집요하게 예술과 사회 사이의 상호 독립적 관계를 추구한다. 아도르노는 예술을 그 자료의 근원에서 본다면 "**사회적 사실**"[94]이라고 하는데 이는 반대로 사회는 "**예술적 사실**"이라고 해석할 수도 있다. 다시 말해 사회를 지배하고 있는 생산력과 생산관계의[95] 변증법적 관계는 예술에도 그대로 적용된다는 것이다. 또 반대로 예술작품의 내재에서 집행되거나 또는 정지되는 일체의 과정은 그 예술작품의 외재인 사회의 과정 자체라는 것이다. 또 예술작품을 구성하는 제 요소들 사이의 상관관계는 사회를 구성하는 제 요소들 사이의 상관관계와 동일하다는 것이 된다.[96] 한마디로 예술적 작업은 사회적 작업이라고[97] 아도르노는 말하는데, 이는 사회적 작업은 예술적 작업이라고도 해석할 수[98] 있다. 여기서 주의할 것은 예술과 사회가 "같은 하나" 라는 것이 아니라 "같은 둘"이라는 데 주의해야 한다.

예술과 사회의 중개의 상징인 비 - 사 - 비의 관계에 대한 설명으로 **상호부정의 관계**와 상호 존재근거의 관계는 위의 상호독립의 관계에 의해 쉽게 이해된다. 상호 부정의 관계는 예를 들어 여자의 부정은 남자고, 남자의 부정은 여자라는 논리다. 이 상호부정의 관계를 예술과 사회에 적용하면, 하나는 현상이고, 다른 하나는 그 현상에 대한 타자라고 표현된다. 예술에 대한 타자는 사회이고, 사회에 대한 타자는 예술이 된다. 침체되고 경직된 현상을 비판하고 부정하는 것이 타자의 기능이라면 그 타자는 언제나 현상이 가지고 있는 요소와는 정반대의 요소로 무장해야 한다. 현대사회가 분업의 사회로 사용가치와 교환가치가 분열된 "상처", "원죄"의 사회라면 예술은 이를 치료하는 **우토피**를 제시해야[99] 한다는 것이 아도르노의 논리다.

---

94) Adorno: Ästhetische Theorie, S.335; "**사회적 사실(fait social)**"

95) 생산력(Produktionskraft)과 생산관계(Produktionsverhältnis)

96) vgl. Adorno: Ästhetische Theorie, S.350

97) ebd.

98) 사회적 사실을 예술적 사실로 해석하거나 사회적 작업을 예술적 작업으로 해석하는 것은 세계를 미학적이라고 하는 니체의 영향으로 보아야 한다.

99) 예술이 우토피를 제시할 필요가 없는 사회라면, 다시 말해 우토피 화한 사회 즉 "해방된" 사회라면, 예술은 필요 없다. vgl. Sauerland, Karol: Einführung in die Ästhetik Adornos, S.31, 32; **우토피(Utopie)**

사회가 현대 기계문명의 목적 - 수단이라는 합리성에 의해 끝에 가서 예측할 수 없는 비합리성으로 빠질 때는 예술은 감정적이 아니라 인식적인 태도를, 다시 말해 합리성의 태도를 취해야[100] 한다는 것이 아도르노의 예술철학이다. 또 현대사회가 눈에 보이지 않는 메커니즘에 의해 지배되는 현혹과 조작[101]의 사회라면 예술은 이에 저항하는 "불구대천의 원수"[102]가 되어야 한다는 것이 아도르노의 설명이다. 이상의 예술과 사회의 상호부정의 관계에서 한 가지 주의할 것은, 예술의 부정은 사회이고 사회의 부정은 예술 식으로 유사어 반복에 빠지는 것은 아도르노 미학을 이해하지 못하는 것이다. 이 유사어 반복을 파괴하는 계기가 아도르노가 말하는 **"규정적 부정"**[103]이 된다. 실재의 부정은 무[104]이고, 무의 부정은 실재라는 유사어 반복에 제동을 걸기 위해 아도르노는 현대 철학의 무대는 실재가 아니라 무다, 라고 하는 마르크스의 코페르니쿠스적인 전향을 따른다. 변증법적 관계를 형성하고 있는 실재와 무라는 양자의 카테고리 중에서 전자인 실재가 현재 사회이고 (아도르노의 표현을 사용하여) 현상이고 구속이라면, 후자의 카테고리인 무는 반대로 미래 사회이고 우토피이며 구속에 대한 저항이 되어야 한다. 이상에서 나열한 쌍개념들 중에서 마르크스의 코페르니쿠스적인 전향이란 철학은 후자의 편을 들어야 한다는 것이다. 이상의 "규정적 부정"을 옛것과 새것이라는 양사 카테고리에 적용하여 옛것을 실재라 하고 새것을 무라고 한다면, 옛것과 새것 양자 중에서 후자가, 새것이 현대 철학의 무대이고, 철학은 이 새것에 중점을 두어야 한다는 결과가 된다. 이 "규정적 부정"은 모든 마르크스주의적 이론가들에게 공통적인 것으로 현상 지양적, 그리고 그의 타자 지향적 인텐씨온을 의미한다. 이상의 "규정적 부정"에 의해서 사회와 예술, 또는 옛것과 새것 양자 중에서 전자를 부정하는 것이 반드시 후자를 긍정하는 것은 아니라는 논리가, 또 반대로 후자를 부정하는 것이 반드시 전자를 긍정하는 것은 아니라는 논리가 성립한다. "규정적 부정"은 유사어 반복이라는 메커니즘을 파괴하는 계기에 의해

---

100) vgl. Adorno: Ästhetische Theorie, S.528
101) 현혹(Verblendung)과 조작(Manipulation)
102) Adorno: Ästhetische Theorie, S.56
103) ebd. S.507; **규정적 부정(bestimmte Negation)**
104) 실재(實在 Sein)와 무(無 nichts)

양자 다를 부정하고 비판할 수 있는 가능성과, 또 동등한 양자 중 한편에 우선권을 줄 수 있는 가능성을 제공해 준다. 다음에 예술과 사회 사이의 **존재근거**[105]의 관계는 부정의 관계와 마찬가지로 전형적인 헤겔식의 변증법이다. 예술의 존재근거는 오로지 사회이고, 사회의 존재근거는 오로지 예술이라는[106] 논리가 된다. 이 말은 예술은 사회를 위해서만 존재하고, 또 사회는 예술을 위해서만 존재한다고도 해석할 수 있다. 이상의 예술과 사회 사이의 존재근거라는 면에서 보면 철학에는 2가지 철학만이 존재할 수 있게 된다. 즉 예술철학과 사회철학, 미학과 사회학 둘만이 존재할 수 있게 된다. 아도르노의 『미학적 이론』이 순수한 미학 즉 예술철학이냐 아니면 순수한 사회학 즉 사회철학이냐 하는 질문은 아도르노를 이해하지 못하는 질문이다. 아도르노의 『미학적 이론』은 그 양자를 다 포섭하려는 철학으로 사회학은 미학이 되려고 노력해야 그 경직성을 탈피할 수 있고, 또 미학은 사회학이 되려고 노력해야 낙후되지 않는다는 표현으로 해석할 수 있다. 이론은 미학적 즉 예술적으로 되어야 현대사회를 포섭할 수 있고, 미학 즉 예술은 사회학이 되어야 현대사회의 현혹과 조작에 저항할 수 있는 힘을 얻는다는 것이 아도르노의 예술철학이다. 예술과 사회 사이의 비 - 사 - 비의 관계는 예술과 사회라는 두 존재가 상호 독립적 관계, 부정의 관계, 존재근서의 관계에 있다는 것을 의미한다. 남은 문제는 비 - 사 - 비의 관계에 있는 두 존재 즉 예술과 사회 사이에서 생기는 긴장 즉 "미학적 객관성"의 문제다.

3. 미학적 객관성

아도르노 미학의 핵심 과제인 미학적 객관성은 **진리내용**[107]과 같은 말이다. 이미 예술의 구성에서 언급된 진리내용은 예술적 경험 즉 제1의 반성시에 아도르노가 사용하는 개념이고, **미학적 객관성**[108]은 미학적 경험 내지는 제2의 반성에서 많이

---

105) **존재근거**(raison d'être)
106) 사회의 존재 근거가 오로지 예술이라는 말은 독일 낭만주의와 Nietzsche의 영향이라 볼 수 있다.
107) **진리내용**(Wahrheitsgehalt)
108) **미학적 객관성**(die ästhetische Objektivität)

사용되는 개념이다. 결국 진리내용의 정확한 위상과 현상의 문제가 미학적 객관성의 문제다. 이 미학적 객관성의 문제를 해결하기 위해 3가지 측면에서 접근해 갈 수 있다. 그 3가지 측면은 아도르노의 미학은 **변증법적 미학**이고, **개방 미학**이고, **비판 미학**이라는 것이 그 3가지 측면이다. 아도르노의 미학이 **변증법적 미학**이라는 것은 수차에 걸쳐 언급되었지만 구체적으로 논하면 다음과 같다. 아도르노는 이 변증법적 미학을 논하기 위해 다시 3가지 측면에서 논하고 있다. 즉 첫째 헤겔 미학과 칸트 미학에 대한 비판, 둘째 과거의 범주와 현재의 새로운 범주의 중개, 셋째 주체와 대상의 중개다. 첫째로 헤겔 미학과 칸트 미학에 대한 아도르노의 비판은 다음과 같다. 아도르노는 "오늘의 미학은 칸트 미학과 헤겔 미학 사이의 논쟁이 되어야 하나 그렇다고 해서 2개의 미학을 인위적으로 합해서 합론을 만들려 해서는 안 된다"[109] 고 말한다. 그리고 헤겔 미학과 칸트 미학의 합론이 아니라 오히려 두 미학에 대한 합비판을 해야 한다는 것이 아도르노의 입장이다. 헤겔 미학에 대한 비판은 다음과 같다. 헤겔 미학의 핵심원리인 "**이념의 감관적 가상화**"[110]로서의 미는 그 이념[111]을 **절대적 정신**[112]과 동일시하는데 이는 잘못이라고 아도르노는 말한다. 현대사회는 더 이상 그 절대적 정신에 의해 포섭되는 사회가 아니며, 따라서 그 절대적 정신이라는 개념은 피로 얼룩진 오늘의 사회에서 조소의 대상 내지는 한갓 위로의 역할자로 전락되었다는 것이 아도르노의 주장이다. 아도르노도 예술적 경험 또는 미학적 경험을 논할 때에 정신을 언급하나 이 정신은 헤겔이 의미하는 절대적 정신 또는 총체성으로서의 정신이 아니라 예술을 구성하는 하나의 계기로 축소 환원되었다고 아도르노는 말한다. 그리고 헤겔 미학에 의하면 미라는 이념은 개념과 사실[113]의 단일성 또는 **일원성**을 의미하는데 이는 헤겔 자신의 변증법을 불가능하게 하는 개념이라고 아도르노는 비판하며, 개념과 사실은 하나가 아니라 둘이라는 **이원성**을 주장한다. 헤겔이 주장하는, 개념과 사실의 일원성은 이념을, 즉 정신을 너무나 총체적인 것으

---

109) Adorno: Ästhetische Theorie, S.528
110) **이념의 감관적 가상화(das sinnliche Scheinen der Idee)**
111) 이념(理念)
112) **절대적 정신(das Absolute)**
113) 개념(概念)과 사실(事實)

로 만들어 정신과 그의 타자 사이의 구별이 없어져[114] 결국은 정신주의, 즉 주관주의로 빠지는 위험성을 내포하고 있다는 것이 아도르노의 주장이다. 따라서 변증법을 살리기 위해서는 개념과 사실 사이의 일원성이 아니라 이원성을 헤겔은 주장했어야 한다고 아도르노는 비판한다. 이상의 헤겔 미학의 **일원성**에 대한 아도르노의 비판은 칸트 미학이 내포하고 있는 **이원성**에 근거를 두고 하는 비판이라고 볼 수 있다. 다음에는 헤겔 미학의 입장에 서서 아도르노는 칸트 미학을 비판하는데 다음과 같다. 칸트의 자연의 합목적성에 대한 비판으로 칸트에 대한 헤겔의 비판을 아도르노는 그대로 수용하고 있다. 미는 칸트가 미라고 말하는 예쁘고 균형 있게 다듬어 놓은 주목[115]의 정원이 아니라 그 이상의 것이 되어야 하는데, 그러기 위해서는 미가 단지 형식만을 중요시하거나 또는 주관적 직관기능으로 환원되어서는 안 되고, 미는 자신의 근거를 객체 즉 대상에서 찾아야 한다고 아도르노는 말한다.[116] 이것은 동시에 칸트 미학의 형식주의와 주관주의[117]에 대한 비판이기도 하다. **형식주의는 형식과 내용의 변증법**을 불가능하게 하고, 주관주의는 **주체와 객체의 변증법**을 불가능하게 한다는 것이 아도르노의 논리다. 하여튼 헤겔도 그리고 칸트도 그들 자신의 철학과 병행하지 못하고 그들 자신의 철학 뒤에 처져서 생각했다는 것이 아도르노의 비판이다. 칸트는 자신의 미학의 깊이와 충만 뒤에 처져 있었고, 헤겔은 자신의 미학의 특수한 미학적 요소 뒤에 처져 있었다는 것이[118] 아도르노의 비판이다. 아도르노가 생각하는 진정한 현대 미학은 칸트의 이원성과 헤겔의 일원성, 칸트의 주관주의와 헤겔의 객관주의, 칸트의 형식 미학과 헤겔의 내용 미학을 중개하는 것이라고 할 수 있다. 이는 이상의 양자를 인위적으로 합해 놓은 합론이 아니라 헤겔 미학에 의한 칸트 미학에 대한 비판, 칸트 미학에 의한 헤겔 미학에 대한 비판으로, 양자에 대한 비판으로 진정한 변증법적 미학을 만들어 내는 것이라고 아도르노는 생각한다.

---

114) Adorno: Ästhetische Theorie, S.528
115) 주목(朱末)
116) ebd. S.523
117) 형식주의(Formalismus)와 주관주의(Subjektivismus)
118) ebd. S.529

아도르노의 변증법적 미학을 논하기 위한 두 번째 측면으로 **범주 카테고리**의 문제를 보자면 다음과 같다. 아도르노 미학의 2개의 핵심 개념은 **예술적 경험**과 **미학적 경험**이라 할 수 있다. 소위 **예술적 경험**만을 주장하는 이론은(작품 내재론은) 직접성을 주장해서 과거의 제 범주들을 제거하려 하는데, 이는 잘못이라고 아도르노는 비판한다. 그 예술적 경험 자체 속에는 이미 사변과 철학이 내포되어 있어 예술작품이란 그 예술적 경험의 이론가들이 주장하듯 직접적이거나 나이브한[119] 것이 아니라 복합적이라는 것이 아도르노의 주장이다. 이 복합적인 예술적 경험의 의미는 다음과 같다. 즉 예술은 "스스로의 구체화"를, 또는 "스스로의 해설"을 기다리고 있다고 아도르노는 말하는데,[120] 이 예술의 "**스스로의 해설**"이란 아도르노에 의하면 과거의 전통적 범주가(이 "과거의 전통적 범주"를 아도르노는 예술작품에 내재해 있는 사변과 철학이라고 부른다) 순간적인 예술적 경험과 만나는 점에서 생겨나는 것이 "스스로의 해설"이 된다. **과거의 범주**와 **예술적 경험**은 상호 작용하며 서로를 개선해 준다는 것이 아도르노의 생각이다. 다음에 아도르노는 미학적 경험의(이는 작품 초월적 경험인데) 입장에서 이상의 주장을 전복시키는 논리를 전개한다. 『우상의 여명』[121]에서 일체의 신화를 파괴하면서 과거의 어떠한 것도 진리일 수는 없다고 말했다는 니체를 인용하면서 아도르노는 미학의 영원한 규범이란 이미 과거지사로 더 이상 영원하지 않으며, 그리고 바로 그 영원성의 요구 때문에 그 영원하다고 하는 규범은 이미 늙고 쇠퇴해진 규범이라고 말한다.[122] 그리고 미학의 탄탄한 뼈대가 된다는 불변의 범주도 일시적인 범주에 지나지 않는다는 것이다. 미학은 역사적 내용의 객관성을 불변적인 것으로 파악하려 해서는 안 되고, 늘 변하고 있는 형태에 의해서 파악해야 한다고 아도르노는 말한다.[123] 이상의 2개의 논리, 즉 예술적 경험에 입각한 논리와 미학적 경험에 입각한 논리를 종합해서 아도르노는 다시 니체를 인용하면서 몰락해가는 과거의 범주를 변화해가는 현재의 범주로 **규정적 부정**에

---

119) 직접적(unmittelbar), 나이브(naive)
120) Adorno: Ästhetische Theorie, S.524
121) 『우상의 여명 Götzen-Dämmerung』
122) ebd. S.529
123) ebd.

의해 사고해야 한다[124]고 말한다. 여기서 규정적 부정에 의한 사고란 과거의 몰락해 가는 범주와 현재의 새로운 범주 중에서 후자에 중점을 두라는 의미로 해석해야 한다. 현재의 새로운 범주에 중점을 두라는 논리는 아도르노의 미학을 현대 미학이 되게 하는 요소로서 현재의 **상황**, 현재의 **시투아씨온**을 중요한 위치에 올려놓게 된다. 현재 상황에서 제기되는 표어들은(표어는 아도르노에 의하면 아직 범주가 되지 못한 규범들이라고 할 수 있다) 과거의 어떤 규범들보다 더 객관적이라는 것이 아도르노의 주장이다. 진정한 **철학적 미학**은 진리내용(미학적 객관성)이란 극단적으로 시간적이라는 사실을 의식해야 하고, 그리고 현재의 상황 분석과 과거의 범주 분석을 동시에 해야 한다고 아도르노는 말한다. 결국 아도르노가 의미하는 **진정한 미학**은 과거의 전통적 범주에 의해서만은 불가능하고, 또 현재의 상황분석에 의해서만도 불가능하다는 것이 된다. 그 양자 사이의 변증법적인 중개가 진정한 미학이라고 할 수 있겠다.

아도르노의 변증법적 미학을 논하기 위한 세 번째 측면으로 주체와 대상의 중개 문제는 다음과 같다. 주체와 대상의 변증법은 어떤 의미에서 이미 언급한 칸트 미학과 헤겔 미학 사이의 변증법과 동일하다. **미학적 객관성**이란 실상으로서의 또는 현재 상황으로서의 대상에 대한 분석에(대상에 대한 경험에) 철학적 사변이 가해진 것이 미학적 경험이라고 아도르노는 말한다.[125] 미학적 객관성을 구성하는 데 절대로 필요한 요소는 경험세계에 존재하는 그대로의 대상과 철학적 사변, 표현을 비약하여 철학적으로 말한다면 대상과 주체 둘이라는 것이 된다. "대상과 철학적 사변"이라는 표현에서 "철학적 사변"이라는 개념은 "주체"를 의미한다. 아도르노 미학의 핵심 개념들인 **예술적 경험**과 **미학적 경험**에서 "경험"이 반드시 동반되는 이유는 아도르노 미학은 이 경험세계의 대상을 절대로 포기할 수 없다는 의지에서 온다. 또 "**예술적**" 또는 "**미학적**"이라는 개념들은 철학적 사변으로 주체의 포함을 의미한다. 또 경험세계의 대상은 **특수**이고, 철학적 사변은 **보편**을[126] 의미하므로 아도르노

---

124) ebd. S.507
125) Adorno: Ästhetische Theorie, S.524

는 대상과 주체의 문제를 특수와 보편의 문제로도 설명한다. 아무리 개방적인 예술작품이라 하더라도 그것이 진정한 경험이 되기 위해서는(미학적 경험이 되기 위해서는) 사상과 보편을 필요로 하고, 또 반대로 아무리 폐쇄적인 예술작품이라 하더라도 경험과 특수가 필요하다는 것이 아도르노의 미학이다. 대상과 주체의 관계, 특수와 보편의 관계는 당연한 관계로, 수용자 없는 예술작품은 의미가 없고 예술작품이 없는 수용자는 있을 수 없다는 말과 같다. 결국 대상과 주체의 관계는 다시 말해 주체와 대상의 관계는 역시 변증법적 관계이다. 아도르노 미학의 변증법은 주체와 대상의 관계, 과거의 범주와 현재의 범주와의 관계, 예술적 경험과 미학적 경험의 관계뿐만 아니라 모든 면에 적용된다. 특히 아도르노의 주저『미학적 이론』전체가 주관을 강조하는 칸트 미학과 대상을 강조하는 헤겔 미학을 중개하려는 시도라고 볼 수 있다. **중개**127)라는 말은 아도르노의 미학에서는 비판이라는 개념을 근본 출발점으로 하므로『미학적 이론』은 칸트 미학에 의한 헤겔 미학 비판, 또 반대로 헤겔 미학에 의한 칸트 미학 비판이라고까지 할 수 있을 정도다.

미학적 객관성을 이해하기 위해 아도르노의 미학은 변증법적 미학이라는 사실 다음에 **개방미학**이라는 것을 이해하는 것이다. 이 개방 미학에 대한 아르구멘트로 아도르노는 2가지를 말하고 있다. 첫째 미학은 현대과학의 산물인 **안전성** 즉 "안전 제일"이라는 이데올로기의 희생물이 되어 경직되었다고 아도르노는 말한다. 또 미학은 과학적 사고인 철저한 인과관계라는 법칙에 의해 되는 것도 아니고, 그렇다고 해서 철학에 의해서만(여기서 철학은 형이상학을 의미한다) 되는 것도 아니라고 아도르노는 말한다. 미학은 예술을 위에서부터 연역적으로 판단하거나, 외부로부터 경험적으로 판단해서는 안 되고, 예술 속에 내재하는 성향128)을 이론적으로 유도해 내야 하기 때문에 미학은 안전성이란 영역 속에 숨어 있을 수는 없다는 것이다. 129)

---

126) **특수(das Besondere)와 보편(das Allgemeine)**
127) **중개(仲介 Vermittlung)**
128) 경향(Tendenz)
129) Adorno: Ästhetische Theorie, S.525

이 안전성의 영역이란 거짓으로 현대 문화공업의 산물이라고 아도르노는 주장한다. 따라서 예술작품은 자신이 전혀 실패작으로 되어 버린다는 가능성까지도 포함해야 하고 또 미학은 경직된 자신의 자화상만으로 자신을 속여 대상에 대해 소외를 느끼지 말고 항상 불안정한 상태에 머물러 있어야 한다는 것이 아도르노의 미학이다. 완전 무결한 예술작품이란 결코 존재할 수 없다는 통찰이 예술에 관한 유일한 가능한 통찰 즉 **예술의 소실점**이라고[130] 아도르노는 말한다. 미학은 따라서 대상인 이 예술작품 의 개방성을(이것이 예술작품의 객관성이기도 한데) 자신의 객관성 속으로 수용하 는 객관성이 되어야 한다는 것이 아도르노의 주장이다. 개방성과 객관성, 이는 하나 의 역설, 파라독스인데, 현대과학에 의해 테러당하고 있는 오늘의 미학은 이 파라독 스에 대해 겁을 먹고 있는데 이것이 잘못이라고 아도르노는 주장한다. 그러나 이 파라독스 자체가 미학의 생명의 요소라고 아도르노는 주장한다. 개방성과 객관성, 또는 개방성과 규정성이라는 파라독스 자체가 미학이라는 것이다. 그리고 아도르 노에 의하면 역설, 파라독스는 미학의 "안전성"이 아니라 "불안전성"을 나타내는 개 념이다. 둘째로 이상의 "불안전성"이 미학의 본질이라고 한다면, 미학은 결코 오이 디푸스와 같은 불행한 존재라는 것이 아도르노의 생각이다.[131] "행운"이라는 예언 이 거짓 행운 즉 불행으로 나타나는 오이디푸스의 숙명을 미학은 가지고 있다는 것이 다. 예술이라는 "수수께끼"는 예술작품을 구성하는 모든 요소들 사이의 **성위, 콘피 구라씨온** 내에서 그리고 그 예술과 사회 사이의 **성좌**,[132] **콘스텔라씨온** 내에서만 해결된다는 것이 아도르노의 미학이다. 이 **콘피구라씨온**과 **콘스텔라씨온**을 해석하 려는 오이디푸스가 바로 미학의 모습이라는 것이 아도르노의 설명이다. 이상을 종 합하여 개방 미학을 나타내는 "불안전성"과 오이디푸스의 숙명을 종합하면 아도르 노의 미학은 해방[133]의 미학이라 할 수 있다. 해방, 즉 **에만씨파씨온**은 원래 정의할 수 없고, 또 정의해서도 안 되는 개념으로, 과거의 과오를 인정하고 수용하는 태도를

---

130) ebd.

131) ebd. S.531

132) **성위(星位 Konfiguration), 성좌(星座 Konstellation)**

133) 해방(Emanzipation)

취하면서 미래에 대해 영원한 개방상태를 유지하는 것을 의미한다.

　　미학적 객관성을 이해하기 위해 마지막으로 아도르노의 **비판 미학**을 보기로 한다. "'새로운 것들 중에서 최선의 것은 지나간 옛날에 결여되었던 것 바로 그것이다'라는 발레리[134]의 명제가 옳다면 현재의 진정한 예술작품은 과거의 예술작품에 대한 비판 이외에는 아무 것도 아니다"[135]라고 아도르노는 말한다. 이 말은 미학에도 적용되어 현재의 진정한 미학은 과거 미학에 대한 비판 자체라고 할 수 있다. 아도르노의 비판 미학을 논하는 것은 아도르노의 변증법적 미학과 개방 미학에서 논한 내용의 반복이라 할 수 있다. 따라서 관점을 바꾸어 아도르노의 비판 미학을 논해 본다. 바뀐 관점은 예술과 사회가 되고 이 예술과 사회 사이에서 구성되는 "**미학적 객관성**"을 보기로 한다. "예술이 사회에 대한 반명제"라는 아도르노의 말은 반대로 사회는 예술에 대한 반명제라고도 해석할 수 있다. 비판은 원래 명제와 반명제를 필요로 한다. 명제와 반명제라는 공식이 주체와 대상이라는 인식의 공식과 비슷해, 인식의 과오를 비판이 되풀이하는 성벽이 있다고 아도르노는 말한다. 비판에는 비판의 주체와 비판의 대상이 있어야 하기 때문이다. 아도르노의 미학을 난해하게 만드는 것은 예술과 사회 중에서 어느 것이 비판의 주체고 어느 것이 비판의 대상이냐 하는 것이다. 예술과 사회의 변증법적 관계에서 비판의 대상이 예술이라면 아도르노는 사회론자이고, 비판의 대상이 사회라면 아도르노는 예술론자라고 할 수 있겠으나 아도르노는 모두이고, 아도르노 미학의 대상은 예술과 사회 둘 다를 포함한다. 예술과 사회라는 변증법적 관계에서 3가지 형식의 비판을 이해할 수 있다. 그 하나는 비판의 주체와 대상이라는 공식에 의한 **비판의 대상성**이고 둘째는 이상의 주체와 대상을 전도한 **비판의 상대성**이고 셋째는 그 2가지 비판형식의 합인 **비판의 종체성**이다. "예술이 사회에 대한 반명제"라는 말부터 시작하자면 반명제는 명제를 지양하고 부정하고 비판하는 고로 이는 사회에 대한 비판으로 비판의 주체는 예술이고 대상은 사회다. 이때에 예술은 사회를 비판해야 하기 때문에 불가피하게 **참여예술**이 되어야 한다. 예술은 분업에

---

134) 발레리(Ambroise-Paul-Toussaint-Jules **Valéry** 1871~1945)
135) Adorno: Ästhetische Theorie, S.533

의해 생긴 현대사회의 상처를 치료해 주고 조화의 사회인 우토피를 제시해 주어야 한다. 또 예술은 목적 - 수단이라는 과학적 합리성에 의해 역설적으로 발생한 현대사회의 비합리성에 대해 합리성 즉 인식의 태도로 저항해야 한다. 그리고 예술은 현대사회의 현혹과 조작을 파괴할 수 있는 타자가 되어야 한다. 이번에는 비판의 주체와 대상을 전도시키면 사회가 예술에 대한 반명제가 되는데, 이 비판의 주체와 대상의 전도는 비판의 상대성을 의미한다. 이번에는 비판의 주체가 사회이고 대상이 예술이 된다. 이때에는 예술은 비판을 당하는 입장이기 때문에 사회에 의해 자신을 단절시키는 **라르 푸르 라르** 식의 예술이 되어야 한다. 이때의 예술은 "예술의 구성"에서 논한 "야누스의 얼굴", 파라독스, 프로세스 등으로 보인다. 이때의 예술은 참여 예술이 아니라 그 참여 예술의 정반대인 **절대예술**이다. 이상에서 본 아도르노 미학의 비판의 대상성과 상대성은 결국 비판의 총체성을 의미한다. 주체가 대상을 지양하고 부정하는 것이 비판이라면, 그 비판의 주체 자체가 비판의 대상이 되는 것을 **자기비판** 또는 **총체적 비판**이라 한다. 아도르노의 비판 미학이 내포하고 있는 이 **비판의 총체성**을 다시 3가지 면으로 설명할 수 있다. 첫째 예술도 사회도 비판의 대상에서 제외되어서는 안 된다는 것이다. 아도르노의 "라르 푸르 라르"식의 예술, 절대 예술을 예술 긍정론이라 한다면 예술도 비판의 대상에서 제외되어서는 안 된다는 말은 예술 부정론을 의미한다. 둘째 폐쇄된 예술만으로는 진리내용에 도달할 수 없으며, 또 반대로 예술의 타자인 사회만으로도 진리내용에 도달할 수 없다는 것이 된다. 셋째로 따라서 아도르노의 비판 미학의 총체성이 의미하는 것은, 진리내용의 거주지는 예술도 아니고 사회도 아니라, 예술과 사회 중간에 있다는 말이 된다. 진리내용의 거주지가 예술과 사회 중간이기 때문에 예술작품에 내재된 진리내용과 구별하기 위해 아도르노는 이를 **"미학적 객관성"**이라고 부른다. 다른 말로 표현하면 미학적 객관성의 가주지가, 미학적 객관성의 토포스가 예술도 아니고 사회도 아니고 그 중간이라는 말은 예술도 사회도 둘 다 비판의 대상이 되어야 한다는 비판의 총체성을 증명하는 말이다.

"미학적 객관성"이라는 현상을 아도르노는 말없는, 영상 없는 우토피, 해방된 세계 또는 우토피적 인텐씨온136) 등으로 표현한다. 이상의 표현들은 언어로 정의할 수 없다는 것을 의미하는 것으로 아도르노가 의미하는 미학적 객관성이란 수수께 끼, 역설, 이해 불가능성, 아포리 등을 의미한다. 그리고 이상의 성격을 지닌 "미학적 객관성이라는 진리는 최초도 아니며 최후도 아닌 그 중간인 자신의 발전전개 속에서 구성되며, 그 미학적 객관성은 원리의 불충분성이라는 원리 이외에는 가진 것이 없 다"137)고 아도르노는 말한다. 예술과 사회 사이에서 구성되는 미학적 객관성은 다른 말로 표현하면 예술의 구성과 같은 모습을 하고 있다. 미학적 객관성 역시 "야누스의 머리"이고, 역설이고, 과정이다. 예술의 구성과 미학적 객관성의 구성 사이의 차이 는 전자를 제1의 구성, 제1의 반성이라 한다면 후자는 제2의 구성, 제2의 반성이라 할 수 있다. 제2의 구성, 제2의 반성인 미학적 객관성은 예술작품과 마찬가지로 **일회 성**138)을 생명으로 하고 있다. 미학적 객관성의 생명인 이 일회성은 점성술자가 별과 별 사이의 성좌에서 운명(일회성)을 읽어 내듯이 예술과 사회라는 두 별 사이에서 구성된다. 그리고 비판의 총체성과 관련하여 비판은 비판의 주체와 대상을 절대로 필요로 하기 때문에, 주체와 대상의 관계인 인식론이라는 학술로 환원되어지는 성 벽을 가지고 있다고 아도르노는 말한다. 그러나 이 인식론적인 학술로의 환원에 저 항하는 것이 예술작품에 내재해 있는 일회성이고 또 미학적 객관성의 일회성이라고 아도르노는 주장한다. 그러나 그런 인식론적인 학술로의 환원 없이는 (그 환원이 예술작품과 미학적 객관성의 일회성을 손상시키지만) 예술작품도 존재할 수 없고, 미학적 객관성에도 도달할 수 없다는 것 역시 아도르노의 역설적인 주장이다. 왜냐 하면 예술작품과 미학적 객관성의 일회성은, 달리 표현하여 예술작품과 미학적 객 관성의 "파악 불가능성"은 결국 파악이라는 인식론적인 행위에 의존해야 하기 때문 이다. 139) 그러나 이 파악이라는 행위는 그 파악 불가능성을 "이미 파악한 것"이라는 의미로 "기존의 것", "옛날의 것"으로 위조시켜 버리는 결과를 가져 온다고 아도르노

---

136) Vgl. hierzu Sauerland, Karol: Einführung in die Ästhetik Adornos, S.4
137) Adorno: Ästhetische Theorie, S.530, 531
138) **일회성(Einmaligkeit)**
139) Adorno: Ästhetische Theorie, S.521.

는 말한다.140) 결과적으로 예술작품의 진리내용과, 미학적 객관성의 **일회성**은 손상되어 경직되고 이데올로기로 변하기 때문에 다시 새로운 비판이 필요하게 된다는 것이 아도르노의 생각이다. 아도르노에 의하면 비판의 총체성은 비판의 일회성이 아니라 **비판의 계속성**을 의미한다. 미학적 객관성이라는 현상은 예술작품의 그것과 마찬가지로 **불꽃**141)과 같은 일회성이다. 미학적 객관성의 일회성은 비판의 다회성 즉 계속성을 필요로 한다.

4. 결론

헤겔 미학과 칸트 미학의 중개에 의해서 이루어지는 변증법적 미학이 아도르노 미학이라 할 수 있다. 중개는 합론이 아니라 비판을 의미하므로 아도르노 미학은 헤겔 미학에 대한 비판인 동시에 칸트 미학에 대한 비판이다. 헤겔은 내용은 형식이고, 또 반대로 형식은 내용이라는 내용과 형식의 상호침투를 주장하면서142) 내용과 형식의 일원성을 주장한 데 비해, 아도르노는 내용은 형식에 의해 중개되고, 또 형식은 내용에 의해 중개된다고143) 하여 내용과 형식의 중개성, 다시 말해 변증법적 이원성을 주장한다. 헤겔은 미란 "이념의 감관적 가상화"라 하여 이념과 가상을 하나 속으로 일원화하려는데 비해, 아도르노는 실재와 비실재의 이원화를 주장하여 비실재라는 가상을 구제하려고 한다. 헤겔 미학은 개념과 사실은 하나라 하여 둘을 하나로 합해서 생각하는 단일 반성을 의미하는 데 비해, 아도르노 미학은 하나를 둘로 나누어서, 또 둘을 하나로 합해서 생각하는 이중 반성을 나타낸다. 헤겔 철학의 대상은 절대적 정신 하나이나 아도르노 철학의 대상은 상대적인 야누스의 2개의 얼굴이다. 칸트 미학은 쾌적, 미, 신144)을 **지향하려는** 긍정적 존재론인데 비해, 아도르노 미학은 고뇌, 추, 악145)을 **지양하려는** 부정적 존재론이다. 칸트 미학을 대상과 자연을

---

140) ebd.

141) **불꽃(Feuerwerk).**

142) Hegel: Vorlesungen über die Ästhetik, G.W.F. Hegel. Werke 13, Frankfurt/M. 1970, S.156

143) Adorno: Ästhetische Theorie, S.529

144) 쾌적(das Angenehme), 미(das Schöne), 선(das Gute)

아름답게만 보려는 여흥의 미학이라 할 수 있다면, 아도르노 미학은 대상과 자연을 비판하려는 교훈과 반성의[146] 미학이라 할 수 있겠다.

진리내용의 토포스 즉 위상에 관해서 본다면 아도르노의 미학은 가다머[147]와 블로호[148] 중간에 위치한다고 볼 수 있다. 가다머는 중세의 종교 예술을 미학의 대상으로 하여 과거 지향적이라 할 수 있다면, 아도르노는 카프카와 베케트 등 현대문학을 대상으로 하여 현대 지향적이라 할 수 있어, 그의 미학은 현대, 모데르네의 미학이라 할 수 있다. 블로호는 예술은 미래에 나타날 우토피의 **예시**[149]에 지나지 않는다고 하여 미래지향적인 데 비해, 아도르노는 예술의 진리내용이란 **불꽃**과 같이 갑자기 나타났다 없어지는 일회성, 즉 현재 순간적이라고 정의한다. 아도르노 미학의 진리내용은 미래에서 찾을 것이 아니라 바로 지금, 현재의 순간에서 찾아야 한다는 말이다. 또 진리내용의 토포스는 "라르 푸르 라르"식의 절대 예술론이 주장하듯 예술작품 속에 내재해 있는 것도 아니고, 또 그렇다고 해서 반대로 참여 예술론이 주장하듯 사회 속에 외재해 있는 것도 아니다. 아도르노 미학이 의미하는 진리내용이라는 현상은 예술작품의 내재와 외재 사이에서, 예술과 사회 사이에서 순간적으로 구성되는 불꽃 자체이며, 이것이 **미학적 객관성**[150]이다. 그리고 이 미학적 객관성은 예술과 사회라는 2개의 별 사이에서 구성되는 **성좌, 콘스텔라씨온** 자체다. 그러나 미학은 오이디푸스와 같아 자기의 숙명인 이 성좌가 거짓 성좌라는 것까지도 계산해야 한다. 예술과 사회 사이에서 구성되는 이 미학적 객관성은 아도르노의 미학을 변증법적 미학, 개방 미학, 비판 미학이 되게 하는 요소다.

---

145) 고뇌(Leiden), 추(das Häßliche), 악(das Böse)
146) 여흥(Unterhaltung), 교훈(Belehrung), 반성(Reflexion)
147) 가다머(Hans-Georg **Gadamer** 1900~2002)
148) 블로호(Ernst **Bloch** 1885~1977)
149) **예시(豫示 Vorschein)**
150) **미학적 객관성(ästhetische Objektivität)**

아도르노 III

예술의 아우토노미 문제

1. 서론

독일의 정신사에서 예술의 **자율성, 아우토노미**[1])에 대한 간단한 역사를 보자면 다음과 같다. 가다머[2])에 의하면 19세기에 갑작스러운 산업의 발달과 그에 따르는 사회변혁에 의해 예술가들은 이미 자신들과 시민들 사이의 의사소통의 단절을 절실하게 의식하고 있었다. 따라서 사회 시민들과의 의사소통의 단절은 이 시대의 예술가들로 하여금 자신들의 예술만이 진리라고 생각하게 만들고, 예술가들만이 "새로운 구세주"라는 의식을 이 시대 예술가들에게 심어 주었다고 가다머는 말한다. "새로운 구세주"인 예술가만이 인간이 현실사회에서 발견할 수 없는 조화를 되찾아 주는 조화의 전달자가 된다는 의식이 생겼다는 것이다. 그러나 이 찬란한 "조화의 전달자"라는 이면에는 이 시대의 예술가는 사회의 국외자가 되어야만 했고, 또 단지 "예술만을 위한 예술가"로 사회 속에서 고립되어야만 했다는 것이 거다머의 설명이다.[3]) 베르너 균터는 예술의 아우토노미 문제가 대략 1880년대 시작되었으며 그 결과로 이 시대 시인들로 보들레르, 말라르메, 랭보, 발레리, 게오르게, 호프만스탈, 릴케 등에서 깊은 변화가 생겨 새로운 조류가 생기기 시작했다고 말한나.[4]) 이상의 가다머와

---

1) **자율성**(自律性 Autonomie)
2) 가다머(Hans-Georg **Gadamer** 1900~2002)
3) vgl. Gadamer: Die Aktualität des Schönen, Stuttgart 1979, S.8
4) vgl. Günther, Werner: Über die absolute Poesie, in: zur Lyrik-Diskussion, hrsg. von R. Grimm, Darmstadt 1973, S.1. 언급한 시인들의 독일어 표현은 다음과 같다. 보들레르(Baudelaire), 말라르메(Mallarmé), 랭보(Rimbaud), 발레리(Valéry), 게오르게(George), 호프만스탈(Hofmannstal), 릴케(Rilke)

균터의 이론을 철학적으로 지지해 주는 사실로는 1871년에 출판된 니체[5]의 『비극의 탄생』을 들 수 있다. 이 논문의 대략적인 내용은 현존재[6]와 세계는 단지 미학적인 현상으로만 합리화될 수 있고, 모랄이 아니라 예술만이 인간의 유일한 형이상학의 대상이 될 수 있다는 것이다.[7] 이 말을 요약해 표현하면 인생은 미학적이라는 것, 다시 말해 인생은 예술이라는 것이 니체의 철학이라고 할 수 있다. 이상의 니체의 철학과 관련하여 균터는 이 시대의 아우토노미 이론을 다음의 3가지로 집약한다. 첫째 니체의 이론대로 현존재와 세계는 단지 미학적 현상으로만 합리화될 수 있고 예술만이 인간의 유일한 형이상학적 대상이라는 사실, 둘째로 따라서 시문학[8]은 자신의 순수한 본질과는 어긋나는 내용들, 즉 도덕적, 종교적, 철학적, 역사적, 교훈적 내용 등을 표현하려 해서는 안 되고, 창조력에 의해 잡것이 섞이지 않은 순수한 세계 원리만을 (니체에 의하면 예술이 그 세계원리가 된다) 드러내야 된다는 것이다. 셋째로 예술이 순수한 내용을 표현해야 한다는 말은 내용과 형식이 일치해야 된다는 말로, 내용 즉 형식, 형식 즉 내용이 된다는 말로 이해해야 한다.[9]

지금까지 보아온 가다머, 니체, 균터 등의 이론 등을 종합하면 예술의 아우토노미는 다시 3가지로 정의할 수 있다. 첫째 예술을 창조하는 예술가의 입장에서 본다면 예술가는 가다머의 말대로 "새로운 구세주"로서 거의 신의 위치까지 높여진다. 둘째로 대상인 예술작품의 면에서 본다면, 예술은 신의 위치까지 격상된 예술가의 생산물로서 조화의 세계가 된다. 이 조화의 세계는 분열된 현실세계, 억압의 현실사회에 대한 유일한 대치물이 된다. 셋째로 예술의 수용자 면에서 본다면 한편으로는 예술가와 다른 한편으로는 시민, 즉 수용자 사이의 의사소통의 단절에 의해 예술은 "예술을 위한 예술", 절대적인 예술이 된다. 이러한 **예술을 위한 예술**이라는 아우토노미 이론은 예술작품과 수용자를 대상으로 하는 수용미학을 전혀 도외시하고 예술가와

---

5) 니체(Friedrich **Nietzsche** 1844~1900)
6) 현존재(現存在 Dasein)
7) vgl. Nietzsche, Friedrich: Die Geburt der Tragödie, in: G.W., 1. Bd. Stuttgart 1966, S.40
8) 시문학(詩文學 Poesie)
9) vgl. Günther: Über die absolute Poesie, S.6

예술작품만을 대상으로 하는 생산미학 일변도로 된다. 이상에서 보아온 예술의 아우토노미 문제는 대개 19세기 중반부터 대두하여 오늘까지 지속하고 있다. 예를 들어 아도르노는 1849년 보들레르가 **"라 모데르니테"**라는 개념을 사용하는 순간부터 **"모데르네"**의 시작이라고 보고10) 이 시점에서 예술의 아우토노미 문제가 시작한다고 본다. 이 아우토노미 이론에 대항하는 반대 이론인 현실참여의 이론과 더불어 오늘의 문단에는 자율성이냐 아니면 타율성이냐, 독일어 표현을 사용하여 아우토노미냐 아니면 헤테로노미냐,11) 불어 표현을 사용하여 "라르 푸르 라르"냐 아니면 앙가주망이냐,12) 한국어 표현을 사용하여 상아탑으로서의 예술이냐 아니면 감시탑으로서의 예술이냐, 이론적인 표현을 사용하여 작품내재냐 아니면 작품초월이냐 하는 논쟁이 아직까지 미해결의 문제로 남아 있다. 아도르노는 이 미해결의 문제를 어떻게 다루며, 어떻게 해결하려는 가를 논하는 것이 이 논문의 테마다.

아도르노 미학의 난해성을 고려해 이 미해결 문제에 대한 아도르노의 입장을 미리 말하자면 다음과 같다. "앙가주망이든 라르 푸르 라르든 둘 중 어느 하나로만은 자기 자신까지도 부정해 버리는 결과를 가져온다. 라르 푸르 라르의 입장을 전혀 무시하는 앙가주망의 예술은 그것이 최소한도 예술이라면 필연적으로 현실로부터 괴리되게 마련인데도 이 현실로부터의 괴리, 즉 **현실과의 거리**를 부인하려 하기 때문에 그 앙가주망 예술 자체까지도 부정되어진다. 반대로 앙가주망을 전혀 부정하는 라르 푸르 라르 입장의 예술은 자신만을 절대화 함에 따라 끊을 수 없는 현실과의 관계를 부정하려 하는데, 이 **현실과의 관계**는 그 절대화 자체를, 다시 말해 현실로부터의 이별 자체를 가능케 해주는 논리적 선험원리로 예술 속에 내재해 있다. 따라서 이 현실과의 관계를 부정하려는 순수한 라르 푸르 라르 식의 예술은 자기 자신을 부정하는 결과를 가져온다."13) 예술의 아우토노미냐 아니면 앙가주망이냐 하는 문

---

10) **"라 모데르니테(la modernité)"**, **"모데르네(die Moderne)"**

11) 아우토노미(Autonomie)냐 아니면 헤테로노미(Heteronomie)

12) "라르 푸르 라르(l'art pour l'art)"냐 아니면 앙가주망(Engagement)

13) Adorno: Ästhetische Theorie, S.410

제에 대한 아도르노의 판단은 다음 3가지로 정리할 수 있다. 첫째 아도르노는 예술의 아우토노미에도 또한 앙가주망에도 비판을 가하고 있다. 둘째 위의 비판과는 반대로 아도르노는 아우토노미도 또한 앙가주망도 비호한다. 셋째 아도르노의 미학은 이상의 비판과 비호의 변증법이라 할 수 있다. 또는 아도르노의 미학은 아우토노미와 앙가주망 사이의 긴장상태에 의해 구성되는 미학이라 할 수 있다. 이상의 아도르노 미학에 대한 3가지 정의는 아도르노가 예술에 부여하는 **이중성격**에서 기인한다. 아도르노에 의하면 예술은 자율적인 동시에 사회적[14]이라는 이중성격을 가지고 있다.[15] 아도르노 미학에서 예술이 가지고 있는 이 이중성격을 다시 2가지 차원에서 논할 수 있다. 그 첫째는 이 이중성격이 예술에 내재해 있다고 보는 것이다. "예술작품의 생명은 이중성격에 놓여 있다. 자료와 세부 등 **사회적 사실**을 **형식법칙** 하에 통합시켜 하나가 되게 해야 한다. 그러나 이 통합 속에는 그 사회적 사실에서 기인하는 통합에 대한 **저항**이 없어지지 않고 내재해 있어야 한다."[16] 이상의 인용문을 풀어서 설명하면 다음과 같다. 『모나리자의 미소』라는 작품을 보고 "신비한 여인"이라는 인상을 받는다고 가정하면 이 "신비한 여인"이라는 인상을 풍기는 『모나리자의 미소』라는 작품 속에는 사회적 요소와 자율성 양자가 내재해있다는 말이다. 『모나리자의 미소』라는 작품을 구성하는 물질적인 자료들 나무액자, 페인트와 그 외의 세부적인 기술적인 요소들 선, 색깔, 색상 등은 사회적 사실에 속하는 요소들이다. 왜냐하면 이상의 물리적 그리고 기술적 요소들은 사회적 현실에 의해 결정되기 때문이다. 예를 들어 페인트를 생산 못하는 미개한 사회이거나 색깔을 배합할 수 있는 기술이 결여된 사회는 『모나리자의 미소』라는 작품을 만들어 낼 수 없기 때문이다. 다음에 이상의 물질적 그리고 기술직 요소들이, 다시 말해 사회적 요소들이 하나의 형식법칙 하에 통합되어야 비로소 예술이 탄생한다는 말로서, "신비한 여인"이라는 인상이 탄생한다는, "신비한 여인"이라는 자율성이 탄생한다는 말이다. 아도르노는 이 예술에 내재해 있는 이중성격을 인식하는 반성을, 다시 말해 한편으로는 물질적 기술적

---

14) 자율적(autonom)인 동시에 사회적(social)

15) Adorno: Ästhetische Theorie, S.16

16) ebd. S.18; 자료(Stoff)와 세부(Details), **사회적 사실(fait social)**, **형식법칙(Formgesetz)**

요소들 즉 사회적 사실들과 다른 한편으로는 그 사회적 사실들의 단일통합을 (단일통합은 하나의 형식 하로의 통합을 의미하는 것으로 자율성을 의미하는데) 인식하는 반성을 **제1 반성**이라고 한다. 둘째로 아도르노는 이 이중성격을 작품내재가 아니라 이번에는 작품초월로[17] 규정하고 있다. "예술은 사회에 대해 저항 자세를 취함에 의해 예술 자신이 사회적이 된다. 예술은 비사회적이어야, 다시 말해 예술은 사회로부터 독립된 아우토노미를 소유해야만 이상의 저항 자세를 가질 수 있다. 예술은 사회의 규범에 순응하거나, 또는 사회에 대해 유익한 봉사를 하겠다는 생각을 버리고, 상아탑의 입장을 취해 사회로부터 스스로를 고립 분리시킬 때만 예술은 사회를 비판할 수 있다."[18] 아도르노는 이 작품 초월적 이중성격을, 다시 말해 상아탑의 입장을 취해야 하는 동시에 반대로 감시탑의 입장을 취해야 하는 이중성격을 인식하는 반성을 **제2반성**[19]이라고 부른다. 이 논문에서는 첫째 지금까지 문학사에서 이루어진 아우토노미에 대한 아도르노의 비판을 논하고, 둘째 이상과는 반대로 아우토노미에 대한 아도르노의 비호를 논하고, 셋째 비판과 비호의 합이라 할 수 있는 "예술과 인식"에서는 제1반성과 제2반성, 작품내재와 작품초월을 종합적으로 검토하기로 한다.

2. 아우토노미 비판

예술의 **아우토노미**에 대한 아도르노의 비판은 3가지 차원에서 이루어진다. 첫째 예술에 내재해 있는 성벽에 대한 비판, 즉 내재적 비판과, 둘째 아우토노미 예술론의 조상이라고 할 수 있는 칸트 미학에 대한 비판, 셋째 독일 관념론철학 특히 쉘링과 헤겔 미학에 대한 비판이 그것이다. 첫째로 아우토노미에 대한 아도르노의 **내재적 비판**은 다음과 같다. 모든 예술작품에는 그것이 예술인 한에는 자기 자신과의 **동일**

---

17) 작품내재(werkimmanent)와 작품초월(werktranszendent)
18) Adorno: Ästhetische Theorie, S.335
19) vgl.유형식: Adorno 미학의 개관 II : 예술과 社會, 獨逸文學, 제45집 S.219f. vgl.dazu Paetzold, Heinz: Neomarxistische Ästhetik, Düsseldorf 1974, II .Teil, S.71

성[20])에 도달하려는 성벽이 내재해 있다고 아도르노는 말한다. 이는 모든 예술작품은 하나의 완전한 **단자**로서의, **총체성**[21])으로서의 세계가 되려는 성벽을 가지고 있다는 말이다. 아도르노의 말을 빌리면 "모든 예술작품은 자기 자신을 경험세계로부터 분리 이탈하여 이 경험세계에 대치되는 제2의 세계를 구성한다. 이렇게 하여 구성된 제2의 세계는 마치 그것이 제1의 세계인 현실세계와 동등하고 대등한 또 하나의 세계인 양 보이게 한다."[22]) 이 총체성에 대한 성벽, 마치 그것이 현실세계와 동등하고 대등한 또 하나의 세계를 창조하려는 성벽을 아도르노는 예술 속에 내재해 있는 **맹목성**[23])이라고 부른다. 예술 속에 내재해 있는 이 맹목성은 그런데 예술에 의해 구성된 세계(**예술세계**)가 **현실세계**와 동등하고 대등하기 때문에 예술세계가 마치 현실세계 자체인 양 보이게 하여, 그 예술세계와 현실세계 사이의 차이를 제거하기 때문에, 이 맹목성은 역설적으로 아니면 자연적으로 현실세계에 대한 **긍정**[24])에 이르게 된다는 것이 아도르노의 논리다. 그러나 다시 아도르노에 의하면 예술에는 현실세계에 대한 긍정뿐만 아니라 **부정**[25])도 내재해 있어야 한다는 것이다. 이상의 긍정과 부정 사이에서 아도르노는 양면작전을 사용하고 있다. 예술이 자신과의 동일성에 도달하여 "완전한 단지", "총체성", "완전한 세계"를 구성하는 데는 긍정하나 그것이 현실사회에 대한 긍정에로 연결되는 데는 부정한다. 다른 말로 표현하면 현실세계를 긍정하려는 맹목성을 파괴하고 이 맹목성을 이성[26])으로 전향시켜 현실세계에 대한 부정에 이르게 하는 것이 미학의 사명이라고 아도르노는 생각한다. 아도르노의 말을 인용하면 "예술작품 속에는 긍정뿐만 아니라 부정도 내재해 있다. 예술이 바깥세계 즉 현실세계에서 억압되고 금지된 것을 자체 내에 수용하여 표현해주는 한에는 예술은 경험세계인 현실세계의 복사판이라고 할 수 있다."[27]) 예술이 현실세계의

---

20) **동일성(Identität)**
21) 단자(Monade), 총체성(Totalität)
22) Adorno: Ästhetische Theorie, S.14
23) **맹목성(Blindheit)**
24) **긍정(Affirmation)**
25) **부정(Negation)**
26) 이성(理性)
27) Adorno: Ästhetische Theorie, S.14

복사판이 되어야 한다는 의미로 **"미학적 형식은 침전된 내용이다"**[28] 또는 "예술작품은 경험세계에서 내용을 제공받는다"[29]라고 아도르노는 말한다. 지금까지 말한 것을 종합하면 예술에 내재해 있는 맹목성에는 장점과 단점, 이중성격이 들어 있다. 전자는 "완전한 단자", "총체성", "완전한 세계"를 구성하는 성벽이고, 후자는 현실세계를 긍정하려는 성벽이다. 여기서 우리는 아도르노의 특유한 **아포리**[30]에 봉착하게 된다. 이 아포리는 예술이 가지고 있는 이중성격에서 기인하는 것으로, 예술은 현실세계의 복사판이 되어서는 안 되는 동시에 또 현실세계의 복사판이 되어야 한다는 표현이 된다. 예술이 현실세계의 복사판이 되어서는 안 된다는 말은 예술의 아우토노미를 구성하여 제2의 "완전한 세계"가 되어야 한다는 것이고, 예술이 현실세계의 복사판이 되어야 한다는 말은 현실세계가 제외시키려 하고, 말살억제 하려는 현실세계의 생생한 요소들을 예술이 수용하여 표현해 주어야 한다는 것이다. 예술에 내재해 있는 맹목성을 2개의 단계로 나누어 생각한다면, 첫째 단계는 진정한 아우토노미의 단계이고 둘째 단계는 현실세계에 대한 긍정의 단계다. 여기서 첫째 단계인 아우토노미는 살리면서 둘째 단계인 긍정을 파괴하는 것이 아도르노의 의도라면, 이 두 단계를 하나 속으로 묶어 표현하면 다시 아도르노의 특유한 아포리가 된다. 아우토노미를 구성한다는 말은 아우토노미를 파괴한다는 말이 된다. 또는 아우토노미를 파괴하기 위해서는(아우토노미를 파괴한다는 말은 예술이 현실세계에 대해 문을 연다는 말이다) 아우토노미를 구성해야 한다는 말이 된다. 맹목성의 두 번째 단계인 현실사회에 대한 긍정을 파괴하기 위해 아도르노는 힘들여 구성해 놓은 아우토노미를 다시 파괴하는 작업을 한다. "바보 같은 수전노가 모든 돈을 안전한 금고에 잠가 놓고 안심하고 있다가 갑작스런 인플라씨온에 의해 모든 돈을 다 잃어버리는 것과 같이, 예술의 상아탑적 자세, 즉 폐쇄성은 예술에 대한 사형선고와 같다. 개방성만이 예술이 살아남을 수 있는 기회이다."[31] 아우토노미에 대한 내재적 비판은 예술

---

28) ebd. S.15; **침전된 내용(sedimentierter Inhalt)**

29) ebd. S.15

30) **아포리(Aporie 당혹)**

31) Adorno: Ästhetische Theorie, S.154

에 내재한 맹목성에 대한 비판으로 맹목성을 유도해서 현실세계에 대한, 현실사회에 대한 부정으로 이끌기 위한 비판이다.

　다음에는 아우토노미 미학의 조상이라고 할 수 있는 **칸트 미학에 대한 비판**을 보기로 한다. 『판단력 비판』에서 칸트는 인간에 내재된 능력에는 인식능력, 쾌와 불쾌의 감정, 욕구능력 등 3가지가 있는데, 이들을 인식할 수 있는 역시 인간에 내재된 능력은 각각 오성, 판단력, 그리고 이성이라고 말한다.[32] 그리고 이 3가지 능력 오성, 판단력, 이성에 칸트는 **선험원리로 합법칙성, 합목적성, 최후목적**을 각각 부여한다.[33] 여기서 칸트가 3개의 선험원리를 **오성, 판단력, 이성**[34]에 부여한다는 말은 칸트의 철학체계에는 3개의 독립된 분야가 있다는 말이다. 즉 칸트에 의하면 철학에는 합법칙성을 선험원리로 하고 있는 **자연철학(이론철학)**, 합목적성을 선험원리로 하고 있는 예술철학, 그리고 최후목적을 선험원리로 하고 있는 **도덕철학(실천철학)** 등 3개의 독립된 아우토노미가 존재한다. 다시 말해서 칸트는 예술에도 하나의 선험원리를 부여하여 예술도 하나의 아우토노미로 다른 이웃 분야인 이론철학과 실천철학 등과 같은 위치로 격상시킨다. 예술이 철학을 위한 전 단계, 내지는 철학을 위한 시녀 역할을 해 왔으나 이를 극복하고 철학과 동등한 위치로 격상된 것은 칸트의 공적이라고 할 수 있다. 따라서 예술의 아우토노미라는 입장에서 **취미판단**[35]을 하려는 것이 『판단력 비판』에서 전개되는 전체의 노력이라고 할 수 있다. 즉 **미**를 판단할 때는 이웃 선험원리들과의 차이를 유지하면서 예술의 독자적인 아우토노미에 의해 판단되어야 한다는 것이 칸트의 미학이다. 칸트는 특히 인식능력인 오성적인 판단이 되지 않도록 무한한 노력을 한다. "**취미**는 만족이나 불만족에 의해 대상을 판단하는 것인데 이때에 일체의 **관심**이 배제되어야 한다. 이렇게 해서 판단된 만속의 대상을 아름답다라고 한다."[36] 여기서 "일체의 관심을 배제한다"는 말이 중요한

---

32) 오성(悟性 Verstand), 판단력(判斷力 Urteilskraft), 이성(理性 Vernunft)
33) 선험원리(Prinzip a priori), 합법칙성(Gesetzmäßigkeit), 합목적성(Zweckmäßigkeit), 최후목적(Endzweck)
34) **오성(悟性 Verstand), 판단력(判斷力 Urteilskraft), 이성(理性 Vernunft)**
35) **취미판단(Geschmacksurteil)**
36) Kant: Kritik der Uteilskraft, S.7; 취미(Geschmack), 관심(Interesse)

데 "관심"이 포함된 판단은 다른 영역의 철학으로 되어 예술의 아우토노미가 상실되기 때문이다. 이상에서 설명한 칸트 미학에 대한 아도르노의 비판은 대략 3가지로 나누어 논할 수 있다. 첫째 일체의 관심을 배제해야 한다는 이론에 대한 비판이다. 취미판단도 전혀 관심이 없이는 불가능하기 때문에(전혀 관심이 없으면 판단 자체가 불필요하기 때문에) 칸트는 "관심 없는 관심"[37]이라는 표현을 사용한다. 이 **"관심 없는 관심"**에 대해서 아도르노는 비판한다. 둘째 칸트의 취미판단은 관찰자 즉 예술의 수용자의 입장에서 이루어지는 판단이다. 이 수용자 일변도의 취미판단에 대한 비판이 두 번째 비판이다. 셋째 위에서 언급한 대로 칸트의 철학에는 독립된 3개의 아우토노미가 있다. 즉 칸트 철학은 이론철학, 예술철학, 실천철학 등 3원론의 철학이라고 할 수 있다. 따라서 철저한 변증법적인 아도르노의 철학은(변증법은 언제나 2원론인 때만 가능하다) 칸트의 3원론 철학에 대한 비판일 수밖에 없다.

칸트 미학에 대한 비판으로 "관심 없는 관심"에 대한 비판을 본다. 칸트가 대상에 대한 취미판단을 할 때 일체의 관심을 배제해야 한다든가 또는 판단인 이상 관심을 배제할 수 없어 "관심 없는 관심"이라고 표현하는 것은 취미판단이 대상에 대한 인식으로 변질되거나 또는 대상을 소유하려는 욕구로 변질되는 것을 방지하기 위함이다. 따라서 칸트 미학에 있어서는 관심이 극도로 축소되어 관심이라는 개념의 흔적만 남길 정도로 축소 내지는 취소되는 것이 사실이다. 이와 같이 관심을 극도로 축소 내지는 취소하고 나면 칸트의 취미판단에서 중심 개념인 만족은 너무나 모호한 개념으로 전락하여 미를 규정할 능력이 더 이상 없으며 또 예술의 생명인 정신을 생생하고 분명하게 드러낼 능력이 없다는 것이 아도르노의 의견이다.[38] 왜냐하면 모호하고 주관적인 개념인 만족이 분명하고 객관적인 정신을 규정할 능력이 없기 때문이다. 다음에 아도르노는 만족이라는 개념을 향락주의[39]라는 개념과 일치시키면서 칸트에 대한 신랄한 비판을 하고 있다. "칸트의 미학은 거세된 자, 즉 고자의 향락주

---

37) **"관심 없는 관심**(interesselose Interesse)"
38) Adorno: Ästhetische Theorie, S.22, 23
39) 향락주의(Hedonismus)

의와 같이 향락하고 싶은 생각은 간절한데 향락할 능력이 없는 거세된 고자의 미학으로 전락하는 것이 역설이라 하겠다. 그 만족이 부차적인 역할을 하는 것은 인정하나, 그러나 그 만족이 전부라고는 할 수 없는 예술가의 **생생한 경험**과 또 인간사회의 **생생한 관심**, 즉 **억압된 불만의 욕구**들을 칸트 미학은 도외시하고 있다."[40] 결국 아도르노는 칸트의 "일체의 관심의 배제" 또는 "관심 없는 관심"을 비판하면서 "예술의 존엄성은 바로 그 예술 자체의 탄생을 가능케 해주는 관심의 강도에 좌우된다"고 말한다.[41] 칸트 미학이 관찰자 즉 예술의 수용자의 입장에 의해서만 이루어지는 미학이라는 아도르노의 비판에 대해 살펴보면 다음과 같다. 아도르노는 극단적으로 수용자만을 테마로 하는 극단적인 수용론을 프로이트[42]의 심리학과 비교하면서 다음과 같이 비판한다. "심리학은 예술작품을 그 예술작품을 창조한 예술가의 무의식의 투영에 지나지 않는다고 생각한다. 심리학은 **자료**의 해석에만 붙들려 있는 나머지 **형식**이라는 카테고리를 잊고 있다. 심리학은 의사가 내린 진단의 결과를 예술가인 레오나르도나 보들레르와 일치시키고 있다."[43] 극단적인 수용론은 예술작품을 그 예술작품을 창조한 예술가를 위한 진단서로 본다는 말이다. 심리학은 예술작품을 예술가를 분석하기 위한 자료로 생각하며, 따라서 이때의 심리학의 대상은 예술작품 자체가 아니라 예술가가 (정확히는 예술가의 병적 상태가) 되기 때문에 이런 프로이트의 심리학적 미학은 예술을 다룰 수 없다는 것이 아도르노의 비판이다. 반면에 칸트의 취미판단에 의하면 어떤 대상이 "아름답다"라고 판단할 때 그 판단이 판단자 주관에만 국한하지 말고 만인의 공감을 얻도록, 다시 말해서 보편타당성을 요구할 수 있도록 판단해야 한다는 것이다.[44] 그러나 그것은 결국 판단자 자신이 판단하는(칸트에 의하면 주관에 의한 객관적 판단이라 하겠지만) 주관적 판단임에는 틀림없다. 프로이트의 심리학은 의사의 진단을 예술가와 일치시킨다면, 칸트 미학은 판단자의 주관적 판단을 예술작품과 일치시킨다고 할 수 있다. 다시 말해 예술

---

40) ebd. S.25
41) ebd. S.24
42) 프로이트(Sigmund **Freud** 1856~1939)
43) Adorno: Ästhetische Theorie, S.19
44) Kant: Kritik der Urteilskraft, S.50, 51

작품에 대한 관찰자의 주관적 의견 자체를 칸트의 취미판단은 객관적 대상인 예술작품과 일치시킨다고 할 수 있다. 따라서 칸트 미학은 예술의 관찰자 즉 수용자만을 대상으로 하고 예술가와 예술작품은 대상에서 제외시킨다는 것이 아도르노의 비판이다. 칸트 미학과 아도르노 미학의 차이는 다음과 같다. 첫째 대상인 예술작품의 면에서 본다면, 칸트는 예술작품 자체는 도외시하고 관찰자의 주관적 취미판단만을 테마로 하고 있는 데 비해, 아도르노는 관찰자는 "예술작품 속으로 몰입되어 사라져야 한다"라고[45] 말하면서 관찰자보다는 오히려 예술작품 자체에 중점을 두려고 한다. 둘째 예술가의 면에서 본다면 칸트의 취미판단에서는 예술가는 전혀 도외시되어 아무런 역할을 하지 못하는 데 비해, 아도르노의 변증법적 미학은 예술가와 관찰자를 하나 속으로 통합하려는 경향이 있다. 이유는 예술가, 예술작품, 관찰자라는 삼원론은 아도르노의 변증법에 어긋나기 때문이다. 마지막 셋째로 칸트의 천재미학에 의하면 "아름다운 예술은 천재의 예술"이며,[46] "천재는 자연이다"라 하여, "아름다운" 예술을 창조해낸 예술가는 이론을 초월하는 존재가 되는 것이 사실이다. 다시 말해 칸트는 예술가를 이론의 대상에서 제외하려 한다. 아도르노는 이에 대해 천재성은 생산자인 예술가에서 찾을 것이 아니라 생산품인 예술작품에서 찾아야 한다고[47] 칸트를 비판한다. 칸트 미학에 대한 마지막 비판으로 칸트의 3원론에 대한 아도르노의 비판은 이미 여러 번 언급된 대로 아도르노의 변증법적 철학에 기인한다. 칸트는 철학에 있어서 3개의 아우토노미 즉 자연철학(이론철학), 예술철학, 도덕철학(실천철학)을 인정하는 데 비해 아도르노는 2개의 아우토노미만을 인정한다고 말할 수 있다. 아도르노의 주저 『미학적 이론』은 "이론적 미학"이라고도 할 수 있어 이론과 미학을, 다시 말해 이론철학과 예술철학을 하나 속으로 통합하려는 것이 아도르노의 의도다. 하나로 통합된 미학과 이론, 즉 하나의 "미학적 이론"과 이에 대치되는 또 하나의 사회학은 (사회학은 칸트의 철학체계에 의하면 실천철학이라 할 수 있는데) 합해서 이원론을 구성하게 된다. 또 아도르노는 "예술작품은 사회적 행동

---

45) Adorno: Ästhetische Theorie, S. 363

46) Kant: Kritik der Urteilskraft, S. 235

47) P. Bürger: Zur Kritik der idealistischen Ästhetik, Frankfurt/M. 1983, S. 135

방식으로 느껴질 때에만 존재이유를 가질 수 있다. 예술은 현실사회를 보다 좋은 사회로 개선하는 데 있어서 그 개선의 집행자일 뿐만 아니라, 포악한 자기보존의 욕구만이 지배하고 있는 현실사회를 비판해야 한다"[48]라고 말하면서 예술을 실천 속으로 지양하려 한다. 예술이 실천 속으로 지양되어 없어지면(이론철학, 실천철학, 예술철학 등 삼자 중에서 예술철학이 없어지므로) 이론철학과 실천철학, 다시 이원론으로 된다. 칸트에 대한 아도르노의 비판은 삼원론에 대한 비판으로 아도르노의 변증법적 미학은 반드시 이원론에 의해서만 가능하기 때문이다.

다음에 독일 관념론 철학 특히 **쉘링과 헤겔에 대한 아도르노의 비판**을 논할 차례다. 독일의 관념론 철학을 연구하는 데 가장 중요한 입문서라고 할 수 있는『선험적 관념론의 체계』[49]에 의하면 인식의 형식으로서의 직관에는 주체와 객체로 분리시켜 직관하는 생산적 직관, 이번에는 반대로 분열된 주체와 객체를 하나로 통합해서 직관하는 지성적 직관, 그리고 직관의 최고의 단계인 미학적 직관 등 3단계로 되어 있다. 이중 최후의 그리고 최고의 단계인 미학적 직관에서는 "의식과 무의식, 자유와 필연의 대립이 지양된다. 모든 대립이 지양되어 없어지므로 예술작품은 화해와 조화의 빛을 발하게 된다. 이러한 예술작품에 의해 인간은 완전한 자기직관에 도달하게 되고 무한한 만족의 감정을 갖게 된다".[50] "관념론적 미학"은 첫째로 극과 극이, 즉 의식과 무의식이, 자유와 필연이 상호 일치 통합되는 **동일성의 미학** 또는 상호 화해하는 **조화의 미학**이라고 할 수 있다. 다음에 **동일성**이라는 개념의 동사형인 **동일화하다**라는 독일어의 의미는 철학적으로 사고하다, 정돈하다, 또는 인식의 대상을 개념 속으로 포섭하다는 등의 뜻으로 특수를 보편 속으로, 대상을 개념 속으로 종속시켜, 철학석 표현을 사용하여 실제를 개념적 신서 속으로 흡수시켜 소멸하게 함을 의미한다. 이유는 "**동일화의 사고**"[51]는 최후의 절대자를, 최후의 원칙을 찾아

---

48) Adorno: Ästhetische Theorie, S.26
49)『선험적 관념론의 체계』의 독일어 저서명: System des transzendentalen Idealismus
50) P. Bürger: Zur Kritik der idealistischen Ästhetik, Frankfurt/M.1983, S.21
51) "동일화의 사고(das identifizierende Denken)"

낼 때까지 중지하지 않는 내재적 성벽을 가지고 있기 때문이다.52) 따라서 둘째로 관념론적 미학은 최후의 절대자 또는 최후의 원칙을 기반으로 하는 **단일화의 미학**이라 할 수 있다. 헤겔의 미학 역시 동일성, 조화, 단일화의 미학이다. 헤겔의 유명한 말 **"진리는 전체다"**53)라는 말은 **"진리는 동일성이다"**라는 말과 같은 뜻으로 해석해야 한다. 다음에 헤겔은 미를 **"이념의 감관적 가상화"**54)라고 하여 감관과 이념이, 사실과 개념이 하나로 통합되어 단일화를 이루는 것이라고 정의한다. 지금까지 언급한 쉘링과 헤겔의 관념론적 미학은 다시 요약하면 동일성, 조화, 단일화의 미학이라고 정의할 수 있는데, 이 모든 개념들은 **부정성**이 아니라 **긍정성**55)을 의미하기 때문에 관념론적 미학을 **긍정성의 미학**이라고도 말할 수 있다. 관념론적 미학에 대한 아도르노의 비판은 이 동일성, 조화, 단일화, 긍정성에 대한 비판을 의미한다. "아도르노는 헤겔이 **비진리**라고 칭했던 바로 그 **비동일성**56) 속에서 **억압된 진리**를 구제해 내려고 한다."57) 진정한 변증법의 무대는 관념론 철학의 동일성, 조화, 단일화, 긍정성이 더 이상 아니라 비동일성, 부조화, 이원화, 부정성이라고 아도르노는 말한다.58) 아도르노에 의하면 미학은 현실사회의 **동일성 강요**가 억압하고 있는 그 비동일성에 기여하고 봉사하는 자세를 취할 때만 존재이유를 주장할 수 있다.59) 헤겔을 대표로 하는 전통철학이 관심을 거부했던 바로 무개념성, 개체성, 특수성에, 그리고 플라톤이 허무하고 사소한 것이라 하여 자기 철학에서 제거했던 바로 그 요소들, 또 헤겔이 "부패한 존재"라고 낙인을 찍었던 바로 그 부정적인 존재에, 한마디로 표현하면 **비동일성**에 아도르노의 미학은 지대한 관심을 가지고 있다.60) 관념론 철학을

---

52) vgl. H. Gripp: Theodor W. Adorno, S.85

53) Hegel: Phänomenologic des Geistes, S.24

54) **"das sinnliche Scheinen der Idee"**. Hegel: Vorlesungen über die Ästhetik, in: Werke in zwanzig Bänden, Bd. 13, Frankfurt/M. 1970, S.151, 157

55) 부정성(das Negetive)이 아니라 긍정성(das Positive)

56) **비진리(das Unwahre)**. **비동일성(das Nichtidentische)**

57) M. Theunissen: Negativität bei Adorno, in: Adorno-Konferenz, S.45; **억압된 진리(die unterdrückte Wahrheit)**

58) vgl. Adorno: Negative Dialektik, S.175f.

59) vgl. Adorno: Ästhetische Theorie, S.14; **동일성강요(Identitätszwang)**

60) vgl. M. Lüdke: Der Kronzeuge, in: Text & Kritik, S.138; 무개념성(das Begrifflose), 개체성(das Einzelne), 특수성(das Besondere). "부패한 존재(faule Existenz)". **비동일성(das Nichtidentische)**

대표하는 헤겔과 연관하여 표현하면 아도르노의 철학은 헤겔 철학을 거꾸로 뒤집어 놓은 것이라 할 수 있다. 헤겔이 "전체가 진리다"라고 말한다면, 아도르노는 "전체가 비진리다"[61]라고 말한다.

3. 아우토노미의 구성

앞서 아우토노미에 대한 아도르노의 비판을 논했다. 이번에는 아도르노의 변증 법에 따르기 위해 반대로 아우토노미의 비호를 논할 차례다. 첫째로 예술의 구성 즉 "야누스의 머리"로서의 예술을 논한다. 전 장에서는 칸트 미학에 대한 비판을 논했 으나 여기서는 칸트 미학에 대한 비호가 된다. 둘째 독일 철학에서 헤테로노미 미학 즉 타율성 미학의 창시자라고 할 수 있는 헤겔에 대한 아도르노의 비판을 본다. 셋째 로 아도르노의 예술에 관한 정의를 보기로 한다. 첫째로 **예술의 구성**을 논하자면, 아도르노가 예술을 정의할 때 사용하는 개념들은 요술상, 수수께끼, 영상, 정신, 실 재와의 차이성, 비감관적인 직관, 가상, 당혹, 불꽃 등의 개념들이다. 이 모든 개념들 의 공통성은 머리의 앞뒤에 2개의 얼굴을 가진 야누스와 같이, 보기에 따라 달라지는 의미의 이원성 내지는 다양성이다. 머리는 하나지만 두 얼굴을 가지고 있는 야누스 와 같이, 예술작품은 경험세계에 존재하는 하나의 존재물이지만 그러나 그 구성요 소는 2개로 되어 있다는 것이 아도르노의 논리다. 예술작품을 구성하는 2개의 요소 를 축소해서 표현하면 아도르노에 의하면 **모방**과 **합리성**[62]이 된다. 모방을 다시 축소하면, 또는 퇴화시키면 **마술**에 이르게 되고, 합리성도 퇴화되면 **비합리성**[63]이 된다. 합리성과 비합리성 사이에는 불변의 경계선은 없어 합리성이 비합리성으로 퇴화할 가능성이 항상 존재한다는 것이 아도르노의 변증법이나. 그러나 예술이 예 술의 전 단계에 머무는 것이 아니라 예술이 되기 위해서는 모방과 합리성이라는 2개

---

61) K. Sauerland: Einführung in die Ästhetik Adornos, S.9; "전체가 진리다": **"Das Ganze ist das Wahre"**, "전체가 비진리다": **"Das Ganze ist das Unwahre"**
62) **모방(Mimesis)**과 **합리성(Rationalität)**
63) 마술(Magie), 비합리성(Irrationalität)

의 요소가 필요하다는 것이 아도르노의 생각이다. 모방과 합리성 중에서 합리성은
예술뿐만 아니라 다른 영역의 철학에도 내재해 있으나 모방은 예술의 영역에만 특유
한 것으로 아도르노 미학에서 핵심을 이루는 개념이다. **모방**은 우선 합리성이 비합
리성으로 퇴화하는 것을 방지하거나, 퇴화된 비합리성에서 다시 합리성을 구제해
내는 역할을 한다. 아도르노에 의하면 "모방은 생명에 내재해 있는 **수용적, 표현적**
그리고 **의사소통적** 행동방식[64]을 나타내는 이름이다. 이 모방적 행동방식이 인류
의 문명 과정에서 정신으로서 유지되는 장소가 바로 예술이다. 따라서 예술은 정신
화된 모방 또는 합리성에 의해 변질되어 객관화된 모방이라고 할 수 있다".[65] 예술은
순수한 모방같이 보이기도 하고 또 동시에 순수한 합리성 같이 보이기도 해서 모방과
합리성이 동시에 내재해 있는 **당혹, 아포리**라고 아도르노는 표현한다. 그리고 이
아포리가 예술의 생명인 운동법칙이라고[66] 아도르노는 말한다. 여기서 아포리는
"야누스의 머리"를 표현하는 여러 개념들 중 하나에 불과하다. 다음에 다른 개념을
사용해서 "야누스의 머리"인 예술을 정의하는 몇 개의 예를 들어본다. "예술작품은
요술상과 같은 것이어서 마치 **포우**[67]의 편지처럼 숨겨진 것을 찾아냈다고 생각하면
다시 숨겨져 없어지는 것과 같다."[68] "모든 예술작품은 그리고 예술 일체는 수수께
끼와 같다. 바로 이 점이 옛날부터 예술에 관한 이론을 당혹시켜 왔다."[69] "모든
진정한 예술작품에는 현실세계에 실제로는 실재하지 않는 어떤 가상의 것이 들어
있다."[70] "예술작품은 있는 그대로의 존재물에 불과하지만, 그 존재물과는 상이하
게 보이는 것, 다시 말해 그 존재물 자체와 그 존재물의 외부현상 사이의 차이점이
예술이고, 바로 이 차이점 즉 그 물리적인 존재물과는 달리 보이게 하는 **비동일성**이
정신이다."[71] 이상에서 열거한 예술에 관한 정의의 핵심을 이루는 "야누스의 머리"

---

64) 행동방식(Verhaltensweise)
65) A. Wellmer: Wahrheit, Schein, Versöhnung. Adornos ästhetische Rettung der Modernität, in: Adorno
   -Konferenz, S.141
66) Adorno: Ästhetische Theorie, S.87
67) 포우(Edgar Allan **Poe** 1809~1849)
68) ebd. S.185; 요술상(Vexierbild)
69) ebd. S.182
70) ebd. S.127
71) ebd. S.134; **비동일성(das Nichtidentische)**

는 결국 **가상**72)과 일치하는 개념이다. 따라서 아도르노에 의하면 "미학의 핵심은 이 가상의 구제에 있고, 예술의 생존권과 그리고 예술이 진리라는 것을 정당화하는 길은 이 가상을 살리는데 좌우된다"73)고 한다.

모방과 합리성이라는 2개의 얼굴로 구성된 "야누스의 머리"가 예술이라는 논리를 보았다. "야누스의 머리"와 같은 가상의 세계를 다음 단계로 아도르노는 **형식과 내용**74)의 변증법으로 발전시킨다. 여기서도 형식과 내용이라는 2개의 얼굴로 구성된 "야누스의 머리"가 문제가 된다. "예술작품은 사회적 노동의 생산물로서 가공품인 이상 경험세계와 상통한다. 이 경험세계에서 예술은 내용을 부여받게 된다. 예술은 이 경험세계가 강요하는 일체의 규정을 거부하면서도 자신의 본질 속에는 이 경험세계의 실재를 내포하고 있다. 예술이 경험세계에 대해 저항할 수 있는 것은 형식이라는 계기에 의해서다. 형식과 내용 사이의 중개는 그 양자 사이의 분리라는 전제 없이는 생각할 수 없는 개념이다. 형식과 내용의 중개라는 의미로 말한다면 **미학적 형식은 침전된 내용** 그 자체라고 할 수 있다."75) 미학적 형식은 침전된 내용이라는 표현을 같은 의미지만 아도르노는 다음과 같이도 표현한다. "형식에 의해 말해지는 내용은 사회 즉 경험세계에 의해 결정된다."76) 결국 경험세계에서 얻어온 거친 내용을 침전시키면, 다시 말해 필터로 거르면 그것이 형식이 된다는 말이다. 경험세계에서 얻어온 거친 내용을 다듬어서, 즉 침전시켜 생겨난 세련된 내용이 형식이라면 원래의 거친 내용과 새로운 세련된 내용 사이의 차이점에 주의해야 한다. 세련된 내용은 내용으로 보이기도 하고(세련된 내용이라 하더라도 내용은 내용이기 때문에) 또 내용이 아닌 형식으로 보이기도 한다는 논리다. 왜냐하면 세련된 내용은 거친 내용과는 달라 다른 이름을 붙여야 하기 때문이다. 이상의 형식과 내용의 변증법은 "형식 즉 내용", "내용 즉 형식"이라는 헤겔의 변증법과 같다고 할 수 있겠으나 문제는

---

72) **가상**(假象 Schein)

73) Adorno: Ästhetische Theorie, S.164, 165

74) **형식**(Form)**과 내용**(Inhalt)

75) ebd. S.15; **침전된 내용**(sedimentierter Inhalt)

76) ebd. S.342

헤겔은 내용에 중점을 두는 반면 아도르노는 형식에 중점을 둔다는 데 있다. 모방과 합리성의 변증법에서 모방이 중요한 역할을 한 것과 같이 여기서도 형식이 주도적 역할을 한다. 헤겔의 미학을 내용미학이라 한다면 아도르노의 미학은 형식미학이라는 이유가 여기서 나온다. 아도르노는 모방과 합리성의 변증법을 형식과 내용의 변증법으로 발전시키고 더 나아가 형식은 예술이고, 예술은 형식이라는 명제에 도달한다. 세련된 내용이 형식이라고 해서, 따라서 예술이라고 해서 그것이 영원히 형식과 예술로 머물러 있는 것은 아니라는 것이 아도르노의 생각이다. 사람이 매일 세수를 해야 하는 것처럼 내용도 매일 세련을 해야 한다는 것이 아도르노의 논리다. 따라서 예술은(예술이 세련된 내용이며 형식을 의미한다면) 어떤 변하지 않는 불변수에 의해 해석할 것이 아니라 영원히 변하는 운동법칙에 의해 해석해야 한다는 것이 아도르노의 논리다. 아도르노의 표현에 의하면 "예술은 자신의 타자와의 상관관계에 의해서 (예술의 타자는 여기서 경험세계의 거친 내용이 된다) 규정된다. 예술을 예술이 되게 하는 요소는 그 예술의 타자에서 나온다. 예술의 운동법칙은 다름 아닌 형식법칙[77]이다. 예술은 타자와의 상호관계 자체고, 타자와의 프로세스 자체다."[78] 타자와의 **프로세스**를(이것이 정지상태가 아니라 영원히 움직이고 있는 운동·상대, 즉 예술의 운동법칙을 의미하는데) 아도르노는 경험세계의 **동일성강요**에서 해방된 **자기동일성**이라고[79] 표현한다. 또는 예술이 타자(경험세계의 거친 내용)를 자체 내에 내포하고 있다는 의미에서, 다시 말해 예술작품에서 경험세계를 읽을 수 있다는 의미에서 예술작품은 "자기도 모르게 쓰고 있는 역사기록"[80]이라고도 표현한다. **형식**은 따라서 예술작품을 예술작품이 되게 하는 고유의 미학적 계기이고 나아가서 예술작품으로 하여금 경험세계의 실제와(이것은 거친 내용 또는 여러 물질을 조합해서 만든 가공품을 의미한다) 다르게 보이게 만드는 요소라는 말은[81] 이미 언급한 바와 같다.

---

77) 운동법칙(Bewegungsgesetz), 형식법칙(Formgesetz)
78) Adorno: Ästhetische Theorie, S. 12
79) Adorno: Ästhetische Theorie, S. 190; **동일성강요(Identitätszwang), 자기동일성(Sichselbstgleichheit)**
80) ebd. S. 272
81) ebd. S. 213

다음으로 아도르노는 "**형식은 예술이고, 예술은 형식이다**"라는 명제를 다시 비약시켜, "**예술작품은 말을 한다**"라는 명제에 도달한다. 이것은 예술작품을 하나의 살아 있는 생명체로 본다는 말이다. 예술은 하나의 **특이한 생명체**[82]라고 아도르노는 말한다. 위에서 논한 모방과 합리성의 이중성, 형식과 내용의 이중성으로 되어 있는 "야누스의 머리"가 여기서는 **표현과 비표현**이라는 이중성으로 비약한다. "예술작품은 동화 속의 요정과 같이 말하고 있다: 너는 절대자를 원하지? 너는 그 절대자를 소유하게 될 것이다. 그러나 너는 그 절대자가 무엇인지는 알 수 없을 것이라고 말하고 있다. 논증적인 인식은 진리가 무엇인지를 분명히 알고 있으나 그 진리를 소유하지는 못한다. 반면에 예술은 그 절대자를 소유하고 있으나 그 절대자가 무엇인지는 모르고 있다."[83] 예술작품은 살아 있는 생명체와 같이 언어를 가지고 있으나 그러나 그 예술의 언어는 이해할 수 없는 언어, 즉 동화 속에 나오는 요정의 언어와 같다는 것이다. 이해할 수 없는 요정의 언어를 아도르노는 여러 가지 예로 묘사하려 한다. "예술작품은 말을 할 수 있다는 점에서 살아 있는 생명체와 같다. 그러나 그 예술의 언어는 현실의 여러 대상과 또 그 예술을 창조한 주체 즉 예술가를 초월하는, 합해서 대상과 주체를 초월하는 언어이다. 예술의 언어는 예술작품을 구성하고 있는 여러 요소들 사이에서 생겨나는 코무니카씨온에 의해 이루어지는 언어다."[84] "예술이 소유하고 있는 언어는 **메디움**으로서의 언어와는 전혀 다른 언어다."[85] 요정의 언어는 (이해를 전제로 하는 것이 언어라면) 언어가 아닌 언어, 즉 언어로 보이는가 하면 언어가 아닌 언어로, 언어와 비언어로 되어 있는, 표현과 비표현으로 되어 있는 "야누스의 머리"라고 할 수 있다. 이상의 언어가 아닌 언어, 즉 요정의 언어를 아도르노는 **무표현** 또는 **무표정**의 언어라고 다시 한 번 비약한다. "**예술의 진정한 언어는 무표현의 언어다.**"[86] "**예술작품의 시선이 그 예술작품 자체의 표정이다.**"[87] 예술작품에 나

---

82) ebd. S.14; **특이한 생명체(Leben sui generis)**

83) ebd. S.191

84) Adorno: Ästhetische Theorie, S.14, 15

85) ebd. S.171; **메디움(Medium)**

86) ebd. S.171

87) ebd. S.172

타나는 시선 또는 표정이 예술에 고유한 언어라면 이 예술의 언어는 인식과 해석을
초월하는 언어로서 "절대자"는 소유하고 있으나 그 "절대자"가 무엇이라고 논증할
수는 없는 언어라는 논리다. 예술에 고유한 언어, 즉 예술의 시선 또는 표정을 설명하
는 아도르노의 유명한 구절은 **"진정한 예술은 어떻게도 설명할 수 없는 표정을, 하도
기가 막혀 눈물까지도 나오지 않는 울음소리를 나타내주는 예술이다"**[88]라는 문장이
다. 여기서 주의할 것은 이 진정한 예술의 표정인 "설명할 수 없는 표정"을, "눈물까지
도 나오지 않는 울음소리"를 논증적으로 분석 설명하려 한다면 잘못이라는 것이다.
예술의 언어를 논증적으로 분석 설명하려는 것은 언어와 비언어로 되어 있는 "야누
스의 머리"를, 다시 말해 예술 자체를 파괴하는 행위이기 때문이다.

　　둘째로 **헤겔 미학에 대한 비판**을 본다. 독일 미학의 2대 주류는 칸트와 헤겔의
미학이다. 칸트 미학이 형식 미학, 아우토노미(자율성)의 미학, 무개념성, 의미의
다양성을 대표하는 미학이라 한다면, 헤겔의 미학은 내용 미학, 헤테로노미(타율성)
의 미학, 개념의 지배, 의미의 단일성에 기반을 둔 미학이라 할 수 있다. 예술이 어떤
일정하고 구체적인 의미를 전달해 줄 수 있느냐 하는 문제를 제기한다면, 이 문제를
부정하는 것이 칸트의 입장이고, 긍정하는 것이 헤겔의 입장이다. 예술을 개념적
사고에 의해 해결할 수 있다는 헤겔의 주장이 그의 타율성 미학을, 헤테로노미의
미학을 가능케 한다. 타율성은 예술이 개념적 사고 즉 철학에 의존하는데서 오는
타율성을 말한다. 반면에 칸트는 헤겔과 같이 개념적 사고, 개념적 인식에서 출발하
지 않고 **취미판단**[89]이라는 주관적 문제에서 출발한다. 이 취미판단에서 취미는 주
관적 취미고, 판단은 객관적 판단을 의미한다. 따라서 취미판단은 주관적이면서 객
관적이어야 하는 **이율배반**[90]을 내포하고 있다. 취미판단(미학적 판단)은 따라서
한편으로는 주관적 취미에서 출발하나 다른 한편으로는 객관적 보편타당성을 요구
한다고 하는 것이 칸트가 말하는 미학적 판단의 이율배반이다. 주관적이면서 동시

---

88) ebd. S.179
89) **취미판단**(Geschmacksurteil)
90) **이율배반**(Antinomie)

에 객관적이어야 하는 이 이율배반을 칸트는 주관적 객관성, 객관적 주관성 또는 **비규정적 개념성**[91] 등의 개념으로 해결하려 한다. 이상의 칸트적인 이율배반을 예술에 적용하면 다음과 같은 **역설, 파라독스**[92]로 나타난다. 예술은 "절대자"를 (진리를, 규정적 개념을, 분명하고 구체적인 해답을) 말해주는가 하면, 말하지 않고 침묵하고 있다. 예술작품은 사고에 의해 수용, 포섭, 정돈할 수 없지만 그 사고를 무한히 가능하게 해 준다. 이상의 칸트적인 역설을 헤겔은 간단하게 **단일성** 또는 **동일성**[93]이라는 개념에 의해 해결한다. 즉 칸트의 비규정적 개념성은 의미의 다양성을 나타내는 데 비해, 헤겔은 인식과 현실, 사고와 실재, 주체와 객체는 하나로 통합되어 단일성 또는 동일성을 이룬다는[94] 입장이다. 여기서 아도르노는 칸트의 입장에 서서 헤겔을 비판한다. 아도르노가 주장하는 예술의 가상의 개념은 칸트의 비규정적 개념성과 같은 개념이며 헤겔의 단일성 또는 동일성에 반대되는 개념임을 알 수 있다. 아도르노는 **가상**과 인접한 개념인 예술의 수수께끼 성격에 의해 칸트의 주장과 비슷한 논리를 전개한다. "예술작품은 수수께끼의 본성과 같이 **규정성**과 **비규정성**[95]이라는 이중 성격을 지니고 있다. 수수께끼와 같이 해답이 가려 숨겨지면서도 전체 구조에 의해 드러나기도 한다. 예술작품의 목적은 비규정성이라는 규정성이다. 예술작품은 구체적인 목적을 갖고 있지 않으나 예술작품 그 자체는 합목적적이다."[96] 예술의 수수께끼 성격, 예술의 비규정적 규정성을 주장하는 아도르노는 분명히 칸트의 제자이며, 따라서 헤겔에 대해서 비판의 입장을 취함은 당연하다. 헤겔과 독일전통 미학에 대한 아도르노의 비판 중 이미 언급한 것은 제외하고 아도르노의 **미**에 대한 설명이 헤겔의 그것과 얼마나 상이한가만을 보기로 한다. "형식이라는 강요의 형태로 나타나는 미에서는 **무서움**이 비쳐 나온다. 이 무서움은 억압과 그 억압의 소실점이라 할 수 있는 죽음에 대한 **고뇌**의 표정이다. 모든 미가 죽음과 인적관계에 있다는 깃은 형식이라는

---

91) Zima: Literarische Ästhetik, S. 19; **비규정적 개념성**(unbestimmte Begrifflichkeit)

92) ebd. S. 22

93) **단일성**(Einheit) 또는 **동일성**(Identität)

94) ebd. S. 22

95) **규정성**(Bestimmtheit)과 **비규정성**(Unbestimmtheit)

96) Adorno: Ästhetische Theorie, S. 188 f.

이념 속에 내재해 있다. 예술작품을 예술작품이 되게끔 하는 모든 요소들은 자신의 파멸을 동경한다."[97] 긍정, 조화, 위로라는 소실점에 기반을 두고 있는 헤겔 미학에 대한 아도르노의 비판은 미는 오히려 두려움이고, 고뇌이고, 죽음이고, 부조화[98]이고, 재해[99]이고, "눈물이 나오지 않는 울음소리"라는 아도르노의 부정철학이 된다.

아우토노미의 구성에 대한 세 번째 문제로 아도르노의 **예술에 관한 정의**를 보기로 한다. 지금까지 예술에 대한 아도르노의 정의를 많이 논했고, 또 그의 주저『미학적 이론』전체가 예술에 대한 정의라 할 수 있다. 아도르노는 대체로 3개의 카테고리에 의해, 즉 **가상, 구성, 개방성**[100]에 의해 예술을 정의한다고 할 수 있다. 첫째로 **가상**에 의한 정의는 "야누스의 머리", 역설, 수수께끼 성격 등이 예술에 내재해 있다고 생각하는 예술에 대한 일체의 정의를 포함한다. "야누스의 머리"에 의한 정의의 예를 든다면 자연미에 대해서 내리는 아도르노의 정의는 예술에도 적용된다. "자연은 있는 그대로의 자연과는 상이하게 보이는데 그의 미를 지니고 있다. 바로 이 상이점은 우연성에 지나지 않으나, 이 상이점에서 우연성을 제거하는 것이, 다시 말해 이 상이점으로 나타나는 가상을 **실재물**이라고 인정하는 것이 예술의 이념이다."[101] 여기서 아도르노가 말하는 상이점은 실제로는 실재하지 않으나 그러나 실재로 인정해야 하기 때문에, 2개의 얼굴을 가지고 있는 야누스의 머리라고 할 수 있다. 예술은 한편으로는 실재물이고 또 한편으로는 비실재물인 이중성을 가지고 있다는 논리다. 다음에 역설, 파라독스에 의한 정의의 예는 다음과 같다. **"예술작품은 자신이 상정하는 것을 상정해서는 안 된다."**[102] 이 말은 예술이 보여주는 세계가 실제로 존재하는 현실세계라고 매도해서는 안 된다는 말이다. 예술은 예술세계의 (이것이 위에서 언급한 상이점이다) 존재를 인정하고 주장하면서도 그 인정과 주장을 다시 지양해

---

97) ebd. S.83, 84; **무서움(das Furchtbare), 고뇌(Leiden)**

98) ebd. S.29

99) ebd. S.35

100) **가상(Schein), 구성(Konstruktion), 개방성(Offenheit)**

101) Adorno: Ästhetische Theorie, S.122

102) ebd. S.191

야 한다는 역설적인 정의다. 마지막으로 수수께끼에 의한 정의는 이미 언급한 요정의 이야기가 그 예다. "절대자"(해답)를 소유하고 있으나 그것이 무엇인지 알 수 없는 수수께끼가 바로 예술이라는 정의다. 이상의 모든 정의는 결국 **가상**[103]이라는 개념에서 유도된 정의로, 가상이 아도르노 미학의 핵심 개념임을 알 수 있다.

다음에는 둘째로 가상에 의한 정의와는 상반되는 **구성**에 의한 정의를 본다. 구성에 의한 예술 정의는 아도르노의 미학을 **구조주의**에 가까이 접근시키는 정의로 중요한 개념 2개, 즉 **성위**와 **성좌**[104]를 미리 언급한다. 성위의 개념은 작품 내재적 반성인 제1 반성에 적용되는 개념이고 성좌의 개념은 작품 초월적 반성인 제2 반성에 적용되는 개념이다. 여기서는 제1의 반성이 테마이므로 성위의 개념만이 문제되고, 성좌의 개념은 다음 장에서 언급한다. 아도르노가 말하는 성위는 예술작품을 구성하는 일체의 요소들 사이의 상호관계에서 생겨나는 일시적인 순간현상을 의미한다. "**작품을 구성하는 모든 요소들 사이의 코무니카씨온에 의해서 예술작품은 마치 살아 있는 생명체처럼 말을 하고 있다**"[105]고 아도르노는 말한다. 바로 이 코무니카씨온이 예술 그 자체로서(하나의 생명체로서) 경험세계의 존재물과는 다르게 나타난다는 것이다. 여기서 3가지 점에 유의해야 한다. 하나는 이 코무니카씨온을 구성하는 여러 요소들 중에 하나라도 파괴되거나 없어지면 전체의 상호관계가 깨져서 더 이상 동일한 코무니카씨온 즉 동일한 예술이 아니라는 것이다. 둘째로 아도르노는 아르티쿨라씨온[106]이라는 표현을 사용하여 위에 언급한 코무니카씨온을 구성하는 여러 요소들 중 어느 하나라도 불필요한 요소가 있어서는 안 되고 또 반대로 모든 요소들은 각기 자기의 완전한 가치를 발휘하는 절대 불가결의 요소들이 되어야 한다는 것이다. "예술작품의 질과 순위를 결정하는 것은 아르티쿨라씨온의 정도에 달려 있다. 즉 예술작품을 구성하는 요소들 중에 죽은 요소, 미형성 된 요소, 예술적 형성을 거치

---

103) **가상**(假象 Schein)
104) **성위**(星位 Konfiguration)와 **성좌**(星座 Konstellation)
105) Adorno: Ästhetische Theorie, S.15
106) 아르티쿨라씨온(Artikulation)

지 않은 요소 등이 하나라도 있어서는 안 된다."107) 셋째로 아도르노는 **기술**108)이라
는 개념을 사용하여 이상에서 언급한 예술의 모든 구성요소들이 예술가의 참가 없
이, 예술가의 손을 거치지 않고, 진정한 예술, 즉 진정한 코무니카씨온에 도달하는
것이 아니라 여기에는 예술가의 참가, 그것도 기술에 의한 참가가 필요하다는 논리
다. 예술을 구성하는 데 기술이 필요하다는 것은 결국 아도르노가 천재미학을 부정
한다는 말이다. 이 기술이라는 개념은 결국 예술은 천재의 영감에 의해 갑자기 나타
나는 것이 아니라, 예술가의 끈질긴 노력과 또 정확하고 합리적인 기술에 의해 구성
된다는 것이다. 이 **구성**이라는 개념은 따라서 **합리성**을 내포하고 있는 개념이다.
"예술은 이 구성에 의해 유명론적 상황 즉 우연의 상태를 벗어나 필연 또는 보편에
도달하려 한다."109) 합리적인 구성에 의해서 우연성을 극복하고 필연적 보편에, 필
연적 실재110)에 도달한 예술은 그러나 그 예술이 인간에 의해 제조되었음을 부인할
수 없어 인위적인 제조와 필연적인 실재라는 이중성을111) 면할 수 없다.

　　마지막으로 가상과 구성 다음으로 세 번째 **개방성**112)에 의한 정의를 본다. 이
개방성에 의한 정의는 지금까지 논한 가상과 구성에 의한 정의를 모두 통합한 정의로
아도르노 미학의 정수를 이루는 부분이다. 이 개방성에 의한 정의는 시간개념에 의
한 정의로 둘로 나누어 생각할 수 있다. 하나는 미래지향적 정의이고, 다른 하나는
현재 순간적 정의이다. **미래지향적 정의**로 다음의 정의는『미학적 이론』에서 가장
핵심적 예술 정의에 속하므로 이미 인용한 부분까지도 포함해서 다시 한 번 인용한
다. "예술에 대한 정의는 그 예술의 과거사에 의해 예시되고, 그 예술의 현재 상황에
의해 합리화되며, 그 예술의 미래사에 대해 개방되어 있다. 예술은 그 예술의 운동법
칙에 의해서만 정의될 수 있는 것이며, 불변수에 의해 정의될 수 있는 것은 아니다.

---

107) Adorno: Ästhetische Theorie, S.284
108) **기술(技術 Technik)**
109) ebd. S.91
110) 실재(實在)
111) vgl. ebd., S.303
112) **개방성(Offenheit)**

예술은 자신의 타자와의 관계 내에서만 규정되어진다. 진정한 예술성은 예술의 정반대 요소인, 그 예술의 타자에서 나온다. 예술의 운동법칙이 바로 그 예술의 형식법칙이다. 예술은 자신의 타자와의 관계에 의해서만 가능하며, 그 타자와의 프로세스 자체라고 할 수 있다."113) 예술은 우선 자신의 과거사를 수용 내지는 인정하고, 그 과거와는 다른 예술로 되어야 한다는 것이다. 따라서 자신의 과거사를 전면 부정하는 혁명론적 예술은 아도르노가 생각하는 예술은 아니다. 다음에 과거와는 다르게 발전된 현재의 예술은 유아독존적인 예술이 되어서는 안 되고 내일에는 더 이상 예술이 아닐 수도 있다는 자기지양의 관용성을 가져야 한다는 것이다. 과거 현재 미래를 통해 항상 변하고 있는 경험세계를(항상 변하고 있는 현실사회를) 예술의 타자라고 한다면, 예술은 이 타자와의 관계에서만 이루어지고, 이 타자와의 프로세스 자체라는 논리다. 다음에 **현재 순간적 정의**의 예는 다음과 같다. "예술의 순수개념은 일률적으로 정해진 고정개념이 아니라, 순간적으로 섬세한 밸런스에 의해 그때그때 정해지는 개념이다. 예술작품은 순간적 찰나에 지나지 않는다. 진정한 예술작품이란 인내력 있는 관찰자의 시선에 나타나는 순간, 다시 말해 그 프로세스가 순간적으로 정지하여 경직되는 순간 이외에는 아무 것도 아니다."114) 예술은 과거 현재 미래를 통해 영원히 존재하는 것이 아니라 현재의 순간적 찰나에만 존재하며, 그 순간적 찰나도 프로세스가 중지하여 경직되는 순간이기 때문에(항상 운동 상태에 있는 프로세스가 중지하여 경직되지 않으면 시선에 의해 포착할 수 없으므로) 예술이기를 중지하는 순간이 된다. 예술은 쉬지 않고 영원히 새로 정의해야 된다는 논리다. 이상의 미래지향적 정의와 현재 순간적 정의를 종합하는 개념으로 아도르노는 **불꽃**115) 이라는 개념을 자주 사용한다. "예술작품은 불꽃과 같다. 불꽃처럼 하늘에 잔란하게 나타났다가 순식간에 사라지기 때문에 어떤 이론으로도 포착할 수 없는 것이 예술작품이다."116) 가상, 구성, 개방성에 의한 정의 모두의 공통점은 예술은 정의할 수 없다

---

113) Adorno: Ästhetische Theorie, S.11, 12

114) ebd. S.17

115) 불꽃(Feuerwerk)

116) Adorno: Ästhetische Theorie, S.125

는 것, 또는 예술은 매순간 새로이 정의해야 한다는 것이라고 할 수 있다.

4. 예술과 인식

　전 장에서 아우토노미의 구성 즉 아우토노미(자율성)에 대한 비호를 논했으나 여기서는 반대로 헤테로노미(타율성)에 대한 비호를 논하는 것이, 또 앞에서는 제1 반성 즉 작품 내재적 반성을 논했으나 여기서는 제2 반성 즉 작품 초월적 반성을 논하는 것이 아도르노 미학의 순리다. "예술과 인식"이라는 표현은 예술과 사회와의 관계를 나타내는 표현이다. 인식이라는 개념은 인간들이 더불어 관계를 맺고 사는 인간사회라는 카테고리 없이는 의미를 상실하는 개념이기 때문이다. 이미 언급한 성좌와 아도르노의 우토피 개념 그리고 예술의 기능을 간단히 논한다. 예술과 사회 사이에서 발생하는 성좌부터 시작한다면, **"예술은 사회에 대한 반명제"**117)라고 하여 아도르노는 예술과 사회를 극과 극으로 대치시킨다. 이 극과 극의 대치는 예술과 사회의 변증법적 관계를 의미하며, **비 - 사 - 비의 관계, 부정의 관계, 존재이유의 관계**118) 등 3가지 관계를 발생시킨다. **비 - 사 - 비**의 관계란 2개의 존재가 얼굴을 서로 마주보고 있는 상태로, 서로에 대해 독립적이고 자율적인 관계를 의미한다. 이 두 존재는 2개의 소우주 또는 2개의 단자라고 생각해야 한다. 따라서 2개의 단자 중 하나가 사회라면 다른 하나도 사회고, 하나가 예술이라면 다른 하나도 예술이라고 보아야 한다. 아도르노가 예술을 사회의 카테고리로 통합하려는 예는 다음과 같다. **"예술은 사실상 또 하나의 세계로, 이 두 세계는 서로 같은 점도 있고, 서로 다른 점도 있다."**119) 얼굴을 서로 마주보고 있는 2개의 존재가 2명의 인간이라면 공통점은 둘 다 인간이지만 그러나 이 두 인간이 서로 다른 성격과 모양을 가지고 있듯이 2개의 세계 즉 예술과 사회는 서로 같은 점도 있고 다른 점도 있다고 이해해야 한다. 예술을 사회의 카테고리로 통합하기 위해 아도르노는 무한한 노력을 한다. **"사회를 움직이는 생산력과 생산관**

---

117) ebd., S.19
118) **비 - 사 - 비**(vis-á-vis), **부정**(Negation), **존재이유**(raison d'être)
119) Adorno: Ästhetische Theorie, S.335

계의 변증법이 예술에도 그대로 적용된다"120)거나 "예술적 노동은 사회적 노동"121)
이라고 아도르노는 말한다. 다음에는 예술과 사회의 비 - 사 - 비 관계에서 반대로
사회를 예술의 카테고리로 통합하려는 예를 보자면 다음과 같다. 아도르노는 현대사
회를 분업, 목적 - 수단의 합리성, 현혹의 사회로 특징짓는다. 분업은 자본주의 시장법
칙에 따라 생산과 소비의 조화를 깨뜨려 생산을 위한 생산, 소비를 위한 소비를 낳게
한다. 사용가치와 교환가치의 전도가 생기게 된다. 분업을 아도르노는 인간의 원죄
라고122) 명명한다. 다음에 현대사회의 목적 - 수단의 합리성이란 역시 목적과 수단의
부조화 또는 전도를 가져온다. 목적이 수단이고, 수단이 목적이라는 이 목적과 수단
의 전도에 의해 현대사회는 **물신주의**123)의 사회가 되며 예측할 수 없는 비합리성의
사회가 된다는 것이 아도르노의 주장이다. 생산과 소비의 관계가, 사용가치와 교환
가치의 관계가, 목적과 수단의 관계가 전도되거나 그 양자가 서로 독립하여 각자의
길을 가는 현대사회는 예측할 수 없고, 이해할 수 없는 조작과 **현혹의 사회**124)라는
것이 아도르노의 의견이다. 여기서 아도르노가 사회를 예술의 카테고리로 통합하려
는 근거는 조작과 현혹의 현대사회가 예술이 가지고 있는 이중성격, 가상, "야누스의
머리"와 비슷하다는 데 있다. 예술과 사회의 비 - 사 - 비관계에서 양자를 사회로 보든
예술로 보든, 양자가 서로 독립된, 스스로 지급자족 할 수 있는 2개의 단자임에는 틀림
없다. 이상에서 논한 예술과 사회의 비 - 사 - 비 관계에 의해 아도르노는 예술을 감상한
다는 것은 사회에서 예술 속으로 이민 가는 것이라고 말한다. 예를 들어 한국 사람이
한국이라는 나라에서 미국이라는 나라로 이민 가는 경우에 한국과 미국은 비 - 사
- 비 관계에 있어야 한다. 즉 둘 다 나라라는 공통점이 있어야 하고 또 두 나라 사이에
다른 점이 있어야 이민이 성립한다. 다음에 원점으로 돌아가 성좌의 두 번째 문제,
예술과 사회의 **상호 부정**도 비 - 사 - 비 관계의 연장으로 이해할 수 있나. 현실의 사회에
서 예술의 세계로 이민 가는 것은 그 현실 사회에 대한 부정을 의미한다. 한국에서

---

120) ebd.
121) ebd. S.350
122) ebd. S.337
123) **물신주의**(Fetischismus)
124) **조작**(Manipulation)**과 현혹**(Verblendung)

살 수 없어 미국으로 가는 것은 한국에 대한 부정을 의미한다. 아도르노는 현실사회를 비판하기 위해 예술이 필요하며, 또 현실사회가 억압과 고통의 사회인한 예술은 끝나지 않는다고 하는 이유가 여기에 있다. 마지막으로 예술과 사회의 **존재이유의 관계**도 사회가 없으면 예술도 없고, 또 예술이 없으면 사회를 비판하는 의식이 없어 인간답게 살 수 있는 사회도 없다는 논리다. 지금까지 논한 것을 종합해 예술과 사회 사이의 관계는 그 양자 사이의 성좌에 의해 결정된다는 것이다. 별들 사이에 상호관계에 의해 운명을 결정하는 점성술의 개념인 성좌에 의해 예술의 운명도, 또 사회의 운명도 결정된다는 것이다. 그 사회 여하에 따라서 예술도 다른 예술이 나오고, 그 예술에 따라서 사회도 침체될 수도 있고 변할 수도 있다는 것이다. 예술에 대한 정의는 사회와의 관계 내에서 이루어져야 하고, 또 사회에 대한 반성을 위해서는 예술이 필요하다는 것이 아도르노의 미학이다.

아도르노의 미학을 헤테로노미의 미학이라고 볼 수 있는 점은 사회를 우토피의 사회로 인도하기 위해서 예술이 필요하며, 또 "충족된 사회"인 우토피의 사회에서는 예술은 필요 없어 사멸할 것이라고[125] 하는데 있다. 아도르노기 생각하는 우토피의 내용과 우토피에 대한 인식을 간단히 논해 본다. **우토피**를 아도르노는 인간에 내재한 **모방과 합리성**을 서로 조화시키는 정신이라고 말한다. 이 양자를 "조화시키는 정신이 모든 예술작품의 공통된 소실점, 즉 우토피다."[126] 우토피를 아도르노가 정신이라고 표현하는 것은 우토피도 예술과 마찬가지로 정의할 수 없고 이론으로 포착할 수 없기 때문이다. 이런 의미로 아도르노는 우토피를 절대자, 비동일성,[127] 타자, 무영상성,[128] 진리 등으로 표현한다. 우토피를 향해 다가가는 촉매 역할을 예술이 한다는 의미로 아도르노는 예술을 타자에 대한 동경, 다시 말해 우토피에 대한 동경이라고도 표현한다. 이러한 정의할 수 없고, 이론으로 포착할 수 없는 우토피에 대한

---

125) Adorno: Philosophie der neuen Musik, S.24
126) Welmer: Wahrheit, Schein, Versöhnung, in: Adorno-Konferenz, S.141
127) Adorno: Negative Dialektik, S.396; 비동일성(das Nichtidentische)
128) ebd. S.207; 무영상성(die Bilderlosigkeit)

인식 역시 순간적으로 나타났다가 다시 없어지는 인식으로, 거의 불가능에 가까운 인식이라 할 수 있다. 우토피에 관한 인식에 도달하기 힘든 이유는 첫째 예술의 구성에서 논한 예술의 이중성, 가상, "야누스의 머리" 등에 의해 작품 내재적 반성이 어려운 작업인데다, 둘째 또 하나의 어려운 작업인 작품 초월적 반성을 거쳐야 한다는 데 놓여 있다. 작품 내재적 반성을 성위라 하고 작품 초월적 반성을 성좌라 한다면, 우토피에 대한 인식이 어려운 점은 **성위**와 **성좌**[129] 둘 다 거쳐야 된다는 데 놓여 있다.

　　성위와 **성좌**, 원어표현을 사용하여 **콘피구라씨온**과 **콘스텔라씨온**에 의해 나타나는 우토피에 대한 인식은 **불꽃**과 같이 갑자기 나타났다가 없어지는 인식이다. 이 우토피에 대한 인식을 아도르노는 현대사회의 "올바른 의식"이라 부르고, 가공할 현대과학과 현대무기를 소유하고 있는 현대사회에 대한 "올바른 의식"은 우토피의 실제 가능성과 정반대로 전면 파멸의 가능성을 동시에 인식하는 의식이라고[130] 한다. 이 우토피에 대한 인식 역시 우토피의 가능성과 전면 파멸의 가능성이라는 이중성의 의식이기 때문에 현대사회의 미래를 우토피로, 낙관적으로 보는 것도 잘못이고, 전면 파멸로, 비관적으로 보는 것도 잘못이라는 논리다. 낙관과 비관을 동시에 하나 속에서 보는 인식이 우토피의 인식이라 할 수 있다. 이 낙관과 비관의 이중성을 가능케 해주는 과제를 예술이 가지고 있다. 예술의 기능이란 교훈의 카테고리로 볼 때 낙관 아니면 비관, 우토피 아니면 전면 파멸 등 양자택일로 끌고 가기 때문에 아도르노는 "**예술의 기능은 무기능**"[131]이 되어야 한다고 말한다. 예술은 무기능이라는 기능을 가져야 한다는 역설적 표현을 "**예술에 대한 올바른 태도는 이를 꽉 물고, 눈을 딱 감고, 버티는 태도**"[132]라고도 표현한다. 예술의 기능은 무기능이 되어야 한다는 표현을 "계몽의 변증법"에서 **시레네**[133]라는 빈인 반조의 요성의 **아름다운 노래**를

---

129) H. Gripp도 Konfiguration과 Konstellation의 개념을 나누어 사용하나, 제1 반성(작품내재적 반성)과 제2 반성(작품 초월적 반성)에 분명히 관련시키지 못하고 있다.

130) Adorno: Ästhetische Theorie, S.55, 56

131) ebd. S.475; **무기능(Funktionslosigkeit)**

132) ebd.

133) **시레네(Sirene)**

예술로 비유하면서 다음과 같이 설명한다. 시레네들의 아름다운 노랫소리를 듣고 시레네들이 있는 곳으로 배를 몰고 가면 배가 뒤집혀 모두 파멸하기 때문에, 배를 젓는 뱃사공들은 노랫소리를 듣지 못하도록 귀를 막고 배를 저어야 하며, 그 아름다운 노랫소리를 듣는(그 아름다운 예술을 감상하는) 오디소이스는 돛대에 몸을 묶고 **들어야** 한다는 것이다. 134) 이는 아름다운 노랫소리가(예술이) 아무런 기능, 아무런 영향을 주어서는 안 된다는 설명이다. 예술의 기능은 기능이 아닌 **반성**135)이라고 아도르노는 말한다. "예술은 그 예술이 반성하는 세계를 이끌어가는 기능을 가지고 있는 듯 보이나 실은 그렇지 못하다. 예술은 세계를 변화시키는 기능이 없다. 왜냐하면 세계는 예술에 의해 단순히 반성되고 반사되어지기만 하기 때문이다."136)

지금까지 논한 것을 종합하면 다음과 같다. 첫째 아도르노의 미학은 새로운 이론을 제시하는 미학이 아니라 기존의 이론, 기존의 세계를 비판하는 **비판미학, 변증법적 미학**이다. 둘째 아도르노의 미학은 현재 사회의 부정이나 과거 사회의 긍정을 대상으로 하지 않고, 미래의 가능할지도 모르는 우토피 사회를 대상으로 하는 우토피 미학이다. 셋째 아도르노의 미학은 미래의 우토피를 대상으로 한다고 해서 현재의 억압과 고뇌의 사회를 혁명에 의해 변혁할 수 있다고 생각하지 않는다. 아도르노의 미학은 현재의 세계에 대한 반성만을 일깨워주는 **반성 미학**이다. 이상의 결론을 다시 예술의 자율성이냐 아니면 타율성이냐, "**라르 푸르 라르**"의 태도냐 아니면 **앙가주망**137)의 태도냐 하는 문제에 적용해서 표현하면, 아도르노의 미학은 양자를 비호하고 동시에 비판하는 미학이다. 아도르노의 미학은 아우토노미와 헤테로노미, "라르 푸르 라르"와 앙가주망 사이의 긴장을, 또는 비호와 비판 사이의 긴장을 대상으로 하는 미학이다.

---

134) Adorno: Dialektik der Aufklärung, S.51
135) **반성(反省 Reflexion)**
136) Adorno: Ästhetische Theorie, S.521
137) "**라르 푸르 라르(l'art pour l'art)**", **앙가주망(Engagement)**

아도르노 IV

모데르네

1. 서론

　문예사전에 의하면 11세기와 12세기에는 "모데른"[1]의 개념은 그리스와 로마 시대의 고전에 대한 반명제적 개념으로 사용되었고, 그리고 13세기에는 고전작가에 대항하여 기독교 작가들을 옹호하는 개념으로 사용되었다. 르네상스 이후에는 "모데른"의 개념은 갈릴라이[2] 등 자연 과학자들의 영향에 의한 "진보적" 사상을 표시하는 개념으로 사용되었다. 그 후 1687년 프랑스 작가 샤르르 페로[3]가 소위 "고대와 현대의 논쟁"[4]을 시작하면서 "모데른"의 개념은 고전작가들의 권위를 공격하고, 현대 프랑스 작가들을 옹호하는 데 사용되었다. 독일 문학사에서는 페로와 같이 고대와 현대 중 현대를 옹호했던 작가들은 고체트, 빌란트, 헤르더 등이다. 루소 이후로는 고대와 현대, 옛것과 새것 사이의 관계가 역전된다.[5] 루소의 자연철학[6]은 자연과학이 아니라 자연환경을 중요시하여 자연과학이 지배하는 현대가 아니라, 자연환경이 온전했던 고대를 동경했다. 독일의 질풍노도[7] 시대에 와서 고대를 인간이 행복했던 시대로 동경하게 되고 현대를 "퇴화된 계몽"의 시대로 가치질하게 된 것은 루소

---

1) "모데른 modern"
2) 갈릴라이(Galileo **Galilei** 1564~1642)
3) 페로(Charles **Perrault** 1628~1703)
4) "고대와 현대의 논쟁(Querelle des anciens et des modernes)"
5) 고체트(Johann Christoph **Gottsched** 1700~1766), 빌란트(Christoph Martin **Wieland** 1733~1813), 헤르더 (Johann Gottfried **Herder** 1744~1803), 루소(Jean Jacques **Rousseau** 1712~1778)
6) 자연철학(自然哲學)
7) 질풍노도(Sturm und Drang)

의 영향이었다. 아도르노가 **현대, 모데르네**[8]의 시점을 19세기 중반의 **고도자본주의**[9]의 시점과 일치시키면서 계몽비판, 이성비판을 하는 것은 넓은 의미로 루소 철학의 연장으로 보아야 한다. **모데르네**의 간략한 역사를 종합하면 다음과 같다. 첫째 르네상스 이전에는 고대와 현대, 옛것과 새것의 관계가 대등한 관계였고, 둘째 르네상스 이후로는 자연과학의 영향으로 진보적 사상, 즉 모데르네, 새것이 우위를 차지했으며, 셋째 루소의 자연철학 이후로는 반대로 고대와 옛것이 우위를 차지하게 되었다고 할 수 있다.

루소 이래로 이른바 **"퇴화된 계몽"**에 대한 비판은 오늘날까지 이어져온다. 이 계몽비판을 유럽의 정신사는 이성비판, 또는 오성비판이라고도 부른다. 계몽, 이성, 오성 대한 비판은 다 같은 말로, 인간에 내재한 합리성[10]에 대한 비판을 의미한다. 헤겔[11]은 모데르네의 시발점을 위에서 언급한 어느 이론들보다도 빠른 시점으로 정하고 있으나 합리성에 대한 비판이라는 면에서 루소 이래의 여러 이론들과 맥락을 같이 하고 있다. 헤겔은 예술사를 상징적 예술, 고전적 예술, 낭만적 예술 등 3단계로 구분하는데, 마지막 단계인 낭만적 예술이 헤겔이 말하는 현대예술, 다시 말해 모데르네의 예술이다. 헤겔이 말하는 현대예술의 시발점은 고전적 예술이 끝나는 시점으로, 알렉산더 대왕이 페르시아를 정복한 해, 즉 헬레니즘이 시작하는 해로 기원전 333년으로 보아야 한다. 이 시기는 기원전 399년에 죽은 소크라테스의 이성철학[12]이 지배하기 시작했던 시기로, 이성 즉 합리주의가 시작하는 시기라고 할 수 있다. 이상의 이성의 지배가 시작되는 새로운 시대에 대한 헤겔의 말은 다음과 같다. "예술의 최고의 사명이라는 면에서 볼 때, 예술은 이제는 끝나 버린 과거사에 불과하다. 현재는 끝나 버린 예술을 다시 창조하려 할 때가 아니라, 예술이란 무엇인가를 인식해야 할 때다. 이러한 시대가 우리의 시대다."[13] 헤겔이 말하는 "예술"은 고전적 예술

---

8) **모데르네**(die Moderne)
9) vgl. Adorno: Ästhetische Theorie, S.36
10) 합리성(合理性)
11) 헤겔(Georg Wilhelm Friedrich **Hegel** 1770~1831)
12) 이성철학(理性哲學)

로, 관능과 관념이, 형식과 내용이 하나로 조화 통합된 **단일성**[14]을 의미한다. 현대에는 그러나 이 "단일성"이 분열 지양되어 고전적 예술은 더 이상 불가능하며, 따라서 가능한 것은 예술행위가 아니라 인식행위라는 것이다. 헤겔이 의미하는 모데르네는 인식행위의 시대로, 다시 말해 합리성의 시대로, 예술이 아니라 학술이 테마가 되는 시대라고 할 수 있다.

"모데르네"가 **합리성**의 시대라는 말은 상식에 속하는 말이다. 인간에 내재된 합리성이 인간사회를 행복과 우토피[15]로 인도할 수 있다고 믿는 이론도 있고, 반대로 합리성의 위험성을 인식해 합리성을 비판하는 철학도 있다. 계몽의 선구자, 즉 합리성의 선구자로 알려졌던 칸트[16]가 사실은 그 합리성의 위험성을 제일 먼저 인식한 철학자였다. "오성의 염려스러운 자만"을,[17] 다시 말해 합리성의 염려스러운 자만을 제어하기 위해 『판단력 비판』을 썼다는 말은 유명한 말이다. 모데르네를 합리성의 시대라고 한다면 이 합리성에 대한 비판은 루소 이후 칸트에서 본격적으로 시작했다고 할 수 있다. 이 "염려스러운" **합리성**은 사고의 **연속성**, **논리성**, **강제성** 등으로 요약해 정의할 수 있다. 수를 예로 설명하자면, **연속성**은 하나, 둘, 셋 등 "무한히" 수를 세는 능력을 의미하고, **논리성**은 하나에 둘을 더하면 셋이 되고, 셋 전에는 둘이 오고, 셋 다음에는 다섯이 아니라 넷이 온다는 등 인간의 논리적 사고능력을 의미한다. **강제성**은 셋 다음에는 다섯이 아니라 반드시 넷이 와야 한다는 필연성을 의미한다. 연속성, 논리성, 강제성은 다 같은 의미로 합리성에 대한 3가지 표현에 불과하다. 이러한 합리성은 인간에 내재한 능력인데, 철학은 이를 "논리적인 사고", "순수논리", "끝없는 전진의 사고", "빈틈없는 쇠사슬" 등으로 표현한다. 이러한 합리성이 세세를 본격적으로 지배하기 시작한 것은 19세기 중반이다. 독일 관념수의의 두 거성인 헤겔과 괴테[18]가 1831년과 1832년에 죽고, 1835년에는 독일 최초의 기관차가 달리

---

13) Hegel: Vorlesungen über die Ästhetik, Bd. 13., S. 25
14) **단일성(Einheit)**
15) 우토피(Utopie)
16) 칸트(Immanuel **Kant** 1724~1804)
17) Kant: Kritik der Urteilskraft, S. 16

며, 1848년에는 칼 마르크스[19]가 "공산당 선언"을 하며, 1848년에는 3월 혁명 등으로 독일은 과거와는 전혀 다른 새로운 세계로 변한다. 대개 1830년에서 1850년 사이가 독일역사와 세계 역사를 바꾸어 놓는 시점이다. 바로 이 시점을 아도르노는 **고도자본주의**[20]가 시작하는 시점이라 보며, 모데르네의 시발점으로 본다. 아도르노는 문학사적으로 정확히는 모데르네의 시발점은 프랑스 시인 보들레르[21]가 "**라 모데르니테**"[22]라는 개념을 사용하기 시작한 1849년이라고 말하고 있다. 아도르노에 의하면, 모데르네, 즉 합리성의 세계가 인간과 인간사회에 행복과 우토피를 가져다주는 것이 아니라, 반대로 합리성은 행복과 우토피의 가능성을 어느 때보다도 한층 더 위태롭게 만들고 있다는 것이다. 합리성은 맹목적인 자연정복을 위한 도구로 전락해, 다시 말해 "**도구적 이성**"[23]으로 전락했기 때문에, 이 합리성에 비판을 가해, 합리성으로 하여금 행복과 우토피에 이바지하도록 만들어야 한다는 것이 아도르노의 의견이다. 모데르네의 문제는 합리성에 대한 비판이 테마라 할 수 있다.

지금까지 논한 "모데르네"라는 개념은 19세기 중반 이래의 일체의 현상을 의미하는 개념으로 복합적인 개념이다. 우리는 이 복합적인 "모데르네"의 개념을 예술 영역에만 한정시켜 논한다. 다시 말해 "모데르네" 즉 현대예술이라는 전제하에 "모데르네"를 논하게 된다. **현대예술**을 논하기 위해서는 합리주의적 현대사회에 대한 분석이, 아도르노의 표현에 의하면 현재 상황을 의미하는 **시투아씨온**[24]에 대한 분석이 선행되어야 한다. 아도르노가 의미하는 시투아씨온은 현대예술이 태어나는 **모체**[25]를 의미한다. 그리고 예술행위를 생산과정과 수용과정으로 분리한다면, 현대예술이 태어나는(생산되는) 모체에 대한 분석이기 때문에 전자 즉 **생산과정**에 대한 분석

---

18) 헤겔(Georg Wilhelm Friedrich **Hegel** 1770~1831). 괴테(Johann Wolfgang von **Goethe** 1749~1832)
19) 마르크스(Karl **Marx** 1818~1883)
20) **고도자본주의(Hochkapitalismus)**
21) 보들레르(Charles **Baudelaire** 1821~1867)
22) "**라 모데르니테(la modernité)**"
23) "**도구적 이성(instrumentelle Vernunft)**"
24) **시투아씨온(Situation)**
25) **모체(Matrix)**

이 선행되어야 한다. 예술의 **생산과정**을 설명할 때 아도르노는 **범주와 자료**[26] 2 개념으로 나누어서 설명한다. 아도르노에 의하면 현대에는 범주뿐만 아니라 자료도 와해 현상을 받아 자명성을 상실했다는 것이다.[27] 과거의 작가가 예를 들어 선과 악이라는 범주에 의해 작품을 구성했다면 현대작가는 선과 악이라는 과거의 범주를 더 이상 취급할 수 없게 되었다는 설명이다. 그리고 "자료"라는 개념에 해당하는 예로 아도르노는 문학의 구성요소인 언어의 자명성 상실을 다음과 같이 설명한다. 문학은 베케트[28]의 작품들이 보여주는 것처럼, 문학의 생명이라 할 수 있는 **일루시온**[29] 파괴과정 자체가, 달리 표현하여 **픽시온**[30] 파괴과정 자체가 문학의 내용으로 되어, 문학이란 개념 자체가 위태롭게 되었다고 아도르노는 설명한다. 달리 표현하면 현대문학은 문학 파괴과정 자체를 문학의 내용으로 하고 있다는 말이 된다. 그리고 문학의 와해 현상은 넓은 의미로 논리적인 언어파괴 현상으로 현대예술 일반에 편재해 있는 현상이라는 것이 아도르노의 생각이다. 예술의 범주와 자료가 자명성을 상실했다는 말은 전통 예술의 범주와 자료가 오늘의 현대사회에는 더 이상 타당성이 없으며, 따라서 오늘의 현대예술을 지배하고 있는 범주와 자료는 전혀 다른 범주, 전혀 다른 자료가 되어야 한다는 말이다. 독일어 표현을 사용하여 **카테고리와 마테리알**의 변화로 예술의 생산과정 자체가 변했다는 논리다. 그리고 카테고리와 마테리알의 변화는 생산과정의 변화뿐만 아니라 수용과정의 변화에까지 연장된다는 것이 아도르노의 생각이다. 아도르노는 생산과정을 의미하는 카테고리와 마테리알의 관계를 **취급방법**이라 부르고, 수용과정을 의미하는 카테고리와 마테리알의 관계를 **행동방식**이라[31] 부른다. 작가의 **취급방법**과 수용자의 **행동방식**이, 생산과정과 수용과정이 다 변했기 때문에 예술의 개념 자체가 변해야 된다는 것이 아도르노의 의견이다. 아도르노는 변화된 예술개념을, 다시 말해 모데르네의 예술을 다음과 같

---

26) **범주(Kategorie)와 자료(Material)**
27) vgl. Adorno: Ästhetische Theorie, S.31
28) 베케트(Samuel **Beckett** 1906~1989)
29) **일루시온(Illusion)**
30) **픽시온(Fiktion)**
31) Adorno: Ästhetische Theorie, S.32; **취급방법(Verfahrungsweise), 행동방식(Verhaltensweise)**

이 정의한다. "현대사회의 생산관계 하에서 이루어지는 공업화의 현상을 흡수하여, 변화된 경험방식에 의해 (그 변화된 경험방식이란 경험 자체의 위기를 표현하는 말이지만) 표현하는 것이 모데른한 예술이다."[32] 인용문에 내포된 의미에 의해서 다음 3가지 면으로 현대예술을 분석할 수 있다. 첫째 현대사회의 생산관계 하에서 이루어지는 공업화, 둘째 경험의 위기, 셋째 현대사회의 생산관계와 공업화에 의해 억압당하는 주체 등이다. 이상의 3가지를 요약하여 아도르노의 표현을 사용하여 다시 표현하자면 **문화공업**, **의미의 부정**, **생생한 고뇌** 등이 그 3가지 분석의 방향이다.

2. 문화공업

현대예술이 태어나는, 아니면 현대예술을 탄생시키는 모체가 되는 시투아씨온을 분석하기 위한 개념으로, 복합개념인 "모데르네"를 분석하기 위한 개념으로 아도르노가 발명한 그리고 발견한 표현이 **문화공업**[33]이라는 표현이다. 아도르노의 특유한 개념인 문화공업에 접근하기 위해 우리는 3가지 현상으로 나누어 논한다. 현대사회에서는 예술작품은 하나의 상품이 된다는 예술의 상품성이 첫째 현상이고, 주관과 객관의, 수용자와 예술작품의 동일화가 두 번째 현상이고, 예술작품은 더 이상 유기체가 아니라는 것이, 다시 말해 예술작품을 유기체라고 생각하는 것은 현대사회에서는 착각이 된다는 것이 세 번째 현상이다. 첫 번째 현상으로 **예술의 상품성**[34]은 다음과 같다. 현대사회의 문화공업은 예술을 상품화하고 있다는 것이 아도르노의 철학인데, 상품성이라는 개념은 아도르노 미학에서는 자율성 즉 아우토노미에 반대되는 개념으로 이해해야 한다. 예술은 원래 사회와 얼굴을 맞대고 있는 관계 즉 **비 - 사 - 비**[35]의 관계를 유지해야 한다고 아도르노는 말한다.[36] 다시 말해 예술과 사회는 서로 독립적이고 자율적인 관계를 유지해야 한다고 아도르노는 말하는데,

---

32) ebd. S.57
33) **문화공업**(Kulturindustrie)
34) **상품성**(Warencharakter)
35) **비 - 사 - 비**(vis-à-vis)
36) 유형식: Adorno미학의 개관 II: 藝術과 社會, S.229f.

이 자율성이 파괴되어 생긴 현상이 상품성이다. 예술과 사회라는 두 얼굴이 서로 마주보고 있는, 소위 비 - 사 - 비의 관계가 되기 위해서는 두 얼굴 사이에, 즉 예술과 사회 사이에 경계선이 있어야 한다. 왜냐하면 경계선이 없다면 두 개의 얼굴이 아니라 하나의 얼굴이 되기 때문이다. 아도르노는 이 경계선을 **디페렌스**[37]라고 부른다. 아도르노의 변증법적 미학에 의하면 예술과 사회 사이의 디페렌스는 예술과 현실, 예술작품과 상품 사이에도 적용되어야 할 디페렌스다. 아도르노에 의하면 문화공업은 예술과 현실 사이의 디페렌스를, 예술작품과 상품 사이의 디페렌스를 제거해 없애서, 예술을 현실 속으로, 예술품을 상품 속으로 통합해 **일원화**하고 있다는 것이다.[38] 이렇게 생긴 일원화의 결과는 다음과 같다. 우선 이미 언급한 대로 예술과 현실 사이에 위치한 그렇지 않아도 연약할 대로 연약해진 경계선이, 디페렌스가 완전히 제거되어, 바로 이 경계선에 기초를 두고 있는 예술의 자율성이 철저하게 파괴되었다는 것이다. 다음에 예술품을 상품 속으로 통합해 일원화한다는 말은 상품이 예술품화 된다는 의미도 된다. 따라서 현대사회에서는 예술품이 상품화되고, 상품이 예술품화 된다는 것이 아도르노의 주장이다. 이 말을 달리 표현하면 사용가치와 교환가치[39]가 서로 일치하지 않고, 양자 사이에 괴리가 생겨 양자가 서로 독립한다는 것을 의미한다. 세계에서 하나밖에 없는, 그리고 사용자가 돈으로 교환할 수 없는 "모나리자의 미소"라는 예술작품이 복제기술에 의해 누구나 교환할 수 있는 상품으로 변하는 사실과, 또 돈으로 교환할 수 있는 상품인 우표가 희소해지면 교환할 수 없는 예술작품으로 변하는 사실을 예로 들 수 있다. 이상과 같이 사용가치와 교환가치 사이의 밸런스가 깨지는 현상을 아도르노는 현대사회의 **물신주의**[40]라고 한다. 아도르노에 의하면 물신주의는 현대사회에 편재해 있으며, 따라서 예술작품에도 또 상품에도 적용되는 개념이다. 마지막으로 이상에서 논한 예술의 아우토노미 파괴와 물신주의에 의해서 주체와 대상 사이의 친화성[41]이 파괴된다고 아도르노는

---

37) **디페렌스(Differenz)**
38) vgl. Adorno: Ästhetische Theorie, S.32; **일원화(eindimensional)**
39) 사용가치(Gebrauchswert)와 교환가치(Tauschwert)
40) **물신주의(物神主義 Fetischismus)**
41) 친화성(Affinität)

말한다. 주체와 대상 사이의 친화성이란 아도르노에 의하면 수용자와 예술작품 사이의 상호관계를(수용자와 예술작품 사이의 대화를) 가능케 하는 **모방**, 즉 **미메시스**[42]를 의미한다. 미메시스는 다시 아도르노에 의하면 생명체에 내재해 있는 수용적, 표현적 그리고 의사소통적 **행동방식**[43]을 나타내는 이름이다. 따라서 수용자와 예술작품 사이의 친화성의 파괴에 의해 인간의 본성에 속하는 미메시스 자체가 상품화된다는 논리다.

문화공업이 유발하는 두 번째 현상은 주관과 객관의, 즉 **수용자와 예술작품**의 동일화[44]다. 이 주관과 객관 사이의 동일화는 아도르노에 의하면 2가지 방법에 의해 이루어진다. 첫째 방법은 객관을 주관 속으로 이입시켜 사실상 주관을 말살하는 방법이다. 아도르노는 이 방법을 "**주관의 폐위**" 또는 "주관의 말살"[45]이라고 표현한다. 이 경우는 주관을 말살 처단하여 물화[46]시키는 경우다. 따라서 주관은 존재하지 않고 객관 즉 물들만 존재하는 경우가 된다. 주관과 객관 사이의 두 번째 동일화의 방법은 첫 번째 동일화와는 반대로 주관을 객관 속으로 이입시키는 경우다. 이 경우를 아도르노는 **객관의 주관화**[47]라 부르며, 객관의 말살이라고 할 수 있다. 주관과 객관이라는 개념 대신에 수용자와 예술작품이라는 개념을 사용하면, 전자의 경우는 수용자의 말살이고, 후자의 경우는 예술작품의 말살이 된다. 수용자의 말살이든, 예술작품의 말살이든, 극단적인 양자가 다 예술작품을 탈가치화 한다고 아도르노는 말한다. 전자의 경우는 예술작품에 내재해 있는 **주관적 투영**[48]을 백지화시킴에 의해, 그리고 후자의 경우는 수용자를 심리학의 대상으로 보아 예술작품을 수용자의 심리를 연구하기 위한 자료로 간주함에 의해 예술작품을 탈가치화 한다는 것이다. 아도르노에 의하면, 첫 번째 경우인 주관의 객관화도, 또 두 번째 경우인 객관의 주관

---

42) **미메시스(Mimesis)**
43) **행동방식(Verhaltensweise)**
44) **동일화(Identifikation)**
45) vgl. Adorno: Ästhetische Theorie, S.33; "**주관의 폐위(Abdankung des Subjekts)**"
46) 물화(物化)
47) ebd.
48) **주관적 투영(subjektive Projektion)**

화도 극단적인 행동방식들인데, 이 극단적인 행동방식들을 문화공업은 악용한다는 것이다. 이상의 양 극단적인 행동방식을 문화공업이 악용하는 현상은 3가지가 있다. 첫 번째 행동방식인 주관의 말살, 즉 수용자의 말살이라는 메커니즘을 문화공업은 다음과 같이 악이용 한다고 아도르노는 비판한다. 현대사회의 인간은 계몽의 결과인 마법해제[49]에 대한 위로의 대가를 요구하게 되는데 문화공업의 이데올로기에 의하면 이 위로의 대가가 "세계는 기만되어지기를 원한다"[50]라는 현상이 된다는 것이다. 따라서 주관은 객관 속으로, 수용자는 예술작품 속으로 몰입하여 자신을 말살하고 망각해야 한다고, 다시 말해 주관은 객관에 의해 기만되고 수용자는 예술 작품에 의해 "기만"되어야 한다고 문화공업은 주장한다는 것이다. 그러나 예술작품은 고도자본주의에 의해 관제[51]되어 만들어진 것이기 때문에, 수용자가 예술작품 속으로 흡수되어 자신을 말살하고 망각할수록 수용자는 고도자본주의의 메커니즘 속으로 더욱더 잘 편입된다는 것이 아도르노의 논리다. 따라서 예술이 고도자본주의의 **총체적 관제**[52]에 기여하도록 문화공업은 첫 번째 행동방식을 악용한다는 것이다. 두 번째 악용은 객관의 말살, 즉 예술작품의 주관화라는 행동방식에 대한 악용이다. 객관의 주관화는 헤겔 철학의 핵심으로 헤겔은 이것을 "객관으로의 자유"[53]라고 했고, 이 자유의 개념은 칸트 이래로 독일 미학의 근간이 되는 개념으로 **미학적 자율성**[54]과 거의 같은 개념이라고 아도르노는 설명한다. 문화공업은 따라서 자유의 개념에서 출발하는 미학적 자율성, 나아가서 예술의 자율성을 악용한다는 것이다. 그러나 아도르노에 의하면 예술의 자율성은 선험적으로 주어져 있는 것이 아니라 후천적으로 중개된 것이기 때문에, 예술의 자율성은 그의 변증법적 근원인 사회를 망각해서는 안 된다는 것이 아도르노의 주장이다. 문화공업은 "예술의 자율성"을 강조 선전해서 사회를 망각하게 한다는 것이 아도르노의 논리다. 따라서 예술이 자기의

---

49) 마법해제(Entzauberung)
50) Adorno: Ästhetische Theorie, S.34
51) 관제(官制)
52) **총체적 관제(totale Verwaltung)**
53) Adorno: Ästhetische Theorie, S 33; "객관으로의 자유(Freiheit zum Objekt)"
54) **미학적 자율성(ästhetische Autonomie)**

자율성, 즉 아우토노미를 위해 사회에서 고립하면 할수록 수용자는 사회를 망각하여 사회는 더욱더 효과적으로 지배계급의 관제하로 통합된다는 논리다. 이상의 2가지 극단적인 행동방식을 악용하여 문화공업이 가져오는 세 번째 현상은 다시 아도르노에 의하면 완벽한 총체적 관제라고 할 수 있다. 이 **총체적 관제**를 아도르노는 **기만** 또는 **현혹**55)이라고도 부른다. 또 이 기만과 현혹으로서의 총체적 관제에 내재한 메커니즘을 아도르노는 **"거짓 존재론"**56)이라고 부른다.

문화공업이 유발하는 세 번째 현상을 아도르노는 예술가와 예술작품과의 관계, 다시 말해 예술가의 **취급방법**57)에 의해 설명한다. 문화공업의 세 번째 현상은 예술작품을 살아서 움직이는 생명체와 같은 것으로 생각하는 말로서 **"예술은 유기체**58) **다"라는 말이 이제는 착각이 되었다**는59) 것이다. 현대사회에서 유기체로서의 예술작품이 착각이라는 이유를 아도르노는 3가지를 들고 있다. 첫 번째 이유는 현대사회에서는 미학적 관심이 예술가에 있지 않고 예술작품으로 정확히는 예술작품의 조화로 옮겨갔다는60) 것이다. 미학적 관심이 예술가에서 예술작품으로 옮겨갔다는 이유로 아도르노는 **"주관의 폐위"**61)를 들고 있디. 위에서 수용자와 예술삭품의 관계를 논할 때도 "주관의 폐위"를 말했으나 여기서는 예술가와 예술작품의 관계를 주관과 객관의 관계로 보는데서 오는 "주관의 폐위"를 의미한다. "주관의 폐위"를, 다시 말해 현대사회에 있어서 예술가의 폐위를 설명하기 위해 아도르노는 **기술**62)이라는 개념을 도입한다. 아도르노에 의하면 기술은 **주관의 "연장된 팔"**63)이다. 주관의 "연장된 팔"인 기술이 그 주관이(예술가가) 생산한 예술작품에서 그 주관의(예술가의) 언어를 제거해 버린다는 논리다.64) 다시 말해 예술가가 기술에 의해서 예술작품을 생산

---

55) **기만(Betrug)** 또는 **현혹(Verblendung)**
56) Adorno: Ästhetische Theorie, S.34; **거짓 존재론(Ontologie falschen Bewußtseins)**
57) **취급방법(Verfahrensweise)**
58) **유기체(Organismus)**
59) Adorno: Ästhetische Theorie, S.58
60) ebd. S.43; 미학적 관심(ästhetisches Interesse), 예술작품의 조화(Stimmigkeit)
61) ebd.; **주관의 폐위(Abdankung des Subjekts)**
62) **기술(技術 Technik)**
63) Adorno: Ästhetische Theorie, S.51

하면, 그 예술작품 속에는 예술가의 입김이라고 할 수 있는 예술가 자신의 **이마기나씨온**[65]은 제거 소멸되어, 결과적으로 예술가 자신이, 주관 자신이 기술에 의해 권력을 상실하게 된다는 것이 아도르노의 설명이다. 예술가와 예술작품의 관계인 생산과정에서 예술가가 폐위되어 없어지고, 남는 것은 **조화된 생산품**이라는 것이 아도르노의 설명이다. 왜냐하면 생산품이 예술작품이 되기 위해서는 적어도 조화된 생산품이 되어야 하기 때문이라는 것이다. "**조화된 생산품**"을 아도르노는 "**객관의 조화**"[66]라고 말하며, 현대의 미학적 관심은 주관에서 "객관의 조화"로 다시 말해 예술가에서 예술작품의 조화로 옮겨갔다고 말한다. 그리고 예술작품의 조화를 만들어 내는 일을 예술가가 아니라 기술이 한다는 것이 아도르노의 설명이다. 따라서 아도르노의 미학은 엄밀히 말하면 예술가가 예술작품을 생산하는 생산미학이 아니라, 예술작품의 조화에만 집중한 작품미학이라고도 할 수 있다. 여기서 예술작품의 조화를 만들어 내는 기술에 주의해야 한다. 기술에 의하여 만들어진 조화는 천재에 의하여 창조된 것이 아니라, 기술에 의하여 인위적으로 구성된 것이다. 이러한 의미로 **구성**[67]이 아도르노가 생각하는 현대미학의 중요한 개념이 된다. 아도르노가 생각하는 현대미학은 "아름다운 예술은 천재의 예술이고, 천재는 예술에 규칙을 제공해주는 자연이다"[68]라는 칸트의 천재미학이 아니라, 그 "아름다운 예술"을 기술이 인위적으로 조립 구성하는 **구성미학**이라고 할 수 있다. 아도르노에 의하면 구성이 모데르네의 근저가 되며, 구성은 또 예술가의 귀와 눈이 포착할 수 없는 것까지도 해결해 준다는 것이다.[69] 현대의 기술에 의한 구성이 예술작품을 더 이상 생명체와 같은 유기체로 볼 수 없게 만드는 이유가 된다.

　　예술작품이 살아 있는 생명체와 같은 유기체라는 생각이 착각이라는 두 번째 이

---

64) ebd. S.96
65) **이마기나씨온(Imagination)**
66) "**객관의 조화(Stimmigkeit des Objekts)**"
67) **구성(Konstruktion)**
68) Kant: Kritik der Urteilskraft, S 235
69) Adorno: Ästhetische Theorie, S.43

유는 현대사회의 모든 부문의 구석구석까지 지배하고 있는 유일한 원칙인 합리성에
서 찾을 수 있다. 1842년에 출간된『레옹스 운트 레나』[70]에서 뷔히너[71]가 신의 상대
화 내지는 신의 폐위를 선언하고,[72] 1883년경에『싸라투스트라』[73]에서 니체가 신
의 사망을 선언한 시기와 아도르노가 1849년 보들레르가 사용한 개념인 "라 모데르
니테"부터 모데르네가 시작한다고 보는 시기를 종합하면, 아도르노가 고도자본주
의가 19세기 중반부터 시작한다고 보는 데는 일관성이 있다. 아도르노의 말대로
고도자본주의가 시작하는 19세기 중반부터는 인간의 형이상학적 근원을 제공했던
신이 폐위 내지는 사망하고 새로운 신인 합리성이 즉위하는 시기였다. 고도의 자본
주의가 지배하는 세계는 고도의 합리성이 지배하는 세계를 의미한다. 합리성은 생
산력과 생산관계의 세계뿐만 아니라 예술의 세계까지도 일률적으로 지배하는 유일
한 신으로 등장한다. 다시 말해 예술도 생산력과 생산관계를 지배하는 합리성에,
즉 생산력과 생산관계의 원칙에 따른다는 것이 아도르노의 지론이다. 이 말을 아도
르노는 **"물질생산과 예술생산은 서로 일치한다"**[74]라고 표현한다. 따라서 생산적
합리성은 미학적 합리성을 의미하고, 미학적 합리성은 생산적 합리성을 의미한다.
모든 가능한 물질적 수단을 동원하여 예술을 합리적으로 구성헤야 하며, 또 예술작
품이라는 구조물 내에 들어 있는 모든 계기들은 필요 불가결한 계기들이어야만 하고
그 이하도, 그 이상도 되어서는 안 된다는 것이 예술에 내재한 합리성이라고 할 수
있다. 이 합리성은 결국 앞에서 논한 **구성**과 같은 의미로 역시 유기체로서의 예술작
품이라는 개념을 불가능하게 만든다.

　　유기체로서의 예술작품이라는 개념을 불가능하게 만드는 세 번째 이유는 예술
작품을 생산하는 예술가에서 찾아야 한다. "주관의 폐위", "예술가의 폐위"가 의미하
듯이 현대사회에서는 예술가가 더 이상 예술을 창조하는 예술가가 아니라, **구조**

---

70)『레옹스 운트 레나 Leonce und Lena』
71) 뷔히너(Georg **Büchner** 1813~1837)
72) 유형식: 연극과 비극: Büchner의 "Leonce und Lena"에 나타난 時間과 時間 意識, S.59
73)『싸라투스트라 Zarathustra』
74) Adorno: Ästhetische Theorie, S.58

물[75])을 구성하는 "장인"[76])으로 전락한다. 이유는 조립 구성된 예술작품이라는 구조물은 예술가 자신이 창조한 것이 아니라, 예술가로서의 장인이(또는 장인으로서의 예술가가) 기술에 의해서 구성한 것이기 때문이다. 따라서 계속 자기발전을 하고 있는 장인이 계속 발전해 가는 기술에 의해서 구성하는 "예술작품의 조화"는 단 일회만 가능한 일회성의 예술작품이 아니라 그 조화의 달성방법이 다양한 다양성[77])의 구조물이라고 할 수 있다. 예술가는 현대사회에서는 하나의 대리인으로 전락하고, 예술의 일회성 또는 "**히크 에트 눙크**"[78])는, "바로 여기 그리고 바로 지금"으로서의 예술개념은 현대에는 불가능한 것이라고 아도르노는 말한다. "예술의 일회성" 또는 예술의 "히크 에트 눙크"라는 개념들은 모두 유기체로서의 예술작품을 의미하는 개념들이므로, 살아 있는 생명체와 같은 유기체로서의 예술작품을 부인하는 논리가 된다.

3. 의미의 부정

현대예술을 논하기 위해서 합리주의적 현대사회의 상황분석을, 아도르노의 표현에 의하면 **시투아씨온**[79])에 대한 분석을 문화공업이라는 개념에 의해 시도했다. 현대예술에 대한 분석의 심화된 단계로 예술작품이 전달해야 하는 의미에 대해 논할 차례다. 그리고 예술가, 예술작품, 수용자라는 삼자 관계에서 예술작품이 예술가와 수용자를 연결하는, 생산과정과 수용과정을 연결하는 중심점이 되므로, 예술작품이 전달해야 하는 의미의 문제는 핵심 문제라 할 수 있다. 독일 전통미학에 의하면 예술을 구성하는 2개의 요소는 두케레와 델렉타레, 즉 교훈과 여흥[80])으로 되어 있다. 예술이 되기 위해서는 분명한 교훈의 내용이 들이 있어야 하고, 동시에 수용자를

---

75) **구조물(Gebilde)**

76) Adorno: Ästhetische Theorie, S.71

77) vgl. ebd., S.71f.; 일회성(Einmaligkeit)과 다양성(Mannigfaltigkeit)

78) **히크 에트 눙크(hic et nunc)**

79) **시투아씨온(Situation)**

80) 도케레(docere)와 델렉타레(delectare), 교훈(Belehrung)과 여흥(Unterhaltung)

즐겁게 해주는 형식으로 되어 있어야 한다는 말이다. **의미의 부정**을 주장하는 아도르노의 현대미학은 우선 이 **"분명한 교훈의 내용"**에 반기를 든다. 아도르노가 이 "분명한 교훈의 내용"에 반기를 드는 이유를 3가지로 집약해서 설명할 수 있다. 그 첫째 이유를 아도르노가 의미하는 소위 **규정적 부정**[81]에서 찾을 수 있다. 헤겔 철학에서 유래한 말로, 부정의 부정은 긍정이 되어지는 메커니즘을 파괴하기 위해서 생겨난 개념이 규정적 부정이다. 다시 말해서 2개의 카테고리, 백과 흑 중에서 백을 부정한다고 하여 그것이 반드시 흑을 긍정하는 것은 아니라는 논리로 이해할 수 있다. 소위 흑백논리를 파괴하기 위하여 생겨난 개념이 규정적 부정이라고 볼 수 있다. 아도르노가 이 규정적 부정이라는 개념을 예술론에 도입하는 이유는 그의 미학이 변증법적 미학이기 때문이다. 다시 말해 아도르노의 미학은 2개의 카테고리, **예술**과 **사회**[82] 사이의 변증법적 관계에 의해 이루어지는 미학이기 때문이다. 규정적 부정을 예술과 사회라는 2개의 카테고리에 적용하면, 예술을 부정한다고 하여 그것이 반드시 사회를 긍정한다는 것은 아니라는 말이 된다. 이 규정적 부정에 의해서 사회를 긍정하지 않으면서도 예술을 부정할 수 있는, 다른 말로 예술을 비판할 수 있는 철학적 근거가 생기게 된다. 아도르노는 이 규정적 부정을 예술에 대한 부정과 비판뿐만 아니라 예술 자신의 자기부정, 자기비판으로까지 확대시킨다. 예술이 자기부성, 사기비판을 한다고 하여 그것이 사회에 대한 긍정을 의미하지 않는다는 것에 유의해야 한다. 예술의 자기비판, 자기부정의 의미로 아도르노는 다음과 같이 말한다. "오늘의 예술이 반성해야 할 것은 예술이 자신의 병적 혐오를 의식화 하여 표현하는 일이다. 그러면 예술은 자신을 파괴하려는 알레르기에 접근하게 된다. 이것이 예술이 해야 하는 규정적 부정의 본질이며, 이 규정적 부정은 예술 자신의 부정을 의미한다."[83] 오늘의 예술이 해야 히는 일은, 자신이 가장 하기 싫어하는 바로 그 일을, 다시 말해 자신의 병적 혐오나, 자신에게 알레르기를 일으켜 자신의 생명을 위협하는 바로 그 대상을 오늘의 예술이 다루어야 한다는 것이다. 예술이 가장 하기 싫어하는 일을

---

81) **규정적 부정**(bestimmte Negation)
82) **예술**(藝術)과 **사회**(社會)
83) Adorno: Ästhetische Theorie, S.60; 병적 혐오(Idiosynkrasie), 알레르기(Allergie)

해야 된다는 말은, 결국 예술이 가장 하기 좋아하는 일을 해서는 안 된다는 말이다. 예술이 가장 하기를 좋아하는 일은 아도르노에 의하면, 예술에 내재한 본능에 의해 생기는 조화, 즉 예술의 아우토노미다. 결국 예술은 자신에 내재한 아우토노미에 도달하려는 본능에 반기를 들어야 한다는 것이다. 이유는 아우토노미는 예술이 진정으로 표현해 주어야 하는 인간의 **고뇌**의 외부에서 형성되며, 따라서 이 아우토노미는 고뇌를 축소화시키고 중립화시켜 무해한 것으로 만들어버리기 때문이라는 논리다.[84] 예술이 자신의 본능인, 달리 표현하여 자신의 생명인 아우토노미를 부정해야 한다는 말은 **조화**[85]에 의해 나타나는 "분명한 교훈의 내용"에 반기를 들어야 한다는 말로 이해해야 한다. 처음과 끝이, 부분과 전체가 조화된 예술작품은, 다시 말해 조화된 자율성의 예술작품은 하나의 완전한 세계로, 하나의 소우주로 분명한 모습, "분명한 내용"을 나타내주기 때문이다. 하나의 조화된 자율성의 예술작품이란 머리, 몸통, 사지 등 모든 육체의 구성요소들이 아름답게 조화되어 있으며 또 완전한 인격을 갖춘 인간과 같은 것으로 자신의 독립된 의사를, 자신의 분명한 의지를 나타내 준다는 논리다. 예술이 자신의 본능인 "분명한 교훈의 내용" 제시를 부정해야 한다는 아도르노의 미학은 반대로 "분명한 교훈의 내용"을 예술이 제시해야 한다는 브레히트[86]의 미학과 상반되는 것은 당연하다.[87] 브레히트의 미학은 의미를 긍정하고 전달하려는 미학이고, 아도르노의 미학은 의미를 부정하고 차단하려는 미학이다.

현대사회에서 **의미의 부정**을 주장하는 두 번째 이유는 아도르노에 의하면 의미의 전달을 가능케 하는 경험 자체의 가능성이 고갈되었다는[88] 논리에서 온다. 앞에서 설명한 규정적 부정에 의한 의미의 부정은 예술 내재적 부정이며, 경험 가능성의 고갈에 의한 의미의 부정은 예술 외재적, 다시 말해 사회의 측면에서 본 의미의 부정

---

84) vgl. Adorno: Ästhetische Theorie, S.64; **고뇌**(das Leiden)

85) **조화**(**Stimmigkeit**)

86) 브레히트(Bertolt **Brecht** 1898~1956)

87) Adorno: Ästhetische Theorie, S.47; "내용을 소유하고 있다고 생각하는 예술작품은 그 합리주의로 인해 naiv한 작품이다. 이점이 브레히트의 한계선을 드러낸다".

88) ebd. S.54

이다. 경험이 가능하기 위해서는 주관과 대상이 필요한데 경험의 대상은 아도르노 미학에서 현대사회가 된다. 아도르노는 현대사회를 **사실성**[89]이라 부르며, 이 현대 사회의 사실성은 작고 연약한 주관을 둘러싸고 있는 거대한 정글과 같은 것으로서, (아도르노의 말을 빌리면) 총체적이어서, 이 사실성에 접근할 수 있는 경험의 가능성 이라고는 더 이상 없다는 것이다. 이 경험의 가능성이 고갈되었다는 주장을 아도르 노는 2가지 단계에 의해서 증명하려 한다. 경험이 가능하기 위해서는 대상뿐만 아니 라 경험의 주관이 필요한데, 아도르노는 이 주관을 2가지로 나누어서, 즉 **예술적 주관**[90]과 **미학적 주관**[91]으로 나누어서 설명한다. 아도르노는 후자를 먼저, 전자를 나중에 설명하기에 우리도 그 순서를 따른다. 우선 **미학적 주관**은 대상을 포함한 또는 대상 속에 포함된 주관을 의미한다. 대상을 자체 내에 포함하거나 또는 대상 속에 포함되어야 할 이 미학적 주관이 우선 대상에까지 도달하지 못한다는 것이 아도 르노의 의견이다. 이유는 이미 언급한 대로 "주관의 연장된 팔"이라는 기술이 주관과 대상 사이를 차단하기 때문이다. 다시 말해 주관이 해야 할 대상과의 관계를 기술이 대신하기 때문이다. 다음에 기술의 차단작업에도 불구하고 극소량의 주관이 대상 에까지 도달했다고 한다면, 즉 그럼에도 미학적 주관에 대해 말할 수 있다고 한다면, 이 초라하고 상처받은 극소량의 미학적 주관은 문화공업이 만들어내는 통일성 속으 로, 즉 **현혹**이라는 피할 수 없는 **필연성** 속으로 몸을 던져 소멸해 버린다는[92] 것이 아도르노의 주장이다. 다음에 **예술적 주관**을 보면, 이는 주관이 미학적 주관이 되기 이전의 주관으로 아직 작품으로 표현되지 않은 예술가의 주관으로 해석할 수 있다. 아도르노는 이 예술적 주관과 사실성 사이의 변증법을 논하고 있다. 다시 말해 예술 적 주관과 총체적 사실성 사이의 양자택일의 태도만이 현대예술이 선택할 수 있는 유일한 가능성이라고 아도르노는 말한다. 이 유일한 가능성이란 원점으로의 복귀 를[93] 의미한다. 이 유일한 가능성인 원점으로의 복귀를 선택하지 않고 예술적 주관

---

89) **사실성**(Realität)

90) Adorno: Ästhetische Theorie, S. 53; **예술적 주관**(das dichterische Subjekt)

91) ebd. S. 50; **미학적 주관**(das ästhetische Subjekt)

92) vgl. ebd. S. 50; "통일성" 또는 "현혹의 필연성"등의 개념은 사실성(Realität)의 개념과 동일한 개념으로 이해 해야 한다.

과 총체적 사실성을 가미시키려 한다면, 이는 이 총체적 사실성을 묘사하는 예술이 되기는커녕 정반대로 이 총체적 사실성에서 더욱더 멀어져 가는 결과를 가져온다는 것이 아도르노의 주장이다. 이유는 첫째로 이 총체적 사실성 자체가 야누스의 머리를 가진 **현혹**94)으로서 역시 야누스의 머리를 가진 예술과 중복되기 때문이다. 예술적 주관과 총체적 사실성을 서로 가미시킨다는 말은 예술을 다시 예술화시키거나 야누스의 머리를 다시 야누스의 머리화 시키는 결과가 되어 일을 모두 망친다는 것과 같다. 그 둘째 이유는 예술적 주관과 총체적 사실성 사이의 변증법에 있다. 예술적 주관과 총체적 사실성을 서로 가미하려 하지 않고 정반대로 서로 분리시키는 것이 오히려 하나의 가능성이라는 논리다. 다시 말해 총체적 사실성을 살리는 길이 예술적 주관을 살리는 길이고, 또 반대로 예술적 주관을 살리는 길이 총체적 사실성에 도달할 수 있는 가능성을 살리는 길이라는 변증법적 논리다. 예술적 주관과 총체적 사실성이, 다시 말해 예술가의 주관과 대상이 합해진 것이 예술작품이라면, 이 양자 사이의 변증법적 관계는 이 양자를 분리시키는 것으로, 예술작품이 이루어지기 전의 상태로, 다시 말해 원점으로의 복귀를 의미한다. 예술가가 이 양자를 합하여 예술작품을 창조하지 않고, 오히려 정반대로 이 양자를 분리시켜 예술작품 이전의 상태로 복귀한다면, 이는 예술이 아니라 **반예술**95)로 되어진다고 아도르노는 말한다. 이 원점으로의 복귀, 즉 반예술의 예로 아도르노는 베케트의 작품을 든다. 베케트는 원점인 주관점을 초월해서 대상에 도달해야 하는 필연성도 또 동시에 그 도달 불가능성도 둘 다 인식한 작가라고 말하면서, 아도르노는 베케트의 작품을 대상 상실과 주관의 빈곤화라고 특징짓는다.96) 미학적 주관이든 예술적 주관이든, 주관은 현대사회에서 폐위되었으며, 따라서 주관이 결여된 경험은 경험 자체가 성립되지 않아 의미의 전달은 불가능하다는 것이 아도르노의 의견이다.

---

93) ebd. S.53
94) **현혹(Verblendung)**
95) Adorno: Ästhetische Theorie, S.53; **반예술(反藝術 Antikunst)**
96) ebd. S.52

아도르노가 **의미의 부정**을 주장하는, 다시 말해 "분명한 교훈의 내용"을 부정하는 세 번째 이유는 아도르노가 예술작품 자체를 규정성으로 보는 것이 아니라, 불 규정성으로 보는 데 있다. 아도르노는 예술작품을 단일한 규정된 의미의 전달체로 보는 것이 아니라, 다양한 불 규정의 의미들의 복합체로 즉 **"야누스의 머리"**로 본다는 말이다. 그 예로 작곡가가 자기 자신의 작품을 듣고 놀라는 경우가 많다고 아도르노는 말한다.[97] 이는 작곡가가 수용자에게 전달하기 위해 작품 속에 "분명한 내용"을, 다시 말해 규정적 내용을 삽입했다고 가정하면, 막상 그 작품을 감상할 때에는 삽입했던 "규정된 내용"은 사라지고 전혀 다른 내용이 전달된다는 말이다. 예술작품은 따라서 그 내용을 규정할 수 없는 불규정성으로 "야누스의 머리"와 같은 것이어서 보는 사람마다 제각기 다른 해석을 하는 것이 예술의 원래의 본질이라는 것이다. 아도르노 미학에 있어서 예술작품이 주는 이 의미의 다양성 또는 의미의 불규정성에 대한 설명을 2가지로 집약해서 할 수 있다. 그 첫째 설명은 아도르노가 말하는 제1의 반성, 또는 **콘피구라씨온**[98]이라는 개념에 의한 설명이다. 하나의 예술작품을 구성하는데는 색깔, 선, 모형 등 여러 가지 구성요소들이 있는데, 그 각 구성요소들에 의해 생겨나는 상호관계의 모습이 콘피구라씨온이고, 이 콘피구라씨온을 반성하는 것이 결국 예술작품을 감상하는 것인데, 이 반성을 제1의 반성이라고 아도르노는 말한다. 예술작품을 구성하는 여러 구성요소들 사이의 상호관계, 즉 이 콘피구라씨온이 결여될 때는 이것은 예술작품이 아니라 하나의 구조물에 불과하고, 여러 구성요소들 사이에 반성이 가해져야, 즉 여러 구성요소들이 하나의 통일된 콘피구라씨온으로 나타나야 비로소 그것이 예술작품이 된다는 설명이다. 제1의 반성에 의해 여러 구성요소들 사이에 하나의 통일된 모습으로 나타나는 이 콘피구라씨온은 "야누스의 얼굴"로, 반성이 사람마다 딜라 콘피구라씨온도 사람마다 다른 콘피구라씨온이 되어진다고 이해해야 한다. 이 콘피구라씨온이 수용자에게 전달되는 "내용" 또는 "의미"라고 한다면, 예술작품이 주는 것은 결국 규정된 내용이 아니라 불규정된 내용이며, "분명한" 내용이 아니라

---

97) Adorno: Ästhetische Theorie, S.63
98) 유형식: 아도르노 미학의 개관 II : 예술과 사회, 獨逸文學, 제 45집, S.217f. 유형식: 아도르노 미학: 예술의 Autonomie문제, 獨逸文學, 제48집, S.196; **콘피구라씨온(Konfiguration 성위)**

"애매한" 내용이다. 의미의 전달을 부정하는 2번째 설명은 제1의 반성인 콘피구라씨온의 연장으로 이를 아도르노는 제2의 반성 또는 **콘스텔라씨온**[99]이라고 부른다. 제1의 반성에 의한 콘피구라씨온이 예술작품을 구성하는 여러 요소들 사이에서 일어나는 작품 내재적임에 비해, 제2의 반성에 의한 콘스텔라씨온은 구성된 예술작품과 사회 사이에서 일어나는 현상으로 작품 초월적이다. 한편으로는 여러 구성요소들에 의해서 구성된 하나의 코피구라씨온으로서의 예술작품[100]과 다른 한편으로는 사회 사이에서 일어나는, 간단히 표현하여 예술과 사회 사이에서 일어나는 콘스텔라씨온은 제1 반성의 콘피구라씨온과 마찬가지로 예측할 수 없고 규정할 수 없는 **불꽃**과 같다고 아도르노는 말한다. 왜냐하면 하나의 일정한 예술작품을 사회마다 다르게 받아들이고, 그 받아들인 의미도 불꽃과 같이 순간적으로만 존재하다가 다시 사라지기 때문이라는 설명이다. 제2의 반성인 콘스텔라씨온에 와서는 의미의 다양성 내지는 불규정성은 그 정도가 한층 높아진다. 왜냐하면 제1의 반성에 의한 "야누스의 머리"가 제2의 반성에 와서는 이중적인 "야누스의 머리"로, 다시 말해 이중적인 "애매성"으로 되기 때문이다. 모두를 종합해서, 아도르노 미학에 있어서 의미의 부정은 의미의 불규정성을 의미하고, 의미의 불규정성은 의미의 부정을 의미한다.

4. 생생한 고뇌

현대예술을 탄생시킨 시투아씨온과 탄생된 현대예술을 종합하기 위해서는, 그리고 현대예술의 생산과정과 수용과정을 종합하기 위해서는 아도르노 미학의 소실점이라 할 수 있는 고뇌를 먼저 논해야 한다. 아도르노에 의하면 예술이 진정으로 표현해야 할 현대사회의 원초적 근원은, 달리 표현하여 현대사회에서 예술이 표현해야 할 처음인 동시에 마지막이라 할 수 있는 것은 **생생한 고뇌**[101]가 된다. 고뇌는

---

99) **콘스텔라씨온(Konstellation 성좌)**

100) 구성(konstruiert) 되었다는 말은 규정(bestimmt) 되었다는 말과 같은 의미로 해석해야 한다. 따라서 구성된, 다시 말해 규정된 예술작품은 규정할 수 없는 "야누스의 머리"를 가지고 있으므로 아도르노는 예술작품을 규정된 불규정성(bestimmte Unbestimmtheit)이라고 부른다.

101) **생생한 고뇌(das lebendige Leiden)**

아도르노 미학 내지는 그의 형이상학의 출발점인 동시에 도달점이 된다. 둘째로 고뇌를 취급하는 예술가의 **취급방법**을 논하고, 셋째로 이 취급방법에 의해서 구성된 예술작품과 수용자 사이의 **행동방식**을 논해야 한다. 첫째로 아도르노 미학의 소실점이라 할 수 있는 **고뇌**에 대해 논해 본다. 철학사를 크게 두 줄기로 분류한다면, 행복의 철학과 고뇌의 철학, 선의 철학과 악의 철학, 긍정철학과 부정철학(비판철학)으로 분류할 수 있다. 예를 들어 동양철학의 맹자가 전자에 속한다면, 순자는 후자에 속한다. 독일철학에서 칸트가 전자에 속한다면, 아도르노는 후자에 속한다. 아도르노 미학의 원초적 근원이 되는 고뇌를 아도르노 해설가들이 흔히 해설하듯이 아우슈비츠[102]의 유태인 강제수용소라는 현상과만 관련시킨다면 이는 얕은 해석이다. 고뇌는 아도르노 철학의 형이상학적 근원이 되는 것으로 3가지 면에서 설명할 수 있다. 첫째로 아도르노는 미 자체를, 예술미는 물론이고, 모든 인간이 객관적으로 "아름답다고" 판단하는 자연미까지도, 그 근원이 공포, 재해[103]라고 말한다. "자연미란 인간의 상상력 속에서만 존재한다. 따라서 현실 속에서는 존재할 수 없는 신화에 불과하다. 새들의 노래가 아름답다고 한다. 그러나 그 새들의 노래 속에는 공포가 내재해 있다. 왜냐하면 그 노래는 사실은 노랫소리가 아니라 울음수리로 새들을 억압하는 속박의 징후에 불과하기 때문이다. 새들의 이동 속에는 공포가 깃들어 있다. 옛날 점쟁이들이 새들의 이동을 보고 닥쳐올 재해를 예언했던 것처럼"[104] 자연미 자체를 "공포" 내지는 앞으로 닥쳐올 "재해"의 징후로 보는 아도르노 미학을 확대하면, 가장 생생하고, 가장 아름다운 순간의 장미꽃 속에는 닥쳐올 종말, 즉 죽음에 대한 공포가 내재해 있어, 그 미는 사실은 미가 아니라 종말, 즉 죽음이라는 해석이 된다. 헤겔 미학의 원초적 근원인 **"아름다운 가상"**[105]은 아도르노 미학에서는 이미 종말에 도달했다. 둘째로 아도르노는 고뇌를 **"표현불가능성"** 자체라고 부른다. 따라서 아도르노에 의하면 예술은 이 "표현불가능성" 자체를 표현해야 하는 거의 불가

---

102) 아우슈비츠(Auschwitz)

103) 공포(das Schreckliche), 재해(das Unheil)

104) Adorno: Ästhetische Theorie, S. 104, 105

105) **"아름다운 가상(schöner Schein)"**

능한 과제를 가지고 있다. 아도르노에 의한 조심스러운 표현은 다음과 같다. "**진정한 예술은 어떻게도 설명할 수 없는 표정을, 하도 기가 막혀 눈물조차 나오지 않는 울음 소리를 나타내주는 예술이다.**"106) 아도르노의 의견을 요약하면, 이 표현불가능성 자체인 고뇌, 하도 슬퍼서 눈물까지도 막혀버린 이 울음은 언어라고 하는 합리적 표현에 의해서는 표현 불가능하며, 고차적인 언어인 예술의 영역으로 지양되어져야 한다는 것이다. 그리고 예술은 이 표현 불가능한 고뇌를 알고 있다고 해서 이 고뇌를 표현할 수 있다고 자만해서는 안 된다는 것이 아도르노의 의견이나. 이 고뇌는 언어 라고 하는 합리적 표현의 구조에는 생리적으로 맞지 않아서, 합리적 표현은 따라서 고뇌를 비합리적이라고 부른다는 것이다. 고뇌는 한마디로 무언이며, 비합리적이 아니라, 무합리적이라는 것이 아도르노의 의견이다.107) 고뇌에 대한 세 번째 설명 은, 현대의 문화공업과 또 문화공업의 조종을 받고 있는 그릇된 예술의 아우토노미 가 합작으로 만들어 내는 베일이라고 할 수 있는 **사실성**은 고뇌를 억눌러 질식시켜 버리고 아예 겉으로 나타나지 못하게 차단시켜 버린다는 것이 아도르노의 설명이 다.108) 원래가 표현 불가능한 고뇌가 사실성이라는 뚫을 수 없는 베일에 의해 다시 한 번 차단되어, 그 고뇌의 표현은 더욱더 불가능하다는 것이 아도르노의 설명이다. 그럼에도 불구하고 고뇌는 예술이 자신을 표현해 주기를 기다리고 있다고 아도르노 는 말한다.

다음에는 **고뇌**를 취급하는 **예술가의 취급방법**을 역시 3가지 면에서 논해 볼 수 있다. 표현 불가능성에 또 거기에 설상가상으로 뚫을 수 없는 벽인 **사실성**에도 불구 하고, 예술이 표현해주기를 기다리는 고뇌를 취급하는 데는 특별한 극단적인 취급 방법이 필요하다는 것이 아도르노의 의견이다. 첫째 방법은 이미 언급한 내로 현대 예술은 그의 관심을 주관에서 객관으로 옮겨야 된다는 것이다. 이유는 예술가라는 주관의 심리, 상상력, 이념 등이 문제가 되는 것이 아니라, 예술가의 대상이라고 할

---

106) Adorno: Ästhetische Theorie, S.179
107) vgl. ebd., S.35
108) vgl. ebd., S.35

수 있는 고뇌의 토포스, 즉 고뇌가 갇혀 있는 감옥인 사실성이 문제가 된다는데 있다. 주관과 객관의 문제에서 주관은 예술가의 심리, 상상력, 이념 등을 의미하고, 객관은 예술가가 취급해야 할 대상인 사회를 의미한다는 사실에 주의해야 한다. 그리고 주관과 객관이라는 쌍개념 중에서 사회를 의미하는 객관을 아도르노는 "사실성", "경험세계", "타율성", "상품성으로서의 객관성"109) 등으로 표현하는 데 주의해야 한다. 이상의 객관에 대한 표현들을 사회라고 한다면, 미학적 관심이 주관에서 객관으로 옮겨야 된다는 말을 예술에서 사회로 옮겨져야 된다는 말로 이해할 수 있다. 결국 미학적 관심이 주관에서 객관으로 옮겨져야 된다는 말은 아도르노의 현실참여 즉 **앙가주망 미학**을 나타낸다고 보아야 한다. 아도르노의 총체적이고 극단적인 앙가주망 미학에 의하면, 현대미학은 그 존재이유 자체를 경험세계에 의존하기 때문에 예술의 본질인 허구, 픽씨온 자체를 포기할 정도로 경험세계에 집착해야 한다는 것이다.110) 더 강한 표현으로 아도르노는 예술가의 주관은 자신의 타자인 타율성, 헤테로노미에 몸을 맡겨 버리거나 아니면 자신을 포기하는 의미로 자신의 **폐위**를 인준해야 된다고111) 말한다.

　　고뇌를 취급하는 취급방법에서 두 번째로 논힐 것은 아도르노 미학의 핵심을 이루고 있는 **비동일성**112)의 문제다. 헤겔 철학을 **동일성**의 철학이라 한다면, 아도르노의 철학은 비동일성의 철학이다. 헤겔 철학의 실재와 무라는 변증법적 관계에서, 실재는 동일성을 의미하고, 무는 비동일성을 의미한다. 헤겔 철학은 고뇌를 동일성으로 인정하지 않고 비동일성으로 배척하기 때문에, 실재와 무라는 공식에서 고뇌는 무의 카테고리에 속한다고 보아야 한다. 이미 언급했듯이 아도르노에 의하면, 예술이 자기비판, 자기부정을 해야 한다는 말은, 예술이 자기의 동일성을 부정하고, 오히려 비동일성의 편을 들어야 한다는 말로 해석할 수 있다. 아도르노의 "비동일성"의 미학은, 좁게는 "동일성"이 고뇌를 "병적 혐오" 내지는 알레르기를 주는 대상이라

---

109) "사실성(Realität)", "경험세계(Empirie)", "타율성(Heteronomie)", "상품성으로서의 객관성(Objektivität des Warencharakters)"

110) vgl. Adorno: Ästhetische Theorie, S.36

111) ebd. S.43; **폐위(Abdankung)**

112) **비동일성(das Nichtidentische)**

고 하여 배척해서 비동일성으로 몰아 버린다는 이론에서 유래한다. 그리고 넓게는 현대철학의 무대는, 아도르노식으로 말하면, 변증법의 무대는, 긍정이 아니라 부정 이고, 옳다고 인정받는 "동일성"이 아니라 틀리다고 배척받는 "비동일성"이라는[113] 아도르노의 형이상학에서 **비동일성의 미학**은 유래한다. 따라서 헤겔 철학의 무대 는 실재이고 인정받는 동일성이며, 아도르노 철학의 무대는 무이고 배척받는 비동 일성이라 할 수 있어, 헤겔 철학을 거꾸로 뒤집어 놓은 것이 아도르노 철학이 된다고 할 수 있다. 비동일성의 미학에 대한 이상의 2가지 설명을 종합하여, 비동일성의 미학을 설명하는 극치의 개념이 생겨난다. 이를 아도르노는 **"암흑의 이상"**[114]이라 고 부른다. "암흑의 이상"이란, 현대예술이 가져야 하는 색깔은 암흑의 색깔이고, 또 그것이 이상적인 색깔이라는 말이다. "암흑의 이상"을 설명하기 위한 2가지 가능 성이 있다. 하나는 실재와 무, 또는 동일성과 비동일성이라는 변증법적 관계에서 이미 언급한 대로 예술의 토포스는 후자, 즉 무 또는 비동일성이 된다. 독일 관념론 철학에서 실재는 낮, 빛, 합리성을 의미하고, 무는 반대로 밤, 암흑, 무합리성을 의미 한다는 것은 상식으로 되어 있다. 따라서 "암흑의 이상"은 아도르노 미학에서 예술의 토포스인 무 또는 비동일성에서 유래하는 개념이라고 할 수 있다. 또 하나의 설명은 현대사회라는 극단적인 "암흑"의 사실성 속에서 (이 암흑의 사실성을 아도르노는 문화공업의 "조작" 또는 "현혹"이라고 부른다) 살아남기 위해서는 예술도 어두운 예 술, 암흑의 예술이 되어야 한다고[115] 아도르노는 말한다. 이상의 "암흑의 이상"이라 는 개념에 근거해서, 미가 아니라 추에, 협화음이 아니라 불협화음에 예술은 관심을 가져야 한다는 아도르노의 논리가 성립한다.

고뇌를 취급하기 위한 세 번째 취급방법은 앞의 2가지 방법을 초월하여 지양해 버리는 방법이다. 미학적 관심이 단순히 예술가의 주관에서 객관으로, 즉 사회로 옮겼다고 해서, 그리고 비동일성의 미학, 즉 "암흑의 이상"이 달성되었다고 해서,

---

113) vgl. Adorno: Negative Dialektik, S.175
114) Adorno: Ästhetische Theorie, S.66; **암흑의 이상(das Ideal des Schwarzen)**
115) vgl. ebd., S.65

표현 불가능한 고뇌가 예술에 의해서 진정으로 표현될 수 있다는 보장이 없기 때문이다. 아도르노는 여기서 하나의 극약처방을 내리고 있다. 즉 예술은 아예 모든 것을 다 포기하고 침묵을 지키는 편이 옳다는 논리다. 아도르노에 의하면 다음과 같다. "암흑의 이상은 그 수단이 빈곤하기 때문에 생산된 예술작품도 빈곤성을 면하지 못한다. 가장 진보적 예술은 그래서 그 빈곤한 수단들을 포기하고 거의 침묵의 경지에 머물면서 그 빈곤성을 극복한다."116) 아도르노가 극약처방을 내리는 이유는 첫째 고뇌를 내포하고 있는 "암흑의 이상"에서 예술의 진정한 목표인 고뇌를 가려내는 수단을 아도르노는 믿지 못한다는 데 있다. 이유는 고뇌는 거의 표현 불가능한 것이기 때문이다. 둘째로 진정으로 고뇌를 표현해 주어야 할 예술 자체에 비동일성의 반대인 동일성에 도달하려는 본능이 내재해 있기 때문에, 예술은 고뇌를 표현해 주는 것이 아니라, 반대로 자동적으로 고뇌를 은폐해 준다고 아도르노는 생각하기 때문이다. 예술이 거의 침묵의 경지에 머물러야 한다는 말을 아도르노는 예술이 정착할 곳은 **무인지**라는117) 말로도 표현한다. 예술의 정착지가 무인지라는 말이 예술에 대한 수평적 규정이라 한다면, 예술에 대한 수직적 규정으로, 아도르노는 쉴러118)의 시를 인용하여 **미도 죽어야 한다**119)라는 표현을 사용한다. "미도 죽어야 한다"라는 말은 예술이 자신의 "종말"을 긍정하고 자신의 존재이유 속에 수용해야 한다는 말로 해석해야 한다. 예술에 내재해 있는 동일성에 대한 본능은 예술이 자신의 종말을 배제하려는 본능을 의미한다. "예술은 가상인데, 죽음이 도달할 수 없는, 죽음을 배제하는 가상이다"120)라고 아도르노는 예술에 내재한 동일성의 본능을 설명한다. 예술이 자체 내에 내재해 있는 동일성의 본능, 즉 종말을 배제하려는 본능을 극복하고, 종말을 수용해야 한다는 예로 아도르노는 쎄르반테스121)의 『돈키호테』의 예를 들면서, 쎄르반테스는 자기의 작품이 영원히 존재하기를 원하지도 생각하지도 않았

---

116) Adorno: Ästhetische Theorie, S.66
117) ebd. S.67; **무인지(無人地 Niemandsland)**
118) 쉴러(Friedrich **Schiller** 1759~1805)
119) Adorno: Ästhetische Theorie, S.49
120) ebd. S.48
121) 쎄르반테스(Saavedra Cervantes 1547~1616)

다고 아도르노는 말한다. 그러나 유한성을, 종말을 수용하는 작품은 『돈키호테』와 같이 영원히 존재하는 작품이 된다는 것이 아도르노의 의견이다. 따라서 진정한 예술이라면, 비록 명랑하고 조화된 예술이라 하더라도, 예술은 "슬퍼해야" 한다고 아도르노는 말한다. 왜냐하면 종말이, 죽음이 기다리고 있기 때문이다. "바로 유한성인 종말 속에서 무한성 즉 고뇌의 의미가 빛나고 있다"[122]라는 아도르노의 의미 깊은 말은, 유한한 예술이 자신의 종말을 수용하면, 비로소 무한한, 영원히 지속하는 인간의 고뇌가 비로소 빛을 내며 자태를 드리낸다고 해석할 수 있다. 지금까지 언급한 예술에 대한 수평적 그리고 수직적 규정을 종합하여, 아도르노는 입체적 규정을 내리고 있다. 예술은 하늘에 갑자기 나타났다 없어지는 **불꽃**과 같이 오래 지속할 생각은 조금도 없으며, 순간적으로 화려한 꽃을 만들다 없어지려는 예술이 되어야 한다는 것이 아도르노가 내리는 예술에 대한 규정이다.

지금까지 우리는 예술의 원초적 대상인 고뇌를 논하고, 예술가가 이 고뇌를 취급하는 취급방법을 논했으므로, 끝으로 이 취급방법에 의해 구성된 예술작품과 수용자 사이의 현상이라 할 수 있는 **행동방식**을 논할 차례다. 예술작품과 수용자 사이의 관계를 아도르노 미학의 논리상, **구성, 돌연성, 우토피**[123] 순으로 논할 수 있다. 첫째로 아도르노 미학의 구성이라는 개념은 칸트 미학의 천재라는 개념의 반대되는 개념이다. 예술작품은 천재가 상상력에 의해 창조한 생명체와 같은 창조물이 아니라, 예술가가 기술에 의해 합리적으로 구성한 **구조물**이라는 것이 아도르노의 의견이다. 기술에 의해서 완벽하게, 다시 말해 합리적으로 생산된 구조물은 일반 공산품과 같이 현대사회의 합리주의의 생산물이다. 이러한 의미로 아도르노는 "물질생산과 예술생산은 시로 일치한다"거나 "생산적 힙리성과 미학적 힙리성은 같은 것이다"[124]라고 말한다. 다시 말해 공산품인 자동차나 예술품인 "모나리자의 미소"는 다같이 합리주의의 생산물이라는 것이다. 예술의 세계도, 또 경험세계인 생산의 세계도,

---

122) Adorno: Ästhetische Theorie, S.49
123) 구성(Konstruktion), 돌연성(Plötzlichkeit), 우토피(Utopie)
124) Adorno: Ästhetische Theorie, S.58

다같이 하나의 지배자 합리주의에 의해 지배를 받는다는 것이 아도르노의 의견이다. 예술과 사회는 이원론의 세계가 아니라, 합리주의에 의해 통일된 일원론의 세계라고도 할 수 있다. 지금까지 논한 아도르노 미학의 구성이라는 개념에 의거해서 3가지를 말할 수 있다. 첫째로 구성의 개념은 비판의 가능성을 제공해준다. 예술작품이라는 구조물은, 천재에 의해 전례나 후례 없이 탄생된 것이 아니라 기술과 인간의 노력에 의해 구성되었기 때문에, 그 구성된 구조물에 대한 개선과 개량은 얼마든지 가능하기 때문이다. 또 예술과 사회는 하나의 지배자 합리주의에 의해 통일된 일원론적 세계에 사는 서로 대등한 동 시민이므로 하나가 다른 하나를 비판할 수 있는 철학적 근거가 생긴다. 둘째로 구성의 개념은 예술작품의 **순수 내재성**125)을 부인한다. 예술작품은 천재의 영감에 의하여 필연적으로 태어난 것이 아니라, 기술에 의하여(합리적인 구성에도 불구하고) 우연적으로 만들어진 것이기 때문에, 예술작품의 생명은 "순수 내재성" 즉 필연성이 아니라 우연성이라는 것이 아도르노의 의견이다. 이 우연성은 예술작품을 구성하는 여러 요소들 간의 상호관계 즉 콘피구라씨온도 의미하지만, 예술작품을 관찰하는 수용자가 받아들이는 내용도 우연이라고 보아야 한다. 셋째로 구성의 개념은 예술작품을 생산물로 그리고 더 나아가서는 재생산물로까지126) 전락시킨다. 모든 예술작품은 합리적으로 기술에 의해 구성되었기 때문에, 구성 원칙에 따라 얼마든지 다시 재구성할 수 있기 때문이다.

구성 다음에 두 번째로 중요한 개념은 **돌연성**의 개념이다. 돌연성의 개념을 이해하기 위해서는 이미 언급한 아도르노의 반성의 개념을 이해해야 한다. 반성에는 작품내재적인 제1 반성과, 작품초월적인 제2 반성이 있는데, 전자부터 보기로 한다. 하나의 예술작품을 분석해 본다면, 여러 가지 구성요소들이 상호관계에 의해서 만들어 내는 **앙상블**127)이 이미 언급한 성위 즉 **콘피구라씨온**128)이라고 할 수 있다.

---

125) **순수 내재성(reine Immanenz)**
126) vgl. Adorno: Ästhetische Theorie, S.56
127) **앙상블(Ensemble 전체효과)**
128) **콘피구라씨온(Konfiguration 성위)**

다시 말해 "구성 요소들" 사이의 상호관계에 의해 앙상블을 만들어 내는 반성이 제1 반성이라 할 수 있다. "구성 요소들"과 앙상블, 2개의 부분으로 나누어 생각하면, 아도르노는 전자를 구조물, 제조성 등으로 부르고, 후자를 콘피구라씨온 또는 폐쇄성[129] 등으로 부른다. 예술작품은 결국 이상의 2가지 얼굴을, 즉 구조물과 콘피구라씨온, 제조성과 폐쇄성을 가지고 있다는 논리다. 이상의 2개의 얼굴을 가지고 있는 예술작품을 아도르노는 "야누스의 머리", "수수께끼", "아포리" 등으로 표현한다. 예술작품이 가지고 있는 두 얼굴 중에서 전자인 구조물 또는 제조성은 죽은 물질의 집합을 의미하고, 후자인 콘피구라씨온과 폐쇄성은 살아 있는 생명체를 의미한다고 보아야 한다. 죽은 물질의 집합에서 살아 있는 생명체가 탄생하는 순간을 아도르노 는 **"돌연성"**이라고 부른다. "돌연성"을 아도르노는 **무예견성**[130]이라고도 부르는데, 이유는 살아 있는 생명체와 같은 콘피구라씨온 또는 폐쇄성이 전혀 다른 얼굴을 가지 고, 그것도 갑작스럽게, 돌연히 나타났다가, 순간적으로 존재하다가, 다시 사라지기 때문이다. "돌연히 나타나는 전혀 다른 얼굴", 다시 말해 돌연성을 조심스럽게 해설 하자면 다음과 같다. 돌연성은 첫째로 전율, 또는 충격[131]을 내포하고 있는데, 이는 인간에 내재한 **모방적 행동방식**[132]이라고 아도르노는 말한다. 둘째로 이 돌연성에 의해 합리성 자체가 미메시스로 변해 버린다는 것이다.[133] 이 말은 기술에 의해 합리 적으로 구성된 구조물이 인간에 내재한 미메시스로, 다시 말해 살아 있는 생명체로 변한다는 말이다. 셋째로 돌연성에 의해 갑자기 나타나는 전혀 다른 얼굴은 "아름다 운" "조화된" 얼굴이 아니라, 정반대로 무섭고, 잔혹하고, 추한 얼굴이라는 것이다. 현대예술을 아도르노는 "미지", "숨겨진 목적", "잔혹", "무의 취미", "파괴의 흉터" 등으로[134] 정의한다.

---

129) vgl. Adorno: Ästhetische Theorie, S.46f.; 구조물(Gebilde), 제조성(Gemachtsein), 폐쇄성(Geschlossensein)

130) **무예견성(das Unvorhergesehene)**

131) 전율(Schauer) 또는 충격(Schock)

132) Adorno: Ästhetische Theorie, S.38; **모방적 행동방식(mimetische Verhaltensweise)**

133) ebd. S.38

134) Adorno: Ästhetische Theorie, S.40, 41; "미지(das Unbekannte)", "숨겨진 목적(das verborgene Telos)", "잔혹(das Grausame)", "무의 취미(Geschmack des Nichts)", "파괴의 흉터(die Male des Zerrüttung)"

구성과 돌연성 다음에 셋째로 중요한 문제는 **진리**와 **우토피**[135)의 문제다. 진리를 아도르노는 "**미학적 객관성**"[136)이라고도 표현하며 우토피와 같은 의미로 사용한다. 그럼에도 아도르노 미학에서 진리와 우토피 사이에 차이가 있다면, 진리는 시간적으로 편재적이고 개념적으로 정의는 할 수 없다 하더라도 설명 가능하며 예술작품에 내재해 있는 것이라면, 우토피는 시간적으로 미래지향적이고 개념적으로 정의 불가능하며 예술작품을 초월해 있는 것이라고 할 수 있다. 그러나 마르크스주의적인 이론은 우토피를 과거가 아니라 미래에 상정하기 때문에, 아도르노를 이해하는 데 있어서 우토피를 진리라고 해석하기보다는, 오히려 반대로 진리를 우토피로 해석하는 편이 옳다. 진리와 관련해서 우선 아도르노는 현대사회에서는 "예술의 진리가 들어 있는 토포스는 **무지향성**이다"[137)라는 말을 한다. 예술의 진리는 예술작품에 나타나는 무지향성에서 찾아야 된다는 말도 되고, 또 그 무지향성 자체가 진리라는 말도 된다. 무한한 사고를 요구하는 말이기에 후자의 의미를 견지하고 다음의 3가지 해설을 시도 할 수 있다. 예술의 진리가 무지향성이라면, 첫째로 예술작품에 예술가가 일정한 지향을, 인텐씨온을, 다시 말해 일정한 의미를 불어넣어도 안 되고, 또 예술작품에서 수용자가 일정한 의미를 끌어내려고 해도 안 된다는 말이다. 예술작품은 글자 그대로 **무인지**가 되어야 한다는 말이다. 아도르노가 예술작품을 무인지로 유지하려는 것은 미래의 거주자를 위해 유보하려는 것이라 볼 수 있다. 다시 말해 예술의 진리가 무지향성이라는 말은 예술의 진리를 지금 정하지 말고 미래를 위해 미규정 상태로 유보하자는 의도라고 볼 수 있다. 언급한 대로 진리는 우토피가 되어야 한다는 말이다. 둘째로 벨머의 해석을 따르자면, 아도르노의 미학은 개방 미학이라 할 수 있어, 결과가 아니라 예술가의 **취급방법** 자체가, 수용자의 **행동방식** 자체가 아도르노 미학이라[138) 할 수 있다. 예술에 내재해 있는 동일성의 본성을 파괴하고, 비동일성을 예술 속으로 통합하기 위해서, 예술은 자신의 한계선과 경계선을 허물

---

135) **진리**(Wahrheit)와 **우토피**(Utopie)
136) Adorno: Ästhetische Theorie, S.524; "**미학적 객관성**(ästhetische Objektivität)"
137) ebd. S.47; **무지향성**(das Intentionslose)
138) vgl. Wellmer, Albrecht: Zur Dialektik von Moderne und Postmoderne, S.159, 163

어야 한다는 개방성을 아도르노의 미학은 의미한다고 볼 수 있다. 예술의 진리가 무지향성이라는 세 번째 의미는 아도르노가 제1 반성과 제2 반성을 구분하는 데서 유래한다. 제2 반성에 의한 **성좌** 즉 **콘스텔라씨온**이 가능하기 위해서는 제1 반성에 의한 **성위** 즉 **콘피구라씨온**이 무인지 또는 무지향성으로 머물러 있어야 한다. 만약 반대로 제1 반성의 콘피구라씨온이 지향성을 나타낸다면, 다시 말해 일정한 의미를 나타낸다면, 제2 반성인 콘스텔라씨온 역시 의미가 규정되어버려 더 이상 콘스텔라 씨온이 될 수 없는 가능성이 있기 때문이다. 무인지 또는 무지향성을 아도르노는 **맹목성**[139]이라고 표현하면서 "제2 반성은 바로 이 맹목성을 겨냥하고 있다"[140]라고 말한다. 제1 반성에 의해 나타나는 이 무지향성, 다른 말로 맹목성은 제2 반성을 거쳐 더욱더 파악할 수 없고, 정의 불가능한 것으로 되는 것은 당연하다. 예술의 진리는 우토피 속으로 지양되어야 한다는 말이다. 모든 것을 종합하여 아도르노에 의하면 **"예술은 우토피다"**라고 정의할 수 있다. 이 말은 예술은 우토피가 되어야 한다는 말도 되는데, 주의할 것은 예술은 우토피가 되어서는 안 된다는 말로도 된다. 예술이 이미 우토피가 되어 버렸다면, 예술은 무인지 또는 무지향성을 잃게 되어 더 이상 예술이 라고 할 수 없기 때문이다. 지금까지의 예술이 **고뇌**를 표현하는데 실패했다고 해서, 예술은 종말에 도달하는 것이 아니라, 오히려 예술은 비로소 이제 시작되어야 한다 는 것이 아도르노의 의견이다. 우토피의 가능성과 우토피의 불가능성이라는 2개의 얼굴을 가진 야누스가 아도르노의 미학이라고 할 수 있다.

---

139) 맹목성(Blindheit)
140) Adorno: Ästhetische Theorie, S.47

참고문헌

Adorno, Theodor W.: Zur Dialektik des Engagements, Frankfurt/M.1973.

Adorno, Theodor W.: Negative Dialektik, Frankfurt/M.1982.

Adorno, Theodor W.: Ästhetische Theorie, 5.Aufl. Frankfurt/M.1990.

Arnold, Heinz Ludwig und Detering, Heinrich(Hrsg.): Grundzüge der Literaturwissenschaft, 4.Aufl., München
      2001.

Barash, Jeffrey: Über den geschichtlichen Ort der Wahrheit, Hermeneutische Perspektiven bei Wilhelm
      Dilthey und Martin Heidegger, in: Martin Heidegger: Innen- und Außenansichten, hrsg. vom Forum
      für Philosophie Bad Homburg, Frankfurt/M.1991.

Bartuschat, Wolfgang: Zum systematischen Ort von Kants Kritik der Urteilskraft, Frankfurt/M.1972.

Benjamin, Walter: Der Autor als Produzent, in: Methodendiskussion, Arbeitsbuch zur Literaturwissenschaft,
      Bd.2, hrsg. von Jürgen Hauff u.a., Frankfurt/M.1972.

Benjamin, Walter: Über den Begriff der Geschichte, in: Gesammelte Schriften, Bd.I 2, Frankfurt/M.1974.

Benjamin, Walter: Das Kunstwerk im Zeitalter seiner technischen Reproduzierbarkeit, Frankfkurt/M.1977.

Boehm, Gottfried: Im Horizont der Zeit, Heideggers Werkbegriff und die Kunst der Moderne, in: Kunst und
      Technik, Gedächtnisschrift zum 100. Geburtstag von Martin Heidegger, hrsg. von Walter Biemel
      u. Friedrich-Wilhelm v.Herrmann, Frankfurt/M.1989.

Bogdal, Klaus-Michael: Problematisierungen der Hermeneutik im Zeichen des Poststrukturalismus, in:
      Grundzüge der Literaturwissenschaft, hrsg. von Heinz Ludwig Arnold und Heinrich Detering, 4. Aufl.,
      München 2001, S.137~156.

Bohrer, Karl Heinz: Plötzlichkeit, Zum Augenblick des ästhetischen Scheins, Frankfurt/M.1981.

Bohrer, Karl Heinz(Hrsg.): Mythos und Moderne, Frankfurt/M.1983.

Bohrer, Karl Heinz: Die Ästhetik des Schreckens, Frankfurt/M.1983.

Bohrer, Karl Heinz: Das absolute Präsens, Die Semantik ästhetischer Zeit, STW 1055, Frankfurt/M.1994.

Bormann, Claus v.: Die Zweideutigkeit der hermeneutischen Erfahrung, in: Hermeneutik und Ideologiekritik,
      mit Beiträgen von Apel, Bormann, Bubner, Gadamer, Giegel und Habermas, Frankfurt/M. 1973,
      S.83~119.

Braun, Hermann: Zum Verhältnis von Hermeneutik und Ontologie, in: Hermeneutik und Dialektik II, Sprache
      und Logik, Theorie und Auslegung und Probleme der Einzelwissenschaften, hrsg. von Rüdiger
      Bubner, Konrad Cramer und Reiner Wiehl, Tübingen 1970, S.201~218.

Brecht, Bertolt: An die Nachgeborenen, in: Deutsche Gedichte II. hrsg. von Karl Krolow, Frankfurt/M.1982.

Bubner, Rüdiger u. a.(Hrsg.): Hermeneutik und Dialektik I, Methode und Wissenschaft, Lebenswelt und

Geschichte, Tübingen 1970.

Bubner, Rüdiger u. a.(Hrsg.): Hermeneutik und Dialektik II, Sprache und Logik, Theorie und Auslegung und
        Probleme der Einzelwissenschaften, Tübingen 1970.

Bubner, Rüdiger: Ästhetische Erfahrung, Frankfurt/M.1989.

Bürger, Peter: Seminar: Literatur- und Kunstsoziologie, Frankfurt/M.1978.

Bürger, Peter: Vermittlung-Rezeption-Funktion, Ästhetische Theorie und Methodologie der Literaturwissenschaft,
        Frankfurt/M.1979.

Bürger, Peter: Theorie der Avantgarde, Frankfurt/M.1982.

Bürger, Peter: Zum Problem des ästhetischen Scheins in der idealistischen Ästhetik, in: Kolloquium Kunst und
        Philosophie 2, Ästhetischer Schein, hrsg. von Willi Oelmüller, Paderborn, München, Wien, Zürich
        1982.

Bürger, Peter: Zur Kritik der idealistischen Ästhetik, Frankfurt/M.1983.

Bürger, Peter und Bürger, Christa(Hrsg.): Postmoderne: Alltag, Allegorie und Avantgarde, Frankfurt/M.1988.

Copleston, S. J. Frederick: A History of Philosophy, volume 7, Modern Philosophy, part II, Schopenhauer to
        Nietzsche, New York 1963.

Figal, Günter: Theodor W. Adorno, Das Naturschöne als spekulative Gedankenfigur, Zur Interpretation der
        "Ästhetischen Theorie" im Kontext philosophischer Ästhetik, Bonn 1977.

Friedenburg, Ludwig von, und Habermas, Jürgen(Hrsg.): Adorno-Konferenz, Frankfurt/M.1983.

Gadamer, Hans-Georg: Rhetorik, Hermeneutik und Ideologiekritik, Metakritische Erörterungen zu "Wahrheit
        und Methode", in: Hermeneutik und Ideologiekritik, mit Beiträgen von Apel, Bormann, Bubner,
        Gadamer, Giegel und Habermas, Frankfurt/M. 1973, S.57~82.

Gadamer, Hans-Georg: Replik, in: Hermeneutik und Ideologiekritik, mit Beiträgen von Apel, Bormann, Bubner,
        Gadamer, Giegel und Habermas, Frankfurt/M. 1973, S.283~317.

Gadamer, Hans-Georg: Wahrheit und Methode, Grundzüge einer philosophischen Hermeneutik, 4.Aufl.,
        Tübingen 1975.

Gadamer, Hans-Georg: Die philosophischen Grundlagen des 20. Jahrhunderts, in: Seminar: Philosophische
        Hermeneutik, hrsg. von Hans-Georg Gadamer und Gottfried Boehm, Frankfurt/M.1976.

Gadamer, Hans-Georg: Das hermeneutische Problem der Anwendung, in: Seminar: Philosophische
        Hermeneutik, hrsg. von Hans-Georg Gadamer und Gottfried Boehm, Frankfurt/M.1976.

Gadamer, Hans-Georg: Die Aktualität des Schönen, Stuttgart 1979.

Gadamer, Hans-Georg: Zur Fragwürdigkeit des ästhetischen Bewußtseins, in: Theorien der Kunst, hrsg. von
        Dieter Henrich und Wolfgang Iser, Frankfurt/M. 1982, S.59~69.

Gadamer, Hans-Georg: Kunst als Aussage, Ästhetik und Poetik I, Tübingen 1993.

Gadamer, Hans-Georg: Ende der Kunst? Von Hegels Lehre vom Vergangenheitscharakter der Kunst bis zur

Anti-Kunst von heute, in: Hans-Georg Gadamer: Kunst als Aussage, Ästhetik und Poetik I, Tübingen 1993.

Gadamer, Hans-Georg: Die Stellung der Poesie im System der Hegelschen Ästhetik und die Frage des Vergangenheitscharakters der Kunst, in: Hans-Georg Gadamer: Kunst alsAussage, Ästhetik und Poetik I, Tübingen 1993.

Gerhardt, Volker: Pathos und Distanz, Studien zur Philosophie Friedrich Nietzsches, Stuttgart 1988.

Gripp, Helga: Theodor W. Adorno, UTB, Paderborn 1986.

Grossmann, Andreas: Spur zum Heiligen, Kunst und Geschichte im Widerstreit zwischen Hegel und Heidegger, Bonn 1996.

Günther, Werner: Über die absolute Poesie, in: Zur Lyrik-Diskussion, hrsg. von R. Grimm, Darmstadt 1973.

Gutzen, Dieter u.a.: Einführung in die neuere deutsche Literaturwissenschaft, 4. überarbeitete Aufl. Ein Arbeitsbuch, Berlin 1981.

Habermas, Jürgen: Der Universalitätsanspruch der Hermeneutik, in: Hermeneutik und Dialektik I, Methode und Wissenschaft, Lebenswelt und Geschichte, hrsg. von Rüdiger Bubner u. a., Tübingen 1970, S.73~103.

Habermas, Jürgen: Zu Gadamers "Wahrheit und Methode", in: Hermeneutik und Ideologiekritik, mit Beiträgen von Apel, Bormann, Bubner, Gadamer, Giegel und Habermas, Frankfurt/M. 1973, S.45 - 56.

Habermas, Jürgen: Der philosophische Diskurs der Moderne, Frankfurt/M. 1986.

Hartmann, Nicolai: Die Philosophie des deutschen Idealismus, Berlin, New York 1973.

Hegel, G. W. F.: Wissenschaft der Logik, I. Teil, Leipzig 1934.

Hegel, G. W. F.: Vorlesungen über die Ästhetik I, Werke in zwanzig Bänden, Bd.13, Frankfurt/M.1970.

Hegel, G. W. F.: Phänomenologie des Geistes, Frakfurt/M.1973.

Heidegger, Martin: Sein und Zeit, 12. Aufl., Tübingen 1972.

Heidegger, Martin: Die ewige Wiederkehr des Gleichen und der Wille zur Macht, in: Nietzsche, hrsg. von Jörg Salaquarda, Darmstadt 1980.

Heidegger, Martin: Der Ursprung des Kunstwerkes, in: Holzwege, 7. Aufl. Frankfurt/M. 1994.

Heintel, Peter und Nagl, Ludwig(Hrsg.): Zur Kantforschung der Gegenwart, Darmstadt 1981.

Henrich, Dieter und Iser, Wolfgang(Hrsg.): Theorien der Kunst, Frankfurt/M. 1982.

v. Herrmann, Friedrich-Wilhelm: Heideggers Philosophie der Kunst, Eine systematische Interpretation der Holzwege-Abhandlung "Der Ursprung des Kunstwerkes", Frankfurt/M.1980.

Hillebrand, Bruno: Ästhetik des Nihilismus, von der Romantik zum Modernismus, Stuttgart 1991.

Horkheimer, Max & Adorno, Theodor W.: Dialektik der Aufklärung, Frankfurt/M.1963.

Jans, Rolf-Peter: Mythos und Moderne bei Walter Benjamin, in: Mythos und Moderne, hrsg. von Karl Heinz Bohrer, Frankfurt/M.1983.

Kaiser, Gerhard: Benjamin, Adorno, zwei Studien, Frankfurt/M.1974.

Kant, Immanuel: Kritik der Urteilskraft, Stuttgart 1963.

Kant, Immanuel: Kritik der Urteilskraft, Hamburg 1990.

Kaulblach, Friedrich: Ästhetische Welterkenntnis bei Kant, Würzburg 1984.

Kettering, Emil: Fundamentalontologie und Fundamentalaletheiologie, in: Martin Heidegger: Innen- und
 Außenansichten, hrsg. vom Forum für Philosophie Bad Homburg, Frankfurt/M.1991.

Kittler, Friedrich A.: Nietzschhe, in: Klassiker der Literaturtheorie, hrsg. von Horst Turk, München 1979.

Knapp, Gerhard P.: Georg Büchner, 2.Aufl., Stuttgart 1984.

Knodt, Reinhard: Friedrich Nietzsche, Die ewige Wiederkehr des Leidens, Selbstwirklichung und Freiheit als
 Problem seiner Ästhetik und Metaphysik, Bonn 1987.

Koppe, Franz(Hrsg.): Perspektiven der Kunstphilosophie, Text und Diskussion, Frankfurt/M.1991.

Kuhn, Helmut: Schriften zur Ästhetik, München 1966.

Kuhn, Helmut: Die Ontogenese der Kunst, in: Theorien der Kunst, hrsg. von Dieter Henrich und Wolfgang Iser,
 Frankfurt/M.1982.

Kulenkampff, Jens: Kants Logik des ästhetischen Urteils, Frankfurt/M. 1978.

Kunne-Ibsch, Elrud: Die Stellung Nietzsches in der Entwicklung der modernen Literaturwissenschaft, Tübingen
 1972.

Lang, Peter Christian: Hermeneutik, Ideologiekritik, Ästhetik, Über Gadamer und Adorno sowie Fragen einer
 aktuellen Ästhetik, Meisenheim/Glan 1981.

Lange, Wolfgang: Tod ist bei Göttern immer nur ein Vorurteil, Zum Komplex des Mythos bei Nietzsche, in: Mythos
 und Moderne, hrsg. von Karl Heinz Bohrer, Frankfurt/M.1983.

Liiceanu, Gabriel: Zu Heideggers "Welt"-Begriff in "Der Ursprung des Kunstwerkes", in: Kunst und Technik,
 Gedächtnisschrift zum 100. Geburtstag von Martin Heidegger, hrsg. von Walter Biemel u.
 Friedrich-Wilhelm v. Herrmann, Frankfurt/M.1989.

Lindner, Burkhardt und Lüdke, W. Martin(hrsg.): Materialien zur ästhetischen Theorie Th. W. Adornos,
 Konstruktion der Moderne, Frankfurt/M.1980.

Lüdke, W. M.: Der Kronzeuge, in: Text & Kritik, hrsg. von H. L. Arnold, Theodor W. Adorno, München 1983.

Lukács, Georg: Hegels Ästhetik, in: Probleme der Ästhetik, Neuwied und Berlin 1969.

Magnus, Bernd: Nietzsches äternalistischer Gegenmythos, in: Nietzsche, hrsg. von Jörg Salaquarda,
 Darmstadt 1980.

Marquard, Odo: Kant und die Wende zur Ästhetik, in: Zur Kantforschung der Gegenwart, hrsg. von Peter Heintel
 und Ludwig Nagl, Darmstadt 1981.

Müller-Lauter, Wolfgang: Nietzsches Lehre vom Willen zur Macht, in: Nietzsche, hrsg. von Jörg Salaquarda,
 Darmstadt 1980.

Naeher, Jürgen(hrsg.): Die Negative Dialektik Adornos, UTB 1201, Stuttgart 1984.

Nietzsche, Friedrich: Versuch einer Selbstkritik, in: Nietzsches Werke in drei Bänden, Bd. 1, München 1994.

Nietzsche, Friedrich: Über Wahrheit und Lüge im außermoralischen Sinn, in: Nietzsches Werke in drei Bänden, Bd. 3, München 1994.

Nietzsche, Friedrich: Aus dem Nachlaß der Achtzigerjahre, in: Werke in drei Bänden, Bd. 3, München 1994.

Nietzsche, Friedrich: Götzen-Dämmerung, in: Werke in drei Bänden, Bd.2, München 1994.

Nietzsche, Friedrich: Die fröhliche Wissenschaft, in: Werke in drei Bänden, Bd.2, München 1994.

Nietzsche, Friedrich: Die Geburt der Tragödie aus dem Geiste der Musik, in: Nietzsches Werke in drei Bänden, Bd. 1, München 1994&1996.

Oelmüller, Willi: Die unbefriedigte Aufklärung, Beiträge zu einer Theorie der Moderne von Lessing, Kant und Hegel mit einer neuen Einleitung, Frankfurt/M.1979.

Oelmüller, Willi u. a.: Philosophische Arbeitsbücher 5, Diskurs: Kunst und Schönes, Paderborn, München, Zürich 1982.

Paetzold, Heinz: Neomarxistische Ästhetik, Teil 1 & 2, Düsseldorf 1974.

Peter, Joachim: Das transzendentale Prinzip der Urteilskraft, Eine Untersuchung zur Funktion und Struktur der reflektierenden Urteilskraft bei Kant, Berlin. New York 1992.

Pöggeler, Otto: Die Frage nach der Kunst, von Hegel zu Heidegger, Freiburg/München 1984.

Pöggeler, Otto: ÜBER "DIE MODERNE KUNST", Heidegger und Klee's Jenaer Rede von 1924, Erlangen und Jena 1995.

Rath, Nobert: Adornos Kritische Theorie, Vermittlung und Vermittlungsschwierigkeiten, Paderborn, Mümchen, Wien, Zürich 1982.

Ritter, Joachim(Hrsg.): Historisches Wörterbuch der Philosophie, Bd. 2, Basel 1972.

Rolf-Peter, Janz: Mythos und Moderne bei Walter Benjamin, in: Mythos und Moderne, hrsg. von Heinz Bohrer, Frankfurt/M.1983.

Salaquarda, Jörg(Hrsg.): Nietzsche, Darmstadt 1980.

Sauerland, Karol: Einführung in die Ästhetik Adornos, Berlin, New York 1973.

Sauerland, Karol: Adornos Ästhetik des Nichtidentischen, Warszawa 1975.

Scheer, Brigitte: Einführung in die philosophische Ästhetik, Darmstadt 1997.

Schelling, F. W. J.: System des transzendentalen Idealismus, Hamburg 1962.

Schiller, Friedrich: Über die ästhetische Erziehung des Menschen in einer Reihe von Briefen, Werke in drei Bänden, Bd. II, München 1976.

Schmidt, Alfred: Über Nietzsches Erkenntnistheorie, in: Nietzsche, hrsg. von Jörg Salaquarda, Darmstadt 1980.

Schmidt, Hermann Josef: Friedrich Nietzsche, Philosophie als Tragödie, in: Grundprobleme der großen Philosophen, Philosophie der Neuzeit III, hrsg. von Josef Speck, Göttinggen 1983.

Schulz, Walter: Einleitung zum "System des transzendentalen Idealismus", in: Schelling, F. W. J.: System des
    transzendentalen Idealismus, Hamburg 1962.

Schulz, Walter: Anmerkungen zur Hermeneutik Gadamers, in: Hermeneutik und Dialektik I, Methode und
    Wissenschaft, Lebenswelt und Geschichte, hrsg. von Rüdiger Bubner u. a., Tübingen 1970,
    S.305~316.

Specht, Silvia: Erinnerung als Veränderung, Über den Zusammenhang von Kunst und Politik bei Theodor W.
    Adorno, Diss. Tübingen 1979.

Speck, Josef(Hrsg.): Grundprobleme der großen Philosophen, Philosophie der Neuzeit II, Göttingen 1988.

Stresius, Lothar: Theodor W. Adornos negative Dialektik, Eine kritische Rekonstruktion, Frankfurt/M. 1982.

Szondi, Peter: Theorie des modernen Dramas, Frankfurt/M.1967.

Teichert, Dieter: Immanuel Kant: "Kritik der Urteilskraft", Paderborn. München. Wien. Zürich 1992.

Theunissen, Michael: Negativität bei Adorno, in: Adorno-Konferenz, hrsg. von L. Friedenburg und J. Habermas,
    Frankfurt/M.1983.

Wellmer, Albrecht: Wahrheit, Schein, Versöhnung, Adornos ästhetische Rettung der Modernität, in:
    Adorno-Konferenz, hrsg. von L. Friedenburg und J. Habermas, Frankfurt/M.1983.

Wellmer, Albrecht: Zur Dialektik von Moderne und Postmoderne, Vernunftkritik nach Adorno, Frankfurt/M.1985.

Wetzel, Heinz: Ein Büchnerbild der siebziger Jahre, in: Text & Kritik, Georg Büchner III, München 1981.

Wiehl, Reiner: Begriffsbestimmung und Begriffsgeschichte, Zum Verhältnis von Phänomenologie, Dialektik
    und Hermeneutik, in: Hermeneutik und Dialektik I, Methode und Wissenschaft, Lebenswelt und
    Geschichte, hrsg. von Rüdiger Bubner u. a., Tübingen 1970, S.167~213.

Zenck, Martin: Kunst als begriffslose Erkenntnis, Zum Kunstbegriff der ästhetischen Theorie Theodor W.
    Adornos, München 1977.

Zima, Peter V.: Literarische Ästhetik, Tübingen 1991.

Zimmerli, Walther Ch.: "Alles ist Schein" - Bemerkungen zur Rehabilitierung einer "Ästhetik" post Nietzsche
    und Derrida, in: Kolloquium, Kunst und Philosophie 2, Ästhetischer Schein, hrsg. von Willi Oelmüller,
    Paderborn, München, Wien, Zürich 1982.

· 개념색인